2023 계리직 컴퓨터일반

상황에 따라 선택하는 60일, 30일 맞춤 학습 플랜을 통해 혼자서도 체계적으로 시간을 분배해서 공부할 수 있습니다(문제풀이 포함).

1권

2023. 6. 3 계리직 시험대비
우정사업본부 9급

계리직 공무원

컴퓨터일반

1권

Part 1 ~ 3

행복한 상상, 바른교육
정훈에듀

정훈사 컴퓨터일반 에서 나왔다!

이번 시험은 지엽적이고 생소한 개념이 많이 출제되어 많은 수험생들이 어렵게 느꼈습니다. 정훈사는 그런 어려운 상황에서도 수험생들이 시험장에서 한 문제라도 더 확실하게 풀 수 있도록 노력하고 있습니다.

2021 컴퓨터일반 A형 11번	특별부록 정보처리기사 기출 엄선

11 2004 · 08
운영체제의 운영 방식에 관한 설명으로 옳지 않은 것은?

① 하나의 컴퓨터 시스템에서 여러 프로그램들이 같이 컴퓨터 시스템에 입력되어 주기억장치에 적재되고, 이들이 처리 장치를 번갈아 사용하며 실행하도록 하는 것을 다중 프로그래밍(multi-programming) 방식이라고 한다.

② 한 대의 컴퓨터를 동시에 여러 명의 사용자가 대화식으로 사용하는 방식으로 처리속도가 매우 빨라 사용자는 독립적인 시스템을 사용하는 것으로 인식하는 것을 일괄 처리(batch processing) 방식이라고 한다.

③ 한 대의 컴퓨터에 중앙처리장치(CPU)가 2개 이상 설치되어 여러 명령을 동시에 처리하는 것을 다중 프로세싱(multi-processing) 방식이라고 한다.

④ 여러 대의 컴퓨터들에 의해 작업들을 나누어 처리하여 그 내용이나 결과를 통신망을 이용하여 상호 교환되도록 연결되어 있는 것을 분산 처리(distributed processing) 방식이라고 한다.

11 하나의 컴퓨터 시스템에서 여러 개의 어플리케이션(application)들이 함께 주기억장치에 적재되어 하나의 CPU 자원을 번갈아 사용하는 형태로 수행되게 하는 기법으로 옳은 것은?

① 다중프로그래밍(multi-programming)
② 다중프로세싱(multi-processing)
③ 병렬처리(parallel processing)
④ 분산처리(distributed processing)

· 운영체제의 운영방식과 그 특성에 대해 묻는 문제로 그 문제와 지문이 동일

2021 컴퓨터일반 A형 12번	특별부록 최종모의고사

12 주기억장치와 CPU 캐시 기억장치만으로 구성된 시스템에서 다음과 같이 기억장치 접근 시간이 주어질 때 이 시스템의 캐시 적중률(hit ratio)로 옳은 것은?

- 주기억장치 접근 시간 : Tm=80ns
- CPU 캐시 기억장치 접근 시간 : Tc=10ns
- 기억장치 평균 접근 시간(expected memory access time):Ta=17ns

① 80%
② 85%
③ 90%
④ 95%

03 주기억장치와 캐시 기억장치만으로 구성된 시스템에서 평균 기억장치 접근시간(T_a)은 2.8ms, 주기억장치 접근시간(T_m)은 10ms, 캐시 기억장치 접근시간(T_c)은 2ms일 때, 캐시 적중률을 구하면?

① 80%
② 85%
③ 90%
④ 95%

· 동일한 풀이법을 요구하는 캐시기억장치 적중률 문제

합격으로 가는 길로 안내해 드립니다!

왜, 많은 수험생들이 계리직에 관심을 가질까?

계리직 공무원은 국가직 공무원으로 일반직 9급 공무원과 급여, 복지혜택, 승진, 공무원 연금 등 동일한 대우를 받으며 정년까지 보장된다. 또한, 일반공무원 시험과목이 5과목인 것과 다르게 계리직 공무원 시험과목은 오직 4과목으로 비교적 빠른 시간 안에 충분히 대비가 가능하다는 것이다.

우체국 계리직 공무원이 하는 일은?

1. 금융업무, 우체국회계업무, 현장창구업무, 현금수납 등의 각종 계산 수납 등의 관리업무
2. 우편물 수납통계업무를 담당하는 9급 공무원
3. 집배원과 별도의 업무 구분 : 우편물을 배달하지 않음

2022~2008년 연도별 합격선은 어땠을까?

연도	선발인원	최고합격점	최하합격점
2022년	433명	71.25점	43.75점
2021년	331명	68.33점	40점
2019년	350명	61.66점	46.33점
2018년	355명	88.33점	78.33점
2016년	205명	82.16점	73.33점
2014년	287명	83.33점	76.66점
2012년	317명	80점	53.33점
2010년	281명	70점	41.66점
2008년	295명	76.66점	55점

시험과목 및 시험방법	제1차 시험	과 목	한국사(상용한자 포함), 컴퓨터일반(기초영어 포함), 우편상식, 금융상식(2021년 이후부터 과목 분리)
		배점 및 형식	매 과목당 100점 만점, 객관식 4지 20문항
		시험시간	80분(문항당 1분 기준, 과목당 20분)
	제2차 시험		면접시험

※ 필기시험에서 과락(40점 미만) 과목이 있을 경우 불합격 처리한다.

응시자격

1. **응시연령** : 18세 이상
2. **학력 · 경력** : 제한 없음
3. **응시자 거주지역 제한 안내**
   응시자는 공고일 현재 응시하는 지방우정청 관할지역에 주민등록이 되어 있어야 응시할 수 있다.
   ※ 향후 채용시험이 시행될 경우 응시자 거주지역 제한 내용은 변경될 수 있다.
4. **응시결격사유**
   국가공무원법 제33조(결격사유)에 해당되거나, 국가공무원법 제74조(정년)에 해당되는 자 또는 공무원임용시험령 등 관계법령에 의하여 응시자격을 정지당한 자는 응시할 수 없다. (판단기준일 : 면접시험 최종예정일)
   ※ 국가공무원법 제33조 결격사유나 장애인, 저소득층구분모집 응시대상자에 대한 자세한 내용은 공고 참조바람

원서접수 시 유의사항

1. 모집단위(지역)를 참고하여 희망지역에 응모하여야 한다.
2. 장애인 응시자는 응시원서 접수 시 본인의 장애유형에 맞는 편의를 신청할 수 있으며, 지정 기한 내에 장애인증명서 사본과 의료법 제3조에 의한 종합병원에서 발급한 의사소견서를 제출해야 한다.
3. 접수기간 동안에는 기재사항을 수정할 수 있으나, 접수기간 이후에는 변경이 불가능하다.
4. 원서접수 시 복수로 원서를 접수할 수 없다.

가산점 적용

구 분	가산비율	비 고
취업지원대상자	과목별 만점의 10% 또는 5%	취업지원대상자 가점과 의사상자 등 가점은 본인에게 유리한 1개만 적용
의사상자 등(의사자 유족, 의상자 본인 및 가족)	과목별 만점의 5% 또는 3%	

※ 단, 통신·정보처리 및 사무관리분야 자격증 가산점은 국가직 공무원 직렬 공통으로 2017년 폐지됨에 따라 가산점이 인정되지 않는다.

해당 연도 응시자는 우정사업본부 계리직 채용공고를 반드시 확인하여 주시기 바랍니다.

이론 파트

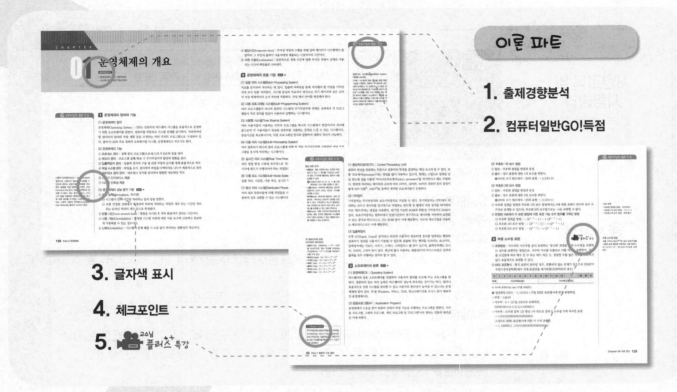

1. 출제경향분석

2. 컴퓨터일반GO!득점

3. 글자색 표시

4. 체크포인트

5. 교수님 플러스 특강

문제 파트

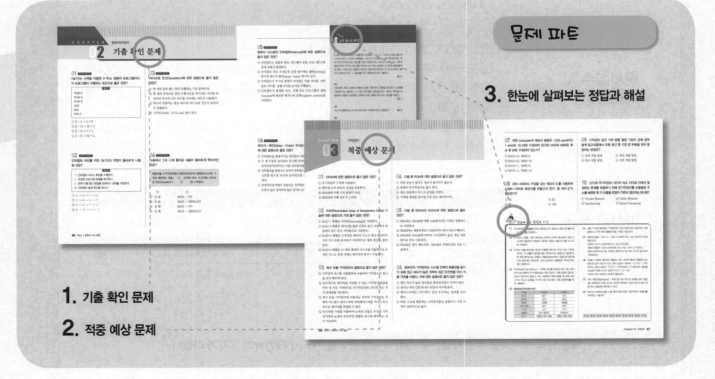

1. 기출 확인 문제

2. 적중 예상 문제

3. 한눈에 살펴보는 정답과 해설

"기본부터 심화까지, 강력한 이론에 풍부한 문제 풀이를 더하라!"

본 교재는 방대한 계리직 컴퓨터일반의 내용을 총 **2권**으로 구성하여 체계적으로 정리하였다.
1권은 Part 1부터 Part 3, 2권은 Part 4부터 Part 8과 특별부록으로 구성되어 있다.

이론 파트

1. 출제경향분석
장별 도입부에 꼭 이해해야 하는 핵심내용을 제시하여 중요한 내용을 한눈에 파악할 수 있도록 구성하여 수험생들이 전략적 학습이 가능하도록 하였다.

2. 컴퓨터GO!득점
최근 공무원 · 정보처리기사 시험에서 출제된 내용을 정리하여 심화 이론 학습에 어려움을 느끼는 수험생들에게 도움이 될 수 있도록 하였다.

3. 글자색 표시
컴퓨터 용어를 어려워하는 수험생의 이해를 돕기 위해 내용에 '글자색 표시'를 하여, 이론 학습에 많은 도움이 될 수 있도록 하였다.

4. 체크포인트
본문 이해에 도움이 되는 내용, 간단한 추가 설명, 함께 알아두어야 할 내용 등을 수록하여 보다 완전한 학습을 할 수 있다.

5. 플러스 특강
지면 상 본서에서 충분히 다루지 못한 어렵고 까다로운 내용은 동영상 강의에서 좀 더 자세히 다루었다. 수험생들이 가장 목말라 하는 부분을 속시원히 해결하고 부족한 부분도 채울 수 있다.

문제 파트

1. 기출 확인 문제
각 장이 끝날 때 주요 공무원 기출문제를 해설과 함께 제시함으로써 중요 개념과 이론이 어떤 형태로 출제되는지 실전 감각을 익힐 수 있도록 구성하였다.

2. 적중 예상 문제
출제된 부분은 물론, 앞으로 출제가 가능한 부분의 문제를 다양한 문제유형과 여러 난도의 형태로 수록하였다. 이론학습 후 문제를 풀어본다면 문제에 대한 적응력을 높일 수 있을 것이다.

3. 정답과 해설
빠른 이해와 학습의 편의를 위하여 정답과 해설을 문제 오른쪽과 하단에 배치하였으며, 정확하고 명쾌한 해설로 실전대비가 가능할 수 있도록 하였다.

CONTENTS

PART 03
데이터베이스와 자료 구조

최신출제경향

연도별 기출분석 & 빈출키워드

영역	문항								빈출키워드
	2022	2021	2019	2018	2016	2014	2012	2010	
1. 컴퓨터 구조 일반	★★	★★★★	★★★	★★★ ★★	★★★★	★★★	★★★ ★★★ ★★	★★★★	RISC, 딥 러닝, 카르노 맵, 가상 메모리, 불 대수, 퍼셉트론, 채널, 부동 소수점 표현, 인터럽트, 하드디스크 최대 저장용량, XOR, 16진법, 기억장치 계층구조, 페이지 교체 알고리즘, 클라우드 컴퓨팅, 0-주소 명령어, 캐시 적중률, 논리소자 기호, 진법 간 환산, 보수 연산, 2진수 연산, 마이크로 연산, CPU 작동과정, 자료의 표현, 기억장치 공간의 할당기법, 매핑 방법, 쓰기 정책, 진법 간 환산, RAID, 시스템 소프트웨어,MAR, MBR
2. 운영체제	★★★	★★★	★★	★	★	★	★	★★	스레드, FIFO 스케줄링, Round-Robin, 세마포어, 디스크 스케줄링 방식, 운영체제 분류기준, 시스템 성능 측정의 척도, 교착상태, 유닉스 명령어, 리눅스
3. 데이터베이스와 자료 구조	★★★ ★★	★★★ ★★	★★★	★★★ ★★	★★★ ★★★ ★	★★★ ★★	★★★	★★★ ★★	참조 무결성, SQL 구성언어, 순차 파일, 배열, 연결리스트, 뷰(View), SQL 질의문, 관계형 데이터 베이스 연산, 알고리즘, 키(Key), 정규화, 행 우선주소, 열 우선주소, 신장트리, 이진트리, 시간 복잡도, 결합 연산, 정규화, 크러스컬 알고리즘, 해시함수, 트랜잭션의 특성, 시간 복잡도, 이진트리, SQL 내장함수, 질의 최적화, 후위 연산, 그래프 탐색방법, 제산법, 히프 루트,ER모델
4. 컴퓨터 네트워크	★★★★	★★★	★★★	★★★	★★★	★★★ ★★★	★★	★	동기식 전송, 워터마킹, TCP/IP, 네트워크 장치의 종류, 공개키, 비밀키(대칭키), IPv4, IPv6, 무선 네트워크 방식의 종류, 네트워크 접속형태(토폴로지), TCP, IP 주소체계 클래스, 서비스 거부 공격, 보안취약점 활용공격, 네트워크 장비 식별, Go-Back-N ARQ, OSI 모델, 해킹기법,VoIP
5. 프로그래밍 언어	★	★	★★★	★★	★★★	★	★★	★★★★	객체지향 상속성, 자바 프로그램 소스코드, for문, while문, if else문, 프로그래밍 언어 종류의 구분, C 프로그래밍, Java 프로그래밍, 다형성, 소스코드 내의 객체 지향, 동적 웹 스크립트 언어, AJAX, 순서도, 객체지향 언어의 특징
6. 소프트웨어 공학	★★	★★	★★★	★★★	★	★★★	★★	–	디자인 패턴, 임계경로, 소프트웨어 개발 방법론, 소프트웨어 설계 용어, 결합도, 소프트웨어 테스트, 프로토타입 모형, UML과 기본 다이어그램, 소프트웨어 품질 검사 기법, 모듈화, CPM 기법, 소작업 리스트, Use Case Diagram
7. 멀티미디어와 데이터 압축	–	–	–	–	–	–	–	★	초당 전송 비디오 용량, 사운드 파일(WAVE) 용량
8. PC 운영체제와 응용프로그램	★	★★	★★	–	★	★	★★	★★	표시 형식, 기본프린터 설정법, 윈도우 명령 실행, ROUNDDOWN 함수, FV 함수, HLOOKUP 함수, LEN 함수, RIGHT 함수, 절대참조와 상대참조

초보자를 위한
컴퓨터 기초

본 장은 본격적인 '컴퓨터일반' 과목의 내용을 공부하기 전에 기초적으로 가지고 있어야 할 지식을 간단히 짚고 넘어가기 위해 마련되었습니다.

평소 컴퓨터에 관한 기초 지식이 없어 어려움을 느껴왔던 독자라면 반드시 읽고 넘어가야 하며, 컴퓨터 관련 지식이 이미 갖추어진 독자라면 일부러 공부할 필요가 없는 내용임을 밝혀둡니다.

행복한 상상, 바른교육
 정훈에듀

초보자를 위한
컴퓨터 기초

01 하드웨어와 소프트웨어

참고 자료

컴퓨터는 하드웨어와 소프트웨어로 구성되어 있다. 하드웨어는 손으로 만질 수 있는 컴퓨터의 구성 요소로, 컴퓨터 본체를 이루고 있는 모든 부품의 집합체 및 주변장치들을 말한다. 소프트웨어는 전기적인 명령 신호들을 발생시켜 컴퓨터의 하드웨어가 작동될 수 있도록 짜인 프로그램을 말한다. 소프트웨어는 각종 저장매체나 하드웨어에 담겨 있을 뿐, 형태가 존재하지 않는다. 그러므로 설치 프로그램이 들어있는 CD롬이나 DVD롬 등을 소프트웨어로 여기는 것은 잘못된 것이다.

1 하드웨어

(1) 컴퓨터 본체
① 의의 : 컴퓨터 본체는 보통, 상자 모양을 이루고 있으며 뚜껑을 열면 복잡한 회로 기판과 전선 및 장치들로 이루어져 있다.
② 구성 : 전원공급장치, 중앙처리장치, 주기억장치, 보조기억장치, 주변장치와 연결하기 위한 인터페이스 장치 등이 설치되어 있으며 모든 장치가 견고하게 고정될 수 있는 케이스로 구성되어 있다.

● 컴퓨터 본체

(2) 중앙처리장치
① 의의 : 보통 CPU라고 부르는 것으로, 사람 몸에 비유하면 두뇌의 사고 및 지각을 담당하고 있는 부분에 해당한다.
② 역할 : 컴퓨터 작동에 필요한 각종 연산을 담당한다. 예를 들어 2와 3을 더하여 5라는 결과를 내주는 일부터 인공위성의 궤도를 정확히 구하기 위한 연산을 수행할 수 있는 것이 CPU이다.
③ CPU를 생산하는 유명한 브랜드 : Intel과 AMD가 있으며 발전 속도가 워낙 빨라서 매년 여러 종이 어려운 이름을 달고 시중에 선을 보이고 있다(펜티엄, 라이젠, i7, 아톰, 카비레이크, 듀얼코어, 쿼드코어 등).

● 중앙처리장치

④ 냉각팬과 냉각핀 : 현미경적인 규모의 얇은 도선들이 좁은 공간 안에 모여 있기 때문에 작동 시 뜨거운 열이 발생하게 되며 이를 식히기 위해 커다란 냉각팬과 냉각핀이 함께 장착된다.

⑤ CPU 내부의 제어장치 : 컴퓨터의 장치들을 효율적으로 운영되도록 통제하는 장치로, 입출력장치, 기억장치, 연산장치를 제어한다.

⑥ CPU 내부의 연산장치 : 컴퓨터의 모든 연산활동을 수행하는 장치로, 자료의 비교, 판단, 산술연산, 논리연산, 관계연산 등을 수행한다.

(3) 주기억장치

① 의의 : 보통 메모리라고 부르는 것으로, 사람 몸에 비유하면 두뇌의 기억을 담당하고 있는 부분에 해당한다.

② 역 할

ㄱ 컴퓨터 작동에 필요한 각종 자료를 일시적으로 저장하는 역할을 한다. 예를 들어 2와 3을 더하기 위해 2라는 수와 3이라는 수를 각각 기억해 두고 두 수를 더한 값을 CPU가 내주면 이를 기억해두는 역할을 한다.

ㄴ 실제적으로는 프로그램 실행에 필요한 명령어 집합들을 일정한 규칙에 맞게 기억장소에 일시적으로 저장해 두었다가 필요한 순간에 CPU로 넘겨주어 사용할 수 있도록 하는 일을 주로 한다.

③ 메모리 생산 기업 : 삼성전자, SK 하이닉스 등 한국 기업들에 의해 시장이 주도되고 있으며 작은 공간 안에 많은 양의 데이터를 기억할 수 있도록 집적 기술이 계속 발전하고 있다.

④ 기억 용량 : 메가, 기가, 테라 순으로 커지고 있으며 RAM(Random Access Memory), ROM(Read Only Memory), 캐시메모리(Cache Memory) 등 물성 구조와 역할에 따라 많은 종류가 있다.

◎ 주기억장치

(4) 메인보드

① 의의 : 컴퓨터 본체 내부의 바닥에 넓게 장착되어 있는 회로 기판을 말한다. 위에 설명한 CPU나 메모리 등의 장치들이 메인보드와 결합되어 있다. 사람의 몸에 비유하면 뼈대 및 몸체에 해당하는 부분으로 혈관 및 신경 등이 연결된 것처럼 전선이 기판을 통해 분포해 있다.

② 인터페이스 : 각종 주변장치와의 연결을 위한 결합장치(인터페이스라 한다)가 장착되어 있고, 통신용 LAN 카드, 모니터 연결을 위한 비디오 카드, 스피커 사운드 출력을 위한 사운드 카드 등의 인터페이스들이 설치될 수 있는 소켓이 마련되어 있다.

◎ 메인보드

(5) 보조기억장치

① 의의 : 흔히 하드 디스크나 광 디스크 드라이브 등이 이에 해당되며, 각종 자료나 프로그램을 저장해두고 필요할 때 내주는 역할을 한다.

② 도서관에 비유 : 인간의 삶에 비유하면 두뇌로 기억해두기 힘든 정보들을 가지고 있다는 점에서 수많은 책이 비치되어 있는 도서관과 같다고 볼 수 있다.

◎ 보조기억장치

○ 입출력장치

(6) 입출력장치

① 의의 : 외부로부터 정보를 받아들이는 것이 입력장치이며 키보드, 마우스, 마이크로폰, 카메라 등이 이에 해당한다. 또한, 모니터, 프린터, 스피커와 같이 컴퓨터가 가지고 있는 정보를 외부로 내보내주는 것이 출력장치이다.

② 감각 수용 기관에 비유 : 사람 몸에 비유하면 감각 수용 기관이나 의사 표현 수단 등이 이에 해당한다.

2 소프트웨어

(1) 운영체제

① 의의 : 보통 OS라 부르는 것으로, 컴퓨터를 작동시키기 위해 필요한 기초 기능을 수행해주는 소프트웨어를 말한다.

② 유명브랜드 : IBM계열 PC의 윈도우나 리눅스, 애플 컴퓨터의 MacOS, 워크스테이션 시스템의 UNIX 등이 이에 해당한다. 유명한 운영체제 개발사로는 Microsoft, 애플 등이 있다.

③ 주방에 비유 : 인간의 삶에 비유하면 식생활을 위해 요리에 필요한 전기나 가스가 설치된 주방에 해당한다고 볼 수 있다.

(2) 응용프로그램

① 유틸리티와 애플리케이션 : 보통 유틸리티나 애플리케이션이라 부르는 것들로, 운영체제에서 비유한 예를 들면, 칼, 도마, 식기 등과 같은 기본적 도구들을 '유틸리티'라 할 수 있고 믹서기, 전자레인지, 커피메이커 등과 같은 것이 애플리케이션에 해당한다.

② 분류 : 기능적으로 매우 다양하여 여러 기준으로 분리할 수 있으며 보통 사무용 소프트웨어, 과학용 소프트웨어 등으로 구분하기도 한다.

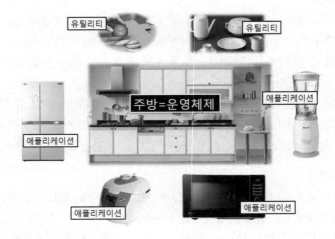

[운영체제와 응용프로그램]

02 데이터 처리의 원리

1 디지털의 개념

(1) 디지털과 아날로그의 개념

일상생활에서 찾아보면 쉽게 이해할 수 있다. 즉, 몸무게를 재는 저울이 있을 때, 숫자로 표시가 되면 디지털, 측정 바늘이 움직여 눈금이 그려진 판을 가리키면 아날로그이다. 시계의 경우에도 숫자로 시간이 표시되면 디지털, 눈금이 그려진 동그란 바탕 위에 시계 바늘이 움직이면 아날로그이다.

(2) 불연속적인 값의 디지털

디지털은 근본적으로 '불연속적'인 값으로 표시된다. 즉, 어떤 최소 단위가 정해졌을 때, 그 최소 단위보다 세분된 값은 없는 것으로 간주한다. 반대로 아날로그에서는 최소 단위 자체가 원칙적으로 정해지지 않는다. 예를 들어 100분의 1초까지 잴 수 있는 초시계가 있다면 디지털은 0.001초는 있으나 그 이하의 값은 표시할 수 없다. 반대로, 부드럽게 돌아가는 아날로그 초시계의 바늘은 0.001초와 0.002초 눈금 사이의 어떤 공간에 멈출 수도 있다. 이런 경우, 우리는 오차 범위에서의 근삿값을 구하여 값을 말한다.

○ 아날로그   ○ 디지털

2 컴퓨터 내부 신호의 세계

(1) 디지털 신호

컴퓨터 내부 회로에서 발생하는 신호들은 모두 디지털 신호이다. 즉, 이것도 저것도 아닌 값은 존재할 수 없다.

(2) 이진법 체계

컴퓨터 내부의 수 체계는 이진법을 사용한다. 이진법은 '0'과 '1'로만 이루어지는 수 체계이다. 일상생활에서 사용하는 10진법 숫자 2는 컴퓨터 내부에서 '10'으로 변환되어 처리된다.

(3) 약속에 의한 지배

컴퓨터 내부의 세계는 수많은 약속에 의해 지배된다. 즉, '10110011010101 101001'이라는 이진법 숫자가 입력되면 글자 '수'라고 표시하자고 약속될 경우, 컴퓨터 내부에서 '10110011010101101001'은 실제 세계에서 '수'라는 글자와 같은 의미가 된다. 컴퓨터 내부에서는 어떻게든 '0' 또는 '1'을 구분하여 표시할 수 있다면 수많은 약속을 통해 그 어떤 표현도 가능하게 된다.

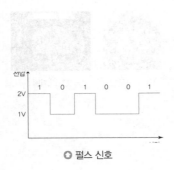

선압

2V ┐ 1   0   1   0   0   1

1V

○ 펄스 신호

- 중심 도선에 전류가 오른쪽으로 흐른다.
- 자기장이 유도되어 주변 고리가 자화된다.
- 전류가 끊겨도 자화 상태가 남는다.
- 이 상태를 '1'이 기억된 것으로 약속한다.

- 중심 도선에 전류가 왼쪽으로 흐른다.
- 자기장이 유도되어 주변 고리가 자화된다.
- 전류가 끊겨도 자화 상태가 남는다.
- 이 상태를 '0'이 기억된 것으로 약속한다.

3 전기 신호 발생을 통한 표현

(1) 전기적인 신호
컴퓨터 내에서 '0'과 '1'의 표현은 전기적인 신호로 구분할 수 있다. 예를 들어 1초마다 전류를 끊어서 흘려보내자고 약속한 다음, 구분된 1초 동안 2V 전압의 전류를 발생시키면 '1', 1V 전압의 전류를 발생시키면 '0'을 나타낸다고 약속할 수 있다. 이때 발생되는 전기적 신호를 보통 '펄스(pulse)'라고 부른다.

(2) 규약을 통한 정보표현
펄스 신호와 미리 정해 둔 약속에 따라 숫자 0과 1은 표현될 수 있으며 이들의 조합과 미리 약속된 규약에 따라 어떤 정보든 표현을 할 수 있게 된다.

4 신호의 기억

(1) 신호의 기억방법
전기적인 신호를 기억해두는 방법은 다양한 물리학적 현상을 통해 가능하게 된다. 전류가 흐르게 되면 전류에 의한 자기장 및 자기장에 의한 일정 방향의 유도 전류가 형성되는데, 이를 이용하면 0과 1을 기억할 수 있게 된다. 최초의 전기적 기억 매체인 '자기 코어'가 이와 같은 원리로 정보를 기억할 수 있었다.

(2) 기억매체
자기 물질이 도포된 디스크나 테이프에 '녹음'과 같은 원리로 미시적 입자들에게 극성을 주면 0 또는 1이 '녹음' 형식으로 기억된다.
① 광 디스크 : 얇은 실리콘 박막에 미세 구멍을 뚫어 레이저 빛을 통과시키거나 차단시켜서 정보를 기억시키거나 읽어낼 수 있다.
② 반도체 : 미세 소자 내부의 전자 흐름에 대한 물리적 성질을 이용하여 스위치 역할을 할 수 있으며 이를 통해 구성한 회로를 통해 0과 1을 표현하고 기억시킬 수 있다.

5 코드

(1) 코드의 의미
코드는 앞에서 이야기한 다양한 약속에 해당한다. 즉, 어떤 특정한 2진수의 배치를 어떤 특정한 신호로 약속한 '법전'과 같은 것을 의미한다. 그러므로 '한글 코드'라 함은 한글의 자음과 모음 또는 완성된 글자 하나하나를 어떤 특정한 2진수로 대응시켜 놓은 약속표 또는 약속 내용 그 자체를 의미한다.

(2) ASCII 코드
문자와 숫자에 대한 세계 표준 코드로 ASCII 코드가 제정되어 사용되고 있으며, 알파벳과 아라비아 숫자, 기본 특수 문자에 대해 규정하고 있다. 특수 문자를 제외한 알파벳과 아라비아 숫자의 ASCII 코드표는 다음과 같다.

문 자	10진수	16진수	2진수	문 자	10진수	16진수	2진수
0	48	30	110000	V	86	56	1010110
1	49	31	110001	W	87	57	1010111
2	50	32	110010	X	88	58	1011000
3	51	33	110011	Y	89	59	1011001
4	52	34	110100	Z	90	5A	1011010
5	53	35	110101	a	97	61	1100001
6	54	36	110110	b	98	62	1100010
7	55	37	110111	c	99	63	1100011
8	56	38	111000	d	100	64	1100100
9	57	39	111001	e	101	65	1100101
A	65	41	1000001	f	102	66	1100110
B	66	42	1000010	g	103	67	1100111
C	67	43	1000011	h	104	68	1101000
D	68	44	1000100	i	105	69	1101001
E	69	45	1000101	j	106	6A	1101010
F	70	46	1000110	k	107	6B	1101011
G	71	47	1000111	l	108	6C	1101100
H	72	48	1001000	m	109	6D	1101101
I	73	49	1001001	n	110	6E	1101110
J	74	4A	1001010	o	111	6F	1101111
K	75	4B	1001011	p	112	70	1110000
L	76	4C	1001100	q	113	71	1110001
M	77	4D	1001101	r	114	72	1110010
N	78	4E	1001110	s	115	73	1110011
O	79	4F	1001111	t	116	74	1110100
P	80	50	1010000	u	117	75	1110101
Q	81	51	1010001	v	118	76	1110110
R	82	52	1010010	w	119	77	1110111
S	83	53	1010011	x	120	78	1111000
T	84	54	1010100	y	121	79	1111001
U	85	55	1010101	z	122	7A	1111010

6 논리 연산과 게이트

(1) 전자기적으로 가능한 참과 거짓의 판단

'참'과 '거짓'은 이진법의 '1'과 '0'으로 대응시킬 수 있다. 이를 통해 논리 수학적인 연산이 가능한데, 중요한 것은 논리 연산을 종류별로 수행시킬 수 있는 회로가 개발되었고 이를 사용할 수 있다는 것이다. 즉, 사람의 머릿속에서나 가능했던 '참', '거짓'의 판단이 전자기적으로 가능하게 되었다는 뜻이다.

(2) 게이트

① 의의 : (1)과 같은 역할을 해주는 전기 회로들을 '게이트(Gate)'라고 한다.

② 게이트의 역할 : 게이트는 'AND', 'OR', 'NOT'과 같은 논리적 연산을 가능하게 한다. 예를 들어, 어떤 명제의 값이 '참'인데 이 신호가 'NOT' 게이트를 거치게 되면 '거짓' 값으로 바뀐다. 이를 전자기적 현상으로 바꾸어 말하면, '1' 값으로 약속된 전기 신호가 'NOT' 게이트를 통과하면 '0' 값으로 바뀌어 나오게 된다.

AND			OR			NOT	
입력값1	입력값2	결 과	입력값1	입력값2	결 과	입력값	결 과
0	0	0	0	0	0	0	1
0	1	0	0	1	1	1	0
1	0	0	1	0	1		
1	1	1	1	1	1		

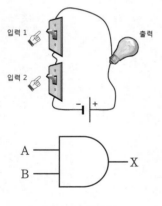

◎ AND 게이트 기호

③ AND 게이트의 구현방법 : AND 게이트를 구현하기 위해서는 다음 회로와 같이 스위치 두 개를 연결하면 된다. 입력1과 2의 스위치를 모두 ON으로 해야만 전구에 불이 들어오고 하나라도 스위치가 작동되지 않으면 불이 들어오지 않게 된다. 즉, AND 연산을 하는 것과 동일한 결과를 나타낸다. 여기서 스위치를 작동시키는 역할은 전자석을 이용한 릴레이, 트랜지스터, 집적회로, 고밀도 집적회로 등으로 발전되어 매우 작은 전자회로로 만들 수 있게 되었다. 왼쪽 그림은 AND 게이트 기호이다.

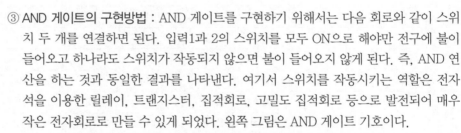

④ 좀 더 복잡하게 AND · OR · NOT 논리 소자를 조합시키면 2진수 1자리의 덧셈을 계산하는 회로가 될 수 있다.

⑤ 논리 소자들은 하나의 작은 스위치와 동일한 것이기 때문에 전기적인 제어를 처리할 수도 있다.

⑥ 이와 같은 게이트들의 조합에 의해 복잡한 논리적 연산이 가능하게 되며 이와 같은 연산들이 매우 빠르게 수행되어 명령어가 해독되거나 모니터 위에 워드프로세서로 문서를 작성하는 것과 같은 복잡한 일들이 컴퓨터로 처리될 수 있는 것이다.

03 데이터 통신 기술의 발달

(1) 데이터 통신의 의미

유 · 무선 통신 매체를 통해 컴퓨터 내부에서 처리될 수 있는 신호들을 먼 거리에서 주고받는 것을 의미한다.

(2) 아날로그 신호의 디지털화

아날로그 신호와 디지털 신호를 모두 사용하지만, 컴퓨터 내부에서 처리되기 위해서는 아날로그 신호도 디지털 신호로 변경되어야 하므로 별도의 장치들이 필요하게 된다.

(3) 통신기술의 발달

통신의 필요성이 점차 강화되고 한정된 매체 자원으로 많은 양의 통신이 가능하도록 다양한 기술들이 개발되고 있다.

○ 통신기기

(4) 통신자원의 분배기기

먼 거리에서 신호의 감쇠 없이 양질의 통신이 이루어져야 하기 때문에 중계 및 증폭 등의 기능을 갖는 장비들이 중간에 설치되어야 하며, 여러 사람들이 동시에 사용할 수 있도록 통신 자원을 분배해 줄 수 있는 기기들도 필요하다.

(5) 보안 기술의 필요

무선 통신의 경우 안테나를 통해 신호를 잡을 수 있기 때문에 보안성이 취약한데, 이를 극복하기 위해 보안 기술도 강화되고 있다.

(6) 프로토콜

데이터 통신이 원활히 이루어지려면 서로 신호를 아무 이상 없이 주고받을 수 있도록 약속을 지키는 것이 중요한데 통신에 대한 필요성 및 용도가 다양해지면서 통신을 위한 약속(이를 '프로토콜'이라 한다)이 증대되고 표준화되고 있다. 이와 같은 약속이 더욱 구체화되고 효율적으로 바뀌어 가는 과정이 바로 통신 기술의 발달 과정이라 해도 과언이 아니다. 이와 같은 관점에서 통신 방식을 공부하는 것이 바로 통신 규약을 공부하는 것과 다르지 않다.

04 프로그래밍

1 프로그램의 작성 및 작동

(1) 프로그램의 의미와 번역 과정

프로그램은 컴퓨터를 작동시키기 위한 명령어들의 순서를 잘 구성하여 구체적인 기능을 수행할 수 있도록 해주는 작동 매뉴얼과 같다. 그런데 프로그램을 통해 컴퓨터를 동작시키려면 컴퓨터가 알아듣는 언어와 사람이 사용하는 언어가 다르기 때문에 번역 과정이 필요하다.

(2) 프로그래밍 언어

① **프로그램의 작동순서** : 컴퓨터 실행 계획이 세워지면 프로그래머는 사람이 사용하는 언어와 비슷한 프로그래밍 고급 언어를 이용하여 프로그램을 작성한다. 이 프로그램 소스코드는 번역 과정(컴파일)을 통해 어셈블리어로 변환되며, 어셈블러의 번역에 의해 컴퓨터가 알아들을 수 있는 2진수 데이터의 기계어로 변환된다. 2진수 데이터 형태의 최종 프로그램은 순차적으로 기억장치에 올려진 다음, CPU에 의한 연산을 통해 정해진 순서대로 실행된다.

② **프로그래밍 언어의 발달** : 초기에는 기계어로 직접 프로그래밍하거나 기계어에 가까운 어려운 언어(어셈블리어)를 가지고 프로그램을 작성하였지만 시간이 지나면서 일상생활에서 사용하는 언어에 가까운 프로그래밍 언어(고급 언어)들이 개발되어 작업이 수월하게 되었다.

③ **대표적인 고급 프로그래밍 언어** : C언어, JAVA 등이 있다.

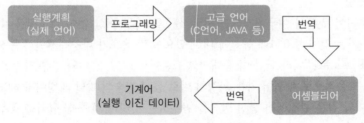

[프로그래밍 언어의 발달]

④ **규정된 문법의 준수** : 실제 언어로 설명되는 실행 계획을 고급 언어로 프로그래밍하기 위해서는 엄격히 규정된 문법을 지켜야만 한다. 만일, 문법에 오류가 발생하면 번역이 불가능하여 어셈블리어로 컴파일되지 못한다.

2 프로그래밍 환경 구축

C언어를 사용하여 프로그램을 작성하기 위해 무료로 제공되는 DEV C++ 개발 환경을 다음과 같은 순서로 구축하면 C언어 프로그램 작성이 가능하다.

(1) 설치 프로그램 다운로드

https://sourceforge.net/projects/orwelldevcpp/

(2) 설치하기

① 설치 언어를 선택한다.

② 사용권 계약에 동의한다.

③ 설치 구성요소를 모두 선택하고 '다음'을 클릭한다.

④ 설치 폴더를 선택한 후 '설치' 버튼을 클릭한다.

⑤ 파일이 설치된다.

⑥ 개발 환경 사용자를 지정 범위를 선택한다.

⑦ 설치 완료를 위해 '마침' 버튼을 클릭하면 개발환경이 실행된다.

⑧ 초기 실행 조건을 세팅한 후 개발환경을 실행시킨다.

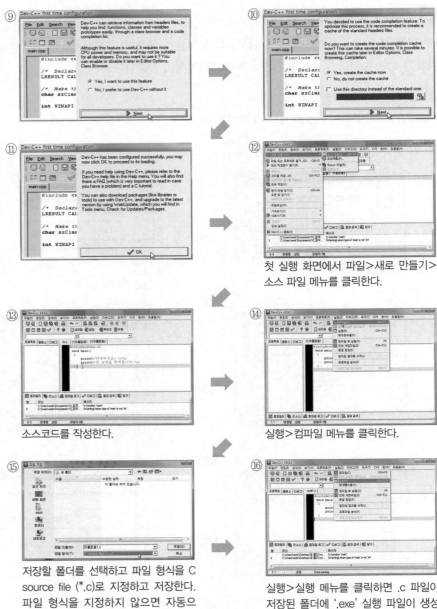

첫 실행 화면에서 파일>새로 만들기>
소스 파일 메뉴를 클릭한다.

소스코드를 작성한다.

실행>컴파일 메뉴를 클릭한다.

저장할 폴더를 선택하고 파일 형식을 C
source file (*.c)로 지정하고 저장한다.
파일 형식을 지정하지 않으면 자동으
로 cpp 파일(C++)로 컴파일되므로 주의
한다.

실행>실행 메뉴를 클릭하면 .c 파일이
저장된 폴더에 '.exe' 실행 파일이 생성
되고 자동으로 코딩한 프로그램이 실행
된다.

컴퓨터일반

PART 01

컴퓨터 구조 일반

05 컴퓨터의 역사

1 컴퓨터의 태동

(1) 기계식 계산기

① **파스칼린(Pascaline)** : 프랑스의 블레즈 파스칼(Blaise Pascal)이 1642년에 제작한 최초의 자동 계산용 기계로, 톱니의 회전으로 가감산을 할 수 있다.

② **라이프니츠의 계산기** : 1673년 라이프니츠(Gottfriend Wilhelm Leibniz)가 제작한 4칙연산 범용 계산기로, 탁상 계산기의 시조라 할 수 있다.

③ **바베지의 해석기관** : 1800년대에 태어난 영국의 바베지(Charles Babbage)는 당시의 기술로는 완성할 수 없었으나 현재와 흡사한 컴퓨터 설계를 1834년에 완성하였다. 산술연산을 담당하는 밀(mill), 기억 기구인 스토어(store), 제어 기구 및 입출력 기능을 갖고 있다. 특히, 연산 순서를 자동으로 제어하는 방법은 오늘날 전자계산기의 원리로 높이 평가받고 있다.

④ **홀러리스의 펀치카드 시스템** : 미국의 조세국 직원 홀러리스(Herman Hollerith)는 여론조사 자료를 정리하기 위해 1888년 카드 분류기와 회로 개폐 장치, 기계적 계수기로 구성된 펀치 카드 시스템을 고안하였다. 이 원리는 현재도 변형되어 OMR, OCR, MICR 등의 형태로 이용되고 있다.

⑤ **MARK 1** : 최초의 범용 전기기계식 계산기로, 1944년 하버드대학교의 물리학 교수인 에이큰(Howard Aiken)이 완성하였다. 명령과 데이터를 종이 테이프에 천공하여 부여하였으며 1,000마력의 모터를 이용하였다. 오늘날 컴퓨터의 원조가 되었다.

(2) 전자식 계산기

① **ENIAC(Electronic Numerical Integrator and Calculator)** : 최초의 전자식 계산기로, 1946년 미국 펜실베니아 대학교의 존 머클리(John Mauchly)와 대학원생이었던 프레스퍼 에커트(Presper Eckert)에 의해 만들어졌다. 17,000여 개의 진공관을 사용하여 계산 속도는 MARK1보다 1,000배나 빨랐으나 프로그램 변경을 위해 많은 스위치 조작이 필요했으므로 비능률적이었다. 설치 면적이 약 140평방미터나 되었다.

② **EDSAC(Electronic Delay Storage Automatic Computer)** : 1949년 영국의 캠브리지 대학의 폰 노이만(John Von Neumann)과 윌키스(Maurice Vincent Wilkes)가 제작한 최초의 프로그램 내장 방식의 컴퓨터이다. 노이만은 헝가리의 수학자로 1945년 능률적 컴퓨터 제작을 위해서는 CPU, 제어장치, 기억장치, 입력장치, 출력장치 등 5가지 요소로 구성되어야 한다는 '프로그램 내장 방식'을 처음 주창한 바 있다. 이는 오늘날과 같은 방식의 컴퓨터라 할 수 있다.

폰 노이만의 주요 설계 개념
2진수 체계의 사용 / 프로그램 및 데이터의 내장

③ EDVAC(Electronic Discrete Variable Automatic Computer) : 1950년 ENIAC을 개발했던 미국 펜실베니아 대학교의 존 머클리와 프레스퍼 에커트, 그리고 폰 노이만이 개발한 프로그램 내장 방식의 컴퓨터로 연산처리 제어 명령이 저장되어 동작되도록 설계하였다. 이 컴퓨터의 설계 및 동작 원리는 '폰 노이만식 컴퓨터'로 자리잡게 되었고 오늘날의 컴퓨터가 이 방식을 따르게 되었다.

④ UNIVAC 1(UNIVersal Automatic Computer) : 1951년 진공관식으로 제작한 최초의 상용 컴퓨터로, 제1세대 컴퓨터의 시초이다. ENIAC을 개발했던 머클리와 에커트가 설립한 일렉트로닉스 컨트롤社에서 개발되어 미국 여론 조사국에 설치되었다. 최초의 문자 처리 기능이 추가된 범용 컴퓨터이다.

2 세대별 컴퓨터의 발전 2012

전자식 컴퓨터의 발명이 이어지면서 실제 상업용으로 컴퓨터가 제작되기 시작한 것은 1950년 이후이다. 이때부터는 기억소자 및 처리속도 등에 따라 세대를 구분하여 부르고 있다.

MIPS(Million Instructions Per Second)
1초당 100만 개 단위의 명령어 연산을 하는 프로세서의 처리속도를 말한다. 컴퓨터의 성능을 나타낼 때 사용한다.

트랜지스터(transistor)
반도체를 이용하여 전자 신호 및 전력을 증폭하거나 스위칭하는 데 사용되는 반도체소자이다.

집적된 게이트 수에 따른 집적회로의 구분
SSI(Small-scale) : 소규모 집적회로, 1~10개 정도의 게이트 포함
MSI(Medium-scale) : 중규모 집적회로, 10~100개 정도의 게이트 포함
LSI(Large-scale) : 대규모 집적회로, 100~수천 개 이상의 소자 포함
VLSI(Very-Large-scale) : 초대규모 집적회로, 만~백만 개 정도의 소자 포함

세 대	처리속도	기억소자	시 기	특 징
제1세대	$1/10^3$초 (ms, 밀리초)	진공관	1951~58	• UNIVAC 1의 등장 • 일괄 처리 • 사용언어 : 저급 언어(기계어, 어셈블리어)
제2세대	$1/10^6$초 (μs, 마이크로초)	트랜지스터 (TR)	1959~64	• 운영체제(OS)의 등장 • 사용언어 : 고급 언어(COBOL, FORTRAN)
제3세대	$1/10^9$초 (ns, 나노초)	집적회로 (IC)	1964~70	• 시분할 처리 시스템의 등장 • 사용언어 : BASIC, PASCAL
제4세대	$1/10^{12}$초 (ps, 피코초)	고밀도 집적회로 (LSI)	1971~82	• 마이크로프로세서(micro processor)와 개인용 컴퓨터(PC)의 등장 • 사용언어 : C
제5세대	$1/10^{15}$초 (fs, 펨토초)	초고밀도 집적회로 (VLSI)	1983~	• 인공지능(AI), 광컴퓨터, 신경망 컴퓨터 • 사용언어 : Visual C, Visual Basic, Java, Delphi

3 최신 컴퓨터 관련 기술 2019 2016

컴퓨터가 발명되고 상용화, 개인화되면서 인간의 문명은 매우 빠른 속도로 발전하고 있으며 산업뿐 아니라 사회 전반에 걸쳐 큰 영향을 미치고 있다. 최근 새로운 융합적 컴퓨터 기술 개념이 새롭게 나타나고 있으며 변화에 대응하지 못하는 경우 쉽게 사라지기도 한다. 최근 각광받고 있는 IT 기술을 소개하면 다음과 같으며 이후에도 새롭게 등장하는 기술들의 개념을 주의 깊게 살펴두도록 한다.

(1) 빅데이터(Big Data)

빅데이터는 말 그대로 대규모의 데이터를 지칭한다. 요즘의 컴퓨터와 네트워크 환경에서는 위치정보, SNS를 통한 개인의 활동 등 알게 모르게 다양한 데이터가 생산된다. 이들을 조합하여 분석하면 다양한 목적에 의한 경향 분석이 가능하다. 즉, 빅데이터는 방대한 규모이면서 생성 주기가 짧은 대규모 데이터들의 집합을 의미하며 이를 분석, 가공하여 기업의 고객관리 등에 활용하는 것을 말한다.

(2) 딥 러닝(Deep Learning)

실제 사람과 같이 생각하고 학습하는 컴퓨터 기술을 의미한다. 잘 짜인 프로그램에 의해 정해진 기능을 실행해 내는 수준을 넘어, 스스로 생각하고 자신이 탐색할 수 있는 데이터베이스를 통해 알맞은 상황 판단을 하고 필요한 내용을 배워 올바른 정보 운용이 가능한 상태를 말한다. 2016년 IT 업체 구글에서 개발한 인공지능 컴퓨터 알파고와 이세돌의 바둑대결이 화제가 된 바 있는데, 알파고에 적용된 기술이 바로 딥 러닝이다.

(3) 사물 인터넷(IoT ; Internet of Things)

사람과 사람 사이의 인터넷을 넘어 사람과 사물, 사물과 사물 사이에 인터넷이 연결되어 사람의 개입이 없이도 사물이 알아서 정보를 유통하고 이를 사용하는 네트워크 환경을 말한다. 사물 인터넷의 핵심 기술은 사물의 상태를 정확하게 인지할 수 있는 센서 기술과 인터페이스 기술에 있다. 자동차가 운전자의 판단보다 먼저 대응하는 스마트 카, 주거 환경이 알아서 조절되는 스마트 홈 서비스 등이 사물 인터넷 기반 서비스의 예이다.

(4) 클라우드 컴퓨팅(Cloud Computing)

인터넷 상의 서버에 데이터를 저장하고 개인이 가지고 있는 정보기기에는 임시로 데이터를 저장하는 형태를 말한다. 이와 같은 컴퓨터 환경을 '클라우드 컴퓨팅'이라 하며, 자료를 저장하는 서버는 '클라우드 서버', 이와 같은 서비스를 '클라우드 서비스'라 한다. 가상화 기술, 서비스 프로비저닝(provisioning) 기술, 과금 체계 등을 필요로 한다. 서비스 모델은 다음처럼 구분한다.

① SaaS(Software as a Service, 서비스로서의 소프트웨어) : 소프트웨어를 웹에서 쓸 수 있게 빌려준다.

② IaaS(Infrastructure as a Service) : 서버와 스토리지, 네트워크 장비 등의 IT 인프라 장비를 빌려준다.

③ PaaS(Platform as a Service) : 프로그램 개발을 위한 플랫폼을 빌려준다.

빅데이터의 3V
- Volume(규모)
- Variety(다양성)
- Velocity(속도)

텐서플로우(TensorFlow)
구글에서 머신러닝에 대한 접근성을 높이기 위해 개발 및 공개한 흐름기반 오픈소스 라이브러리로 수치계산 및 대규모 머신러닝에 활용할 수 있다.

노드레드(Node-RED)
IBM에서 개발한 시각 프로그래밍을 위한 흐름기반 개발 도구로 하드웨어 장치들을 사물인터넷의 일부로 배선화하는데 활용된다.

서비스 프로비저닝(provisioning) 기술
사용자의 요구에 맞게 시스템 자원을 할당, 배치, 배포해 두었다가 필요시 시스템을 즉시 사용할 수 있는 상태로 미리 준비해 두는 것을 말한다.

실세계
가상이 아닌 실제로 어떤 현상이 발생하는 환경의 총칭으로, 주로 컴퓨터상의 그것과 대비되는 의미로 사용한다.

합성곱 신경망(Convolutional Neural Networks, CNN)
인간의 시신경을 모방하여 만든 딥러닝 구조로 입력된 이미지로부터 이미지의 고유한 특징을 부분으로 나누어 추출한 뒤 종합적으로 이미지를 분류한다. 전처리가 추가된 다층퍼셉트론으로 볼 수 있다.

(5) 증강현실(AR ; Augmented Reality)

실세계에 가상의 이미지를 겹쳐 혼합된 시각적 효과를 내주는 기술이다. 예를 들어, 스마트폰 화면을 실제 상점에 비추었을 때, 그곳에서 취급하는 상품을 보여준다면 이는 증강현실 기술이다. 일부 지리정보를 융합한 증강현실 게임의 경우 특정한 장소에 있는 사용자의 스마트폰으로 일정한 지점을 비추었을 때 화면에 생성된 게임 아이템을 획득하기도 한다. 엔터테인먼트뿐 아니라 재난 대피 등과 같은 분야에서 발전이 기대되는 기술이다.

(6) 인공신경망(ANN ; Artificial Neural Network)

① 특 징
   ㉠ 사람 또는 동물 두뇌의 신경망에 착안하여 구현된 컴퓨팅 시스템의 총칭이다.
   ㉡ 뉴런 간 연결 가중치(connection weight)를 조정하여 학습한다.
   ㉢ 생물학적 뉴런 망을 모델링한 방식이다.
② 퍼셉트론(perceptron) **2019** **2018**
   ㉠ 뇌의 학습 기능을 모델화하여 반복적 학습을 수행하여 특정 목적에 맞추어 가는 학습기계이다. 프랭크 로젠블라트(Frank Rosenblatt)가 고안한 것으로, 인공신경망 및 딥 러닝의 기반이 되는 알고리즘이다.
   ㉡ 뉴런 간 연결 가중치(connection weight)를 조정하여 학습한다.
   ㉢ 단층 퍼셉트론(Single-Layer Perceptron ; SLP)에서는 XOR(Exclusive-OR, 배타적 합) 연산이 불가능하지만, 다층 퍼셉트론(Multi-Layer Perceptron ; MLP)에서는 XOR 연산이 가능하다. 다층 퍼셉트론의 3계층은 입력 층, 출력 층, 은닉 층으로 구성된다.
   ㉣ 맵리듀스(MapReduce) : 대용량 데이터를 분산 처리하기 위한 목적으로 구글에서 개발한 프로그래밍 모델이다. 대표적인 대용량 데이터 병렬처리 기법의 하나다.

(7) 디지털 포렌식(Digital Forensic)

디지털 저장매체 또는 인터넷상에 남아 있는 각종 정보를 분석해 범죄 단서를 찾는 수사기법을 말한다. 최근 개인 휴대 정보기기와 네트워크 기술의 발달로 실세계의 행위가 SNS와 같은 네트워크 내 또는 개인 저장매체 내에 흔적을 남기게 됨에 따라 중요한 수사기법으로 대두되고 있다.

(8) 유비쿼터스 컴퓨팅(Ubiquitous Computing)

언제, 어디서나 네트워크를 통해서 컴퓨터를 사용할 수 있는 환경을 의미하는 용어이다. 유비쿼터스 관련 응용 컴퓨팅 기술은 다음과 같다.
① 감지(sentient) 컴퓨팅 : 컴퓨터가 센서 등을 이용하여 사용자의 행위 또는 주변 환경을 인식하여 필요 정보를 제공하는 기술이다.
② 노매딕(nomadic) 컴퓨팅 : 네트워크 연결의 제약 없이 네트워킹의 이동성을 극대화하여 어디에서나 컴퓨터를 사용할 수 있게 하는 기술이다.

③ 퍼베이시브(pervasive) **컴퓨팅** : 컴퓨터가 도처에 편재되도록 하는 기술이다.

④ 웨어러블(wearable) **컴퓨팅** : 컴퓨터 착용을 통해 컴퓨터를 인간 몸의 일부로 여길 수 있도록 하는 기술이다.

⑤ 임베디드(embedded) **컴퓨팅** : 사물에다 컴퓨터 칩 등을 심어 사물을 지능화하는 컴퓨팅을 말한다.

⑥ 1회용(disposable) **컴퓨팅** : 컴퓨터가 1회용품처럼 가격이 매우 저렴할 수 있도록 실현하는 기술이다.

⑦ 엑조틱(exotic) **컴퓨팅** : 컴퓨터 스스로 생각하여 현실세계와 가상세계를 연계해주는 컴퓨팅을 실현하는 기술이다.

(9) RFID(Radio Frequency Identification)

무선 주파수(RF ; Radio Frequency)를 이용하여 반도체 칩이 내장된 태그, 라벨, 카드 등의 저장된 데이터를 비접촉으로 읽어내는 인식시스템이다.

01 2019 계리직

RISC(Reduced Instruction Set Computer)에 대한 설명으로 옳은 것의 총 개수는?

> ㄱ. 칩 제작을 위한 R&D 비용이 감소한다.
> ㄴ. 개별 명령어 디코딩 시간이 CISC(Complex Instruction Set Computer)보다 많이 소요된다.
> ㄷ. 동일한 기능을 구현할 경우, CISC보다 적은 수의 레지스터가 필요하다.
> ㄹ. 복잡한 연산을 수행하려면 명령어를 반복수행하여야 하므로 CISC의 경우보다 프로그램이 복잡해진다.
> ㅁ. 각 명령어는 한 클럭에 실행하도록 고정되어 있어 파이프라인 성능을 향상시킬 수 있다.
> ㅂ. 마이크로코드 설계가 어렵다.
> ㅅ. 고정된 명령어이므로 명령어 디코딩 속도가 빠르다.

① 2개
② 3개
③ 4개
④ 5개

02 2008 계리직

다음 중 시스템 소프트웨어로 옳지 않은 것은?

① 윈도우 XP
② 리눅스
③ 워드프로세서
④ 컴파일러

03 2018 계리직

다음에서 설명하는 용어로 가장 옳은 것은?

> 프랭크 로젠블라트(Frank Rosenblatt)가 고안한 것으로, 인공 신경망 및 딥 러닝의 기반이 되는 알고리즘이다.

① 빠른 정렬(Quick Sort)
② 맵리듀스(MapReduce)
③ 퍼셉트론(Perceptron)
④ 디지털 포렌식(Digital Forensics)

04 2019 계리직

㉠과 ㉡에 들어갈 용어로 바르게 짝지은 것은?

> (㉠)은/는 구글에서 개발해서 공개한 인공지능 응용프로그램 개발용 오픈소스 프레임워크이다. 이 프레임워크를 사용할 때 인공지능 소프트웨어가 이미지 및 음성을 인식하기 위해서는 신경망의 (㉡) 모델을 주로 사용한다.

	㉠	㉡
①	텐서플로우	논리곱 신경망
②	알파고	퍼셉트론
③	노드레드	인공 신경망
④	텐서플로우	합성곱 신경망

05 [2018 국가직]

인공신경망에 대한 설명으로 옳은 것만을 모두 고른 것은?

> ㄱ. 단층 퍼셉트론은 배타적 합(Exclusive–OR) 연산자를 학습할 수 있다.
> ㄴ. 다층 신경망은 입력 층, 출력 층, 하나 이상의 은닉 층들로 구성된다.
> ㄷ. 뉴런 간 연결 가중치(Connection Weight)를 조정하여 학습한다.
> ㄹ. 생물학적 뉴런 망을 모델링한 방식이다.

① ㄱ, ㄴ, ㄷ
② ㄱ, ㄴ, ㄹ
③ ㄱ, ㄷ, ㄹ
④ ㄴ, ㄷ, ㄹ

01

ㄴ. RISC는 각 명령어들의 실행 사이클을 1사이클로 조정하여 CISC에서 각 명령어들의 실행 사이클이 제각각인 것을 보완하였다.

ㄷ. RISC는 메모리를 소스 혹은 타겟으로 쓸 수 없게 되면서 그 역할을 대체해야 하는 더 많은 레지스터가 필요하게 되었다.

ㅂ. RISC에서는 마이크로코드의 역할을 줄이고 이를 하드와이어 방식으로 처리한다. 복잡한 마이크로코드의 설계를 해야 하는 것은 CISC의 특성이다.　　　　　　　　　　　　　　　답 ③

02

• 시스템 프로그램 : 운영체제, 장치 드라이버, 데이터베이스 관리 시스템(DBMS), 언어번역기(컴파일러, 어셈블러, 인터프리터) 등
　– 운영체제 : Windows, 리눅스, DOS, 유닉스, iOS, 안드로이드 등
• 응용프로그램 : 사무용 프로그램(워드프로세서 등), 그래픽 프로그램, 게임 프로그램 등　　　　　　　　　　　답 ③

03

③ 퍼셉트론(Perceptron) : 뇌의 학습 기능을 모델화하여 수용층, 연합층, 반응층을 두고 반복적 학습을 수행하여 특정 목적에 맞추어가는 학습기계

② 맵리듀스(MapReduce) : 대용량 데이터를 분산 처리하기 위한 목적으로 Google에서 개발한 프로그래밍 모델로, 대표적인 대용량 데이터 병렬처리 기법

④ 디지털 포렌식(Digital Forensic) : 디지털 저장매체 또는 인터넷상에 남아 있는 각종 정보를 분석해 범죄 단서를 찾는 수사기법
　　　　　　　　　　　　　　　　　　　답 ③

04

• 알파고 : 구글의 딥마인드가 개발한 인공지능 바둑 프로그램으로 딥러닝 기술이 적용되었다.
• 노드레드 : 하드웨어 장치들을 사물인터넷의 일부로 배선화시키기 위해 개발한 플로 기반 개발 도구이다.
• 논리곱 신경망 : 논리곱은 주어진 복수 명제가 참인지 나타내는 논리 연산으로, 이를 이용한 신경망은 없다.
• 인공 신경망 : 사람 또는 동물 두뇌의 신경망에 착안하여 구현된 컴퓨터 시스템의 총칭이다.
• 합성곱 신경망 : 전처리가 추가된 다층퍼셉트론의 한 종류로 시각적 이미지 및 음성을 분석하는데 사용된다.　　답 ④

05

• 단층 퍼셉트론(Single–Layer Perceptron ; SLP) : XOR(Exclusive–OR, 배타적 합) 연산이 불가능하다.
• 다층 퍼셉트론(Multi–Layer Perceptron ; MLP) : XOR 연산이 가능하다. 다층 퍼셉트론의 3계층은 입력 층, 출력 층, 은닉 층으로 구성된다.　　　　　　　　　　　　　　　답 ④

06 [2013 국가직]

전통적인 폰 노이만(Von Neumann) 구조에 대한 설명으로 옳지 않은 것은?

① 폰 노이만 구조의 최초 컴퓨터는 에니악(ENIAC)이다.

② 내장 프로그램 개념(stored program concept)을 기반으로 한다.

③ 산술 논리연산장치는 명령어가 지시하는 연산을 실행한다.

④ 숫자의 형태로 컴퓨터 명령어를 주기억장치에 저장한다.

06

① 폰 노이만 구조의 최초 컴퓨터는 EDSAC이다.

答 ①

적중 예상 문제

01 정보량의 크기가 작은 것에서 큰 순서대로 바르게 나열한 것은? (단, PB, TB, ZB, EB는 각각 petabyte, terabyte, zettabyte, exabyte이다.)

① 1 PB, 1 TB, 1 EB, 1 ZB
② 1 PB, 1 TB, 1 ZB, 1 EB
③ 1 TB, 1 PB, 1 ZB, 1 EB
④ 1 TB, 1 PB, 1 EB, 1 ZB

02 사용자가 인터넷 등을 통해 하드웨어, 소프트웨어 등의 컴퓨팅 자원을 원격으로 필요한 만큼 빌려서 사용하는 방식의 서비스 기술은?

① 클라우드 컴퓨팅
② 소셜 네트워크
③ 웨어러블 컴퓨터
④ 유비쿼터스 센서 네트워크

03 정책 수립에 있어 중요성이 커지고 있는 빅데이터에 대한 설명으로 가장 옳지 않은 것은?

① 디지털 환경에서 생성되는 데이터로 규모가 방대하고, 생성 주기가 길며, 형태가 다양하다.
② 보건, 금융과 같은 분야의 빅데이터는 사회적으로 유용한 정보나 데이터 활용 측면에서 프라이버시 침해에 대한 대비가 필요하다.
③ 하둡(hadoop)과 같은 오픈 소스 소프트웨어 시스템을 빅데이터 처리에 이용하는 것이 가능하다.
④ 구글 및 페이스북, 아마존의 경우 이용자의 성향과 검색 패턴, 구매패턴을 분석해 맞춤형 광고를 제공하는 등 빅데이터의 활용을 증대시키고 있다.

04 다음 중 폰 노이만의 설계 개념의 핵심 내용에 해당하는 것은?

① 제어 및 연산 카드를 사용한다.
② 프로그램과 데이터를 내부에 저장한다.
③ 10진법을 사용한다.
④ 명령어를 선인출한다.

한눈에 보는 정답과 해설

01 데이터를 전송하거나 처리·저장하기 위해서 사용되는 가장 작은 단위는 0 또는 1을 나타내는 비트(bit)이다. 이 비트 8개를 하나로 묶어서 1바이트(byte)라고 한다.
1,024byte = 1KB이고 2^{10} = 1,024를 곱할 때마다 KB, MB, GB, TB, PB, EB, ZB 순으로 커지게 된다.

02 ② 소셜 네트워크 : 웹상에서 개인이나 집단이 하나의 노드가 되어서 각 노드와의 상호적인 관계를 통해 만들어지는 사회적인 관계 구조를 의미한다.
③ 웨어러블 컴퓨터 : 자유롭게 몸에 착용할 수 있는 형태의 컴퓨터를 말한다.

④ 유비쿼터스 센서 네트워크 : 여러 개의 센서 네트워크 영역에서 게이트웨이를 통하여 외부 네트워크에 연결되는 구조이다.

03 ① 데이터의 규모가 방대한 빅데이터의 환경에서는 데이터의 생성 주기가 점점 빨라지고 있다.
③ 하둡(hadoop) : 대량의 자료를 처리하는 큰 컴퓨터 클러스터에서 작동할 수 있는 분산 응용프로그램을 지원하는 자바 기반의 소프트웨어 프레임워크이다.

04 폰 노이만 설계 개념의 핵심은 프로그램 내장 및 2진법 적용이다.

01 ④ 02 ① 03 ① 04 ②

05 다음 중 슈퍼 컴퓨터에 대한 설명으로 옳지 않은 것은?

① 슈퍼 컴퓨터는 통상 면적이 140평방미터 이상이 되는 초대형 컴퓨터이다.
② 매우 복잡한 연산 처리를 위해 처리속도가 빠르다.
③ 메인프레임 컴퓨터의 일종이다.
④ 높은 성능이 필요한 특정한 분야에서 제한적으로 사용되는 경향이 있다.

06 다음 중 IC의 출현으로 나타난 특징이라 볼 수 없는 것은?

① 가격이 높아졌다.
② 전력 소모가 줄어들었다.
③ 신뢰도가 높아졌다.
④ 컴퓨터가 작아졌다.

07 다음 중 주기억장치의 특징이 아닌 것은?

① 보조기억장치에 비해 데이터 저장이 정적이어서 보통 저장 기간이 길다.
② 보조기억장치에 비하여 비트당 가격이 높다.
③ 전원 공급 시에만 제 역할을 할 수 있다.
④ 주로 반도체 기억 소자가 사용된다.

08 하드웨어와 응용소프트웨어를 연결하여 사용자의 편의를 도모해주는 프로그램이 아닌 것은?

① Windows
② 한컴 오피스
③ 리눅스
④ OSX

09 산술연산을 담당하는 밀(Mill), 기억 기구인 스토어(Store), 제어 기구 및 입출력 기능을 갖고 있는 '해석기관'을 설계한 사람은 누구인가?

① 홀러리스
② 바베지
③ 폰 노이만
④ 머클리

10 다음 중 컴퓨터 개발자와 관련된 설명이 옳게 짝지어지지 않은 것은?

① 홀러리스 – 여론조사 정리를 위한 펀치카드 시스템 개발
② 라이프니츠 – 최초의 가감산용 계산 기계 개발
③ 머클리, 에커트 – 최초의 전자식 계산기 개발
④ 폰 노이만과 윌키스 – 최초의 프로그램 내장 방식 컴퓨터 개발

11 다음 중 ENIAC에 대한 설명으로 옳지 않은 것은?

① 17,000여 개의 진공관을 이용한 최초의 전자식 계산기이다.
② 미국 펜실베니아 대학의 존 머클리와 프레스퍼 에커트가 제작하였다.
③ 프로그램 내장 방식을 이용하여 MARK1보다 속도가 1,000배나 빨랐다.
④ 본 제작자들은 향후에 보다 발전된 EDVAC을 개발하는 데에도 크게 기여했다.

12 다음 소프트웨어 중 성격이 다른 한 가지는?

① 시스템 운영체제
② 상용 사무 프로그램
③ 응용프로그램
④ ROM용 프로그램

13 다음 중 동일한 기준의 컴퓨터 구분으로 짝지어진 것이 아닌 것은?

① 슈퍼 컴퓨터 – 디지털 컴퓨터
② 범용 컴퓨터 – 전용 컴퓨터
③ 아날로그 컴퓨터 – 하이브리드 컴퓨터
④ 미니 컴퓨터 – 개인용 컴퓨터

14 다음 중 전자식 계산기에 대한 설명으로 옳지 않은 것은?

① EDSAC은 최초의 프로그램 내장 방식의 컴퓨터이다.
② EDSAC과 EDVAC은 프로그램 내장 방식인 점에서는 공통적이나, EDVAC은 연산처리 제어 명령이 저장되어 동작되도록 설계된 점에서 EDSAC과 차이가 있다.
③ 최초의 문자추리방식이 채택된 범용 컴퓨터는 EDVAC 이다.
④ 전자식 계산기는 ENIAC, EDSAC, EDVAC, UNIVAC 1 의 순으로 발달하였다.

 한눈에 보는 정답과 해설

05 슈퍼 컴퓨터는 하드웨어의 규모가 큰 것은 맞지만, 크기의 기준이 꼭 있는 것은 아니다. 140평방미터는 최초의 전자식 컴퓨터인 ENIAC의 규모이다.

06 IC는 저렴한 반도체를 원료로 하고 적은 양으로 대용량을 구사할 수 있어 경제성이 뛰어나다.

07 주기억장치는 CPU 연산에 필요한 코드 및 데이터를 일시적으로 저장하는 장치이므로 보조기억장치에 비해 저장 기간이 짧고 동적이다.

08 ②는 응용프로그램이다. ④의 OSX는 맥의 운영체제이다.

09 바베지는 해석기관을 설계하였으며, 이에 채용한 연산 순서를 자동으로 제어하는 방법은 오늘날의 전자계산기 원리로 높이 평가받고 있다.

10 최초의 가감산용 계산 기계는 파스칼에 의해 개발된 '파스칼린'이다. 라이프니츠는 4칙연산 범용 계산기를 최초로 개발하였다.

11 ENIAC은 속도가 빠르긴 했지만 프로그램 변경을 위해 많은 스위치 조작이 필요했으므로 비능률적이었다. 프로그램 내장 방식은 EDSAC이 최초이다.

12 시스템 ROM용 프로그램은 '하드웨어', '소프트웨어', '펌웨어' 구분 중 펌웨어에 해당한다. 나머지는 모두 소프트웨어이다.

13 슈퍼 컴퓨터는 처리 능력에 따른 구분이며, 디지털 컴퓨터는 처리 방식에 따른 구분이다.

14 최초의 문자추리방식이 채택된 범용 컴퓨터는 UNIVAC 1이다.

05 ① 06 ① 07 ① 08 ② 09 ② 10 ② 11 ③ 12 ④ 13 ① 14 ③

02 중앙처리장치

출제경향분석

• 인터럽트가 추가된 명령어 사이클의 순서(2016)   • 인터럽트 처리 과정의 이해(2014, 2012)
• 스택의 개념, 0-주소 명령어의 이해(2012)   • 마이크로 연산 개념의 이해(2010)
• CPU 작동 과정의 이해(2010)

01 중앙처리장치의 역할과 구조

컴퓨터일반 GO! 득점

1 중앙처리장치의 역할

중앙처리장치(CPU ; Central Processor Unit)는 컴퓨터의 두뇌에 해당하며 주기억장치에 저장되어 있는 프로그램 명령어 및 데이터를 해독하고 작업을 지시하는 역할을 한다. 구체적인 주요 기능을 정리하면 다음과 같다.

기 능	설 명
명령어 인출 (fetch instruction)	기억장치로부터 명령어를 읽어오는 것
명령어 해석 (interpreter instruction)	수행 동작 결정을 위해 명령어를 해독하는 것
자료 인출 (fetch data)	명령어 실행을 위해 기억장치 또는 입출력 모듈로부터 자료를 읽어오는 것
자료 처리 (process data)	자료에 대한 산술연산 또는 논리연산
자료 쓰기 (write data)	실행 결과를 기억장치 또는 입출력 모듈에 저장하는 것

2 CPU와 MPU

최초의 MPU
1971년 인텔社에서 개발한 4비트 수치 처리용 i4004 프로세서

원래 중앙처리장치(CPU)는 여러 개의 구성 요소들이 각각 나누어진 칩의 집합 형태로 만들어졌으나 기술이 발전함에 따라 단일 칩에 집약된 형태로 발전되어 현재는 마이크로프로세서(MPU ; Micro Processor Unit)의 형태로 자리잡았다.

3 중앙처리장치의 구성

(1) 중앙처리장치의 핵심 구성 요소

중앙처리장치는 산술 논리연산장치(ALU), 제어장치, 레지스터, 버스로 구성된다. 이들 간의 상호 연관성을 간단히 도식화하면 다음의 그림과 같다.

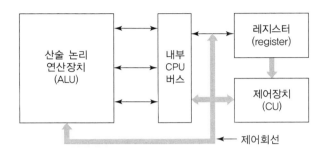

[CPU의 핵심 구성 요소]

(2) 산술 논리연산장치(ALU ; Arithmetic Logical Unit)

① 의의 : 산술연산과 논리연산을 수행하는 장치로, 중앙처리장치의 핵심 요소이다. 산술연산은 주로 사칙연산을 수행하며, 논리연산은 참과 거짓을 판명하는 연산으로 AND, OR, NOT, XOR 등의 연산이 이에 해당된다.

② 구성 : 산술 연산기, 논리 연산기, 보수기(complementer), 시프터(shifter), 자료의 일시 보관을 위한 레지스터, 상태 플래그 레지스터 등으로 구성된다.

(3) 제어장치(CU ; Control Unit)

① 의의 : CPU 내부에서 일어나는 작업을 관리하며 명령을 실행한다. 즉, 명령 레지스터의 내용에 따라 프로그램에서 제시하는 순서대로 수행되도록 한다. 이는 ALU의 동작 제어 신호 및 자료 이동 제어 신호를 제공하는 형태로 동작한다.

② 구성

장치	기능
프로그램 카운터(PC)	다음에 실행할 명령어의 주소를 기억하는 레지스터
명령 레지스터(IR)	명령 내용과 어드레스를 보관하는 레지스터로 명령부와 어드레스부로 구성된다. 명령부의 코드는 명령 해독기로 보내지고 어드레스부의 데이터는 주소 해독기로 보내져 해독된다.
부호기(Encoder)	명령 해독기에서 전송된 명령을 적합한 신호로 변환하여 각 장치로 전송하는 장치
명령 해독기 (ID ; Instruction Decoder)	명령을 해독하여 부호기로 해독 내용을 전송
주소 해독기 (AD ; Address Decoder)	명령 레지스터의 어드레스부에 기억되어 있던 주소 자료를 해독하여 데이터 레지스터로 신호를 보내는 장치

시프터(shifter)
ALU 출력을 출력 버스로 전달할 경우에 정보를 그대로 보낼 수도 있고, 오른쪽이나 왼쪽으로 자리 이동시킬 수도 있는 장치를 말한다.

어드레스(address)
0부터 시작되는 번호로, 프로그램이나 데이터를 저장하는 기억장치는 일정의 단위로 구획된다.

☑ Check Point
마이크로 프로그램 제어방식
명령어 해석장치가 해석한 매크로 명령어(Decoded Macro-instruction)를 다수의 마이크로 명령어(Micro-instruction)로 변환하여 구성장치들의 작업순서 및 타이밍을 제어한다.

(4) 레지스터(Register)

프로세서 내부의 기억장치를 말하는 것으로, 지금 사용 중이거나 곧 사용할 데이터를 저장하는 곳이다. 레지스터는 크게 사용자가 프로그래밍할 수 있는 레지스터와 운영체제 프로그램에 의해 사용되는 제어 및 상태 레지스터가 있다. 각각의 종류와 기능을 정리하면 다음 표와 같다.

범용 레지스터와 전용 레지스터

레지스터를 분류할 때, 범용 레지스터(GPR ; General-Purpose Register)와 전용 레지스터(DPR ; Dedicated-Purpose Register)로 분류하기도 한다. 범용 레지스터는 대부분 ALU와 연결되어 다양한 목적으로 쓰는 레지스터를 의미한다. 전용 레지스터는 특별한 목적을 가진 레지스터로 누산기, 상태 레지스터 등 많은 종류가 있다.

대분류	레지스터 형	기능
사용자 프로그램 레지스터	누산기(AC)	산술 및 논리연산 결과를 일시적으로 저장하는 기능
	스택 포인터(SP)	데이터 임시 저장을 위해 스택을 사용하는 시스템에서 자료의 입출력 장소 지정을 위해 스택 영역의 최상위 주소를 계산하는 기능
	어드레스 레지스터(AR)	기억 위치나 장치 어드레스를 기억하는 기능
	인덱스 레지스터(XR)	유효 주소의 내용을 계산하는 기능
	범용 레지스터(GR)	프로그래머에 의해 여러 가지 목적으로 사용될 수 있는 레지스터
	부동 소수점 레지스터	부동 소수점 연산에 사용되는 레지스터
	고정 소수점 레지스터	고정 소수점 연산에 사용되는 레지스터
제어 및 상태 레지스터	프로그램 카운터(PC)	순차적으로 수행되는 명령어의 주소를 지정해 주는 기능
	명령어 레지스터(IR)	기억장치에서 읽혀진 명령어를 일시적으로 기억하는 레지스터
	메모리 주소 레지스터(MAR)	저장하거나 읽어낼 기억장소의 주소를 가리키는 기능
	메모리 버퍼 레지스터(MBR)	MAR에 의해 지정된 기억장소에 저장시킬 자료나 기억장소에서 읽어낸 자료를 기억하는 기능
	상태 레지스터(SR)	CPU의 동작 도중 발생하는 상태를 표시하는 기능

(5) 버스(Bus)

CPU, 메모리, I/O장치 등과 데이터를 교환하기 위한 연결 통로를 말한다. 전송하는 정보에 따른 버스의 종류에는 주소 버스, 제어 버스, 데이터 버스가 있다. 각 기능과 특성을 정리하면 다음 표와 같다.

종 류	기능	방향성
주소 버스(Address Bus)	CPU 내에서 주소에 관한 신호를 전송한다.	단방향
제어 버스(Control Bus)	명령어의 수행을 위해 제어 신호를 전송한다.	단방향
데이터 버스(Data Bus)	연산에 필요한 자료를 전송한다.	양방향

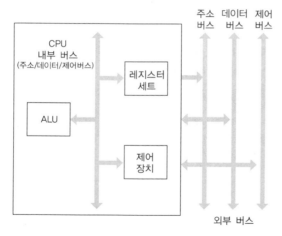

[내부 버스와 외부 버스]

02 명령어와 주소지정

1 명령어 및 명령어의 구성

(1) 명령어 및 명령어 집합

컴퓨터의 동작은 기계어에 의해 정의되며, 이는 고급 프로그램 언어로 작성된 프로그램을 번역한 것에 해당한다. 명령어는 기계어를 쉽게 이해할 수 있게 표현한 것을 말하며, 명령어 집합은 이와 같은 표현의 집합을 의미한다.

(2) 명령어의 구성

명령어는 동작코드와 오퍼랜드로 구성된다.

동작코드 부	오퍼랜드 부 (주소 부)

[일반적인 명령어 형식]

① **동작코드**(Op-code ; 오프코드) : 실행할 내용을 나타내는 구성 요소이다. 사칙연산, 보수연산, 입출력, 시프트, 비교 등 연산 명령의 종류를 표시한다. 동작코드가 n비트일 때 실행 가능한 연산 최대 수는 2^n이다.

② **오퍼랜드**(Operand) : '주소 부'로 부르기도 하며 명령어 실행에 필요한 자료의 저장 장소를 나타내주는 구성 요소이다. 저장 장소 지정 방식을 주소지정 모드 (addressing mode)라 하며 오퍼랜드에는 주소지정 모드가 포함되어 있다.

기계어
컴퓨터가 직접 읽을 수 있도록 이진법으로 이루어진 언어를 의미한다.

2 명령어의 종류

동작코드에 따른 명령어의 종류에는 데이터 전송 명령어, 데이터 처리 명령어, 프로그램 제어 명령어, 메모리 참조 명령어가 있다.

종 류	설 명	세분화 및 예시
데이터 전송 명령어	한 장소에서 다른 장소로 데이터를 옮기는 명령어로 기억 기능 및 입출력 기능을 갖는다.	Load, Store, Move, Exchange, Input, Output, Push, Pop
데이터 처리 명령어	산술연산과 논리연산 및 비트 처리, 시프트 등을 수행하는 명령어이다.	**산술연산** Increment, Decrement, Add, Subtract, Multiply, Divede, Add with carry, Subtract with borrow, Negate(2's complement) **논리연산 및 비트 처리** Clear, Complement, AND, OR, Exclusive—OR, Clear carry, Set carry, Complement carry, Enable interrupt, Disable interrupt **시프트** Logical shift right, Logical shift left, Arithmetic shift right, Arithmetic shift left, Rotate right, Rotate left, Rotate right through carry, Rotate left through carry
프로그램 제어 명령어	프로그램의 순서를 변경하기 위한 명령어로, 제어 기능을 갖는다.	Jump, Branch, Call, Return, Skip Minus ACC, Skip Zero ACC, Skip Zero carry
메모리 참조 명령어(MRI)	Memory Reference Instruction : 대응되는 주소의 메모리 내용에 따라 동작이 수행되는 명령어이다.	레지스터 참조 명령어(RRI ; Register Reference Instruction) : 주소 부분에 레지스터 내용으로 작동되는 명령어 입출력 참조 명령어 : 주소 부분에 입출력 동작이나 테스트를 기술한 명령어

3 명령어의 형식

(1) 4-주소 형식

① 의미 : 명령어 형식의 기본은 4-주소 형식이다. 이를 간단히 도식화하면 다음 그림과 같다.

동작코드 부	주소 1	주소 2	주소 3	주소 4

[4 - 주소 명령어 형식]

위의 형식에서는 주소 1과 주소 2의 위치에 있는 자료의 명령어에 따라 처리하여 주소 3에서 지정한 곳에 저장하고, 주소 4에서 지시하는 위치의 명령을 수행한다. 모든 명령어는 분기 명령어이므로 무조건 분기(un-conditional jump) 명령어 또는 프로그램 카운터(PC)가 별도로 필요치 않다. 마지막 주소 4는 다음 번 처리할 명령어의 주소를 의미하는 NIA(Next Instruction Address)로 부른다.

프로그램 크기가 줄어들게 되어 기억장치 효율을 좋게 하나, 4-주소 형식에서는 명령어의 길이가 길어지는 단점이 있고 주기억장치에 4번이나 접속해야 하기 때문에 비효율적인 형식이라 할 수 있다.

(2) 3-주소 형식

① 의미 : 3-주소 형식은 오퍼랜드의 주소를 모두 구체적으로 지정하는 명령어 형식이다. 이는 연산에 필요한 두 피연산자와 연산 결과의 저장 장소가 모두 다를 경우에 사용된다. 3-주소 형식을 간단히 도식화하면 다음 그림과 같다.

동작코드 부	주소 1	주소 2	주소 3

[3 - 주소 명령어 형식]

② 수행과정 : 주소 2에 있는 자료와 주소 3에 있는 자료를 명령 코드에 따라 처리하여 주소 1의 위치에 저장하고, PC에서 지시하는 위치의 다음 명령어를 수행하는 순서로 처리된다.

③ 장·단점 : 3-주소 형식은 명령어 길이가 길어지게 되므로 주소 1, 2, 3의 주소를 기억장치의 주소와 레지스터의 지정을 혼합하여 사용하는 경우가 많다. 3-주소 형식은 연산 후에도 입력 자료가 보존되고 레지스터 주소를 사용하여 프로그램 길이를 짧게 할 수 있으나 2진 명령 표현에 다량의 비트가 필요하고 최소 4번 기억장치에 접근해야 하므로 수행시간이 긴 단점이 있다.

(3) 2-주소 형식

① 의미 : 입력 자료를 보존해 둘 필요가 없을 때에는 입력 자료가 저장되었던 곳에 연산 결과를 저장할 수 있는데, 이런 경우 2-주소 형식이 사용된다. 이와 같은 것이 가능한 이유는 연산 결과를 기억시킬 주소를 따로 표시할 필요가 없기 때문이다. 2-주소 형식을 간단히 도식화하면 다음 그림과 같다.

동작코드 부	주소 1	주소 2

[2 - 주소 명령어 형식]

② 수행과정 : 2-주소 형식의 수행과정을 살펴보면, 주소 1에 위치한 자료와 주소 2에 위치한 자료를 오프코드 내용대로 처리하고 주소 1 또는 2에 결과를 저장하는 방식을 취한다. 그 다음, PC에서 지정하는 위치의 다음 명령을 수행한다. 인텔 16비트 이상의 MPU에서 사용하는 형식이다.

(4) 1-주소 형식

① **의미** : 누산기(AC ; Accumulator)를 하나만 가지고 있는 컴퓨터의 경우, 내장된 누산기를 이용하여 자료 처리가 이루어질 수 있다. 즉, 누산기에 기억되어 있는 모든 자료를 모든 명령에서 사용하며, 입력 자료 및 연산 결과 주소를 지정해 줄 필요성이 없어지게 된다. 이를 1-주소 형식이라 하며, 간단히 도식화하면 다음 그림과 같다.

동작코드 부	주소 1

[1 - 주소 명령어 형식]

② **수행과정** : 누산기의 내용과 주소 1의 위치에 있는 자료가 오프코드 내용대로 처리하여 누산기에 저장하고, PC에서 지정한 주소의 다음 명령어를 수행하는 과정을 거치게 된다.

(5) 0-주소 형식

① **의미** : 형식의 명칭에서 알 수 있듯이, 0-주소 형식에는 주소 부분이 없다. 이는 기억시킬 장소가 고정되어 있거나 특수한 기능에 의해 항상 알 수 있기 때문에 가능하다.

② **스택 구조** [중요] ★ : 0-주소 형식이 가능하기 위해서 주로 스택(stack)을 가지고 있는 구조가 사용되는데, 연산이 스택에 있는 자료를 가지고 수행되고 결과도 스택에 저장된다.

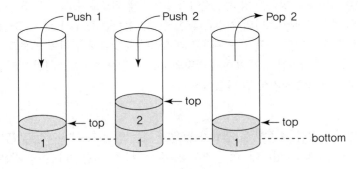

[스택 구조]

③ **3가지의 수식 표현법**
  ㉠ 전위형(prefix) : 연산자가 앞에 오는 표현(어셈블리 명령어 형식)
  ㉡ 중위형(infix) : 연산자가 중간에 오는 표현(산술식 프로그램)
  ㉢ 후위형(postfix) : 연산자가 끝에 오는 표현(스택 연산 형식)

스택(Stack)

후입선출(後入先出) 구조를 갖도록 구성한 기억장치 또는 레지스터의 특별 영역이다. 즉, 가장 늦게 입력된 내용이 우선하여 출력되는 구조로, top 위치에서 자료의 입출력이 이루어지고 bottom 위치에서 입출력이 종료된다. 이를 도식화하면 오른쪽 그림과 같다. 스택 연산에서는 입력 명력인 Push와 출력 명령인 Pop이 필요한데, Push 동작이 수행되면 스택 포인터는 자동으로 하나씩 증가하고, Pop 동작이 수행되면 스택 포인터는 하나씩 감소하게 된다. 이와 같은 특성에 의해 스택 연산에서는 수식을 '후위형'으로 변경해야 한다.

어셈블리(assembly)

상징적인 기호 언어를 사용하여 작성한 프로그램을 기계어로 된 프로그램으로 번역하는 것을 말한다.

(6) 명령어 형식에 따른 프로그래밍 예제 **2012**

$$X = (A + B) \times (C + D)$$

0-주소 명령			1-주소 명령		
PUSH	A	TOS ← A	LOAD	A	AC ← M[A]
PUSH	B	TOS ← B	ADD	B	AC ← AC + M[B]
ADD		TOS ← (A+B)	STORE	T	M[T] ← AC
PUSH	C	TOS ← C	LOAD	C	AC ← M[C]
PUSH	D	TOS ← D	ADD	D	AC ← AC + M[D]
ADD		TOS ← (C+D)	MUL	T	AC ← AC × M[T]
MUL		TOS ← (C+D) × (A+B)	STORE	X	M[X] ← AC
POP	X	M[X] ← TOS			

2-주소 명령			3-주소 명령		
MOV	R1, A	R1 ← M[A]	ADD	R1, A, B	R1 ← M[A] + M[B]
ADD	R1, B	R1 ← R1 + M[B]	ADD	R2, C, D	R2 ← M[C] + M[D]
MOV	R2, C	R2 ← M[C]	MUL	X, R1, R2	M[X] ← R1 × R2
ADD	R2, D	R2 ← R2 + M[D]			
MUL	R1, R2	R1 ← R1 × R2			
MOV	X, R1	M[X] ← R1			

4 주소 지정(Addressing)

(1) 의미
프로그램이 수행되는 동안 오퍼랜드 주소들을 가져오는 것을 주소 지정이라 하며 '즉시', '직접', '간접', '레지스터', '상대', '인덱스', '스택' 등 여러 가지 방법이 사용되고 있다.

(2) 주소 지정 방식을 사용하는 이유
① 명령어 주소 필드 지정을 위한 비트를 절약할 수 있다.
② 소프트웨어 프로그램 작성을 쉽고 효율적으로 할 수 있도록 해준다.
③ 고속 처리가 가능해진다.
④ 포인터, 카운터 인덱싱, 프로그램 재배치를 쉽게 해준다.

(3) 자료 주소의 표현 방식
① **완전 주소** : 직접 매핑시킬 수 있는 완전한 주소를 사용
② **약식 주소** : 주소의 일부를 생략하여 사용(계산에 의한 주소)
③ **생략 주소**(묵시 주소) : 주소를 지정할 필요가 없어 완전히 생략하여 사용
  ⓔ 누산기 생략 주소, 스택 연산 주소

포인터
데이터를 표현하는 데 있어, 어떤 지점 A에 다른 지점 B의 주소 정보를 포함할 때, A는 B의 포인터라 부른다.

(4) 즉시 주소 지정(Immediate Addressing)

① 의미 : 오퍼랜드가 명령어 자체에 포함되어 있다. 즉, 주소부에 실제 데이터가 들어 간다. 가장 간단한 형태의 주소 지정으로, 상수의 정의, 변숫값의 초기화 등에 사용 된다.

② 장·단점 : 명령어 사이클을 줄일 수 있어, 빠른 처리속도 구현이 가능하나 사용할 수 있는 데이터의 크기가 주소 필드 크기로 제한된다.

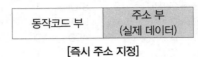

[즉시 주소 지정]

(5) 직접 주소 지정(Direct Addressing)

① 의미 : 주소부에 실제 자료가 위치한 주기억장치의 주소를 직접 표시하는 방식이다.

② 장·단점 : 프로그램 상 주소와 주기억장치 주소가 일치하여 간단한 기억장치 참조 만 필요하나, 주소부의 길이와 일치할 수 있는 기억장치 공간만 사용할 수 있으므로 제한된 공간만 제공할 수 있다.

데이터 접근시간
즉시 주소 〉 레지스터 주소 〉 직접 주소 〉 상대 주소 〉 간접 주소

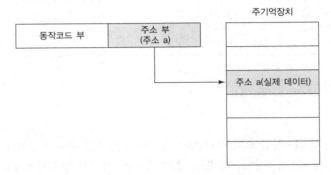

[직접 주소 지정]

(6) 간접 주소 지정(Indirect Addressing)

① 의미 : 주소부에 기재된 기억장치 주소를 찾아가면 그 주소 내에 실제 데이터가 기억 된 주소가 저장되어 있어 최종적인 실제 데이터로 접근하는 방법이다.

② 장·단점 : 프로그램 상의 융통성 발휘에 용이하고 두 배의 단어 길이에 해당하는 주 소 공간을 가질 수 있으나 두 번의 기억장치 참조를 필요로 한다.

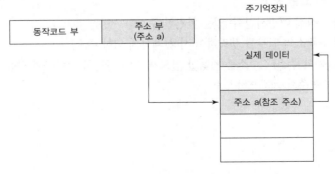

[간접 주소 지정]

(7) 레지스터 주소 지정(Register Addressing)

① **의미** : 주소 지정 대상이 중앙처리장치 내의 레지스터인 경우로, 직접 주소 지정과 같이 지정된 레지스터에 실제 데이터가 기억된다.

② **장·단점** : 기억장치 참조가 필요 없어 접근시간이 짧고 레지스터 개수가 정해져 있으므로 필요한 비트 수도 적다. 그러나 기억장치에 비해 레지스터 수가 극히 제한되어 있으므로 주소 지정 공간이 작고 사용에 제한이 따른다.

(8) 레지스터 간접 주소 지정(Register Indirect Addressing)

① **의미** : 주소부가 레지스터를 지정하고 레지스터가 다시 실제 데이터가 저장되어 있는 주기억장치 주소를 지정하는 방식이다.

② **장·단점** : 데이터가 테이블 형식과 같이 연속적일 경우 편리하고 간접 주소 지정 방식에 비해 메모리의 참조 횟수가 적으나, 불규칙하고 불연속적인 데이터일 경우에는 불편한 점이 있다.

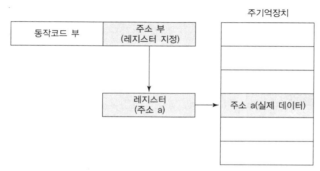

[레지스터 간접 주소 지정]

(9) 변위 주소 지정(Displacement Addressing)

① **의미** : 두 개의 주소부를 두고 하나에는 주솟값을, 다른 하나에는 레지스터를 지정하여 사용한다. 최종적인 유효 지정 주소는 기준 주솟값과 변위 값을 더한 값이 된다.

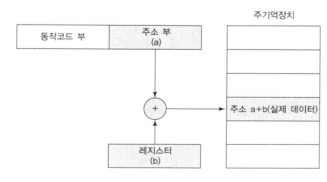

[변위 주소 지정]

② 종류

　㉠ 상대 주소 지정(relative addressing) : 레지스터의 종류가 프로그램 카운터이고 기준 주솟값이 명령어의 주소부에, 변위 값이 레지스터에 저장되어 사용된다.

　㉡ 베이스 레지스터 주소 지정(base register addressing) : 레지스터의 종류가 베이스 레지스터이고 기준 주솟값이 해당 레지스터에 저장되어 있으며, 변위 값이 명령어의 주소부에 저장되어 사용된다.

　㉢ 인덱스 레지스터 주소 지정(index register addressing) : 레지스터의 종류가 인덱스 레지스터이고 베이스 레지스터와는 반대로, 기준 주솟값이 명령어의 주소부에, 변위 값이 해당 레지스터에 지정되어 사용된다. 인덱스 레지스터 주소 지정을 위한 비트가 명령어에 포함되어야 하므로, 베이스 레지스터 주소 지정에 비해 주소 필드의 비트가 더 많이 소요된다.

(10) 스택 주소 지정(Stack Addressing)

명령어가 동작코드로만 이루어지고 주소부는 묵시적으로 스택 포인터(스택 레지스터 최상위) 값이 된다.

03 명령 실행

1 마이크로 오퍼레이션(Micro Operation) 2010

(1) 의 미

중앙처리장치의 상태 변환(레지스트리 내용의 변경)을 통해 명령어를 수행하도록 하는 단위 동작을 의미한다. 레지스트리 정보 R1과 R2가 연산기를 통과하였을 때, 결과 R이 기억되는 마이크로 오퍼레이션[F(R1, R2) → R]이 있을 때, 그 과정을 도식화하면 다음 그림과 같다. 다수의 마이크로 오퍼레이션들에 의해 명령어 하나가 구성된다.

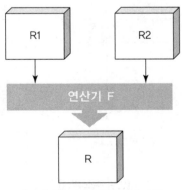

[일반적인 마이크로 오퍼레이션]

(2) 종류

중앙처리장치 내의 레지스트리 및 산술 논리연산장치(ALU)의 종류 및 연결 형태 등에 따라 구분되며 크게 전송, 산술, 논리, 시프트 등으로 나뉜다.

① **전송 마이크로 오퍼레이션** : 레지스터와 레지스터, 레지스터와 메모리 간 정보 전송
② **산술 마이크로 오퍼레이션** : 증가, 감소 등 산술연산 수행
③ **논리 마이크로 오퍼레이션** : AND, OR 등 논리연산 수행
④ **시프트 마이크로 오퍼레이션** : 레지스터 데이터의 시프트 연산 수행

2 마이크로 사이클(Micro Cycle)

(1) 의 미

마이크로 오퍼레이션을 수행하는 데 걸리는 시간으로, 중앙처리장치의 속도를 의미한다.

(2) 종 류

① **동기 고정식**(synchronous fixed) : 모든 마이크로 오퍼레이션 중 수행시간이 가장 긴 것을 클록 주기로 설정하여 사용하는 방식이다. 마이크로 오퍼레이션들의 수행시간이 유사한 경우, 제어가 간단해지므로 유리하다. CPU 시간을 낭비한다는 단점이 있다.
② **동기 가변식**(synchronous variable) : 여러 마이크로 오퍼레이션을 몇 가지 그룹으로 나누어 각 그룹의 클록 주기를 다르게 지정하는 방식이다. 마이크로 오퍼레이션들의 수행시간 차이가 현저할 경우 채택한다. CPU의 처리 시간을 효율적으로 이용할 수 있으나 제어가 복잡하다는 단점이 있다.

3 메이저 상태와 타이밍 상태

(1) 메이저 상태(Major State)

중앙처리장치의 동작, 즉 무엇을 수행하고 있는지를 나타내는 상태를 말한다. 주요 메이저 상태들은 다음과 같다.

① **인출**(FETCH) : 수행할 명령을 기억장치에서 읽고 명령어의 종류를 판단한다. 수행 후 다시 FETCH 또는 INDIRECT나 EXECUTE로 변화될 수 있다. **2010**
② **간접**(INDIRECT) : 주소를 기억장치에서 읽는다. 수행 후 다시 INDIRECT 또는 FETCH나 EXECUTE로 변화될 수 있다.
③ **실행**(EXECUTE) : 데이터를 기억장치에서 읽고 연산 및 결과를 저장한다. 수행 후 FETCH로 변화된다.
④ **인터럽트**(INTERRUPT) : 중앙처리장치의 상태를 기억장치나 레지스터에 저장하고 인터럽트 요구 시 이를 처리한다. 수행 후 FETCH로 변화된다.

시프트 연산
컴퓨터 메모리에 저장된 2진수를 정해진 비트만큼 좌 또는 우로 이동하는 연산을 말한다.

클록(clock)
컴퓨터 등의 디지털 시스템에 내장된 전자 회로 또는 장치로, 같은 시스템 내에서 동작하는 각 구성 요소의 모든 동작의 동기화, 특정한 조작을 위한 동작 시간의 조절, 또는 정확한 시간을 유지하여 프로그램에 제공하는 등의 기능을 한다.

[CPU 메이저 사이클]

(2) 타이밍 상태(Timing State)

시간에 관한 정보를 나타내는 상태를 말한다. 각 타이밍 상태는 하나의 마이크로 사이클 상태이며 해당 사이클에 하나의 마이크로 오퍼레이션을 수행한다.

4 제어 데이터와 제어 규칙

(1) 제어점

① 의미 : 레지스터의 입력 게이트와 출력 게이트를 말한다.

② 레지스터의 제어점 : 일반적으로 하나의 레지스터에는 입력과 출력 단자에 각각 하나씩의 독립 제어점이 있다.

③ 연산기의 제어점 : 연산기의 경우 여러 독립점에 제어 신호를 가하여 연산을 처리할 수 있다.

(2) 제어 데이터

① 의미 : 메이저 상태 간의 변화나 중앙처리장치의 제어점을 제어하거나 명령 수행 순서를 결정하는 데 필요한 데이터를 말한다.

② 제어 데이터의 예

ㄱ FETCH 상태에서 상태 변화를 제어하기 위한 제어 데이터 : 기억장치에서 읽은 명령

ㄴ FETCH 상태에서 제어점을 제어하기 위한 제어 데이터 : 직접 주소의 경우 → 명령 연산자, 계산에 의한 주소의 경우 → 계산에 의한 주소

ㄷ FETCH 상태에서 제어 명령을 수행하기 위한 제어 제이터 : 연산자와 연산 결과의 상태 레지스터 값

ㄹ INDIRECT 상태에서 상태 변화를 제어하기 위한 제어 데이터 : 간접 주소와 직접 주소를 구별하는 비트

독립 제어점(independent control point)

레지스터의 입력 게이트와 출력 게이트를 제어점이라고 하는데 이 중에서 서로 다른 제어 신호를 가해야 하는 제어점을 말한다. 일반적으로 1개의 레지스터에는 입력과 출력 단자에 각각 하나씩의 독립 제어점이 있다.

ⓤ EXECUTE 상태에서 상태 변화를 제어하기 위한 제어 데이터 : 인터럽트 요청 신호

ⓥ 프로그램 카운터(PC) : FETCH 상태로 되는 데 필요한 제어 데이터이다.

(3) 마이크로 오퍼레이션의 수행 제어

① 의미 : 마이크로 오퍼레이션이 수행될 때는 필요한 독립 제어점에 제어기로부터의 제어 신호가 가해진다. 이를 위해 제어기는 제어 데이터를 받았을 때 정확한 제어 신호 발생을 위해 내부 상태를 레지스터에 정확하게 나타내고 있어야 한다.

② 타이밍 상태 레지스터(timing state register) : 시간 정보 상태를 넣는다.

③ 메이저 상태 레지스터(major state register) : 무엇을 하고 있는지를 나타내는 상태를 넣는다.

(4) 제어 규칙

제어 규칙은 특정한 메이저 상태와 타이밍 상태에서 어떤 특정 데이터를 받았을 때, 수행해야 할 마이크로 오퍼레이션을 규정하는 규칙을 말한다. 컴퓨터 기종마다 다른 규칙을 가지고 있다.

04 인터럽트

1 인터럽트의 개요 2016

① 인터럽트 : 어떤 원인에 의해 현재 과정을 중단하고 원인 해결 처리를 수행하는 것이다. 인터럽트가 추가된 명령어는 인출 사이클 → 실행 사이클 → 인터럽트 사이클 순서로 수행된다.

② 인터럽트 처리 : 어떤 원인에 의해 현재 과정을 중단하고 원인 해결 처리를 수행하는 것

③ 인터럽트 우선순위 : 인터럽트는 동시에 발생할 수 있으며, 어떤 인터럽트를 먼저 처리할 것인가의 규정을 둔다. 이를 우선순위라 한다. 일반적으로 소프트웨어에 의한 것보다는 하드웨어에 의한 인터럽트의 우선순위가 높다.

2 인터럽트의 종류

① 내부 인터럽트 : 불법적 명령이나 데이터 사용 시 발생(오버플로우, 언더플로우)

② 외부 인터럽트 : 정전, 정해진 시간 경과, 입출력장치에서의 원인 등

③ 소프트웨어 인터럽트 : BIOS 루틴, DOS 루틴, USER 루틴에 의해 발생

④ 기계 오류 인터럽트 : CPU, 입출력장치 등의 기계 고장에 의해 발생

⑤ 입출력 인터럽트 : 입출력장치로부터의 인터럽트 요청 시 발생

⑥ 제어 프로그램 호출 인터럽트 : 시스템 호출 명령을 실행했을 때 발생

오버플로우(overflow)
연산의 결과가 메모리 또는 계수기의 수의 범위를 벗어나 오류가 발생하는 것을 말한다.

언더플로우(underflow)
계산기에서 취급하는 절대치의 하한보다도 더욱 작은 계산효과를 내는 상태를 말한다.

BIOS(Basic Input Output System)
컴퓨터 전원을 켠 후 가장 먼저 실행되는 컴퓨터 제어 프로그램을 말한다.

3 인터럽트 처리 과정 (2012)

(1) 일반적 처리 과정 중요 ★

① 현재 실행 중인 명령어를 끝낸다.

② 현재의 CPU 상태를 PSW(Program Status Word)에 저장하고 진행 중인 프로그램의 재개에 필요한 레지스터 문맥(register context)과 복귀 주소를 저장한다.

③ 어느 장치에서 인터럽트가 발생했는지 확인한다.

④ 해당 장치에 대응하는 주소의 인터럽트 서비스 루틴을 수행한다.

⑤ 이전 상태로 복구한다.

⑥ 일시 중지했던 프로그램을 재실행한다.

(2) 비벡터 방식과 벡터 방식

① **비벡터 방식** : 메모리 주소 0번지에 복귀 프로그램 카운터(PC) 값을 저장하고 인터럽트 처리 루틴을 수행하여 인터럽트 원인을 찾아낸다. 인터럽트 유형 판별 후 인터럽트 처리 루틴의 결정에 의해 인터럽트에 대한 조치를 취한다. 비벡터 방식은 인터럽트 수행 중 또 다른 인터럽트 요청이 있을 때, 주소 0번지에 기억된 PC값이 손상될 수 있다.

② **벡터 방식** : 스택 메모리에 복귀 PC값을 저장하고 인터럽트 원인을 찾아낸다. 인터럽트 유형 판별 후 인터럽트 벡터 테이블을 참조하여 해당 인터럽트에 대한 조치를 취한다.

③ **두 방식의 차이점** : PC값의 저장 장소가 메모리 0번지(비벡터 방식)이냐, 스택(벡터 방식)이냐의 차이 및 인터럽트 유형 판별 후 인터럽트에 대한 조치를 인터럽트 처리 루틴(비벡터 방식)으로 하느냐, 인터럽트 벡터 테이블을 참조(벡터 방식)하느냐의 차이이다.

4 인터럽트 처리 우선순위 결정 방식

(1) 소프트웨어에 의한 방법(폴링 방식)

① **의미** : 인터럽트가 발생했을 경우, 각 장치를 우선순위에 따라 차례로 검사(폴링 : polling)하여 그중 가장 우선순위가 높은 장치를 찾고 이에 해당하는 서비스 루틴을 실행하게 한다.

② **장 · 단점**

    ㉠ 장점 : 하드웨어 가격 저렴, 인터럽트 우선순위 변경의 유연성

    ㉡ 단점 : 처리 시간이 오래 걸림(인터럽트 요청 장치가 많을 경우)

(2) 하드웨어에 의한 방법(데이지 체인 방식)

① 의미 : 모든 장치를 하드웨어적인 방법으로 우선순위에 따라 직렬로 연결하고 CPU
는 인터럽트 확인 신호를 순차적으로 통과시켜 인터럽트를 요청한 장치로부터 인터
럽트 벡터 주소(VAD)를 받는다.

② 장·단점

　　㉠ 장점 : 처리속도가 빠르다.

　　㉡ 단점 : 하드웨어 가격이 고가이고, 인터럽트 우선순위 변경 유연성이 작다.

5 인터럽트와 서브루틴

① 서브루틴의 사용 : 어떤 프로그램 내에서 특정 처리가 여러 번 실행될 필요가 있을
때, 이를 서브루틴으로 작성하여 프로그램 여러 곳에서 호출하여 사용하도록 한다.

② 인터럽트와 서브루틴 차이점

구 분	인터럽트	서브루틴
발생 과정	내외부 신호에 의해 발생	프로그램 명령 과정에서 발생
분기 주소의 결정	하드웨어에 의해 결정	소프트웨어에 의해 결정
저장 값	인터럽트 발생 전의 레지스터 내용, 상태 조건 프로그램 카운터 값 등 다양한 정보 저장	현재의 프로그램 카운터 값만 저장

01 2012 계리직

〈보기〉는 스택을 이용한 0-주소 명령어 프로그램이다. 이 프로그램이 수행하는 계산으로 옳은 것은?

보기

PUSH C
PUSH A
PUSH B
ADD
MUL
POP Z

① $Z = C + A * B$
② $Z = (A + B) * C$
③ $Z = B + C * A$
④ $Z = (C + B) * A$

02 2012 계리직

인터럽트 처리를 위한 〈보기〉의 작업이 올바르게 나열된 것은?

보기

ㄱ. 인터럽트 서비스 루틴을 수행한다.
ㄴ. 보관한 프로그램 상태를 복구한다.
ㄷ. 현재 수행 중인 명령을 완료하고 상태를 저장한다.
ㄹ. 인터럽트 발생 원인을 찾는다.

① ㄷ → ㄹ → ㄱ → ㄴ
② ㄷ → ㄹ → ㄴ → ㄱ
③ ㄹ → ㄷ → ㄱ → ㄴ
④ ㄹ → ㄷ → ㄴ → ㄱ

03 2010 계리직

마이크로 연산(Operation)에 대한 설명으로 옳지 않은 것은?

① 한 개의 클록 펄스 동안 실행되는 기본 동작이다.
② 한 개의 마이크로 연산 수행시간을 마이크로 사이클 타임이라 부르며 CPU 속도를 나타내는 척도로 사용된다.
③ 하나의 명령어는 항상 하나의 마이크로 연산이 동작되어 실행된다.
④ 시프트(Shift), 로드(Load) 등이 있다.

04 2010 계리직

다음에서 ㉠과 ㉡에 들어갈 내용이 올바르게 짝지어진 것은?

명령어를 주기억장치에서 중앙처리장치의 명령 레지스터로 가져와 해독하는 것을 (㉠)단계라 하고, 이 단계는 마이크로 연산(Operation) (㉡)로 시작한다.

	㉠	㉡
①	인출	$MAR \leftarrow PC$
②	인출	$MAR \leftarrow MBR(AD)$
③	실행	$MAR \leftarrow PC$
④	실행	$MAR \leftarrow MBR(AD)$

05 [2016 계리직]

컴퓨터 시스템의 인터럽트(Interrupt)에 대한 설명으로 옳지 않은 것은?

① 인터럽트는 입출력 연산, 하드웨어 실패, 프로그램 오류 등에 의해서 발생한다.

② 인터럽트 처리 우선순위 결정 방식에는 폴링(polling) 방식과 데이지 체인(daisy-chain) 방식이 있다.

③ 인터럽트가 추가된 명령어 사이클은 인출 사이클, 인터럽트 사이클, 실행 사이클 순서로 수행된다.

④ 인터럽트가 발생할 경우, 진행 중인 프로그램의 재개(resume)에 필요한 레지스터 문맥(register context)을 저장한다.

06 [2014 계리직]

데이지-체인(Daisy-Chain) 우선순위 인터럽트 방식에 대한 설명으로 옳은 것은?

① 인터럽트를 발생시키는 장치들이 병렬로 연결된다.

② 두 개 이상의 장치에서 동시에 인터럽트가 발생되면 중앙처리장치(CPU)는 이들 인터럽트를 모두 무시한다.

③ 인터럽트를 발생시킨 장치가 인터럽트 인식(acknowledge) 신호를 받으면 자신의 장치번호를 중앙처리장치로 보낸다.

④ 중앙처리장치에서 전송되는 인터럽트 인식 신호는 우선순위가 낮은 장치부터 높은 장치로 순차적으로 전달된다.

01

PUSH 명령어가 모두 수행되면 스택에는 C → A → B의 순서로 쌓이게 되므로 탑과 그 바로 아래에는 A와 B가 위치한다. 스택 형식에서는 후위 연산이므로 ADD 연산을 위한 피연산자는 A와 B가 된다. 즉, 스택의 탑으로부터 두 값 A와 B를 꺼내어 ADD 연산 결과인 (A + B)가 탑에 쌓이게 된다. 다음 연산 명령인 MUL에 의해 탑으로부터 두 값 (A + B)와 C를 꺼내 곱하게 되고, 그 결과를 POP 명령으로 Z로 산출된다.

🔑 ②

02

인터럽트 처리 과정의 처음은 현재 수행 중인 명령을 완료하고 상태를 저장해 두는 일이다. 그 다음, 인터럽트 원인을 찾아 서비스 루틴을 수행하며 처음에 저장했던 상태로 프로그램을 복구하는 과정을 따른다.

🔑 ①

03

하나의 명령어는 다수의 마이크로 오퍼레이션의 집합이다.　🔑 ③

04

프로그램의 명령이 순차적으로 수행될 때 프로그램 카운터(PC)는 다음에 인출해야 할 명령어를 메모리 주소 레지스터(MAR)에 전송하며 MAR은 이를 받아 기억장소의 주소를 알려줌으로써 인출 과정을 시작한다. 메모리 버퍼 레지스터(MBR)는 MAR에 의해 지정된 기억장소에 저장시킬 자료나 기억장소에서 읽어낸 자료를 기억하는 기능을 한다.

🔑 ①

05

인터럽트가 추가된 명령어 사이클은 인출 사이클, 실행 사이클, 인터럽트 사이클 순서로 수행된다.　🔑 ③

06

우선순위 판단 방식에는 대표적으로 폴링 방식과 데이지 체인 방식이 있다. 데이지 체인 방식은 모든 장치를 하드웨어적인 방법으로 우선순위에 따라 직렬로 연결하고 CPU는 인터럽트 인식 신호(INTACK ; Interrupt Acknowledgement)를 순차적으로 통과시켜 인터럽트를 요청한 장치로부터 인터럽트 벡터 주소(VAD)를 받는다. 특징으로는 하드웨어적 방법으로 우선순위에 따라 장치 연결한다는 점, 처리속도가 빠르다는 점, 유연성이 적고 하드웨어 가격이 비싸다는 점 등이 있다.　🔑 ③

술술 풀리는 해설

07 2012 지방직

CPU가 명령어를 처리하는 과정의 순서로 옳은 것은?

보기

ㄱ. IR(Instruction Register)에 적재된 명령어를 해독한 후 그 결과에 따라 연산을 수행한다.

ㄴ. 주기억장치로부터 명령어를 읽어 MBR(Memory Buffer Register)로 적재한다.

ㄷ. 프로그램 카운터값을 MAR(Memory Address Register)로 적재한다.

ㄹ. 인터럽트 발생유무를 확인한다.

ㅁ. MBR에 있는 명령어를 IR로 적재한다.

① ㄴ → ㄷ → ㅁ → ㄱ → ㄹ

② ㄷ → ㄱ → ㄴ → ㄹ → ㅁ

③ ㄷ → ㄴ → ㅁ → ㄱ → ㄹ

④ ㄷ → ㄹ → ㄴ → ㅁ → ㄱ

07

CPU가 명령어를 처리하는 과정

PC값을 MAR로 적재 → 주기억장치로부터 명령어를 읽어 MBR로 적재 → MBR에 있는 명령어를 IR로 적재 → IR에 적재된 명령어를 해독한 후 그 결과에 따라 연산 수행 → 인터럽트 발생유무 확인

답 ③

적중 예상 문제

01 중앙처리장치 내의 레지스터 중 PC(Program Counter), IR(Instruction Register), MAR(Memory Address Register), AC(Accumulator)와 다음 설명이 옳게 짝지어진 것은?

ㄱ. 명령어 실행 시 필요한 데이터를 일시적으로 보관한다.
ㄴ. CPU가 메모리에 접근하기 위해 참조하려는 명령어의 주소 혹은 데이터의 주소를 보관한다.
ㄷ. 다음에 인출할 명령어의 주소를 보관한다.
ㄹ. 가장 최근에 인출한 명령어를 보관한다.

	PC	IR	MAR	AC
①	ㄱ	ㄴ	ㄷ	ㄹ
②	ㄱ	ㄹ	ㄷ	ㄴ
③	ㄷ	ㄴ	ㄹ	ㄱ
④	ㄷ	ㄹ	ㄴ	ㄱ

02 누산기(Accumulator)에 대한 설명으로 가장 옳은 것은?

① 연산장치에 있는 레지스터(register)의 하나로 연산 결과를 일시적으로 기억하는 장치이다.
② 주기억장치 내에 존재하는 회로로 가감승제 계산 및 논리연산을 행하는 장치이다.
③ 일정한 입력 숫자들을 더하여 그 누계를 항상 보관하는 장치이다.
④ 정밀 계산을 위해 특별히 만들어 두어 유효 숫자의 개수를 늘리기 위한 것이다.

한눈에 보는 **정답과** 해설

01 • PC(Program Counter) : 순차적으로 수행되는 명령어의 주소를 지정해 주는 기능
• IR(Instruction Register) : 기억장치에서 읽혀진 명령어를 일시적으로 기억하는 기능
• MAR(Memory Address Register) : 저장하거나 읽어낼 기억장소의 주소를 가리키는 기능
• AC(Accumulator) : 산술 및 논리연산 결과를 일시적으로 저장하는 기능

02 누산기란 산술 및 논리연산 결과를 일시적으로 저장하는 기능을 가진 레지스터를 말한다.

01 ④ 02 ①

03 메모리 주소 레지스터(MAR ; Memory Address Register)에 대한 설명으로 옳은 것은?

① 읽기 동작이나 쓰기 동작을 수행할 기억장소의 주소를 저장하는 주소 저장용 레지스터이다.
② 입출력장치의 주소를 저장하는 주소 레지스터이다.
③ 메모리로부터 읽어온 명령어를 수행하기 위해 일시적으로 저장하는 레지스터이다.
④ 기억장치에 저장될 데이터 혹은 기억장치로부터 읽은 데이터를 임시적으로 저장하는 버퍼이다.

04 일반적인 명령어 형식에 대한 설명으로 옳은 것은?

① 오프코드는 명령어 실행에 필요한 자료의 저장 장소를 나타내준다.
② 오퍼랜드에 포함되어 있는 어드레싱 모드는 저장 장소 지정 방식을 말한다.
③ 동작코드가 n비트일 때, 실행 가능한 연산의 최대 수는 $2n$개이다.
④ 보수 연산과 같은 연산 명령의 종류는 오퍼랜드에 표시된다.

05 어떤 명령어 비트 집합이 다음과 같이 구성되었을 때, 실행이 가능한 연산의 최대 수는 몇 개인가?

오프코드				오퍼랜드			
bit	bit	bit	bit	bit	bit	bit	bit

① 4개
② 8개
③ 16개
④ 64개

06 다음의 〈보기〉 중 데이터 전송 명령어에 해당하는 것만을 고른 것은?

보기	
ㄱ. Store	ㄴ. Add
ㄷ. Jump	ㄹ. Move
ㅁ. Input	ㅂ. Clear
ㅅ. Push	ㅇ. Rotate left

① ㄱ, ㄹ, ㅁ, ㅅ
② ㄱ, ㄹ, ㅁ, ㅅ, ㅇ
③ ㄴ, ㄷ, ㅂ
④ ㄴ, ㄷ, ㄹ, ㅂ

07 다음 중 4-주소 명령어 형식에 대한 설명으로 옳지 않은 것은?

① 마지막 주소 4는 다음 번 처리할 명령어의 주소를 저장한다.
② 프로그램 카운터가 별도로 필요하지 않다.
③ 프로그램의 크기가 늘어나게 되어 기억장치 효율이 떨어진다.
④ 모든 명령어는 분기 명령어이므로 무조건 분기 명령어가 필요치 않다.

08 명령어 형식에 관한 다음의 설명 중 옳지 않은 것은?

① 2-주소 형식은 인텔 16비트 이상의 MPU에서 사용하는 형식이다.
② 누산기를 하나만 가지고 있는 컴퓨터의 경우, 연산 결과 주소를 지정할 필요가 없다.
③ 3-주소 형식은 연산에 필요한 두 피연산자와 연산 결과의 저장 장소가 모두 다를 경우에 사용된다.
④ 스택을 사용할 경우, 기억장소가 고정되어 있으므로 1-주소 명령어 형식을 사용한다.

09 다음 연결된 단어들이 옳게 짝지어진 것은?

① 전위형 – 산술식 프로그램
② 중위형 – 어셈블리 명령어 형식
③ 후위형 – 스택 연산 형식
④ 생략형 – 논리연산 형식

10 프로그램이 수행되는 동안 다양한 방법으로 기억장치 주소를 지정하여 명령이 수행된다. 이와 같이, 명령어를 실행할 때 주소 지정 방식(Addressing)을 사용하는 이유로 거리가 먼 것은?

① 기억장치 참조 적중률을 높여준다.
② 프로그램 작성을 쉽고 효율적으로 해준다.
③ 기억장치의 비트를 절약할 수 있다.
④ 고속 처리가 가능해진다.

11 다음 중 즉시 주소 지정 방식과 관계가 먼 것은?

① 가장 간단한 형태의 주소 지정으로, 상수의 정의, 변수 값의 초기화 등에 사용된다.
② 주소 부에 실제 자료가 위치한 주기억장치의 주소를 직접 표시하는 방식이다.
③ 명령어 사이클을 줄일 수 있어 빠른 처리속도를 구현할 수 있다.
④ 데이터의 크기가 주소 필드의 크기로 제한된다.

 한눈에 보는 정답과 해설

03 ② 입출력 주소 레지스터(I/O AR)
③ 명령어 레지스터(IR)
④ 메모리 버퍼 레지스터(MBR)

04 ② 오퍼랜드(operand)는 '주소 부'로 부르기도 하며 명령어 실행에 필요한 자료의 저장 장소를 나타내주는 구성 요소이다. 저장 장소 지정 방식을 주소지정 모드(addressing mode)라 하며 오퍼랜드에는 주소지정 모드가 포함되어 있다.
①,④ 오프코드는 실행할 내용을 나타내는 구성 요소로, 연산 명령의 종류를 표시한다. 오퍼랜드는 명령어 실행에 필요한 자료의 저장 장소를 나타내주는 구성 요소이다.

05 문제에서 오프코드(op-code)가 4비트이므로 실행 가능한 연산 수는 2^4=16개이다.
| 참고 |
• 동작코드(Op-code, 오프코드) : 실행할 내용을 나타내는 구성 요소이다. 사칙연산, 보수 연산, 입출력, 시프트, 비교 등 연산 명령의 종류를 표시한다.

• 실행 가능한 연산 수
  – 1개의 비트로 표현 가능한 정보 수는 0 또는 1로, 지수로 표현하면 2^1개이다.
  – 2개의 비트로 표현 가능한 정보 수는 2^2 = 4개이다.
  – 일반화해보면 n개의 비트로 표현 가능한 정보 수는 2^n개이다.

06 Add, Jump, Clear, Rotate left는 데이터 처리 명령어에 해당한다.

07 4-주소 형식에서는 프로그램 크기가 줄어들게 되어 기억장치 효율을 좋게 하나, 명령어의 길이가 길어지는 단점이 있고, 주기억장치에 4번이나 접속해야 하기 때문에 비효율적인 형식이라 할 수 있다.

08 주소 부분이 없는 0-주소 형식이 가능하기 위해서는 주로 스택(stack)을 가지고 있는 구조가 사용되는데, 연산이 스택에 있는 자료를 가지고 수행되고 결과도 스택에 저장된다.

10 참조 적중률과 주소 지정 방식 사용은 크게 상관관계가 없다.

11 즉시 주소 지정 방식에서는 오퍼랜드가 명령어 자체에 포함되어 있다. 즉, 주소 부에 주소가 아닌, 실제 데이터가 들어간다.

03 ① 04 ② 05 ③ 06 ① 07 ③ 08 ④ 09 ③ 10 ① 11 ②

12 다음 중 동기 고정식 마이크로 오퍼레이션을 설명한 것으로 옳은 것은?

① CPU 시간을 낭비하는 단점이 있다.
② 제어가 복잡하다는 단점이 있다.
③ 마이크로 오퍼레이션들의 수행시간 차이가 현저할 경우 채택한다.
④ 각 마이크로 오퍼레이션 그룹마다 클록 주기를 다르게 지정한다.

13 CPU의 동작을 나타내는 다음의 메이저 상태 중 주소를 기억장치에서 읽는 동작은 어떤 상태인가?

① 인출(FETCH)
② 간접(INDIRECT)
③ 실행(EXECUTE)
④ 인터럽트(INTERRUPT)

14 다음 중 실행(EXECUTE) 상태에서 상태 변화를 제어하기 위한 제어 데이터의 예로 알맞은 것은?

① 계산에 의한 주소 값
② 간접 주소와 직접 주소를 구별하는 비트
③ 인터럽트 요청 신호
④ 연산 결과의 상태 레지스터 값

15 다음 〈보기〉는 인터럽트 처리 과정의 일반적인 사항이다. 이를 순서에 맞게 정렬한 것은?

> **보기**
> ㄱ. 어느 장치에서 인터럽트가 발생했는지 확인한다.
> ㄴ. 이전 상태로 복구한다.
> ㄷ. 현재 실행 중인 명령어를 끝낸다.
> ㄹ. 일시 중지했던 프로그램을 재실행한다.
> ㅁ. 현재의 CPU 상태를 PSW(Program Status Word)에 저장하고 복귀 주소를 저장한다.
> ㅂ. 해당 장치에 대응하는 주소의 인터럽트 서비스 루틴을 수행한다.

① ㄷ - ㄱ - ㅂ - ㅁ - ㄴ - ㄹ
② ㄱ - ㄷ - ㅁ - ㅂ - ㄹ - ㄴ
③ ㄱ - ㅂ - ㅁ - ㄷ - ㄹ - ㄴ
④ ㄷ - ㅁ - ㄱ - ㅂ - ㄴ - ㄹ

16 다음 중 인터럽트 처리 우선순위 결정 기법으로서의 폴링 방식에 대한 설명으로 옳은 것은?

① 하드웨어 가격이 고가이다.
② 인터럽트 요청 장치가 많을 경우 처리 시간이 오래 걸리는 단점이 있다.
③ 처리속도가 빠르다.
④ 인터럽트 우선순위 변경이 용이하지 않다.

 한눈에 보는 **정답**과 해설

12 동기 고정식은 모든 마이크로 오퍼레이션 중 수행시간이 가장 긴 것을 클록 주기로 설정하여 사용하는 방식이다. 마이크로 오퍼레이션들의 수행시간이 유사한 경우, 제어가 간단해지므로 유리하나, CPU 시간을 낭비한다는 단점이 있다.

13 간접(INDIRECT) 상태에서는 주소를 기억장치에서 읽는 동작을 수행한다. 수행 후 다시 간접(INDIRECT) 또는 인출(FETCH)이나 실행(EXECUTE)으로 변화될 수 있다.

14 실행 상태에서 인터럽트 요청 신호를 받으면 인터럽트 상태로 변화된다.

15 인터럽트가 발생했을 시, 이를 처리하기 위해 가장 먼저 현재 실행 중인 명령어를 끝내고 상태를 그대로 저장하게 된다. 모든 조치가 끝난 다음에는 일시 중지했던 프로그램을 재실행한다.

16 폴링 방식은 각 장치를 차례로 검사해야 하기 때문에 인터럽트 요청이 한꺼번에 몰릴 경우 처리 시간이 오래 걸린다.

12 ① 13 ② 14 ③ 15 ④ 16 ②

03 기억장치

01 기억장치의 개요

1 기억장치의 분류

① **주기억장치** : '메모리'라는 통상 명칭을 사용하는 것으로, 컴퓨터 내부에서 CPU와 밀접하게 연동하며 프로그램과 데이터를 저장한다.
② **보조기억장치** : 개인용 컴퓨터의 경우 내부에 설치되어 있는 경우가 많지만 CPU에서 당장 요구되지 않는 데이터를 가지고 있다는 점에서 외부 기억장치로 본다. 하드 디스크, 광 디스크 등 대용량의 데이터를 저장할 수 있는 기억 매체로 구성되어 있다.
③ **레지스터** : CPU 내부에 구성된 기억 영역으로 데이터를 일시적으로 저장한다.
④ **캐시** : 처리 효율을 높이기 위해 CPU와 주기억장치 사이에 두어 활용하는 고속 기억장치를 말한다.

2 기억장치의 계층 구조 2014

컴퓨터의 기억장치는 시스템 전체의 효율성을 높이기 위해 접근 속도가 높은 것부터 접근 우선권을 주는 계층 구조를 이룬다. 이를 도식화하면 다음 그림과 같다.

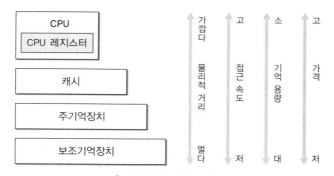

[기억장치의 계층 구조]

> **컴퓨터일반 GO! 득점**
>
> **파괴 메모리와 비파괴 메모리**
> - 파괴 메모리(DRO ; Destructive Read Out) : 한 번 읽으면 내용이 없어지는 메모리(코어 메모리)
> - 비파괴 메모리(NDRO ; Non-DRO) : 여러 번 읽어도 원래 내용이 보존되는 메모리(반도체 메모리, 보조기억장치)

02 주기억장치

CPU는 보조기억장치에 저장되어 있는 정보에 직접 접근할 수 없으므로 일단 주기억장치에 정보를 옮겨온 후 사용하게 된다. 집적회로가 발달하기 전까지는 전류의 자기작용을 이용한 자기 코어를 사용하였으나, 현재의 컴퓨터 시스템 주기억장치는 반도체 메모리를 사용한다.

1 RAM과 ROM

① RAM : Random Access Memory의 약자로, 정보를 읽어내거나 다른 정보를 기억시킬 수 있는 메모리이다. 휘발성 메모리로 전원 공급이 끊기면 정보가 없어진다. 주기억장치에 사용한다.

② ROM : Read Only Memory의 약자로, 기억된 정보를 읽어낼 수만 있는 메모리이다. 비휘발성 메모리로 전원 공급이 끊겨도 정보가 없어지지 않는다. 제조 과정에서 데이터들을 칩 속에 내장시키는 마스크 공정을 거친다. 각종 하드웨어 고정 운영체제를 담아 사용한다.

마스크 공정
회로 형태를 나타내는 판을 반도체 제조 공정 중에 증착하는 것을 말하며, 마스크에 데이터를 기입하여 읽기 전용으로 사용한다.

2 SRAM과 DRAM 2012

① SRAM(정적 메모리 ; Static RAM) : 전원 공급이 되는 한 내용이 없어지지 않는 RAM 메모리로, 캐시 메모리에 주로 사용한다.

② DRAM(동적 메모리 ; Dynamic RAM) : 전원 공급이 되어도 일정 시간 경과 후 내용이 없어지는 RAM 메모리 재충전 시간이 필요하며 주기억장치에 주로 사용한다.

③ SDRAM(Synchronous DRAM) : MPU의 클록에 동기되어 동작하도록 하여 대역폭을 크게 향상시킨 DRAM이다.

④ SRAM과 DRAM의 비교 중요 ★

대역폭
데이터 통신 시 데이터를 전송할 수 있는 주파수의 최저에서 최고 사이의 폭을 의미하며 대역폭이 클수록 단위 시간당 많은 데이터를 송신할 수 있다.

구 분	SRAM	DRAM
속 도	높다	낮다
집적도	낮다	높다
용 량	소용량	대용량
소비 전력	높다	낮다
가 격	고가	저가
사용례	캐시 메모리	주메모리
비 고	재충전 필요 없음	재충전 회로 필요

3 기타 반도체 메모리와 특성 유형

① PROM(Programmable ROM) : 사용자가 정보를 한 번 기입할 수 있는 ROM, 한 번 기입 후에는 변경이 불가능하다.

② EPROM(Erasable & Programmable ROM) : 메모리 표면의 창에 자외선을 쬐어 저장된 정보를 소멸시킬 수 있는 ROM, 전기적으로 정보를 기입할 수 있다.

③ EEPROM(Electrically Erasable & Programmable ROM) : 전기적 신호만으로 정보를 지우거나 기억시킬 수 있는 ROM, 전원이 꺼져도 정보가 보존된다.

④ 플래시 메모리 : EEPROM의 일종으로, 전기적 신호로 정보 입출력을 자유롭게 수행할 수 있으며 집적도가 높다. 전력 소모가 적고 고속 프로그래밍이 가능하여 USB 보조기억장치, 메모리 카드 등에 사용하며 급속도로 보급되었다. 최근 플레시 메모리를 이용한 SSD(Solid State Drive)가 하드 디스크 드라이브 대체 제품으로 부상하고 있다.

⑤ 반도체 메모리 특성 유형

구 분	기 능	삭제 방법	쓰기 방법	전원 제거 효과
DRAM	읽기/쓰기	전기	전기	소멸
SRAM	읽기/쓰기	전기	전기	소멸
ROM	읽기	불가능	마스크	보존
PROM	읽기	불가능	전기	보존
EPROM	읽기	자외선	전기	보존
EEPROM	읽기/쓰기	전기	전기	보존
플래시 메모리	읽기/쓰기	전기	전기	보존

4 기억장치 관리

(1) 메모리 주소
① 메모리에서 데이터를 참조하기 위해서는 주소(address)의 개념이 적용된다.
② 주소의 할당 단위로는 바이트(byte)와 워드(word) 단위로 부여할 수 있다.
③ 데이터 저장 순서로는 빅엔디안(big-endian) 또는 리틀엔디안(little-endian) 방식이 사용된다.

(2) 메모리 용량
① 메모리 용량은 워드의 크기와 워드 수, 즉 주소 수를 이용하면 계산할 수 있다.
② 주소(address) 수는 주소선의 수 및 주소레지스터의 크기와 관련이 있다.
③ 주소선은 MAR과 연결되어 있다. 만약 주소선의 수가 k개이면 MAR, PC 크기는 k bit가 되고 이때 지정 가능한 주소의 개수는 2^k개가 된다.
④ 데이터선은 워드 크기와 관련이 있다. 만약 데이터선이 m개면 워드 크기는 m bit가 된다. 따라서 워드 크기를 갖는 MBR, IR, DR, AC 크기 또한 m bit가 된다.
⑤ 메모리 용량은 용량 계산 후 크기에 맞춰 적정한 용량의 단위를 부여한다.

> 메모리 용량 = 주소 개수×워드의 크기 = 2^k × m bit
> k : MAR = PC(프로그램 카운터) = AD(Address Bus, 주소선) = 워드 수
> m : MBR = DR(데이터 레지스터) = data bus = IR(명령어 레지스터) = 워드 크기

주소설계 시 고려할 사항
• 주소를 효율적으로 나타내야 한다.
• 사용자에게 편리하도록 해야 한다.
• 주소 공간과 기억 공간을 독립시킬 수 있어야 한다.

데이터 저장 순서
• big-endian : 낮은 주소 쪽에 데이터의 상위 바이트를 저장 (0x1234) → 1234
• little-endian : 낮은 주소 쪽에 데이터의 하위 바이트를 저장 (0x1234) → 3412

주소선(address line)
데이터를 기억시키거나 읽을 때 데이터의 위치를 나타내는 주소를 입력시켜 주기 위해 사용되는 신호선

예제 1

PC의 크기가 16bit, 컴퓨터가 한 번에 처리할 수 있는 데이터 크기는 8bit일 때 메모리 용량을 계산하면?

해 설

(메모리 용량 = 주소 수 × 워드 크기)에서

주소 수는 PC 크기가 16bit이므로 $2^{16} = 2^6 \times 2^{10} = 64$K개

데이터 크기, 즉 워드 크기는 8bit = 1byte

메모리 용량 = 64K × 1byte = 64KB

예제 2

메모리 용량 = 32K × 16bit일 때 MAR의 크기 및 MBR의 크기를 계산하면?

해 설

(메모리 용량 = 주소 수 × 워드 크기)에서

주소 수가 32K개이므로 MAR 크기를 $x$bit라고 한다면

$2^x = 32\text{K} = 2^5 \times 2^{10} = 2^{15} \rightarrow x = 15$

따라서 MAR 크기 : 15bit

MBR 크기는 워드 크기와 같으므로 MBR 크기 : 16bit

(3) 메모리 인터리빙(Interleaving)

하나의 메모리를 여러 개의 모듈로 구성한 후 각 모듈을 번갈아 가며 접근하는 기술로, 단위 시간당 접근(access)하는 메모리의 수를 증대시켜 메모리의 대역폭(bandwidth)을 향상하는 방법이다.

① **복수 모듈 메모리** : 메모리 모듈을 여러 개 가지고 있는 기억장치이다. 각 모듈에 접근할 때는 파이프라인 개념으로 접근한다.

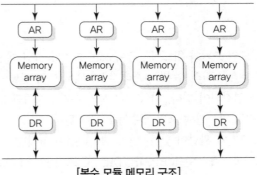

[복수 모듈 메모리 구조]

파이프라인(pipeline)
한 데이터 처리 단계의 출력이 다음 단계의 입력으로 이어지는 형태로 연결된 구조를 가리킨다. 이렇게 연결된 데이터 처리 단계는 한 여러 단계가 서로 동시에, 또는 병렬적으로 수행될 수 있어 효율성의 향상을 꾀할 수 있다.

② **파이프라인 방식에 의한 메모리 인터리빙** : 한 개의 뱅크(bank, 모듈)가 재충전(refresh)하고 있을 때 다른 뱅크에 접근하는 방식으로, 순차 접근보다 병렬화된 파이프라인 접근 방법이다. 클럭 사이클을 줄이면서 데이터를 읽어 전체적으로 대역폭이 늘어난 효과가 있다.

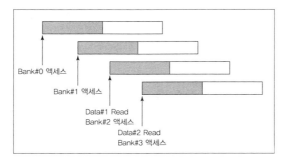

Bank#0 액세스

Bank#1 액세스

Data#1 Read
Bank#2 액세스

Data#2 Read
Bank#3 액세스

[파이프라인 방식에 의한 메모리 인터리빙]

03 캐시기억장치(캐시 메모리, Cache Memory)

1 캐시기억장치의 개념 (2008)

(1) 의 미

CPU의 처리속도와 주기억장치의 저장 또는 읽기 속도의 차이에 의해 데이터의 병목현상이 발생하게 되는데, 이를 해결하기 위해 중간에 고속의 메모리인 캐시기억장치를 둔다.

(2) 지역성의 원리

CPU가 명령 수행 또는 데이터 처리를 수행하기 위해 주기억장치에 접근할 때는 인접한 위치에 있는 데이터나 명령어를 집중적으로 접근하게 된다.

① **시간 지역성** : 주기억장치의 특정한 구역을 주기적으로 접근하는 경우, 이 구역은 다음 주기에서 다시 참조될 확률이 높다.

② **공간 지역성** : 순차적인 처리가 필요한 경우, 주기억장치의 특정 구역 다음 주소에 있는 명령어를 참조할 확률이 높다.

(3) 지역성의 원리에 입각한 캐시기억장치의 설치

CPU에 인접한 곳에 캐시기억장치를 두고 이곳에 반복적으로 사용하게 될 프로그램 및 데이터를 지역성의 원리에 입각하여 판단해 가져다 놓아 사용함으로써 기억장치 접근 시간을 단축하게 된다.

(4) 캐시 시스템의 구성

캐시 메모리는 속도가 빠른 SRAM을 사용하며 데이터 캐시와 태그 캐시 두 부분으로 구성된다. 또한 별도의 캐시 제어기를 두어 캐시 시스템을 구성한다.

① **데이터 캐시** : 자주 사용되는 데이터를 일시적으로 저장한다.

② **태그 캐시** : 태그 주소를 저장한다. 찾으려는 데이터가 데이터 캐시에 적재되어 있는지 판단하는 데 사용한다.

③ **캐시 제어기** : 태그 캐시에 저장되어 있는 주소를 제어기 내의 주소 비교기와 비교하여 일치하면 데이터를 출력하고 그렇지 않으면 주기억장치로부터 해당 데이터를 읽어와 캐시에 적재한다.

2010

병목(bottleneck)현상

시스템 자원이 용량(capacity) 또는 처리량에 있어서 최대 한계에 도달할 때 발생될 수 있다.

[그림: CPU ↔ 캐시 기억 장치 ↔ 캐시 제어기, 캐시 기억 장치 ↔ 주기억 장치]

[캐시 시스템의 구성]

2 캐시 메모리의 동작 효율

(1) 캐시 동작 효율 결정 3대 요소

캐시 용량, 매핑 방식, 라인 크기

① **캐시 용량** : 데이터 캐시의 크기를 의미한다.

② **매핑 방식** : 데이터 캐시와 주기억장치 사이의 대응 관계로, 직접 매핑과 연관 매핑, 집합 연관 매핑 방식이 있다.

③ **라인 크기** : 데이터 캐시와 주기억장치 사이의 데이터 블록 크기를 의미하는 것으로, 논리적 동작 단위의 크기이다.

④ **기타 요소** : 기록 방식, 데이터 일치성, 데이터 전송 폭, 태그 캐시의 크기 및 구성 방식 등이 있다.

(2) 적중률과 실패율 중요 ★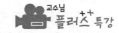

① **의미** : CPU가 캐시에서 찾고자 하는 워드를 찾는 데 성공하는 경우를 '적중(hit)', 실패하는 경우를 '실패(miss)'라 칭한다. 적중률은 CPU에 의한 기억장치 참조 총 횟수 중 캐시 메모리에서 적중된 횟수가 차지하는 비율을 말한다. 실패율은 실패한 횟수가 차지하는 비율로 '1−적중률'로 표현할 수 있다.

② **적중률** : 적중률을 식으로 표현하면 다음과 같다(캐시 적중률은 보통 90% 이상).

$$\text{적중률} = \frac{\text{적중횟수}}{\text{기억장치 접근횟수}} = \frac{\text{적중횟수}}{\text{적중횟수} + \text{실패횟수}}$$

③ **평균 접근시간** : 캐시기억장치가 설치된 시스템의 평균 접근시간을 식으로 표현하면 다음과 같다.

$$T = (T_c \times h) + (T_m \times m)$$

T : 평균 접근시간　　　　　　T_c : 캐시 메모리 접근시간
T_m : 주 메모리 접근시간　　　　h : 적중률
m : 실패율

블록(block)
메모리에서 한 단위로 취급될 수 있는 데이터의 집합을 의미하며 주기억장치와 입출력장치 사이의 전송 시 블록 단위로 행해진다.

④ 캐시 실패 요인
  ㉠ 강제적 요인 : 프로그램 실행 첫 단계 또는 프로세스 교체 후 첫 명령 실행 시 발생
  ㉡ 용량 요인 : 캐시 용량이 부족할 때 발생
  ㉢ 충돌 요인 : 캐시기억장치의 특성 부분을 집중적으로 참조할 때 발생

(3) 매핑 방식 중요 ★

① **직접 매핑**(direct mapping, 직접 사상)
  ㉠ 주기억장치의 각 저장 블록이 캐시기억장치의 특정한 하나의 인덱스에만 저장될 수 있는 방식이다.
  ㉡ 주소 구성 : 태그 주소 / 인덱스 주소
  ㉢ 가장 간단한 구현 방식이지만 동일 인덱스이면서 태그가 다른 두 개 이상의 워드가 반복 접근할 때는 적중률이 떨어지는 단점이 있다.

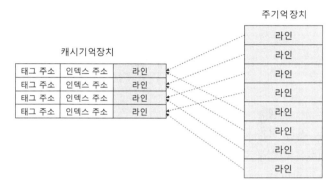

[직접 매핑]

② **연관 매핑**(associative mapping, 연관 사상)
  ㉠ 주기억장치의 각 저장 블록이 캐시기억장치의 어느 인덱스에도 저장될 수 있는 방식이다.
  ㉡ 주소 구성 : 태그 주소(인덱스 주소가 필요치 않다)
  ㉢ 가장 빠르고 가장 융통성이 있는 매핑 방식이다.

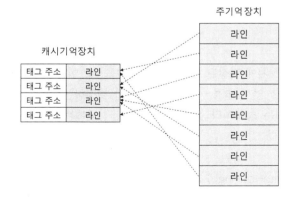

[연관 매핑]

매핑(mapping, 사상)
어떤 것을 다른 것에 대응시킨다는 기본적 의미를 바탕으로 다양한 분야에서 사용하는 용어이나. 전산 분야에서는 주로 기억장치의 어떤 주소 영역을 프로그램의 구성 요소나 데이터 영역과 짝을 지어 연결(대응)시켜준다는 의미로 이해하면 된다. 두 관계를 정의해 주는 표를 '매핑 테이블(mapping table)'이라 하며, 데이터베이스 분야에서는 데이터 변환에 대한 대응 관계를 설명할 때, 이 용어를 자주 사용한다.

③ **집합 연관 매핑**(set-associative mapping, 집합 연관 사상)

　　㉠ 직접 매핑과 연관 매핑을 합성한 매핑 방식으로, 인덱스는 같고 태그가 다른 두 개 이상의 라인들을 집합으로 구성하여 직접 매핑 방식으로 대응시키는 방법이다.

　　㉡ 주소 구성 : 태그 주소 / 집합 주소

　　㉢ 적중률이 직접 매핑 방식보다 높으나 회로가 복잡하고 구현이 어려우며 처리 자체의 속도가 느리다.

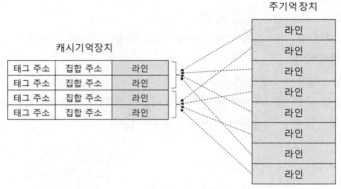

[집합 연관 매핑]

알고리즘(algorithm)
어떤 문제를 해결하기 위해 정의된 규칙과 절차의 모임이다.

(4) 교체 알고리즘 중요 ★

연관 매핑 또는 집합 연관 매핑을 사용하는 캐시 시스템에서 캐시 실패에 따라 주기억장치로부터 새로운 라인을 불러올 때, 비어 있는 블록이 없을 경우 교체할 대상을 선택하는 알고리즘을 말한다.

① **무작위 교체**(Random Replacement) : 대체 대상을 임의로 선정하여 교체

② **LRU**(Least Recently Used, 최소 최근 사용) : 캐시에 저장된 상태에서 사용되지 않은 채 가장 오래 존재한 블록을 교체

③ **LFU**(Least Frequently Used, 최소 사용 빈도) : 사용 빈도가 가장 낮은 블록을 교체

④ **MRU**(Most Recently Used, 가장 최근 사용) : 캐시에 저장된 상태에서 가장 최근에 사용된 블록을 교체

⑤ **FIFO**(First-In First-Out, 선입선출) : 사용된 시점과 관계 없이 가장 먼저 저장된 블록을 교체

(5) 쓰기(기록) 정책

① **의미** : 캐시기억장치에 저장된 내용이 변화되었을 때, 이를 읽어 들였던 주기억장치의 동일 데이터를 언제 변경 · 쓰기할 것인가를 결정하는 방식이다. 이는 데이터의 일관성을 규정짓는 정책이라 할 수 있다. 쓰기 정책에는 즉시 쓰기와 나중 쓰기의 2가지 방식이 있다.

② **쓰기의 방식**

　　㉠ 즉시 쓰기(write-through) : 캐시에 적중할 경우 변화된 값을 캐시와 주기억장치 모두에 업데이트하고 실패할 경우 주기억장치에만 업데이트하는 방식

ⓐ 장점 : 캐시 데이터 일관성을 유지할 수 있고 회로 구현이 쉽다.

ⓑ 단점 : 버스 점유 시간이 길고 버스 트래픽이 증가하며 캐시 적중률이 떨어진다.

ⓛ 나중 쓰기(write-back) : 캐시에 적중할 경우 변화된 값을 캐시에만 업데이트하고 실패할 경우 주기억장치에만 업데이트하는 방식

ⓐ 장점 : 버스 점유 시간이 짧고 버스 트래픽이 적으며 캐시 적중률이 높아진다.

ⓑ 단점 : 캐시 데이터 일관성을 유지하기 어렵고 회로 구현이 복잡하다.

3 다중 프로세서 시스템에서의 캐시 일관성 문제

① 각 클라이언트가 자신만의 로컬 캐시를 가지고 다른 여러 클라이언트와 메모리를 공유하고 있을 때, 캐시의 갱신으로 인한 데이터 불일치 문제가 발생한다. 캐시 일관성을 유지한다고 하는 것은 이러한 데이터 불일치 현상을 없애는 것을 의미한다.

② 캐시 일관성을 유지하기 위해서는 다른 프로세서가 갱신한 캐시 값을 곧바로 혹은 지연하여 다른 프로세서에서 사용할 수 있도록 해주어야 한다.

③ 캐시 일관성을 유지하기 위한 **프로토콜** : 스누핑(snooping) 프로토콜, MESI 프로토콜, 디렉터리 기반(directory-based) 프로토콜

04 가상기억장치(가상 메모리, Virtual Memory)

1 가상기억장치의 특징 2018

(1) 의·미
주기억장치의 물리적 크기의 한계를 해결하기 위한 기법으로 주기억장치의 크기에 상관없이 프로그램이 메모리의 주소를 논리적인 관점에서 참조할 수 있도록 하는 것을 말한다.

(2) 목 적
주소공간의 확대에 있다. 보조기억장치의 프로그램을 가상기억장치 관리기법을 통하여 주기억장치보다 큰 프로그램을 실행할 수 있는 환경을 제공한다.

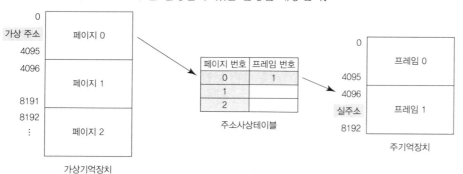

[가상기억장치]

트래픽
데이터 전송이 이루어지는 동안의 전송량이다.

스누핑(snooping) 프로토콜
주소 버스를 항상 감시하여 캐시 상의 메모리에 대한 접근이 있는지를 감시

MESI 프로토콜
캐시 메모리의 일관성을 유지하기 위해서 별도의 플래그(flag)를 할당한 후 플래그의 상태를 통해 데이터의 유효성 여부를 판단

디렉터리 기반(directory-based) 프로토콜
캐시 블록의 공유 상태, 노드 등을 기록하는 저장 공간인 디렉터리를 이용하여 관리

• 가상공간 : 프로그램 공간, 사용자 공간
• 가상주소 : 가상공간의 특정 워드의 주소
• 실공간 : 주기억장치의 실제 공간
• 실주소 : 실공간의 특정 워드의 주소

2 구현 기술

(1) 블록분할

① 가상공간을 페이지 또는 세그먼트의 블록으로 분할한 후 주기억장치에 할당한다.

② 페이지(page) : 가상공간을 고정된 크기로 분할한 단위로 물리적 크기이다.

③ 세그먼트(segment) : 가상공간을 가변적인 크기로 분할한 단위로 논리적 크기이다.

(2) 동적적재

프로그램을 실행하기 위해서 분할된 전체 블록을 적재하는 것이 아니고, 실행에 필요한 블록만 적재하는 방법으로 효율적인 메모리 관리를 할 수 있다.

(3) 동적주소변환(DAT)

사상테이블(mapping table)을 이용해 가상주소를 실주소로 변환한다.

05 보조기억장치

1 데이터 접근 방식

(1) 직접 접근 기억장치(DASD ; Direct Access Storage Device)

데이터가 저장된 장소에 직접 접근하는 기억장치이다. 주로 실시간 처리에 사용된다(하드 디스크, 플로피 디스크, 광 디스크 등).

(2) 순차 접근 기억장치(SASD ; Sequential Access Storage Device)

데이터가 저장된 장소로 현재의 탐침 위치에서 미리 정해 놓은 순서대로 데이터를 검색해 나간다. 주로 일괄 처리에 사용된다(마그네틱 테이프).

2 보조기억장치 인터페이스

(1) IDE / E-IDE / ATA

① IDE(Integrated Drive Electronics) 및 E-IDE(Enhanced IDE)는 주로 IBM PC의 하드 디스크 드라이브와 CD-ROM 드라이브를 연결하는 40핀 규격의 인터페이스이다. 표준화된 공식 명칭은 ATA(AT Attachment)이다.

② IDE는 504MB까지의 용량을 규정하고 있고 마스터와 슬레이브 2개의 드라이브를 연결할 수 있으나 E-IDE는 504MB 용량을 초과할 수 있고 2쌍의 마스터와 슬레이브를 연결할 수 있어, 총 4개까지 구성할 수 있다.

(2) SATA(Serial AT Attachment)

① SATA는 기존 ATA 인터페이스가 병렬 연결인 것과 달리 직렬 연결의 ATA 인터페이스이다. 하드디스크와 광 디스크 등을 연결할 수 있으며 직렬 연결을 채택함에 따라 데이터 핀의 규격이 6핀으로 줄었다. ATA에 비해 전송 속도가 개선되었고 플러그 앤 플레이(plug & play)가 지원되며, 전원이 연결된 채로 탈부착이 가능하다.

② 기존 ATA(IDE / E-IDE) 인터페이스를 급속도로 대체하고 있으며, 속도가 빨라진 SATA2, SATA3 인터페이스도 개발·보급되고 있다.

3 자기 디스크

(1) 구조 및 특성

① 구 조

ⓐ 원판형 표면에 자기 물질을 도포하여 자화에 따라 데이터를 기록할 수 있는 장치로, 여러 장의 디스크가 하나의 축 상에 고정된 '디스크 팩' 구조를 갖는다.

ⓑ 헤드 : 특정 위치의 자료를 읽거나 기록하는 기능을 하며, 특정한 위치에서 자기 표면으로부터 약간 띄운 상태로 작동된다.

ⓒ 액세스 타임(access time) : 헤드가 특정한 위치로 이동하는 시간으로, 자기 디스크 성능의 주요 요소이다.

ⓓ 모터 : 스핀들 모터는 항상 디스크를 회전시키는 기능을 하며, 스텝 모터는 헤드의 순간적 트랙 이동을 위해 구동력을 끊어서 준다.

ⓔ 플라잉 하이트(flying height) : 헤드가 디스크 상에서 부상되는 높이를 의미한다. 15~20마이크로 인치 정도로 매우 작은 값이다.

② 특 성

ⓐ DASD로, 대용량 데이터를 고속 처리할 수 있다.

ⓑ 자기 테이프에 비해 처리속도가 월등히 빨라 실시간 처리에 사용된다.

ⓒ 자기 드럼에 비해 큰 기억 용량을 갖는다.

(2) 디스크 구조

명 칭	설 명
트랙(track)	디스크 표면에 데이터들을 기록할 수 있도록 동심원 상으로 분할해 놓은 것이다.
섹터(sector)	하나의 트랙을 몇 개의 구역으로 구분한 요소이다.
실린더(cylinder)	n개의 디스크를 케이크 모양으로 쌓아 놓았을 때, 회전축으로부터 동일한 거리에 있는 트랙들의 집합을 의미한다.
액세스 암(access arm)	디스크 사이에 액세스 암이 삽입되어 있으며 위 아래 양면에 헤드가 달려 있다.

(3) 처리속도 요소

데이터를 읽으라는 신호를 줄 때부터 내용을 가지고 올 때까지의 시간을 액세스 타임(access time)이라 하며, 이는 다음 요소들의 집합이 된다.

☑ **Check Point**

안쪽 트랙과 바깥쪽 트랙의 길이는 크게 차이가 나지만 고정 각도 방식(CAV : Constant Angle Velocity)을 사용하므로 안쪽과 바깥쪽 트랙에 기억시키는 용량이 같다. 그러므로 기억 밀도는 안쪽이 높다.

구 분	설 명
탐색시간(seek time, 시크 타임)	지정된 데이터가 위치한 실린더까지 액세스 암이 도달하는 시간
회전대기시간 (search time, rotation delay time, latency time, 서치 타임)	해당 실린더 도착 후, 데이터 레코드 위치까지 도달하는 시간
전송시간 (transfer time, transmission time, 트랜스퍼 타임)	주기억장치와 자기 디스크 장치 사이에 데이터를 전송하는 데 소요되는 시간

이동식 헤드의 경우 access time = seek time＋search time＋transfer time

고정식 헤드의 경우 access time = search time＋transfer time

4 광 디스크

(1) 특성 및 종류

① 의미 : 레이저 광선을 사용하여 은빛 플라스틱 판 모양의 디스크에 데이터를 저장하거나 읽어들일 수 있는 매체이다. 플라스틱 보호막과 알루미늄 증착 막으로 구성되며 데이터가 저장되는 부분인 랜드(land)와 피트(pit)로 구성되어 있다.

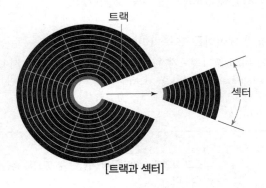

[트랙과 섹터]

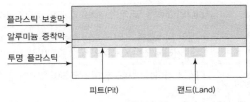

[광 디스크의 구조]

② 특 성
    ㉠ 자기 디스크에 비하여 월등히 높은 자료 밀도를 갖는다.
    ㉡ 저비용 대용량 데이터 저장 능력을 갖는다.
    ㉢ 내구성이 좋다.
    ㉣ 이동성이 좋다.
    ㉤ 복제성이 좋다.
    ㉥ 자기 디스크보다 접근시간이 오래 걸린다.

증착
고체나 액체 물질에 열을 가해 증발시켜 다른 물체의 표면에 얇게 달라붙도록 하는 기법이다.

Ⓐ 자기 디스크보다 데이터 전송률이 낮다.

ⓞ 이와 같은 특성에 따라 멀티미디어 산업 발전에 기여하였다.

③ 종 류

구 분	CD (Compact Disc)	DVD (Digital Video Disc)	BD (Blu-ray Disc)
직경	8cm, 12cm	8cm, 12cm	8cm, 12cm
사용 레이저	적외선 780nm	적색 650nm	청색(남보라) 405nm
저장 용량 (12cm, 단면)	단면단층 : 650MB 양면/복층기록 불가	단면 4.7~8.5GB 양면 9.4~17GB	단면단층 : 25GB 단면복층 : 50GB
비디오 코덱	MPEG-1	MPEG-2	MPEG-2, H.264/AVC, SMPTE VC-1
전송 속도 (1배속)	150KB/s	1.35MB/s	4.5MB/s
기술규격	CD-ROM, CD-R, CD-RW	DVD-ROM, DVD-R, DVD-RAM	BD-ROM, BD-R, BD-RE

(2) 자료 배열

① **CAV 방식** : Constant Angular Velocity의 준말로, 고정 각속도 방식을 의미한다. 즉, 자기 디스크처럼 섹터당 동일한 양의 자료를 저장하지만 디스크 중심으로 갈수록 길이가 짧아져 자료 밀도가 높아진다.

② **CLV 방식** : Constant Linear Velocity의 준말로, 고정 선속도 방식을 의미한다. 즉, 섹터의 위치에 상관없이 레이저가 섹터를 통과하는 선속도가 일정한 방식이다. 그러므로 디스크 중심으로 갈수록 데이터를 읽을 때 회전하는 속도가 빨라진다.

③ **동심원 트랙** : 자기 디스크와 같이 하나의 트랙에서는 디스크 중심과의 거리가 일정한 트랙이다. CAV 방식만 적용할 수 있다.

④ **나선형 트랙** : 트랙이 동심원이 아니라, 한 바퀴 돌았을 때 겹치지 않도록 지름이 작아지는 트랙을 말한다. CAV 방식과 CLV 방식을 모두 적용할 수 있다.

(3) 디스크 용량 계산 `2016`

> 디스크 저장 용량 = 구성 장수 × 사용 면수 × 실린더 수(트랙 수) × 섹터 수 × 섹터 크기

예제

> 양면 저장을 할 수 있는 2장의 디스크로 구성된 디스크 드라이브에 실린더(Cylinder)가 8개이고, 트랙당 16섹터이며, 섹터당 512byte를 저장할 수 있다면 이 디스크 드라이브에 저장할 수 있는 총 용량은?
>
> **해설**
> 디스크 용량 = 구성 장수×사용 면수×실린더 수(트랙 수)×섹터 수×섹터 크기
> $= 2 \times 2 \times 8 \times 16 \times 512 = 2^1 \times 2^1 \times 2^3 \times 2^4 \times 2^9 = 2^{18}$
> $= 2^8 \times 2^{10} = 256KB$

☑ Check Point

CLV 방식
보통의 CD-ROM은 CLV 방식을 이용한다. 헤드가 중심과 바깥쪽으로 이동할 때마다 디스크가 다른 회전 속도를 내야 하기 때문에 섹터를 찾는 시간이 오래 걸리는 단점이 있으나, 자료의 용량이 두 배 가량 커지는 장점이 있다.

5 SSD(Solid State Disk)

① 하드디스크(HDD)를 대체하기 위해서 개발된 반도체(IC)로 구성된 보조기억장치이다.
② HDD는 자기 디스크로 이루어졌으나 SSD는 플래시 메모리로 이루어진다.
③ 탐색시간 없이 임의접근이 가능해 입출력 속도가 빠르다.
④ 소음이 없으며 소모 전력 및 발열도 적어 소형화, 경량화가 가능하다.

6 RAID(Redundant Array of Inexpensive/Independent Disk, 복수 배열 독립 디스크) 2008

(1) 개 념

다수 기억장치를 병렬 연결하여 형식적으로 하나의 저장장치로 작동하도록 구성하는 기법을 의미한다. 이를 통해 성능 면이나 보안 안정성 면에서 높은 수준을 유지할 수 있게 된다. 보통 '디스크 어레이'라는 명칭을 사용한다.

(2) 레벨의 구분

여러 개의 디스크를 하나로 묶을 때는 하드웨어적 또는 소프트웨어적 방법을 사용하며 목적과 방법에 따라 '레벨(level)'로 구분한다. 레벨은 기본 5가지에서 시작하여 현재 다수 중첩 레벨이 추가되었다. 고성능을 추구하는 레벨은 RAID 0, 데이터 안정성을 추구하는 레벨은 RAID 1이며, 이 2가지 목적을 조합하여 다른 레벨이 구성된다.

- RAID 0 = striping
- RAID 1 = mirroring

① RAID 0 : 여러 개의 디스크에 데이터를 공평하게 분배하여 데이터 읽기 · 쓰기가 하나의 디스크에 집중되지 않도록 한다. 따라서 입출력 성능이 월등하게 향상된다. 단점은 구성 디스크 중 하나만 손상되어도 전체 데이터가 파손되는 셈이어서 데이터 안정성이 떨어진다.

1	2
3	4
5	6
7	8

[RAID 0]

② RAID 1 : 구성 디스크 각각에 같은 데이터를 중복 기록하여 하나의 디스크에 문제가 생겨도 데이터를 온전히 보존하는 RAID 구성을 말한다. 데이터 손실을 방지하는 데에 탁월하나 데이터 입출력 성능 향상을 기대할 수는 없다.

1	1
2	2
3	3
4	4

[RAID 1]

③ RAID 2 : 모든 데이터는 비트 단위로 분산되어 여러 디스크에 저장되며, 기록용 디스크와 데이터 복구용 디스크를 별도로 둔다. 에러 검출과 수정을 위하여 해밍 코드(Hamming code)를 사용하는 것이 특징이며, 최근에는 사용되지 않는다.

컴퓨터일반 GO! 득점

해밍 코드(Hamming code)
오류를 스스로 검출하여 교정이 가능한 코드이다. 비트 오류 수정 기법을 발견한 수학자 해밍(Hamming)의 이름을 따왔다.

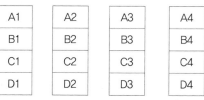

[RAID 2]

④ RAID 3 : 모든 데이터는 바이트 단위로 분산되어 모든 디스크에 균등하게 저장되고 패리티 정보는 별도의 전용 디스크에 저장된다.

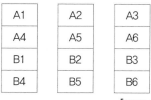

[RAID 3]

⑤ RAID 4 : 모든 데이터는 블록으로 분산되고 각 블록은 여러 디스크에 저장되지만 균등하진 않다. RAID 3처럼 RAID 4도 패리티를 처리하기 위해 별도의 디스크를 사용한다.

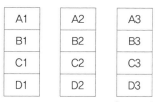

[RAID 4]

⑥ RAID 5 : 패리티 블록들을 여러 디스크에 분산 저장하는 방식이며 단일 오류 검출 및 교정을 할 수 있는 방식이다.

[RAID 5]

01 [2012 계리직]

주기억장치와 캐시기억장치만으로 구성된 시스템에서 〈보기〉와 같이 기억장치 접근시간이 주어질 때 캐시 적중률(Hit Ratio)은?

> **보기**
>
> · 평균 기억장치 접근시간 : $T_a = 1.9ms$
> · 주기억장치 접근시간 : $T_m = 10ms$
> · 캐시기억장치 접근시간 : $T_c = 1ms$

① 80%

② 85%

③ 90%

④ 95%

02 [2010 계리직]

주기억장치에서 사용 가능한 부분은 다음과 같다. M1은 16KB(Kilobyte), M2는 14KB, M3는 5KB, M4는 30KB 이며 주기억장치의 시작 부분부터 M1, M2, M3, M4 순서가 유지되고 있다. 이때 13KB를 요구하는 작업이 최초 적합(First Fit) 방법, 최적 적합(Best Fit) 방법, 최악 적합(Worst Fit) 방법으로 주기억장치에 각각 배치될 때 결과로 옳은 것은? (단, 배열순서는 왼쪽에서 첫 번째가 최초 적합 결과이며 두 번째가 최적 적합 결과 그리고 세 번째가 최악 적합 결과를 의미한다.)

① M1, M2, M3

② M1, M2, M4

③ M2, M1, M4

④ M4, M2, M3

03 2008 계리직

캐시기억장치(Cache Memory)에 대한 설명으로 옳지 않은 것은?

① 직접 사상(direct mapping) 방식은 주기억장치의 임의의 블록들이 어떠한 슬롯으로든 사상될 수 있는 방식이다.

② 세트－연관 사상(set－associative mapping) 방식은 직접 사상 방식과 연관 사상(associative mapping) 방식을 혼합한 방식이다.

③ 슬롯의 수가 128개인 4－way 연관 사상 방식인 경우 슬롯을 공유하는 주기억장치 블록들이 4개의 슬롯으로 적재될 수 있는 방식이다.

④ 캐시 쓰기 정책(cache write policy)은 write through 방식과 write back 방식 등이 있다.

04 2014 계리직

다음 저장장치 중 접근 속도가 빠른 것부터 순서대로 나열한 것은?

㉠ 레지스터	㉡ 주기억장치
㉢ 캐시 메모리	㉣ 하드디스크

① ㉠, ㉢, ㉡, ㉣
② ㉠, ㉢, ㉣, ㉡
③ ㉢, ㉠, ㉡, ㉣
④ ㉢, ㉠, ㉣, ㉡

01

$$T_a = (T_c \times h) + (T_m \times m)$$

h : 적중률 m : 실패율 $= (1 - h)$

1.9 = 1 × h + 10 × (1 − h) = 1h + 10 − 10h = 10 − 9h

→ 1.9 = 10 − 9h에서 9h = 10 − 1.9 = 8.1

정리하면 h = $\frac{8.1}{9}$ = 0.90이다

적중률(h)의 단위가 백분율(%)이므로 100을 곱하면 0.9×100 = 90%

| 참고 |

• 적중률을 h라 하면 실패율은 (1 − h)가 된다.

• 캐시 기반의 평균 기억장치 접근시간 = 적중 시의 시간 + 실패 시의 시간 = (캐시기억장치 접근시간 × 적중률) + (주기억장치 접근시간 × 실패율)   **답 ③**

02

• 최초 적합(가용 공간 중 가장 먼저 할당하는 공간) : 16KB → M1

• 최적 적합(가용 공간 중 할당 후 단편화가 가장 작은 공간) : 14KB → M2

• 최악 적합(가용 공간 중 할당 후 단편화가 가장 큰 공간) : 30KB → M4

| 참고 |

기억장치 공간의 가변 분할 할당기법의 공백 영역 탐색 알고리즘

• 최초 적합 방법(First Fit) : 여러 유휴 공간들을 순차적으로 검색해 나가다가 저장할 수 있을 만큼의 크기를 가진 부분을 최초로 찾으면 그곳에 할당한다.

• 최적 적합 방법(Best Fit) : 유휴 공간 중 요구하는 크기보다 크면서 가장 크기가 비슷한 공간을 찾아 할당한다. 검색에 시간이 걸리지만 유휴 공간이 적게 남는다는 장점이 있다.

• 최악 적합 방법(Worst Fit) : 유휴 공간 중 가장 큰 부분을 찾아 할당한다. 유휴 공간이 크다면 유리하나 유휴 공간이 많지 않다면 효율성이 떨어진다.   **답 ②**

03

직접 사상(직접 매핑) 방식은 주기억장치의 각 저장 블록이 캐시기억장치의 특정한 하나의 인덱스에만 사상될 수 있는 방식이다.   **답 ①**

04

컴퓨터의 기억장치는 시스템 전체의 효율성을 높이기 위해 접근 속도가 높은 것부터 접근 우선권을 주는 계층 구조를 이룬다. 이를 도식화하면 다음 그림과 같다.

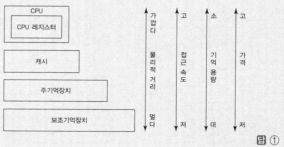

답 ①

05 2016 계리직

〈보기〉와 같은 특성을 갖는 하드 디스크의 최대 저장 용량은?

> **보기**
> - 실린더(Cylinder) 개수 : 32,768개
> - 면(Surface) 개수 : 4개
> - 트랙(Track)당 섹터(Sector) 개수 : 256개
> - 섹터 크기(Sector Size) : 512 bytes

① 4GB ② 16GB
③ 64GB ④ 1TB

06 2018 계리직

㉠에 들어갈 용어로 옳은 것은?

> 주기억장치의 물리적 크기의 한계를 해결하기 위한 기법으로 주기억장치의 크기에 상관없이 프로그램이 메모리의 주소를 논리적인 관점에서 참조할 수 있도록 하는 것을 (㉠)라고 한다.

① 레지스터(Register)
② 정적 메모리(Static Memory)
③ 가상 메모리(Virtual Memory)
④ 플래시 메모리(Flash Memory)

07 2011 국가직

컴퓨터 시스템에서 일반적인 메모리 계층 구조를 설계하는 방식에 대한 설명으로 옳지 않은 것은?

① 상대적으로 빠른 접근 속도의 메모리를 상위 계층에 배치한다.
② 상대적으로 큰 용량의 메모리를 상위 계층에 배치한다.
③ 상대적으로 단위 비트당 가격이 비싼 메모리를 상위 계층에 배치한다.
④ 하위 계층에는 하드디스크나 플래시(flash) 메모리 등 비휘발성 메모리를 주로 사용한다.

08 2011 지방직

캐시 메모리에 대한 설명으로 옳은 것을 모두 고른 것은?

> ㄱ. 적중률이 높을수록 캐시 메모리 성능은 낮다.
> ㄴ. 캐시 메모리의 쓰기 기법 중에 Write-back 기법은 적중 시 캐시 메모리와 함께 메인 메모리의 내용도 갱신한다.
> ㄷ. 메인 메모리보다 용량은 작지만, 접근 속도가 빠르다.
> ㄹ. 성능 향상을 위해 시간적 지역성, 공간적 지역성 등을 이용한다.

① ㄱ, ㄴ ② ㄱ, ㄷ
③ ㄴ, ㄷ ④ ㄷ, ㄹ

09 2013 국가직

캐시 메모리가 다음과 같을 때, 캐시 메모리의 집합(Set) 수는?

- 캐시 메모리 크기 : 64 Kbytes
- 캐시 블록의 크기 : 32 bytes
- 캐시의 연관 정도(Associativity) : 4-way 집합 연관 사상

① 256
② 512
③ 1,024
④ 2,048

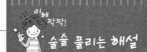

05
$512 \times 256 \times 4 \times 32{,}768 = 2^9 \times 2^8 \times 2^2 \times 2^{15} = 2^{34}$
$(2^{10})^3$ bytes가 약 1GB이므로 $(2^{10})^3 \times 2^4 = 16GB$　답 ②

06
③ 가상 메모리 : 실행에 필요한 부분만 주기억장치에 저장하고, 나머지는 보조기억장치에 두고 동작하도록 논리적으로 참조하는 메모리. 기억장치의 물리적 한계를 논리적 방법으로 해결한다.
① 레지스터 : CPU 내부에 구성된 기억 영역으로 데이터를 일시적으로 저장한다.
② 정적 메모리 : 전원 공급이 되는 한 내용이 없어지지 않는 RAM 메모리이다. 캐시 메모리로 주로 사용된다.
④ 플래시 메모리 : 전원이 꺼져도 정보가 보존되는 메모리이다. USB 메모리, SSD, 휴대폰용으로 보급 · 확산되고 있다.　답 ③

07
② 상위 계층에는 용량이 적지만 속도가 빠른 기억장치를, 하위 계층에는 용량이 크지만 속도가 느린 기억장치를 사용한다.　답 ②

08
ㄱ. 적중률이 높을수록 캐시 메모리 성능은 높다.
ㄴ. 나중 쓰기(write-back) 기법은 캐시에 적중할 경우 변화된 값을 캐시에만 업데이트하고 실패할 경우 주기억장치(메모리)에만 업데이트한다.　답 ④

09
- 블록의 수 : 64K ÷ 32 = 2^6K ÷ 2^5 = 2K
- 4-way 집합 연관 사상은 캐시 메모리의 집합(set) 수가 4이므로, 2K ÷ 2^2 = 2^{11} ÷ 2^2 = 2^9 = 512　답 ②

적중 예상 문제

01 DRAM에 관한 설명으로 옳지 않은 것은?

① 주기억장치 구성에 사용된다.
② 쌍안정 논리회로의 성질을 응용한다.
③ SRAM에 비해 기억 용량이 크다.
④ SRAM에 비해 속도가 느리다.

02 RAID(Redundant Array of Inexpensive Disks) 기술에 대한 설명으로 가장 옳지 않은 것은?

① RAID 1 레벨은 미러링(mirroring)을 지원한다.
② RAID 3 레벨은 데이터를 블록 단위로 분산 저장하여 대용량의 읽기 중심 서버용으로 사용한다.
③ RAID 5 레벨은 고정적인 패리티 디스크 대신 패리티가 모든 디스크에 분산되어 저장되므로 병목 현상을 줄여 준다.
④ RAID 6 레벨은 두 개의 패리티 디스크를 사용하므로 두 개의 디스크 장애 시에도 데이터의 복구가 가능하다.

03 복수 모듈 기억장치에 대한 설명으로 옳지 않은 것은?

① 기억장치 버스를 시분할하여 사용하며 기억장소의 접근을 보다 빠르게 한다.
② 독자적으로 데이터를 저장할 수 있는 기억장치 모듈을 여러 개 가진 기억장치로 주기억장치와 CPU의 속도 차의 문제점을 개선한다.
③ 복수 모듈 기억장치에 사용되는 각각의 기억장치는 자체의 어드레스 레지스터와 버퍼 레지스터를 가지고 독자적으로 데이터를 저장할 수 있다.
④ 인터리빙 기법을 이용하여 m개의 모듈로 구성된 기억장치에서 m개의 연속적인 명령을 동시에 패치하는 것이 가능하다.

04 다음 중 ROM에 대한 설명으로 옳지 않은 것은?

① 전원 공급이 끊겨도 정보가 없어지지 않는다.
② 컴퓨터 주기억장치로 많이 쓴다.
③ 제조 과정에서 마스크 공정을 거친다.
④ 기억된 정보를 읽어낼 수만 있는 메모리이다.

05 다음 중 SRAM과 DRAM에 대한 설명으로 옳은 것은?

① SRAM은 DRAM에 비해 소용량이지만 가격은 상대적으로 저렴하다.
② SRAM에는 재충전회로가 포함되어야 하나 속도가 빠르다.
③ DRAM은 SRAM에 비하여 소비 전력이 높은 대신 대용량으로 주로 사용된다.
④ SRAM은 캐시 메모리로, DRAM은 주메모리로 주로 사용한다.

06 컴퓨터의 기억장치는 시스템 전체의 효율성을 높이기 위해 접근 속도가 높은 것부터 접근 우선권을 주는 계층 구조를 이룬다. 이에 대한 설명으로 옳지 않은 것은?

① 접근 속도가 높은 장치들은 중앙처리장치 가까이 둔다.
② 캐시는 주로 CPU와 주기억장치 사이에 둔다.
③ 레지스터에는 CPU에서 당장 요구되는 정보를 보관한다.
④ 하층 구조에 해당하는 기억장치들은 용량이나 가격 면에서 상대적으로 높다.

07
어떤 Computer의 메모리 용량은 1,024 word이고 1 word는 16 bit로 구성되어 있다면 MAR과 MBR은 최소 몇 bit로 구성되어 있는가?

① MAR=10, MBR=8
② MAR=10, MBR=16
③ MAR=11, MBR=8
④ MAR=11, MBR=16

08
256×4비트의 구성을 갖는 메모리 IC를 사용하여 4,096×16비트 메모리를 만들고자 한다. 몇 개의 IC가 필요한가?

① 16 　　　　　② 32
③ 64 　　　　　④ 128

09
기억장치 공간 가변 분할 할당 기법의 공백 영역 탐색 알고리즘에서 유휴 공간 중 가장 큰 부분을 찾아 할당하는 방법은?

① 최적 적합 방법 　　② 최악 적합 방법
③ 최초 적합 방법 　　④ 최후 적합 방법

10
CPU와 주기억장치 사이의 속도 차이로 인해서 발생하는 문제를 해결하기 위해 주기억장치를 모듈별로 주소를 배정한 후 각 모듈을 번갈아 가면서 접근하는 방식은?

① Virtual Memory 　　② Cache Memory
③ Interleaving 　　　④ Serial Processing

한눈에 보는 정답과 해설

01 ② SRAM은 플립플롭이라는 쌍안정 논리회로로 이루어진 셀에 비트 데이터를 저장한다.

02 ② RAID 3 레벨 : 모든 데이터는 바이트 단위로 분산되어 모든 디스크에 균등하게 저장되고 패리티 정보는 별도의 전용 디스크에 저장된다.

03 ④ 복수 모듈 메모리는 메모리 모듈을 여러 개 가지고 있는 기억장치이다. 각 모듈에 접근할 때는 파이프라인 개념으로 접근한다. 한 개의 뱅크(bank, 모듈)가 재충전(refresh)하고 있을 때 다른 뱅크에 접근하는 방식으로, 순차 접근보다 병렬화된 파이프라인 접근 방법이다.

04 ROM(Read Only Memory) : 기억된 정보를 읽어낼 수만 있는 메모리이므로 컴퓨터 주기억장치로는 맞지 않는다. 전원 공급이 끊겨도 정보가 없어지지 않는다. 제조 과정에서 데이터들을 칩 속에 내장시키는 마스크 공정을 거치며 각종 하드웨어 고정 운영체제를 담아 사용한다.

05 SRAM과 DRAM의 비교

구 분	SRAM	DRAM
속 도	높다	낮다
집적도	낮다	높다
용 량	소용량	대용량
소비 전력	높다	낮다
가 격	고가	저가
사용례	캐시 메모리	주메모리
비 고	재충전 필요 없음	재충전 회로 필요

06 하층 구조에 해당하는 기억장치는 보조기억장치에 해당하며 전체 용량이 크지만 단위 용량에 대한 가격은 가장 낮다.

07 (메모리 용량 = 주소 수 × 워드 크기)에서 주소 수는 MAR의 크기와 관련 있다.
MAR의 크기가 n비트이면 주소 수는 2^n이 된다.
메모리 용량이 1,024 word이므로 주소 수는 $1,024 = 2^{10}$개이다.
따라서 MAR의 크기는 10비트, MBR의 크기는 워드 크기와 같으므로 16비트이다.

08 4,096×16비트 메모리의 용량과 256×4비트 메모리 용량을 비교해보면 쉽게 구할 수 있다. 먼저 4,096×16비트 $= 2^{12} \times 2^4 = 2^{16}$비트이고, 256×4비트$= 2^8 \times 2^2 = 2^{10}$비트이다. 두 메모리의 용량을 비교하기 위해 나누어 보면 $2^{16} \div 2^{10} = 2^6 = 64$
따라서 256×4비트 IC 64개가 필요하다.

09 최악 적합 방법(worst fit) : 유휴 공간 중 가장 큰 부분을 찾아 할당하는 방법이다. 유휴 공간이 크다면 유리하나 유휴 공간이 많지 않을 때는 효율성이 떨어질 수 있다.

10 Memory Interleaving은 모듈 메모리에 번갈아 접근하면서 명령어를 처리하는 기술이다.

01 ② 02 ② 03 ④ 04 ② 05 ④ 06 ④ 07 ② 08 ③ 09 ② 10 ③

11 다음 중 캐시 메모리와 관련된 지역성의 원리에 대한 설명으로 옳지 않은 것은?

① CPU가 인접한 곳에 캐시 메모리를 두어야 하는 당위성을 설명한다.
② 주기억장치의 특정 구역을 주기적으로 접근할 경우 이 구역은 다음에 다시 참조될 확률이 높다.
③ CPU와 멀리 떨어진 기억장치의 처리속도가 상대적으로 고속이어야 하는 당위성을 설명한다.
④ 순차적인 처리가 필요한 경우, 주기억장치 특정 구역의 바로 다음 주소의 정보를 참조할 확률이 높다.

12 캐시 시스템 구성에 있어서, 저장되어 있는 주소를 주소 비교기와 비교하여 일치하면 데이터를 출력하고 그렇지 않으면 메모리로부터 해당 데이터를 읽어와 캐시에 적재하는 역할을 하는 것은?

① 태그 캐시
② 주소 캐시
③ 데이터 캐시
④ 캐시 제어기

13 다음 중 캐시 동작 효율 결정의 3대 요소에 해당하지 않는 것은?

① 데이터 기록 방식
② 데이터 캐시 크기
③ 데이터 매핑 방식
④ 데이터 블록 크기

14 다음과 같이 프로세스들이 P1, P2, P3 순으로 도착하고 FIFO 알고리즘으로 교체된다면 평균 대기시간은 얼마인가?

프로세스	실행시간(ms)
P1	24
P2	3
P3	3

① 7
② 17
③ 27
④ 30

15 앞의 14번 문제에서 평균 반환시간은 얼마인가?

① 7
② 17
③ 27
④ 30

16 주기억장치와 캐시기억장치만으로 구성된 시스템에서 평균 기억장치 접근시간 : T_a = 1.45ms, 주기억장치 접근시간 : T_m = 10ms, 캐시기억장치 접근시간 : T_c = 1ms일 때, 캐시 적중률을 구하면?

① 80%
② 85%
③ 90%
④ 95%

17 다음 중 캐시 실패 요인이 아닌 것은?

① 프로그램의 실행 마지막 단계에서 일어나는 강제적 요인
② 프로세스 교체 후 첫 명령 실행 시
③ 데이터 캐시 용량의 부족
④ 캐시의 특정 부분을 집중 참조 시

18 다음 중 캐시기억장치와 주기억장치 사이의 연관 매핑 방식에 관한 설명으로 옳은 것은?

① 인덱스는 같고 태그가 다른 두 개 이상의 라인들을 집합으로 구성하여 직접 매핑한다.
② 주소 구성은 태그 주소와 인덱스 주소로 구성되어 있다.
③ 동일 인덱스이면서 태그가 다른 두 개 이상의 워드가 반복 접근할 때 적중률이 떨어진다.
④ 주기억장치의 각 저장 블록이 캐시기억장치의 어느 인덱스에도 저장될 수 있는 방식이다.

19 다음 캐시 매핑 방식 중에서 주소 구성이 태그 주소로만 되어 있고 가장 융통성이 좋은 방식은?

① 직접 매핑
② 연관 매핑
③ 간접 매핑
④ 집합 연관 매핑

[20~23] 캐시 메모리에 저장되어 있는 메모리 블록의 상태가 다음과 같고 더 이상 참조할 블록이 없어 새로운 데이터를 읽어 들여와 교체를 해야 할 상황일 때, 다음 물음에 답하여라.

블록 주소	A	B	C	D
참조된 순서	1, 8	2, 7	3, 5, 6, 9	4

20 LRU 알고리즘을 적용할 때, 교체할 대상 블록은?

① A   ② B
③ C   ④ D

21 LFU 알고리즘을 적용할 때, 교체할 대상 블록은?

① A   ② B
③ C   ④ D

한눈에 보는 정답과 해설

11 CPU와 멀리 떨어진 기억장치, 즉 메모리 계층 구조상 하부에 위치한 장치들은 당장 참조할 필요가 없는 데이터들을 가지고 있기 때문에 상대적으로 고속일 필요가 없다.

12 캐시 제어기는 태그 캐시에 저장되어 있는 주소를 제어기 내의 주소 비교기와 비교하여 일치를 판단하며 여부에 따라 메모리의 해당 데이터를 읽어 들여온다.

13 캐시 동작 효율 결정 3대 요소는 캐시 용량, 매핑 방식, 라인 크기이다.
- 캐시 용량 : 데이터 캐시의 크기를 의미한다.
- 매핑 방식 : 데이터 캐시와 주기억장치 사이의 대응 관계로, 직접 매핑과 연관 매핑, 집합 연관 매핑 방식이 있다.
- 라인 크기 : 데이터 캐시와 주기억장치 사이의 데이터 블록 크기를 의미하는 것으로, 논리적 동작 단위의 크기이다.

14 평균 대기시간은 각 프로세스 대기시간에 대한 평균이다.
대기시간 = 시작시간 − 제출시간
※ 제출시간이 없으면 0으로 계산

FIFO 스케줄차트

P1	P2	P3

0   24   27   30

P1의 대기시간 : 0 − 0 = 0
P2의 대기시간 : 24 − 0 = 24
P3의 대기시간 : 27 − 0 = 27
따라서 평균 대기시간 : $\frac{1}{3}(0+24+27)=17$ (ms)

15 평균 반환시간은 각 프로세스 반환시간에 대한 평균이다.
반환시간 = 종료시간 − 제출시간
※ 제출시간이 없으면 0으로 계산
P1의 반환시간 : 24 − 0 = 24
P2의 반환시간 : 27 − 0 = 27
P3의 반환시간 : 30 − 0 = 30
따라서 평균 반환시간 : $\frac{1}{3}(24+27+30)=27$ (ms)

16 적중률이 h일 때 평균 기억장치 접근시간 = (캐시기억장치 접근시간 × 적중률) + (주기억장치 접근시간 × 실패율)
$$T_a = (T_c \times h) + (T_m \times m)$$
h : 적중률 m : 실패율 $= (1-h)$
$1.45 = 1 \times h + 10 \times (1-h) = 1h + 10 - 10h = 10 - 9h$
→ $1.45 = 10 - 9h$
정리하면 $9h = 8.55$, $h = \frac{8.55}{9} = 0.95$이다.
적중률(h)의 단위가 백분율(%)이므로 100을 곱하면
$0.95 \times 100 = 95\%$

17 캐시 실패 요인
- 강제적 요인 : 프로그램 실행 첫 단계 또는 프로세스 교체 후 첫 명령 실행 시 발생
- 용량 요인 : 캐시 용량이 부족할 때 발생
- 충돌 요인 : 캐시기억장치의 특정 부분을 집중적으로 참조할 때 발생

18 ① 집합 연관 매핑, ②·③ 직접 매핑에 대한 설명이다.

19 연관 매핑은 주기억장치의 각 저장 블록이 캐시 메모리의 어느 인덱스에도 저장될 수 있는 방식으로, 가장 빠르고 가장 융통성이 있는 매핑 방식이다.

20 참조되었다는 것은 메모리의 A~D의 저장 공간에 접근했다는 의미이다. 이 의미와 문제에 제시된 알고리즘만 이해한다면 다음 문제도 쉽게 풀 수 있다. LRU 알고리즘에 따라 가장 오래전 참조된 블록을 찾기 위해 마지막 참조 순서부터 역순으로 가면 C → A → B → D 순이며, D가 가장 오래전 참조되었으므로 교체해야 한다.

21 LFU 알고리즘에 따라 참조된 빈도(사용 빈도)를 블록별로 정리하면 A는 2회, B는 2회, C는 4회, D는 1회 사용되었다. 그러므로 빈도가 가장 낮은 D를 교체해야 한다.

11 ③   12 ④   13 ①   14 ②   15 ③   16 ④   17 ①   18 ④   19 ②   20 ④
21 ④

22 MRU 알고리즘을 적용할 때, 교체할 대상 블록은?

① A   ② B

③ C   ④ D

23 FIFO 알고리즘을 적용할 때, 교체할 대상 블록은?

① A   ② B

③ C   ④ D

24 캐시 데이터 일관성을 유지하기 위한 쓰기 정책의 장·단점을 옳게 설명한 것은?

① 즉시 기록 방식은 버스 트래픽이 감소하여 캐시 적중률이 높아진다.

② 즉시 기록 방식은 캐시 적중에 실패해도 캐시와 주기억장치 모두에 업데이트하는 방식이다.

③ 나중 기록 방식은 캐시 일관성을 유지하기 어렵고 회로 구현이 복잡하다.

④ 나중 기록 방식은 버스 점유 시간이 길어 캐시 적중률이 떨어진다.

25 다음 중 데이터 접근 방식이 다른 한 가지는?

① 마그네틱 테이프   ② 마그네틱 플로피 디스크

③ 광 디스크   ④ 하드 디스크

26 보조기억장치 인터페이스인 SATA 방식에 대한 설명으로 옳은 것은?

① 40핀 규격의 인터페이스이다.

② 마스터와 슬레이브 2개의 드라이브를 연결할 수 있다.

③ 504MB까지의 용량을 규정하고 있다.

④ 직렬 연결 방식이다.

27 다음 중 자기 디스크에 대한 설명으로 옳지 않은 것은?

① 디스크 사이에 액세스 암이 위치하며 위, 아래 양면에 헤드가 달려 있다.

② 고정 각속도 방식을 사용하므로 안쪽 트랙의 기억 용량이 크다.

③ 트랙이란 디스크 표면에 데이터를 기록할 수 있도록 동심원 상으로 분할해 놓은 것이다.

④ 자기 드럼에 비해 큰 기억 용량을 갖는다.

28 다음 중 자기 디스크의 시크 타임(Seek Time)에 대한 설명으로 옳은 것은?

① 헤드 작동 준비 시간

② 지정된 데이터가 위치한 실린더까지 액세스 암이 도달하는 시간

③ 해당 실린더 도착 후, 데이터 레코드 위치까지 도달하는 시간

④ 디스크 장치와 메모리 사이에 데이터를 전송하는 데 소요되는 시간

29 다음 중 광 디스크의 특성을 잘못 설명한 것은?

① 내구성과 이동성이 좋다.
② 접근시간은 자기 디스크보다 느리다.
③ 자기 디스크보다 데이터 전송률이 높다.
④ 자기 디스크보다 월등히 높은 자료 밀도를 갖는다.

30 광 디스크의 자료 배열 방식에 대한 다음 설명 중 옳지 않은 것은?

① CLV 방식은 디스크 중심으로 갈수록 데이터를 읽을 때 회전하는 속도가 빨라진다.
② CAV 방식은 각 섹터당 동일한 양의 자료를 저장한다.
③ CAV 방식은 디스크 중심으로 갈수록 자료 밀도가 높아진다.
④ CLV 방식은 동심원 트랙과 나선형 트랙 모두에서 사용할 수 있다.

한눈에 보는 정답과 해설

22 MRU 알고리즘에 따라 참조된 순서를 보면 C가 9번째로 가장 늦으므로 C를 교체해야 한다.

23 FIFO 알고리즘에 따라 가장 처음 참조된 A를 교체해야 한다.

24 **즉시 기록 방식과 나중 기록 방식의 장·단점**

즉시 기록	장점	캐시 데이터 일관성을 유지할 수 있고 회로 구현이 쉽다.
	단점	버스 점유 시간이 길고 버스 트래픽이 증가하며 캐시 적중률이 떨어진다. ·
나중 기록	장점	버스 점유 시간이 짧고 버스 트래픽이 적으며 캐시 적중률이 높아진다.
	단점	캐시 데이터 일관성을 유지하기 어렵고 회로 구현이 복잡하다.

25 마그네틱 테이프는 데이터가 저장된 장소로 현재의 탐침 위치에서 미리 정해 놓은 순서대로 데이터를 검색해 나가는 순차 접근 방식을 채택한 기억장치이다. 나머지는 모두 직접 접근 방식의 기억장치이다.

26 SATA(Serial AT Attachment)는 기존 ATA 인터페이스가 병렬 연결인 것과 달리 직렬 연결의 ATA 인터페이스이다. 하드 디스크와 광 디스크 등을 연결할 수 있으며, 직렬 연결을 채택함에 따라 데이터 핀의 규격이 6핀으로 줄었다.

27 안쪽 트랙과 바깥쪽 트랙의 길이는 크게 차이가 나지만 고정 각속도 방식(CAV ; Constant Angle Velocity)을 사용하므로 안쪽과 바깥쪽 트랙에 기억시키는 용량이 같다. 그러므로 기억 밀도는 안쪽이 높다.

28 ① 헤드셋 타임(head set time) : 헤드 작동 준비 시간
③ 회전대기시간(search time) : 해당 실린더 도착 후, 데이터 레코드 위치까지 도달하는 시간
④ 전송시간(transfer time) : 주기억장치와 자기 디스크 장치 사이에 데이터를 전송하는 데 소요되는 시간

29 광 디스크는 자기 디스크보다 데이터 전송률이 낮고 저비용 대용량 데이터 저장 능력을 갖는다.

30 동심원 트랙은 자기 디스크와 같이 하나의 트랙에서는 디스크 중심과의 거리가 일정한 트랙이며, CAV 방식만 적용할 수 있다.

22 ③ 23 ① 24 ③ 25 ① 26 ④ 27 ② 28 ② 29 ③ 30 ④

04 입출력장치

• 채널(Channel)(2018)

01 입력과 출력

컴퓨터일반 GO! 득점

1 입출력장치 개요

컴퓨터 시스템에서 사용자 혹은 외부와의 정보 교환을 위한 장치를 말하며, 주변장치라 부르기도 한다.

[입출력장치의 구분]

구분	장치명
입력 전용 장치	카드 판독기, 카드 펀치, 종이 테이프 판독기, 키보드, 마우스, 스캐너, 라이트 펜 등
출력 전용 장치	프린터, 플로터, 모니터, 빔 프로젝터 등
입출력 겸용 장치	터치스크린, 자기 드럼, 자기 테이프, 자기 디스크, 광 디스크, 콘솔, 마이크로필름 등

콘솔(console)
컴퓨터 사용자와 컴퓨터 사이에 의사소통이 가능토록 하는 입출력장치를 의미하는 것으로, 보통 콘솔 입력은 키보드, 콘솔 출력은 모니터를 지칭한다.

2 입출력 인터페이스

(1) 입출력 인터페이스의 필요성

기억장치와 입출력장치의 동작 속도 차이 및 두 장치 간의 신호 감쇠 및 잡음에 의해 오류가 발생할 가능성이 크다. 그러므로 기억장치와 입출력장치 사이에 데이터 교환 역할을 하는 입출력 버스나 입출력 인터페이스가 필요하게 된다.

(2) 입출력 인터페이스의 주요 기능

인터페이스(interface)
하드웨어 또는 소프트웨어적 관점에서 두 장치를 연결해 주는 경계를 의미한다. 두 장치 간의 연결을 원활히 하기 위한 규격을 의미하기도 한다.

① 기억장치와 입출력장치 사이의 동작 방식의 차이를 해결한다.
② 기억장치와 입출력장치 사이의 전송 속도의 차이를 해결한다.
③ 기억장치와 입출력장치 사이의 데이터 형식의 차이를 해결한다.
④ 기억장치나 입출력장치와 통신한다.
⑤ 데이터 버퍼링 기능을 한다.
⑥ 오류를 검출한다.
⑦ 다른 주변장치 동작 방해를 차단한다.

(3) 입출력 인터페이스의 구성

데이터 입력 레지스터, 데이터 출력 레지스터, 상태 레지스터, 명령어 레지스터가 함께 설계되어 필요한 기능이 하나로 일체화된 제어기(controller) 형태로 구현된다. 입출력 인터페이스가 포함된 시스템 개요도는 다음 그림과 같다.

I/O 인터페이스 구성요소
• 데이터 레지스터
• 상태 및 제어 레지스터
• 입출력 논리회로
• 제어선 및 주소선

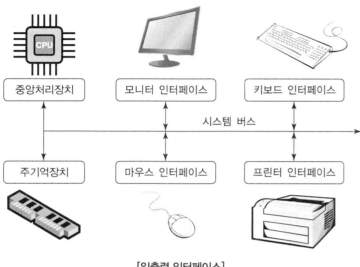

[입출력 인터페이스]

(4) 입출력장치와 기억장치의 차이점

① **동작 속도** : 기억장치에 비해 기계적 동작을 필요로 하는 입출력장치의 동작 속도가 현저히 느리다.
② **데이터 형식** : 데이터 형식의 길이가 서로 다르다.
③ **오류 발생률** : 장치 접속의 거리가 길어 신호 감쇠 및 잡음에 의해 입출력장치의 오류 발생률이 높다.

3 입출력 명령어

① **의미** : CPU는 입출력을 실행하기 위해 주기억장치로부터 입출력 명령어를 인출하여 해석한 다음, 해당 입출력장치가 이를 실행할 수 있도록 입출력 인터페이스를 통해 전송한다.
② **입출력 명령어의 종류**
　㉠ 제어 커맨드 : 주변장치의 활성화 지시
　㉡ 테스트 커맨드 : 주변장치 내의 여러 가지 상태를 테스트하기 위한 지시
　㉢ 데이터 입력 커맨드 : 데이터 입력을 지시
　㉣ 데이터 출력 커맨드 : 데이터 출력을 지시

4 입출력 주소

(1) 입출력 주소 지정

CPU가 입출력장치로 데이터를 출력하거나 입력하는 동작은 입출력 인터페이스의 데이터 레지스터와 상태/제어 레지스터를 통해 이루어진다. 그러므로, 시스템 버스를 통해 접속된 입출력장치들에는 각각 다음의 두 개씩 주소가 지정된다.

① 데이터 레지스터 주소

② 상태/제어 레지스터 주소

(2) 입출력 주소 지정 방식의 종류

구 분	내 용	장·단점
분리형 입출력	입출력장치의 주소를 주기억장치 주소와 다른 주소로 부여하는 방법으로, 입출력 명령어를 읽고 쓰기 위한 제어 선과 주 메모리를 읽고 쓰는 제어 선을 구별하여 사용한다.	기억장치 이용 효율이 좋으나, 하드웨어가 복잡하고 프로그래밍이 불편해진다.
메모리-맵 입출력	주기억장치의 일부 주소를 입출력 명령어에 할당하는 방법으로, 메모리와 입출력과 구별이 없으며 메모리 명령으로 사용이 가능하다.	입출력 명령어의 사용에 의해 기억장치 공간 효율이 떨어지나, 하드웨어가 간단하다.

5 데이터 전송 방식

데이터를 주고받는 두 장치 간에는 클록의 특성에 따라 다양한 방식의 전송이 이루어진다.

(1) 데이터 전송 방식의 종류

① **동기 전송** : 두 장치가 공통의 클록을 이용하여 전송한다. 컴퓨터 내부 동작, 레지스터 간 전송 등이 이에 속한다.

② **비동기 전송** : 두 장치가 각각 자신의 클록을 이용하여 전송한다. 전송시간을 주고받기 위한 제어 신호를 교환해야 한다.

③ **병렬 전송** : 두 개 이상의 신호 선을 이용하여 동시에 두 비트 이상의 데이터를 전송하는 방법이다. 근접한 거리, 고속 전송이 가능하다(하드 디스크 드라이브, 광 디스크 드라이브 등).

④ **직렬 전송** : 단일 통신선을 이용하여 원거리 장치 간 전송에 이용한다(키보드, 마우스, USB, 모뎀 등).

(2) 비동기 병렬 전송 방식

① **스트로브(strobe) 제어 방식** : 송신장치가 데이터를 버스에 적재하고 수신장치에 알려서 데이터를 전송받도록 하는 방식이다. 스트로브 제어 선은 하나로 구성되어 있다. 스트로브 제어의 시작점이 송신장치인지, 수신장치인지에 따라 2가지 방식으로 분류된다. 주로 마이크로프로세서와 기억장치의 정보 교환 시 사용한다.

  ㉠ 송신장치에서 시작하는 제어 : 송신장치가 데이터 적재를 수신장치에 알리는 방식으로, 수신장치가 데이터를 정상적으로 받았는지 알 수 없고 수신장치는 항상 데이터를 받을 준비가 되어 있어야 한다.

스트로브(strobe)
원래 카메라의 플래시 또는 이를 통해 발생하는 섬광을 의미한다. 전자공학적으로는 회로 내에서 발생하는 펄스를 의미한다

ⓒ 수신장치에서 시작하는 제어 : 수신장치가 데이터를 받을 준비를 마친 후 송신장치에 알려 데이터 전송을 위한 스트로브 제어 신호를 보내는 방식이다. 송신장치가 데이터를 버스에 적재했는지 알 수 없고 송신장치는 항상 데이터를 보낼 준비가 되어 있어야 한다.

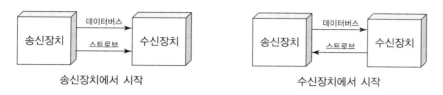

송신장치에서 시작   수신장치에서 시작

[스트로브 제어]

② 핸드세이킹(handshaking) 제어 방식 : 스트로브 제어 방식에서는 데이터를 수신장치가 받았는지, 데이터를 송신장치가 적재했는지 알 수 없는 단점이 있는데, 이를 보완하기 위해 제어 회선을 두 개 이상 두는 방식을 사용한다. 이를 핸드세이킹 제어 방식이라 한다. 주로 인터페이스와 입출력장치 사이의 데이터 전송에 사용한다.

ⓒ 송신장치에서 시작하는 제어 : 송신장치는 데이터를 버스에 적재한 다음 이를 수신장치에 알린다. 수신장치가 데이터를 받기 시작하면 Data accepted 신호를 송신장치에 보낸다.

ⓒ 수신장치에서 시작하는 제어 : 수신장치가 데이터를 받을 준비를 마친 후, 송신장치에 알려 데이터 전송을 시작하라는 신호를 보낸다.

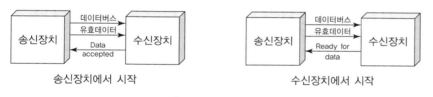

송신장치에서 시작   수신장치에서 시작

[핸드세이킹 제어]

(3) 비동기 직렬 전송 방식
비동기 직렬 전송은 시작 비트, 데이터 비트, 정지 비트로 구성된다. 각각의 규칙은 다음을 따른다.
① 데이터가 전송되지 않을 때, 회선은 '1'의 상태를 유지한다.
② 시작 비트는 최초로 '0'의 상태가 되는 때이며, 문자 전송의 시작을 알린다.
③ 시작 비트 이후에 데이터 전송이 이루어진다.
④ 정지 비트는 1비트 이상 1 상태를 유지하게 된다. 유지 시간은 장치마다 다르다.

(4) 큐(Queue) 버퍼
데이터가 들어온 순서대로 출력하는 방식이다. 큐 버퍼는 입력과 출력 단자가 분리되어 있어 입력과 출력을 다른 속도로 할 수 있다. 그러므로 큐는 데이터를 비동기 전송하는 경우에 적합하다.

02 입출력 방식

구 분	수행 방법	특 징
프로그램 방식	컴퓨터의 메모리에 기록된 입출력 명령을 수행하는 방식을 말하며 CPU가 주변장치를 계속해서 감시하는 폴링(polling)에 의해 소프트웨어적으로 수행된다.	• CPU가 계속하여 주변장치를 감시함에 따라 시간 낭비가 생기며 입출력 속도가 늦고 처리 효율이 저하된다. • 인터럽트를 이용하지 않는다.
인터럽트 구동 방식	CPU가 자신의 일을 수행하고 있다가 주변장치에서 입출력 수행 준비가 되었을 때 요구하는 인터럽트를 받아들여 수행 중인 작업을 중지하고 데이터 전송을 수행한다.	• CPU가 폴링을 수행하지 않기 때문에 프로그램 방식보다는 빠르게 입출력을 수행할 수 있다. • 인터럽트를 이용한다.
DMA 방식	DMA(Direct Memory Access)에 의한 입출력 방식은 입출력을 위한 별도의 하드웨어를 두어 CPU의 인가 하에 직접 수행하도록 하는 방식이다. CPU는 입출력 인터페이스에 메모리 시작 주소와 전달하고자 하는 데이터 양을 전하여 DMA 전송을 시작하게 한다.	• CPU가 입출력에 관여하지 않기 때문에 가장 빠르게 데이터 전송이 이루어진다. • 인터럽트를 이용한다.

1 프로그램 방식

프로그램 입출력 방식의 흐름도는 다음 그림과 같다. 각각의 실행 명령과 더불어, 입출력장치와 기억장치 사이에 데이터를 전송하려면 입력 또는 저장 등의 명령을 실행해야 한다. 또한, 입출력장치에 데이터가 준비되어 있는지 검사하는 명령이 필요하며 전송된 워드 개수를 계산하는 명령이 필요하다.

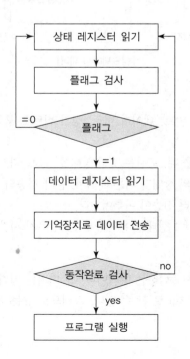

2 인터럽트 구동 방식

(1) 동작 순서

① CPU가 입출력 인터페이스에 명령을 보낸 후, 다른 작업을 수행한다.

② 입출력 인터페이스는 입출력 명령을 이용하여 입출력장치를 제어한다.

③ 입출력장치가 명령 수행을 완료하면 입출력 인터페이스는 CPU로 인터럽트 신호를 보낸다.

④ CPU는 인터럽트 신호 수령 즉시, 원래 프로그램으로 돌아와 다음 작업을 계속한다.

(2) 우선순위 판단 방식 2014

컴퓨터 시스템에는 통상 여러 가지 입출력장치가 함께 사용되므로 인터럽트를 요청한 장치를 식별하고 우선순위를 판단하여 서비스해야 한다. 우선순위 판단 방식에는 대표적으로 폴링 방식과 데이지 체인 방식이 있다. 각각에 대한 설명과 특징은 다음과 같다.

구 분	설 명	특 징
폴링 방식	인터럽트가 발생했을 경우, 각 장치를 우선순위에 따라 차례로 검사하여 그 중 가장 우선순위가 높은 장치를 찾고 이에 해당하는 서비스 루틴을 실행하게 한다.	• 소프트웨어적으로 우선순위를 알아낸다. • 하드웨어 가격이 저렴하다. • 인터럽트 우선순위 변경의 유연성이 크다. • 인터럽트 요청 장치가 많을 경우, 모두 검사해야 하므로 시간이 많이 걸리는 단점이 있다.
데이지 체인 방식	모든 장치를 하드웨어적인 방법으로 우선순위에 따라 직렬로 연결한다. CPU는 인터럽트 확인 신호(INTACK ; Interrupt Acknowledgement)를 순차적으로 통과시켜 인터럽트를 요청한 장치로부터 인터럽트 벡터 주소(VAD)를 받는다.	• 하드웨어적 방법으로 우선순위에 따라 장치를 연결한다. • 처리속도가 빠르다. • 유연성이 작다. • 하드웨어 가격이 비싸다.

3 DMA 방식

CPU의 관여를 받지 않고 DMA(Direct Memory Access)에서 직접 메모리와 입출력장치 사이에 데이터 입출력 전송이 이루어지려면 DMA 인터페이스가 필요하다. DMA 인터페이스가 포함된 시스템 구성도는 다음과 같다.

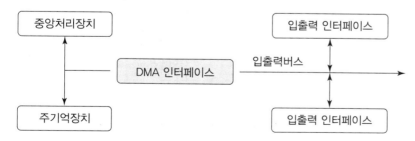

[DMA 인터페이스가 포함된 시스템 구성도]

(1) DMA 방식의 처리 과정

① 입출력장치는 DMA 인터페이스에게 입력할 자료가 존재한다는 것을 알린다.

② DMA 인터페이스는 CPU에 인터럽트를 걸고 메모리 버스 사용을 요구한다.

③ CPU는 인가 신호, 메모리 블록 시작 주소, 한 블록 워드 수, 전송량 등의 정보를 DMA 인터페이스에 전송한다.

④ DMA 인터페이스는 메모리 블록 시작 주소를 입출력장치에 알려준다.

⑤ 입출력장치는 메모리에 데이터를 직접 전송한다.

(2) DMA 전송 방법 종류

① **DMA 대량 전송** : 버스트(burst) 모드라고도 한다. CPU가 제어하고 있는 기억장치의 사이클을 DMA가 독점하도록 하여 한 번에 데이터를 중단 없이 전송하는 방법(CPU는 다른 작업 수행/입출력장치가 고속일 경우에 사용)이다.

② **사이클 스틸링**(cycle stealing) : CPU가 제어하고 있는 기억장치의 사이클 하나를 사용하여 한 번에 하나의 워드를 전송하는 방법(CPU가 다른 작업 수행 못함/입출력장치가 저속일 경우에 사용)이다.

4 채널(Channel) 방식 2018

(1) 특 징

① 입출력 제어만을 목적으로 하는 전용 입출력 프로세서(IOP)이다.

② 중앙처리장치(CPU)로부터 입출력을 지시받은 후에는 자신의 명령어(CCW)를 실행시켜 입출력을 수행하는 독립된 프로세서이다.

③ 인터럽트를 사용하고 DMA처럼 사이클 스틸링도 이용한다.

④ 하나의 명령어에 의하여 여러 개의 블록을 입출력할 수 있어 입출력 속도가 빠르다.

⑤ 입출력 명령어들을 실행할 수 있는 프로세서와 데이터를 임시 저장할 수 있는 기억장치가 포함되어 있다.

CCW(Channel Command Word, 채널 명령어)
입출력 처리기가 수행할 입출력 명령어를 말한다.

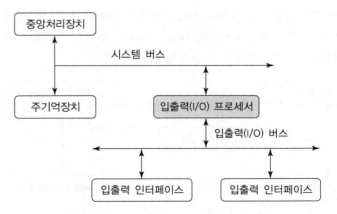

[입출력 프로세서가 포함된 시스템 구성도]

(2) 채널 방식의 종류

구 분	설 명	특 징
바이트 멀티플렉서 (byte multiplexer)	여러 개의 입출력장치에서의 입출력을 한 바이트씩 교대로 전송시키는 방식	• 전송 속도가 저속인 경우에 주로 사용 • 장점 : 공용화 • 단점 : 저속
셀렉터 (selector)	여러 개의 입출력장치 중 특정한 장치만을 'DMA 대량 전송'으로 전송하는 방식	• 전송 속도가 고속인 경우에 주로 사용 • 장점 : 고속 • 단점 : 한 장치의 독점
블록 멀티플렉서 (block multiplexer)	여러 개의 입출력장치에서의 입출력을 한 블록씩 교대로 전송시키는 방식	• 위의 2가지 장점을 모두 수용한 방식 • 공용이면서 고속

(3) DMA 제어기

① 의 미

㉠ 고속의 입출력장치를 위해서 버퍼, 포인터, 카운터를 설정한다.

㉡ CPU의 간섭없이 직접 메모리와 버퍼 저장 사이에서 블록 단위로 전송한다.

㉢ 블록마다 하나의 인터럽트가 발생한다.

㉣ 메모리는 한순간에 하나의 워드만 전송할 수 있기 때문에 DMA 제어기는 CPU로부터 메모리 사이클을 훔친다.

② 구성요소

㉠ 인터페이스 회로 : CPU와 입출력장치와의 통신을 담당한다.

㉡ 주소 레지스터 : 기억장치와 위치 지정을 위한 주소를 기억한다.

㉢ 워드 카운트 레지스터 : 전송되어야 할 워드의 수를 표시한다.

㉣ 제어 레지스터 : 전송 방식을 결정한다.

㉤ 주소/데이터 버스 버퍼 : 전송에 사용할 자료나 주소를 임시로 기억한다.

03 입출력 성능 향상

1 버퍼링(Buffering)

(1) 속도가 느린 I/O장치와 CPU의 속도 차이를 줄이기 위해 버퍼(buffer)를 이용하는 방식이다.

(2) 한 작업에 대한 입출력 작업과 연산 작업을 병행처리할 수 있다.

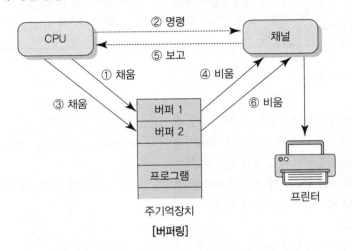

[버퍼링]

2 스풀링(Spooling)

(1) 버퍼링의 개념과 같은 목적으로 사용되지만, 스풀 공간으로 디스크를 이용한다.

(2) 여러 작업에 대하여 입출력과 연산 작업을 병행처리할 수 있다.

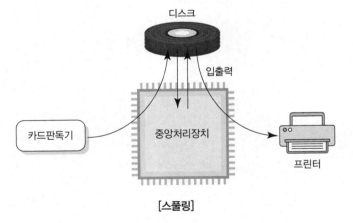

[스풀링]

[버퍼링과 스풀링의 차이점]

버퍼링	스풀링
• 하드웨어적 구현 • 한 작업에 대한 입출력과 계산의 중복 가능 • 스택 또는 큐 방식의 입출력 수행 • 단일 사용자 • 버퍼의 위치는 주기억장치	• 소프트웨어적 구현 • 여러 작업에 대한 입출력과 계산의 중복 가능 • 큐 방식의 입출력 수행 • 다중 사용자 • 스풀의 위치는 디스크

01 2018 계리직

다음에서 설명하는 입출력장치로 옳은 것은?

> • 중앙처리장치로부터 입출력을 지시받은 후에는 자신의 명령어를 실행시켜 입출력을 수행하는 독립된 프로세서이다.
> • 하나의 명령어에 의해 여러 개의 블록을 입출력할 수 있다.

① 버스(bus)
② 채널(channel)
③ 스풀링(spooling)
④ DMA(Direct Memory Access)

02 2010 국가직

I/O장치(모듈)가 시스템 버스에 직접 접속되지 못하는 이유로 거리가 먼 것은?

① I/O장치는 시스템 버스를 통하여 CPU와 단방향으로 통신하기 때문이다.
② 종류에 따라 제어 방법이 서로 다른 I/O장치들의 제어 회로들을 CPU 내부에 모두 포함시키는 것이 어려워 CPU가 그들을 직접 제어할 수 없기 때문이다.
③ I/O장치들의 데이터 전송 속도가 CPU의 데이터 처리속도에 비하여 훨씬 더 느리기 때문이다.
④ I/O장치들과 CPU가 사용하는 데이터 형식의 길이가 서로 다른 경우가 많기 때문이다.

03 2009 지방직

컴퓨터 입출력 방식에서 DMA(Direct Memory Access)에 대한 설명으로 옳지 않은 것은?

① DMA를 통한 데이터 전송 시 CPU의 레지스터를 거치지 않는다.
② DMA 제어기와 CPU가 시스템 버스를 공유한다.
③ DMA 제어기에 의한 입출력이 수행되는 도중에 CPU는 다른 작업을 수행할 수 없다.
④ DMA를 통한 메모리 접근을 위해서는 사이클 스틸링이 필요하다.

04 2017 지방직

데이터 전송 기법인 DMA(Direct Memory Access)에 대한 설명으로 옳지 않은 것은?

① DMA는 프로세서의 개입을 최소화하면서 주기억장치와 입출력장치 사이에 데이터를 전송하는 기술이다.
② 주기억장치와 입출력장치 사이에 대량의 데이터를 고속으로 전송 시, 인터럽트 방식이 DMA 방식보다 효율적이다.
③ 주기억장치와 입출력장치 사이에 DMA에 의한 데이터 전송 시 DMA 제어기는 버스 마스터(master)로 동작한다.
④ 단일 컴퓨터 시스템에 여러 개의 DMA 제어기가 존재할 수 있다.

 술술 풀리는 해설

01
② 채널(channel) : 입출력 제어만을 목적으로 하는 전용 입출력 프로세서(IOP)이다. 입출력 명령어들을 실행할 수 있는 프로세서와 데이터를 임시 저장할 수 있는 기억장치가 포함된다.
④ DMA(Direct Memory Access) : CPU의 관여를 받지 않고 DMA에서 직접 메모리와 입출력장치 사이에 데이터를 입출력 제어한다.

답 ②

02
① I/O장치는 시스템 버스를 통하여 CPU와 단방향 혹은 양방향으로 통신하기 때문이다. 데이터 버스(data bus)의 경우 양방향으로 통신한다.

답 ①

03
③ DMA는 CPU의 관여를 받지 않고 DMA에서 직접 메모리와 입출력장치 사이에 데이터를 주고받기 때문에 DMA 제어기에 의한 입출력이 수행되는 도중에 CPU는 다른 작업을 수행할 수 있다.

답 ③

04
② DMA 방식은 CPU가 입출력에 관여하지 않기 때문에 가장 빠르게 데이터 전송이 이루어지므로 인터럽트 방식보다 효율적이다.

답 ②

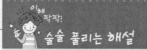
05 2010 국가직

네트워크를 통한 데이터 전송에 있어서 스트로브 (Strobe) 제어 방법에 대한 설명으로 옳지 않은 것은?

① 스트로브는 송신장치나 수신장치에 의하여 발생된다.

② 스트로브는 유용한 데이터가 버스(bus)에 있음을 수신 장치에 알린다.

③ 비동기 방식으로 각 전송시간을 맞추기 위해 단 하나의 제어라인을 갖는다.

④ 송신장치는 버스(bus)에 놓인 데이터를 수신장치가 받 아들였는지의 여부를 알 수 있다.

05

④ 송신장치는 수신장치가 데이터를 정상적으로 받았는지 알 수 없고, 수신장치는 항상 데이터를 받을 준비가 되어 있어야 한다.

답 ④

적중 예상 문제

01 채널(Channel)에 대한 설명으로 옳지 않은 것은?

① 시스템의 입출력 처리 능력을 향상시키는 기능을 한다.
② DMA와 달리 여러 개의 블록을 입출력할 수 있다.
③ 멀티플렉서 채널은 저속인 여러 장치를 동시에 제어하는 데 적합하다.
④ 입출력 동작을 수행하는 데 있어서 CPU의 지속적인 개입이 필요하다.

02 버스 중재에 있어서 소프트웨어 폴링 방식에 대한 설명으로 틀린 것은?

① 비교적 큰 정보를 교환하는 시스템에 적합하다.
② 반응속도가 느리다.
③ 융통성이 있다.
④ 우선순위를 변경하기 어렵다.

03 인터럽트와 비교하여 DMA 방식에 의한 사이클 스틸링의 가장 특징적인 차이점은?

① 프로그램 실행의 다시 시작
② 실행 중인 프로그램 정지
③ 프로그램을 영원히 정지
④ 주기억장치 사이클의 한 주기만 정지

04 비동기 병렬 전송 방식의 스트로브 제어 방식에 대한 다음 설명 중 옳은 것은?

① 스트로브 제어선은 두 개로 구성되어 있다.
② 수신장치에서 제어를 시작하는 경우, 송신장치가 데이터를 버스에 적재했는지 알 수 없다.
③ 주로 인터페이스와 입출력장치 사이의 데이터 전송에 사용한다.
④ 송신장치에서 제어를 시작하는 경우, 수신장치가 데이터를 받기 시작하면 수신 신호를 송신장치에 보낸다.

한눈에 보는 정답과 해설

01 ④ CPU의 권한을 넘겨받기 때문에 CPU 대신 입출력을 관리한다. 따라서 입출력 동작을 수행하기 위해서 CPU의 개입이 필요하지 않다.

02 ④ 버스 중재를 하기 위해 소프트웨어 폴링 방식은 하드웨어 폴링 방식에 비해서 우선순위를 변경하기 쉽다.
    ① 한 장치씩 순서대로 이용할 수 있게 중재하는 장치를 버스 중재기라 한다. 큰 용량의 데이터를 주고받을 수 있다.

03 ④ 사이클 스틸링은 사이클 동안에만 CPU를 제어하여 주기억장치 사이클의 한 주기만 정지된다.

| 참고 |
• 사이클 스틸링 : CPU가 제어하고 있는 기억장치의 사이클 하나를 사용하여 한 번에 하나의 워드를 전송하는 방법이다.
• DMA : CPU의 관여를 받지 않고 DMA에서 직접 메모리와 입출력장치 사이에 데이터 입출력 전송이 이루어지려면 DMA 인터페이스가 필요하다.

04 수신장치에서 제어를 시작하는 경우, 수신장치가 데이터를 받을 준비를 마친 후 송신장치에 알려 데이터 전송을 위한 스트로브 제어 신호를 보내는 방식이다. 송신장치가 데이터를 버스에 적재했는지 알 수 없고 송신장치는 항상 데이터를 보낼 준비가 되어 있어야 한다.

01 ④ 02 ④ 03 ④ 04 ②

05 다음 중 인터럽트 구동 방식에 있어서 우선순위 판단을 위한 폴링 방식과 데이지 체인 방식에 대한 비교로 옳지 않은 것은?

	폴링 방식	데이지 체인 방식
①	소프트웨어적으로 우선순위 판단	하드웨어적으로 우선순위 판단
②	우선순위 변경 유연성 작음	우선순위 변경 유연성 큼
③	처리속도 느림	처리속도 빠름
④	하드웨어 가격 저렴	하드웨어 가격 고가

06 다음 〈보기〉의 내용은 인터럽트 구동 방식의 과정을 기술한 것이다. 구체적 동작 순서를 옳게 나열한 것은?

> **보기**
>
> ㄱ. 입출력 인터페이스는 입출력 명령을 이용하여 입출력장치를 제어한다.
> ㄴ. CPU가 입출력 인터페이스에 명령을 보낸 후 다른 작업을 수행한다.
> ㄷ. CPU는 인터럽트 신호 수령 즉시, 원래 프로그램으로 돌아와 다음 작업을 계속한다.
> ㄹ. 입출력장치가 명령 수행을 완료하면 입출력 인터페이스는 CPU로 인터럽트 신호를 보낸다.

① ㄱ-ㄴ-ㄷ-ㄹ ② ㄱ-ㄹ-ㄷ-ㄴ
③ ㄴ-ㄱ-ㄷ-ㄹ ④ ㄴ-ㄱ-ㄹ-ㄷ

07 DMA 전송 방식에 대한 설명으로 옳은 것은?

① DMA 대량 전송 방식은 기억장치의 사이클을 DMA가 독점한다.
② 사이클 스틸링은 한 번에 데이터를 중단 없이 전송한다.
③ 입출력장치가 고속일 경우 사이클 스틸링을 이용한다.
④ 사이클 스틸링 시에는 CPU가 다른 작업을 수행할 수 있다.

08 다음 중 버퍼링과 스풀링에 대한 사항으로 옳게 기술한 것은?

① 버퍼링은 하드 디스크 공간을, 스풀링은 메모리 영역을 이용한다.
② 버퍼링은 단일 사용자의 한 작업에 대해, 스풀링은 다중 사용자의 여러 작업에 대한 중복 실행이 가능하게 해준다.
③ 버퍼링은 병목 문제를 소프트웨어적으로, 스풀링은 하드웨어적으로 해결하는 방식이다.
④ 버퍼링은 큐 방식, 스풀링은 스택 방식으로 입출력을 수행한다.

 한눈에 보는 **정답**과 *해설*

05 인터럽트 우선순위 변경의 유연성은 소프트웨어적으로 처리되는 폴링 방식이 더 크다.

07 ① DMA 대량 전송은 CPU가 제어하고 있는 기억장치의 사이클을 DMA가 독점하도록 하여 한 번에 데이터를 중단 없이 전송하는 방법이다.
② 사이클 스틸링은 CPU가 제어하고 있는 기억장치의 사이클 하나를 사용하여 한 번에 하나의 워드를 전송하는 방법이다.
③ 사이클 스틸링은 입출력장치가 저속일 경우에 사용한다.
④ 사이클 스틸링 시에는 CPU가 다른 작업 수행할 수 없다

08 • 버퍼링 : 메모리 영역 사용, 단일 사용자 작업, 하드웨어적 해결, 스택 방식
• 스풀링 : 하드 디스크 사용, 다중 사용자 작업, 소프트웨어적 해결, 큐 방식

05 ② 06 ④ 07 ① 08 ②

05 디지털 논리회로

출제경향분석
- 논리게이트의 이해와 카르노 맵의 활용 (2019)
- 불 대수 연산(2018)
- 불 대수 연산 및 논리소자 기호의 이해(2012)

01 불 대수(Boolean Algebra)

① 불 대수는 논리연산을 형식화하여 수학적으로 확립한 대수 체계를 말하는 것으로, 영국의 수학자 불(Bool, George)에 의해 창안되었다. AND, OR, NOT이라는 기본 논리함수에서 출발하여 교환법칙, 결합법칙, 분배법칙 등이 성립한다.
② 불 대수는 논리 게이트 및 논리회로에 의해 전기적 신호로 표현되면서 컴퓨터 작동의 원리로 작용된다.

1 기본 논리함수

① AND($A \cdot B$) : 논리곱을 의미하며 연산에 사용되는 정보의 값이 모두 1일 때만 결과가 1이 된다.
② OR($A + B$) : 논리합을 의미하며 연산에 사용되는 정보의 값 중 한 개라도 1이면 결과가 1이 된다.
③ NOT($\overline{A}$ 또는 A') : 논리 부정을 의미하며 입력되는 정보의 반대 값이 출력된다.

AND			OR			NOT	
입력값1	입력값2	결과	입력값1	입력값2	결과	입력값	결과
0	0	0	0	0	0	0	1
0	1	0	0	1	1	1	0
1	0	0	1	0	1		
1	1	1	1	1	1		

2 불 대수 기본 공식 중요 ★ 2018 2012

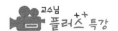

불 대수에서는 다음의 법칙이 성립한다.
① **교환법칙** : $A + B = B + A$

논리회로 간소화
• 불 대수 이용
• 카르노 맵 이용

② 결합법칙 : $A + (B + C) = (A + B) + C$

③ 분배법칙 : $A \cdot (B + C) = A \cdot B + A \cdot C$, $A + (B \cdot C) = (A + B) \cdot A + C$

④ 동일법칙 : $A + A = A$, $A \cdot A = A$

⑤ 보수법칙 : $A + \overline{A} = 1$, $A \cdot \overline{A} = 0$

⑥ 항등법칙 : $A + 0 = A$, $A + 1 = 1$, $A \cdot 0 = 0$, $A \cdot 1 = A$

⑦ 부정법칙 : $\overline{\overline{A}} = A$

⑧ 흡수법칙 : $A + A \cdot B = A$, $A \cdot (A + B) = A$

⑨ 드 모르간의 법칙 : $\overline{(A + B)} = \overline{A} \cdot \overline{B}$, $\overline{A \cdot B} = \overline{A} + \overline{B}$

3 카르노 맵 2019

(1) 카르노 맵의 의미와 순서

① 의미 : 다수의 변수를 갖는 불 함수를 손쉽게 간단히 하여 표준형으로 표현할 수 있도록 해주는 유용한 방법이다. 이는 불필요하게 여러 개의 논리 게이트를 이용하지 않고도 동일한 결과를 낼 수 있는 간단한 논리회로를 설계할 수 있도록 해준다.

② 순서 : 카르노 맵을 통해 불 함수를 표현하기 위해서는 다음의 순서를 따른다.

　㉠ 변수의 개수별 기준 카르노 맵을 그린다.

　㉡ 식에 포함된 항에 대응하는 카르노 맵 칸을 찾아 1을 채운다.

　㉢ 1을 채운 칸을 인접한 것끼리 묶는다. 이때, 아래의 규칙을 따른다.

　　ⓐ 2변수일 경우 4, 2, 1개로 묶는다.

　　ⓑ 3변수일 경우 8, 4, 2, 1개로 묶는다.

　　ⓒ 4변수일 경우 16, 8, 4, 2, 1개로 묶는다.

　　ⓓ 같은 행의 좌우 양 끝값끼리도 인접한 것으로 간주한다.

　　ⓔ 같은 열의 상하 양 끝값끼리도 인접한 것으로 간주한다.

　㉣ 묶인 항들에 포함된 공통 변수를 찾아 OR(+) 연산으로 결합하여 간략화한다.

(2) 기준 카르노 맵

플러스 특강

① 2변수 카르노 맵

B \ A	0	1
0	$\overline{A}\,\overline{B}$	$A\,\overline{B}$
1	$\overline{A}\,B$	$A\,B$

② 3변수 카르노 맵

C \ AB	00	01	11	10
0	$\overline{A}\,\overline{B}\,\overline{C}$	$\overline{A}\,B\,\overline{C}$	$A\,B\,\overline{C}$	$A\,\overline{B}\,\overline{C}$
1	$\overline{A}\,\overline{B}\,C$	$\overline{A}\,B\,C$	$A\,B\,C$	$A\,\overline{B}\,C$

③ 4변수 카르노 맵

CD \ AB	00	01	11	10
00	$\bar{A}\,\bar{B}\,\bar{C}\,\bar{D}$	$\bar{A}\,B\,\bar{C}\,\bar{D}$	$A\,B\,\bar{C}\,\bar{D}$	$A\,\bar{B}\,\bar{C}\,\bar{D}$
01	$\bar{A}\,\bar{B}\,\bar{C}\,D$	$\bar{A}\,B\,\bar{C}\,D$	$A\,B\,\bar{C}\,D$	$A\,\bar{B}\,\bar{C}\,D$
11	$\bar{A}\,\bar{B}\,C\,D$	$\bar{A}\,B\,C\,D$	$A\,B\,C\,D$	$A\,\bar{B}\,C\,D$
10	$\bar{A}\,\bar{B}\,C\,\bar{D}$	$\bar{A}\,B\,C\,\bar{D}$	$A\,B\,C\,\bar{D}$	$A\,\bar{B}\,C\,\bar{D}$

예제

다음 논리식을 간소화하면?

$$F(A, B, C, D) = \bar{A}\,\bar{B}\,C\,D + \bar{A}\,B\,C\,D + \bar{A}\,\bar{B}\,C\,\bar{D} + \bar{A}\,B\,C\,\bar{D} + A\,B\,\bar{C}\,\bar{D} + A\,\bar{B}\,\bar{C}\,D + A\,\bar{B}\,C\,D$$

해설

① 기준 4변수 카르노 맵을 쓴다.

CD \ AB	00	01	11	10
00	$\bar{A}\,\bar{B}\,\bar{C}\,\bar{D}$	$\bar{A}\,B\,\bar{C}\,\bar{D}$	$A\,B\,\bar{C}\,\bar{D}$	$A\,\bar{B}\,\bar{C}\,\bar{D}$
01	$\bar{A}\,\bar{B}\,\bar{C}\,D$	$\bar{A}\,B\,\bar{C}\,D$	$A\,B\,\bar{C}\,D$	$A\,\bar{B}\,\bar{C}\,D$
11	$\bar{A}\,\bar{B}\,C\,D$	$\bar{A}\,B\,C\,D$	$A\,B\,C\,D$	$A\,\bar{B}\,C\,D$
10	$\bar{A}\,\bar{B}\,C\,\bar{D}$	$\bar{A}\,B\,C\,\bar{D}$	$A\,B\,C\,\bar{D}$	$A\,\bar{B}\,C\,\bar{D}$

② 식에 포함된 항에 대응하는 카르노 맵 칸을 찾아 1을 채운다.

CD \ AB	00	01	11	10
00	0	0	1	0
01	0	0	0	1
11	1	1	0	1
10	1	1	0	0

③ 규칙에 따라 1을 채운 칸을 인접한 것끼리 묶는다.

CD \ AB	00	01	11	10
00	0	0	1	0
01	0	0	0	1
11	1	1	0	1
10	1	1	0	0

④ 묶인 항들에 포함된 공통 변수를 찾아 OR(+) 연산으로 결합하여 간략화한다.

$$F(A, B, C, D) = \bar{A}\,C + A\,\bar{B}\,D + A\,B\,\bar{C}\,\bar{D}$$

02 논리 게이트

1 의미

논리 게이트는 2진수를 전기적 신호로 처리하여 표현하고, 이 신호로 논리연산을 수행할 수 있는 최소 단위 소자를 의미한다.

2 기본적인 논리 게이트 중요★ 2019 2016 2012

가장 기본적인 논리 게이트는 불 대수의 기본이 되는 AND, OR, NOT 게이트이며 이밖에 XOR, NAND, NOR, XNOR 등이 있다. 이를 간단히 표로 정리하면 다음과 같다.

[논리 게이트와 진리표]

구분	논리식	기호	진리표		
AND	$X = A \cdot B$	A, B → X	A 0 0 1 1	B 0 1 0 1	X 0 0 0 1
OR	$X = A + B$	A, B → X	A 0 0 1 1	B 0 1 0 1	X 0 1 1 1
NOT	$X = \overline{A}$	A → X	A 0 1		X 1 0
XOR	$X = A \oplus B = \overline{A} \cdot B + A \cdot \overline{B}$	A, B → X	A 0 0 1 1	B 0 1 0 1	X 0 1 1 0
NAND	$X = \overline{A \cdot B}$	A, B → X	A 0 0 1 1	B 0 1 0 1	X 1 1 1 0
NOR	$X = \overline{A + B}$	A, B → X	A 0 0 1 1	B 0 1 0 1	X 1 0 0 0
XNOR	$X = A \odot B = \overline{A} \cdot \overline{B} + A \cdot B$	A, B → X	A 0 0 1 1	B 0 1 0 1	X 1 0 0 1

3 범용 논리 게이트

NAND와 NOR 게이트는 유니버설 게이트(universal gate)로 간주된다. 즉, 다른 모든 게이트를 만드는 데 사용할 수 있다. 그래서 유니버설 게이트(universal gate) 또는 범용 게이트라고 한다.

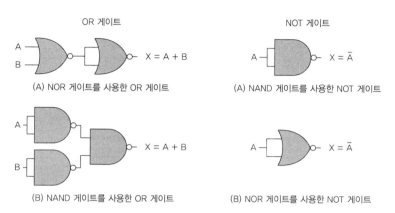

OR 게이트

(A) NOR 게이트를 사용한 OR 게이트

(B) NAND 게이트를 사용한 OR 게이트

NOT 게이트

(A) NAND 게이트를 사용한 NOT 게이트

(B) NOR 게이트를 사용한 NOT 게이트

[범용 논리 게이트]

예제 1

다음 논리회로를 논리식으로 표현하면?

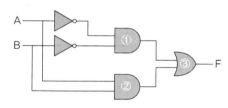

해설

각 논리 게이트를 분리하여 출력을 표시하고 최종 출력 F를 구한다.
① A, B에 대한 NOT 입력을 갖는 AND 회로이므로 출력은 A′B′
② A, B에 대한 정상 입력으로 갖는 AND 회로이므로 출력은 AB
③ ①과 ②를 입력으로 갖는 OR 회로이므로 출력 F = A′B′+AB

예제 2

$X = A\overline{B} + \overline{A}B + AB$의 논리식을 간소화한 결과와 일치하는 회로를 그리면?

해설

논리식을 공통 변수 및 불 대수를 이용하여 간소화시킨다.
$X = A\overline{B} + \overline{A}B + AB = A(\overline{B}+B) + \overline{A}B = A + \overline{A}B = (A+\overline{A})(A+B) = A+B$
결과는 OR 회로의 논리식이다.

03 논리회로

논리회로는 입력 신호를 받아들여 정해진 규칙의 출력을 내는 회로를 의미하며, 조합 논리회로와 순서 논리회로로 구분된다.

1 조합 논리회로

(1) 의미

이전에 입력된 것에 관계없이 현재 입력된 신호의 조합으로부터 출력이 결정되는 논리회로를 말한다. 이를 간단히 도식화하면 다음 그림과 같다.

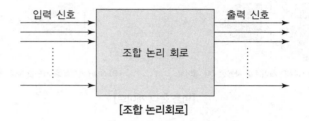

[조합 논리회로]

(2) 종류

① 반가산기(HA ; Half Adder) : 1bit짜리 2진수 두 개를 덧셈한 합과 자리 올림수 (Carry)를 구하는 조합 논리회로

회로도	진리표			
	입력		출력	
	X	Y	S	C
	0	0	0	0
	0	1	1	0
	1	0	1	0
	1	1	0	1

※ S : Sum, C : Carry

② 전가산기(FA ; Full Adder) : 뒷자리에서 올라온 자리 올림수를 포함하여 1bit짜리 2진수 3개를 더하여 합과 자리 올림수를 구하는 조합 논리회로

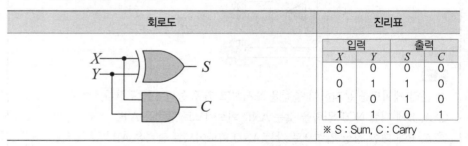

회로도	진리표			
	입력			출력	
	X	Y	C_{in}	S	C_{out}
	0	0	0	0	0
	0	0	1	1	0
	0	1	0	1	0
	0	1	1	0	1
	1	0	0	1	0
	1	0	1	0	1
	1	1	0	0	1
	1	1	1	1	1

③ **병렬가산기**(PA ; Parallel Adder) : $n$bit로 된 2진수에 대한 덧셈을 n개의 전가산기 (FA)를 이용하여 구성한 실질적 가산기

④ **디코더**(decoder) : $n$bit의 정보를 각 bit 조합에 따라 2^n개의 출력 신호로 번역하는 회로

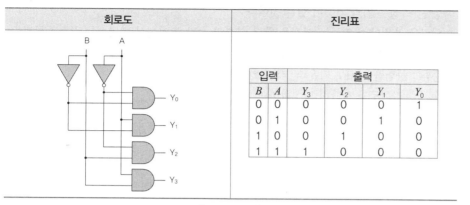

회로도	진리표

입력		출력			
B	A	Y_3	Y_2	Y_1	Y_0
0	0	0	0	0	1
0	1	0	0	1	0
1	0	0	1	0	0
1	1	1	0	0	0

[2×4 디코더]

⑤ **인코더**(encoder) : 디코더와는 반대로, 2^n개의 입력 라인을 n개의 출력 라인으로 코드화하여 출력하는 회로

회로도	진리표

입력				출력	
D_3	D_2	D_1	D_0	B_1	B_0
0	0	0	1	0	0
0	0	1	0	0	1
0	1	0	0	1	0
1	0	0	0	1	1

[4×2 인코더]

⑥ **멀티플렉서**(MUX ; Multiplexer) : 2^n의 입력 라인 중 1개를 선택하여 그 라인으로부터 입력되는 값을 1개의 출력 라인으로 출력시키는 회로

4×1 멀티플렉서 회로도	1×4 디멀티플렉서 회로도

⑦ **디멀티플렉서**(DeMUX ; DeMultiplexer) : 1개의 입력 라인으로부터 입력되는 값을 2^n개의 출력 라인 중 1개를 선택하여 출력하는 회로

Carry Look Ahead
병렬가산기에서 Carry 처리 시 발생하는 전파지연(propagation delay)을 줄이기 위해 Carry를 예측하는 방법이다.

2 순서 논리회로

(1) 의 미

① 외부로부터의 입력과 현재 회로의 상태에 따라 출력이 결정되는 회로를 말한다. 가장 큰 특징은 기억 기능이 있는 것이다.

② 입력을 출력에 반영하는 시점을 클럭 신호의 순간 엣지에서 반영하는 플립플롭과 입력에 따라 항상 반영되는 래치로 구분된다.

③ **종류** : 플립플롭(FF), 카운터, 레지스터, RAM, CPU 등

④ 순서 논리회로를 간단히 도식화하면 다음 그림과 같다.

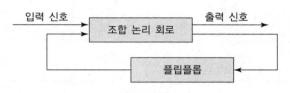

[순서 논리회로]

플립플롭(FF ; Flip-Flop)
1bit의 정보를 기억할 수 있는 순서 논리회로이다. 즉, 전원이 공급되고 있는 동안 상태의 변화를 위한 외부 신호가 발생할 때까지 현재의 상태를 그대로 유지하는 기능을 가진다. 기본적인 플립플롭은 두 개의 NAND 또는 NOR 게이트를 이용하여 구성된다.

(2) RS 플립플롭

모든 플립플롭의 기본으로, 입력변수 R(Reset), S(Set)를 통해 임의의 bit 값을 그대로 유지하거나 무조건 0 또는 1의 값을 저장한다. SR 플립플롭이라고도 한다.

회로도	진리표

S와 R에 모두 1이 입력되면 동작하지 않는다.

입력		출력
S	R	Q(t+1)
0	0	Q(t)
0	1	0
1	0	1
1	1	동작 안 됨

(3) D 플립플롭

RS 플립플롭을 변형한 것으로, 입력값을 그대로 저장한다.

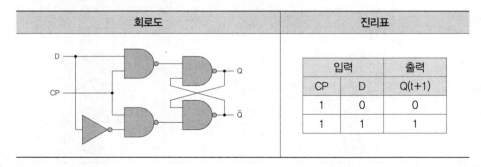

회로도	진리표

입력		출력
CP	D	Q(t+1)
1	0	0
1	1	1

(4) JK 플립플롭

① RS 플립플롭에서 S = R = 1일 때 동작하지 않는 것을 개선한 것이다.

② J는 S(Set)에, K는 R(Reset)에 대응하는 입력으로, J = K = 1이 입력될 경우 현재 상태의 보수로 바뀌어 출력된다.

③ 플립플롭 중에서 가장 많이 사용된다.

회로도	진리표

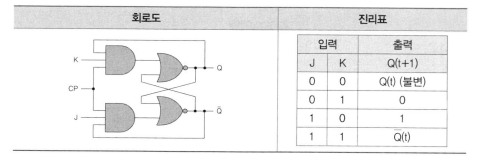

입력		출력
J	K	Q(t+1)
0	0	Q(t) (불변)
0	1	0
1	0	1
1	1	$\overline{Q(t)}$

(5) T 플립플롭

① JK 플립플롭을 변형한 것으로, J와 K 입력을 묶어서 하나의 입력신호 T로 동작시킨다.

② T = 0이면, J = K = 0인 JK 플립플롭과 같이 동작하고 출력은 변하지 않는다.

③ T = 1이면, J = K = 1인 JK 플립플롭과 같이 동작하고 출력은 보수가 된다.

회로도	진리표

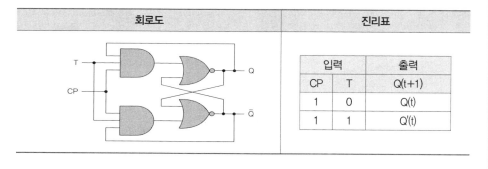

입력		출력
CP	T	Q(t+1)
1	0	Q(t)
1	1	Q'(t)

주종 플립플롭(마스터-슬레이브 플립플롭)

2개의 플립플롭과 1개의 인버터로 구성되며 시간 펄스가 상승 또는 하강함에 따라 입력에 대응하는 출력이 변하도록 하며, 일반적으로는 하나는 Master(주)로 동작, 다른 하나는 Slave(종)로 동작하는 플립플롭으로, 클럭 사이클(CP)이 1이면 주 플립플롭이 동작, 클럭 사이클이 1에서 0으로 바뀌면 종 플립플롭이 동작한다.

기출 확인 문제

01 2012 계리직

〈보기〉의 논리연산식을 간략화한 논리회로는?

보기

$$(A+B)(A+\overline{B})(\overline{A}+B)$$

①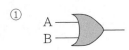

②

③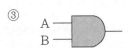

④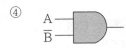

02 2019 계리직

아래에 제시된 K-map(카르노 맵)을 NAND 게이트들로 만 구성한 것으로 옳은 것은?

ab\cd	00	01	11	10
00	1	0	0	0
01	1	1	1	0
11	0	1	1	0
10	1	1	0	0

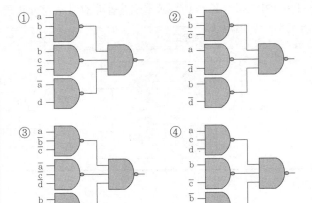

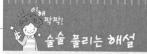

03 2018 국가직

다음 진리표를 만족하는 부울 함수로 옳은 것은? (단,
· 은 AND, ⊕는 XOR, ⊙는 XNOR 연산을 의미한다.)

입력			출력
A	B	C	Y
0	0	0	1
0	0	1	0
0	1	0	0
0	1	1	1
1	0	0	0
1	0	1	1
1	1	0	1
1	1	1	0

① $Y = A \cdot B \oplus C$
② $Y = A \oplus B \odot C$
③ $Y = A \oplus B \oplus C$
④ $Y = A \odot B \odot C$

04 2013 국가직

다음 부울 함수식 F를 간략화한 결과로 옳은 것은?

$$F = ABC + AB'C + A'B'C$$

① $F = AC + B'C$
② $F = AC + BC'$
③ $F = A'B + B'C$
④ $F = A'C + BC$

술술 풀리는 해설

01

$(A+B)(A+\overline{B})(\overline{A}+B) = (AA+A\overline{B}+AB+B\overline{B})(\overline{A}+B)$
$= (A+A\overline{B}+AB)(\overline{A}+B)$ (∵ AA=A, B$\overline{B}$=0)
$= \{A+A(\overline{B}+B)\}(\overline{A}+B)$
$= (A+A)(\overline{A}+B)$ (∵ $\overline{B}+B=1$)
$= A(\overline{A}+B) = A\overline{A}+AB$ (∵ A+A=A)
$= AB$ (∵ A$\overline{A}$=0)

따라서 AND 회로와 동일하다. 답 ③

02

카르노 맵의 논리식을 인접한 것끼리 묶어 간략화한다.

ab\cd	00	01	11	10
00	1	0	0	0
01	1	1	1	0
11	0	1	1	0
10	1	1	0	0

묶인 항들에 포함된 공통 변수를 찾아 OR(+) 연산으로 결합하면,
$F(a, b, c, d) = \overline{abc} + \overline{acd} + bd$
드 모르간의 법칙 : $\overline{(A+B)} = \overline{A} \cdot \overline{B}$, $\overline{A \cdot B} = \overline{A} + \overline{B}$,
부정법칙 : $\overline{\overline{A}} = A$
이를 이용하여 논리 게이트들을 간략화한다.
(A, B를 NAND게이트에 입력하면 $\overline{A \cdot B} = \overline{A} + \overline{B}$를 얻는다.)
① $\overline{a+\overline{b}+\overline{d}} + \overline{b+c+d} + a + \overline{d} = \overline{abd} + bc\overline{d} + ad$
② $\overline{a+\overline{b}+c} + \overline{a+d} + \overline{b+d} = ab\overline{c} + a\overline{d} + b\overline{d}$
③ $\overline{a+b+c} + \overline{a+c+d} + \overline{\overline{b}+\overline{d}} = \overline{abc} + \overline{acd} + bd$
④ $\overline{a+c+d} + \overline{\overline{b}+c} + b + \overline{d} = \overline{acd} + b\overline{c} + \overline{bd}$
이 중에서 카르노 맵과 같은 논리식은 ③이다. 답 ③

03

논리 게이트(AND, XOR, XNOR)는 다음과 같이 정의할 수 있다.
$Y = A \cdot B$
$Y = A \oplus B = A'B + AB'$
$Y = A \odot B = A'B' + AB$
제시된 진리표에서 결과(Y)가 1인 경우는 A'B'C', A'BC, AB'C,
ABC'이므로 다음과 같이 정리할 수 있다.
$Y = A'B'C' + A'BC + AB'C + ABC'$
$\rightarrow Y = A'(B'C' + BC) + A(B'C + BC')$
$\rightarrow Y = A'(B \odot C) + A(B \oplus C)$
  ※ 여기서 XOR의 부정이 XNOR이므로 $B \oplus C = (B \odot C)'$
$\rightarrow Y = A'(B \odot C) + A(B \odot C)'$
$\rightarrow Y = A \oplus (B \odot C)$ 답 ②

04

$F = AC(B+B') + A'B'C$
$= AC + A'B'C$
$= C(A + A'B')$
$= C(A + A')(A + B')$
$= C(A + B')$
$= AC + B'C$ 답 ①

적중 예상 문제

01 다음 〈보기〉에서 설명하는 회로의 종류를 바르게 연결한 것은?

ㄱ. 3개의 입력 중에서 적어도 2개의 입력이 1이면 출력이 1이 되는 회로

ㄴ. 설정된 값이 표시되었을 때, 경고음을 울리는 카운터

	ㄱ	ㄴ
①	조합 논리회로	조합 논리회로
②	조합 논리회로	순차 논리회로
③	순차 논리회로	순차 논리회로
④	순차 논리회로	조합 논리회로

02 다음 카르노 맵(Karnaugh Map)으로 표현된 부울 함수 F(A, B, C, D)를 곱의 합(Sum of Products) 형태로 최소화(Minimization)한 결과는? (단, X는 무관(Don't care) 조건을 나타낸다.)

CD\AB	00	01	11	10
00	0	1	X	1
01	0	X	0	0
11	X	1	0	0
10	0	1	X	1

① F(A, B, C, D) = AD' + BC'D' + A'BC

② F(A, B, C, D) = AB'D' + BC'D' + A'BC

③ F(A, B, C, D) = A'B + AD'

④ F(A, B, C, D) = A'C + AD'

03 나머지 셋과 다른 부울 함수를 표현하는 것은?

① F = A + A'B

② F = A(A + B)

③ F = AB' + A

④ F = (A + B)(A + B')

04 다음 중 잘못된 불 대수식은?

① $\overline{X \cdot Y} = \overline{X} + \overline{Y}$ ② $X + X = 2X$

③ $X \cdot \overline{X} = 0$ ④ $X + X\overline{X} = X$

05 논리식 $\overline{A}\overline{B} + A\overline{B} + AB$ 를 간략화하면?

① $A + B$ ② $A + \overline{B}$

③ $\overline{A} + B$ ④ $\overline{A} + \overline{B}$

06 논리식 $f = \overline{A}BC + A\overline{B}\overline{C} + A\overline{B}C + AB\overline{C} + ABC$를 간략화하면?

① $f = A + B + C$ ② $f = A + BC$

③ $f = AB + C$ ④ $f = ABC$

07 다음 논리회로의 출력으로 옳은 것은?

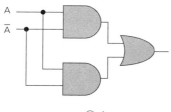

A
$\overline{A}$

① 0
② 1
③ A
④ $\overline{A}$

08 다음 기본 논리함수의 진리표의 ( )에 들어갈 숫자를 옳게 나열한 것은?

AND			OR			NOT	
입력 값1	입력 값2	결과	입력 값1	입력 값2	결과	입력 값	결과
0	0	0	0	0	0	0	(ㄷ)
0	1	0	0	1	(ㄴ)	1	0
1	0	(ㄱ)	1	0	1		
1	1	1	1	1	1		

	(ㄱ)	(ㄴ)	(ㄷ)
①	0	0	1
②	0	1	1
③	1	0	1
④	1	1	1

한눈에 보는 정답과 해설

01 ㄱ. 입력된 값에 따라서 출력의 값이 결정되는 회로이다. 따라서 조합 논리회로이다.
ㄴ. 설정된 값이 있는 상태에서 현재 표시된 값과 비교하여 출력의 값을 판단하는 회로이기 때문에 순차 논리회로에 해당된다.

02 문제에서 카르노 맵을 간소화하기 위해서는 최소항의 합을 사용한다. Don't care 조건은 논리의 값이 1인지 0인지 모르는 위치이며, 값을 묶을 때 유리한 방향으로 생각해야 한다.

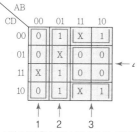

1번 부분을 보면 X를 0으로 생각한다. 따라서 최소화하면 존재하지 않는다.
2번 부분에서는 X를 1로 생각한다. 이를 간소화하면 A'B이다.
3번 부분에서는 X를 1로 생각한다. 이를 간소화하면 AD'이다.
4번 부분에서는 최소화하면 존재하지 않는다.
따라서 카르노 맵을 최소화하면 A'B + AD'가 된다.

03 ① F = A + A'B = (A + A')(A + B) = A + B
② F = A(A + B) = A + AB = A(1 + B) = A
③ F = AB' + A = A(1 + B') = A
④ F = (A + B)(A + B') = A + BB' = A

04 X + X = X

05 주어진 식을 공통 변수로 묶은 후, 불 대수식을 이용하여 간략화를 수행한다.
$$\overline{A}\overline{B} + A\overline{B} + AB = \overline{B}(\overline{A} + A) + AB = \overline{B} + AB$$
$$= (\overline{B} + B)(\overline{B} + A) = A + \overline{B}$$

06 주어진 논리식에 대한 불 대수식을 사용할 수도 있지만, 카르노 맵을 작성한 후 간략화를 수행한다면 더 쉽게 풀 수 있다.

C \ AB	00	01	11	10
0	0	0	1	1
1	0	1	1	1

4개 칸의 묶음은 A, 2개 칸의 묶음은 BC로 간략화할 수 있다.
따라서 논리식 F = A + BC

07 ㉠ 위쪽 AND 회로의 출력 = 0 (∵ $A\overline{A}$ = 0)
㉡ 아래쪽 AND 회로의 출력 = 0 (∵ $A\overline{A}$ = 0)
㉢ ㉠과 ㉡, 즉 0과 0을 입력으로 하는 OR 회로의 출력은 0이다.

08 [논리 게이트와 진리표]

구분	AND			OR			NOT	
진리표	A	B	X	A	B	X	A	X
	0	0	0	0	0	0	0	1
	0	1	0	0	1	1	1	0
	1	0	0	1	0	1		
	1	1	1	1	1	1		

01 ② 02 ③ 03 ① 04 ② 05 ② 06 ② 07 ① 08 ②

06 자료 연산

출제경향분석

- 부동 소수점 표현(2018)
- 진법 간 환산의 이해(2012, 2008)
- 코드 표현의 이해(2010)

- XOR 논리연산과 16진법 표현의 이해(2016)
- 보수 연산 및 이진수 연산 개념의 이해(2012)
- 자료의 표현(2010)

01 자료 구성의 단위

컴퓨터일반 GO! 득점

정보처리 단위
- 물리 단위 : 비트 〈 니블 〈 바이트 〈 워드
- 논리 단위 : 필드 〈 레코드 〈 파일

① **비트**(bit; binary digit) : 자료(정보) 표현의 최소 단위로, 2가지 상태를 표시하는 2진수 1자리에 해당한다.

n개의 bit로는 2^n개의 정보를 나타낼 수 있다.

bit 수	표현 가능한 정보 수	표현 가능한 최댓값
1	2가지 = 2^1	$2^1 - 1 = 1$
2	4가지 = 2^2	$2^2 - 1 = 3$
3	16가지 = 2^4	$2^4 - 1 = 15$
⋮	⋮	⋮
n	2^n가지	$2^n - 1$

② **니블**(nibble) : 네 개의 비트가 모여 한 개의 니블을 구성한다. 4bit로 구성되며 16진수 1자리를 표현하는 데 적합한 단위이다.

③ **바이트**(byte) : 8bit가 모여 1byte를 구성한다. 통상적으로 한 문자를 표현하는 단위로 삼는다. 영문자나 숫자는 1byte로 1자를 표현하고 한글, 한자는 2byte로 1자를 표현할 수 있다.

④ **워드**(word) : 컴퓨터 명령어의 최소 단위이다. 하프워드(half word)는 2byte, 풀워드(full word)는 4byte로 할당하며 더블워드(double word)는 8byte로 할당한다.

02 수의 표현 및 진법 변환

1 진법

① 의미 : 일상생활에서 사용되는 진법은 10진법으로, 0~9의 10개의 숫자를 이용하여 수를 표현한다. 컴퓨터 분야에서는 2진법을 사용하여 모든 연산을 수행하고 있으며, 8진법, 10진법, 16진법 등도 사용되고 있다.

② 진법의 종류

　㉠ 2진법 : 0과 1, 두 개의 숫자로 표현한다.

　㉡ 8진법 : 0~7까지의 숫자로 표현하며, 2진수 3자리를 묶어서 하나의 수로 표현한다.

　㉢ 10진법 : 0~9까지의 숫자로 표현한다.

　㉣ 16진법 : 0~9까지의 숫자와 10~15까지를 의미하는 A~F까지의 문자로 표현한다.

③ 데이터 처리 및 CPU 내에서의 이동이 쉽도록 수치 정보가 취급되기 위해서는 기억 장치의 공간을 적게 차지하면서 10진수와의 상호 변환이 쉬워야 한다.

2 진법 변환 2008

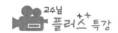

(1) 10진수 → 2진수, 8진수, 16진수

① 정수 부분 : 10진수의 값을 변환할 진수로 나누어 더 이상 나눠지지 않을 때까지 나누고, 나머지를 역순으로 표시한다.

② 소수 부분 : 10진수의 값에 변환할 진수를 곱한 후 결과의 정수 부분만을 차례대로 표기하되, 소수 부분이 0 또는 반복되는 수가 나올 때까지 곱하기를 반복한다.

예제

10진수(32.625)를 2진수, 8진수, 16진수로 변환하면?

해설

• 정수 부분 변환

진 법	변환 과정	결 과
2진수	2) 32 2) 16 ⋯ 0 2) 8 ⋯ 0 2) 4 ⋯ 0 2) 2 ⋯ 0 　 1 ⋯ 0	100000
8진수	8) 32 4 ⋯ 0	40
16진수	16) 32 2 ⋯ 0	20

• 소수 부분 변환

진 법	변환 과정	결 과
2진수	$0.625 \times 2 = 1.250 \rightarrow 1$ $0.250 \times 2 = 0.5 \rightarrow 0$ $0.5 \times 2 = 1 \rightarrow 1$	0.101
8진수	$0.625 \times 8 = 5$	0.5
16진수	$0.625 \times 16 = 10 = A$	0.A

(2) 2진수, 8진수, 16진수 → 10진수 2012

정수 부분과 소수 부분을 나누어 각 자릿수에 해당 지수 승을 곱하여 모두 합산한다.

예제

2진수 11001.101을 10진수로 변환하면?

해설

$$11001.101 = 1 \times 2^4 + 1 \times 2^3 + 0 \times 2^2 + 0 \times 2^1 + 1 \times 2^0 + 1 \times 2^{-1} + 0 \times 2^{-2} + 1 \times 2^{-3}$$
$$= 16 + 8 + 1 + 0.5 + 0.125$$
$$= 25.625$$

(3) 2진수, 8진수, 16진수 사이의 변환 중요 ★ 2016

① 세 진수 사이의 변환을 위해서는 공통적으로 2진수로 변환을 한 다음 진행할 수 있다.

② 8진수의 한 자리는 2진수의 3자리에 대응된다.

③ 16진수의 한 자리는 2진수의 4자리에 대응된다.

예제

1. 2진수 1010을 8진수와 16진수로 변환하라.

2. 8진수 375.63을 2진수와 16진수로 변환하라.

해설

진 법	예제 1	예제 2
8진수	12 ↕ 001 010	375.63 ↕ 011 111 101.110 011
2진수	↕ 1010 ↕	↕ 11111101.110011 ↕
16진수	1010 ↕ A	1111 1101.1100 1100 ↕ FD.CC

03 보수

① 컴퓨터에서 덧셈 회로를 이용하여 덧셈과 뺄셈을 계산하기 위해 사용한다.

② R진법에서는 $R-1$의 보수가 존재한다.

③ 10진수의 100까지의 수로 생각하면 35라는 수치는 1에서부터 세면 35번째의 수이지만, 반대로 100에서부터 세면 65번째의 수이다. 이처럼 반대로 세어 가는 수가 보수이다.

보수를 사용하는 이유
- 2진수, 음수, 정수 표현
- 2진수 뺄셈을 덧셈처리

1 $R-1$의 보수

① **10진법** : 9의 보수가 존재

② **2진법** : 1의 보수가 존재

③ **$R-1$의 보수를 구하는 방법** : 자릿수 중 가장 큰 수에서 해당 자리의 숫자를 뺀 결과를 기입한다. 2진수에서는 0은 1로, 1은 0으로 반전시킨다.

예 이진수 11에 대한 1의 보수는, 정해진 자릿수가 4자리라면, 00이 아니라 1100이 된다.

> * 주의 : 컴퓨터 내부에서는 정해진 비트 범위에 따라 구해진 보수가 앞자리부터 0이 있어도 삭제하지 않는 경향이 있다. 또한, 보수를 구하기 전에 정해진 비트 범위 내에 앞자리부터 0으로 채워진 경우, 변환에서 누락하지 않고 1로 변환시켜야 한다.

예제 1

10진수 43에 대한 9의 보수를 구하여라.

해설 $9-4=5$, $9-3=6 \rightarrow 56$

예제 2

2진수 110에 대한 1의 보수를 구하여라.

해설 $1-1=0$, $1-1=0$, $1-0=1 \rightarrow 001$

2 R의 보수 2010

① **10진법** : 10의 보수가 존재

② **2진법** : 2의 보수가 존재

③ **R의 보수를 구하는 방법** : $R-1$의 보수 + 1

예제 1

10진수 43에 대한 10의 보수를 구하여라.

해설 9의 보수 = 56, 10의 보수 = 56 + 1 = 57

예제 2

2진수 110에 대한 2의 보수를 구하여라.

해설 1의 보수 = 1, 2의 보수 = 1 + 1 = 10

3 보수를 이용한 이진법 뺄셈 _{중요} ★ ₂₀₁₂

뺄셈 기호 뒤에 오는 수는 보수를 취하여 더해준다. 단, 2의 보수로 더했을 때는 올림수를 버리면 되고, 1의 보수로 더했을 때는 올림수 1을 버리되, 결과에 1을 더해주어야 한다.

> **예제**
>
> $10110_{(2)} - 111_{(2)}$을 1의 보수와 2의 보수를 이용해 계산하면?
>
> **해설** 1의 보수를 취하여 더한다. : 10110 + 11000 → 101110, 맨 앞 올림수 1을 버리면, → 1110, 결과에 1을 더해주면 → 1111
>
> **해설** 2의 보수를 취하여 더한다. : 10110 + 11001 → 101111, 맨 앞 올림수 1을 버리면, → 1111

04 수치 데이터의 표현

1 고정 소수점 표현

고정 소수점 표현은 정수를 표현하는 방식이다. n bit 크기의 워드가 있을 때 맨 처음 1bit는 부호(sign) bit로 사용되고 나머지 $n-1$ bit에 2진수로 표현된 정숫값이 저장된다. 표현 방법에는 부호화 절댓값 방법, 부호화 1의 보수 방법, 부호화 2의 보수 방법이 있다.

bit순서	0	1	2	3	4	5	⋯	$n-2$	$n-1$
내 용	sign	data	data	data	data	data	⋯	data	data

sign
• 양수 : 0
• 음수 : 1

(1) 부호화 절댓값 방법

① 양수 : 부호 비트에 0을 기입하고 데이터 비트의 오른쪽부터 왼쪽으로 2진 데이터를 기입하며 남는 자리에는 0을 기입한다. 이 요령은 부호화 1의 보수 방법이나 부호화 2의 보수 방법에서도 동일하다.

> **예** 8비트 크기 워드에서 +25의 표현 → 00011001

② 음수 : 부호의 비트값만 0을 1로 바꾼다.

> **예** 8비트 크기 워드에서 −25의 표현 → 10011001

(2) 부호화 1의 보수 방법

① 양수 : 부호화 절댓값 방법과 동일

② 음수 : 양수 표현에 대한 1의 보수를 취한다.

  예 8비트 크기 워드에서 −25의 표현 → 11100110

(3) 부호화 2의 보수 방법

① 양수 : 부호화 절댓값 방법과 동일

② 음수 : 양수 표현에 대한 2의 보수를 취한다.

  예 8비트 크기 워드에서 −25의 표현 → 11100111

③ 부호화 절댓값 방법과 부호화 1의 보수 방법에서는 0에 대한 표현이 양수와 음수 2가지로 존재할 수 있으며, 부호화 2의 보수법으로는 −0을 표현할 수 없다. **2010**

④ 한정된 비트에서 각 표현 방법에 의한 표현 가능 숫자 범위를 구하는 방법

  ㉠ 부호화 절댓값 방법 : $-(2^{n-1}-1) \sim +(2^{n-1}-1)$

  ㉡ 부호화 1의 보수 방법 : $-(2^{n-1}-1) \sim +(2^{n-1}-1)$

  ㉢ 부호화 2의 보수 방법 : $-(2^{n-1}) \sim +(2^{n-1}-1)$

−0의 표현
- 부호화 절댓값 방법 : 10000000
- 부호화 1의 보수 방법 : 11111111
- 부호화 2의 보수 방법 : 표현 불가

2 부동 소수점 표현 **2018**

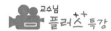
교수님 플러스 특강

① **표현방법** : 지수부와 가수부를 분리 표현하는 '정규화' 과정을 거쳐 소수점을 포함하는 실수를 표현하는 방법으로, 지수와 가수를 도출하고 이를 비트로 표현한다. 지수를 도입함에 따라 매우 큰 수 또는 매우 작은 수, 정밀한 수를 많은 비트를 소요하지 않고 효율적으로 표현할 수 있다.

② **IEEE 표준형식** : 형식 표준이 달라질 경우, 호환되지 않는 문제가 있으므로 IEEE(미국전기전자공학회)에서 국제 표준안을 제시하였다(32비트의 경우).

부동 소수점 표현
수를 (가수)×(밑수)$^{(지수)}$와 같이 유효숫자를 사용한 곱셈 형태로 표현하는 것을 말한다. 즉, $0.2 = 2 \times 10^{-1}$, $56 = 5.6 \times 10^{1}$으로 표현한다.

0	1	2	3	4	5	6	7	8	9	10	11	12	13	...	29	30	31
부호	지수부(8비트)								가수부(23비트)								

※ 지수부 표현에서는 bias 127을 더해준다.

예 정규화된 2진수, -1.110101×2^{4}을 IEEE 표준형식에 맞게 표현하면,

- 부호 : 1(음수)
- 지수부 : 4 + 127을 2진수로 표현하면,
  00000100+01111111=10000011
- 가수부 : 소수점 앞의 1은 항상 1이 되므로 감추고 소수점 이하 자리만 표현
  → 11010100000000000000000
  그러므로 IEEE 표준형식에 의한 이 수의 표현은
  → 1 10000011 11010100000000000000000

3 10진 형식

(1) 언팩(Unpack) 형식

존(zone) 형식이라고도 하며, 10진수 한 자리를 8비트로 표현하는데, 이는 4개의 zone 비트와 4개의 10진 숫자 비트로 나누어 사용한다. 최하위 바이트의 존 부분은 부호로 사용한다. 주로 데이터 입출력에 사용하며 연산에는 사용하지 않는다.

- zone 부분은 무조건 16진수 F에 해당하는 '1111'을 기입한다.
- digit 부분은 10진수 1자리를 4bit 2진수로 표현한다.
- sign 부분의 경우 다음과 같이 기입한다.
  ㉮ 양수 : C(1100)
  ㉯ 음수 : D(1101)
  ㉰ 부호 없는 양수 : F(1111)

[8byte의 예]

0	1	2	3	4	5	6	7	8	9	10	11	12	13	14	15	···	25	26	27	28	29	30	31	32
zone				digit				zone				digit				···	sign				digit			
1	1	1	1	*	*	*	*	1	1	1	1	*	*	*	*	···	1	1	0	0	*	*	*	*

(2) 팩(Pack) 형식

10진수 한 자리를 4bit 2진수로 표현하며 최하위 바이트의 4bit 부분을 부호로 사용한다. 연산에 사용할 수 있으며 데이터의 입출력에는 사용하지 않는다.

- digit 부분은 10진수 1자리를 4bit 2진수로 표현한다.
- sign 부분의 경우 다음과 같이 기입한다.
  ㉮ 양수 : C(1100)
  ㉯ 음수 : D(1101)
  ㉰ 부호 없는 양수 : F(1111)

[8byte의 예]

0	1	2	3	4	5	6	7	8	9	10	11	12	13	14	15	···	25	26	27	28	29	30	31	32
digit				digit				digit				digit				···	digit				sign			
*	*	*	*	*	*	*	*	*	*	*	*	*	*	*	*	···	*	*	*	*	1	1	0	1

05 자료의 문자 표현

컴퓨터 내부에서 처리된 결과를 사용자가 확인할 수 있도록 출력 시 문자로 표현하는 방식을 말하며, 영문자 코드, 한글 코드, 유니코드 등이 사용된다.

코드(code)
부호 또는 기호 등으로 번역될 수 있는 용어로, 보통 기호 체계가 부호 체계 등 규칙이 포함된 의미로 사용된다.

1 영문숫자 코드

(1) BCD(Binary Coded Decimal)

① 1개의 문자를 2개의 zone 비트와 4개의 digit 비트로 표현한다.
② 영문 소문자 표현이 불가능하다.
③ 2^6 = 64가지 문자 표현 가능

0	1	2	3	4	5
zone		digit			

(2) ASCII(American Standard Code for Information Interchange) 중요 ★

① 1개의 문자를 3개의 zone 비트와 4개의 digit 비트로 표현한다.
② 통신제어용 및 마이크로컴퓨터의 기본코드로 사용한다.
③ 현재 가장 많이 사용된다.
④ 2^7 = 128가지 문자 표현 가능

0	1	2	3	4	5	6
zone			digit			

(3) EBCDIC(Extended Binary Coded Decimal Interchange Code, 확장 BCD 코드)

① 1개의 문자를 4개의 zone 비트(zone1, zone2)와 4개의 digit 비트로 표현한다.
② 주로 대형 컴퓨터에서 사용된다.
③ 2^8 = 256가지 문자 표현 가능

0	1	2	3	4	5	6	7
zone1		zone2		digit			

2 한글 코드

16비트 조합형과 완성형 한글 코드를 사용하고 있다.

(1) 조합형

한글의 자모 단위로 코드를 부여하는 방식으로, 기억 용량이 완성형보다 적게 필요하며 사용에 대한 융통성이 있어, 정보 처리용으로 많이 사용한다.

(2) 완성형

한글의 모든 글자를 하나의 코드로 부여하는 방식으로, 기억 용량이 조합형에 비해 상대적으로 많이 필요하며 사용에 대한 융통성이 부족하여 정보 교환용으로 주로 사용된다.

3 유니코드

① 1995년 국제 표준으로 제정한 세계 공통 국제 문자부호 체계를 말한다.
② 16비트 체계를 사용하여 한글, 한문, 일본어 등 비영어권 문자를 수용하였다.
③ 총 6만여 문자를 수용할 수 있으며, 한글에는 1만 1천여 문자를 할당받았다.

06 기타 자료의 표현

1 코드의 구분 중요 ★

구 분	내 용	종 류
가중치 코드	2진수로 표현하였을 때, 비트마다 일정한 가중치 값을 갖는 코드로 연산에 사용된다.	BCD 코드
비가중치 코드	2진수로 표현하였을 때, 비트마다 가중치 값을 갖지 않는 코드로, 연산에는 사용이 부적합하다.	Excess-3 코드, Gray 코드
에러 검출 코드	에러를 검출하거나 정정할 수 있는 코드	패리티 비트, Excess-3 코드, 해밍 코드
자기 보수 코드	보수를 쉽게 얻을 수 있는 코드	Excess-3 코드, BCD 코드(가중치 : 2421)

2 코드의 특성

(1) BCD 코드

① 문자코드인 BCD에서 zone 부분을 생략한 형태이다.

② 10진수 입출력이 간편하다.

③ 대표적인 가중치 코드이다.

④ 자리별 가중치가 8, 4, 2, 1일 경우 8421코드라 하며, 2421코드의 경우 자기 보수 코드로도 사용된다.

(2) Excess-3 코드

① BCD + 3, 즉 BCD 코드(8421코드)에 3(0011)을 더하여 만든 코드이다.

② 대표적인 자기 보수 코드이며, 비가중치 코드이다.

③ Excess-3 코드가 자기 보수 코드로 불리는 이유는 예를 들어, 10진수 0의 값인 0011은 10진수 9의 값인 1100의 보수인 것과 같이, 보수의 표현을 쉽게 해주기 때문이다.

(3) Gray 코드

① BCD 코드의 인접하는 비트를 XOR 연산하여 만든 코드이다.

② 입출력장치, A/D 변환기, 주변장치 등에서 숫자를 표현할 때 사용한다.

③ Gray 코드는 0~9까지 2진수로 표현했을 때 인접한 수끼리 딱 1bit만 변화가 발생하기 때문에 Analog를 Digital로 변환할 때 많이 쓰인다. 비트를 작게 차지하고 에러율도 적기 때문이다.

④ 2진수를 Gray 코드로 변환하는 방법

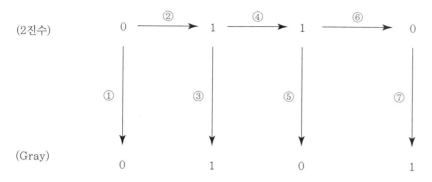

  ⊙ 2진수의 최상위 비트(MSB)를 그대로 내려쓴다(과정 ①).
  ⓒ 2진수의 최상위 비트와 그 다음 비트 t를 XOR 연산하고 내려쓴다(과정 ③).
  ⓒ 나머지 과정도 같은 방법으로 구한다.

⑤ Gray 코드를 2진수로 변환하는 방법

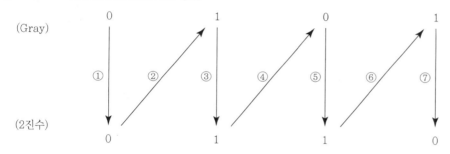

  ⊙ 그레이 코드의 최상위 비트를 그대로 내려쓴다(과정 ①).
  ⓒ 그 결과를 그레이 코드의 해당 비트와 XOR 연산하고 내려쓴다(과정 ③).
  ⓒ 나머지 과정도 같은 방법으로 구한다.

(4) 패리티 비트 `2010`

① 패리티 비트는 전송된 코드의 오류를 검사하기 위해서 데이터 비트 외에 1bit의 패리티 비트를 추가하는 것으로 오류만 검출할 수 있다.
② 1의 개수에 따라 짝수(even) 패리티와 홀수(odd) 패리티 방법이 있다.
  ⊙ 짝수(even parity) : 1인 비트의 총 개수가 짝수가 되도록 0이나 1을 패리티 비트로 추가한다.
  ⓒ 홀수(odd parity) : 1인 비트의 총 개수가 홀수가 되도록 0이나 1을 패리티 비트로 추가한다.

패리티(parity)
비트열 내의 '1'의 비트 수가 홀수인지 짝수인지를 나타내는 것. 보통 '패리티 검사'라는 용어로 사용된다.

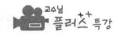

(5) 해밍 코드 2010

① 오류를 스스로 검출하여 교정이 가능한 코드이다. 비트 오류 수정 기법을 발견한 수학자 해밍(Hamming)의 이름을 따왔다.

② 2bit의 오류를 검출할 수 있고, 1bit의 오류를 교정할 수 있다.

③ 오류 검출 및 교정을 위한 패리티 비트가 많이 필요하다.

④ 해밍코드 중 1, 2, 4, 8, 16, …, 2^n번째는 오류 검출을 위한 패리티 비트이다.

⑤ 예를 들면 7bit 해밍 코드인 경우 패리티 bit 위치와 데이터 bit 위치는 아래와 같다.

①	②	③	④	⑤	⑥	⑦	← 위치
P_1	P_2		P_3				

- 1, 2, 4번째에는 패리티 비트가 들어가고, 3, 5, 6, 7번째에는 데이터 비트가 들어간다.
- 1, 2, 4번째 위치한 패리티 비트는 각각 짝수 패리티 검사를 수행한다.
- P_1 : 1, 3, 5, 7번째 값을 패리티 검사한다(①부터 한 개씩 한 칸 건너뛰며 검사).
- P_2 : 2, 3, 6, 7번째 값을 패리티 검사한다(②부터 두 개씩 두 칸 건너뛰며 검사).
- P_3 : 4, 5, 6, 7번째 값을 패리티 검사한다(④부터 네 개씩 네 칸 건너뛰며 검사).

예제 1

짝수 패리티 시스템에서 데이터 비트가 1101일 때 패리티 bit를 생성하면?

해설

7비트 해밍 코드에 데이터 1101을 할당하고 패리티 비트 P_1, P_2, P_3의 위치를 지정한다.

①	②	③	④	⑤	⑥	⑦	← 위치
P_1	P_2		P_3				

- P_1 : 1, 3, 5, 7번째 bit를 짝수 패리티 검사 ⇨ P_1 1 1 1에서 $P_1 = 1$
- P_2 : 2, 3, 6, 7번째 bit를 짝수 패리티 검사 ⇨ P_2 1 0 1에서 $P_2 = 0$
- P_3 : 4, 5, 6, 7번째 bit를 짝수 패리티 검사 ⇨ P_3 1 0 1에서 $P_3 = 0$
  따라서 완성된 해밍 코드는 1010101

예제 2

짝수 패리티 시스템에서 송신데이터가 1010101이고 수신데이터가 1010001일 때 오류 비트를 검출하고 교정하면?

해설

수신된 데이터를 위치에 맞게 표현한다.

①	②	③	④	⑤	⑥	⑦	← 위치
1	0	1	0	0	0	1	

수신데이터 중 3개의 패리티 P_1, P_2, P_3에 대한 bit값을 분석한다.

- P_1이 검사한 1, 3, 5, 7번째 bit값은 [1 1 0 1] : 짝수 패리티 적용 시 오류 → 1
- P_2가 검사한 2, 3, 6, 7번째 bit값은 [0 1 0 1] : 짝수 패리티 적용 시 정상 → 0
- P_3가 검사한 4, 5, 6, 7번째 bit값은 [0 0 0 1] : 짝수 패리티 적용 시 오류 → 1
- 분석결과를 P_3, P_2, P_1 순으로 표시하면 2진수 101이 되고 10진수로 표현하면 5 따라서 5번째 bit가 오류임을 알 수 있고 0을 1로 교정한다.

기출 확인 문제

01 2012 계리직

〈보기〉의 다양한 진법으로 표현한 숫자들을 큰 숫자부터 나열한 것은?

보기
ㄱ. $F9_{16}$ ㄴ. 256_{10} ㄷ. 11111111_2 ㄹ. 370_8

① ㄱ, ㄴ, ㄷ, ㄹ   ② ㄴ, ㄷ, ㄱ, ㄹ

③ ㄷ, ㄹ, ㄱ, ㄴ   ④ ㄹ, ㄱ, ㄴ, ㄷ

02 2012 계리직

〈보기〉의 연산을 2의 보수를 이용한 연산으로 변환한 것은?

보기
$6_{10} - 13_{10}$

① $00000110_2 + 11110011_2$

② $00000110_2 - 11110011_2$

③ $11111010_2 + 11110011_2$

④ $11111010_2 - 11110011_2$

03 2010 계리직

〈보기〉는 자료의 표현과 관련된 설명이다. 옳은 것을 모두 고른 것은?

보기
ㄱ. 2진수 0001101의 2의 보수(Complement)는 11100110이다. ㄴ. 부호화 2의 보수 표현방법은 영(0)이 하나만 존재한다. ㄷ. 패리티(Parity) 비트로 오류를 수정할 수 있다. ㄹ. 해밍(Hamming) 코드로 오류를 검출할 수 있다.

① ㄱ, ㄹ   ② ㄴ, ㄷ

③ ㄱ, ㄴ, ㄷ   ④ ㄱ, ㄴ, ㄹ

04 2008 계리직

10진수 $461_{(10)}$을 16진수로 나타낸 값으로 맞는 것은?

① $19A_{(16)}$ ② $1CD_{(16)}$

③ $1DB_{(16)}$ ④ $2DF_{(16)}$

05 [2016 계리직]

2진수 11110000과 10101010에 대해 XOR 논리연산을 수행한 결괏값을 16진수로 바르게 표현한 것은?

① 5A

② 6B

③ A5

④ B6

06 [2018 계리직]

10진수 −2.75를 아래와 같이 IEEE 754 표준에 따른 32 비트 단정도 부동소수점(Single Precision Floating Point) 표현 방식에 따라 2진수로 표기했을 때 옳은 것은?

부호	지수부	가수부

(부호 : 1비트, 지수부 : 8비트, 가수부 : 23비트)

① 1000 0000 0000 0000 0000 0000 0000 1011

② 1000 0000 1011 0000 0000 0000 0000 0000

③ 1010 0000 0110 0000 0000 0000 0000 0000

④ 1100 0000 0011 0000 0000 0000 0000 0000

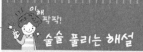

술술 풀리는 해설

01

보기의 값을 같은 진수로 변환한 후 비교하면 된다. 여기서는 2진수와 10진수로 변환해보면

㉠ $F9_{16}$ = 11111001 = 249

㉡ 256_{10} = 100000000 = 256

㉢ 11111111_2 = 255

㉣ 370_8 = 11111000 = 248

따라서 가장 큰 순서대로 적으면 ㉡ > ㉢ > ㉠ > ㉣이 된다.

답 ②

02

뺄셈 연산은 감수의 보수를 구한 후 덧셈으로 바꾸어 처리해도 결과는 같다.

따라서 6 − 13 = 6 + (−13)이 된다. 먼저 6에 대한 2의 보수를 구해보면 00000110_2, −13에 대한 2의 보수는 11110011_2이 되므로 두 수를 덧셈 처리하면 $000000110_2 + 11110011_2$이 된다.

답 ①

03

패리티 비트는 전송된 코드의 오류를 검사하기 위해서 데이터 비트 외에 1bit의 패리티 비트를 추가하는 것으로 오류 검출만 할 수 있다.

답 ④

04

16) 461

16) 28 … 13

　　 1 … 12

답 ②

05

$1111\ 0000_2 \oplus 1010\ 1010_2 = 0101\ 1010_2 = 5A_{16}$

답 ①

06

• IEEE 표준형식 : 부호(1비트) / 지수부(8비트) / 가수부(23비트)

　− 2.75 → 이진법 환산 → −10.11 → −1.011 × 2¹

• 부호 : 1(음수)

• 지수부 : 1+127 = 128 = 2^7 → 100 0000 0(지수부 표현에서는 bias 127을 더해준다.)

• 가수부 : 소수점 앞의 1은 감추고 소수점 이하 자리만 표현

　　　　 → 011 0000~

답 ④

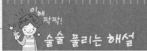

07 2011 지방직

컴퓨터 내부에서 실수 데이터를 표현하는 데 사용되는 표준 부동 소수점 데이터 형식(IEEE 754 표준)에 대한 설명으로 옳은 것을 모두 고른 것은?

보기

ㆍⓖ 단일 정밀도(Single Precision)는 64비트로 표현한다.
ㆍⓛ 0은 특별한 값으로 별도 정의한다.
ㆍⓒ 지수 값을 나타낼 때 바이어스된(biased) 표현 방식을 사용한다.
ㆍⓔ 단일 정밀도에서 지수는 11비트로 나타낸다.

① ㉠, ㉡
② ㉠, ㉢
③ ㉡, ㉢
④ ㉡, ㉣

08 2012 국가직

부동 소수점(Floating-Point) 방식으로 표현된 두 실수의 덧셈을 수행하고자 할 때, 수행순서를 올바르게 나열한 것은?

보기

ㄱ. 정규화를 수행한다.
ㄴ. 두 수의 가수를 더한다.
ㄷ. 큰 지수에 맞춰 두 수의 지수가 같도록 조정한다.

① ㄱ → ㄴ → ㄷ
② ㄱ → ㄷ → ㄴ
③ ㄷ → ㄱ → ㄴ
④ ㄷ → ㄴ → ㄱ

술술 풀리는 해설

07
ⓖ 단일 정밀도(single precision)는 32비트로 표현한다.
ⓔ 단일 정밀도에서 지수는 8비트로 나타낸다.

답 ③

08
부동 소수점 방식으로 표현된 두 실수의 덧셈/뺄셈 수행순서
큰 지수에 맞춰 두 수의 지수가 같도록 조정 → 두 수의 가수를 더하기/빼기 → 정규화

답 ④

적중 예상 문제

01 비트열(Bit String) A를 2의 보수로 표현된 부호 있는(Signed) 2진 정수로 해석한 값은 −50이다. 비트열 A를 1의 보수로 표현된 부호 있는 2진 정수로 해석한 값은?

① −4
② −5
③ −6
④ −7

02 다음 수식에서 이진수 Y의 값은? (단, 수식의 모든 수는 8비트 이진수이고, 1의 보수로 표현된다.)

$$11110100_{(2)} + Y = 11011111_{(2)}$$

① $11101001_{(2)}$
② $11101010_{(2)}$
③ $11101011_{(2)}$
④ $11101100_{(2)}$

03 10진수 −11을 5비트 2진수로 표현한 것은? (단, 부호 있는(signed) 2진수는 2의 보수로 표현된다.)

① 10101
② 01101
③ 10100
④ 11101

04 다음 중 2진수 11101.111을 10진수로 변환하면?

① 29.625
② 29.875
③ 31.625
④ 31.875

한눈에 보는 정답과 해설

01 1의 보수는 0을 1로, 1을 0으로 바꾸는 방식이다. 이 1의 보수에서 1을 더하면 2의 보수가 된다. 4비트라고 가정하면 1의 보수의 −5는 다음과 같이 나타낼 수 있다.

1	0	1	0

−5는 비트열 A를 2의 보수로 표현했기 때문에 2의 보수로 바꾸기 위해서는 1을 더해야 한다.

1	0	1	1

위는 비트열 A이다. A를 1의 보수로 본다면 위의 값은 값 4를 반전한 값이다.

0	1	0	0

따라서 4에 대한 1의 보수는 −4이다.

1	0	1	1

02 $11110100_{(2)} + Y = 11011111_{(2)} \rightarrow 11011111_{(2)} - 11110100_{(2)} = Y$
1의 보수에서 양수와 음수는 0과 1을 반전시키면 되므로
$Y = 11011111_{(2)} + 00001011_{(2)} = 11101010_{(2)}$

03 음수를 표현하기 위해서는 1의 보수와 2의 보수의 원리를 사용해야 한다.
11을 이진수로 변환하면 01011이다.
01011의 1의 보수의 음수값은 각각의 비트를 반전시키면 얻을 수 있다.
01011의 1의 보수의 음수값은 10100이다.
2의 보수는 1의 보수의 음수값에서 1을 더하면 구할 수 있다.
따라서 10101이 된다. 10101은 −11을 의미한다.

04 $16 + 8 + 4 + 1 + 0.5 + 0.25 + 0.125 = 29.875$

01 ① 02 ② 03 ① 04 ②

05 2진수 1110을 8진수와 16진수로 옳게 변환한 것은?

① $16_{(8)}$, $E_{(16)}$ ② $17_{(8)}$, $E_{(16)}$
③ $16_{(8)}$, $F_{(16)}$ ④ $17_{(8)}$, $F_{(16)}$

06 다음 2진 표현이 나타내는 IEEE 754 표준 단정도(Single Precision) 부동소수점 수의 값은?

11000001110101010000000000000000

① $+21.25_{(10)}$
② $-26.625_{(10)}$
③ $+5.3125_{(10)}$
④ $-13.3125_{(10)}$

07 8비트로 된 레지스터에서 2의 보수로 숫자를 표시한다면 이 레지스터로 표시할 수 있는 10진수의 범위는? (단, 첫째 비트는 부호 비트로 0,1일 때 각각 양(+), 음(−)을 나타낸다고 가정한다.)

① $-256 \sim +256$ ② $-128 \sim +127$
③ $-128 \sim +128$ ④ $-256 \sim +127$

08 이진수 뺄셈 10111101 − 101을 구하기 위해 다음과 같은 과정을 거쳤다. (ㄱ)과 (ㄴ)에 들어갈 값을 옳게 짝지은 것은?

10111101 − 101 → 10111101 + (ㄱ) = (ㄴ)

	(ㄱ)	(ㄴ)
①	11111010	11011111
②	11111011	11011100
③	11111010	10111111
④	11111011	10111000

09 다음 중 10진수 125를 BCD 코드로 표현한 것은?

① 000100010001 ② 000100100011
③ 000100100101 ④ 000101000101

10 다음 중 컴퓨터 명령어의 최소 단위에 해당하는 것과 16진수 1자리를 표현하는 데 적합한 자료 구성 단위를 순서대로 짝지은 것은?

① 바이트−니블 ② 워드−바이트
③ 워드−니블 ④ 비트−바이트

11 다음 중 ASCII 코드에 대한 설명으로 잘못된 것은?

① 128가지 문자 표현이 가능하다.
② 마이크로 컴퓨터의 기본 코드로 사용된다.
③ 영문 소문자 표현이 불가능하다.
④ 패리티 비트를 포함하여 총 8비트로 표현된다.

12 다음 중 한글 코드에 관한 설명으로 옳은 것은?

① 조합형은 정보 교환용 표준 한글 코드이다.
② 완성형은 사용에 대한 융통성이 좋아 정보 처리용으로 많이 사용된다.
③ 완성형은 기억 용량이 조합형에 비해 상대적으로 많이 필요하다.
④ 조합형은 한글의 모든 글자를 하나의 코드로 부여하는 방식이다.

13 10진수 35.625를 2진수와 16진수로 옳게 변환한 것은?

① $100011.01_{(2)}$, $22.D_{(16)}$
② $100011.01_{(2)}$, $23.A_{(16)}$
③ $100011.101_{(2)}$, $22.D_{(16)}$
④ $100011.101_{(2)}$, $23.A_{(16)}$

14 다음 중 그레이 코드에 대한 설명으로 옳지 않은 것은?

① BCD 코드의 인접하는 비트를 OR 연산하여 만든 코드이다.
② Analog를 Digital로 변환할 때 많이 쓰인다.
③ 비트를 작게 차지하고 에러율이 떨어진다.
④ 입출력장치, 주변장치 등에서 숫자를 표현할 때 사용한다.

한눈에 보는 정답과 해설

05

8진수	16 ↓ 001 110
2진수	↓ 1110 ↓
16진수	1110 ↓ E

06 IEEE 754는 IEEE에서 컴퓨터에서 부동 소수점을 표현하는 방식 중 가장 많이 쓰이는 표준이다. 부호는 1비트, 지수부는 8비트, 가수부는 23비트로 되고 지수부는 127바이어스법을 따른다.
1 / 10000011 / 10101010000000000000000로 나뉠 수 있다.
따라서 앞의 1은 부호 비트이기 때문에 음수이고,
중간에 8비트는 127바이어스법을 따라 127을 차감하면,
$00000100_{(2)} = 4_{(10)}$이다.
따라서 $-1.1010101 \times 2^4 = -11010.101_{(2)} = -26.625_{(10)}$이다.

07 8비트는 00000000~11111111까지 나타낼 수 있다. 2의 보수의 표시 범위는 다음과 같다.
$-2^{n-1} \sim 2^{n-1}-1$이 된다. 8비트는 총 8자리이기 때문에 8비트로 된 레지스터에서 2의 보수의 표시 범위는 다음과 같다.
$-2^{8-1} \sim 2^{8-1}-1 = -2^7 \sim 2^7-1 = -128 \sim +127$이 된다.

08 $10111101_2 - 101_2$의 뺄셈 연산은 101_2에 대한 2의 보수를 구한 후 덧셈처리한다. 만약 이때 캐리(올림수)가 발생하면 캐리는 버린다.
먼저 연산을 위해 101의 자릿수를 맞추어 표현하면 00000101이 되고 2의 보수를 구하면 11111011이 된다.

```
   10111101₂
+  11111011₂ (ㄱ)
```
110111000₂ (ㄴ)에서 캐리가 발생하고, 캐리 **1**을 버린 결과는 10111000_2

09 BCD 코드는 10진수 1자리를 4비트 이진수로 표현한다.
10진수 125에서 1 → 0001, 2 → 0010, 5 → 0101
변환하면 000100100101_{BCD}

10 니블은 4비트로 구성되며 16진수 1자리를 표현하는 데 적합한 단위이다.

11 소문자 영문 표현이 불가능한 것은 BCD 코드이다.

12 • 조합형 : 기억 용량 작다. 융통성 크다. 정보 처리용. 한글 자모를 결합하여 표현
• 완성형 : 기억 용량 크다. 융통성 적다. 정보 교환용. 한글의 모든 글자를 각각 하나의 코드로 표현

13
```
2) 35
2) 17 … 1
2) 8 … 1
2) 4 … 0
2) 2 … 0
   1 … 0

16) 35
    2 … 3
```
0.625 × 2 = 1.250 → 1
0.250 × 2 = 0.5 → 0
0.5 × 2 = 1 → 1
0.625 × 16 = 10 → A

14 BCD 코드의 인접하는 비트를 XOR 연산하여 만든 코드이다.

05 ① 06 ② 07 ② 08 ④ 09 ③ 10 ③ 11 ③ 12 ③ 13 ④ 14 ①

07 병렬 및 고성능처리 시스템

01 병렬처리 시스템

1 병렬처리 컴퓨터

(1) 개 념

병렬처리란 컴퓨터의 계산 속도를 향상시키기 위하여 동시에 데이터 처리기능을 제공하는 기술을 말한다. 이러한 병렬처리를 위해서는 다음의 조건을 만족하여야 한다.

① 여러 개의 프로세서로 하나의 시스템을 구성하여 부하를 분산할 수 있어야 한다.

② 한 프로그램을 여러 개의 작은 프로그램으로 분할하여 병렬로 처리한 결과가 전체 프로그램을 순차로 처리한 결과와 동일해야 한다.

(2) 플린(Flynn)에 의한 컴퓨터 분류

플린은 동시에 처리되는 명령어와 데이터 항목 수에 의해 컴퓨터를 다음과 같이 4가지로 분류하였다.

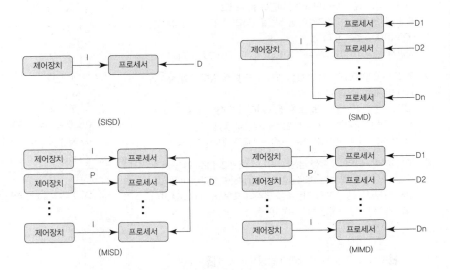

[플린에 의한 컴퓨터 분류]

① SISD(Single Instruction stream Single Data stream)
　㉠ 폰 노이만 방식의 순차 컴퓨터를 의미하고 대부분의 컴퓨터유형이다.
　㉡ 파이프라인(pipeline) 기법을 사용하여 병렬처리 효과를 볼 수 있다.
② SIMD(Single Instruction stream Multiple Data stream)
　㉠ 하나의 제어장치가 여러 개의 처리기를 제어하는 유형으로 배열처리기가 대표적
　　이다.
　㉡ 각 처리기는 같은 명령을 수행하나, 자료는 각각 다른 것이다.
③ MISD(Multiple Instruction stream Single Data stream)
　㉠ 다수 연산장치가 수행하는 명령은 다르나, 자료는 같은 것을 사용하는 형태이다.
　㉡ 실제 이런 형태의 컴퓨터는 사용되지 않는다.
④ MIMD(Multiple Instruction stream Multiple Data stream) : 여러 개의 처리기가 각
　각 별개의 프로그램과 자료를 처리할 수 있는 형태로 다중 처리기(multi-processor)
　라고 한다.

2 병렬처리 기법

(1) 명령어 파이프라인(Instruction Pipeline)

① 의 미
　㉠ 파이프라인(pipeline)은 하나의 프로세스를 서로 다른 기능을 가진 여러 개의 서
　　브프로세스로 나누어 각 서브 프로세스가 동시에 서로 다른 데이터를 취급하도록
　　하는 병렬처리 기법이다.
　㉡ 명령어 파이프라인은 다른 단계에서 이전 명령어가 실행 중에 메모리에 저장된
　　다음 명령어를 인출(fetch)해 온다. 즉, 명령어의 인출과 실행 단계가 중첩되어 동
　　시에 수행되는 것이다.

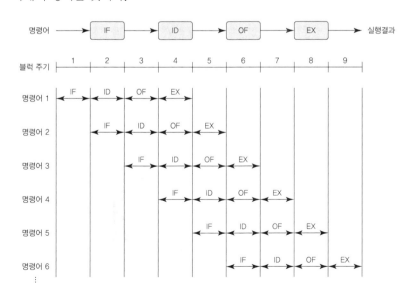

[4단계 명령어 파이프라인과 시간 흐름도]

ⓒ 위 시간 흐름도를 보면 첫 번째 클럭주기를 제외하고 나머지 클럭은 병렬로 처리되고 있다. 클럭주기 시간을 기준으로 한다면 비파이프라인은 4클럭 주기 동안 하나의 명령어만 처리하지만, 4단계 파이프라인은 4개의 명령어를 처리하고 있음을 알 수 있다.

② 파이프라인에 의한 성능향상

ⓐ 파이프라인 처리 조건이 아래와 같을 때 전체 명령어 실행시간(T)은 다음과 같다.

- 파이프라인 단계 수 : K
- 실행할 명령어의 수 : N
- 각 파이프라인 단계 실행시간 : 한 클럭 주기일 때
  전체 명령어 실행시간 (T) = {K + (N−1)} × 클럭 주기 시간

ⓑ 첫 번째 명령어를 수행하는 데 K주기가 걸리고 나머지 (N−1)개의 명령어들은 각 한 주기시간만 소요된다.

예제

파이프라인 단계 수 : 4, 파이프라인 클럭 주기 : 1MHz, 실행할 명령어 수 : 8개일 때 전체 명령어 실행시간을 계산하면?

해설

- 전체 명령어 실행시간(T) = {K + (N−1)} × 클럭 주기 시간
- 클럭 주기가 1MHz이므로 클럭 주기 시간 = $\frac{1}{1M}$초 = $\frac{1}{10^6}$초 = 10^{-6}초 = 1μs
- 따라서 T = {4 + (8−1)} × 1μs = 11μs

(2) 산술 파이프라인

① 고속 컴퓨터에서 부동 소수점 연산, 고정 소수점의 곱셈, 과학 계산 등을 구현하기 위해 사용한다.

② 두 개의 정규화된 부동 소수점 2진수에 대해 산술 파이프라인 동작을 알아보면 다음과 같다.

$$X = A \times 2^a \qquad Y = B \times 2^b$$

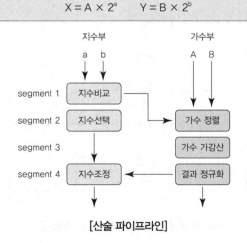

[산술 파이프라인]

예제

부동 소수점 파이프라인의 비교기, 시프터, 가산-감산기, 인크리멘터, 디크리멘터
가 모두 조합 회로로 구성된다고 가정할 때, 네 세그먼트의 시간 지연이 t_1=60ns, t_2
=70ns, t_3=100ns, t_4=80ns이고, 중간 레지스터의 지연이 t_r=10ns라고 가정하면 비
파이프라인 구조에 비해 약 몇 배의 속도가 향상되는가?

해 설

• 파이프라인 클럭 사이클은 100ns+10ns = 110ns
• 비 파이프라인 클럭 사이클은 60ns+70ns+100ns+80ns+10ns = 320ns

따라서 파이프라인 방식은 비 파이프라인 방식보다 320/110 ≒ 2.9만큼 속도가 향
상된다.

3 파이프라인 해저드(Pipeline Hazard)

(1) 의 미

다음에 처리될 명령어(instruction)가 다음 순서의 클럭 사이클(clock cycle)에 정상적으
로 수행되지 못하여 파이프라인의 속도가 저하되는 현상을 말한다.

(2) 종 류

① **구조적 해저드**(structural hazard) : 하드웨어적 제한으로 인해 동일 클럭 사이클에
   명령어들을 병렬적으로 수행하지 못하는 경우를 말한다. 하드웨어 문제로 발생하므
   로 자원 해저드(resource hazard)라고도 한다.
② **제어 해저드**(control hazard) : 명령어 실행 순서를 변경하는 분기 명령어들에 의해
   발생된다. 명령어 해저드(instruction hazard) 또는 분기 해저드(branch hazard)라
   고도 한다.
③ **데이터 해저드**(data hazard) : 명령어들의 피연산자 간 의존성 때문에 이전 명령어의
   수행이 완료될 때까지 다음 명령어의 실행을 연기하는 경우를 말한다.

(3) 해결 방법

① **구조적 해저드**(structural hazard)
   ㉠ 부족한 자원(하드웨어)의 추가
   ㉡ 데이터 처리 부분과 명령어 처리 부분을 분리(하버드 아키텍처)
   ㉢ 해당 기능을 사용할 수 있을 때까지 지연시킴
② **제어 해저드**(control hazard)
   ㉠ 분기 예측(branch prediction)
   ㉡ 분기 방향이 결정될 때까지 중지
   ㉢ 분기 손실되는 동안 다른 명령 수행
③ **데이터 해저드**(data hazard)
   ㉠ 데이터 전방전달(data forwarding)
   ㉡ 소프트웨어 스케줄링

4 슈퍼스칼라(Superscalar)

① CPU 내에 여러 개의 명령어 파이프라인을 두어 동시에 그 수만큼의 명령어들을 실행할 수 있도록 한 구조를 말한다.
② 클럭 사이클마다 각 명령어 파이프라인이 별도의 명령어를 인출하여 동시에 실행할 수 있어서 처리속도가 파이프라인의 수만큼 높아질 수 있다.

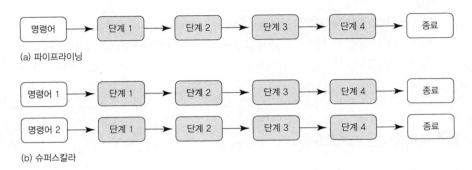

(a) 파이프라이닝

(b) 슈퍼스칼라

[파이프라이닝과 슈퍼스칼라]

5 슈퍼 파이프라인(Super Pipeline)

① 파이프라인에서는 어떤 명령어에 대해 한 클럭 사이클이 끝나면 다음 명령어에 대해 그 동작이 수행되지만, 슈퍼 파이프라인에서는 어떤 동작이 실행될 때, 그 클럭을 나누어 다음 명령어에 대한 사이클을 수행한다.
② 클럭이 높아짐에 따라서 나누기가 힘들어 잘 사용되지 않는다.

6 병렬처리 성능 향상

암달의 법칙(Amdahl's law)을 통해 시스템 일부를 개선할 때 전체적으로 얼마만큼의 최대 성능 향상이 있는지 계산할 수 있다.

> **예제**
>
> 시스템의 40%에 해당하는 부분을 2배의 속도로 향상시킬 수 있다면 몇 %의 성능을 향상시킬 수 있는지 구하면?
>
> **해설**
>
> $$\frac{1}{(1-0.4)+\dfrac{0.4}{2}}=1.25$$
>
> 결과적으로 이전 시스템보다 전체 0.25, 즉 백분율로 표현하면 25%의 성능이 향상하게 된다.

VLIW(Very Long Instruction Word)
여러 opcode 필드가 있는 긴 명령어 하나에 독립적인 연산 여러 개를 정의하고 이들을 한꺼번에 내보내는 명령어 구조 집합의 종류이다.

☑ **Check Point**

암달의 법칙(Amdahl's law)
시스템 전체에서 P%만큼의 부분을 S배의 속도로 향상할 수 있다면, 시스템의 전체적인 성능은 $\dfrac{1}{(1-P)+\dfrac{P}{S}}$ 만큼 향상된다는 법칙이다.

02 다중처리 시스템

1 다중처리기(Multi-processor Systems)

① 강결합 시스템으로 2개 이상의 프로세서를 포함한다.
② 기억장치와 입출력 채널, 주변장치를 공유한다.
③ 하나의 독자적인 운영체제에 의해 제어된다.
④ 프로세서 간의 통신은 공유 기억장치를 통해서 이루어진다.
⑤ 비대칭형, 대칭형, 클러스터형 다중처리기로 구분된다.

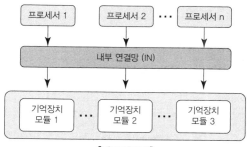

[다중처리기]

(1) 비대칭적 다중처리(Asymmetric Multiprocessing)

① Master/Slave 구조로 하나의 주(master) 처리기가 연산 및 입출력 등 시스템을 제어하고 종(slave) 처리기는 정의된 연산만을 실행한다.
② Master에만 자원이 집중되는 비대칭구조를 가진다.

(2) 대칭적 다중처리(Symmetric Multiprocessing)

① 모든 처리기가 하나의 메모리를 공유하며 동등한 입장에서 작업을 처리한다.
② 작업부하가 클 때 각 처리기가 균등하게 분담하여 처리할 수 있다.

(3) 클러스터형 시스템(Clustered System)

여러 대의 상호 독립적인 동작이 가능한 컴퓨터들이 연결된 전체 컴퓨터의 집합으로 전체 컴퓨터들이 통신망(LAN)으로 상호연결 되어 협력하면서 하나의 컴퓨팅 자원인 것처럼 동작하는 시스템이다.

2 클라우드 컴퓨팅(Cloud Computing)

(1) 개 념

① 이용자의 모든 정보를 인터넷상의 서버에 저장하고, 이 정보를 각종 IT기기를 통하여 언제 어디서든 이용할 수 있다는 개념이다.
② 구름(cloud)과 같이 무형의 형태로 존재하는 하드웨어 · 소프트웨어 등의 컴퓨팅 자원을 자신이 필요한 만큼 빌려 쓰고 이에 대한 사용요금을 지급하는 방식의 컴퓨팅 서비스이다.

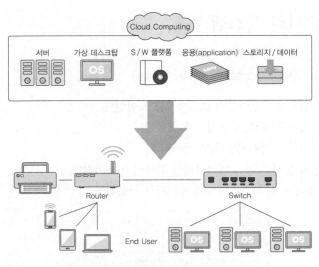

[클라우드 컴퓨팅의 구조]

(2) 종 류

SaaS (Software as a Service)	PaaS (Platform as a Service)	IaaS (Infrastructure as a Service)
• 기업 및 개인을 대상으로 응용 소프트웨어를 서비스로 제공 • 사용자가 응용소프트웨어를 구입하지 않아도 웹에서 응용소프트웨어를 빌려 쓰는 서비스 • 온디맨드(on demand) 서비스 형태로 제공	• 소프트웨어 개발할 수 있는 토대를 제공 • 어플리케이션을 개발하는 데 필요한 개발환경, 프레임워크 등의 개발 플랫폼 제공 • 대표적인 서비스 : 구글 앱엔진 서비스	• 서버, 스토리지, 네트워크를 가상화 환경으로 만들어서 필요에 따라 자원을 사용 • 서버 인프라를 서비스로 제공 • 클라우드를 통하여 저장장치, 컴퓨팅능력을 인터넷을 통한 서비스 형태로 제공

적중 예상 문제

01 병렬처리 컴퓨터의 특징으로 틀린 것은?

① 일부 하드웨어 오류가 발생하더라도 전체 시스템은 동작할 수 있다.

② 처리기(processor)를 N개 사용하면 처리속도가 정확히 N배 빨라진다.

③ 프로그램 작성이 어려워진다.

④ 기억장치를 공유할 수 있다.

02 다음 〈그림〉은 어떤 종류의 병렬 컴퓨터를 나타낸 것인가?

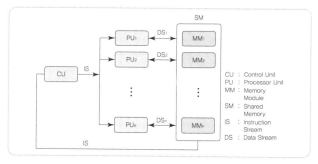

① SISD

② SIMD

③ MISD

④ MIMD

03 명령어 인출(IF), 명령어 해독(ID), 오퍼랜드인출(OF), 실행(EX)의 순서로 실행되고, 각 단계에 걸리는 시간이 같은 4단계 명령어 파이프라인에 인가되는 클럭 주파수가 1GHz일 때, 20개의 명령어를 실행하는 데 걸리는 시간은?

① 20ns

② 21ns

③ 22ns

④ 23ns

04 명령어 파이프라이닝을 사용하는 목적은?

① 기억용량 증대

② 메모리 액세스의 효율증대

③ CPU의 프로그램 처리속도 개선

④ 입출력 장치의 증설

한눈에 보는 정답과 해설

01 처리기를 N개 사용하여 병렬처리를 하게 되면 N개 프로세서 간 통신을 위한 오버헤드로 지연시간이 발생하여 처리속도가 정확히 N배 빨라지진 않는다.

02 그림은 하나의 제어장치에 다수 처리기를 연결한 배열처리기로 SIMD 병렬 컴퓨터에 속한다.

03 전체 명령어 수행시간 = {파이프라인 단계 수 + (명령어 수 − 1)} × 클럭 시간 = {4 + (20−1)} × 클럭 시간 = 23 × 클럭 시간

• 클럭 시간 = $\dfrac{1}{\text{클럭주파수}} = \dfrac{1}{1G} = \dfrac{1}{10^9} = 10^{-9} = 1\text{ns}$

• 전체 명령어 수행시간 = 23ns

04 명령어 파이프라이닝은 병렬처리 기법으로 단위 시간당 명령어 처리를 증대시켜 프로그램의 처리속도를 향상시킬 수 있다.

01 ② 02 ② 03 ④ 04 ③

05 세그먼트에서 부연산을 수행하는 데 20ns가 걸리고, 파이프라인은 4세그먼트로 구성되어 있으며 100개의 테스크를 순차적으로 수행하는 파이프라인 시스템은 비파이프라인 시스템에 비해 약 몇 배의 속도 향상을 얻을 수 있는가?

① 2.81　　　　　　② 3.25
③ 3.88　　　　　　④ 4.08

06 여러 대의 상호 독립적인 동작이 가능한 컴퓨터들이 연결된 전체 컴퓨터들의 집합으로 전체 컴퓨터들이 상호 연결되어 협력하면서 하나의 컴퓨팅 자원인 것처럼 동작하는 것은?

① Symmetric Multiprocessor
② Nonuniform Memory Access
③ Cluster
④ Vector Processor

07 다중처리기에 의한 시스템을 구성할 때 고려사항이 아닌 것은?

① 메모리 충돌문제
② 메모리 용량문제
③ 캐시 일관성 문제
④ 메모리 접근의 효율성 문제

08 암달(Amdahl)의 법칙은 컴퓨터 시스템의 일부를 개선할 때 전체적으로 얼마만큼의 최대 성능 향상을 기대할 수 있는지를 예측하는 데 사용된다. 만약 특정 응용 프로그램의 75%가 멀티코어(Multicore)를 이용한 병렬 수행이 가능하고 나머지 25%는 코어의 수가 증가해도 순차 실행만 가능하다는 전제하에, 컴퓨팅 코어(Core)의 수를 4개로 늘릴 때 기대할 수 있는 최대 성능 향상은 약 몇 배인가?

① 약 1.28배　　　　② 약 2.28배
③ 약 3.28배　　　　④ 약 4.28배

09 어떤 인스트럭션의 수행 속도를 반으로 줄였다고 가정한다. 프로그램에서 사용한 인스트럭션들의 20%가 이 인스트럭션이라면 프로그램 전체의 수행속도는 약 얼마만큼 향상되는가?

① 0.99%　　　　　② 11.11%
③ 47.22%　　　　　④ 65.25%

10 클라우드 컴퓨팅 서비스 모델과 이에 대한 설명이 바르게 짝지어진 것은?

> ㄱ. 응용소프트웨어 개발에 필요한 개발 요소들과 실행 환경을 제공하는 서비스 모델로서, 사용자는 원하는 응용소프트웨어를 개발할 수 있으나 운영체제나 하드웨어에 대한 제어는 서비스 제공자에 의해 제한된다.
>
> ㄴ. 응용소프트웨어 및 관련 데이터는 클라우드에 호스팅되고 사용자는 웹 브라우저 등의 클라이언트를 통해 접속하여 응용소프트웨어를 사용할 수 있다.
>
> ㄷ. 사용자 필요에 따라 가상화된 서버, 스토리지, 네트워크 등의 인프라 자원을 제공한다.

	IaaS	PaaS	SaaS
①	ㄷ	ㄴ	ㄱ
②	ㄴ	ㄱ	ㄷ
③	ㄷ	ㄱ	ㄴ
④	ㄱ	ㄷ	ㄴ

 한눈에 보는 **정답과** 해설

05 • 파이프라인 시스템 성능 = {4 + (100−1)} × 20 = 2,060(ns)
    • 비파이프라인 시스템 성능 = 4 × 100 × 20 = 8,000(ns)
    따라서 파이프라인은 비 파이프라인과 비교 시 8,000/2,060 ≒ 3.88배의 속도 향상을 가진다.

06 Cluster는 서로 다른 독립적인 컴퓨터들을 상호 연결하여 하나의 컴퓨터 자원처럼 논리적으로 통합하는 기술을 말한다.

07 다중처리기는 강결합 형태로 하나의 메모리를 다수 처리기가 공유하기 때문에 메모리 용량 문제보다는 메모리 충돌 문제가 고려되어야 한다.

08 암달의 법칙(Amdahl's Law)을 적용하면
$$성능향상(속도향상) = \frac{1}{(1-P)+\frac{P}{S}} \text{ (P: 개선부분의 비율, S : 성능향상배수)}$$
$$= \frac{1}{(1-0.75)+\frac{0.75}{4}} ≒ 2.28$$
기존 시스템보다 약 2.28배 성능향상을 가진다.

09 암달의 법칙(Amdahl's law)을 적용하면
$$성능향상(속도향상) = \frac{1}{(1-P)+\frac{P}{S}} \text{ (P: 개선부분의 비율, S : 성능향상배수)}$$
$$= \frac{1}{(1-0.2)+\frac{0.2}{2}} ≒ 1.111$$
따라서 기존 수행 속도보다 0.111, 백분율로 표현하면 11.1% 향상된다.

10 • PaaS : 응용소프트웨어 개발 환경 지원
    • SaaS : 사용자 응용소프트웨어 서비스
    • IaaS : 가상화된 인프라 자원 제공

05 ③ 06 ③ 07 ② 08 ② 09 ② 10 ③

PART 02

운영체제

전 시험(2008~2022년) 기준 출제비중

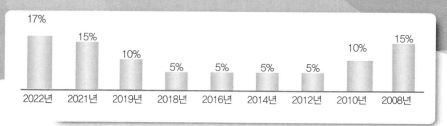

| 2022년 | 2021년 | 2019년 | 2018년 | 2016년 | 2014년 | 2012년 | 2010년 | 2008년 |
| 17% | 15% | 10% | 5% | 5% | 5% | 5% | 10% | 15% |

연도별 기출문제분석 키워드

연 도	키워드	출제비중
2022년	운영체제 운용 방식, 프로세스의 특징, 가상기억장치 관리 이론	17%
2021년	운영체제 운용 기법, 라운드로빈 스케줄링, LRU교체기법	15%
2019년	교착상태 예방, 프로세스와 스레드	10%
2018년	FIFO 스케줄링	5%
2016년	RR(Round-Robin) 스케줄링	5%
2014년	세마포어 알고리즘	5%
2012년	디스크 스케줄링 방식의 판별	5%
2010년	운영체제 분류기준, 시스템 성능 측정의 척도	10%
2008년	교착상태 발생의 필요조건, 유닉스 명령어의 판별, 리눅스	15%

출제
포인트 잡기

▶ 이 영역의 핵심은 스케줄링으로, 여러 스케줄링의 방식을 정확히 이해하여야 하고 비교할 수 있어야 한다.
▶ 운영체제의 기본 개념과 작동 방식을 이해하고, 운영체제의 종류별로 특징과 차이점을 알아두어야 한다.

01 운영체제의 개요

출제경향분석

• 운영체제의 운용 기법(2021)
• 운영체제의 분류 기준(2010)
• 시스템 성능 측정 척도(2010)

컴퓨터일반 GO! 득점

1 운영체제의 정의와 기능

(1) 운영체제의 정의

운영체제(Operating System ; OS)는 컴퓨터의 하드웨어 시스템을 효율적으로 운영하기 위한 소프트웨어를 말한다. 컴퓨터를 작동하고 시스템 전체를 감시하며, 처리하여야할 데이터의 관리와 작업 계획 등을 조정하는 여러 가지의 프로그램으로 구성되어 있다. 줄여서 OS라 주로 칭하며 오퍼레이팅 시스템, 운영체계라고 부르기도 한다.

(2) 운영체제의 기능

① 프로세스 관리 : 실행 중인 프로그램(프로세스)의 우선순위 등을 관리
② 메모리 관리 : 프로그램 실행/종료 시 주기억장치의 할당과 반환을 관리
③ 입출력장치 관리 : 입출력 장치의 구동 및 관련 작업의 순서를 정해 효율적으로 처리
④ 파일 시스템 관리 : 파일을 유지, 관리하며 파일을 디렉터리로 나누어 계층적으로 관리
⑤ 네트워크 장치 관리 : 네트워크 장치를 관리하여 원활한 네트워킹 처리
⑥ 사용자 인터페이스 제공
⑦ 시스템 신뢰성 제공

사용자 인터페이스(UI ; User Interface) 컴퓨터와 사용자가 정보를 주고받을 수 있도록 해주는 프로그램 일부분을 의미한다. 명령을 직접 입력하는 커맨드 라인(command line) 방식, 메뉴를 선택하여 정보를 주고받는 메뉴 방식, 마우스, 조이스틱 등을 이용하여 화면상의 위치 표시에 의해 정보를 주고받는 그래픽 방식이 있다. 그래픽 사용자 인터페이스(Graphic User Interface)는 줄여서 'GUI'라고 한다.

(3) 운영체제의 성능 평가 기준 중요 ★ 2010

① 처리 능력(throughput, 처리량)
  ㉠ 시스템이 단위 시간당 처리하는 일의 양을 말한다.
  ㉡ 보통 안정된 상태에서 측정되며 하루에 처리되는 작업의 개수 또는 시간당 처리되는 온라인 처리의 개수 등으로 측정된다.
② 반환 시간(turn around time) : 명령을 지시한 후 처리 완료까지 걸리는 시간이다.
③ 사용 가능도(availability) : 한정된 시스템 자원에 대한 사용 요구에 신속하고 충분하게 지원해줄 수 있는 정도이다.
④ 신뢰도(reliability) : 시스템의 문제 해결 시 오류 없이 처리하는 정확성의 척도이다.

⑤ 응답시간(response time) : 주어진 작업의 수행을 위해 입력 데이터가 시스템에서 출발하여 그 작업의 출력이 사용자에게 제출되는 시점까지의 시간이다.

⑥ 자원 이용도(utilization) : 일반적으로 전체 시간에 대해 주어진 자원이 실제로 사용되는 시간의 백분율로 나타낸다.

2 운영체제의 운용 기법 중요 ★ 2010

(1) 일괄 처리 시스템(Batch Processing System)
자료를 분석하여 처리하는 데 있어, 입출력 버퍼링을 통해 처리해야 할 작업을 기억장치에 모아 일괄 처리한다. 시스템 중심의 자료처리 방식으로 자기 테이프와 같은 순차적 저장 매체에서의 순서 처리에 적합하다. 작업 제어 언어를 제공해야 한다.

(2) 다중 프로그래밍 시스템(Multi-Programming System)
여러 프로그램들이 하나의 컴퓨터 시스템의 주기억장치에 적재된 상태에서 각 프로그램들이 처리 장치를 번갈아 사용하며 실행하는 시스템이다.

(3) 시분할 시스템(Time Sharing System)
여러 사용자들이 사용하는 각각의 프로그램을 하나의 시스템에서 번갈아가며 처리해 줌으로써 각 사용자들이 독립된 컴퓨터를 사용하는 것처럼 느낄 수 있는 시스템이다. 응답시간을 최소화시키며, 다중 프로그래밍 방식과 결합하여 대화식 처리가 가능하다.

(4) 다중 처리 시스템(Multi-Processing System)
여러 컴퓨터가 하나의 관리 프로그램에 의해 한 개의 주기억장치를 사용하여 여러 프로그램을 동시에 처리하는 시스템이다.

(5) 실시간 처리 시스템(Real Time Processing System)
처리 명령 발생 시점에 즉각적으로 처리하여 그 결과를 얻어내는 시스템이다. 정해진 시간에 반드시 수행되어야 하는 작업들을 처리하기에 가장 적합하다.

(6) 다중 모드 시스템(Multi-Mode System)
일괄 처리, 시분할, 다중 처리, 실시간 처리 모드를 모두 수행할 수 있는 시스템이다.

(7) 분산 처리 시스템(Distributed Processing System)
여러 대의 컴퓨터들에 의해 작업들을 나누어 처리하여 그 내용이나 결과를 통신망을 이용하여 상호 교환할 수 있는 시스템이다.

컴퓨터일반 GO! 득점

임베디드 시스템(embedded system, 내장형 시스템)
기계나 시스템에 대해 제어를 위한 특정 기능을 수행하는 컴퓨터 시스템으로 장치 내에 존재한다. 즉, 임베디드 시스템은 전체 장치의 일부분으로 구성되며 제어가 필요한 시스템을 위한 두뇌 역할을 하는 특정 목적의 컴퓨터 시스템이다. 목적을 설정하고 이를 수행하는 프로그램 코드를 작성하여 메모리에 기록하고 이를 읽어 동작시키는 방법이 일반적이다.

☑ **Check Point**
운영체제 운용 기법의 발달 순서

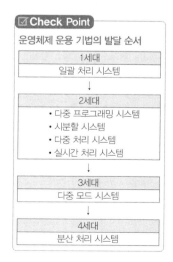

1세대
일괄 처리 시스템
↓
2세대
• 다중 프로그래밍 시스템 • 시분할 시스템 • 다중 처리 시스템 • 실시간 처리 시스템
↓
3세대
다중 모드 시스템
↓
4세대
분산 처리 시스템

기출 확인 문제

01 2010 계리직

운영체제는 일괄처리(Batch), 대화식(Interactive), 실시간(Real-time) 시스템, 그리고 일괄처리와 대화식이 결합된 혼합(Hybrid) 시스템 등으로 분류될 수 있다. 이와 같은 분류 근거로 가장 알맞은 것은?

① 고급 프로그래밍 언어의 사용 여부
② 응답시간과 데이터 입력 방식
③ 버퍼링(buffering) 기능 수행 여부
④ 데이터 보호의 필요성 여부

02 2010 계리직

컴퓨터 시스템의 성능을 측정하는 척도에 대한 설명으로 옳지 않은 것은?

① 처리량(throughput)은 보통 안정된 상태에서 측정되며 하루에 처리되는 작업의 개수 또는 시간당 처리되는 온라인 처리의 개수 등으로 측정된다.
② 병목(bottleneck) 현상은 시스템 자원이 용량(capacity) 또는 처리량에 있어서 최대 한계에 도달할 때 발생될 수 있다.
③ 응답시간(response time)은 주어진 작업의 수행을 위해 시스템에 도착한 시점부터 완료되어 그 작업의 출력이 사용자에게 제출되는 시점까지의 시간으로 정의된다.
④ 자원 이용도(utilization)는 일반적으로 전체 시간에 대해 주어진 자원이 실제로 사용되는 시간의 백분율로 나타낸다.

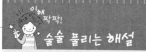

03 2011 지방직

다중 프로그래밍(Multi-programming)의 특징에 대한 설명으로 가장 적절한 것은?

① 메인 메모리와 캐시 메모리 등의 다중 계층 메모리 사용을 통한 소프트웨어 수행시간을 단축시킨다.

② I/O 작업과 CPU 작업을 중첩함으로써 시스템 효율을 향상시킨다.

③ 여러 개의 저장장치를 동시에 지원한다.

④ 하나의 프로그램을 여러 개의 프로세서에서 처리하여 프로그램 수행시간을 단축시킨다.

04 2009 지방직

컴퓨터 간에 네트워크 구축이 반드시 필요한 시스템은?

① 일괄처리 시스템(batch processing system)

② 다중처리 시스템(multiprocessing system)

③ 전문가 시스템(expert system)

④ 분산 처리 시스템(distributed processing system)

술술 풀리는 해설

01

데이터를 즉시 처리하는지, 한꺼번에 모아서 처리하는지, 이에 따라 응답이 즉시 이루어지는지, 지연 후 이루어지는지 등에 따라 방식이 분류된다.

답 ②

02

응답시간은 주어진 작업의 수행을 위해 입력 데이터가 시스템에서 출발하여 그 작업의 출력이 사용자에게 제출되는 시점까지의 시간이다.

답 ③

03

여러 프로그램들이 하나의 컴퓨터 시스템의 주기억장치에 적재된 상태에서 각 프로그램들이 처리 장치를 번갈아 사용하며 실행하는 시스템이다.

답 ②

04

④ 여러 대의 컴퓨터들에 의해 작업들을 나누어 처리하여 그 내용이나 결과를 통신망을 이용하여 상호 교환할 수 있는 시스템이므로 네트워크 구축이 반드시 필요하다.

답 ④

적중 예상 문제

01 운영체제의 기능으로 거리가 먼 것은?

① 데이터를 관리하고 데이터 및 자원의 공유 기능을 제공한다.
② 사용자와 시스템 간의 편리한 인터페이스를 제공한다.
③ 자원을 효율적으로 사용하기 위하여 자원의 스케줄링 기능을 제공한다.
④ 두 개 이상의 목적 프로그램을 합쳐서 실행 가능한 프로그램으로 만든다.

02 다음에서 설명하는 운영체제의 운용 기법은?

> 하나의 CPU는 같은 시점에서 여러 개의 작업을 동시에 수행할 수 없기 때문에 CPU의 전체 사용 기간을 작은 작업 시간량(Time Slice)으로 나누어서 그 시간량 동안만 번갈아 가면서 CPU를 할당하여 각 작업을 처리하는 기법이다.

① 다중 처리 시스템 ② 시분할 시스템
③ 실시간 처리 시스템 ④ 일괄 처리 시스템

03 다음 중 일괄 처리 시스템에 대해 옳게 설명한 것은?

① 사용자 중심의 자료 처리 방식이다.
② 여러 프로그램들이 처리 장치를 번갈아 사용한다.
③ 순차적 저장 매체에서의 순서 처리에는 적합하지 않다.
④ 입출력 버퍼링을 통해 처리해야 할 작업을 기억장치에 모아 처리한다.

04 다음 중 운영체제 운용 기법의 발달 순서를 옳게 나열한 것은?

① 일괄 처리 → 시분할 → 다중 모드 → 분산 처리
② 일괄 처리 → 다중 모드 → 시분할 → 실시간 처리 → 분산 처리
③ 시분할 → 실시간 처리 → 다중 처리 → 분산 처리 → 일괄 처리
④ 시분할 → 일괄 처리 → 실시간 처리 → 다중 처리 → 분산 처리

한눈에 보는 정답과 해설

01 운영체제는 스스로 아무 기능도 수행하지 않는다. 다른 응용프로그램들이 작업을 할 수 있도록 환경을 마련해주는 역할을 한다.
④ 링커 : 두 개 이상의 목적 프로그램을 합쳐서 실행 가능한 프로그램으로 만든다.

02 ① 다중 처리 시스템 : 여러 컴퓨터가 하나의 관리 프로그램에 의해 한 개의 주기억장치를 사용하여 여러 프로그램을 동시에 처리하는 시스템이다.
③ 실시간 처리 시스템 : 처리 명령 발생 시점에 즉각적으로 처리하여 그 결과를 얻어내는 시스템이다.
④ 일괄 처리 시스템 : 자료를 분석하여 처리하는 데 있어, 입출력 버퍼링을 통해 처리해야 할 작업을 기억장치에 모아 일괄 처리한다.

03 일괄 처리 시스템은 자료를 분석하여 처리하는 데 있어, 입출력 버퍼링을 통해 처리해야 할 작업을 기억장치에 모아 일괄 처리한다. 시스템 중심의 자료처리 방식으로 자기 테이프와 같은 순차적 저장 매체에서의 순서 처리에 적합하다. 작업 제어 언어를 제공해야 한다.

04 운영체제 운용 기법의 발달 순서
일괄 처리 시스템 → 다중 프로그래밍/시분할/다중 처리/실시간 처리 시스템 → 다중 모드 시스템 → 분산 처리 시스템

01 ④ 02 ② 03 ④ 04 ①

02 프로세스 관리

- 프로세스와 스레드의 특성 (2019)
- FIFO 알고리즘 스케줄링(2018)
- 세마포어 알고리즘의 이해(2014)
- 교착상태 예방 (2019)
- RR(Round-Robin) 알고리즘 스케줄링의 이해(2021, 2016)
- 교착상태 발생의 필요조건(2008)

01 프로세스 관리의 개요

1 프로세스(Process)의 정의

① 현재 CPU에 의해 실행 중인 프로그램이다.
② PCB를 가진 실행이 가능한 프로그램이다.
③ 프로세서가 할당하는 개체로서 디스패치가 가능한 단위이다.
④ 비동기적인(asynchronous) 행위이다.
⑤ 목적 또는 결과에 따라 발생되는 사건들의 과정이다.

2 프로세스의 종류

실행 유형에 따라 다음과 같이 나눌 수 있다.
① **운영체제 프로세스** : 커널 프로세스, 시스템 프로세스라고도 한다. 보통 프로세스들의 실행 순서제어, 한 프로세스가 다른 프로세스 영역을 침범하지 못하게 감시, 시스템 운영에 필요한 전반적인 작업을 수행한다.
② **사용자 프로세스** : 사용자를 위한 일반적인 프로그램을 수행한다.
③ **병행 프로세스** : 동시에 실행되는 2개 이상의 프로세스를 말한다. 동시에 실행되는 프로세스와 영향을 주고받는 협동 프로세스와 영향을 주고받지 않는 독립 프로세스로 나뉜다.

3 프로세스의 구성

① **코드(code) 영역(텍스트 영역)** : 실행한 프로그램의 코드가 저장되는 영역이다.
② **데이터(data) 영역** : 프로그램 실행 후 종료될 때까지 지워지지 않을 데이터를 저장할 공간이다. 전역변수, 정적변수 등이 저장된다.
③ **힙(heap) 영역** : 사용자가 원하는 데이터를 할당할 수 있는 영역이다.
④ **스택(stack) 영역** : 일시적으로 사용 후 삭제할 데이터를 저장하는 영역이다. 지역변수, 매개변수 등이 저장된다.

> **컴퓨터일반 GO! 득점**
>
> - 프로그램(program) : 정적 프로그램
> - 프로세스(process) : 동적 프로그램
> - 프로세서(processor) : 처리기 = CPU
>
> **디스패치(dispatch)**
> 멀티태스킹 환경에서 우선순위가 가장 높은 작업이 수행될 수 있도록 시스템 자원을 할당하는 것과 컴퓨터 처리결과를 데이터 처리 의뢰처에 배포하는 것을 의미한다.

프로세스 상태 전이도

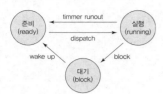

4 프로세스의 상태

① **생성**(new) : 사용자가 요청한 프로세스의 작업 공간이 메모리에 생성되고, PCB가 만들어진 상태

② **준비**(ready) : 하나의 프로세스가 CPU를 사용할 수 있는 상태

③ **실행**(run) : 프로세스가 프로세서를 차지하며 실행 중인 상태

④ **대기**(block), **보류**(waiting), **블록**(block) : 입출력 완료 시까지 큐에서 대기하고 있는 상태

⑤ **교착**(deadlock) : 호출될 수 없는 명령을 프로세스가 무한정 기다리고 있는 상태

⑥ **완료**(terminated), **종료**(exit) : 프로세스가 CPU를 할당받아 주어진 시간 내에 작업이 완전히 수행을 끝낸 상태

5 프로세서 관리를 위한 모듈

① **스풀러**(spooler) : 제출된 모든 작업을 작업 스케줄러에 의해 처리될 수 있는 형태로 놓는 것이다.

② **작업 스케줄러**(job scheduler) : 프로세스 생성 및 다중 프로그램이 아닌 상황에서 어느 프로세서가 프로세스를 받아들이는가를 결정하는 것이다.

③ **프로세서 스케줄러**(processor scheduler) : 다중 프로그래밍 상황에서 어느 순간에 얼마 동안 준비된 프로세스들 중 어느 것이 프로세서에 할당되는가를 결정하는 것이다.

④ **트래픽 컨트롤러**(traffic controler) : 프로세서의 상태를 파악하는 것으로 프로세서 스케줄러에 포함된다.

6 PCB(Process Control Block, 프로세스 제어 블록)

프로세스 정보를 운영체제에 제공해주는 데이터베이스로, 수록된 정보는 다음의 그림과 같다.

프로세스의 상태	다음 프로세스 연결
프로세스 정의(번호)	
프로그램 카운터	
레지스터 내용	
메모리 제약성	
우선순위	
기타	

[PCB에 수록된 정보]

7 문맥교환(Context Switching)

① 실행 중인 프로세스를 중지하고 다른 프로세스를 실행하는 과정이다.
② 운영체제(OS)의 오버헤드(overhead)의 원인 중 하나이다.

8 스레드(Thread) 2019

① 의미 : 어떠한 프로그램 내에서, 특히 프로세스 내에서 실행되는 흐름의 단위를 말한다. 일반적으로 한 프로그램은 하나의 스레드를 가지고 있지만, 프로그램 환경에 따라 둘 이상의 스레드를 동시에 실행할 수 있다. 이러한 실행 방식을 다중 스레드(multithread)라고 한다.
② 장점 : 프로세스 내의 메모리를 공유해 사용할 수 있다. 또한 프로세스 간의 전환 속도보다 빠르고, CPU가 여러 개일 경우에 각각의 CPU가 스레드 하나씩을 담당하는 방법으로 속도를 높일 수 있다.
③ 종 류
  ㉠ 단일 스레드 : 하나의 프로세스에 하나의 스레드가 존재한다.
  ㉡ 다중 스레드 : 하나의 프로세스에 둘 이상의 스레드가 존재한다.

02 스케줄링

1 장기 스케줄링

① 작업 스케줄링과 동일한 개념이다.
② 모든 작업들의 상태를 파악한다(대기, 보류, 준비, 실행).
③ 어느 작업을 시스템에 들어오도록 하는가의 정책을 결정하여 보류 상태에 있는 어떤 작업을 준비 상태로 전환시킨다(판단 기준 : 우선순위, 요청된 자원, 시스템 균형 등).
④ 필요한 자원을 할당한다(기억장치, 주변장치, 프로세서).
⑤ 작업 수행 후 자원을 해제한다.
⑥ 수행 빈도가 낮다.

2 단기 스케줄링

① CPU 스케줄러에서 수행된다.
② 프로세스의 상태를 파악한다.
③ 어떤 프로세스가 언제, 얼마 동안 프로세스를 얻어서 처리할 것인가를 결정한다.
④ 프로세스를 프로세서에 할당한다.
⑤ 프로세스의 프로세서 할당을 해제한다.
⑥ 수행 빈도가 높다.

3 스케줄링 정책

구 분	내 용
비선점형	• 한 프로세스가 어떤 프로세서에 한 번 할당되면 그것이 끝날 때까지 그 프로세서에서 빠져나오지 않는다(일괄 처리 시스템). • 응답시간 예측 가능 • 모든 작업이 공정히 처리되나 비효율적일 수 있다.
선점형	• 한 프로세스가 어떤 프로세서에 할당되어도 우선순위가 높은 다른 프로세스가 현재의 프로세스를 중지하고 자신이 프로세서를 점유한다(시분할 시스템). • 우선순위 적용에 유리 • 응답시간 예측 곤란 • 오버헤드 초래 가능성

비선점형
FIFS(FIFO), SJF, HRN

선점형
라운드 로빈(RR), SRT, 다단계 큐(MLQ), 다단계 피드백 큐(MFQ)

4 비선점 스케줄링 알고리즘 중요 ★ 2018

(1) FCFS(First-Come First-Served) = FIFO(First In First Out)
① 프로세스들은 준비 큐에 도착한 순서대로 CPU를 할당받아 처리된다.
② 긴 작업이 짧은 작업을 기다리게 할 수 있다.

(2) SJF(Shortest Job First)
① 준비큐 내의 작업 중 수행시간이 가장 짧다고 판단되는 것을 먼저 수행한다.
② 평균대기 시간이 최소인 최적의 알고리즘이다.
③ 다음 CPU 시간을 알기 어려운 단점이 있다.

(3) HRN(Highest Response Ratio Next)
① 긴 작업과 짧은 작업 간의 지나친 불평등을 어느 정도 보완한 기법이다.
② 우선순위 식에 의해 우선순위 값이 높은 프로세스를 먼저 처리한다.

$$우선순위 = \frac{(대기\ 시간 + 서비스\ 받을\ 시간)}{서비스\ 받을\ 시간}$$

③ 짧은 작업이나 대기 시간이 큰 작업은 우선순위가 높아진다.

예제

다음과 같이 프로세스가 제출되었을 때 HRN 스케줄링 순서를 구하면?

프로세스	대기 시간	실행시간
P1	12	3
P2	8	4
P3	8	8
P4	15	5

해설 각 프로세스의 우선순위를 계산식에 의해 계산하면
• P1 = (12+3)/3 = 5, P2 = (8+4)/4 = 3
• P3 = (8+8)/8 = 2, P4 = (15+5)/5 = 4
• CPU 할당순서 : P1, P4, P2, P3

(4) 우선순위(Priority)

① 프로세스마다 우선순위를 부여하여 우선순위가 높은 순서대로 CPU를 할당한다.

② 우선순위가 낮은 프로세스는 무한연기 되어 기아상태가 발생할 수 있다.

③ 무한 연기의 해결책으로 에이징(aging) 기법을 사용한다.

5 선점 스케줄링 알고리즘 중요 ★ 2016

(1) 라운드 로빈(Round Robin)

FCFS에 의해서 프로세스들이 할당되지만 각 프로세스는 CPU의 시간 할당량(time quantum) 동안만 할당하고 할당 시간이 만료된 이후에도 처리가 안 되면, CPU를 반납하고 준비큐의 가장 뒤로 보내져 다음 순서를 기다리는 방식이다.

① 시분할 시스템에서 효과적이다.

② 시간 할당량이 너무 크면 FCFS 방식과 동일해지고, 시간 할당량이 너무 작으면 문맥 교환이 자주 발생하여 오버헤드가 크다.

(2) SRT(Short Remaining Time)

① SJF 기법에 선점 방식을 도입한 변형된 방법으로서 시분할 시스템에 유용하다.

② 실행 중인 프로세스가 있더라도 남은 실행시간이 더 짧은 프로세스를 먼저 처리한다.

(3) 다단계 큐(MLQ ; Multi Level Queue) 스케줄링

① 작업의 유형에 따라 여러 그룹으로 분류하고 어느 한 큐에 배당한다.

② 각 큐는 자신만의 독자적인 알고리즘에 따라 스케줄링을 수행한다.

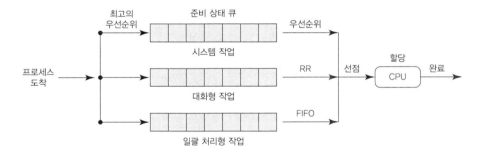

(4) 다단계 피드백 큐(MFQ ; Multi level Feedback Queue) 스케줄링

① 입출력 위주와 CPU 위주인 프로세스의 특성에 따라 서로 다른 CPU의 시간 할당을 부여한다.

② 짧은 작업에 유리하고, 입출력 위주의 작업에 우선권을 준다.

③ 하위단계 큐일수록 CPU 할당시간은 커진다.

에이징(aging)

프로세스의 우선순위가 낮아 점유할 자원을 양보하거나 대기 시간이 증가할수록 프로세스의 우선순위를 한 단계씩 높여주는 기법으로 무한연기 및 기아현상을 방지할 수 있다.

프로세스별 우선순위의 비교

• 입출력 프로세스는 연산 프로세스보다 우선순위가 높다.

• 짧은 작업 프로세스는 긴 작업 프로세스보다 우선순위가 높다.

• 시스템 작업은 대화형 작업보다. 대화형 작업은 일괄 처리 작업보다 우선순위가 높다.

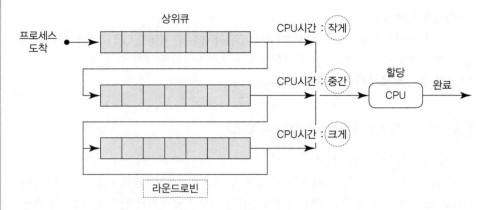

라운드로빈

바람직한 스케줄링 정책
• 처리량 향상
• 반환시간 최소화
• 대기시간 최소화

6 스케줄링 알고리즘의 평가 2018 2016

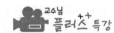

알고리즘 평가 시 작업의 진행 상황을 나타내는 스케줄 차트를 이용하면 효과적이다.

• 반환시간 = 완료시간 − 제출시간
• 대기시간(비선점) = 시작시간 − 제출시간
• 대기시간(선점) = 시작시간 − 제출시간 + 중간 대기시간
• 평균 반환시간 = 각 작업시간의 반환시간 합계/작업 수
• 평균 대기시간 = 각 작업시간의 대기시간 합계/작업 수

예제

아래와 같은 작업이 제출되었을 때 FCFS/SJF/SRT/RR 스케줄링에 의한 평균 반환시간(turn−around time)과 평균 대기시간(wait time)을 구하면? (단, 라운드로빈의 시간 할당량은 4이다.)

작업	제출시간	실행시간
p1	0	13
p2	1	2
p3	2	7
p4	3	3

해설

① FCFS(FIFO)

p1	p2	p3	p4

0　　　　　　　　　13　　15　　　　　　22　　　　　25

• 평균 반환시간 = {(13−0) + (15−1) + (22−2) + (25−3)}/4 = 17.25
• 평균 대기시간 = {(0−0) + (13−1) + (15−2) + (22−3)}/4 = 11

② SJF

CPU 실행시간이 짧은 비선점 방식이므로 실행순서는 p1 → p2 → p4 → p3 순서이다.

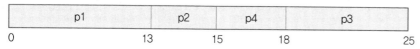

p1		p2	p4	p3
0	13	15	18	25

- 평균 반환시간 = {(13−0) + (15−1) + (18−3) + (25−2)}/4 = 16.25
- 평균 대기시간 = {(0−0) + (13−1) + (15−3) + (18−2)}/4 = 10

③ SRT

SRT는 선점을 허용하므로 간트 도표는 다음과 같다.

p1	p2	p4	p3	p1
0 1	3	6	13	25

- 평균 반환시간 = {(25−0) + (3−1) + (6−3) + (13−2)}/4 = 10.25
- 평균 대기시간 = {(13−1) + (1−1) + (3−3) + (6−2)}/4 = 4

④ Round Robin(time slice = 4)

p1	p2	p3	p4	p1	p3	p1	p1
0	4	6	10	13	17	20	24 25

- 평균 반환시간 = {(25−0) + (6−1) + (20−2) + (13−3)}/4 = 14.5
- 평균 대기시간 = {(13−4+20−17) + (4−1) + (6−2+17−10) + (10−3)}/4 = 8.25

03 병행 프로세스

1 상호배제(Mutual Exclusion)

프로세스 간 경쟁을 피하기 위한 방법으로 한 프로세스가 공유 자원을 사용하고 있을 때 다른 프로세스들이 자원을 동시에 사용하지 못하도록 배제하는 방법이다.

(1) 임계영역(Critical Section)
병행 프로세스가 공유데이터에 접근하도록 하는 프로그램 영역을 임계영역이라 한다.

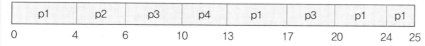

```
Begin_CriticalSection();                    // 진입코드

    임계영역(critical section)
        ...
    End_CriticalSection( );                  // 출구코드

    // 나머지 코드
```

상호배제 구현 알고리즘
Dekker 알고리즘, Peterson 알고리즘, Lamport의 Bakery 알고리즘

병행 프로세스
두 개 이상의 프로세스가 동시에 실행 상태에 있는 것으로 시스템 성능은 향상되지만, 공유자원 선점을 위한 프로세스 간 경쟁 현상이 발생하게 된다.

(2) 임계영역 진입조건

① **상호배제** : 두 개 이상의 프로세스들이 동시에 임계영역에 있어서는 안 된다.
② **진행** : 임계영역 바깥의 프로세스가 임계구역 프로세스의 진입을 막아서는 안 된다.
③ **한계대기** : 어떤 프로세스도 임계영역으로 들어가는 것이 무한 연기되어서는 안 된다.

2 세마포어(Semaphore) 2014

(1) 의 미

다익스트라(Dijkstra)에 의해 제시된 것으로, 병행 프로세스의 상호배제와 동기화 문제를 해결하기 위한 도구이다.

(2) 특 징

① 하나의 프로세스만이 세마포어 변수에 접근할 수 있다.
② 세마포어 변수는 0과 양의 정수값을 가질 수 있다.
③ 프로세스 대기큐를 이용하여 바쁜 대기(busy waiting)를 해결할 수 있다.
④ 세마포어 변수는 P(wait) 연산과 V(signal) 연산에 의해서만 변경할 수 있다.
⑤ P 연산과 V 연산은 인터럽트를 허용하지 않으며 원자적으로 수행된다.

(3) 세마포어를 이용한 상호배제와 동기화

① 세마포어를 이용한 상호배제

```
P(S) : 세마포어 변수 S에 대한 P 연산
       IF S > 0 THEN S := S - 1
       ELSE 대기
V(S) : 세마포어 변수 S에 대한 V 연산
       IF  (1개 이상의 프로세스가 대기 중) THEN (그 중 1개 프로세스만 진행)
       ELSE S := S + 1
```

② 세마포어를 이용한 동기화(세마포어 변수 S = 0)

프로세스 P0	프로세스 P1
...	...
V(S)	P(S)
...	...

3 모니터(Monitor)

(1) 의 미

모니터는 공유자원을 프로세스들에 할당하는 데 필요한 데이터와 프로시저의 집합으로 이루어지는 병행성 고급 언어 구조체이다.

동기화(synchronization)
병행 프로세스가 공유 자원의 기능을 사용할 때 상호배제가 이루어지면서 정확한 값을 유지하도록 프로세스 간 처리 순서를 결정하는 방법이다.

P 연산과 V 연산
• P 연산 : 임계 영역을 사용하려는 프로세서들의 진입여부를 결정하는 조작으로, 흔히 wait 동작이라 한다.
• V 연산 : 블록 큐에 대기 중인 프로세스를 깨우는 신호(wake-up)로서, 흔히 signal 동작이라 한다.

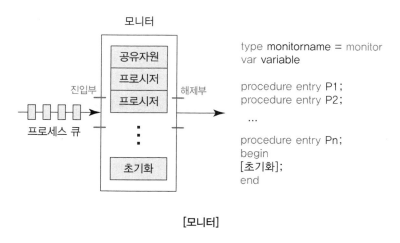

모니터

공유자원
프로시저
프로시저
초기화

진입부

해제부

프로세스 큐

```
type monitorname = monitor
var variable

procedure entry P1;
procedure entry P2;
  ...
procedure entry Pn;
begin
[초기화];
end
```

[모니터]

(2) 특 징

① 상호 배제와 동기화를 동시에 지원하는 고급 언어가 지원하는 프로그램 기법이다.
② 한순간에 단 한 개만의 프로세스만이 모니터 내부에 있을 수 있다.
③ 프로세스는 오직 모니터 진입부만을 호출함으로써 공유 데이터에 접근할 수 있다.
④ 모니터 내부의 공유데이터는 내부의 프로시저에서만 접근 가능한 정보은폐 기법을 사용하여 모니터 외부에서는 접근하지 못한다.

04 교착상태(Deadlock)

다수 프로세스가 각각 자원을 할당받게 됨에 따라 다른 프로세스가 점유하고 있는 자원을 동시에 요구하여 할당도 해제도 되지 않은 채 대기 상태에 걸려있는 것을 말한다.

• 교착상태 : 자원 할당이 잘못되어 특정 사건이 일어나기만을 기다리는 상태
• 무한대기 : 프로세스가 자원을 할당받기 위해 기다리는 상태

1 교착상태의 발생 조건 2008

상호 배제 (mutual exclusion)	공유되지 않은 자원이 적어도 하나 이상 존재해야 한다.
점유와 대기 (hold and wait)	하나 이상의 자원을 보유하고 있는 프로세스가 다른 프로세스에 할당된 자원을 얻고자 대기하고 있어야 한다. 이때, 요청된 프로세스는 자원이 해제될 때까지 기다리게 된다.
비선점 (nonpreemption)	선점되는 자원이 없어야 한다. 즉, 프로세스가 완료되기 전에 회수되는 자원이 없어야 한다.
순환 대기 (circular wait)	점유와 대기 조건의 확장된 개념으로, 서로 점유된 자원이 해제되기를 기다리는 순환상의 프로세스 집합이 존재해야 한다.

```
        할당            요구            할당
자원 a ←────  프로세스 01  ────→  자원 d
  ↑                                      ↓ 요구
  │할당                               프로세스 04
프로세스 02                              ↑ 할당
  │요구                                  │
  ↓        할당            요구          │
자원 b ────→ 프로세스 03 ────→ 자원 c ──┘
```

[환상형 대기 상태]

2 교착상태의 예방(Prevention) `2019`

사전에 교착상태의 발생 가능성을 없애는 것으로 발생조건을 부정함으로써 예방할 수 있다. 단점은 자원의 낭비와 기아상태를 초래할 수 있다는 것이다.

[교착상태의 예방법]

상호배제 조건 부정	한번에 여러 개의 프로세스가 공유 자원을 사용할 수 있게 한다.
점유와 대기 조건의 부정	프로세스가 실행되기 전에 필요한 모든 자원을 할당하여 프로세스 대기를 없애거나 자원이 점유되지 않은 상태에서만 자원 요구를 가능하게 한다.
비선점 조건의 부정	자원을 점유하고 있는 프로세스가 다른 자원을 요구할 때 점유하고 있는 자원을 반납하고, 요구한 자원을 사용하기 위해 기다리게 한다.
순환 대기 조건의 부정	교착상태의 예방을 위하여 각 자원 유형에 할당의 순서번호를 부여한다.

3 교착상태의 회피(Avoidance)

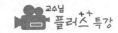

① 시스템의 운영 상황을 보아가면서 교착상태 가능성을 피해 가는 방법이다.
② 교착상태는 불안전 상태에서 발생 가능하므로 안전상태로 변환하면 교착상태를 피할 수 있다.
③ 은행가(banker) 알고리즘을 이용하여 효율적인 자원 관리를 실행한다.

예제

1가지 종류의 자원이 10개가 있고, 3개의 프로세스가 아래 표와 같이 자원을 사용한다고 가정할 때 모든 프로세스가 자원을 할당받을 수 있는 안전 순서열을 찾으면?

프로세스	최대 요구량	현재 할당량	추가 요구량
A	9	3	6
B	4	2	2
C	7	2	5

해설

• 현재 10개의 자원 중 현재 7개가 할당된 상태이고 3개의 자원(잔여량)이 남아 있다. 현재 상태는 안전상태이다.

상호배제 조건의 부정
상호배제가 교착상태의 발생 조건이기 때문에 상호배제 조건을 부정하면 이론적으로는 교착상가 예방되지만 실질적으로는 하나의 자원에 여러 개의 프로세스가 동시에 접근하려하는 또 다른 교착을 유발하기 때문에 실질적으로는 교착상태를 예방하지 못한다.

은행가(banker) 알고리즘
다익스트라가 제시한 알고리즘으로, 병행 프로세스 간의 교착 상태를 방지하기 위해 프로세스가 요구한 자원의 수가 현재 사용 가능한 자원의 수보다 작을 때 프로세스가 요구한 수만큼 더 자원을 할당하는 방식이다.

은행가 알고리즘의 특성
• 할당할 자원이 일정량 존재
• 프로세스의 최대 자원 요구량
• 일정한 수의 프로세스가 존재
• 유한시간 내에 자원 반납
• 대화식 시스템에 적용 불가

- 3개의 자원 중 2개를 B에게 할당해 주면 B는 무사히 자기 작업을 마칠 수 있다. B가 작업을 마치면 B가 가지고 있던 4개의 자원을 반환하고 이제 5개의 자원이 유용한 상태에 있게 된다.
- 유용한 5개의 자원을 C에게 더 할당한다. A는 6개의 자원을 더 필요로 하므로 아직 A의 요구는 충족시킬 수가 없다.
- C도 끝나고 가지고 있던 자원들을 반환하면 유용한 자원 수는 총 7개가 된다. 이제 A의 요구를 받아주어 무사히 3개의 작업을 끝낼 수 있다.
- 자원할당은 B → C → A의 순서로 진행한다면 교착상태에 빠지지 않고 무사히 작업을 끝낼 수 있고 이 경우 안전순서(위에서 B → C → A)가 존재한다고 한다.
- 안전순서가 존재하는 상태를 안전상태라고 하고 안전순서가 존재하지 않는 상태를 불안전상태라고 한다.

4 교착상태 탐지(Detection) 및 복구(Recovery)

(1) 의 미
교착상태 탐지와 복구는 이미 발생한 교착상태를 탐지 알고리즘이나 자원 할당 그래프, 대기 그래프의 사이클 유무에 따라 교착상태를 찾아낸 후 교착상태를 복구하는 방법이다. 복구 방법으로는 프로세스 종료와 자원 선점이 있다.

(2) 복구 방법
① **프로세스 종료** : 교착상태의 프로세스를 모두 종료하거나 희생자를 정해 부분 종료한다.
② **자원 선점** : 교착상태의 프로세스로부터 자원을 선점하면 된다.
③ 중지시킬 프로세스나 선점할 자원은 희생자 선택의 원칙에 따라 결정한다.

희생자 선택의 원칙
- 프로세스들의 우선순위
- 프로세스가 수행된 시간과 작업을 종료하는 데 필요한 시간
- 프로세스가 사용한 자원 유형과 자원의 수
- 프로세스가 작업종료를 위하여 더 필요한 자원의 수
- 복귀하는 데 필요한 프로세스 수

02 기출 확인 문제

프로세스 관리

01 [2019 계리직]

프로세스 관리 과정에서 발생할 수 있는 교착상태(Dead lock)를 예방하기 위한 조치로 옳은 것은?

① 상호배제(Mutual Exclusion) 조건을 제거하고자 할 경우, 프로세스 A가 점유하고 있던 자원에 대하여 프로세스 B로부터 할당 요청이 있을 때 프로세스 B에게도 해당자원을 할당하여 준다. 운영체제는 프로세스 A와 프로세스 B가 종료되는 시점에서 일관성을 점검하여 프로세스 A와 프로세스 B 중 하나를 철회시킨다.

② 점유대기(Hold and Wait) 조건을 제거하고자 할 경우, 자원을 점유한 프로세스가 다른 자원을 요청하였지만 할당받지 못하면 일단 자신이 점유한 자원을 반납한다. 이후 그 프로세스는 반납하였던 자원과 요청하였던 자원을 함께 요청한다.

③ 점비선점(No Preemption) 조건을 제거하고자 할 경우, 프로세스는 시작시점에서 자신이 사용할 모든 자원들에 대하여 일괄할당을 요청한다. 일괄할당이 이루어지지 않을 경우, 일괄할당이 이루어지기까지 지연됨에 따른 성능저하가 발생할 수 있다.

④ 환형대기(Circular Wait) 조건을 제거하고자 할 경우, 자원들의 할당 순서를 정한다. 자원 Ri가 자원 Rk보다 먼저 할당되는 것으로 정하였을 경우, 프로세스 A가 Ri를 할당받은 후 Rk를 요청한 상태에서 프로세스 B가 Rk를 할당받은 후 Ri를 요청하면 교착상태가 발생하므로 운영체제는 프로세스 B의 자원요청을 거부한다.

02 [2019 계리직]

프로세스 동기화 문제를 해결하기 위한 방법인 세마포어(Semaphore) 알고리즘에 대한 설명으로 옳지 않은 것은?

① 프로세스 내 쓰레드 간 통신은 커널 개입을 필요로 하지 않기 때문에 프로세스 간 통신보다 더 효율적으로 이루어진다.

② 멀티프로세서는 탑재 프로세서마다 쓰레드를 실행시킬 수 있기 때문에 프로세스의 처리율을 향상시킬 수 있다.

③ 한 프로세스 내의 모든 쓰레드들은 정적 영역(Static Area)을 공유한다.

④ 한 프로세스의 어떤 쓰레드가 스택 영역(Stack Area)에 있는 데이터 내용을 변경하면 해당 프로세스의 다른 쓰레드가 변경된 내용을 확인할 수 있다.

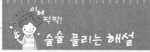

03 2016 계리직

〈보기〉의 프로세스 P1, P2, P3을 시간 할당량(Time Quantum)이 2인 RR(Round-Robin) 알고리즘으로 스케줄링할 때, 평균응답시간으로 옳은 것은? (단, 응답시간이란 프로세스의 도착시간부터 처리가 종료될 때까지의 시간을 말한다. 계산 결과값을 소수점 둘째 자리에서 반올림한다.)

보기		
프로세스	도착시간	실행시간
P1	0	3
P2	1	4
P3	3	2

① 5.7   ② 6.0
③ 7.0   ④ 7.3

04 2018 계리직

프로세스 P1, P2, P3, P4를 선입선출(First In First Out) 방식으로 스케줄링을 수행할 경우 평균응답시간으로 옳은 것은? (단, 응답시간은 프로세스 도착시간부터 처리가 종료될 때까지의 시간을 말한다)

보기		
프로세스	도착시간	실행시간
P1	0	2
P2	2	2
P3	3	3
P4	4	9

① 3   ② 4
③ 5   ④ 6

01

① 상호배제 조건을 제거하기 위해서는 한 번에 여러 개의 프로세스가 공유 자원을 사용할 수 있어야 하므로 프로세스 중 하나를 철회시키지는 않는다. 또한 상호배제의 조건을 부정하는 경우에는 교착상태의 발생 조건은 부정되지만 자원을 공유하고 있는 상태가 되고 추가적인 교착이 발생하여 실질적으로 교착상태를 해결하는 근본적인 조치가 되지는 못한다.
② 비선점 조건의 제거에 대한 설명이다.
③ 점유대기 조건의 제거에 대한 설명이다.   답 ④

02

④ 스레드는 프로세스 내의 스택 영역을 제외한 모든 메모리를 공유한다. 어떤 스레드가 정적 영역에 있는 데이터 내용을 변경하면 다른 스레드가 변경된 내용을 확인할 수 있지만, 스택 영역에서는 그렇지 않다.   답 ④

03

	0	1	2	3	4	5	6	7	8	9	← 시간순서	
P1	실행	실행	대기	대기	실행						• 0~2초 사이 실행 후 남은 1초분은 준비 큐로 보내져 대기	• 2~4초 사이 대기 후 4~5초 사이 실행완료(P1 응답시간 5-0=5)
P2		대기	실행	실행	대기	대기	대기	실행	실행		• 1~2초 대기 후 2~4초 실행 후 남은 2초분 준비 큐 이동 대기	• 4~7초 대기 후 7~9초 실행완료(P2 응답시간 9-1=8)
P3				대기	대기	실행	실행				3~5초 대기 후 5~7초 실행완료(P3 응답시간 7-3=4)	

문제에서 제시된 시간 할당량이 2이다. RR 방식에서는 2인 시간만큼만 실행이 가능하다는 의미이다. 즉, P1(2) → P2(2) → P1(1) → P3(2) → P2(2)로 실행된다. 도착시간을 고려한 응답시간이 P1은 5-0=5, P2는 9-1=8, P3는 7-3=4 이므로 평균을 구하면 다음과 같다.

$$\frac{1}{3}(5+8+4) = \frac{17}{3} ≒ 5.7$$

| 참고 |

• Round-Robin 스케줄링은 작업에 시간의 할당량이 설정되는 방법으로, 시분할 시스템에서 특별한 형태로 설계된 것이다. 기본적으로 FIFO 알고리즘을 따르나, 각 프로세스는 할당 시간이 만료된 이후에도 실행이 끝나지 않으면 준비 큐의 가장 끝으로 보내져 다음 순서를 기다리게 된다.
• 모든 프로세스는 시간 할당량 2만큼씩만 실행되며 완료되지 않은 부분은 준비 큐로 보내져 대기하게 된다. 각각의 응답시간은 도착부터 실행이 끝날 때까지의 시간이고 이들을 평균하면 답이 된다.   답 ①

04

선입선출 방식 스케줄링은 먼저 도착한 프로세스를 먼저 처리하게 된다. 그러므로 어떤 프로세스가 도착했더라도 앞선 프로세스가 처리 중이라면 자신의 차례가 될 때까지 대기하는 시간이 소요된다. 따라서 프로세스별 응답시간은 다음과 같고 이를 평균하면 20÷4 = 5가 된다.

프로세스	대기시간	처리시간	응답시간
P1	0	2	2
P2	0	2	2
P3	1	3	4
P4	3	9	12

답 ③

01 프로세스의 정의로 옳은 내용 모두를 나열한 것은?

> ㉠ PCB를 가진 프로그램
> ㉡ 프로시저가 활동 중인 것
> ㉢ 동기적 행위를 일으키는 존재
> ㉣ 프로세서가 할당되는 실체

① ㉠, ㉡   ② ㉠, ㉣
③ ㉠, ㉡, ㉣   ④ ㉠, ㉡, ㉢, ㉣

02 교착상태(Deadlock)의 회복 기법에 대한 설명으로 가장 옳지 않은 것은?

① 교착상태 회복 기법은 시스템 내에 존재하는 교착상태를 제거하기 위하여 사용된다.
② 교착상태가 없어질 때까지 교착상태에 포함된 자원을 하나씩 비선점 시킨다.
③ 교착상태가 없어질 때까지 교착상태에 포함된 프로세스를 하나씩 종료시킨다.
④ 교착상태에 있는 모든 프로세스를 중지시킨다.

03 RR(Round-Robin) 스케줄링에 대한 설명으로 틀린 것은?

① "(대기시간＋서비스시간)/서비스시간"의 계산으로 우선순위를 처리한다.
② 시간 할당이 작아지면 프로세스 문맥 교환이 자주 일어난다.
③ Time Sharing System을 위해 고안된 방식이다.
④ 시간 할당이 커지면 FCFS 스케줄링과 같은 효과를 얻을 수 있다.

04 운영체제의 프로세서 관리에 있어서, 장기 스케줄링과 단기 스케줄링에 대한 설명으로 옳지 않은 것은?

① 장기 스케줄링에서는 작업에 대해 필요한 자원을 할당한다.
② 작업 스케줄링은 단기 스케줄링에 해당하는 것으로, 수행 빈도가 낮다.
③ 단기 스케줄링은 프로세스들의 상태를 파악하고 프로세스를 프로세서에 할당한다.
④ 장기 스케줄링에서는 우선순위 등을 통해 어떤 작업을 준비 상태로 전환시킬지 결정한다.

05 스케줄링 정책에 관한 다음의 설명 중 옳은 것은?

① 일괄처리 시스템은 선점형 스케줄링 정책을 사용한다.
② 비선점형 스케줄링은 우선순위를 적용할 때 유리하다.
③ 선점형 스케줄링에서는 실행되고 있는 현재의 프로세스를 중지할 수 있다.
④ 시분할 시스템에서는 한 번 할당된 프로세스가 중단될 수 없다.

06 프로세스의 교착상태를 회복하기 위한 방법으로 적용할 수 없는 것은?

① 프로세스 중지
② 우선순위에 의한 자원의 선점
③ 시간 효율성에 입각한 자원의 선점
④ 기아 상태 유지

07 다음 중 우선순위 스케줄링 알고리즘을 적용할 때의 설명으로 옳지 않은 것은?

① 입출력 작업은 연산 작업보다 우선순위가 높다.
② 짧은 작업은 긴 작업보다 우선순위가 높다.
③ 대화형 작업은 일괄처리 작업보다 우선순위가 높다.
④ 일괄처리 작업은 시스템 작업보다 우선순위가 높다.

08 다음 중 라운드로빈(Round-Robin) 프로세스 스케줄링 알고리즘에 대한 설명으로 옳지 않은 것은?

① 시간 할당량을 너무 크게 정의한 경우, 문맥 교환이 빈번히 일어나는 단점이 있다.
② 기본적으로 FIFO 알고리즘을 따른다.
③ 할당 시간이 만료되고도 처리가 완료되지 않을 경우, 준비 큐의 맨 끝으로 보내진다.
④ 시분할 시스템에서 특별한 형태로 설계된 것이다.

09 다음 중 프로세스 스케줄링에 대한 MFQ 알고리즘의 설명으로 옳지 않은 것은?

① 큐 간에 작업들이 이동할 수 있도록 만든 것이다.
② 낮은 순위이지만 너무 많은 작업 시간을 할당받으면, 높은 레벨로 이동시킨다.
③ 저위 우선순위 큐에서 너무 오래 존재하는 작업은 최고 우선순위 큐로 이동시킨다.
④ MLQ의 단점을 극복하기 위해 적용하는 알고리즘이다.

10 임계영역(Critical Section)에 대한 설명으로 옳은 것은?

① 프로세스들의 상호배제(mutual exclusion)가 일어나지 않도록 주의해야 한다.
② 임계영역에서 수행 중인 프로세스는 인터럽트가 가능한 상태로 만들어야 한다.
③ 어느 한 시점에서 둘 이상의 프로세스가 동시에 자원 또는 데이터를 사용하도록 지정된 공유 영역을 의미한다.
④ 임계영역에서의 작업은 신속하게 이루어져야 한다.

 한눈에 보는 정답과 해설

0 ⊙ PCB(Process Control Block)는 프로세스 정보를 운영체제에 제공해주는 데이터베이스를 말한다.
　ⓒ 프로세스란 실행 중인 프로시저의 제어의 일정한 실행하는 범위를 뜻한다.
　ⓒ 프로세스는 비동기적 행동을 한다. 다중 프로그래밍 방식에서 CPU는 하나의 프로그램만을 수행하지 않는다. 여러 프로그램들을 일정부분 주기적으로 수행하고 중단한다.
　ⓔ 프로세스는 CPU에 의해 주기억장치에 적재된 프로그램들을 처리되는 상태를 말한다.

02 ② 보유하고 있는 자원을 가져와서 교착상태를 해결을 한다. 교착상태에 포함된 자원을 하나씩 가져와서 선점하여 프로세스를 일시적으로 중단시킨다.

03 ① 우선순위 = $\dfrac{\text{대기시간} + \text{서비스받을 시간}}{\text{서비스받을 시간}}$ 의 계산으로 우선순위를 처리하는 스케줄링은 HRN 스케줄링이다. HRN 스케줄링은 우선순위 값이 가장 큰 작업에 우선권을 부여한다.

04 작업 스케줄링은 장기 스케줄링으로, 수행 빈도가 낮다.

05 선점형 스케줄링에서는 한 프로세스가 어떤 프로세서에 할당되어도 우선순위가 높은 다른 프로세스가 현재의 프로세스를 중지하고 자신이 프로세서를 점유할 수 있다.

06 프로세스 중지 또는 선점할 프로세스의 결정은 프로세스의 우선순위나 시간 효율성, 기아 상태(어떤 자원이 동일한 프로세스에 계속적으로 선점되는 상태)에 빠지는 프로세스가 없도록 하는 판단 기준을 적용하여 결정하게 된다.

07 우선순위 : 시스템 작업 > 대화형 작업 > 일괄처리 작업

08 시간 할당량을 너무 적게 정의한 경우 문맥 교환이 빈번히 일어나게 되며 너무 크게 하면 FIFO와의 차별점이 없게 된다.

09 높은 순위에서 어떤 작업이 너무 많은 작업 시간을 할당받으면 하위 레벨로 이동시킨다.

10 프로세스들은 상호배제 형태로 운영되며, 임계영역의 자원은 공유되나 두 개 이상의 프로세스에 의해 동시에 접근될 수 없다.

01 ③ 02 ② 03 ① 04 ② 05 ③ 06 ④ 07 ④ 08 ① 09 ② 10 ④

11 하나의 프로세스가 공유 자원의 사용을 완료할 때까지 다른 프로세스의 공유 자원에 대한 접근을 금지하도록 하는 제어 기법을 의미하는 것은?

① 세그먼트(segment)
② 모니터(monitor)
③ 임계영역(critical section)
④ 상호배제(mutual exclusion)

12 세마포어(Semaphore)에 설명으로 옳지 않은 것은?

① Dijkstra가 제시한 상호배제 알고리즘이다.
② 세마포어 변수는 양의 정수값만을 가질 수 있다.
③ V 조작은 블록 큐에 대기 중인 프로세스를 깨우는 신호(wake-up)로서, 흔히 Signal 동작이라 한다.
④ P 조작은 임계영역을 사용하려는 프로세서들의 진입여부를 결정하는 조작으로, 흔히 Wait 동작이라 한다.

13 다음과 같은 프로세스의 자원할당 조건에서 교착상태를 피하기 위해 조치했다면 이는 어떤 방법에 해당하는가?

- A프로세스에게 필요한 자원 : 12개
- B프로세스에게 필요한 자원 : 15개
- 전체 가용 자원 : 20개
- 해결 방법 : 가용 자원 20개가 모두 점유될 때까지 A와 B 프로세스에 번갈아 할당하고, 20개가 모두 점유된 이후에는 A 프로세스에게만 할당하였다.

① 할당 통제
② 표준 할당
③ 공용 자원 선할당
④ 할당 선언

14 다음과 같은 단점을 가지고 있는 프로세스 교착상태의 회피 방법은 무엇인가?

모든 자원이 동시에 필요치 않는데도 불구하고 모든 자원이 해제될 때까지 다른 프로세스가 기다려야만 하고, 사용자가 모든 자원의 실행 시간을 미리 알 수 없다는 단점이 있다.

① 할당 통제
② 표준 할당
③ 공용 자원 선할당
④ 할당 선언

한눈에 보는 정답과 해설

11 **상호배제**
병행 프로세스에서 공유자원의 동시 접근을 방지하고 교대로 접근하도록 하는 기법

12 ② 세마포어 변수는 0과 양의 정수값을 가질 수 있다.

13 교착상태의 가능성이 존재할 경우, 자원을 할당하지 않음으로써 교착상태를 피하는 방법으로, 할당 통제에 해당한다.

14 공용 자원의 선할당은 작업 제출 시 사용될 모든 자원을 사용자가 미리 할당 선언하는 방법으로, 제시한 내용과 같은 단점이 존재한다.

11 ④ 12 ② 13 ① 14 ③

03 기억장치 관리

출제경향분석

- LRU 교체기법(2021)
- 디스크 스케줄링 방식의 판별(2012)

01 기억장치 관리 개요

1 기억장치 관리 분류

기억장치 관리는 실제 데이터가 적재되는 실기억장치(주기억장치) 관리뿐 아니라 주기억장치의 주소 공간 문제를 해결하기 위해 보조기억장치를 이용하는 가상기억장치 관리도 필요하다.

실기억장치				가상기억장치		
단일 프로그래밍	다중프로그래밍			페이징	세그먼테이션	세그먼트/페이징
	고정분할할당		가변 분할할당			
	절대번역	재배치번역				

2 기억장치 관리 정책 중요 ★

효율적인 기억장치 운용을 위해서는 프로그램이나 데이터를 언제 주기억장치로 반입하고, 어디에 배치하고, 완료된 작업의 프로그램이나 데이터는 어떻게 제거할 것인가를 결정하는 관리 전략이 필요하다. 관리 전략에는 반입정책, 배치정책, 교체정책 등이 있다.

(1) 반입(Fetch)정책

보조기억장치 안의 프로그램이나 데이터를 주기억장치에 언제 적재할 것인지를 결정하는 전략이다.
① 요구 반입 : 프로그램이나 데이터의 참조가 요구될 때만 적재한다.
② 예상 반입 : 요구될 가능성이 프로그램이나 데이터를 예상해서 적재한다.

(2) 배치(Placement)정책 2010

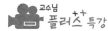

반입되는 프로그램이나 데이터, 즉 입력되는 작업을 주기억장치의 어디에 위치시킬 것인가를 결정하는 정책으로 최초, 최적, 최악 적합의 3가지 방법이 사용된다.

최초 적합(first-fit)	가용 공간 중에서 첫 번째 분할 영역에 배치
최적 적합(best-fit)	가용 공간 중에서 할당 후 남는 공간이 가장 작은 곳에 배치
최악 적합(worst-fit)	가용 공간 중에서 할당 후 남는 공간이 가장 큰 곳에 배치

예제

다음 그림에서 10K의 작업을 7K, 15K, 12K, 30K의 가용 공간에 First-Fit, Best-Fit, Worst-Fit로 배치했을 때 할당되는 영역은?

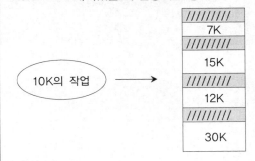

해설
- 최초 적합(first fit) → 15K : 7K 공간은 크기가 작아 할당되지 않고 15K, 12K, 30K 중 15K에 할당
- 최적 적합(best fit) → 12K : 가용공간에 할당한 후 남는 공간이 가장 작은 12K 에 할당
- 최악 적합(worst fit) → 30K : 가용공간에 할당한 후 남는 공간이 가장 큰 30K에 할당

(3) 교체(Replacement)정책
새로 반입되는 작업에 필요한 기억장소를 확보하기 위해 적재된 어떤 프로그램과 교체할 것인가를 결정하는 정책으로 FIFO, LRU, LFU, NUR 등의 교체 알고리즘이 필요하다.

02 주기억장치 관리 기법

1 단일 프로그램 할당

① 하나의 프로그램만 기억장치에 할당하여 실행하는 방식이다.
② 기억장치의 낭비를 초래할 수 있다.
③ 기억장치보다 큰 프로그램은 실행할 수 없다.
④ 중첩(overlay), 교체(swapping) 방법을 통해 단일프로그램 할당의 문제점을 해결하였다.

(1) 중첩(Overlay)
① 기억장치보다 큰 프로그램을 실행하는 방법이다.

② 실행할 프로그램을 여러 단계로 분할한 후 단계별로 적재하여 실행한다.

③ 프로그램 분할 시 프로그래머가 직접 해야 하므로 고급 프로그래머가 필요하다.

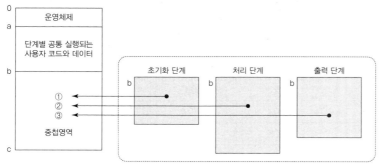

① 초기화 단계를 b번지에 로드한 후 실행
② 이어 처리 단계를 b에 로드한 후 실행
③ 이어 출력 단계를 b에 로드한 후 실행

[중 첩]

(2) 교체(Swapping)

① 단일 프로그램 환경에서 여러 프로그램을 번갈아 수행하기 위해 실행 중인 프로그램을 다른 프로그램과 교체하는 방법이다.

② 실행 중인 프로그램이 인터럽트에 걸리거나 실행이 끝난 프로세스는 보조기억장치로 보내고(swap out) 다른 프로세스를 주기억장치의 공간으로 불러와(swap in) 실행하는 방법이다.

③ 한 번에 하나의 사용자 프로세스만 주기억장치를 할당받게 된다.

• swap in : 디스크에서 메모리로 이동
• swap out : 메모리에서 디스크로 이동

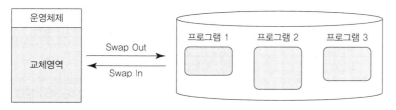

[교 체]

2 다중 프로그램 할당

① 여러 개의 프로그램을 기억장치에 할당하여 실행하는 방식이다.

② 단편화 문제를 고려해야 한다.

(1) 단편화(Fragmentation)

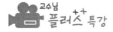

단편화란 프로그램이나 작업을 할당받지 못하는 조각난 기억장치 공간으로 단편화가 심할수록 기억공간의 낭비 또한 심해진다. 단편화는 내부 단편화, 외부 단편화로 나눌수 있다.

① **내부 단편화** : 분할된 영역에 프로그램이나 작업이 할당된 후 남는 기억 공간이다.

② **외부 단편화** : 분할된 영역이 작아 프로그램이나 작업을 할당받지 못하는 기억 공간이다.

예제

다음과 같이 기억장치가 4개의 영역으로 분할되어 있고, 4개의 작업이 순서대로 분할 영역에 할당되었을 때 발생하는 단편화 크기와 단편화 종류는?

분할 영역	분할의 크기	작업의 크기	단편화 크기	단편화 종류
1	20K	10K	10K	내부 단편화
2	50K	60K	50K	외부 단편화
3	120K	160K	120K	외부 단편화
4	300K	150K	150K	내부 단편화

해설

• 분할영역 1 : 단편화 크기 = 20K−10K = 10K, 내부 단편화
• 분할영역 2 : 단편화 크기 = 50K, 외부 단편화
• 분할영역 3 : 단편화 크기 = 120K, 외부 단편화
• 분할영역 4 : 단편화 크기 = 300K−150K = 150K, 내부 단편화

(2) 단편화 해결 방법

① **통합**(coalescing) : 기억장치 내 인접된 단편화 공간을 하나의 공간으로 합치는 방법이다.

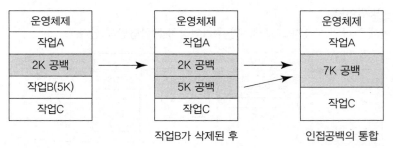

작업B가 삭제된 후   인접공백의 통합

② **압축**(compaction)
　㉠ 기억장치 내에 분산된 단편화 공간을 한 곳으로 모으는 방법이다.
　㉡ 집약 또는 쓰레기 수집(garbage collection)이라고도 한다.
　㉢ 작업 공간과 단편화 공간을 분리해서 한 곳으로 모으는 재배치 작업이 필요하다.

쓰레기 수집(garbage collection)
사용하지 못하는 메모리 영역을 한 곳으로 모으는 작업

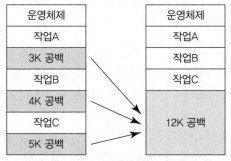

작업은 작업끼리 공백은 공백끼리 한곳으로 압축

(3) 다중 프로그램 할당 방식

① 고정 분할 할당

　ⓐ 주기억장치를 고정 크기로 미리 분할하여 여러 프로세스에 할당하는 방식이다.

　ⓑ 미리 정해진 위치에 적재하는 절대번역과 적재방법과 분할된 영역 어디에서나 실행할 수 있도록 하는 재배치번역 기법이 있다.

　ⓒ 내부 단편화 및 외부 단편화로 인해 기억장치의 낭비가 크다.

② 가변 분할 할당

　ⓐ 프로그램 실행 시 필요한 만큼의 기억장치를 할당받는 동적 방식이다.

　ⓑ 내부 단편화는 발생하지 않지만, 외부 단편화가 발생한다.

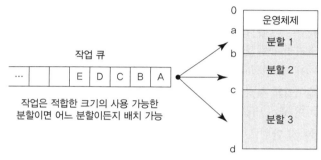

[고정 분할(재배치번역)]

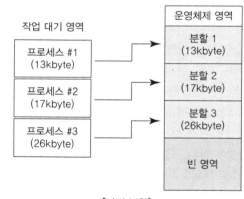

[가변 분할]

03 가상기억장치(가상 메모리, Virtual Memory)

1 의미

주기억장치의 물리적 크기의 한계를 해결하기 위한 기법으로, 주기억장치의 크기에 상관없이 프로그램이 메모리의 주소를 논리적인 관점에서 참조할 수 있도록 하는 것을 말한다.

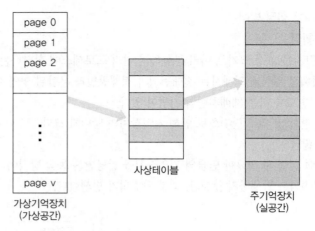

가상기억장치
(가상공간)

사상테이블

주기억장치
(실공간)

- 실공간 : 물리적 공간
- 가상공간 : 논리적 공간

① 보조기억장치의 프로그램 공간(가상공간)과 주기억장치의 공간(실공간)을 분리하여 주기억장치의 크기와 관계없이 사용자 프로그램의 크기를 확장할 수 있다.
② 주기억장치 크기에 맞게 적재하기 위해 가상공간을 블록으로 분할하고 두 공간을 연결해주는 사상테이블과 사상(mapping) 기술이 필요하다.
③ 블록은 고정크기의 페이지(page)와 가변크기의 세그먼트(segment)로 구분된다.
④ 관리 방식은 페이지 단위로 처리하는 페이징과 세그먼트 단위로 처리하는 세그먼테이션 기법으로 나눌 수 있다.

2 페이징(Paging)

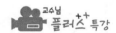

가상공간을 페이지(page)라는 일정한 크기로 분할하고, 실 공간 또한 페이지 크기와 같은 프레임(frame) 단위로 분할 한 후 페이지 사상표를 이용하여 페이지의 가상주소와 프레임의 실주소를 사상시켜 관리하는 방법이다.

페이지 사상(mapping)표
가상주소와 실제 주소를 연관시키기 위한 테이블

① 페이지는 여러 개의 워드로 구성되고 프레임 또한 동일한 워드 수를 가진다.
② 페이지 크기와 프레임 크기가 같으므로 페이징 기법은 외부 단편화가 없다.
③ 주소변환은 사상 방법에 따라 직접사상, 연관사상, 직접/연관 사상으로 나누어진다.
먼저 가상주소를 실주소로 변환하기 전에 가상주소와 실주소의 관계를 알아보자.

(1) 가상주소와 실주소와의 관계

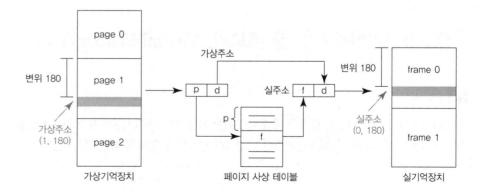

가상기억장치   페이지 사상 테이블   실기억장치

① 가상주소

페이지 번호 p	변위 d
k bit	m bit

㉠ 가상주소는 페이지 번호와 변위로 구성된다. 변위(offset)는 시작점부터 떨어진 거리이다.

㉡ 페이지 번호 크기가 k bit이면 2^k개의 페이지를 지정할 수 있다.

㉢ 변위 크기가 m bit이면 페이지 내에서 지정 가능한 워드는 최대 2^m이 된다. 즉, 한 페이지 크기를 지정할 수 있다.

㉣ 요약하면, 페이지 번호의 크기는 페이지 수를, 변위의 크기는 페이지 크기를 지정하게 된다.

② 실주소

프레임 번호 p	변위 d
n bit	m bit

㉠ 실주소는 프레임 번호와 변위로 구성된다. 페이징에서 변위는 가상공간, 실공간이 동일하다.

㉡ 프레임 번호 크기가 n bit이면 2^n개의 프레임을 지정 가능하다.

㉢ 변위 크기가 m bit이면 프레임 내에서 지정 가능한 워드는 최대 2^m이 된다. 즉, 한 프레임 크기가 된다. 페이징 기법에서는 가상주소의 변위 크기와 실주소의 변위 크기는 동일하다.

㉣ 요약하면 프레임 번호의 크기는 프레임 수를, 변위의 크기는 페이지 크기와 같은 프레임 크기를 지정하게 된다.

예제

4개의 프레임으로 구성된 물리적 기억장치와 이 기억장치에 사상되는 1,024워드 크기의 페이지가 16개 있다고 할 때 가상공간을 나타내기 위해 필요한 주소의 크기는?

해설

가상주소 크기는 페이지 번호 크기 + 변위 크기에서

페이지 번호는 16개의 페이지가 있으므로 페이지 번호 크기는 $16 = 2^4$에서 4bit가 필요하고, 변위 크기는 페이지 크기와 같으므로 페이지 크기인 1,024워드를 지정하기 위해서는 2^{10}에서 10bit가 필요하다.

따라서 가상주소의 크기는 4bit + 10bit = 14bit

(2) 동적 주소 변환 = 사상 방식

① 직접사상

㉠ 모든 페이지에 대한 항목을 페이지 사상표에 기록한 후 해당하는 프레임을 찾는 방식이다.

㉡ 페이지 사상표는 주기억장치에 존재한다. 따라서 2회에 걸친 주기억장치 참조가 요구된

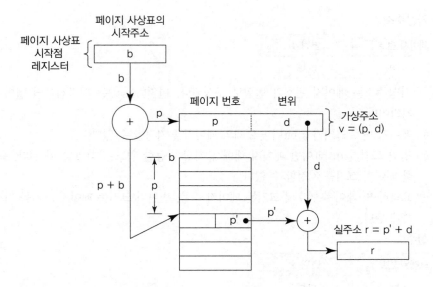

ⓒ 가상주소 (p, d)에서 페이지 사상표를 이용해 페이지 p에 대한 프레임 p'를 찾은
후 변위 d를 더하여 실주소 r = p' + d를 생성한다.

② **연관사상**

ㄱ 페이지 사상표를 고속의 연관 기억장치에 넣는 방법이다.

ㄴ 연관기억장치(associative memory)를 이용하기 때문에 가장 빠른 구조이지만 가
격이 비싸 많이 사용되지는 않는다.

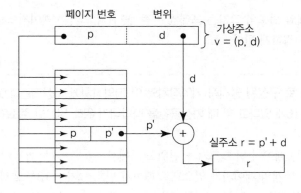

③ **직접/연관 사상**

ㄱ 자주 참조하는 페이지는 연관기억장치의 사상표에 넣고 나머지 페이지에 대한 정
보는 주기억장치의 사상표에 넣는 방식이다.

ㄴ 사상 순서는 먼저 연관기억장치를 참조하여 적중되었을 때와 적중되지 않았을 때
를 구분한다.

ㄷ 프로세스는 가상 주소 V = (p, d)를 참조하여 연관 사상표를 먼저 탐색한다.

ㄹ 페이지 p가 연관 사상표에 있다면, p'+ d = r로 실주소를 바로 생성한다.

ㅁ 만약 연관사상표에 페이지 p가 없으면, 주기억장치의 페이지 사상표를 탐색하여
실주소 r을 생성한다.

직접/연관 사상은 연관기억장치와 주기억장치에 하나씩 2개의 페이지 사상표를 운영하고 있다.

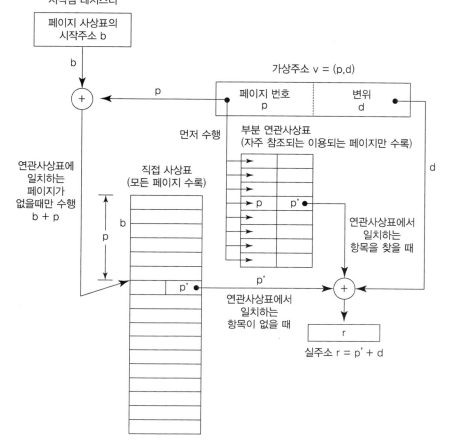

- 연관기억장치 접근시간 : T_a
- 주기억장치 접근시간 : T_m
- 적중률(hit rate) : h
- 평균 메모리 접근시간 = 적중 시의 시간 + 미적중 시의 시간
  $$= (T_a + T_m) \times h + (T_a + T_m + T_m) \times (1 - h)$$

예제

페이징 기법에서 직접/연관 사상으로 구현할 경우, 연관기억장치의 적중률이 80%일 때 연관테이블 접근시간 10ns, 메모리 접근시간 40ns일 때 메모리 유효 접근시간은?

해설

메모리 유효 접근시간 = 적중 시의 시간 + 미적중 시의 시간
$$= (10+40) \times 0.8 + \{(10+40+40) \times 0.2\} = 58ns$$

(3) 페이지 크기의 결정

페이징 기법에서 분할되는 페이지 크기에 따라 프로그램 처리 시간 및 시스템 성능에 영향을 받게 되므로 적절한 페이지 크기의 할당이 요구된다.

① 페이지 크기가 작은 경우
    ㉠ 페이지 수가 많아지므로 페이지 사상표의 크기는 커지고, 매핑속도는 늦어진다.
    ㉡ 페이지 단편화가 감소하고 기억장치 효율이 높다.
    ㉢ 페이지 입출력 전송횟수는 빈번하여 총 입출력 시간이 증가한다.
    ㉣ 프로그램 수행에 필요한 정보를 적재할 수 있어 참조 지역성을 높아진다.

② 페이지 크기가 큰 경우
    ㉠ 페이지 수가 적어지므로 페이지 사상표의 크기는 작아지고, 매핑속도는 빨라진다.
    ㉡ 페이지 크기가 커지면 프로그램 수행과 무관한 정보가 포함될 수 있다.
    ㉢ 페이지 입출력 전송횟수는 줄어들어 총 입출력 시간이 줄어든다.
    ㉣ 페이지의 내부 단편화가 증가한다.

3 세그먼테이션(Segmentation)

① 프로그램 공간을 사용자 관점에서 가변 크기인 세그먼트(segment) 단위로 분할한 후 실기억공간에 사상하는 기법이다.
② 내부 단편화는 없지만, 외부 단편화가 발생한다.
③ 각 세그먼트는 고유한 이름(번호)과 길이를 가진다.
④ 주소변환을 위해서 세그먼트 사상 테이블(segment mapping table)을 사용한다.
⑤ 세그먼트가 실공간에 적재될 때 주소 침범을 막기 위해서 기억장치 보호키가 사용된다.
⑥ 세그먼테이션에서 가상 주소는 〈세그먼트 번호, 변위〉로 구성된다.
⑦ 변위값은 세그먼트 크기를 초과할 수 없다.

보호키(protection key)

물리 메모리를 특정한 크기(이를테면 2KB)의 블록으로 나누며 각각 보호키라는 연결된 숫자값을 가지고 있다. 각 프로세스도 이와 연결된 보호키 값을 가지고 있다. 메모리 접근 차원에서 하드웨어는 현재 프로세스의 보호키가 접근되는 메모리 블록과 연결된 값과 일치하는지를 검사한다. 그렇지 않을 경우 예외 오류가 일어난다.

04 가상기억장치 관리 이론

1 지역성(Locality, 구역성)

지역성이란 프로세스가 실행되는 동안 기억장치 내의 모든 정보를 균일하게 참조하는 것이 아니라 현재 실행되는 주소 부근에서 집중적으로 참조한다는 특성이다.

시간지역성	최근 참조된 기억장소가 가까운 시간 내에 또 참조될 가능성이 높다는 특성 예 looping, 서브루틴, 스택, counting, totaling
공간지역성	기억장소가 참조되면 그 근처의 기억장소가 참조될 가능성이 높다는 특성 예 배열순회, 순차적 코드, 상호 이웃한 변수의 선언

2 워킹셋(Working Set)

① 프로세스가 일정 시간 동안에 참조하는 페이지들의 집합이다.
② 워킹셋의 크기는 가변적으로 기억장치를 참조하고 나서 페이지 집합이 수정된다.
③ 워킹셋의 크기는 작을수록 지역성이 좋아 참조율이 높아진다.

페이지 참조 순서

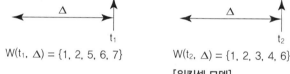

$W(t_1, \Delta) = \{1, 2, 5, 6, 7\}$ $W(t_2, \Delta) = \{1, 2, 3, 4, 6\}$

[워킹셋 모델]

3 스레싱(Thrashing)

너무 자주 페이지 부재가 발생하여 페이지 교체가 빈번히 일어나는 현상으로 프로세스 실행시간보다 교체시간이 많아져 CPU의 효율은 급격히 감소한다.

스레싱과 CPU 효율

원인	• 프로세스에서 필요로 하는 충분한 페이지 프레임을 갖지 못한 경우 발생한다. • 다중 프로그래밍의 정도(개수)가 많아질수록 스레싱이 일어난다.
해결책	• 각 프로세스들에게 충분한 페이지 프레임을 할당한다. • 지역성에 근거를 둔 워킹셋(working set)을 유지한다. • 다중 프로그래밍 정도를 줄인다.

05 페이지 교체 알고리즘

프로세스가 원하는 페이지가 프레임에 없을 때, 즉 페이지 부재(page fault) 발생 시 요구된 페이지가 반입될 공간을 확보하기 위해 교체할 페이지를 선택하는 알고리즘이다.

1 FIFO 교체 알고리즘

① 주기억장치에 가장 먼저 들어온 페이지를 교체하는 방법이다.
② 이해가 쉽고 설계가 간단하지만, FIFO 모순(Belady의 모순)이 발생할 수 있다.
③ FIFO 모순 : 프레임이 증가할수록 페이지 부재율이 감소하여야 하는데 오히려 페이지 부재율이 증가하는 현상이다.

예 3개의 프레임에서 페이지 참조열이 0 1 2 3 0 1 4 0 1 2일 때 FIFO 페이지 교체 과정

참조열	0	1	2	3	0	1	4	0	1	2
페이지 프레임	0	0	0	3	3	3	4	4	4	4
		1	1	1	0	0	0	0	0	2
			2	2	2	1	1	1	1	1
페이지 부재	F	F	F	F	F	F	F			F

2 LRU(Least Recently Used) 교체 알고리즘 2014 2012

① 현시점에서 가장 오랫동안 사용되지 않은 페이지를 제거하는 방법이다.
② 오랜 기간 참조되지 않은 페이지라면 앞으로 상당기간 사용되지 않을 거라는 가정에 근거한 방법이다.
③ 참조된 시간을 기록하기 위해 카운터(counter)나 스택(stack)을 두어야 하므로 시간 오버헤드가 발생하고, 실제 구현은 복잡하다.

예 3개의 프레임에서 페이지 참조열이 0 1 2 3 0 1 4 0 1 2일 때 LRU 페이지 교체 과정

참조열	0	1	2	3	0	1	4	0	1	2
페이지 프레임	0	0	0	3	3	3	4	4	4	2
		1	1	1	0	0	0	0	0	0
			2	2	2	1	1	1	1	1
페이지 부재	F	F	F	F	F	F	F			F

Belady's Anomaly(벨라디의 모순)
프로세스에 할당되는 프레임 수가 증가해도 더 많은 페이지 부재(page fault)가 일어나는 현상을 말한다.

2차 기회(second chance) 알고리즘
기본 알고리즘은 선입선출(FIFO)이며, 어떤 페이지가 선택되었을 때 우선 그 페이지의 호출 비트를 조사하여 호출 비트가 0이면 그 페이지를 교체하고, 1이면 그 페이지에 2차 기회를 주고 다음 FIFO 페이지를 선택하는 방법이다.

페이지 부재율과 프레임 수

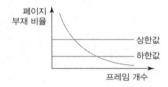

3 LFU(Least Frequently Used) 알고리즘

① 사용 빈도가 가장 적은 페이지, 즉 참조된 횟수가 가장 적은 페이지를 교체하는 방법이다.

② 호출 횟수가 가장 적은 페이지가 가장 최근에 교체된 페이지일 가능성이 있으므로 바로 불러온 페이지가 교체될 수 있다.

4 NUR(Not Used Recently) 교체 알고리즘

① 최근에 사용하지 않은 페이지는 앞으로도 쓰이지 않을 가능성이 높기 때문에 교체하는 방법이다.

② 2개의 bit(참조bit, 변형bit)를 이용하여 교체할 페이지를 선택한다.

페이지	참조비트	변형비트	교체순서
page1	0	0	1
page2	0	1	2
page3	1	0	3
page4	1	1	4

06 디스크 스케줄링(Disk Scheduling) 중요 ★

디스크의 탐색(seek)시간을 최적화하기 위한 방법으로, 데이터가 디스크의 여러 곳에 산재하여 저장되어 있을 때, 이에 접근하기 위해 디스크 헤드의 이동 경로를 결정하는 방법을 말한다.

1 FCFS 스케줄링

① 의미 : FCFS(First Come First Served)는 FIFO(First In First Out) 방식이라고도 하며, 디스크 대기 큐에 먼저 들어온 트랙에 대한 요청을 먼저 서비스하는 방법이다.

② 장 · 단점
ㄱ 장점 : 구현이 쉽고 공평성이 보장된다.
ㄴ 단점 : 부하가 클 때 응답 지연이 발생하는 단점이 있다.

③ FCFS 스케줄링에 의한 헤드의 경로 : 순서화된 큐가 다음과 같은 트랙을 요청하고, 현재 헤드가 30 트랙에 있을 때, FCFS 스케줄링에 의한 헤드의 경로는 다음 그림과 같다.

요청 큐 순서 : 60, 90, 20, 70, 10, 80, 40, 50

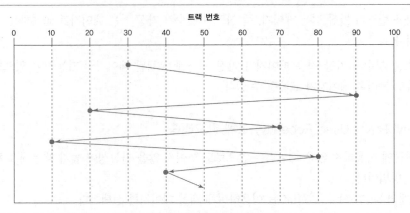

[FCFS 스케줄링의 예]

④ 총 헤드의 이동 거리 : 360 트랙이 된다.

2 SSTF 스케줄링

① 의미 : SSTF(Short Seek Time First)는 현재 헤드의 위치에서 탐색 거리가 가장 짧은 트랙에 대한 요청을 먼저 처리하는 방법을 말한다.

② 장 · 단점

  ㉠ 장 점

    ⓐ 탐색시간이 최적화되고 FCFS 스케줄링보다 평균 응답시간이 짧다.

    ⓑ 일괄처리 시스템에 적합하다.

  ㉡ 단 점

    ⓐ 양 끝 트랙이 가운데 트랙보다 서비스를 적게 받게 되어, 탐색이 편중하는 경향이 나타난다.

    ⓑ 대화형 시스템에는 부적합하다.

③ SSTF 스케줄링 방법 : 앞의 FCFS 스케줄링의 예에서 제시한 내용을 SSTF 스케줄링 방법으로 탐색하면 다음 그림과 같다.

대화형 시스템

컴퓨터 시스템 상에서 작업을 처리할 때 이용자와 컴퓨터 사이의 실시간 대화를 기반으로 하는 시스템을 말한다. 이러한 운영방식은 일괄 처리 시스템과 대조적이다.

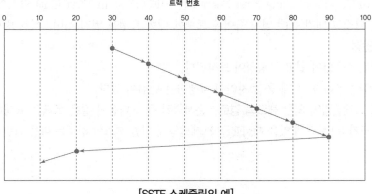

[SSTF 스케줄링의 예]

④ 총 헤드의 이동 거리 : 140 트랙이 된다.

3 SCAN 스케줄링 2012

① 의미 : SCAN 스케줄링은 정해진 헤드의 진행 방향에 따라 끝까지 모든 요청을 처리한 다음, 끝에 다다르면 다시 반대 방향으로 진행하며 요청을 처리하는 방법을 말한다. 대부분의 디스크에서 사용하는 방법이다.

② 장 · 단점

  ㉠ 장점 : 평균 응답시간을 줄일 수 있다.

  ㉡ 단점 : 끝 쪽의 요청이 지연되는 기아 현상은 완전히 해결되지 못한다.

③ SCAN 스케줄링 방법 : 앞의 FCFS 스케줄링의 예에서 제시한 내용을 SCAN 스케줄링 방법으로 탐색하면 다음 그림과 같다(단, 헤드는 0번 방향으로 최초 진행한다고 가정).

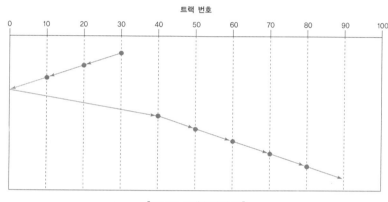

[SCAN 스케줄링의 예]

④ 총 헤드의 이동 거리 : 120 트랙이 된다(0번 트랙까지 도착하는 경로가 있음에 유의).

⑤ LOOK 스케줄링 : SCAN 스케줄링과 같은 방법이나, 가장 안쪽 또는 바깥쪽까지 다다르지 않고, 실제 처리 요청이 있는 트랙까지만 이동하여 이동 거리를 줄인다(앞의 예에서 0번 트랙까지 가지 않게 되어, 총 헤드 이동 거리는 100 트랙).

4 C-SCAN 스케줄링

① 의미 : C-SCAN(Circular SCAN)은 헤드가 항상 한쪽 방향으로 이동하며 요청을 처리하고, 끝에 도달하면 다시 반대쪽 시작 위치로 되돌아가 같은 방향으로 요청을 처리하는 방법이다.

② 장 점

  ㉠ 탐색이 가운데 부분에 편중되는 현상이 해결된다.

  ㉡ 응답시간의 편차가 적다.

  ㉢ 디스크 부하가 클 때, 효과적이다.

N-Step SCAN 스케줄링
헤드가 한쪽으로 이동하면서 요청이 온 것만 서비스하다가 다시 반대쪽으로 가면서 대기 중인 요청들을 서비스하는 기법이다.

③ C-SCAN 스케줄링 방법 : 앞의 FCFS 스케줄링의 예에서 제시한 내용을 C-SCAN 스케줄링 방법으로 탐색하면 다음 그림과 같다.

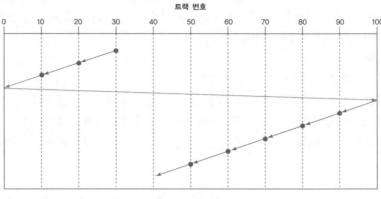

트랙 번호

[C-SCAN 스케줄링의 예]

④ 총 헤드의 이동 거리 : 190 트랙이 된다(0번 트랙까지 도착한 후 바깥쪽으로 되돌아 가는 경로가 있음에 유의).

⑤ C-LOOK 스케줄링 : C-SCAN 스케줄링과 같은 방법이나, 가장 안쪽 또는 바깥쪽까 지 다다르지 않고, 실제 처리 요청이 있는 트랙까지만 이동하여 이동 거리를 줄인다 (앞의 예에서 0번 트랙까지 가지 않게 되고, 90번 트랙까지만 되돌아가므로, 총 헤드 이동 거리는 150 트랙이 된다.).

5 에션바흐 기법(Eschenbach Scheme)

헤드는 C-SCAN처럼 이동하지만, 모든 실린더는 그 실린더의 요청과 관계없이 전체 트랙이 한 바퀴 회전하는 동안 서비스한다. 탐색시간 최적화뿐만 아니라 회전 지연 시간도 최적화하는 최초의 방법이다.

6 SLTF 스케줄링

SLTF(Shortest Latency Time-First, 최소 지연 시간 우선) 스케줄링은 회전 지연 시간 최적화를 위한 대표적 알고리즘으로, 디스크 헤드가 특정 실린더에 도착하면 그 실린더 내의 여러 트랙에 대한 요청들을 검사한 후 회전 지연 시간이 가장 짧은 요청부터 서비스하는 방법이다.

07 디스크 할당 기법

1 연속 할당(Contiguous Allocation)

파일 생성 시 연속된 블록(block)에 파일을 할당한다. 디스크 탐색시간이 단축되는 장점이 있지만, 낭비되는 디스크 공간이 너무 크다.

2 불연속 할당(Non-Contiguous Allocation)

① 연결 할당(linked allocation) : 파일을 연결 리스트(linked list)의 형태로 저장하는 것을 말한다. 파일은 각자 디렉터리를 가지고 있는데 여기에는 어떤 블록에 할당되어 있는지를 기억한다.

② 인덱스 할당(indexed allocation, 색인 할당) : 파일마다 색인 블록을 두고, 파일이 할당된 블록의 모든 포인터를 이 색인 블록에 모아 둠으로써 직접 접근을 가능하게 한 방법이다.

기출 확인 문제

01 [2012 계리직]

〈보기〉는 0~199번의 200개 트랙으로 이루어진 디스크 시스템에서, 큐에 저장된 일련의 입출력 요청들과 어떤 디스크 스케줄링(Disk Scheduling) 방식에 의해 처리된 서비스 순서이다. 이 디스크 스케줄링 방식은 무엇인가? (단, 〈보기〉의 숫자는 입출력할 디스크 블록들이 위치한 트랙 번호를 의미하며, 현재 디스크 헤드의 위치는 트랙 50번이라고 가정한다.)

> **보기**
> • 요청 큐 : 99, 182, 35, 121, 12, 125, 64, 66
> • 서비스 순서 : 64, 66, 99, 121, 125, 182, 12, 35

① FCFS　　　　　　② C-SCAN

③ SSTF　　　　　　④ SCAN

02 [2014 계리직]

다음 〈보기〉에 따라 페이지 기반 메모리 관리시스템에서 LRU(Least Recently Used) 페이지 교체 알고리즘을 구현하였다. 주어진 참조열의 모든 참조가 끝났을 경우 최종 스택(Stack)의 내용으로 옳은 것은?

> **보기**
> • LRU 구현 시 스택을 사용한다.
> • 프로세스에 할당된 페이지 프레임은 4개이다.
> • 메모리 참조열 : 1 2 3 4 5 3 4 2 5 4 6 7 2 4

①

스택 top	7
	6
	4
스택 bottom	5

②

스택 top	2
	7
	6
스택 bottom	4

③

스택 top	5
	4
	6
스택 bottom	2

④

스택 top	4
	2
	7
스택 bottom	6

03 2018 국가직

스레싱(Thrashing)에 대한 설명으로 옳지 않은 것은?

① 프로세스의 작업 집합(working set)이 새로운 작업 집합으로 전이 시 페이지 부재율이 높아질 수 있다.

② 작업 집합 기법과 페이지 부재 빈도(page fault frequency) 기법은 한 프로세스를 중단(suspend)시킴으로써 다른 프로세스들의 스레싱을 감소시킬 수 있다.

③ 각 프로세스에 설정된 작업 집합 크기와 페이지 프레임 수가 매우 큰 경우 다중 프로그래밍 정도(degree of multiprogramming)를 증가시킨다.

④ 페이지 부재 빈도 기법은 프로세스의 할당받은 현재 페이지 프레임 수가 설정한 페이지 부재율의 하한보다 낮아지면 보유한 프레임 수를 감소시킨다.

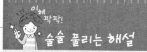

술술 풀리는 해설

01

요청 큐 순서에 상관없이 한쪽 방향으로 스캔 후 끝에서 다시 처음으로 되돌아가 같은 방향으로 스캔하는 것을 알 수 있다. 그러므로 C–SCAN에 해당한다.

답 ②

02

LRU 교체 방식에서 stack 사용 시

- 참조할 페이지가 스택에 없으면 top으로 삽입되고, 다 채워지면 bottom으로 삭제된다.
- 참조 페이지가 존재하면 해당 페이지를 제거한 후 다시 top으로 입력된다.

메모리 참조열	1	2	3	4	5	3	4	2	5	4	6	7	2	4
top	1	2	3	4	5	3	4	2	5	4	6	7	2	4
스택		1	2	3	4	5	3	4	2	5	4	6	7	2
			1	2	3	4	5	3	4	2	5	4	6	7
bottom				1	2	2	2	5	3	3	2	5	4	6

삭제   삭제 삭제 삭제

| 참고 |

LRU(Least Recently Used, 최소 최근 사용)는 메모리에 저장된 상태에서 사용되지 않은 채 가장 오래 존재한 블록을 교체하는 알고리즘이다. 스택을 이용하여 구현할 경우, 페이지가 참조될 때마다 해당 페이지 번호는 스택 중간에 제거되어 스택 top에 위치된다. 즉, 스택 꼭대기는 항상 최근에 사용된 페이지가 놓이고 bottom에는 사용되지 않은 채 가장 오래 존재한 페이지가 놓인다.

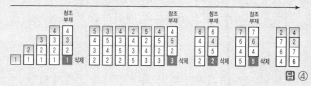

답 ④

03

각 프로세스에 설정된 작업 집합(working set) 크기와 페이지 프레임 수가 매우 큰 경우 다중 프로그래밍 정도(degree of multiprogramming)를 감소시킨다.

답 ③

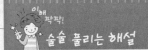

 04 `2011 국가직`

운영체제의 디스크 스케줄링에 대한 설명으로 옳지 않은 것은?

① FCFS 스케줄링은 공평성이 유지되며 스케줄링 방법 중 가장 성능이 좋은 기법이다.

② SSTF 스케줄링은 디스크 요청들을 처리하기 위해서 현재 헤드 위치에서 가장 가까운 요청을 우선적으로 처리하는 기법이다.

③ C-SCAN 스케줄링은 양쪽 방향으로 요청을 처리하는 SCAN 스케줄링 기법과 달리 한쪽 방향으로 헤드를 이동해 갈 때만 요청을 처리하는 기법이다.

④ 섹터 큐잉(sector queuing)은 고정 헤드 장치에 사용되는 기법으로 디스크 회전 지연 시간을 고려한 기법이다.

05 `2016 국가직`

가상기억장치(Virtual Memory) 구현 방법으로서의 페이징(Paging)과 세그먼테이션(Segmentation)에 대한 설명으로 옳지 않은 것은?

① 페이징 기법에서 페이지(page)의 크기가 2^k바이트이면 가상주소(virtual address)의 페이지 오프셋(offset)은 k비트이다.

② 세그먼테이션 기법에서 세그먼트들은 2의 거듭제곱 바이트의 크기를 가져야 하며 최대 크기가 정해져 있다.

③ 페이징 기법에서는 외부 단편화(external fragmentation)가 발생하지 않는다.

④ 세그먼테이션 기법에서는 외부 단편화가 발생할 수 있다.

04

FCFS 스케줄링은 공평성은 유지되지만, 스케줄링 중 가장 성능이 좋은 기법은 아니다. 부하가 클 때 응답 지연이 발생하는 단점이 있다.

답 ①

05

② 세그먼테이션 기법에서 세그먼트들은 가변 크기이며, 최대 크기가 정해져 있지 않다.

답 ②

적중 예상 문제

01 각 페이지마다 계수기나 스택을 두어 현 시점에서 가장 오랫동안 사용하지 않은 페이지를 교체하는 페이지 교체 알고리즘은?

① LFU
② LRU
③ FIFO
④ SCR

02 다음에서 설명하는 디스크 스케줄링은?

> 디스크 헤드가 한쪽 방향으로 트랙의 끝까지 이동하면서 만나는 요청을 모두 처리한다. 트랙의 끝에 도달하면 반대 방향으로 이동하면서 만나는 요청을 모두 처리한다. 이러한 방식으로 헤드가 디스크 양쪽을 계속 왕복하면서 남은 요청을 처리한다.

① 라운드 로빈(RR) 스케줄링
② 최소 탐색 시간 우선(SSTF) 스케줄링
③ 스캔(SCAN) 스케줄링
④ 선입 선처리(FCFS) 스케줄링

03 디스크 헤드의 위치가 55이고 0의 방향으로 이동할 때, C-SCAN 기법으로 디스크 대기 큐 25, 30, 47, 50, 63, 75, 100을 처리한다면 제일 마지막에 서비스받는 트랙은?

① 50
② 63
③ 75
④ 100

04 가변 분할 다중 프로그래밍 시스템에서 인접한 공백들을 더 큰 하나의 공백으로 합하는 과정을 무엇이라 하는가?

① 기억장소의 페이징(paging)
② 기억장소의 통합(coalescing)
③ 기억장소의 압축(compaction)
④ 기억장소의 단편화(fragmentation)

 한눈에 보는 **정답**과 **해설**

01 LRU 알고리즘은 계수기(counter)나 스택(stack)을 이용하여 구현된다.

02 ① 라운드 로빈(RR) 스케줄링 : FCFS에 의해서 프로세스들이 할당 되지만, 각 프로세스는 CPU의 시간 할당량 동안만 할당하고 할당 시간이 만료된 이후에도 처리가 안 되면, CPU를 반납하고 준비 큐의 가장 뒤로 보내져 다음 순서를 기다린다.
   ② 최소 탐색 시간 우선(SSTF) 스케줄링 : 현재 헤드의 위치에서 탐색 거리가 가장 짧은 트랙에 대한 요청을 먼저 처리된다.
   ④ 선입 선처리(FCFS) 스케줄링 : 프로세스들은 준비 큐에 도착한 순서대로 CPU를 할당받아 처리된다.

03 C-SCAN 기법은 헤드가 항상 한쪽 방향으로 이동하며 요청을 처리하고, 끝에 도달하면 다시 반대쪽 시작 위치로 되돌아가 같은 방향으로 요청을 처리하는 방법이다.
   디스크 헤드의 위치가 55이고 0의 방향으로 이동을 한다고 문제에 제시되어 있는데, 이는 왼쪽 방향으로 이동하는 것을 뜻한다. 따라서 대기 큐 열에는 50-40-30-25 순으로 서비스되고 처음으로 돌아가 같은 방향으로 서비스해야 하기 때문에 100-75-63 순으로 서비스된다. 따라서 마지막에 서비스받는 트랙은 63이다.

04 통합(coalescing) : 인접한 공백들을 더 큰 하나의 공백으로 합하는 과정

01 ② 02 ③ 03 ② 04 ②

05 기억장치 관리에서 60K의 사용자 공간이 아래와 같이 분할되어 있다고 가정할 때 24K, 14K, 12K, 6K의 작업을 최적 적합(Best-Fit) 전략으로 각각 기억 공간에 들어온 순서대로 할당할 경우 생기는 총 내부 단편화(Internal Fragmentation)의 크기와 외부 단편화(External Fragmentation)의 크기는 얼마인가?

운영체제
25K
15K
10K
10K

① 내부 단편화 4K, 외부 단편화 6K
② 내부 단편화 6K, 외부 단편화 8K
③ 내부 단편화 6K, 외부 단편화 10K
④ 내부 단편화 4K, 외부 단편화 12K

06 가상기억장치에 대한 설명으로 옳지 않은 것은?

① 연속 배당 방식에서의 기억장소 단편화 문제를 적극적으로 해결할 수 있다.
② 기억장치의 이용률과 다중 프로그래밍의 효율을 높일 수 있다.
③ 가상기억장치의 일반적인 구현방법은 페이징 기법과 세그먼테이션 기법이 있다.
④ 주기억장소의 물리적 공간보다 큰 프로그램은 실행될 수 없다.

07 디스크 스케줄링 방법 중, FCFS 방법에 대한 설명으로 옳은 것은?

① 구현에 어려움이 따른다.
② 부하가 작아도 응답 지연이 발생되는 단점이 있다.
③ 공평성이 보장된다.
④ FIFO의 단점을 극복하기 위해 적용되는 방법이다.

08 디스크 스케줄링 방법 중, 탐색 시 디스크의 처음과 끝 부분에서의 기아현상이 나타나는 것으로 옳게 짝지어진 것은?

① FCFS, SSTF
② SCAN, C-SCAN
③ FCFS, SCAN
④ SSTF, SCAN

[9~11] 0부터 100번까지의 트랙으로 구성된 디스크가 있고 현재 헤드가 20번 트랙에 위치하고 있다. 작업에서 요청하는 큐의 순서가 다음과 같을 때, 다음 물음에 답하여라.

90, 20, 70, 60, 80, 10, 50, 40

09 FCFS 스케줄링 방법을 적용할 때의 탐색 순서를 옳게 나타낸 것은?

① 90, 80, 70, 60, 50, 40, 20, 10
② 90, 20, 70, 60, 80, 10, 50, 40
③ 90, 20, 40, 10, 50, 70, 80, 60
④ 90, 10, 20, 40, 50, 60, 70, 80

10 SSTF 스케줄링 방법을 적용할 때의 탐색 순서를 옳게 나타낸 것은?

① 20, 10, 40, 50, 60, 70, 80, 90
② 20, 40, 50, 60, 70, 80, 90, 10
③ 20, 50, 60, 70, 80, 90, 40, 10
④ 20, 90, 80, 70, 60, 50, 40, 10

11 SCAN 스케줄링 방법을 적용할 때의 헤드 이동 거리를 구하면? (단, 헤드는 0으로 이동 중이라고 가정한다.)

① 90 트랙
② 100 트랙
③ 110 트랙
④ 120 트랙

12 세그먼테이션 기법에 대한 설명으로 옳지 않은 것은?

① 각 세그먼트는 고유한 이름과 크기를 갖는다.
② 세그먼트 맵 테이블이 필요하다.
③ 프로그램을 일정한 크기로 나눈 단위를 세그먼트라고 한다.
④ 기억장치 보호키가 필요하다.

13 주기억장치 관리기법인 최초, 최적, 최악 적합기법을 각각 사용할 때, 각 방법에 대하여 10K의 프로그램이 할당되는 영역을 각 기법의 순서대로 옳게 나열한 것은? (단, 영역 1, 2, 3, 4는 모두 비어 있다고 가정한다.)

영역번호	OS
영역1	9K
영역2	15K
영역3	10K
영역4	30K

① 영역 2, 영역 3, 영역 4
② 영역 1, 영역 2, 영역 3
③ 영역 2, 영역 3, 영역 1
④ 영역 1, 영역 3, 영역 2

 한눈에 보는 정답과 해설

05

분할 크기	작업 크기	단편화 크기	단편화
25K	24K	1K	내부
15K	14K	1K	내부
10K	12K	10K	외부
10K	6K	4K	내부

내부 단편화 : 1K+1K+4K = 6K 외부 단편화 : 10K

06 가상기억장치에서는 물리적 공간인 주기억장치의 크기에 구애받지 않고 프로그램을 실행할 수 있다.

07 FCFS(First-Come First Served)는 FIFO(First in First Out) 방식이라고도 하며, 디스크 대기 큐에 먼저 들어온 트랙에 대한 요청을 먼저 서비스하는 방법이므로 구현이 쉽고 공평성이 보장된다.

08 SSTF 방법은 양 끝 트랙이 가운데 트랙보다 서비스를 적게 받게 되어, 탐색이 편중하는 경향이 나타나며, SCAN 방법도 이 문제를 완전히 해결하지는 못한다.

09 FCFS(First-Come First Served)는 디스크 대기 큐에 먼저 들어온 트랙에 대한 요청을 먼저 서비스하는 방법이므로 요청 순서가 그대로 탐색 순서가 된다.

10 헤드가 원래 위치해 있던 20번 트랙 데이터를 먼저 읽고, 다음으로 가장 가까운 10번 트랙을 찾게 된다.

11 20 → 10 → 0 → 40 → 50 → 60 → 70 → 80 → 90 순서로 탐색하므로, 총 110 트랙을 이동한다.

12 프로그램을 일정한 크기로 나눈 단위는 페이지(page)이다.

13 • 최초 적합 : 가장 먼저 배치되는 가용공간 – 15K, 영역2
• 최적 적합 : 단편화가 가장 적은 가용공간 – 10K, 영역3
• 최악 적합 : 단편화가 가장 큰 가용공간 – 30K, 영역4

05 ③ 06 ④ 07 ③ 08 ④ 09 ② 10 ① 11 ③ 12 ③ 13 ①

14 페이지 교체 기법 중 최근에 사용하지 않은 페이지를 교체하는 기법으로 각 페이지마다 참조 비트와 변형 비트가 사용되는 것은?

① NUR ② FIFO
③ SCR ④ OPT

15 가상메모리의 교체 정책 중 LRU(Least Recently Used) 알고리즘으로 구현할 때 그림에서 D 페이지가 참조될 때의 적재되는 프레임으로 옳은 것은? (단, 고정 프레임이 적용되어 프로세스에 3개의 프레임이 배정되어 있고, 4개의 서로 다른 페이지(A, B, C, D)를 B, C, B, A, D 순서로 참조한다고 가정한다.)

B	C	B	A	D

B	B	B	B	
	C	C	C	
			A	

①
B
D
A

②
D
B
A

③
A
B
D

④
B
A
D

16 3개의 페이지 프레임(Frame)을 가진 기억장치에서 페이지 요청을 다음과 같은 페이지 번호 순으로 요청했을 때 교체 알고리즘으로 FIFO 방법을 사용한다면 몇 번의 페이지 부재(Fault)가 발생하는가? (단, 현재 기억장치는 모두 비어있다고 가정한다.)

> 요청된 페이지 번호의 순서
> 2, 3, 2, 1, 5, 2, 4, 5, 4, 2, 5

① 5번 ② 6번
③ 7번 ④ 8번

17 구역성(Locality)에 대한 설명으로 옳지 않은 것은?

① Denning에 의해 증명된 이론으로, 어떤 프로그램의 참조 영역은 지역화된다는 것이다.
② 워킹셋(working set) 이론의 바탕이 되었다.
③ 시간 구역성은 어떤 프로세스가 최근에 참조한 기억장소의 특정 부분은 그 후에도 계속 참조할 가능성이 높음을 의미한다.
④ 부 프로그램이나 서브루틴, 순환 구조를 가진 루틴, 스택 등의 프로그램 구조나 자료 구조는 공간구역성의 특성을 갖는다.

18 빈번한 페이지의 부재 발생으로 프로세스의 수행 소요시간보다 페이지 교환에 소요되는 시간이 더 큰 경우를 의미하는 것은?

① 스레싱(thrashing)
② 세마포어(semaphore)
③ 페이징(paging)
④ 오버레이(overlay)

19 페이징 기법하에서 페이지 크기에 관한 사항으로 옳지 않은 것은?

① 페이지 크기가 작을수록 페이지 테이블 크기가 커지게 된다.
② 페이지 크기가 작을수록 좀 더 알찬 워킹 셋을 유지할 수 있다.
③ 페이지 크기가 클수록 실제 프로그램 수행과 무관한 내용이 포함될 수 있다.
④ 페이지 크기가 클수록 디스크 입·출력이 비효율적이다.

20 기억장치의 관리 전략 중 반입(Fetch) 전략의 설명으로 옳은 것은?

① 프로그램/데이터를 주기억장치로 가져오는 시기를 결정하는 전략
② 프로그램/데이터의 주기억장치 내의 위치를 정하는 전략
③ 주기억장치 내의 빈 공간 확보를 위해 제거할 프로그램/데이터를 선택하는 전략
④ 프로그램/데이터의 위치를 이동시키는 전략

한눈에 보는 정답과 해설

14 NUR 기법은 페이지마다 2개의 참조 비트와 변형 비트가 사용된다.

15

참조열	B	C	B	A	D
페이지 프레임	B	B	B	B	B
		C	C	C	D
				A	A

16

참조열	2	3	2	1	5	2	4	5	4	2	5
페이지 프레임	2	2	2	2	5	5	5	5	5	5	5
		3	3	3	3	2	2	2	2	2	2
				1	1	1	4	4	4	4	4
페이지 부재	F	F		F	F	F	F				

17 **구역성**
• 시간구역성 : 부 프로그램이나 서브루틴, 순환 구조를 가진 루틴, 스택
• 공간구역성 : 배열순회, 순차적 코드, 상호 이웃한 변수의 선언

18 스레싱(thrashing) : 프로세스의 수행시간보다 페이지 교환에 소요되는 시간이 더 큰 현상

19 페이지 크기가 클수록 입출력 단위 또한 커지므로 입출력 작업이 효율적으로 이루어진다.

20 ② 배치(placement)정책, ③ 교체(replacement)정책

14 ① 15 ① 16 ② 17 ④ 18 ① 19 ④ 20 ①

04 파일 시스템

01 파일 시스템 및 파일 구조

1 파일 시스템

① 의미 : 파일은 관련된 정보단위의 집합을 의미하는 것으로, 고유한 이름을 갖는 것을 말하며, 파일 시스템은 보조 기억장치에 저장되어있는 파일들을 관리해주는 총체적인 기술 체계를 의미한다.

② 기능
　　㉠ 파일의 생성, 변경, 제거 및 이용
　　㉡ 파일의 접근 제어
　　㉢ 파일 정보 보호
　　㉣ 파일 전송

③ 파일 제어 블록(file control block) : 파일 설명자(file descriptor)로 불리기도 하며, 파일에 접근하기 위해 운영체제가 취해야 할 정보의 집합 또는 기억장소를 의미하며 파일 시스템이 직접 관리하므로 사용자가 직접적으로 참조하는 것은 불가능하다.

④ 파일 제어 블록에 저장되는 정보
　　㉠ 보조기억장치의 유형
　　㉡ 파일 ID 번호
　　㉢ 파일 주소
　　㉣ 접근 제어 정보
　　㉤ 파일 구조
　　㉥ 파일 크기
　　㉦ 파일 사용 횟수
　　㉧ 생성일, 삭제일, 최종 수정일

2 파일 구조

(1) 순차 파일(Sequential File)

① 의미 : 생성되는 순서에 따라 레코드를 순차적으로 저장한다.

② 장·단점

　　㉠ 장 점

　　　　ⓐ 저장 매체의 효율이 가장 좋다.

　　　　ⓑ 프로그래밍이 쉽다.

　　　　ⓒ 여러 개의 기록 매체에 기록이 가능하다.

　　㉡ 단 점

　　　　ⓐ 파일에 새로운 레코드를 삽입, 삭제하는 경우 시간이 많이 소요된다.

　　　　ⓑ 검색 효율이 낮고, 시간 및 응답시간이 느리다.

(2) 직접 파일(Direct File)/랜덤 파일(Random File)

① 의미 : 특정 레코드에 접근하기 위해 디스크의 물리적 주소로 변환할 수 있는 해싱함수를 사용한다.

② 장·단점

　　㉠ 장 점

　　　　ⓐ 접근시간이 빠르고 레코드의 삽입, 삭제, 갱신이 용이하다.

　　　　ⓑ 어떤 레코드라도 평균 접근시간 내에 검색이 가능하다.

　　㉡ 단 점

　　　　ⓐ 기억공간의 효율이 저하될 수 있다.

　　　　ⓑ 프로그래밍 작업이 복잡하다.

　　　　ⓒ 충돌 발생 염려가 있으므로, 이를 위한 기억공간 확보가 필요하다.

(3) 색인 순차 파일(Indexed Sequential File)

① 의미 : 색인(index) 구역을 두어 순차 접근과 직접 접근이 모두 가능하도록 한다.

② 구성 : 기본 구역(prime area), 색인 구역(index area), 오버플로우 구역(overflow area)으로 구성된다.

③ 장·단점

　　㉠ 장 점

　　　　ⓐ 순차와 랜덤 처리가 모두 가능하다.

　　　　ⓑ 효율적인 검색이 가능하고 레코드의 삽입, 삭제, 갱신이 용이하다.

　　㉡ 단 점

　　　　ⓐ 색인 구역과 오버플로우 구역을 구성하기 위한 추가 기억공간이 필요하다.

　　　　ⓑ 색인을 이용한 접근이 필요하므로 액세스 시간이 랜덤 파일보다 느리다.

レ코드(record)
단위 기억 자료를 의미하며 표 형식으로 표현된 데이터베이스에서는 한 행을 의미한다.

02 파일 보호와 보안

1 파일 보호 기법

① **의미** : 데이터 처리에 대한 동기화 과정이 부여된 파일 공유는 시스템 활용도 및 효율성을 높일 수 있으며, 파일의 중복을 피할 수 있는 길이다. 그러나 이는 접근 제어를 통한 파일 보호가 면밀하게 이루어져야 하는 일이다.

② **대표적인 파일 보호 기법**

   ㉠ 패스워드(password) : 파일에 비밀번호를 부여하여 불법적인 접근을 예방한다.

   ㉡ 암호화(cryptography) : 파일 내용을 알 수 없도록 암호화하는 것으로, 내용 해독 방법을 아는 사용자만이 이용할 수 있도록 한다. 암호화 기법에는 비밀키 시스템(private key system)과 공개키 시스템(public key system)이 있다.

      ⓐ 비밀키 시스템 : 암호와 해독에 동일한 키를 사용하는 기법으로, 해독키의 비밀성 유지가 중요하다. 암호화 · 복호화 속도가 빠른 장점이 있으나, 사용자가 많아지면 사용자마다 관리할 키가 증가하는 단점이 있다.

      ⓑ 공개키 시스템 : 암호와 해독에 다른 키를 사용하는 기법으로, 암호키는 공개되어 있어 누구나 사용 가능하고, 해독키는 당사자만 알고 있다. 비밀키 시스템에 비해 관리할 키가 많지 않은 장점이 있으나, 암호화 · 복호화 속도가 느린 단점이 있다.

   ㉢ 접근 제어(access control) : 사용자의 신원에 따라 서로 다른 접근 권한을 허용한다.

2 파일 보안

① **의미** : 파일 보안은 컴퓨터 내부에 저장되어 있는 파일을 안전하게 보존하기 위해 취해지는 조치를 의미하며, 파일 보안을 위협하는 것으로는 물리적 위해, 천재지변, 웜(worm)바이러스, 해킹 등이 있다.

② **파일 보안의 종류**

   ㉠ 외부 보안 : 외부 침입이나 천재지변으로부터 시스템을 보안하는 '시설 보안'과 관리자의 정책 측면을 보호하기 위한 '운용 보안'이 있다.

   ㉡ 내부 보안 : 하드웨어나 운영체제에 내장된 보안 기능을 통해 파일의 신뢰성을 유지하고 시스템을 보호하는 것을 말한다.

   ㉢ 사용자 인터페이스 보안 : 사용자의 신원을 운영체제가 확인하여 불법 침입을 막는 보안 방법이다.

접근 제어 행렬(access control matrix)
접근이 허용되는 사용자와 해당 프로세스, 자원을 행렬로 표현한 것으로, 열에는 컴퓨터의 모든 이용자를 나열하고 행에서는 시스템에서의 모든 파일을 나열한다. 사용자의 접근 시, 해당 사용자에게 허가된 파일이 아니면 접근이 허용되지 않는다.

03 디렉터리 시스템

1 의 미

① 디렉터리는 파일 시스템 내부에 존재하며, 효율적인 파일 관리를 위해 디스크에 저장된 파일에 대한 정보를 가지고 있는 특수한 형태의 파일이다.
② 디렉터리는 파일의 위치, 크기, 할당 방식, 형태, 소유자, 계정 정보 등의 정보를 가지고 있다.

• 절대 경로 : 루트 디렉터리를 기준으로 해당 파일에 이르는 경로
• 상대 경로 : 현재 디렉터리를 기준으로 해당 파일에 이르는 경로

2 1단계(단일) 디렉터리 구조

① 가장 간단하고, 모든 파일이 하나의 디렉터리 내에 위치하여 관리되는 구조이다.
② 모든 파일이 유일한 이름을 가지고 있어야 한다.
③ 모든 파일이 같은 디렉터리 내에 존재한다.

3 2단계 디렉터리 구조

① 마스터 파일 디렉터리(Master File Directory ; MFD)가 존재하고, 그 아래에 사용자별로 서로 다른 파일 디렉터리(User File Directory ; UFD)가 존재하는 2계층 구조이다.
② **마스터 파일 디렉터리** : 각 사용자의 이름이나 계정 번호, 그리고 사용자 파일 디렉터리를 가리키는 포인터를 갖고 있으며, 사용자 파일 디렉터리를 관리한다.
③ **사용자 파일 디렉터리** : 오직 한 사용자가 가진 파일들에 대한 정보만 갖고 있으며, 해당 사용자의 파일을 관리한다.

4 트리 디렉터리 구조

① 하나의 루트 디렉터리와 여러 개의 종속(서브) 디렉터리로 구성된 구조이다.
② 각 디렉터리는 서브 디렉터리나 파일을 가질 수 있다.
③ Windows, UNIX, DOS 등의 운영체제에서 사용되는 디렉터리 구조이다.

적중 예상 문제

01 다음 중 파일 시스템의 기능으로 옳지 않은 것은?

① 파일 정보 보호
② 파일 압축
③ 파일 생성
④ 파일 전송

02 다음 중 파일 제어 블록에 수록되는 정보로 적당하지 않은 것은?

① 파일 주소
② 파일 구조
③ 파일 크기
④ 파일 수정 이력

03 다음은 파일 구조의 종류에 대해 나열한 것이다. 평균 접근시간이 빠른 것부터 순서대로 적은 것으로 옳은 것은?

① 직접 파일 → 색인 순차 파일 → 순차 파일
② 직접 파일 → 순차 파일 → 색인 순차 파일
③ 색인 순차 파일 → 순차 파일 → 직접 파일
④ 색인 순차 파일 → 직접 파일 → 순차 파일

04 다음 중 프로그래밍이 쉽고 저장매체의 효율이 가장 좋은 파일 구조는?

① 순차 파일
② 직접 파일
③ 랜덤 파일
④ 색인 순차 파일

05 다음 중 파일 내용을 알 수 없도록 암호화하는 방법에 대한 설명으로 옳지 않은 것은?

① 비밀키 시스템은 암호화와 해독에 동일한 키를 사용한다.
② 공개키 시스템은 사용자가 많아질 경우, 키 관리에 어려움이 따른다.
③ 비밀키 시스템은 암호화 및 복호화 속도가 빠른 장점이 있다.
④ 공개키 시스템은 암호 키만 공개되어 있다.

06 다음 중 접근 제어 행렬(Access Control Matrix)에 대한 설명으로 옳지 않은 것은?

① 컴퓨터의 모든 이용자를 열(row)에 나열한다.
② 컴퓨터의 모든 자원을 행(column)에 나열한다.
③ 파일의 불법적 접근을 예방한다.
④ 파일의 암호화 기법에 필요한 요소이다.

07 다음 중 하드웨어에 내장된 보안 기능을 이용하여 파일의 신뢰성을 유지하는 것에 해당하는 것은?

① 외부 보안

② 시설 보안

③ 내부 보안

④ 사용자 인터페이스 보안

 한눈에 보는 정답과 해설

01 파일 시스템의 기능에는 파일의 생성, 변경, 제거 및 이용, 파일의 접근 제어, 파일 정보 보호, 파일 전송 등이 있다.

02 파일 수정 이력을 모두 저장하지는 않으며 최종 수정일만을 저장한다.

03 색인 순차 파일은 색인을 이용한 접근이 필요하므로 액세스 시간이 직접 파일보다는 느리다.

04 순차 파일은 생성되는 순서에 따라 레코드를 순차적으로 저장하기 때문에 저장 매체의 효율이 가장 좋고 프로그래밍이 용이하다.

05 공개키 시스템은 비밀키 시스템에 비해 관리할 키가 많지 않은 장점이 있다.

06 접근 제어 행렬은 암호화 기법에 해당하지 않으며, 파일 보호를 위한 접근 제어 기법에 필요하다.

07 내부 보안은 하드웨어나 운영체제에 내장된 보안 기능을 통해 파일의 신뢰성을 유지하고 시스템을 보호하는 것을 말한다.

01 ② 02 ④ 03 ① 04 ① 05 ② 06 ④ 07 ③

05 분산 운영체제

01 분산 처리 시스템

컴퓨터일반 GO! 득점

분산 처리 시스템의 결함
• 링크 결함
• 사이트 결함
• 메시지의 분실

1 개념

① **의미** : 각각 독립적인 프로세서와 메모리를 지닌 컴퓨터들이 메모리를 공유하지 않는 약한 네트워크 환경으로 연결되어 있어 서로 통신을 하며 업무를 처리하는 시스템을 말한다.

② **분산 시스템을 사용하는 주된 이유**
  ㉠ 데이터의 공유
  ㉡ 계산 속도의 증가
  ㉢ 사용 가능도 향상
  ㉣ 신뢰도 증가
  ㉤ 통신
  ㉥ 시스템 확장 용이

2 네트워크 위상 유형 중요 ★

① **스타(star)형** : 모든 터미널이 하나의 중앙 컴퓨터에 직접 연결되는 형태를 말한다. 집중 제어가 가능하므로 유지보수 및 관리가 쉽고, 통신 비용이 저렴한 장점이 있으나, 중앙 컴퓨터에 과부하가 걸릴 수 있어, 성능이 떨어지거나 고장 시 모든 통신이 단절될 위험이 있다.

② **링(ring)형** : 환상으로 배치되어 있는 각 컴퓨터들이 자신과 인접한 두 컴퓨터와 연결되는 형태이다. 단방향 또는 양방향으로 정보 전달이 가능하다. 링에 있는 모든 컴퓨터들이 메시지에 접근할 수 있으므로 안전성에 문제가 있을 수 있다.

③ **트리(tree)형** : 각 컴퓨터들이 트리(tree) 형태로 구성되는 것이다. 상위 컴퓨터에 문제가 생길 시, 하위 컴퓨터로의 통신이 불가하게 된다. 계층(hierarchy)형이라고도 한다.

④ 버스(bus)형 : 공유되는 하나의 버스가 시스템 내의 모든 컴퓨터와 연결되는 형태이다. 컴퓨터의 추가, 제거가 용이하나, 버스 회선에 문제가 생기면 모든 통신이 단절된다.

⑤ 망(network)형 : 각 컴퓨터가 시스템 내의 모든 컴퓨터와 연결된 구조이다. 통신 두절에 대한 위험성이 보장되지만, 설치비용이 많이 드는 단점이 있다.

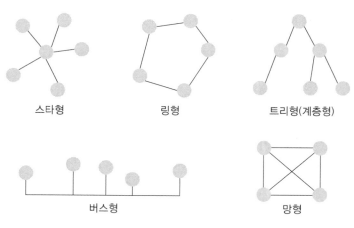

스타형   링형   트리형(계층형)

버스형   망형

[네트워크 위상 유형]

3 분산 처리 시스템의 투명성

① 위치 투명성 : 사용자가 자원의 물리적 위치도 몰라도 접근할 수 있다.
② 복제 투명성 : 사용자는 자원의 복제 여부를 알 필요 없이 사용할 수 있다.
③ 이주 투명성 : 사용자나 응용프로그램의 동작에 영향을 받지 않고 자원을 이동할 수 있다(프로세스 이주, 데이터 이주, 연산 이주).
④ 병행 투명성 : 사용자는 자원 공유 및 병행 수행에 대하여 알 필요가 없다.
⑤ 고장 투명성 : 사용자는 분산 자원의 장애나 고장을 알 필요가 없다.

투명성(transparency)
사용자에게 분산 시스템 자원을 의식하지 않으면서 사용할 수 있는 분산 설계 시 적용되는 특성을 가진다.

02 분산 운영체제

1 의미

분산 운영체제는 분산 처리 시스템을 운영하기 위한 운영체제이다.

2 분산 운영체제의 분류

(1) 네트워크 운영체제(NOS ; Network OS)
① 의미 : 각 호스트가 자신의 운영체제를 가지고 있어 비네트워크 작업을 처리하고 네트워크 처리는 각 호스트의 사용자 프로그램에 의해 제어된다. 대규모 시스템, 다양한 구조의 시스템, 지리적으로 떨어져 있는 시스템에 적용한다.

② 특 징

㉠ 구현이 쉽다.

㉡ 기보유 소프트웨어를 이용할 수 있다.

㉢ 자원의 동질성이 결여된다.

(2) 분산 운영체제(DOS ; Distributed OS)

① 의미 : 각 호스트가 가지고 있는 자신의 운영체제는 무시되고 하나의 동질 운영체제가 전체 네트워크에 대해 구현된다. 미니 컴퓨터와 마이크로 컴퓨터의 국지적 네트워크에 주로 이용된다.

② 특 징

㉠ 로컬 자원 접근과 같은 방법으로 원격 자원 접근이 가능하다.

㉡ 일관성 있는 설계가 가능하다.

㉢ 네트워크의 이해, 유지, 수정이 용이하다.

적중 예상 문제

01 다음 중 분산 처리 시스템을 사용함에 따라 얻을 수 있는 효과가 아닌 것은?

① 파일 보호 안전성 증가
② 계산 속도의 증가
③ 데이터 공유
④ 시스템 확장 용이

[2~5] 다음은 네트워크 위상 유형을 간단하게 표시한 그림이다. 물음에 답하여라.

02 중앙 컴퓨터에 과부하가 걸릴 경우 전체 성능이 저하될 수 있는 방식은?

① ㉠
② ㉡
③ ㉢
④ ㉤

03 상위 컴퓨터에 문제가 생길 시, 하위 컴퓨터로의 통신이 불가하게 되는 방식은?

① ㉠
② ㉡
③ ㉢
④ ㉤

04 컴퓨터의 추가 및 제거가 용이한 방식은?

① ㉠
② ㉡
③ ㉢
④ ㉣

05 다음 중 ㉤에 해당하는 내용으로 옳은 것은?

① 계층형이라고도 한다.
② 설치 비용이 저렴하다.
③ 통신 두절에 대한 위험도가 낮다.
④ 버스 회선에 문제가 생길 시 모든 통신이 단절된다.

06 네트워크 운영체제(Network OS)와 분산 운영체제(Distributed OS)에 대한 다음의 설명 중 옳지 않은 것은?

① DOS에서는 각 호스트가 가지고 있는 보유 소프트웨어를 이용할 수 있다.
② NOS는 DOS에 비해 구현이 쉬운 편이다.
③ DOS는 일관성 있는 설계가 가능한 장점이 있다.
④ NOS는 자원의 동질성이 결여되는 단점이 있다.

 한눈에 보는 정답과 해설

01 분산 처리 시스템의 사용 이유 : 데이터의 공유, 계산 속도의 증가, 사용 가능도 향상, 신뢰도 증가, 통신 시스템 확장 용이

02 스타형에 대한 설명이다.

03 계층 구조를 이루고 있는 트리형에 대한 설명이다.

04 버스형은 공유되는 하나의 버스가 시스템 내의 모든 컴퓨터와 연결되는 형태이므로 컴퓨터의 추가 및 제거가 용이하다.

05 망형은 각 컴퓨터가 시스템 내의 모든 컴퓨터와 연결된 구조이므로 통신 두절에 대한 위험성이 보장되나, 설치비용이 비싼 편이다.

06 분산 운영체제(DOS ; Distributed OS)는 각 호스트가 가지고 있는 자신의 운영체제는 무시되고 하나의 동질 운영체제가 전체 네트워크에 대해 구현되므로 각 호스트가 가지고 있는 소프트웨어를 이용할 수 없다.

01 ① 02 ① 03 ③ 04 ④ 05 ③ 06 ①

06 상용 운영체제와 UNIX

출제경향분석
• 유닉스 명령어 판별(2008)
• 리눅스 운영체제의 개요(2008)

01 상용 운영체제 개요

1 UNIX

① 의미 : 1969년 미국의 벨(Bell)연구소에서 개발한 대화형, 멀티유저(다중사용자), 멀티태스킹(다중작업) 운영체제로 주로 규모가 큰 워크스테이션에서 사용되는 운영체제이다. 과거에는 문자 사용자 인터페이스(CUI ; Character User Interface)로 출발하였으나 현재 그래픽 사용자 인터페이스(GUI ; Graphic User Interface)도 함께 채용하고 있다.

② 특 징
  ㉠ 시분할 다중 사용자, 멀티태스킹 시스템
  ㉡ 대화식 운영체제
  ㉢ C언어로 구성되어 높은 이식성과 확장성 발휘
  ㉣ 네트워킹 시스템 지원(TCP/IP)
  ㉤ 계층적 파일 시스템 적용

2 MS-DOS(Disk Operating System)

① 의미 : 1980년대 초반까지 인텔 16비트 CPU를 탑재한 컴퓨터에서 널리 사용되던 운영체제이다.

② 특 징
  ㉠ 문자 사용자 인터페이스(CUI) 채용
  ㉡ 단일 사용자, 싱글 태스킹 지원
  ㉢ 계층적 파일 시스템 적용

3 MS-Windows 계열

① 의미 : Windows 3.1, 95, 98, ME, NT, 2000, 2003, XP, Vista, 7(seven), 8(eight), 10(ten) 등의 여러 버전들로 발전되어 온 대표적인 PC용 운영체제이다.

② 특 징

ㄱ 그래픽 사용자 인터페이스(GUI) 채용

ㄴ 선점형 멀티태스킹 지원

ㄷ 네트워킹 시스템 지원

4 Linux 2008

① 핀란드 대학원생이었던 리누스 토발즈가 유닉스를 기초로 개발한 운영체제이다. '오픈소스', 즉 운영체제의 소스가 공개되어 있다는 특징이 있다.

② 모놀리딕(monolithic) 커널 방식으로 구현되었으며, 커널 코드의 임의 기능들을 동적으로 적재(load)하여 사용할 수 있다.

③ 리눅스 커널 2.6 버전의 스케줄러는 임의의 프로세스를 선점할 수 있으며 우선순위 기반 알고리즘이다.

④ 윈도우 파일 시스템인 NTFS와 저널링 파일 시스템인 JFFS를 지원한다.

⑤ 다중 사용자와 다중 프로세서를 지원하는 다중 작업형 운영체제이다.

5 MacOS

미국의 애플 사에서 개발한 운영체제로, 그래픽과 전자 출판 분야에서 뛰어난 성능을 보이는 매킨토시 컴퓨터용 운영체제이다. 멀티미디어 지원에 매우 강한 특징을 가지고 있다.

6 안드로이드(Android)

① 구글이 중심이 되어 개발하는 휴대 단말기용 플랫폼이다.

② 보안, 메모리 관리, 프로세스 관리, 네트워크 관리 등 핵심 서비스는 리눅스에 기초하여 구현되었다.

③ 일반적으로 안드로이드 애플리케이션의 4가지 구성요소는 액티비티, 방송 수신자, 서비스, 콘텐츠 제공자이다.

ㄱ 액티비티(activity) : UI 컴포넌트를 화면에 표시하고, 시스템이나 사용자의 반응을 처리한다.

ㄴ 서비스(service) : 백그라운드에서 실행되며, 오랫동안 실행되는 작업이나 원격 프로세스를 위한 작업을 할 때 사용된다.

ㄷ 방송 수신자(broadcast receiver) : 안드로이드 단말기에서 발생하는 다양한 이벤트/정보를 받고 반응한다. 예를 들어 시스템 부팅, 배터리 부족, 전화·문자 수신 등을 알려준다.

ㄹ 콘텐츠 제공자(content provider) : 응용프로그램 간의 데이터를 공유한다.

NTFS(New Technology File System)
윈도우 NT 3.1에서 시작하여 윈도우 NT 계열 시스템에서 사용되고 있는 기본 파일 시스템으로, 마이크로소프트 사에 의해 개발되었다. MS-DOS와 이전 버전의 윈도우에서 쓰였던 마이크로소프트의 이전 FAT 파일 시스템을 대체하였다.

JFFS(Journalling Flash File System, 저널링 플래시 파일 시스템)
NOR 플래시 메모리 장치에 쓰이는 리눅스 로그 구조 파일 시스템이다. 후속 버전으로는 JFFS2가 있다.

7 iOS

① 애플 사가 개발하는 휴대 단말기용 플랫폼이다.
② OS X을 기반으로 제작되었으며, OS X과 마찬가지로, 다윈(Darwin)을 기반으로 한다.

다윈(Darwin)
2000년에 애플에서 개발한 오픈소스 유닉스 컴퓨터 운영체제이다.

[안드로이드와 iOS의 보안정책 비교]

구 분	안드로이드	iOS
특 징	• 개방형 운영체제 • 리눅스와 보안 취약점 유사	• 폐쇄형 운영체제 • 모든 앱에 코드 무결성 점검을 수행하여 설치를 제한 • 앱(응용프로그램) 간 통신을 엄격하게 통제
프로그램 실행권한	일반 사용자	관리자(root)
보안통제권	개발자 혹은 사용자	애플
앱에 대한 서명	개발자가 서명 및 배포	애플이 CA를 통해 서명 및 배포

02 UNIX 시스템의 구조

1 UNIX 시스템위 개요

UNIX 시스템의 구조를 도식화하면 다음 그림과 같다.

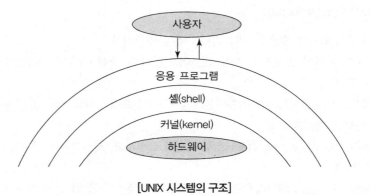

[UNIX 시스템의 구조]

(1) 커널(Kernel) 중요 ★

① 의미 : 주기억장치에 적재된 후 상주하면서 실행되는 부분으로, UNIX 시스템의 중심부에 해당한다.

② 커널의 기능
   ㉠ 프로세서 관리
   ㉡ 기억장치 관리
   ㉢ 입출력 관리
   ㉣ 파일 관리
   ㉤ 시스템 호출 인터페이스 기능
   ㉥ 하드웨어 캡슐화(하드웨어를 파일로 취급)

(2) 셸(Shell)

명령어 해석기에 해당하는 것으로, 사용자의 명령어를 인식하여 필요한 프로그램을 호출하고 그 명령을 수행하는 기능을 담당한다. 사용자와 시스템 간의 인터페이스를 제공한다.

2 UNIX 파일 시스템의 구조

① 특징 : UNIX 파일 시스템의 디렉터리 구조는 트리 구조이며, 하드웨어를 캡슐화하여 주변장치를 파일과 동일시하여 관리한다.

② 구 조
   ㉠ 부트 블록(boot block) : 부팅에 필요한 코드를 저장하고 있는 블록
   ㉡ 슈퍼 블록(super block) : 전체 파일 시스템에 대한 정보를 저장하고 있는 블록
   ㉢ I-node 블록(index node block) : 각 파일에 대한 정보를 저장하고 있는 블록으로, 파일 소유자의 식별 번호, 파일 크기, 파일의 생성 시간, 파일의 최종 수정 시간, 파일 링크 수 등이 기록된다.
   ㉣ 데이터 블록(data block) : 실제 데이터를 저장하고 있는 블록

3 UNIX 명령어 중요 ★

(1) 기본 명령어

① ls : 현재 디렉터리 및 파일 목록을 정보를 확인할 수 있다. 옵션 명령어를 붙이면 다음과 같이 실행된다.

> ls -a : 숨겨진 파일을 포함하여 모든 파일을 표시한다.
> ls -l : 파일 보호 정보 및 수정 시기 등, 자세한 파일 정보를 표시한다.
> ls -r : 파일을 역순으로 나열한다.
> ls -R : 하위 디렉터리의 모든 내용을 표시한다.
> ls -t : 수정된 시간 순으로 파일을 나열한다.
> ls -al : ls -a 명령과 ls -l 명령을 통합한 것을 말한다.

커널의 종류

• 마이크로 커널(micro kernel) : 가장 기본이 되는 서비스만을 핵심 커널에 포함시키고 이외의 기능들은 사용자 레벨에서 각각의 프로세스로 구현하는 방법을 사용한다.

• 모놀리딕 커널(monolithic kernel) : 커널 내에 시스템 제어의 모든 기능을 가지고 있는 방식을 의미하며 대표적으로 리눅스 운영체제가 이 방식을 사용한다.

② cd : 디렉터리를 변경한다.

③ mv : 디렉터리를 이동한다.

④ mkdir : 디렉터리를 생성한다.

⑤ rmdir : 디렉터리를 삭제한다(비어있는 디렉터리).

⑥ cp : 파일을 복사한다.

cp ../복사 대상 디렉터리명/복사 대상 파일명 ../디렉터리명/파일명

⑦ rm : 파일이나 디렉터리를 삭제한다.

rm -f : 파일 삭제
rm -r : 디렉터리 삭제
rm -rf : 디렉터리 및 포함된 모든 파일 삭제

⑧ mount : 기존 파일 시스템에 새로운 파일 시스템을 서브 디렉터리에 연결한다.

⑨ man : 지정 명령어의 매뉴얼을 출력한다.

⑩ pwd : 현재 작업 디렉터리를 출력한다.

⑪ cat : 파일 내용을 화면에 표시한다.

⑫ fork : 프로세스를 생성 · 복제한다.

⑬ fsck : 파일 시스템의 무결성을 검사한다.

(2) 파일 보호 명령어 `2008`

① 파일 보호 상태 확인하기 : ls -l 명령을 실행하면 다음과 같은 예의 결과가 화면에
출력되며 문자의 각각의 의미는 다음과 같다.

-rwxr-xr- - 2 kim planning 3555 10월 31일 11:00 address

㉠ - : 파일의 유형을 나타냄

㉡ rwx : 소유자의 권한

㉢ r-x : 그룹 내 사용자의 권한

㉣ r-- : 기타 사용자의 권한

㉤ 2 : 하드 링크 수

㉥ kim : 파일 소유자의 이름

㉦ planning : 파일 소유 그룹의 이름

㉧ 3555 : 파일 바이트수

㉨ 10월 31일 11:00 : 마지막 변경 날짜

㉩ address : 파일 이름

하드 링크(hard link)
원본 파일과 동일한 I-node를 가지는 연결
파일를 말한다.

② rwx- 로 표시되는 권한의 의미와 표시법, 고윳값

구 분	권 한	고윳값
r	읽기	4
w	쓰기	2
x	실행	1
–	권한 없음	

　　㉠ rwx : 읽기/쓰기/실행 권한 있음 : 고윳값의 합 = 7

　　㉡ r-x : 읽기/실행 권한 있음 : 고윳값의 합 = 5

　　㉢ r-- : 읽기 권한만 있음 : 고윳값의 합 = 4

③ chmod / chown 사용법

　　㉠ chmod : 파일의 사용 허가를 지정한다.

chmod (소유자 권한)(그룹 사용자 권한)(기타 사용자 권한) 파일명

　　㉡ 여기서, 권한은 고윳값의 합으로 표현한다.

　　㉢ chmod 444 파일명 : 모든 사용자에게 읽기전용

　　㉣ chmod 755 파일명 : 소유자에게는 모든 권한, 그룹 사용자와 기타 사용자에게 읽기와 실행 권한만 부여한 상태

④ chown : 파일의 소유자를 지정한다.

　　예 chown lee 파일명 : 파일 소유자를 lee로 지정

기출 확인 문제

01 2008 계리직

UNIX 명령어 ls –l을 수행했을 때의 결과에 대한 설명으로 옳지 않은 것은?

```
-rwxr–xr– – 2 peter staff 3542 8월 31일 10:00 aaash
```

① peter라는 사용자는 aaash 파일을 수정할 수 있다.
② staff 그룹 사용자는 aaash 파일을 실행할 수 있다.
③ aaash 파일은 심볼릭 링크(symbolic link)가 2개 있다.
④ 다른 사용자도 이 파일의 내용을 볼 수 있다.

02 2008 계리직

리눅스 운영체제에 대한 설명으로 옳지 않은 것은?

① 리눅스는 마이크로커널(microkernel) 방식으로 구현
되었으며 커널 코드의 임의의 기능들을 동적으로 적재
(load)하여 사용할 수 있다.
② 리눅스 커널 2.6 버전의 스케줄러는 임의의 프로세스를
선점할 수 있으며 우선순위 기반 알고리즘이다.
③ 리눅스 운영체제는 윈도우 파일 시스템인 NTFS와 저널
링 파일 시스템인 JFFS를 지원한다.
④ 리눅스는 다중 사용자와 다중 프로세서를 지원하는 다
중 작업형 운영체제이다.

03 2018 국가직

유닉스 운영체제에 대한 설명으로 옳지 않은 것은?

① 계층적 파일시스템과 다중 사용자를 지원하는 운영체제
이다.
② BSD 유닉스의 모든 코드는 어셈블리 언어로 작성되었다.
③ CPU 이용률을 높일 수 있는 다중 프로그래밍 기법을 사
용한다.
④ 사용자 프로그램은 시스템 호출을 통해 커널 기능을 사
용할 수 있다.

04 2015 지방직

안드로이드에 대한 설명으로 옳지 않은 것은?

① 안드로이드는 구글이 중심이 되어 개발하는 휴대 단말
기용 플랫폼이다.
② 일반적으로 안드로이드 애플리케이션의 네 가지 구성요
소는 액티비티, 방송 수신자, 서비스, 콘텐츠 제공자이다.
③ 보안, 메모리 관리, 프로세스 관리, 네트워크 관리 등 핵
심 서비스는 리눅스에 기초하여 구현되었다.
④ 콘텐츠 제공자는 UI 컴포넌트를 화면에 표시하고, 시스
템이나 사용자의 반응을 처리할 수 있다.

05 2018 지방직

모바일 기기에 특화된 운영체제에 해당하지 않는 것은?

① iOS
② Android
③ Symbian
④ Solaris

01
2는 하드 링크의 수를 나타낸다.

답 ③

02
리눅스 커널은 모놀리딕(monolithic) 커널 방식으로 구현된다.

답 ①

03
② 어셈블리어가 아닌 고급언어인 C언어로 개발되었다.

답 ②

04
• 액티비티(activity) : UI 컴포넌트를 화면에 표시하고, 시스템이나 사용자의 반응을 처리한다.
• 콘텐츠 제공자(content provider) : 응용프로그램 간의 데이터를 공유한다.

답 ④

05
④ 솔라리스(Solaris) : 썬 마이크로시스템즈 사에서 개발한 컴퓨터 운영 체제이다. 유닉스 표준 인증을 받았다.
① iOS : 애플 사가 개발하는 휴대 단말기용 플랫폼이다. OS X을 기반으로 제작되었으며, OS X과 마찬가지로, 다윈(Darwin)을 기반으로 한다.
② 안드로이드(Android) : 구글이 중심이 되어 개발하는 휴대 단말기용 플랫폼이다. 보안, 메모리 관리, 프로세스 관리, 네트워크 관리 등 핵심 서비스는 리눅스에 기초하여 구현되었다.
③ 심비안(Symbian) : 영국의 심비안(Symbian)을 노키아 사가 인수를 하고 개발한 모바일용 운영체제이다.

답 ④

적중 예상 문제

01 다음은 UNIX 명령어 중 permission 변경을 위한 "chmod"의 실행 예이다. "chmod" 명령어를 실행한 후 "Ls" 명령을 사용하여 결과를 확인하고자 할 때 (Ⓐ) 부분에 출력될 결과로 가장 옳은 것은?

```
$ chmod 755 text1
$ ls − 1 text1 ( Ⓐ ) 1 vian class1 0 Jun 15 17:34 text1
```

① −rwxr−xr−x
② −rw−r−xr−x
③ −r−−rwxrwx
④ −rwxrwxrwx

02 다음 중 유닉스 시스템의 커널에서 담당하고 있는 기능이 아닌 것은?

① 파일 생성, 삭제, 보호 기능을 갖는다.
② 디렉터리 구조는 이중 레벨 구조이다.
③ 주변장치를 파일과 동일하게 취급한다.
④ 파일 소유자, 그룹 및 그 외 다른 사람들로부터 사용자를 구분하여 파일을 보호한다.

03 유닉스 시스템의 파일 구조 요소 중 파일 소유자의 식별 번호를 저장하고 있는 곳은?

① 부트 블록
② 슈퍼 블록
③ I−노드 블록
④ 데이터 블록

04 유닉스 운영체제에서 현재 디렉터리 및 파일 목록 정보를 확인할 때, 하위 디렉터리의 모든 내용을 표시하는 명령어는 무엇인가?

① ls −a
② ls −l
③ ls −r
④ ls −R

05 유닉스 명령어를 다음과 같이 입력했을 때, 실행 결과로 옳은 것은 무엇인가?

```
cp ../documents/list01 ../books/nobel01
```

① list01 파일이 documents 디렉터리에서 삭제되고 books 디렉터리에 nobel01이라는 이름으로 옮겨진다.
② nobel01 파일이 books 디렉터리에서 삭제되고 documents 디렉터리에 list01이라는 이름으로 복사된다.
③ list01 파일이 books 디렉터리에 nobel01이라는 이름으로 복사된다.
④ nobel01 파일이 documents 디렉터리에 list01이라는 이름으로 복사된다.

06 유닉스 운영체제에서 ls -l 명령을 실행했을 때, 아래와 같은 소유자 권한 내용이 나타났을 때, 그 뜻을 옳게 설명한 것은?

> rwxrwxr - -

① 그룹 소속 사용자는 읽기만 가능한 파일이다.
② 소유자는 읽기, 쓰기만 가능하다.
③ 기타 사용자는 읽기만 가능하다.
④ 모든 사용자는 실행만 가능하다.

07 유닉스 운영체제에서 파일의 사용 허가를 지정할 때, 소유자에게는 모든 권한, 그룹 사용자와 기타 사용자에게 읽기와 실행 권한만 부여하려면 어떻게 명령어를 입력해야 하는가?

① chmod 744 파일명
② chmod 755 파일명
③ chmod 541 파일명
④ chmod 741 파일명

08 UNIX에 관한 설명으로 옳지 않은 것은?

① 쉘(shell)은 사용자와 시스템 간의 대화를 가능케 해주는 UNIX 시스템의 메커니즘이다.
② UNIX 시스템은 루트 노드를 시발로 하는 계층적 파일 시스템 구조를 사용한다.
③ 커널(kernel)은 프로세스 관리, 기억장치 관리, 입·출력 관리 등의 기능을 수행한다.
④ UNIX 파일 시스템에서 각 파일에 대한 파일 소유자, 파일 크기, 파일 생성 시간에 대한 정보는 데이터 블록에 저장한다.

09 유닉스에서 I-node의 내용이 아닌 것은?

① 파일 소유자의 사용자 식별(UID)
② 파일에 대한 링크 수
③ 파일이 최초로 수정된 시간
④ 파일의 크기

 한눈에 보는 정답과 해설

01 "chmod"는 파일의 속성과 Protection을 변경하는 명령어이다.
"chmod"의 사용 방법은 다음과 같다.
chmod (소유자 권한)(그룹 사용자 권한)(기타 사용자 권한) 파일명
rwx는 3개의 비트로 인식될 수 있고, permission 값의 예시는 다음과 같다.
rwx → 111 → 7 → 읽기/쓰기/실행 권한 있음
r-x → 101 → 5 → 읽기/실행 권한 있음
따라서 755 permission값은 다음과 같다.
7 → rwx, 5 → r-x, 5 → r-x

02 ② UNIX 파일 시스템의 디렉터리 구조는 트리 구조이다.

03 I-node 블록(Index Node Block)은 각 파일에 대한 정보를 저장하고 있는 블록으로, 파일 소유자의 식별 번호, 파일 크기, 파일의 생성 시간, 파일의 최종 수정시간, 파일 링크 수 등이 기록된다.

04 ls -a : 숨겨진 파일을 포함하여 모든 파일을 표시한다.
ls -l : 파일 보호 정보 및 수정 시기 등 자세한 파일 정보를 표시한다.
ls -r : 파일을 역순으로 나열한다.
ls -R : 하위 디렉터리의 모든 내용을 표시한다.
ls -t : 수정된 시간 순으로 파일을 나열한다.

05 cp는 복사 명령어이다.

06 마지막 3개의 텍스트가 기타 사용자에 대한 권한을 나타내며, 읽기만 허용된 상태이다.

07 rwx-로 표시되는 권한의 의미와 표시법, 고유값

구 분	권 한	고유값
r	읽기	4
w	쓰기	2
x	실행	1
-	권한 없음	

• rwx : 읽기/쓰기/실행 권한 있음 : 고유값의 합 = 7
• r-x : 읽기/실행 권한 있음 : 고유값의 합 = 5
• r - - : 읽기 권한만 있음 : 고유값의 합 = 4

08 파일의 소유자, 크기, 생성 시간 등에 대한 정보는 I-node 블록에 저장된다.

09 파일의 최종 수정시간은 기록되지만 최초의 수정 시간은 기록되지 않는다.

01 ① 02 ② 03 ③ 04 ④ 05 ③ 06 ③ 07 ② 08 ④ 09 ③

PART 03

데이터베이스와 자료 구조

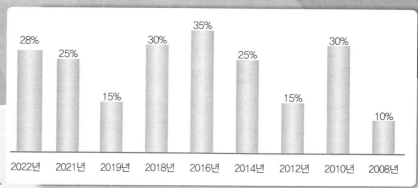

전 시험(2008~2022년) 기준 출제비중

연도별 기출문제분석 키워드

연 도	키워드	출제비중
2022년	E-R모델의 관계형 스키마 변환, 로킹 기법, 이진트리의 특성, 최소 비용	28%
2021년	관계데이터베이스의 참조 무결성 제약, 관계데이터베이스의 인덱스, 트랜잭션의 회복(복구), 이진 탐색 트리, 삽입 정렬	25%
2019년	참조 무결성, SQL 구성언어, 순차 파일과 인덱스 순차 파일	15%
2018년	배열, 연결리스트, 뷰(View), SQL 질의문, 관계형 데이터베이스 연산, 알고리즘	30%
2016년	키(Key), SQL 질의문, 정규화, 행 우선주소와 열 우선주소, 신장트리, 이진트리, 시간 복잡도	35%
2014년	결합 연산, SQL 질의문 작성, 관계형 데이터베이스 정규화, 신장트리 크러스컬 알고리즘, 해시함수	25%
2012년	트랜잭션, 시간 복잡도, 이진트리 순회방식	15%
2010년	SQL 내장함수, 질의 최적화 경험규칙, 정규화, 스택 연산, 그래프 탐색방법, 제산법	30%
2008년	SQL 질의문, 히프 루트의 특성	10%

출제
포인트 잡기

▶ 다른 영역과 달리 각 장에서 골고루 출제되고 있으므로 유의해서 학습하여야 한다.
▶ 이 영역에서도 SQL이 가장 빈번히 출제되고 있으므로 반드시 알아두어야 한다.
▶ 암기해서 푸는 문제보다는 수학 문제처럼 개념을 이해한 상태에서 응용하여 푸는 문제가 나오므로 문제 풀이 방식을 정확히 이해하여야 한다.

01 데이터베이스 개요

01 데이터베이스의 특성

🎯 *컴퓨터일반 GO! 득점*

데이터(data, 자료)와 정보(information)
현실 세계에서 어떤 측정을 통해 얻은 단
순한 사실이나 값을 데이터라고 하며, 그
데이터를 처리·분석하여 얻은 결과를 정
보라고 한다.

1 데이터(Data)

일반적인 사실들을 모은 것으로, 일반적으로 컴퓨터 분야에서의 데이터는 전송 및 보관
이 용이한 디지털 형태로 변환되어 사용된다.

2 데이터베이스(Database)

데이터를 모은 집합체이다. 통상적으로 데이터베이스는 디지털 데이터로의 접근, 저장,
갱신 작업을 용이하게 수행하기 위해 구성된 데이터의 집합체이다.

3 데이터베이스의 요건 및 특징

① 실시간 접근이 가능해야 한다.
② 주소 참조가 아닌, 내용 검색으로 데이터를 찾을 수 있어야 한다.
③ 새로운 데이터의 삽입, 삭제, 갱신으로 데이터가 끊임없이 변화될 수 있어야 한다.
④ 동시에 많은 사용자가 동일 내용의 데이터를 이용할 수 있어야 한다.

4 데이터베이스 구성의 장·단점

장 점	단 점
• 데이터 중복이 최소화된다. • 데이터 공유에 의해 여러 사람이 함께 사용할 수 있다. • 데이터의 일관성이 유지된다. • 데이터의 무결성이 유지된다.	• 초기 구축비용이 많이 들어간다. • 전문가가 있어야 한다. • 서버의 부담이 가중된다.

02 데이터베이스 및 DB 시스템의 구성

1 데이터베이스의 구성 요소

① **개체**(entity) : 정보의 단위(예 한 회사의 직원)
② **속성**(attribute) : 개체에 의미를 부여하는 정보(예 성명, 부서, 직급, 성별 등)
③ **관계**(relationship) : 개체 집합 간, 또는 속성 간의 관계(예 직속 관계, 협력 관계 등)

2 데이터베이스 시스템의 구성

① **데이터베이스 파일** : 디지털화된 자료 파일
② **DBMS**(DataBase Management System) : 데이터베이스 파일들을 관리하고 액세스
하도록 해주는 시스템
③ **사용자** : 데이터베이스 사용 및 관리자

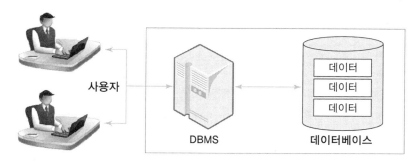

[데이터베이스 시스템의 구성]

데이터베이스 시스템의 구성요소
• H/W 요소 : DBM(컴퓨터)
• S/W 요소 : DBMS
• 데이터 요소 : Database
• 인적 요소 : 단말사용자, 프로그래머, DBA(관리자)
• 인터페이스 요소 : DBL(데이터 언어)

03 데이터베이스 관리 – DBMS

1 DBMS(DataBase Management System)의 개요

(1) DBMS의 의의
① 사용자와 DB 사이에서 사용자의 요구에 따라 정보를 생성해주는 시스템이다.
② 데이터베이스를 관리해 주는 소프트웨어(저장, 갱신, 삭제)이다.
③ 데이터베이스 파일들과 일반 사용자들 사이에 위치한다.
④ 다양한 응용프로그램들을 연동하여 데이터베이스를 접속할 수 있도록 지원한다.

(2) DBMS의 등장 배경 : 과거 파일 처리 방식의 문제점
① **종속성** : 프로그램 변경과 데이터 파일 변경이 동반되어야만 한다.
② **중복성** : 동일 내용의 데이터가 중복 저장된다(일관성, 보안성, 경제성, 무결성 확보
에 어려움).

(3) DBMS 도입의 장·단점

DBMS를 사용하면 데이터베이스로의 접속과 관리가 용이하므로 프로그램 개발이나 데이터 최적화가 용이한 장점이 있다. 이를 정리하면 다음 표와 같다.

장 점	단 점
• 데이터 중복성 배제 • 데이터의 일관성 유지 • 데이터의 무결성 유지 • 데이터의 최신성 유지 • 데이터의 보안성 유지 • 논리적 독립성 보장 • 물리적 독립성 보장 • 데이터 통합 관리 가능 • 데이터 실시간 처리 가능	• 전산화 비용 증가 • 시스템 복잡성 증가 • 백업 용이성 감소 • 복구 용이성 감소 • 저장장치로의 집중 접근, 과부하 발생

백업(back up)
컴퓨터에 대한 외부의 침입 또는 잘못된 조작 때문에 데이터나 정보 파일이 손상되는 것에 대비하여 똑같은 파일을 여분으로 디스크 등에 복사해 두는 일을 말한다.

2 DBMS의 기능

DBMS의 기능은 정의, 조작, 제어로 대별되며 각각의 기능은 이를 수행하기 위한 데이터베이스 언어의 종류와 대응된다.

구 분	내 용	DB 언어
정의 (Definition)	• DB 생성 및 삭제 • 데이터의 형식, 조건 등을 규정	DDL(Data Definition Language) : 정의어
조작 (Manipulation)	• DB 검색 및 사용 • 사용자 인터페이스 제공	DML(Data Manipulation Language) : 조작어
제어 (Control)	• 효율성을 높이기 위한 DB 관리 • 데이터 무결성 유지 • 보안 및 사용자 권한 관리 • 병행 수행 제어	DCL(Data Control Language) : 제어어

DBMS의 목적
데이터 독립성 확보

3 데이터 독립성(Data Independency)

데이터베이스를 3단계 구조로 나누고, 단계별로 스키마를 유지하며, 스키마 사이의 대응 관계를 정의하는 궁극적인 목적은 데이터 독립성을 실현하기 위해서이다. DBMS의 중요한 장점이자 필요한 이유이다.

(1) 논리적 데이터 독립성

① 데이터베이스의 논리적 구조가 변경되어도 응용프로그램은 영향을 받지 않는다.
② 개념 스키마가 변경되어도 외부 스키마가 영향을 받지 않는다.

(2) 물리적 데이터 독립성

① 데이터베이스의 물리적 구조가 변경되어도 응용프로그램이나 데이터베이스의 논리적 구조는 영향을 받지 않는다.
② 내부 스키마가 변경되어도 개념 스키마가 영향을 받지 않는다.

04 데이터베이스 표현 – Schema

1 스키마의 정의

① 스키마(schema) : DB의 구조와 제약 조건에 관한 전반적인 명세를 의미하는 것으로, DB 구성을 위한 데이터 개체, 속성, 관계, 제약 조건 등을 정의하는 것이다. 그러므로 데이터는 변화하나, 스키마는 변하지 않는다.

② 스키마는 메타 데이터(meta – data)로 칭하기도 한다.

③ 스키마의 관점은 크게 외부 스키마, 개념 스키마, 내부 스키마 단계로 분류된다.

2 스키마의 3단계 구조

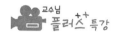

(1) 외부 스키마(External Schema)

① 사용자 관점에서의 논리적 DB 정의를 말하며, 주로 서브 스키마, 사용자 뷰(view)로 통용된다.

② 하나의 DB 시스템에 여러 개의 외부 스키마가 존재할 수 있다.

(2) 개념 스키마(Conceptual Schema)

① 사용자들이 속해있는 기관 또는 조직체 관점의 DB 정의로, 전체적인 논리 구조를 기술하며 통합된 데이터베이스의 명세이다.

② DB의 접근 권한, 보안 정책, 무결성 규칙 등을 포함하고 있다.

③ 일반적인 통칭으로서의 '스키마'를 의미한다.

(3) 내부 스키마(Internal Schema)

① 데이터베이스 설계자의 관점에서 정의하는 DB 명세를 의미한다.

② 데이터베이스의 물리적인 저장 구조, 형식, 인덱스, 항목 표현 방법 등을 기술한다.

③ 물리적 저장장치와 가장 밀접한 계층을 표현한다.

사용자 뷰(view)
데이터를 제공하는 정보시스템상의 화면이나 출력물을 의미한다.

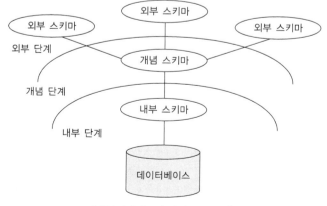

[데이터베이스의 단계별 스키마]

05 데이터베이스 사용자

데이터베이스의 사용자는 크게 DBA, 응용 프로그래머, 일반 사용자로 분류한다.

구 분	역 할
DBA (DataBase Administrator)	• 데이터베이스 시스템의 전반적인 관리자 • 개념 스키마 및 내부 스키마를 정의 • 백업 정책 및 복구 정책을 수립하고 관리 • 보안 검사 및 무결성 검사 정책을 수립하고 관리 • 시스템 감시 및 성능 분석
응용 프로그래머	• 일반 사용자가 응용프로그램을 사용할 수 있도록 데이터베이스를 취급하는 사람 • DBMS 지원 데이터 조작어(DML)에 능숙한 전문가
일반 사용자	간단한 질의어나 응용프로그램을 이용하여 데이터베이스에 접근, 사용하는 사람

적중 예상 문제

01 데이터베이스에 관한 다음 설명 중 옳지 않은 것은?

① 일반적 사실을 설명하는 정보를 말한다. 디지털 형태로 변환되어 사용한다.
② 데이터로의 접근, 저장, 갱신 작업을 용이하게 해준다.
③ 실시간 접근이 가능해야 한다.
④ 데이터 중복이 최소화된다.

02 다음 중 데이터베이스의 요건에 해당하지 않는 것은?

① 내용 검색으로 데이터를 찾아낼 수 있어야 한다.
② 전문가 필요없이 누구나 쉽게 접근할 수 있어야 한다.
③ 데이터가 끊임없이 변화될 수 있어야 한다.
④ 다수 사용자가 동시에 데이터를 이용할 수 있어야 한다.

03 다음 중 데이터베이스의 장점을 설명한 것으로 적당하지 않은 것은?

① 데이터의 일관성을 유지할 수 있다.
② 데이터 공유가 가능하여 다수가 사용할 수 있다.
③ 데이터의 무결성이 유지된다.
④ 구축 비용이 적고 경량 서버로 이용이 가능하다.

04 다음 중 DBMS에 대한 설명으로 옳은 것은?

① 데이터베이스와 데이터 사이에 위치한다.
② 다양한 데이터베이스 운용 프로그램을 관리해 준다.
③ 사용자의 요구에 따라 정보를 생성해 주는 시스템을 말한다.
④ 데이터베이스 시스템 관리를 위한 하드웨어이다.

한눈에 보는 정답과 해설

01 일반적 사실을 설명하는 정보는 '데이터'에 해당한다.

02 데이터베이스 운용을 위해서는 전문가가 꼭 필요하다.

03 데이터베이스를 구축하기 위해서는 초기 비용이 많이 필요하며, 서버의 부담이 가중되는 단점이 있다.

04 DBMS는 사용자와 DB 사이에 위치하며 데이터베이스를 관리해 주는 소프트웨어이다.

01 ① 02 ② 03 ④ 04 ③

05 다음 중 DBMS의 등장 배경이 되는 데이터 중복성 문제와 관계가 먼 것은?

① 통합적 수정이 어려워 데이터의 일관성이 보장되지 않는다.
② 데이터의 접근에 관한 통제가 제대로 이루어질 수 없어, 보안성에 문제가 생긴다.
③ 경제성이 저하된다.
④ 프로그램 변경과 데이터 파일 변경이 동반되어야만 한다.

06 다음 중 DBMS 도입에 따른 장단점을 옳게 설명한 것은?

① 데이터의 중복성을 배제할 수 있고 시스템을 단순화할 수 있다.
② 논리적 독립성을 통해 물리적 종속성을 확보할 수 있다.
③ 백업과 복구가 어려워지는 단점이 있다.
④ 저장장치로의 집중 접근을 처리하여 과부하가 발생하지 않도록 한다.

07 다음 중 스키마에 관해 옳게 설명한 것은?

① 사용자의 관점에 가장 가까운 스키마는 개념 스키마이다.
② 내부 스키마는 하나의 DB 시스템에 여러 개로 존재할 수 있다.
③ 외부 스키마는 사용자 뷰로 통용된다.
④ 내부 스키마는 메타 데이터로 칭하기도 한다.

한눈에 보는 정답과 해설

CHAPTER

02 데이터베이스 모델 및 설계

01 데이터베이스 모델

1 데이터 모델의 개념

(1) 데이터 모델의 정의

① 실세계의 정보를 컴퓨터 세계의 데이터 구조로 기술하는 도구 또는 행위를 말한다. 실세계를 구성하는 개체들은 정보 모델링을 통해 정보 구조를 갖추게 되고 데이터 모델링을 통해 컴퓨터 세계의 논리적 데이터 구조를 갖게 된다.

② 데이터 모델에는 논리적으로 표현된 데이터의 구조와 구성 요소의 연산 관계, 구성 요소의 제약 조건 등이 표현되어야 한다.

(2) 데이터 모델의 종류

구 분	설 명	예
개념적 데이터 모델	개체의 속성과 개체 간의 관계를 중심으로 추상화하여 표현한다. E – R 다이어그램(개체 – 관계도 ; Entity–Relationship Diagram)을 도입한다.	E–R 모델, EE–R 모델(확장 E–R 모델)
논리적 데이터 모델	필드로 기술된 데이터 타입과 이 데이터 타입 간의 관계를 이용하여 현실 세계를 표현	계층형 모델, 네트워크형 모델, 관계형 모델, 객체지향형 모델

2 데이터 모델

(1) 개체 – 관계 모델(E–R 모델)

① 의미 : 개체 타입과 이들 간의 관계 타입을 이용해 현실 세계를 개념적으로 표현하는 기법이다. 개념적 데이터 모델에 속한다.

② E–R 다이어그램 : 개체 타입과 이들 간의 관계를 그림을 통하여 융통성 있는 데이터 구조를 표현한다. 다음과 같이, 각각 의미가 부여된 기호를 사용한다.

모델링(modeling)
어떤 물리적 현상을 다루기 쉽도록 목적에 맞추어 형식화하는 일을 말한다.

데이터 모델의 3요소
• 구조(structure)
• 연산(operations)
• 제약조건(constraints)

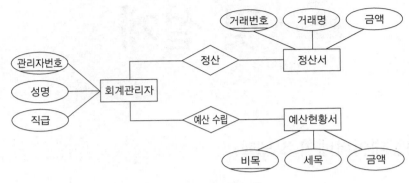

개체	관계	속성	다중 속성	기본 키 속성	개체-속성 연결

[E-R 다이어그램 기호]

[E-R 다이어그램의 예]

(2) 계층형 데이터베이스 모델(Hierarchical Database Model)

① **의미** : 데이터의 관계를 트리(tree) 구조로 표현하는 모델로, 모든 데이터 구조를 부모(parent)−자식(child)의 관계로 데이터의 연관성을 만들어 간다(Windows, Unix 파일 시스템의 디렉터리 구조와 흡사).

② **구조**

　ⓐ 모든 디렉터리는 최상위인 루트(root) 디렉터리로부터 시작된다.

　ⓑ 루트의 하위 각 디렉터리는 자신의 부모 디렉터리(parenet directory)를 갖는다.

　ⓒ 각 디렉터리는 아래에 자식 디렉터리(서브 디렉터리, child directory)를 갖는다.

　ⓓ 단순한 구조로 인해 관리가 용이하며 일 : 다 관계를 표현하기에 적합하다.

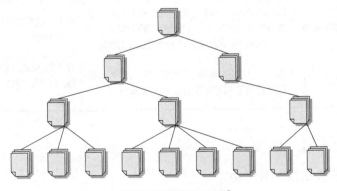

[계층형 데이터베이스 모델]

네트워크형 데이터베이스 모델 = DBTG 모델

(3) 네트워크형 데이터베이스 모델(Network Database Model)

① **의미** : 데이터의 관계를 그래프(graph) 구조로 표현하는 모델이다. 각 데이터는 여러 부모 데이터를 가질 수 있는 점에서 계층형과 대별된다.

② 구 조

　㉠ 계층형에서 표현하지 못한 '다 : 다' 관계를 표현하는 데 적합하다.

　㉡ 데이터들의 관계가 매우 복잡해질 수 있다.

　㉢ 변경이 어렵고 응용프로그램에서 사용하기가 어려운 단점이 있다.

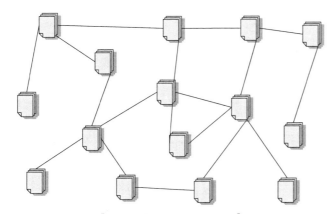

[네트워크형 데이터베이스 모델]

(4) 관계형 데이터베이스 모델(Relational Database Model)

① 의미 : 테이블(table)에 의해 데이터 구조가 구성되고 테이블을 이용해 데이터 간의 관계를 기술하는 모델이다. 관계형 데이터베이스 모델은 데이터베이스의 생성 및 사용이 쉽고 확장이 용이하여 현재 대부분의 DBMS에서 사용하고 있다.

② 구 조

　㉠ 데이터베이스 접근을 위한 SQL(Structured Query Language) 언어를 사용한다.

　㉡ 하나의 데이터베이스는 하나 이상의 테이블로 구성될 수 있다.

　㉢ 각 테이블은 열(column)과 행(row)으로 이루어진다.

　㉣ 보통, 관계형 데이터베이스 모델에서는 테이블 구성 요소를 다음과 같이 부른다.

　　ⓐ 테이블 : 릴레이션(relation)

　　ⓑ 행 : 레코드(record) 또는 튜플(tuple)

　　ⓒ 열 : 칼럼(column) 또는 애트리뷰트(attribute)

	attribute ↓	attribute ↓	attribute ↓	attribute ↓	attribute ↓
	No	Name	Job	Phone	Address
tuple →	1	○○○	○○○	○○○	○○○
tuple →	2	○○○	○○○	○○○	○○○
tuple →	3	○○○	○○○	○○○	○○○
tuple →	4	○○○	○○○	○○○	○○○
tuple →	5	○○○	○○○	○○○	○○○
tuple →	6	○○○	○○○	○○○	○○○

[릴레이션의 구성 요소]

(5) 객체지향형 데이터베이스 모델(Object–Oriented Database Model)

① 의미 : 객체지향 설계에서 도입한 클래스(class), 객체(object), 상속(inheritance), 메서드(method) 등의 개념을 데이터베이스 구조에 수용한 모델이다.

② 클래스와 서브 클래스로 정의된 데이터가 서로 일치하는 데이터베이스이다.

02 데이터베이스 설계

1 데이터베이스의 설계단계가 따라야 할 과정

[데이터베이스 설계 과정]

2 단계별 작업 내용

단 계	내 용
요구조건 분석	• DB 사용자로부터 필요 용도와 요구사항을 분석하는 단계(요구조건 명세서 작성 및 승인) • 사용자의 수행 업무 중 데이터베이스 필요 부분에 관한 파악 • 데이터 흐름, 종류, 용도, 처리, 조건 등을 파악
개념적 설계 (정보 모델링)	• 개념 스키마 설계 • 트랜잭션 모델링 • E – R 다이어그램 작성
논리적 설계 (데이터 모델링)	• 개념 스키마를 토대로 논리적 스키마 설계 • 트랜잭션 인터페이스 설계 • 스키마 정제와 평가
물리적 설계 (데이터 구조화)	논리적 구조로 표현된 데이터를 물리적 데이터 구조로 변환하여 저장장치에 저장할 수 있도록 준비(저장 레코드 형식 설계)
데이터베이스 구현	설계 자료 및 스키마를 토대로 DB 파일 생성 및 저장

적중 예상 문제

01 데이터 모델에 관한 다음의 설명 중 옳지 않은 것은?

① 실세계를 구성하는 개체들은 정보 모델링을 통해 정보 구조를 갖추게 된다.

② 논리적으로 설명된 데이터의 구조가 표현되어야 한다.

③ 컴퓨터 세계의 데이터 구조를 실세계의 정보로 되살리는 방법이다.

④ 데이터 구성 요소의 연산 관계, 제약 조건 등이 표현된다.

02 다음 중 네트워크형 데이터베이스 모델에 관한 설명으로 옳은 것은?

① 변경이 쉽고 여러 응용프로그램에서 사용하기에 적당하다.

② 다 : 다 관계를 표현하기에는 적당하지 않다.

③ 각 데이터는 여러 부모 데이터를 가질 수 있다.

④ 매우 복잡한 데이터들의 관계를 쉽게 표현할 수 있다.

[3~5] 다음은 E-R 다이어그램의 구성 요소이다. 물음에 답하여라.

▭	◇	⬭	⬭	—
㉠	㉡	㉢	㉣	㉤

03 관계 타입을 설명하기 위해서는 어떤 도형을 사용해야 하는가?

① ㉠   ② ㉡

③ ㉢   ④ ㉤

04 발주자가 상품을 발주하는 업무를 설계한다고 할 때, ㉠ 도형을 이용해야 하는 것을 옳게 고른 것은?

① 발주자   ② 상품

③ 발주   ④ 발주자, 상품

한눈에 보는 정답과 해설

01 데이터 모델은 실세계의 정보를 컴퓨터 세계의 데이터 구조로 기술하는 방법이다.

02 계층형 모델이 유일한 부모 데이터를 가질 수 있는 반면, 네트워크형 모델은 여러 부모 데이터를 가질 수 있어, 다:다 관계를 표현하기에 적당하다.

04 '발주자'와 '상품'은 개체 타입을, '발주'는 관계 타입에 해당한다.

01 ③ 02 ③ 03 ② 04 ④

05 '발주자'에 대한 속성을 설계하였더니, 다음과 같은 항목이 도출되었다. 이 중에서 ㉣ 도형으로 표현하는 데 가장 적당한 것은?

> 성명, 나이, 사원번호, 부서, 직급

① 성명　　　　　　　② 나이
③ 사원번호　　　　　④ 부서

06 다음 중 관계형 데이테베이스 모델의 릴레이션 구성요소 간 연관성을 잘못 짝지은 것은?

① 테이블－릴레이션　　② 행－튜플
③ 칼럼－속성　　　　　④ 열－레코드

07 다음 중 데이터베이스 설계 단계를 순서대로 옳게 나열한 것은?

① 요구분석 → 논리적 설계 → 개념적 설계 → 물리적 설계 → 구현
② 요구분석 → 개념적 설계 → 논리적 설계 → 물리적 설계 → 구현
③ 요구분석 → 물리적 설계 → 논리적 설계 → 개념적 설계 → 구현
④ 요구분석 → 개념적 설계 → 물리적 설계 → 논리적 설계 → 구현

한눈에 보는 정답과 해설

05 해당 도형은 기본키로 사용할 속성에 해당한다. 기본키는 중복이 되지 않는 것이 적당하다. 성명, 나이, 부서는 중복될 수 있다.

06 **테이블 구성 요소 간 연관성**
　　• 테이블 : 릴레이션(relation)
　　• 행 : 레코드(record) 또는 튜플(tuple)
　　• 열 : 칼럼(column) 또는 애트리뷰트(attribute)

07 실세계를 바탕으로 한 개념적 설계에 의해 정보 모델링이 수행되고 이를 바탕으로 논리적 설계를 수행하며 구현 전에 물리적 설계를 마친다.

05 ③　06 ④　07 ②

03 관계형 데이터베이스

출제경향분석

• 참조 무결성 (2021, 2019)
• 무결성 제약 조건(2018)
• 키의 종류 특성(2016)
• 결합연산(조인연산)의 이해(2014)

01 릴레이션(Relation)의 구성

1 릴레이션

(1) 의 미

릴레이션(relation)은 관계형 데이터베이스를 구성하는 기본 단위로 테이블(table)에 해당한다. 관계형 데이터베이스에는 한 개 이상의 릴레이션이 속하게 된다.

(2) 구 성

릴레이션은 튜플과 애트리뷰트로 구성되며, 애트리뷰트는 원잣값(atomic)으로 채워진다.
① **릴레이션** : 테이블
② **튜플**(tuple) : 행(row), 레코드(record),
③ **애트리뷰트**(attribute) : 속성, 열, 칼럼(column)
④ **원잣값** : 어떤 애트리뷰트 값에 채워질 수 있는 본질적인 값

(3) 릴레이션의 특징

① 튜플들은 한 릴레이션 내에서 유일성을 갖는다.
② 튜플 사이에는 순서가 없다.
③ 애트리뷰트는 릴레이션 내에서 유일한 이름을 갖는다.
④ 애트리뷰트 간에는 순서가 없다.
⑤ 모든 속성값은 원잣값만으로 구성된다.

(4) 릴레이션 스키마(Relation Schema)

릴레이션 구성에 대한 정의를 의미하며 릴레이션명, 애트리뷰트명, 데이터 형식 등을 규정한다.

컴퓨터일반 GO! 득점

원잣값(atomic)
더 이상 나누어질 수 없는 본질적인 값을 의미하는 것으로, 데이터베이스 속성값을 특정 지을 때 사용한다.

무결성(Integrity)
데이터베이스에 저장된 데이터 값과 그것
이 나타내는 실제 값이 일치하는 것을 의
미한다.
– 정합성 : 데이터베이스에 저장된 데이터
  값과 그것이 표현하는 현실세계의 실제
  값이 일치하는 정확성 의미
– 데이터베이스에 저장된 데이터값과 실
  제값이 일치하는 정확성
– 무결성 제약조건은 정확성 보장을 위해
  정확하지 않은 데이터가 데이터베이스
  내에 저장되는 것을 방지

2019
참조 무결성(Referential integrity)
관계형 데이터베이스 모델에서 참조 관계
에 있는 두 릴레이션의 데이터의 데이터
무결성을 의미한다. 참조 무결성이 적용되
면 외래 키값은 참조하는 릴레이션의 기본
키값 또는 기본 키가 아닌 후보 키값으로
존재해야하며 외래 키에 의해 참조되는 쌍
을 제거 시 참조 무결성이 파괴된다. 이러
한 참조 무결성의 파괴는 DBMS에 의해 방
지된다.

2 튜플(Tuple) 2018

(1) 의미

릴레이션을 구성하는 가로로 된 각각의 행(row)을 의미한다. 주로 파일 구조에서 사용하는 용어인 레코드와 동일한 의미이다.

(2) 튜플의 개수 및 대응수 관계

① **튜플의 개수** : 기수(cardinality : 카디널리티)라 일컫는다.

② 대응수 관계

　㉠ 최소 대응수(minimal cardinality) : 두 개체 간 매핑 가능한 최소 수

　㉡ 최대 대응수(maximal cardinality) : 두 개체 간 매핑 가능한 최대 수라 한다. 두 개체 E1과 E2의 관계에서, 각 개체의 최대 대응수에 따라 관계성은 다음과 같다.

E1의 최대 대응수	E2의 최대 대응수	E1－E2 관계성
1	1	1:1
1	N	N:1
N	1	1:N
N	N	N:N

3 애트리뷰트(Attribute, 속성)

릴레이션을 구성하는 세로로 된 각각의 열(column)을 의미한다. 데이터베이스를 구성하는 논리적 최소 단위이다. 관계형 데이터베이스에 개체(entity ; 엔티티)의 특성에 해당한다. 애트리뷰트의 개수는 차수(degree ; 디그리)라 일컫는다.

4 도메인(Domain)

하나의 속성이 가질 수 있는 값인 원잣값의 집합을 말하며, 실제 속성값이 나타날 때 그 값이 적당한가를 검사하는 데 사용한다.

02 키(Key) 2016

릴레이션(테이블)에서 튜플(행)들의 식별자로 사용되는 애트리뷰트를 키(key)라고 한다. 키의 종류에는 기본 키(primary key), 후보 키(candidate key), 대체 키(alternate key), 슈퍼 키(super key), 외래 키(foreign key) 등이 있다.

1 기본 키(Primary Key)

① 릴레이션에서 특정 튜플을 고유하게 식별하기 위해 사용하는 애트리뷰트를 말한다.
② 값이 없는 상태(null)와 중복 입력이 불가능하다.

　　⑩ 다음 그림의 릴레이션에서 gNo를 이용해 특정 튜플을 지정할 수 있으므로 gNo는 다음 릴레이션의 기본 키가 될 수 있다.

기본 키
↓

특정 행 지정 가능 →

gNo	Code	gName	Price
1	ab001206001	○○○	○○○
2	cd001206224	○○○	○○○
3	ff001205290	○○○	○○○
4	cf00203545	○○○	○○○
5	rf001203432	○○○	○○○
6	gk001208211	○○○	○○○

[기본 키]

③ 관계형 데이터베이스 관리 시스템(RDBMS)과 미들웨어, 애플리케이션 등의 레코드 식별자가 필요한 경우 기본 키가 사용된다.
④ 반드시 기본 키를 사용해야만 하는 경우가 아니면, 다른 후보 키로 대체되어도 기능 수행에는 문제가 없다. 따라서 기본 키의 이론적 의의는 크지 않지만, 실무에서 널리 사용되고 있는 개념이다.
⑤ 기본 키는 NULL의 존재가 허용되지 않지만, 후보 키에 허용이 되는 차이가 있다.
⑥ 레코드 추가, 업데이트할 때 제약 조건으로 기본 키를 생각한다면, 고유 제약 조건에 NOT NULL 제약을 가한 것이 기본 키 제약 조건이라고 생각할 수 있다.

2 후보 키(Candidate Key)와 대체 키(Alternate Key)

① 릴레이션에 따라서 기본 키로 사용할 수 있는 애트리뷰트가 두 개 이상 존재할 수 있으며, 이러한 애트리뷰트들을 후보 키 또는 보조 키라 한다.

② 후보 키 중에서 기본 키로 선택되지 못한 애트리뷰트를 대체 키(alternate key)라 한다.

> 예 다음 그림의 릴레이션에서 gNo와 Code는 각각 특정 튜플을 지정할 수 있어 기본 키로 사용할 수 있는 애트리뷰트들이다. 여기서 gNo를 기본 키로 사용한다면 Code는 대체 키가 된다.

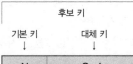

gNo	Code	gName	Price
1	ab001206001	○○○	○○○
2	cd001206224	○○○	○○○
3	ff001205290	○○○	○○○
4	cf00203545	○○○	○○○
5	rf001203432	○○○	○○○
6	gk001208211	○○○	○○○

gNo 또는 Code로 특정 행 지정 가능 →

[후보 키]

3 슈퍼 키(Super Key)

데이터베이스에서 테이블의 행을 고유하게 식별할 수 있는 애트리뷰트 또는 애트리뷰트의 집합을 말한다.

후보 키와 슈퍼 키의 비교

구 분	슈퍼 키	후보 키
유일성	만족	만족
최소성	불만족	만족

후보 키와의 차이는, 슈퍼 키는 '고유하게 식별하는 모든 조합'을 뜻하는 점이다. 즉, 후보 키에 불필요한 속성을 덧붙여 장황하게 한 것은 후보 키는 아니지만, 슈퍼 키이다. 더 줄일 수 없는 슈퍼 키, 즉 속성의 중복이 없는 슈퍼 키는 후보 키이기도 하다.

유일성

하나의 릴레이션에서 모든 튜플은 서로 다른 키값을 가져야 한다.

최소성

꼭 필요한 최소한의 속성들로만 키를 구성해야 한다.

4 외래 키(Foreign Key)

관계형 데이터베이스는 데이터를 릴레이션으로 표현하고 각 릴레이션 사이에 대한 유기적인 관계를 갖는다. 이때 릴레이션 사이의 관계를 표현하는 데 사용되는 애트리뷰트를 외래 키라 한다.

◉ 예 다음 그림에서 상위 릴레이션의 mNo는 하위 릴레이션의 기본 키인 mNo 값들을 참조하고 있다. 이때 상위 릴레이션의 mNo를 외래 키라 한다.

외래 키
↓

gNo	Code	gName	mNo
1	ab001206001	○○○	s005
2	cd001206224	○○○	s327
3	ff001205290	○○○	s765
4	cf00203545	○○○	s843
5	rf001203432	○○○	s656
6	gk001208211	○○○	s342

mNo	mName	mPrice
s001	○○○	○○○
s002	○○○	○○○
s003	○○○	○○○
s004	○○○	○○○
s005	○○○	○○○
s006	○○○	○○○

[외래 키]

03 관계 데이터 연산

관계 데이터 연산
- 관계 대수 : 절차적 연산
- 관계 해석 : 비절차적 연산

관계형 데이터베이스는 수학 이론의 한 분야인 집합론에 배경을 두고 있다. 따라서 관계형 데이터베이스의 릴레이션들은 집합으로 다뤄지고, 관련 연산을 반복 실행함에 따라 원하는 결과를 도출할 수 있다. 관계형 데이터베이스의 연산은 릴레이션 사이의 집합 연산과 순수 관계 연산으로 구분되는데, 집합 연산에는 합집합, 차집합, 교집합, 곱집합 연산이, 순수 관계 연산에는 셀렉트, 프로젝트, 조인, 디비전 연산이 있다.

1 집합 연산

① **합집합**(union) : 두 개의 릴레이션에서 모든 튜플을 합하는 연산이다. 모든 튜플을 합하게 되면 중복되는 튜플이 발생할 수 있는데 이러한 중복된 튜플은 오직 한번만 표현된다.

예 다음 그림은 두 릴레이션을 합집합 연산한 과정을 보여준다. 여기서 중복된 튜플은 결과 릴레이션에서 한번만 표현되는 것을 알 수 있다.

mNo	mName	mPrice
s001	○○○	○○○
s002	○○○	○○○
s003	○○○	○○○
s004	○○○	○○○
s005	○○○	○○○
s006	○○○	○○○

mNo	mName	mPrice
s004	○○○	○○○
s005	○○○	○○○
s006	○○○	○○○
s007	○○○	○○○
s008	○○○	○○○
s009	○○○	○○○

mNo	mName	mPrice
s001	○○○	○○○
s002	○○○	○○○
s003	○○○	○○○
s004	○○○	○○○
s005	○○○	○○○
s006	○○○	○○○
s007	○○○	○○○
s008	○○○	○○○
s009	○○○	○○○

[합집합 연산]

② **차집합**(difference) : 기준이 되는 릴레이션에서 다른 릴레이션과 일치하는 데이터를 가진 튜플을 빼는 연산이다. 즉, 본래의 릴레이션에만 존재하고 다른 릴레이션에는 존재하지 않는 데이터만을 갖는 연산이다.

예 다음 그림은 좌측 상부 릴레이션에서 하부 릴레이션을 빼는 차집합 연산이다. 기준이 되는 상부 릴레이션에서 중복되는 튜플을 뺀 것으로 새로운 릴레이션을 생성한다.

mNo	mName	mPrice
s001	○○○	○○○
s002	○○○	○○○
s003	○○○	○○○
s004	○○○	○○○
s005	○○○	○○○
s006	○○○	○○○

mNo	mName	mPrice
s004	○○○	○○○
s005	○○○	○○○
s006	○○○	○○○
s007	○○○	○○○
s008	○○○	○○○
s009	○○○	○○○

mNo	mName	mPrice
s001	○○○	○○○
s002	○○○	○○○
s003	○○○	○○○

[차집합 연산]

③ **교집합**(intersection) : 교집합 연산은 여러 릴레이션에서 공통되게 존재하는 데이터만을 취하는 연산이다.

예 다음 그림에서 좌측 두 릴레이션에서 공통되는 튜플만으로 새로운 릴레이션을 생성한다.

mNo	mName	mPrice
s001	○○○	○○○
s002	○○○	○○○
s003	○○○	○○○
s004	○○○	○○○
s005	○○○	○○○
s006	○○○	○○○

mNo	mName	mPrice
s004	○○○	○○○
s005	○○○	○○○
s006	○○○	○○○
s007	○○○	○○○
s008	○○○	○○○
s009	○○○	○○○

mNo	mName	mPrice
s004	○○○	○○○
s005	○○○	○○○
s006	○○○	○○○

[교집합 연산]

④ **곱집합**(cartesian product) : 행렬의 곱 연산과 같이, 각각의 릴레이션에 존재하는 데이터를 모두 모아 조합하는 연산이다. 연산의 결과 생성되는 릴레이션의 애트리뷰트 수는 원본 릴레이션의 애트리뷰트 수의 합이고, 튜플 수는 원본 릴레이션들의 튜플 수의 곱과 같게 된다.

컴퓨터일반 GO! 득점

일괄 처리 시스템 → 다중 프로그래밍/시분할/다중 처리/실시간 처리 시스템 → 다중 모드 시스템 → 분산 처리 시스템

관계 해석의 분류
- 튜플 관계 해석
- 도메인 관계 해석

<예> 다음 그림은 곱집합 연산의 결과를 보여준다.

mNo	mName
s001	○○○
s002	○○○

gNo	mPrice
k001	○○○
k002	○○○
k003	○○○

mNo	mName	gNo	mPrice
s001	○○○	k001	○○○
s001	○○○	k002	○○○
s001	○○○	k003	○○○
s002	○○○	k001	○○○
s002	○○○	k002	○○○
s002	○○○	k003	○○○

[곱집합 연산]

2 순수 관계 연산 `2014`

① **셀렉트**(SELECT, 선택 연산, σ) : 릴레이션에서 조건에 맞는 튜플을 골라내는 연산이다. 조건은 비교연산자(=, !=, 〈, 〉, 〈=, 〉= 등)를 사용하여 표현하며 여러 조건을 동시에 설정하여 셀렉트 연산을 수행할 수 있다.

<예> 다음 그림은 어떤 기준에 의해 두 튜플을 선택하게 되는 연산을 보여준다.

mNo	mName	mPrice
s001	○○○	○○○
s002	○○○	○○○
s003	○○○	○○○
s004	○○○	○○○
s005	○○○	○○○
s006	○○○	○○○

mNo	mName	mPrice
s002	○○○	○○○
s005	○○○	○○○

[SELECT]

② **프로젝트**(PROJECT, 투영 연산, Π) : 릴레이션에서 조건에 맞는 애트리뷰트를 골라내는 연산이다. 튜플이 아닌 애트리뷰트를 추출한다는 점에서 셀렉트와 구분된다. 프로젝트는 비교연산자를 사용해 조건을 표현하여 사용한다.

<예> 다음 그림은 어떤 기준에 의해 두 애트리뷰트를 선택하는 연산을 보여준다.

mNo	mName	mPrice
s001	○○○	○○○
s002	○○○	○○○
s003	○○○	○○○
s004	○○○	○○○
s005	○○○	○○○
s006	○○○	○○○

mNo	mPrice
s001	○○○
s002	○○○
s003	○○○
s004	○○○
s005	○○○
s006	○○○

[PROJECT]

③ **조인**(JOIN, 결합 연산, ⋈) : 여러 릴레이션에서 공통되는 애트리뷰트를 매개로 하여 새로운 릴레이션을 만드는 연산이다.

예 다음 그림은 mNo라는 공통된 애트리뷰트를 매개로 조인 연산을 수행한 결과의 예이다.

gNo	gName	mNo
1	○○○	s005
2	○○○	s327
3	○○○	s765
4	○○○	s843
5	○○○	s656
6	○○○	s342

mNo	mName	mPrice
s005	○○○	○○○
s327	○○○	○○○
s765	○○○	○○○
s843	○○○	○○○
s656	○○○	○○○
s342	○○○	○○○

gNo	gName	mNo	mName	mPrice
1	○○○	s005	○○○	○○○
2	○○○	s327	○○○	○○○
3	○○○	s765	○○○	○○○
4	○○○	s843	○○○	○○○
5	○○○	s656	○○○	○○○
6	○○○	s342	○○○	○○○

[JOIN]

④ 디비전(DIVISION, 나누기 연산, ÷) : 기준이 되는 릴레이션에서 나누는 릴레이션이 가진 모든 애트리뷰트와 동일한 값을 가지는 튜플을 추출한 다음, 나누는 릴레이션의 애트리뷰트를 삭제하고, 중복된 튜플을 제거하는 연산이다.

예 다음 그림은 동일한 mNo를 갖는 튜플을 추출하여 디비전 연산을 한 결과의 예이다.

gNo	gName	mNo
1	○○○	s005
2	○○○	s327
3	○○○	s005
4	○○○	s843
5	○○○	s656
6	○○○	s342

나누어지는 테이블

mNo	mName
s005	○○○

나누는 테이블

gNo	gName
1	○○○
3	○○○

[DIVISION]

01 2016 계리직

〈보기〉의 직원 테이블에서 키(Key)와 관련된 설명으로 옳지 않은 것은? (단, 사번과 주민등록번호는 각 유일한 값을 갖고, 부서번호는 부서 테이블을 참조하는 속성이며, 나이가 같은 동명이인이 존재할 수 있다)

보기

직원(사번, 이름, 주민등록번호, 주소, 나이, 성별, 부서번호)

① 부서번호는 외래키이다.
② 사번은 기본키가 될 수 있다.
③ (이름, 나이)는 후보키가 될 수 있다.
④ 주민등록번호는 대체키가 될 수 있다.

02 2018 계리직

학생 테이블에 튜플들이 아래와 같이 저장되어 있을 때, 〈NULL, '김영희', '서울'〉 튜플을 삽입하고자 한다. 해당 연산에 대한 [결과]와 [원인]으로 옳은 것은? (단, 학생 테이블의 기본키는 학번이다.)

보기

학번	이름	주소
1	김철희	경기
2	이철수	천안
3	박민수	제주

	[결과]		[원인]
①	삽입 가능	–	무결성 제약조건 만족
②	삽입 불가	–	관계 무결성 위반
③	삽입 불가	–	개체 무결성 위반
④	삽입 불가	–	참조 무결성 위반

03 2014 계리직

다음 관계 대수 연산의 수행 결과로 옳은 것은? (단, Π는 프로젝트, σ는 실렉트, ⋈N은 자연 조인을 나타내는 연산자이다.)

보기

관계 대수 : Π$_{고객번호, 상품코드}$ (σ$_{가격<=40}$ (구매 ⋈$_N$ 상품))

구매		상품		
고객번호	상품코드	상품코드	비용	가격
100	P1	P1	20	35
200	P2	P2	50	65
100	P3	P3	10	27
100	P2	P4	20	45
200	P1	P5	30	50
300	P2	P6	40	55

①
고객번호	상품코드
100	P1
100	P3

②
고객번호	상품코드
100	P1
200	P1

③
고객번호	상품코드
100	P1
100	P3
200	P1

④
고객번호	상품코드
200	P2
100	P2
300	P2

04 [2014 지방직]

관계형 데이터베이스의 키(Key)에 대한 설명으로 옳지 않은 것은?

① 수퍼키(superkey)는 릴레이션을 구성하는 속성(attribute)들 중에서 각 투플(tuple)을 유일하게 식별할 수 있도록 하는 속성 또는 속성들의 집합니다.

② 후보키(candidate key)는 유일성(uniqueness)과 최소성(minimality)을 만족시킨다.

③ 기본키(primary key)는 후보키 중에서 투플을 식별하는 기준으로 선택된 특별한 키이다.

④ 두 개 이상의 후보키 중에서 기본키로 선택되지 않은 나머지 후보키를 외래키(foreign key)라고 한다.

05 [2015 국가직]

관계형 모델(Relational Model)의 릴레이션(Relation)에 대한 설명으로 옳지 않은 것은?

① 릴레이션의 한 행(row)을 투플(tuple)이라고 한다.

② 속성(attribute)은 릴레이션의 열(column)을 의미한다.

③ 한 릴레이션에 존재하는 모든 투플은 상이해야 한다.

④ 한 릴레이션의 속성들은 고정된 순서를 갖는다.

01

③ (이름, 나이)는 동일한 데이터가 존재할 수 있으므로 후보키가 될 수 없다.

답 ③

02

기본키에 값이 없는 상태(null)로 삽입하고자 하므로 개체 무결성 위반에 해당하며 튜플 삽입이 불가능하다.

답 ③

03

조인 연산(결합 연산)은 여러 릴레이션에서 공통되는 애트리뷰트를 매개로 하여 새로운 릴레이션을 만드는 연산이다. 제시된 릴레이션에서 공통되는 애트리뷰트는 '상품코드'가 해당되며 셀렉트 조건에서 가격이 40 이하인 상품코드는 P1, P3이다. 그러므로 연산 결과에는 해당 상품 코드를 갖는 고객번호 100, 200이 모두 포함된다.

답 ③

04

④ 후보키 중에서 기본키로 선택되지 못한 애트리뷰트를 대체 키(atelrnate key)라고 한다.

답 ④

05

④ 애트리뷰트 간에는 고정된 순서가 없다.

답 ④

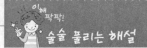
06 [2016 지방직]

속성 A, B, C로 정의된 릴레이션의 인스턴스가 아래와 같을 때, 후보키의 조건을 충족하는 것은?

A	B	C
1	12	7
20	12	7
1	12	3
1	1	4
1	2	6

① (A)   ② (A, C)
③ (B, C)   ④ (A, B, C)

07 [2019 계리직]

참조 무결성에 대한 설명으로 옳지 않은 것은?

① 검색 연산의 수행 결과는 어떠한 참조 무결성 제약조건도 위배하지 않는다.

② 참조하는 릴레이션에서 튜플이 삭제되는 경우, 참조 무결성 제약조건이 위배될 수 있다.

③ 외래 키 값은 참조되는 릴레이션의 어떤 튜플의 기본 키 값과 같거나 널(NULL) 값일 수 있다.

④ 참조 무결성 제약조건은 DBMS에 의하여 유지된다.

06

후보키란 기본키로 사용할 수 있는 애트리뷰트나 애트리뷰트의 집합을 말한다. 유일성과 최소성을 만족해야 한다.

② (A, C) : 유일성과 최소성을 만족
① (A) : 중복되는 값이 있으므로 유일성 불만족
③ (B, C) : 1행과 2행의 값이 같으므로 유일성 불만족
④ (A, B, C) : A와 C가 후보키로 존재하므로 유일성은 만족하지만, 최소성 불만족

답 ②

07

② 참조되는 릴레이션에서 튜플이 삭제되면 참조 무결성 제약조건이 위배될 수 있으나, 참조하는 릴레이션에서 튜플이 삭제되었을 때는 도메인, 키, 엔티티, 참조 무결성 제약조건 등 모든 제약조건을 위배하지 않는다.

답 ②

적중 예상 문제

01 데이터베이스 데이터 모델에 대한 설명으로 옳지 않은 것은?

① 네트워크 데이터 모델은 그래프 형태로 데이터베이스 구조를 표현한다.
② 관계 데이터 모델은 테이블로 데이터베이스를 나타낸다.
③ 계층 데이터 모델은 트리 형태의 데이터 구조를 가진다.
④ 계층 데이터 모델, 관계 데이터 모델, 네트워크 데이터 모델은 개념적 데이터 모델이다.

02 다음 중 릴레이션에 관한 설명 중 옳은 것은?

① 테이블–열
② 애트리뷰트–행
③ 튜플–레코드
④ 원잣값–테이블

03 다음 중 관계형 데이터베이스의 대응수(Cardinality)에 관한 설명으로 옳은 것은?

① 한 릴레이션의 튜플의 개수에 해당한다.
② 두 개체 간 관계가 1 : 1 관계성을 유지하려면 최소한 하나의 최대 대응수가 1이어야 한다.
③ 두 개체 간 관계가 다 : 다 관계성을 유지하려면 최소한 하나의 최대 대응수가 1을 넘어야 한다.
④ 디그리(degree)라는 용어로도 불린다.

04 다음과 같은 두 릴레이션이 관계를 갖고 있을 때, 외부키로 사용할 수 있는 애트리뷰트를 고르면?

㉠	㉡	㉢	㉣
학 번	이 름	주민번호	입학일
1	2	5	2
1	2	6	1
3	1	4	3
4	3	3	5
5	5	2	5
5	2	5	2

주민번호	군 별	병 과	근무지
1	2	5	2
1	2	6	1
3	1	4	3
4	3	3	5
5	5	2	5
5	2	5	2

① ㉠
② ㉡
③ ㉢
④ ㉣

05 다음과 같은 두 릴레이션을 곱집합 연산을 했을 때, 결과 릴레이션의 튜플 수와 애트리뷰트 수를 옳게 나타낸 것은?

mNo	mName
s001	○○○
s002	○○○

gNo	gPrice
k001	○○○
k002	○○○
k003	○○○
k004	○○○

① 튜플 : 6, 애트리뷰트 : 4
② 튜플 : 6, 애트리뷰트 : 8
③ 튜플 : 8, 애트리뷰트 : 4
④ 튜플 : 8, 애트리뷰트 : 6

한눈에 보는 정답과 해설

01 ④ 개념적 데이터 모델에는 E-R 모델이 있다.

02 릴레이션(relation) – 테이블(table), 튜플(tuple) – 행(row)/레코드(record), 애트리뷰트(attribute) – 열/칼럼(column), 원잣값 – 속성 값

03 1:1 관계성을 가지려면 두 개체 모두 1, 다:다 관계성을 가지려면 두 개체 모두 다수의 최대 대응수를 가지고 있어야 한다.

04 주민번호는 오른쪽 릴레이션의 기본 키로 사용할 수 있으므로 외부 키로 사용이 가능하다.

05 연산의 결과 생성되는 릴레이션의 애트리뷰트 수는 원본 릴레이션의 애트리뷰트 수의 합이고, 튜플 수는 원본 릴레이션들의 튜플 수의 곱과 같게 된다.

01 ④ 02 ③ 03 ① 04 ③ 05 ③

04 SQL

출제경향분석

- SQL의 기능별 구성 언어 (2019)
- SQL 질의문 작성(2018, 2014, 2008)
- SQL 질의문의 올바른 용법 구분(2016)
- SQL 내장 함수의 구분(2010)
- 질의 최적화의 경험 규칙(2010)

01 SQL의 기능별 구성 언어 2019

컴퓨터일반 GO! 득점

① SQL(Structured Query Language)이란 관계형 데이터베이스를 다루기 위한 표준 언어로, 보통의 프로그래밍 언어와 달리 절차적이지 않고 데이터베이스에서만 통용 되는 전용 언어이다.

② SQL은 데이터베이스나 릴레이션을 정의하는 데 사용되는 DDL, 데이터를 관리하는 데 사용되는 DML, 데이터베이스를 제어하기 위해 사용되는 DCL의 3가지 언어로 구 성된다.

1 DDL(Data Definition Language, 정의어)

① 의미 : 데이터베이스나 릴레이션을 생성, 수정, 삭제하는 기능을 지원하는 언어를 말 한다.

② DDL에 속하는 SQL 명령

ㄱ CREATE : 데이터베이스나 릴레이션을 생성한다.

ㄴ ALTER : 데이터베이스나 릴레이션을 변경한다.

ㄷ DROP : 데이터베이스나 릴레이션을 삭제한다.

ㄹ RENAME : 데이터베이스나 릴레이션의 이름을 변경한다.

2 DML(Data Manipulation Language, 조작어)

① 의미 : 릴레이션에 속하는 데이터를 추가, 변경, 삭제, 검색하는 기능을 지원하는 언 어이다.

② DML에 속하는 SQL 명령

ㄱ INSERT : 릴레이션에 데이터를 추가 삽입한다.

ㄴ UPDATE : 릴레이션의 데이터 내용을 변경한다.

ㄷ DELETE : 릴레이션의 데이터를 삭제한다.

ㄹ SELECT : 릴레이션에서 데이터를 검색·추출한다.

3 DCL(Data Control Language, 제어어)

① 의미 : 데이터베이스를 제어하기 위한 기능을 지원하는 언어로 실제 데이터를 다루는 데는 사용되지 않는 언어이다.

② DCL에 속하는 SQL 명령

    ㉠ GRANT : 사용자가 데이터를 조작할 수 있도록 권한을 부여한다.

    ㉡ REVOKE : 사용자의 데이터를 조작할 수 있는 권한을 폐지한다.

    ㉢ COMMIT : 트랜잭션을 정상적으로 종료하고 작업 내용을 데이터베이스에 반영한다.

    ㉣ ROLLBACK : 트랜잭션을 취소한다.

02 SQL 기본 문법

1 명령어 구조

다음은 'user_list'란 릴레이션의 모든 튜플과 애트리뷰트를 추출하는 SQL문의 예이다.

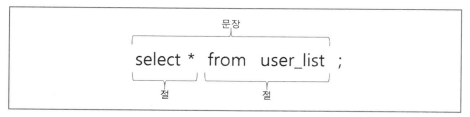

[SQL문의 문장 구조]

하나의 SQL문은 키워드(keyword), 절(phrase) 그리고 문장(statement)으로 구성된다.

① 키워드 : SQL에서 특수한 명령으로 이해하기 위해 미리 정의되어 있는 단어들로서 다른 말로 예약어(reserved word)라 부르기도 한다. 본 예에서 'select'나 'from'은 키워드에 해당한다.

② 절 : 키워드와 단어가 합쳐져서 이루어지며 SQL에서 의미를 가지는 최소한의 단위가 된다. 이러한 절이 여러 개 모여 하나의 SQL 문장을 이룬다.

③ ;(세미콜론) : 하나의 SQL 문장의 마침을 의미하여 ;까지의 SQL 문장이 전달되어 실행된다. 세미콜론 외에 릴레이션의 가로길이가 길거나 튜플 단위로 데이터를 조회하고자 할 경우 ₩G(대문자)가 SQL 문장의 마침을 의미하는 데 사용되기도 한다. 따라서 한 SQL 문장을 실행하기 위해서는 SQL 문장의 끝을 알리는 ; 또는 ₩G를 반드시 적어야 한다.

④ SQL은 대소문자를 구별하지 않는다.

⑤ 데이터베이스 내의 데이터는 대소문자를 구별한다.

⑥ 문자열은 ' '(작은따옴표)로 표시한다.

⑦ 스페이스바, 탭, 엔터 키로 만들어지는 공백은 개수에 상관없이 한 개로 인식된다.

2 예약어

SQL이 명령으로 실행되기 위해 필요한 단어들을 예약어라 한다. 예약어는 용도가 미리 지정되어 있기 때문에 릴레이션의 이름이나 애트리뷰트 이름 등 본래의 용도를 벗어나 사용할 수 없다.

① SQL에서 자주 사용되는 예약어

- add : 애트리뷰트 추가
- alter : 현재 값을 재정의
- asc : 오름차순으로 정렬
- char : 고정된 길이의 캐릭터 데이터 타입(0~8,000바이트)
- commit : 작업 내용 데이터베이스에 적용
- create : 특정 데이터베이스 생성
- date : 고정 길이의 시간 데이터 타입
- decimal(m, n) : 고정된 소수점 이하 자릿수를 정하는 데이터 타입(m : 전체 자릿수, n : 소수점 이하 자릿수)
- delete : 튜플을 제거
- desc : 내림차순으로 정렬
- drop : 특정 데이터베이스 삭제
- float : 부동소수점 값의 데이터 타입(8바이트)
- grant : 사용자 권한 부여
- insert : 튜플 추가
- int : 정수를 표현하는 데이터 타입(4바이트)
- long : 최대 2기가 바이트 변수 데이터 타입
- modify : 릴레이션 애트리뷰트의 정의 수정
- order : 정렬 명령
- real : 실숫값의 데이터 타입(4바이트)
- rename : 데이터베이스 이름 변경
- revoke : 사용자 권한 삭제
- rollback : 작업 취소
- select : 데이터 검색
- small int : 정수를 표현하는 데이터 타입(2바이트)
- sysdate : 시스템 날짜 및 시간
- update : 릴레이션 값의 변경

② " [", "] " 기호 : 불가피하게 예약어와 동일한 이름으로 릴레이션 이름이나 애트리뷰
트 이름으로 사용하려면 " [", "] " 기호를 통해 다음과 같이 사용할 수 있다. 그러나
혼동할 우려가 있고 타이핑이 번거롭기 때문에 되도록 사용을 피하는 것이 좋다.

```
SELECT [date], [sysdate] FROM [date];
```

3 주석문

(1) 의 미

주석은 SQL문 내에 기입하는 문자열 중 실행에 사용되지 않도록 처리된 것들을 말한다.

(2) 주석문의 표현

① SQL문에서 주석을 표현하는 방법 : " – – " 기호와 "/* ", " */ "의 2가지 방법을 사
용할 수 있다. – –는 – –가 시작된 곳부터 그 줄의 마지막까지 주석으로 인식된
다. /*는 줄에 상관없이 다음 */까지 주석으로 인식된다.

```
SELECT * FROM user_list; – –사용자 리스트를 불러와야 한다.
```

② 위의 문장에서 '사용자 리스트를 불러와야 한다.'는 말은 SQL 명령문으로 인식되지
않는다.

```
SELECT * From student_list; /* 학생 리스트에서 모든 데이터를 불러와야 한다. */
```

③ 위의 문장에서 '학생 리스트에서 모든 데이터를 불러와야 한다.'는 말은 SQL 명령문
으로 인식되지 않는다.

4 연산자(Operator)

연산자는 다양한 조회를 명령하기 위해 사용된다. 하나 또는 그 이상의 연산자들을 결
합하여 사용하면 폭넓은 조회를 수행할 수 있다. SQL에서 제공되는 연산자로는 산술
연산자, 연결 연산자, 비교 연산자, 논리 연산자 등이 있다.

(1) 산술 연산자

① 의미 : 산술 연산자는 숫자형 데이터에 연산을 수행할 때 사용되며, 애트리뷰트에서
숫자에 대한 연산을 수행하거나 애트리뷰트끼리의 연산을 수행한다. 산술 연산의 우
선순위는 보통 수학의 계산과 동일하게 ( ) (괄호), 곱셈, 나눗셈, 나머지, 그리고 덧
셈, 뺄셈의 순서이다.
② ⑩ 덧셈(+), 뺄셈(–), 곱셈(*), 나눗셈(/), 나머지(%) 연산자

- count(속성) : Null을 제외한 개수
- count(*) : Null도 포함한 개수

(2) 연결 연산자

연결 연산자는 문자열 형식의 데이터 연산을 수행할 때 사용되며 |, +, & 기호가 사용된다. 이러한 기호들은 두 애트리뷰트에 속하는 데이터들을 하나로 연결하여 결과를 표현할 때 사용된다.

(3) 비교 연산자

비교 연산자는 데이터베이스에서 데이터를 조회할 때 조건식을 기술하는 용도로 사용된다. 다음 표는 비교 연산자를 나타낸다.

비교 연산자	의 미
=	두 항이 같다.
>	왼쪽 항이 오른쪽 항보다 크다.
<	오른쪽 항이 왼쪽 항보다 크다.
>=	왼쪽 항이 오른쪽 항보다 크거나 같다.
<=	오른쪽 항이 왼쪽 항보다 크거나 같다.
<>, !=	두 항이 서로 다르다.

(4) 논리 연산자

① 의미 : 논리 연산자는 두 개 이상의 조건을 판별하여 조회할 때 사용되는 연산자이다. 비교 연산자는 하나의 조건식만 사용하는 반면, 논리 연산자는 두 개 이상인 각각의 조건식의 결과를 조합하여 판별하는 데 사용된다. 논리 연산자에는 AND, OR, NOT이 있다.

② 연산자의 우선순위 : 산술 연산자, 연결 연산자, 비교 연산자, 논리 연산자에 대한 우선순위는 다음 표와 같다.

우선순위	연산자
1	*, /, %
2	+, -
3	&, |, ^, ~
4	=, >, >=, <, <=, <>, !=
5	NOT
6	AND
7	OR

(5) 기타 연산자 **2018**

① BETWEEN : 일정 범위 사이

② LIKE : 테이블의 값 일부만 일치되는 레코드를 검색

③ IN : 하나 이상 일치하는 값을 검색

(6) 집계 함수(Aggregate Function) **중요 ★ 2010 2008**

① 의미 : 집계 함수는 집단 함수로도 불리며, 데이터베이스 검색의 편의성을 높이기 위한 내장 함수의 일종으로, 연산자와 동일하게 행동한다.

② 집계 함수의 종류와 기능

집계 함수	기능
COUNT	튜플이나 값들의 개수
SUM	값들의 합
AVG	값들의 평균값
MAX	값들의 최댓값
MIN	값들의 최솟값

(7) 질의 최적화 **중요 ★ 2010**

① 의미 : 질의 최적화는 데이터베이스가 질의를 수행하는 여러 방법 중 가장 비용이 적게 드는 방법을 찾는 과정을 말하는 것으로, 중간 결과를 적게 산출하면서 빠른 시간에 결과를 줄 수 있도록 한다.

② 질의 최적화 시에 사용하는 경험적 규칙

  ㉠ 셀렉트 연산은 가능한 한 일찍 수행하여 튜플 수를 줄여준다.

  ㉡ 프로젝트 연산은 가능한 한 일찍 수행하여 애트리뷰트 수를 줄여준다.

  ㉢ 조인 연산은 제한적인 것부터 규모가 큰 순으로 실행한다.

5 주요 SQL 명령어 용례

(1) SELECT 문 `2016` `2008`

① 의미 : 릴레이션 내에서 조건을 만족하는 애트리뷰트(칼럼/속성/열)를 검색하여 임시 릴레이션을 구성하는 질의 문장이다. 기본 구조와 용례는 다음과 같다. 단, [ ]로 묶인 것은 생략이 가능하다.

```
SELECT [DISTINCT] 애트리뷰트명, 애트리뷰트명, 애트리뷰트명 …
FROM 릴레이션명, 릴레이션명, 릴레이션명 …
[WHERE 조건 내용]
[GROUP BY 애트리뷰트명, 애트리뷰트명, 애트리뷰트명 …]
[HAVING 조건 내용]
[ORDER BY 애트리뷰트명, 애트리뷰트명, 애트리뷰트명 … [정렬 조건명]
;
```

② SELECT 절

   ㉠ 검색될 데이터들을 포함하는 애트리뷰트명을 SELECT 뒤에 열거한다.

   ㉡ SELECT ID, Name : 'ID'와 'Name'이라는 애트리뷰트 내에서 선택한다는 의미이다.

   ㉢ SELECT * : 모든 애트리뷰트를 지정할 때 " * "를 기입한다.

   ㉣ DISTINCT 기입 : 중복된 애트리뷰트가 있으면 그중 첫 번째 하나만 검색한다. 여러 릴레이션에서 검색할 때는 중복 애트리뷰트가 존재할 수 있기 때문이다. 생략 시 중복 허용이 된다.

③ FROM 절

   ㉠ 검색될 데이터들을 포함하는 릴레이션명을 FROM 뒤에 열거한다.

   ㉡ FROM Student_list, Teacher_list : 'Student_list'와 'Teacher_list'라는 릴레이션 내에서 선택한다는 의미이다.

④ WHERE 절

   ㉠ 애트리뷰트 내의 속성값에 대한 조건 내용을 WHERE 뒤에 명시한다.

   ㉡ 각종 연산자를 포함한다.

   ㉢ WHERE Name = '홍길동' : 'Name' 애트리뷰트 내에서 '홍길동'이라는 문자열과 일치하는 조건을 말한다.

   ㉣ WHERE Tall 〉 180 : 'Tall' 애트리뷰트 내에서 '180' 이상인 조건을 말한다.

   ㉤ WHERE Name LIKE '김%' : 'Name' 애트리뷰트 내에서 '김'으로 시작하는 문자열인 조건을 말한다.

   ㉥ WHERE Name LIKE '박_' : 'Name' 애트리뷰트 내에서 '박'으로 시작하는 2글자 문자열인 조건을 말한다.

   ㉦ WHERE Tall IS NULL : 'Tall' 애트리뷰트 내에서 속성값이 NULL 값인 조건을 말한다.

◎ WHERE Tall IS NOT NULL : 'Tall' 애트리뷰트 내에서 속성값이 NULL 값이 아닌 조건을 말한다.

ⓩ WHERE 가격 BETWEEN 1000 AND 10000 : '가격' 애트리뷰트 내에서 속성값이 1000부터 10000까지의 범위를 말한다.

ⓩ 문자나 날짜형의 값은 인용기호(' ')로 양쪽을 에워싼다.

⑤ GROUP BY 절

ㄱ 동일한 속성을 갖는 특정 애트리뷰트를 한 그룹으로 묶는다.

ㄴ GROUP BY Team_name : 'Team_name'이라는 애트리뷰트에 포함된 값이 동일한 경우 하나로 묶는다.

⑥ HAVING 절

ㄱ GROUP BY 절과 함께 사용되며, 그룹에 대한 조건을 지정한다.

ㄴ GROUP BY Team_name HAVING Salary >= 1000000 : 'Salary' 애트리뷰트의 속성이 1000000보다 크거나 같은 조건의 결과들을 Team_name이 동일한 것끼리 그룹으로 묶는다.

⑦ ORDER BY 절

ㄱ 특정 속성을 기준으로, 오름차순 또는 내림차순으로 검색 결과를 정렬한다.

ㄴ SELECT 문에서 가장 마지막에 기입하는 절이다.

ㄷ ORDER BY 절을 모두 생략하면 기본 키 값이 증가하는 순서대로 제시된다.

ㄹ ORDER BY ID : 'ID' 애트리뷰트 속성값에 대해 오름차순으로 정렬한다.

ㅁ ORDER BY ID ASC : 'ID' 애트리뷰트 속성값에 대해 오름차순으로 정렬한다.

ㅂ ORDER BY ID DESC : 'ID' 애트리뷰트 속성값에 대해 내림차순으로 정렬한다.

⑧ 문장이 끝나는 마지막에는 세미콜론(;)을 찍는다.

(2) INSERT 문

① 의미 : 기본 릴레이션에 새로운 튜플을 삽입할 때 사용하는 문장이다.

② 기본 구조와 용례

```
INSERT INTO 릴레이션명 (애트리뷰트명, 애트리뷰트명, 애트리뷰트명 …)
VALUES (값1, 값2, 값3, …)
;
```

ㄱ 각각 대응되는 애트리뷰트와 값은 개수와 데이터형이 일치해야 한다.

ㄴ INSERT INTO Student_list (ID, Name, Tall) VALUES ('abcde', '홍길동', 165);
: Studnet_list 릴레이션에 'ID' 애트리뷰트의 값을 'abcde'로, 'Name' 애트리뷰트의 값을 '홍길동'으로, 'Tall' 애트리뷰트의 값을 '165'로 하는 튜플을 삽입한다.

ㄷ 값을 입력하지 않는 애트리뷰트의 값은 자동적으로 Null 값이 채워진다.

(3) UPDATE 문 `2018`

① **의미** : 릴레이션에 있는 특정 튜플의 내용을 갱신할 때 사용하는 문장이다.

② **기본 구조와 용례**

```
UPDATE 릴레이션명
SET 애트리뷰트명 = 갱신값
WHERE 선택 튜플 조건
;
```

> ⑩ UPDATE Student_list SET Tall = 180 WHERE Name = '홍길동'; : Student_list 릴레이션에서 'Name' 애트리뷰트 값이 '홍길동'인 튜플의 'Tall' 애트리뷰트 값을 '180'으로 갱신한다.

(4) DELETE 문 `2014`

① **의미** : 릴레이션에 있는 특정 튜플을 삭제할 때 사용하는 문장이다.

② **기본 구조와 용례**

```
DELETE
FROM 릴레이션명
WHERE 선택 튜플 조건
;
```

> ⑩ DELETE FROM Student_list WHERE Tall > 300; : Student_list 릴레이션에서 'Tall' 애트리뷰트 값이 300보다 큰 수인 튜플을 찾아 삭제한다.

(5) CREATE 문

① **의미** : 데이터베이스나 릴레이션을 생성하는 문장이다.

② **기본 구조와 용례**

```
CREATE TABLE 테이블명 (
        속성         데이터타입        기본값
);
```

> ⑩ CREATE TABLE 직원 : '직원'이라는 이름을 가진 테이블을 생성한다.

(6) ALTER 문

① 의미 : 이미 존재하는 데이터베이스나 릴레이션의 특성을 변경하는 문장이다.

② 기본 구조와 용례

```
ALTER TABLE 테이블명 ADD 속성 데이터타입;
```

- ALTER TABLE Student ADD Birthday DATE : 'Student'라는 이름으로 이미 존재하는 테이블에 대해 'Birthday'라는 열을 추가한다.

(7) DROP 문

① 의미 : 이미 존재하는 데이터베이스나 릴레이션을 삭제하는 문장이다.

② 기본 구조와 용례

```
DROP TABLE 테이블명;
```

- DROP TABLE Employee : 'Employee'라는 이름으로 이미 존재하는 테이블을 삭제한다.

01 2018 계리직

고객계좌 테이블에서 잔고가 100,000원에서 3,000,000원 사이인 고객들의 등급을 '우대고객'으로 변경하고자 〈보기〉와 같은 SQL문을 작성하였다. ㉠과 ㉡의 내용으로 옳은 것은?

보기

UPDATE 고객계좌
(㉠) 등급 = '우대고객'
WHERE 잔고 (㉡) 100000 AND 3000000

	㉠	㉡
①	SET	IN
②	SET	BETWEEN
③	VALUES	IN
④	VALUES	BETWEEN

02 2010 계리직

데이터베이스 관리시스템(DBMS)에서 질의 처리를 빠르게 수행하기 위해 질의를 최적화한다. 질의 최적화 시에 사용하는 경험적 규칙으로서 옳지 않은 것은?

① 추출(project) 연산은 일찍 수행한다.
② 조인(join) 연산은 가능한 한 일찍 수행한다.
③ 선택(select) 연산은 가능한 한 일찍 수행한다.
④ 중간 결과를 적게 산출하면서 빠른 시간에 결과를 줄 수 있어야 한다.

03 2008 계리직

MS Access의 데이터베이스를 이용한 성적 릴레이션에서 적어도 2명 이상이 수강하는 과목에 대해 등록한 학생수와 평균점수를 구하기 위한 SQL 질의문을 작성할 경우 빈칸에 적절한 표현은?

〈릴레이션명 : 성적〉

학 번	과 목	성 적	점 수
100	자료구조	A	90
100	운영체제	A	95
200	운영체제	B	85
300	프로그래밍	A	90
300	데이터베이스	C	75
300	자료구조	A	95

SELECT 과목, COUNT(*) AS 학생수, AVG(점수) AS 평균점수
FROM 성적
GROUP BY 과목 _____

---

① WHERE SUM(학번) >= 2;
② WHERE COUNT(학번) >= 2;
③ HAVING SUM(학번) >= 2;
④ HAVING COUNT(학번) >= 2;

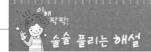

04 2014 계리직

사원(사번, 이름) 테이블에서 사번이 100인 튜플을 삭제하는 SQL문으로 옳은 것은? (단, 사번의 자료형은 INT 이고, 이름의 자료형은 CHAR(20)으로 가정한다)

① DELETE FROM 사원 WHERE 사번=100;

② DELETE IN 사원 WHERE 사번=100;

③ DROP TABLE 사원 WHERE 사번=100;

④ DROP 사원 COLUMN WHERE 사번=100;

05 2016 계리직

직원(사번, 이름, 입사년도, 부서) 테이블에 대한 SQL문 중 문법적으로 옳은 것은?

① SELECT COUNT(부서) FROM 직원 GROUP 부서;

② SELECT * FROM 직원 WHERE 입사년도 IS NULL;

③ SELECT 이름, 입사년도 FROM 직원 WHERE 이름 = '최%'

④ SELECT 이름, 부서 FROM 직원 WHERE 입사년도 = (2014, 2015);

술술 풀리는 해설

01

• UPDATE 문 : 릴레이션에 있는 특정 튜플의 내용을 갱신한다.

[기본 구조와 용례]
UPDATE 릴레이션명
SET 애트리뷰트명 = 갱신값
WHERE 선택 튜플 조건

• BETWEEN ~ AND 연산 : 두 개의 값 사이 범위에 해당하는 데이터를 선택한다. **답 ②**

02

조인(join) 연산은 제한적인 것부터 규모가 큰 순으로 실행한다. **답 ②**

03

GROUTP BY 다음에 위치하여 GROUP에 대한 조건을 규정하는 것은 HAVING 절이다. 또한, 학생 수를 구하기 위해서는 COUNT 함수를 사용해야 한다. **답 ④**

04

DELETE 문은 릴레이션에 있는 특정 튜플을 삭제할 때 사용하는 문장이다. 기본 구조와 용례는 다음과 같다.

DELETE
FROM 릴레이션명
WHERE 선택 튜플 조건
;

답 ①

05

① SELECT COUNT(부서) FROM 직원 WHERE 부서;

③ SELECT 이름, 입사년도 FROM 직원 WHERE 이름 LIKE '최%'

④ SELECT 이름, 부서 FROM 직원 WHERE 입사년도 in (2014, 2015);

답 ②

06 2018 국가직

다음 SQL 명령어에서 DDL(Data Definition Language) 명령어만을 모두 고른 것은?

ㄱ. ALTER   ㄴ. DROP
ㄷ. INSERT   ㄹ. UPDATE

① ㄱ, ㄴ   ② ㄴ, ㄷ
③ ㄴ, ㄹ   ④ ㄷ, ㄹ

07 2016 서울시

다음 중 유효한 SQL 문장이 아닌 것은?

① SELECT * FROM Lawyers WHERE firmName LIKE '% and %';
② SELECT firmLoc, COUNT(*) FROM Firms WHERE employees < 100;
③ SELECT COUNT(*) FROM Firms WHERE employees < 100;
④ SELECT firmLoc, SUM(employees) FROM Firms GROUP BY firmLoc WHERE SUM(employees) < 100;

08 2019 계리직

SQL의 명령을 DDL, DML, DCL로 구분할 경우, 이를 바르게 짝지은 것은?

	DDL	DML	DCL
①	RENAME	SELECT	COMMIT
②	UPDATE	SELECT	GRANT
③	RENAME	ALTER	COMMIT
④	UPDATE	ALTER	GRANT

술술 풀리는 해설

06

DDL에 속하는 SQL 명령
- CREATE : 데이터베이스나 릴레이션을 생성한다.
- ALTER : 데이터베이스나 릴레이션을 변경한다.
- DROP : 데이터베이스나 릴레이션을 삭제한다.
- RENAME : 데이터베이스나 릴레이션의 이름을 변경한다.

DML에 속하는 SQL 명령
- INSERT : 릴레이션에 데이터를 추가 삽입한다.
- UPDATE : 릴레이션의 데이터 내용을 변경한다.
- DELETE : 릴레이션의 데이터를 삭제한다.
- SELECT : 릴레이션에서 데이터를 검색 추출한다.

답 ①

07

④ 'group by'로 그룹화한 후 조건을 추가하기 위해서는 'having' 문을 사용해야 한다.
SELECT firmLoc, SUM(employees) FROM Firms GROUP BY firmLoc HAVING SUM(employees) < 100;

답 ④

08

DCL에 속하는 SQL 명령
- GRANT : 사용자가 데이터를 조작할 수 있도록 권한을 부여
- REVOKE : 사용자가 데이터를 조작할 수 있는 권한을 해제
- COMMIT : 트랜잭션을 정상적으로 종료 후 작업 내용을 데이터베이스에 반영
- ROLLBACK : 트랜잭션을 취소

답 ①

적중 예상 문제

01 질의 최적화를 위한 질의문의 내부 형태 변화에 대한 규칙으로 가장 옳지 않은 것은?

① 실렉트(select) 연산은 교환적이다. : $\sigma_{c1}(\sigma_{c2}(R)) \equiv \sigma_{c2}(\sigma_{c1}(R))$

② 연속적인 프로젝트(project) 연산은 첫 번째 것을 실행하면 된다. : $\Pi_{List1}(\Pi_{List2}(\cdots(\Pi_{Listn}(R))\cdots)) \equiv \Pi_{Listn}(R)$

③ 실렉트의 조건 c가 프로젝트 속성만 포함하고 있다면 교환적이다. : $\sigma_c(\Pi(R)) \equiv \Pi(\sigma_c(R))$

④ 합집합($\cup$)과 관련된 프로젝트(project) 연산은 다음과 같이 변환된다. : $\Pi(A \cup B) \equiv \Pi(A) \cup \Pi(B)$

02 직급이 대리인 사원들의 이름과 급여를 검색하는 SQL 문장으로 옳은 것은?

① SELECT EMPNAME, SALARY FROM EMPLOYEE HAVING TITLE = '대리';

② select empname, salary from employee by title = '대리';

③ select empname, salary from employee where title = '대리';

④ SELECT EMPNAME, SALARY FROM EMPLOYEE WHERE TITLE = '대리'

03 다음 표와 같은 판매실적 테이블에 대하여 서울지역에 한하여 판매액 내림차순으로 지점명과 판매액을 출력하고자 한다. 가장 적정한 SQL 구문은?

[테이블명 : 판매실적]

도시	지점명	판매액
서울	강남지점	330
서울	강북지점	168
광주	광주지점	197
서울	강서지점	158
서울	강동지점	197
대전	대전지점	165

① SELECT 지점명, 판매액 FROM 판매실적 WHERE 도시 = "서울" ORDER BY 판매액 DESC;

② SELECT 지점명, 판매액 FROM 판매실적 WHERE 도시 = "서울" ASC;

③ SELECT 지점명, 판매액 FROM 판매실적 ORDER BY 판매액 DESC;

④ SELECT * FROM 판매실적 WHEN 도시 = "서울" ORDER BY 판매액 DESC;

 한눈에 보는 정답과 해설

01 ② 프로젝트 연산 : 조건을 만족하는 속성을 구하고자 할 때 사용한다. 프로젝트 연산의 경우에는 교환법칙이 성립하지 않는다. 연속적인 프로젝트 연산일 때는 가장 나중의 것을 실행해야 한다.

02 SQL 문장에서 대소문자 구분은 필요치 않다. 주의해야 할 것은 문장 마지막에 세미콜론을 기재해야 한다.

03 내림차순으로 정렬은 DESC를 이용한다. 판매실적이라는 테이블에서 지점명과 판매액을 출력하기 원하므로 SELECT 문을 이용하고, 도시 중 서울 지역으로 한정 짓기 때문에 WHERE 문을 사용한다. 또한 판매액을 기준으로 내림차순으로 정렬해야 하므로 DESC를 사용한다.

01 ② 02 ③ 03 ①

04 다음 보기는 여러 가지 연산자들을 나타낸 것이다. 이들의 연산 우선순위가 높은 것부터 옳게 나열한 것은?

> ㉠ << ㉡ AND ㉢ OR ㉣ * ㉤ + ㉥ &

① ㉡－㉢－㉠－㉥－㉣－㉤
② ㉣－㉤－㉥－㉠－㉡－㉢
③ ㉣－㉤－㉡－㉢－㉠－㉥
④ ㉤－㉣－㉠－㉡－㉥－㉢

05 SQL에서 DELETE 명령에 대한 설명으로 옳지 않은 것은?

① 기본 사용 형식은 "DELETE FROM 테이블 [WHERE 조건];"이다.
② WHERE 조건절이 없는 DELETE 명령을 수행하면 DROP TABLE 명령을 수행했을 때와 같은 효과를 얻을 수 있다.
③ SQL을 사용 용도에 따라 분류할 경우 DML에 해당한다.
④ 테이블의 행을 삭제할 때 사용한다.

06 STUDENT 테이블에 독일어과 학생 50명, 중국어과 학생 30명, 영어영문학과 학생 50명의 정보가 저장되어 있을 때, 다음 SQL 문의 실행 결과 튜플 수는? (단, DEPT 칼럼은 학과명)

> ⓐ SELECT DEPT FROM STUDENT;
> ⓑ SELECT DISTINCT DEPT FROM STUDENT;

① ⓐ 32 ⓑ 3   ② ⓐ 50 ⓑ 30
③ ⓐ 130 ⓑ 3   ④ ⓐ 130 ⓑ 130

07 다음 (   )에 적당한 SQL 문장은?

> SELECT 번호, 이름
> FROM 학생테이블
> (   ) 학과 = "컴퓨터";

① WITH   ② GROUP
③ SET   ④ WHERE

08 관계 데이터베이스의 테이블 지점정보(지점코드, 소속도시, 매출액)에 대해 다음과 같은 SQL 문이 실행되었다. 그 결과에 대한 설명으로 부적합한 것은?

> SELECT 소속도시, AVG(매출액) FROM 지점정보 WHERE 매출액 〉 100 GROUP BY 소속도시 HAVING COUNT(*) 〉= 10

① WHERE 절의 조건에 의해 해당 도시의 지점들의 매출액 평균이 100 이하인 경우는 출력에서 제외된다.
② HAVING 절에서 "COUNT(*) 〉= 10"을 "SUM(매출액) 〉= 5000"으로 변경하면 어느 한 도시의 지점들의 매출액 합이 5,000 이상인 경우만 그 도시 지점들의 매출액 평균을 구할 수 있다.
③ SELECT 절의 "AVG(매출액)"을 "MAX(매출액)"으로 변경하면 각 도시별로 가장 높은 매출을 올린 지점의 매출액을 구할 수 있다.
④ 매출액 100을 초과하는 지점들이 10군데 이상 있는 도시들에 대해 소속도시별 매출액 평균을 구하는 질의이다.

09
학생(STUDENT) 테이블에 전산과 학생이 50명, 전자과 학생이 100명, 기계과 학생이 50명 있다고 할 때, 다음 SQL 문 ㉠, ㉡, ㉢의 실생 결과 튜플 수는 각각 얼마인가? (단, DEPT 필드는 학과명을 의미한다.)

㉠ SELECT DEPT FROM STUDENT;
㉡ SELECT DISTINCT DEPT FROM STUDENT;
㉢ SELECT COUNT(DISTINCT DEPT) FROM STUDENT
WHERE DEPT = '전산과';

① ㉠ 200 ㉡ 3 ㉢ 3
② ㉠ 200 ㉡ 3 ㉢ 1
③ ㉠ 200 ㉡ 3 ㉢ 50
④ ㉠ 200 ㉡ 200 ㉢ 5

10
다음 SQL 문에서 WHERE 절의 조건이 의미하는 것은?

SELECT CNO, CNAME
FROM COURSE
WHERE CNO LIKE 'S _ _';

① S로 시작되는 3문자의 CNO를 검색한다.
② S로 시작하는 모든 CNO를 검색한다.
③ 문자열로만 이루어진 모든 CNO를 검색한다.
④ S를 포함한 모든 CNO를 검색한다.

한눈에 보는 정답과 해설

04 산술 − 연결 − 비교 − 논리 연산자 순이다.

05 ② DELETE 문은 명령어의 데이터만 삭제가 된다. 따라서 테이블은 여전히 존재한다. 하지만 DROP 명령어는 데이터뿐만이 아니라 테이블도 삭제가 되기 때문에 테이블이 존재하지 않는다.

06 ⓐ DEPT는 학과명이다. 따라서 STUDENT 테이블에서부터 DEPT 학과들을 선택을 하는 구문이다. 따라서 각 학과의 학생들의 튜플 수의 합은 50+30+50=130 이다.
ⓑ DISTINCT 명령어는 중복된 튜플들을 제거하고 유일한 값만 출력하는 명령어이다. 독일어과 학생 50명이 중복되어 있기 때문에 중복을 제거하면 독일어과 학생 1명의 데이터가 남아있고, 나머지 학과들도 중국어과 학생 1명. 영어영문학과 학생 1명 순으로 데이터가 남아서 3개의 튜플만 존재한다.

07 SELECT 구문의 사용 방법 은 다음과 같다.
SELECT 속성 FROM 릴레이션 WHERE 조건
따라서 학과 = '컴퓨터'라는 조건이 있기 때문에 (   ) 안에는 WHERE이 들어가야 한다.
① WITH : 인라인 뷰에 Alias(별칭)을 설정하고 SELECT 문장에서 이것을 사용 가능하게 만든다.
② GROUP : 같은 값을 가진 데이터들을 조회하고자 할 때 사용한다.
③ SET : 해당 필드명에 값을 변경하고자 할 때 사용하는 구문이다.
④ WHERE : 특정 기준을 만족시키는 행에만 작업을 수행하게 하는 구문이다.

08 ① 구문에서 "WHERE 매출액 〉 100"으로 설정되어 있다. 매출액의 평균이 100 이하인 경우가 아니라 매출액이 100 이하인 경우에 출력에서 제외된다.
② 매출액의 합계가 5000 이상인 경우의 도시로 바꾸는 구문은 "SUM(매출액) 〉= 5000"이다.

③ AVG는 평균을 구하는 명령어이고, MAX는 가장 큰 숫자의 튜플을 구하는 명령어이다.
④ "GROUP BY 소속도시 HAVING COUNT(*) 〉= 10" 구문에서 특정 조건을 만족하는 지점들이 10곳 이상인 도시들에 대해서 나타나 있고, 특정조건은 "WHERE 매출액 〉 100"에서 매출액이 100을 초과하는 지점들에 해당된다. 따라서 도시들 중 매출액이 100을 초과하는 지점들이 10 곳 이상 있는 도시들에서 도시별 매출액의 평균을 구하는 구문이다.

09 ㉠ STUDENT 테이블 중에서 DEPT를 선택하는 구문이다. DEPT는 총 전산과, 전자과, 기계과로 3가지가 있다. 따라서 각 학과의 튜플들을 모두 합하면 50 + 100 + 50 = 200개이다.
㉡ DISTINCT는 중복을 제거하는 기능이 있는 명령어로, 전산과, 전자과, 기계과 튜플의 중복을 모두 제거하면, 각각 전산과 1명. 전자과 1명, 기계과 1명의 튜플이 남고, 총 튜플 수는 3이다.
㉢ 전산과 튜플 50개 중에서 DISTINCT 명령어로 인해 중복이 제거가 되면서 전자과 튜플 1개만 남는다.

10 열 이름에 사용가능한 문자는 영문자, 숫자, $, #, _ 등이 가능하다.
패턴매칭은 다음과 같다.
_ : 어떤 것이든 한 문자를 의미한다. 글자 수를 설정할 때 사용한다.
% : 글자가 없거나. 아무 글자나 와도 된다.
[] : 대괄호 사이에 있는 글자들을 의미한다.
[^] : ^다음에 있는 글자를 제외한 다른 것을 의미한다.
따라서 S___는 S로 시작하는 3자를 의미하고 해당 구문은 CNO를 검색하는 구문이다.

04 ② 05 ② 06 ③ 07 ④ 08 ① 09 ② 10 ①

11 모든 사원의 직급을 검색하기 위해 아래와 같은 SQL문장을 작성하였다. 이를 실행한 결과는 다음 표와 같았다.

| • SQL 문장 : | SELECT TITLE FROM EMPLOYEE; |

• 실행 결과 :

TITLE
대리
과장
대리
사장
부장
차장
사원
사원

중복되는 것들을 대표하여 하나만 반환되도록 하려면 SQL 문장을 어떻게 작성했어야 하는가?

① SELECT FROM EMPLOYEE TITLE;
② SELECT DISTINCT FROM TITLE EMPLOYEE;
③ SELECT TITLE FROM EMPLOYEE DISTINCT;
④ SELECT DISTINCT TITLE FROM EMPLOYEE;

12 직원 테이블 emp의 모든 레코드를 근무연수 wyear에 대해서는 내림차순으로, 동일 근무연수에 대해서는 나이 age의 오름차순으로 정렬한 결과를 얻기 위한 SQL 질의문은?

① SELECT * FROM emp ORDER BY wyear, age ASC;
② SELECT * FROM emp ORDER BY age ASC, wyear;
③ SELECT * FROM emp ORDER BY wyear DESC, age;
④ SELECT * FROM emp ORDER BY age, wyear DESC;

13 다음과 같은 SQL 문장을 실행하였다. 릴레이션에 Null 값은 모두 몇 개 삽입되는가?

> INSERT INTO STUDENTLIST VALUES (5, '반장', '홍길동', '', '0', '', '', '없음');

① 2   ② 3
③ 4   ④ 5

14 다음 중 데이터 타입 지정 예약어와 내용을 옳게 짝지은 것은?

① float – 부동소수점 값 데이터 타입, 8바이트
② int – 정수 데이터 타입, 16바이트
③ long – 변수 데이터 타입, 총 20바이트
④ real – 실수 데이터 타입, 8바이트

한눈에 보는 정답과 해설

11 사용자가 DISTINCT 절을 사용하여 명시적으로 요청했을 때만 중복을 제거하게 된다. DISTINCT는 SELECT와 애트리뷰트명 사이에 적는다.

12 emp라는 직원 테이블에서부터 모든 레코드를 지정해야 하기 때문에 SELECT 문을 사용한다. ORDER BY 절은 선택된 칼럼들이 여러 개일 경우 왼쪽(앞)에서 정의된 칼럼을 기준으로 분류하고, 이후 나열된 순서대로 분류한다. ORDER BY에서 기본값은 오름차순이다. ASC는 오름차순, DESC는 내림차순으로 정렬할 때 사용한다. 문제

에서는 wyear에 대해서는 내림차순으로 나열하고, 이후 동일한 근무연수에 대해서는 age에 대해서는 오름차순으로 정렬해야 한다.

13 '0'이나 '없음' 등은 데이터에 해당한다. 그러므로 아무 데이터가 없는 Null 값은 모두 3개이다.

14 int – 4byte, long – 2Gbyte, real – 4byte

11 ④   12 ③   13 ②   14 ①

05 데이터베이스 관리 및 운용

출제경향분석
- 트랜잭션의 회복(복구)(2021)
- 관계형 데이터베이스에서 뷰(View)의 특징(2018)
- 관계형 데이터베이스 정규화의 이해(2016, 2014, 2010)
- 트랜잭션의 특성(2012)

01 정규화(Normalization)

1 정규화의 개념

정규화는 관계형 데이터베이스 스키마를 기반으로 수학적 이론을 적용하여 보다 좋은 데이터베이스 설계로 이끄는 상향식 방법론을 의미한다. 구체적으로는 하나의 릴레이션을 좀더 단순하고 바람직한 구조를 갖는 두 개 이상의 릴레이션으로 쪼개는 과정으로 나타난다.

(1) 문제를 유발하는 릴레이션의 구조적 특징
① **정보의 중복** : 반복 저장에 의해 저장 공간이 낭비된다.
② **수정(갱신) 이상** : 반복 데이터 모두를 수정하지 않을 경우 데이터 불일치 현상이 나타난다.
③ **삽입 이상** : 불필요한 정보를 함께 저장해야만 어떤 정보를 저장할 수 있는 현상이 나타난다.
④ **삭제 이상** : 쓸모있는 정보를 함께 삭제해야만 어떤 정보를 삭제할 수 있는 현상이 나타난다.

(2) 관계형 데이터베이스 설계의 지침 `2010`
① 이해하기 쉽고 명확한 스키마를 만든다(문제 유발이 없도록 기본 릴레이션을 명확히 설계).
② Null 값을 피한다(Null 값의 폐해 : 저장 공간 낭비, 집계 함수 적용 곤란, 조인 연산 곤란, 불명 의미 문제).
③ 가짜 튜플이 생기지 않도록 한다(가짜 튜플 : 각종 연산을 통해 새로운 릴레이션을 생성할 때, 원래의 릴레이션에 있지 않았던 가짜 튜플이 생성될 수 있다).
④ 스키마를 정제한다(정규화 과정을 통해 달성할 수 있다).

(3) 릴레이션 분해 시 주의할 점
① SQL 질의 수행시간이 길어질 수 있다.
② 조인 연산(결합 연산)을 필요로 하는 질의로 바뀔 수 있다.
③ 분해 후 릴레이션을 통해 분해 전 릴레이션을 재구성하지 못할 수 있다.

컴퓨터일반 GO! 득점

이상 현상(anomaly)
- 수정(갱신) 이상
- 삽입 이상
- 삭제 이상

2 정규형 중요 ★ 2016 2014

정규화 진행에 따라 정규화 정도를 판별하는 어떤 기준을 뜻한다.

(1) 제1정규형(1NF)

릴레이션 내의 모든 애트리뷰트에 반복 그룹이 나타나지 않으면 제1정규형을 만족한다. 즉, 모든 애트리뷰트가 원잣값을 가지면 제1정규형을 만족한다.

① 반복 그룹의 의미 : 한 개의 기본 키 값에 대해 두 개 이상의 값을 가질 수 있는 애트리뷰트를 의미한다.

② 반복 그룹의 예 : 학생 리스트라는 릴레이션에서 학생별 '수강 과목'이라는 애트리뷰트가 존재한다면 그 애트리뷰트에는 '수학, 영어, 컴퓨터일반' 등의 다양한 값들이 한꺼번에 들어갈 수 있다. 이는 반복 그룹의 예이다.

(2) 제2정규형(2NF)

제2정규형을 만족하는 릴레이션은 먼저 제1정규형을 만족해야 하고 어떤 후보 키에도 속하지 않는 모든 애트리뷰트가 릴레이션의 기본 키에 완전히 함수적으로 종속하는 것을 말한다.

① 함수적 종속성 : 애트리뷰트 A가 애트리뷰트 B의 결정자이면 B는 A에 함수적으로 종속한다고 말한다(표시법 : A→B).

② 결정자 : 주어진 릴레이션에서 다른 애트리뷰트를 고유하게 결정하는 애트리뷰트를 의미한다. 한 릴레이션에서 결정자는 복수일 수 있다(예 학생 릴레이션에서 학번은 학생명, 주소, 학과, 전화번호 등의 결정자이다).

(3) 제3정규형(3NF)

제3정규형을 만족하는 릴레이션은 먼저 제2정규형을 만족해야 하고, 키가 아닌 모든 애트리뷰트가 릴레이션의 기본 키에 이행적으로 종속하지 않는 것을 말한다.

(4) BCNF(보이스/코드 정규형)

BCNF(Boyce-Codd Normal Form)를 만족하는 릴레이션은 먼저 제3정규형을 만족해야 하고, 모든 결정자가 후보키어야 한다는 것을 말한다.

이행적 종속성
B가 A에 종속하고 C도 A에 종속할 때, 만일 C가 B에 종속한다면, C는 A에 직접 함수적으로 종속하면서도 동시에 B를 통해서 A에 이행적으로 종속한다고 말한다.

결정자
속성 A에 따라 속성 B가 결정되는 A → B일 때, A를 결정자라 한다.

종속자
속성 A에 따라 속성 B가 결정되는 A → B일 때, B를 종속자라 한다.

정규형	수행 작업	수행 결과
비정규형 ↓		비정규화된 릴레이션
제1정규형 ↓	반복 그룹 제거	모든 애트리뷰트가 원잣값을 가짐
제2정규형 ↓	부분 함수적 종속성 제거	키가 아닌 모든 애트리뷰트가 기본 키에 완전히 함수적으로 종속
제3정규형 ↓	이행적 종속성 제거	키가 아닌 모든 애트리뷰트가 기본 키에 직접적으로 종속
BCNF	후보키 아닌 결정자 제거	모든 결정자가 후보키임

02 시스템 카탈로그와 뷰

1 시스템 카탈로그(System Catalog)

① 의미 : 시스템 카탈로그는 데이터베이스의 릴레이션, 뷰, 인덱스, 권한 등 객체의 구조, 통계에 관한 데이터를 포함한 것을 말한다. 그러므로 데이터베이스 시스템에서 데이터가 실제로 읽히거나 수정되기 전에 먼저 참고되는 파일이다.

② 메타 데이터 및 자료 사전 : 시스템 카탈로그에 저장된 데이터를 메타 데이터(meta-data)라고도 한다. 메타데이터는 '데이터에 관한 데이터'를 의미한다. 또한, 시스템 카탈로그가 생성되면 자료 사전(data dictionary)에 저장되므로 카탈로그를 자료 사전 또는 시스템 테이블이라고도 한다.

③ SQL을 이용하여 내용을 검색, 참조할 수 있으나 시스템 카탈로그의 갱신은 DBMS에서 자동적으로 수행·유지한다.

④ 시스템 카탈로그 = 메타 데이터 = 자료 사전 = 시스템 테이블

2 뷰(View) 2018

① 의미 : 뷰는 어떤 릴레이션에서 유도된 가상의 릴레이션을 말한다. 실제적으로 존재하는 릴레이션이 아니지만 사용자에게는 실제로 있는 것처럼 간주된다.

② 뷰를 기반으로 다른 뷰를 생성하는 등 대부분의 일반 릴레이션 사용과 동일하나, 삽입, 갱신, 삭제를 위해서는 제약이 따른다. 즉, ALTER 명령으로 뷰를 변경할 수 없다.

③ 뷰를 사용하는 목적 : 데이터베이스 보안, 복잡한 질의를 간단히 표현하기 위한 수단, 데이터 독립성의 유지

④ 뷰를 통해 얻을 수 있는 장점
  ㉠ 뷰 튜플 추가 시 오류가 검증될 수 있으므로 데이터 무결성이 보장된다.
  ㉡ 접근을 제어하여 데이터베이스 보안 유지에 도움을 준다.
  ㉢ 다양한 사용자의 응용이나 요구를 목적에 맞게 지원할 수 있다.
  ㉣ 동일 데이터를 다각적으로 표현할 수 있다.
  ㉤ 논리적 데이터 독립성을 제공할 수 있다.
  ㉥ 데이터 관리를 쉽게 해준다.

데이터베이스 보안
• 데이터베이스 객체에 대하여 사용자마다 다른 접근 권한을 부여함으로써 데이터베이스 보안을 유지한다. 주로 사용하는 데이터베이스 보안 방식은 다음과 같다.
• 주로 사용하는 보안 방식
  ― 암호화 기법
  ― 권한 부여 기법 : 뷰 기법, GRANT/REVOKE 기법

03 트랜잭션(Transaction)

1 의미

데이터베이스에서 하나의 논리적 기능을 수행하기 위한 작업 단위를 말한다. 트랜잭션 개념의 적용과 가장 깊은 관계가 있는 것은 동시에 다수의 사용자가 동일한 릴레이션, 심지어 동일한 튜플을 참조하는 상황에 대한 동시성 제어이다.

2 동시성 제어(Concurrency Control, 병행 제어)

동시에 수행되는 트랜잭션 간의 간섭 또는 상호작용을 제어하여 데이터베이스의 일관성을 보장하는 제어

3 트랜잭션의 특성 중요 ★ 2012

특 성	내 용
원자성 (atomicity)	트랜잭션 수행이 완전하게 완료되지 않으면 전혀 수행되지 않아야 한다. 즉, 트랜잭션은 일부만 수행된 상태로 종료되어서는 안 된다.
일관성 (consistency)	한 트랜잭션을 정확하게 수행하고 나면 데이터베이스가 하나의 일관된 상태에서 다른 일관된 상태로 변한다.
고립성 (isolation)	한 트랜잭션이 데이터를 갱신하는 동안 완료되기 전에는 갱신 중인 데이터를 다른 트랜잭션들이 영향을 주어서는 안 된다.
지속성 (durability)	트랜잭션이 일단 성공적으로 완료되면 시스템 고장이 발생하더라도 그 결과가 지속되어야 한다.

4 트랜잭션 연산

연 산	내 용
COMMIT	• 트랜잭션의 성공적 종료 • COMMIT 후 데이터베이스는 새로운 일관성을 갖게 되며, 수행한 갱신 내용을 데이터베이스에 반영해야 함을 관리 모듈에 알린다.
ROLLBACK	• 트랜잭션의 철회 • 트랜잭션의 일부가 성공적으로 끝나지 못하여 데이터베이스 불일치가 발생할 수 있는 상태에서 해당 수행에 의한 갱신이 데이터베이스에 반영되었다면 취소해야 함을 관리 모듈에 알린다.

04 회복(Recovery)

데이터베이스 운영 도중 예기치 못한 장애가 발생할 경우, 데이터베이스를 장애 발생이전의 상태로 돌리는 것이다.

1 지연 갱신(Deferred Update)

① 트랜잭션이 부분 완료 상태에 이르기까지 발생한 모든 변경 내용을 로그 파일에만 저장하고, 데이터베이스에는 Commit이 발생할 때까지 저장을 지연한다.
② 데이터베이스 회복 과정에서 Undo가 필요 없다.
③ 트랜잭션 복구 시 로그 파일 내용만 폐기한다.

2 즉시 갱신(Immediate Update)

① 트랜잭션 수행 도중 데이터를 변경하면 변경 정보를 로그 파일에 저장하고, 트랜잭션이 부분 완료되기 전이라도 모든 변경 내용을 즉시 데이터베이스에 반영하는 기법이다.
② 회복 시 트랜잭션 실행 이전의 상태로 복구
③ 로그 파일을 참조하여 미완료된 변경에 대해 Undo를 우선 실행한 후, 완료된 변경에 대해 Redo를 실행

05 분산 데이터베이스

1 의 미

여러 곳에 분산된 데이터베이스를 하나로 통합된 것처럼 사용할 수 있도록 한 데이터베이스를 말한다. 논리적으로 동일한 시스템에 속하지만, 물리적으로는 분산되어 있다.

2 목 표

① **위치 투명성** : 사용자는 데이터의 저장 장소를 알 필요가 없고, 위치 정보만 시스템 카탈로그(system catalog)에 유지되어야 한다.
② **중복 투명성** : DB 객체가 여러 사이트에 중복되어 있는지 알 필요가 없다.
③ **장애 투명성** : 장애가 발생해도 트랜잭션은 수행된다.

시스템 카탈로그(system catalog)
시스템이 필요로 하는 데이터베이스, 테이블, 뷰, 인덱스, 권한 등에 관한 정보를 메타 데이터 형태로 저장한 시스템 데이터베이스이다.

3 장 점

① 지역 자치성
② 신뢰성과 가용성
③ 효율성과 융통성
④ 빠른 응답 속도와 통신비용 절감
⑤ 데이터의 가용성과 신뢰성 증가
⑥ 시스템 규모의 점진적 확장 가능

지역 자치성(local autonomy)
데이터베이스를 지역별로 독립적으로 관리할 수 있다.

4 단 점

① 개발·관리의 복잡성과 비용 높음
② 오류 가능성 증가
③ 제어의 어려움

06 데이터 웨어하우스와 데이터 마이닝

1 데이터 웨어하우스(Data Warehouse)

(1) 의미
의사결정을 돕기 위해 데이터가 특별히 정리된 데이터베이스를 말한다.

(2) 특징
① 비즈니스 사용자들의 의사결정 지원에 전적으로 이용된다.
② 데이터 웨어하우스는 신뢰할 수 있는 하나의 버전을 사용자에게 제공한다. 기존 운영시스템의 대부분은 항상 많은 부분이 중복됨으로써 하나의 사실에 대해 다수의 버전이 존재하게 된다. 그렇지만 데이터 웨어하우스에서 이러한 데이터는 전사적인 관점에서 통합된다.
③ 주제 중심적이다. 운영시스템은 재고 관리, 영업관리 등과 같은 기업운영에 필요한 특화된 기능을 지원하는 데 반해, 데이터 웨어하우스는 고객, 제품 등과 같은 중요한 주제를 중심으로 그 주제와 관련된 데이터들로 조직된다.
④ 컴퓨터 시스템 혹은 자료 구조에 대한 지식이 없는 사용자들이 쉽게 접근할 수 있어야 한다. 조직의 관리자들과 분석가들은 그들의 PC로부터 데이터 웨어하우스에 연결될 수 있어야 한다. 이런 연결은 요구에 즉각적이어야 하고, 또한 신속성을 보여야 한다.
⑤ 데이터 웨어하우스는 읽기 전용 데이터베이스로서 갱신이 이루어지지 않는다.

2 OLAP(On-Line Analytical Processing, 온라인 분석 처리)

(1) 의미
의사결정 지원 시스템 가운데 대표적인 예로, 사용자가 동일한 데이터를 여러 기준을 이용하는 다양한 방식으로 바라보면서 다차원 데이터 분석을 할 수 있도록 도와준다.

(2) 특성
① **다차원 정보 제공** : 다차원정보에 직접 대화 형태로 분석한다. 보통 데이터베이스는 2차원인데, 현업에서 요구하는 것은 다차원이다. 그래서 다차원 데이터베이스를 만들고 전문화된 데이터베이스 엔진으로 정보를 추출하는 것이 OLAP이다.
② **중간 매개자 없이 사용자가 직접 데이터 접근** : 중간 매개자가 없이 사용자가 온라인으로 접근한다. 홈뱅킹, VOD 또는 TV쇼핑 등에 사용할 수 있다.
③ **대화형태 정보분석** : 대화 형태로 정보가 분석된다. 대화로 진행되기 때문에 사용자는 명령하고 오래 기다리지 않는다. 따라서 신속성이 중요하다. 사용자가 질의했을 때 신속하게 처리해야 한다.
④ **의사결정 지원** : 질의, 목표탐색, 원인-결과 분석

3 데이터 마이닝(Data Mining)

(1) 의 미

대규모로 저장된 데이터 안에서 체계적이고 자동으로 통계적 규칙이나 패턴을 찾아내는 것을 말한다.

(2) 적용 분야

① **분류**(classification) : 일정한 집단에 대한 특정 정의를 통해 분류 및 구분을 추론한다. **예** 경쟁자에게로 이탈한 고객

② **군집화**(clustering) : 구체적인 특성을 공유하는 군집을 찾는다. 군집화는 미리 정의된 특성에 대한 정보를 가지지 않는다는 점에서 분류와 다르다. **예** 유사 행동 집단의 구분

③ **연관성**(association) : 동시에 발생한 사건 간의 관계를 정의한다.
　　예 장바구니 안에 동시에 들어가는 상품들의 관계 규명

④ **연속성**(sequencing) : 특정 기간에 걸쳐 발생하는 관계를 규명한다. 기간의 특성을 제외하면 연관성 분석과 유사하다.
　　예 슈퍼마켓과 금융상품 사용에 대한 반복 방문

⑤ **예측**(forecasting) : 대용량 데이터 집합 내의 패턴을 기반으로 미래를 예측한다.
　　예 수요예측

기출 확인 문제

01 2012 계리직

트랜잭션의 특성과 이에 대한 설명으로 옳지 않은 것은?

① 원자성(atomicity) – 트랜잭션은 완전히 수행되거나 전혀 수행되지 않아야 한다.

② 일관성(consistency) – 트랜잭션을 완전히 실행하면 데이터베이스를 하나의 일관된 상태에서 다른 일관된 상태로 바꿔야 한다.

③ 고립성(isolation) – 하나의 트랜잭션의 실행은 동시에 실행 중인 다른 트랜잭션의 간섭을 받아서는 안 된다.

④ 종속성(dependency) – 완료한 트랜잭션에 의해 데이터베이스에 가해진 변경은 어떠한 고장에도 손실되지 않아야 한다.

02 2014 계리직

어떤 릴레이션 R(A, B, C, D)이 복합 애트리뷰트 (A, B)를 기본키로 가지고 함수 종속이 다음과 같을 때 이 릴레이션 R은 어떤 정규형에 속하는가?

$\{A, B\} \rightarrow C, D$
$B \rightarrow C$
$C \rightarrow D$

① 제1정규형

② 제2정규형

③ 제3정규형

④ 보이스–코드 정규형(BCNF)

03 2016 계리직

〈보기〉는 관계형 데이터베이스의 정규화 작업을 설명한 것이다. 제1정규형, 제2정규형, 제3정규형, BCNF를 생성하는 정규화 작업을 순서대로 나열한 것은?

> **보기**
>
> ㄱ. 결정자가 후보키가 아닌 함수 종속성을 제거한다.
> ㄴ. 부분 함수 종속성을 제거한다.
> ㄷ. 속성을 원잣값만 갖도록 분해한다.
> ㄹ. 이행적 함수 종속성을 제거한다.

① ㄱ → ㄴ → ㄷ → ㄹ ② ㄱ → ㄷ → ㄹ → ㄴ

③ ㄷ → ㄱ → ㄴ → ㄹ ④ ㄷ → ㄴ → ㄹ → ㄱ

04 2018 계리직

관계형 데이터베이스의 뷰(View)에 대한 장점으로 옳지 않은 것은?

① 뷰는 데이터의 논리적 독립성을 일정 부분 제공할 수 있다.

② 뷰를 통해 데이터의 접근을 제어함으로써 보안을 제공할 수 있다.

③ 뷰에 대한 연산의 제약이 없어서 효율적인 응용프로그램의 개발이 가능하다.

④ 뷰는 여러 사용자의 상이한 응용이나 요구를 지원할 수 있어서 데이터 관리를 단순하게 한다.

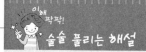

05 <small>2018 국가직</small>

데이터베이스의 동시성 제어에 대한 설명으로 옳지 않은 것은? (단, T1, T2, T3는 트랜잭션이고, A는 데이터 항목이다.)

① 다중버전 동시성 제어 기법은 한 데이터 항목이 변경될 때 그 항목의 이전 값을 보존한다.

② T1이 A에 배타 로크를 요청할 때, 현재 T2가 A에 대한 공유 로크를 보유하고 있고 T3가 A에 공유 로크를 동시에 요청한다면, 트랜잭션 기아 회피기법이 없는 경우 A에 대한 로크를 T3가 T1보다 먼저 보유한다.

③ 로크 전환이 가능한 상태에서 T1이 A에 대한 배타 로크를 요청할 때, 현재 T1이 A에 대한 공유 로크를 보유하고 있는 유일한 트랜잭션인 경우 T1은 A에 대한 로크를 배타 로크로 상승할 수 있다.

④ 2단계 로킹 프로토콜에서 각 트랜잭션이 정상적으로 커밋될 때까지 자신이 가진 모든 배타적 로크들을 해제하지 않는다면 모든 교착상태를 방지할 수 있다.

01

종속성은 트랜잭션의 특성과 관계가 없으며, 트랜잭션의 지속성(durability)은 트랜잭션이 일단 성공적으로 완료되면 시스템 고장이 발생하더라도 그 결과가 지속되어야 하는 특성이다. 답 ④

02

제시된 내용에서 기본키가 모든 애트리뷰트의 결정자가 되는 완전함수적 종속성을 갖추지 못한 상태이므로 제2정규형을 만족시키지는 못한다.

• 함수적 종속성 : 애트리뷰트 A가 애트리뷰트 B의 결정자이면 B는 A에 함수적으로 종속한다고 말한다(표시법 : A → B).

• 제1정규형 : 릴레이션 내의 모든 애트리뷰트에 반복 그룹, 즉 한 개의 기본 키 값에 대해 두 개 이상의 값을 가질 수 있는 애트리뷰트가 나타나지 않으면 제1정규형을 만족한다. 즉, 모든 애트리뷰트가 원잣값을 가지면 제1정규형을 만족한다. 답 ①

03

정규형	수행 작업
비정규형 ↓	—
제1정규형 ↓	반복 그룹 제거
제2정규형 ↓	부분 함수적 종속성 제거
제3정규형 ↓	이행적 종속성 제거
BCNF	후보키 아닌 결정자 제거

답 ④

04

뷰(view)는 어떤 릴레이션에서 유도된 가상의 릴레이션으로 복잡한 질의를 간단히 표현하기 위한 수단으로 제공된다. 데이터베이스 보안, 데이터 독립성의 유지를 위해 사용한다. 대부분의 일반 릴레이션 사용과 동일하나, 삽입, 갱신, 삭제를 위해서는 제약이 따른다. 즉, ALTER 명령으로 뷰를 변경할 수 없다. 답 ③

05

④ 로킹(locking)은 하나의 트랜잭션이 데이터를 접속하는 동안 다른 트랜잭션이 해당 데이터 항목에 접근할 수 없도록 하는 방법이다. 이것은 교착상태의 발생이유이다. 답 ④

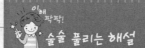

06 2017 국가직

트랜잭션이 정상적으로 완료(Commit)되거나, 중단(Abort)되었을 때 롤백(Rollback)되어야 하는 트랜잭션의 성질은?

① 원자성(atomicity)
② 일관성(consistency)
③ 격리성(isolation)
④ 영속성(durability)

06
② 일관성(consistency) : 한 트랜잭션을 정확하게 수행하고 나면 데이터베이스가 하나의 일관된 상태에서 다른 일관된 상태로 변한다.
③ 격리성(isolation) : 한 트랜잭션이 데이터를 갱신하는 동안 완료되기 전에는 갱신 중인 데이터를 다른 트랜잭션들이 영향을 주어서는 안 된다.
④ 영속성(durability) : 트랜잭션이 일단 성공적으로 완료되면 시스템 고장이 발생하더라도 그 결과가 지속되어야 한다.

답 ①

07
② 지역 자치성(local autonomy) : 데이터베이스를 지역별로 독립적으로 관리할 수 있다.

답 ②

07 2012 지방직

분산 데이터베이스에 대한 설명으로 옳지 않은 것은?

① 데이터 분산기술을 이용하여 트랜잭션 처리성능을 향상시킬 수 있다.
② 지역 사이트에 있는 모든 DBMS가 동일해야 한다.
③ 데이터 중복기술을 이용하여 가용성을 높일 수 있다.
④ 트랜잭션의 원자성을 보장하기 위해 2단계 완료 규약(two-phase commit protocol)을 사용할 수 있다.

적중 예상 문제

01 정규화 과정에서 발생하는 이상(Anomaly)에 관한 설명으로 옳지 않은 것은?

① 정규화는 이상을 제거하기 위해서 중복성 및 종속성을 배제시키는 방법으로 사용한다.

② 속성 간의 종속 관계를 분석하여 여러 개의 릴레이션을 하나로 결합하여 이상을 해결한다.

③ 삭제 이상, 삽입 이상, 갱신 이상이 있다.

④ 이상은 속성 간에 존재하는 여러 종류의 종속관계를 하나의 릴레이션에 표현할 때 발생한다.

02 분산 데이터베이스에 대한 설명으로 거리가 먼 것은?

① 효용성과 융통성이 높다.

② 지역 자치성이 높다.

③ 분산 제어가 용이하다.

④ 점진적 시스템 확장이 어렵다.

03 뷰(View)에 대한 설명으로 옳지 않은 것은?

① 뷰의 정의 변경을 위해서는 ALTER 문을 이용한다.

② 뷰가 정의된 기본 테이블이 삭제되면 뷰도 자동적으로 삭제된다.

③ 뷰 위에 또 다른 뷰를 정의할 수 있다.

④ 뷰에 대한 조작은 기본 테이블 조작과 거의 동일하며, 삽입, 갱신, 삭제연산에는 제약이 따른다.

 한눈에 보는 정답과 해설

01 관계 스키마가 올바르지 않으면 데이터 중복이 생긴다. 이런 데이터의 중복은 릴레이션을 작업할 때 원치 않는 현상이 발생을 하게 되는데 이를 이상 현상이라 한다.

② 함수적 종속성과 종속성 이론 등을 활용해 더 작은 속성들로 나누어 이상 현상을 해결해야 한다.

① 정규화는 구성하고 있는 모든 릴레이션이 중복이 존재하지 않게 효과적으로 데이터베이스에서 표현이 가능하게 만들어야 한다. 이상 현상을 없애기 위해서 반복되지 않게 해야 한다.

③ 이상 현상에는 삽입 이상, 갱신 이상, 삭제 이상이 있다.

④ 튜플들을 삽입할 때 예기치 못한 관계까지 삽입이 되면서 이상 현상이 발생하게 된다. 여러 가지의 정보들이 하나에 릴레이션에 포함이 될 때 이상 현상이 발생한다.

02 ④ 만약 새로운 응용 방법에 대해 문제가 생겼을 때 추가, 폐쇄 등이 쉽다. 따라서 점증적인 시스템 확장이 자유롭고, 확장성과 적응성이 높은 편이다.

① 각 지역의 특징에 적합한 자원을 사용해서 소프트웨어와 하드웨어를 구축할 수 있기 때문에 융통성이 있다.

③ 분산된 데이터들을 효율적으로 이용할 수 있기 때문에 가용성과 공용성이 높다.

03 ① 뷰(View)는 한 번 정의가 되면, ALTER 명령어를 사용할 수 없다. 따라서 변경이 불가능하다. 변경할 사항이 생기면 DROP 명령어를 이용하여 뷰를 제거해야 한다. 그 후 변경 사항을 적용시켜 CREATE 명령어를 사용하여 뷰(View)를 다시 생성해야 한다.

01 ② 02 ④ 03 ①

04 다음 중 데이터베이스 정규화 과정 중 제1정규형의 최소한의 조건으로 맞는 것은?

① 모든 애트리뷰트가 기본키에 함수적으로 종속한다.
② 모든 애트리뷰트가 기본키에 이행 함수적으로 종속한다.
③ 모든 결정자가 후보키어야 한다.
④ 모든 애트리뷰트 값이 원잣값을 갖는다.

05 다음 중 데이터베이스의 뷰를 사용함에 따라 얻을 수 있는 장점이 아닌 것은?

① 애트리뷰트 추가 시 오류 검증이 가능하므로, 데이터 무결성이 보장된다.
② 접근을 제어하여 데이터베이스 보안 유지에 도움을 준다.
③ 다양한 사용자의 응용이나 요구를 목적에 맞게 지원할 수 있다.
④ 논리적 데이터 독립성을 제공할 수 있다.

06 다음 중 트랜잭션의 일부가 성공적으로 끝나지 못하여 데이터베이스 불일치가 발생할 수 있는 상태에서 해당 수행에 의한 갱신이 데이터베이스에 반영되었다면 취소해야 함을 관리 모듈에 알리는 연산은?

① GRANT   ② REVOKE
③ COMMIT   ④ ROLLBACK

07 시스템 카탈로그에 대한 설명으로 옳지 않은 것은?

① 사용자가 직접 시스템 카탈로그 내용을 갱신하여 데이터베이스 무결성을 유지한다.
② 시스템 자신이 필요로 하는 스키마 및 여러가지 객체에 관한 정보를 포함하고 있는 시스템 데이터베이스이다.
③ 시스템 카탈로그에 저장되는 내용을 메타 데이터라고도 한다.
④ 시스템 카탈로그 DBMS가 스스로 생성하고 유지한다.

한눈에 보는 정답과 해설

04 모든 애트리뷰트가 반복 그룹이 아닌 원잣값을 가진다면 제1정규형 조건을 만족한 것이다.

05 뷰 튜플 추가 시 오류가 검증될 수 있으므로 데이터 무결성이 보장된다.

06 ROLLBACK은 트랜잭션의 철회를 의미한다.

07 SQL을 이용하여 내용을 검색, 참조할 수 있으나 시스템 카탈로그의 갱신은 DBMS에서 자동적으로 수행, 유지한다.

04 ④ 05 ① 06 ④ 07 ①

06 선형 자료 구조

출제경향분석
- 배열과 연결리스트(2018)
- 행 우선 주소와 열 우선 주소의 구분(2016)
- 후위 연산의 이해(2010)

01 자료 구조(Data Structure)

1 의 미

자료 구조는 문제 해결을 위해 데이터값들의 연산자들이 효율적으로 접근하여 처리할 수 있도록 체계적으로 조직하여 표현하는 것을 의미한다. 자료 구조는 알고리즘에 의해 작동되면서 프로그램을 구성하게 된다. 그러므로 자료 구조에 따라 프로그램 실행 시간이 달라진다.

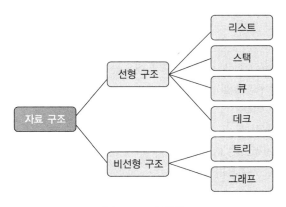

@ 컴퓨터일반 GO! 득점

2 자료 구조의 분류

자료 구조에는 선형 구조와 비선형 구조가 있으며 각각 세부적인 구조로 나뉜다. 선형 구조는 순차적인 구조를 가지며, 비선형 구조는 비순차적인 구조를 갖는다. 자료 구조의 분류를 도식화하면 다음과 같다.

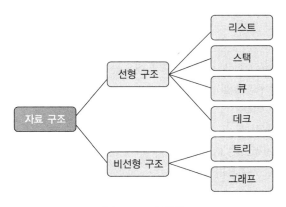

[자료 구조의 분류]

02 리스트(List)

단순히 원소들의 순열, 즉 원소들을 일렬로 정렬해 놓은 것을 말한다. 리스트의 종류에는 선형리스트와 연결리스트가 있다.

1 선형리스트와 배열 2018 2016

(1) 선형리스트(Linear List)

① 의미 : 선형리스트는 순서를 가진 원소들의 순열을 말한다. 여기서 순서는 논리적 순서를 말하며 물리적 위치 순서를 이야기하는 것은 아니나, 선형리스트는 배열과 같이 연속되는 기억장소에 저장된다. 대표적인 선형리스트 구조에는 배열(array)이 있다.

② 선형리스트(배열)의 장 · 단점

ㄱ 자료 구조 중 가장 간단하다.

ㄴ 접근 속도가 빠르다.

ㄷ 기억 공간의 이용 효율이 좋다.

ㄹ 삽입, 삭제 시 자료 이동이 필요하여 작업이 번거로운 단점이 있다.

(2) 배열의 개요

배열은 연속된 메모리 주소의 집합과 같으며 본질적으로 순차적 메모리 할당 방식에 인덱스와 원소 쌍의 집합이다. 배열 원소는 순서를 가지고 있으며 유한하고 원소들은 모두 같은 타입의 값, 같은 크기로 이루어진다.

① 인덱스(index) : 배열 내에서 원소의 상대적 위치를 나타내는 값, 배열에 접근할 때는 인덱스에 의한 직접 접근 방식으로 이루어진다. 즉, 순서에 따라 접근하지 않고 상대적 위치를 표시하는 인덱스에 따라 직접 접근할 수 있다.

② 배열은 순차적인 표현 특성에 따라 다항식의 표현이나 행렬 저장에 유리하다.

(3) 배열의 종류

인덱스 표현 차수에 따라 1차원, 2차원, …, n차원 배열 식으로 분류된다.

① 1차원 배열 : 인덱스가 하나의 값으로 표현되는 배열

ㄱ 1차원 배열의 표현 : a[n]

ⓐ a : 배열의 이름

ⓑ n : 원소의 수

ⓒ 이 경우, 인덱스는 {0, 1, 2, …, $n-2$, $n-1$}이 된다(대부분의 프로그래밍 언어는 인덱스가 0부터 시작된다).

N개 데이터의 평균이동횟수

· 삽입 : $\dfrac{n+1}{2}$

· 삭제 : $\dfrac{n-1}{2}$

ⓛ 1차원 배열 a[n]의 순차 표현

주 소	원 소
a	a[0]
a + 1	a[1]
...	...
a + i	a[i]
...	...
a + $n-1$	a[$n-1$]

② **2차원 배열** : 인덱스가 행과 열, 2가지로 표현되는 배열

  ⓛ 2차원 배열의 표현 : a[n_1, n_2]

    ⓐ a : 배열의 이름

    ⓑ n_1 : 행의 수

    ⓒ n_2 : 열의 수

    ⓓ 원소의 수 = $n_1 \times n_2$

  ⓛ 2차원 배열 a[n_1, n_2]의 1차원 순차 표현(행 우선을 주로 사용)

    ⓐ 행 우선 표현 : n_2개의 원소로 된 n_1개의 행을 행 번호에 따라 한 줄로 연결한 형태

    ⓑ 열 우선 표현 : n_1개의 원소로 된 n_2개의 열을 열 번호에 따라 한 줄로 연결한 형태

주소	원소	행
a	a[0, 0]	
...	...	행0
a + n_2-1	a[0, n_2-1]	
a + n_2	a[1, 0]	
...	...	행1
a + $2n_2-1$	a[1, n_2-1]	
...	...	...
a + (n_1-1) · n_2	a[n_1-1, 0]	
...	...	행n_1-1
a+n_1 · n_2-1	a[n_1-1, n_2-1]	

2 연결리스트 2018

(1) 연결리스트의 개요

① **노드**(node) : 연결 표현에서는 순차 표현과 달리 원소의 물리적 순서가 리스트의 논리적 순서와 꼭 일치할 필요가 없다. 즉, 원소를 저장할 때, 그 원소 다음 원소에 대한 주소도 함께 저장한다. 이와 같이 〈원소, 주소〉 쌍의 저장 구조를 노드라 한다.

② **링크**(link) : 노드는 몇 개의 필드로 구성되는데, 리스트의 원소 데이터값을 저장하는 데이터 필드와 다른 노드의 주솟값, 즉 포인터(pointer)를 저장하는 링크 필드이다. 이 포인터 자체를 링크로 부르기도 한다.

③ **연결리스트**(linked list) : 반드시 연속적으로 배열시키지는 않고 임의의 기억공간에 기억시키되, 자료 항목의 순서에 따라 노드의 포인터 부분을 이용하여 서로 연결시킨 자료 구조이다. 즉, 링크 필드를 가진 노드들이 모두 이 링크를 통해 자기 후속 노드와 연결되어 있는 노드 열이다. 단, 마지막 노드의 링크 필드는 리스트의 끝을 표시하는 null값을 갖는다.

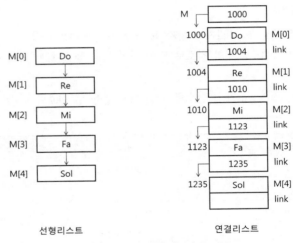

선형리스트   연결리스트

[리스트 M의 선형 표현과 연결 표현]

(2) 연결리스트의 특성

① 노드의 삽입, 삭제 시 원소들의 이동이 필요치 않고 링크 값을 변화시키는 것으로 완료할 수 있으므로 삽입, 삭제 작업이 용이한 장점이 있다.

② 기억공간이 연속적으로 놓여 있지 않아도 저장이 가능한 장점이 있다.

③ 트리 자료 구조를 표현할 때 가장 적합한 방법이다.

④ 희소행렬을 연결리스트로 표현하면 기억장소가 절약된다.

⑤ 링크 필드에 대한 물리적 기억장소가 필요하기 때문에 기억 공간 이용 효율이 상대적으로 좋지 않은 단점이 있다.

희소행렬
행렬의 원소 중 대부분이 0인 행렬이다.

(3) 연결리스트의 변형

① **원형 연결리스트** : 연결리스트에서 마지막 노드가 다시 첫 번째 노드를 가리키는 리스트이다. 단순 연결리스트에서 선행자에 접근하는 것이 불가능하나, 원형 연결리스트에서는 한 방향으로 모든 노드가 원형으로 계속 연결되어 있기 때문에 한 노드에서부터 다른 어떤 노드로도 접근할 수 있다. 단, 탐색 시 노드가 없는 경우 무한루프에 빠질 수 있는 단점이 있다.

② **이중 연결리스트** : 역방향 연결 링크 필드를 추가로 가지고 있어, 양쪽으로 모두 이동할 수 있는 연결리스트를 말한다. 선행 노드를 쉽게 찾을 수 있는 장점이 있는 반면, 필드가 추가되므로 기억장치 공간을 더 많이 사용해야 한다는 단점이 있다.

03 스택(Stack)

1 개 요

① **의미** : 원소의 삽입과 삭제가 한쪽 끝, 탑(top)에서만 이루어지도록 제한되는 유한 선형리스트이다. 스택에 제일 마지막으로 삽입한 원소가 스택에서 첫 번째로 삭제할 원소가 되는 특성 때문에 후입선출(後入先出) 또는 LIFO(Last-In-First-Out) 리스트라고도 한다.

② **작동 구조** : top 위치에서 자료의 입출력이 이루어지고 bottom 위치에서 입출력이 종료된다. 스택 연산에서는 입력 명령인 Push와 출력 명령인 Pop이 필요한데, Push 동작이 수행되면 스택 포인터는 자동으로 하나씩 증가하고, Pop 동작이 수행되면 스택 포인터는 하나씩 감소하게 된다.

③ **용도** : 복귀 주소에 의한 인터럽트의 처리, 산술식 표현 전환 및 수식 계산, 함수 호출의 순서 제어(서브루틴의 복귀 번지 저장)

2 스택을 이용한 수식 계산 **중요** ★

① **의의** : 수식을 계산하는 데 있어서 연산 순서가 중요하다. 컴퓨터 내부에서는 연산 순서에 대한 오류를 없애기 위해 후위형 수식 표현법을 이용한다. 스택을 이용하면 실생활에서 쓰는 중위형 수식 표현법을 후위형 표현법으로 변환할 수 있으며, 변환 결과를 쉽게 연산할 수 있다.

② **3가지의 수식 표현법**

구 분	설 명	형 식	예
전위형(prefix)	연산자가 앞에 오는 표현	어셈블리 명령어 형식	+ab
중위형(infix)	연산자가 중간에 오는 표현	산술식 프로그램	a+b
후위형(posfix)	연산자가 끝에 오는 표현	스택 연산 형식	ab+

스택 삽입/삭제 알고리즘

삽입(Push)

```
Top = Top + 1
IF Top>M Then
Overflow
Else
   X(Top) ← Item
```

삭제(Pop)

```
IF Top = 0 Then
   Underflow
Else
   Item ← X(Top)
   Top = Top - 1
```

③ 후위형 수식의 계산(a+b×c)
  • a+b×c의 계산 → 후위형 표현으로 변환 : abc*+

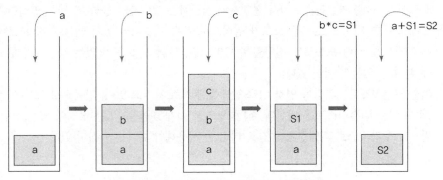

[스택을 이용한 후위형 수식의 계산] 2010

04 큐와 데크

1 큐(Queue)

① 의미 : 뒷쪽 끝인 rear 포인터에서 원소의 삽입(enqueue)만, 앞쪽 끝인 front 포인터에서는 원소의 삭제(dequeue)만 하도록 제한되어 있는 유한 선형리스트이다. 제일 먼저 삽입된 원소가 제일 먼저 삭제될 원소라는 특성 때문에 큐를 선입선출(先入先出) 또는 FIFO(First-In-First-Out) 리스트라고도 한다.

② 작동구조 : 큐의 작동 구조를 그림으로 표현하면 다음과 같다.

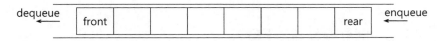

[큐의 작동 구조]

③ 용도 : 운영체제의 작업 스케줄링 → 컴퓨터 운영체제에서 상이한 속도로 실행하는 두 프로세스 간의 상호 작용을 조화시키는 버퍼 역할을 담당하기 위해 사용된다(에 프린트 버퍼).

④ 연결 큐(linked queue) : 데이터 필드와 링크 필드를 갖는 노드를 통해 연결리스트 형식으로 구현된 큐를 말한다.

큐 삽입/삭제 알고리즘

삽입
IF rear = n Then
Overflow
Else
rear = rear + 1
Q(rear) ← Item

삭제
IF front = rear Then
Underflow
Else
front = front + 1
Item ← Q(front)

2 데크(덱, Deque ; Deck ; DQ ; Double-ended Queue)

① 의미 : 스택과 큐의 성질을 융합하여 만든 선형리스트로, 삽입과 삭제가 양쪽 끝에서 모두 수행될 수 있는 자료 구조를 말한다. 그러므로 스택이나 큐가 지원하는 연산을 모두 지원하며 선형리스트의 가장 일반적 형태이다.

```
삭제 ←                                              ← 삽입
          | A | B | C | D | E | F |   |   |   |
삽입 →                                              → 삭제
```

[데크]

② Scroll : 입력은 한쪽만 가능하고 출력은 양쪽 모두 가능한, 입력 제한 데크를 말한다.

```
삭제 ←                                              ← 삽입
          | A | B | C | D | E | F |   |   |   |
                                                   → 삭제
```

[입력 제한 데크]

③ Shelf : 출력은 한쪽만 가능하고 입력은 양쪽 모두 가능한, 출력 제한 데크를 말한다.

```
삽입 →                                              ← 삽입
          | A | B | C | D | E | F |   |   |   |
                                                   → 삭제
```

[출력 제한 데크]

01 2016 계리직

〈보기〉에 선언된 배열 A의 원소 A [8][7]의 주소를 행 우선(Row-major) 순서와 열 우선(Column-major) 순서로 각각 바르게 계산한 것은? (단, 첫 번째 원소 A [0][0]의 주소는 1,000이고, 하나의 원소는 1byte를 차지한다.)

> **보기**
>
> char A [20][30];

	행 우선 주소	열 우선 주소
①	1,167	1,148
②	1,167	1,218
③	1,247	1,148
④	1,247	1,218

02 2018 계리직

배열(Array)과 연결리스트(Linked List)에 대한 설명으로 옳지 않은 것은?

① 연결리스트는 배열에 비하여 희소행렬을 표현하는 데 비효율적이다.

② 연결리스트에 비하여 배열은 원소를 임의의 위치에 삽입하는 비용이 크다.

③ 연결리스트에 비하여 배열은 임의의 위치에 있는 원소를 접근할 때 효율적이다.

④ n개의 원소를 관리할 때, 연결리스트가 n크기의 배열보다 메모리 사용량이 더 크다.

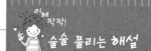

03 ⟨2010 계리직⟩

후위(Postfix) 형식으로 표기된 다음 〈보기〉의 수식을 스택(Stack)으로 처리하는 경우에, 스택의 탑(TOP) 원소의 값을 올바르게 나열한 것은? (단, 연산자(operator)는 한 자리의 숫자로 구성되는 두 개의 피연산자(operand)를 필요로 하는 이진(binary) 연산자이다.)

> **보기**
>
> 4 5 + 2 3 * −

① 4, 5, 2, 3, 6, −1, 3
② 4, 5, 9, 2, 3, 6, −3
③ 4, 5, 9, 2, 18, 3, 16
④ 4, 5, 9, 2, 3, 6, 3

01

2차원 배열 A [M][N]에서 시작주소가 α일 때 A(i, j)의 주소는 다음과 같다.

행 우선 주소 = α+(i×N)+j, 열 우선 주소 = α+(j×M)+i

선언된 2차원 배열에서 M=20, N=30, i=8, j=7, 시작주소 A[0][0]=1,000이므로 대입하면 다음과 같다.

- 행 우선 주소 = 1,000+(8×30)+7 = 1,247
- 열 우선 주소 = 1,000+(7×20)+8 = 1,148

답 ③

02

연결리스트의 특성

- 노드의 삽입·삭제 시 원소들의 이동이 필요치 않고 링크 값을 변화시키는 것으로 완료할 수 있으므로 삽입, 삭제 작업이 쉽다.
- 기억공간이 연속적으로 놓여 있지 않아도 저장할 수 있다.
- 트리 자료 구조를 표현할 때 가장 적합하다.
- 희소행렬을 연결리스트로 표현하면 기억장소가 절약된다.
- 링크 필드에 대한 물리적 기억장소가 필요하므로 기억 공간 이용 효율이 상대적으로 좋지 않은 단점이 있다.

답 ①

03

후위 표기된 수식을 왼쪽에서 오른쪽으로 읽어가면서 피연산자(operand)가 나타나면 스택에 저장하고, 연산자(operator)가 나타나면 스택의 상단에 있는 2개의 피연산자를 꺼내어 계산한 후 결과를 다시 스택에 저장한다. 이와 같은 과정을 반복수행하면 최종 결과는 스택에 남게 된다.

> 4 5 + 2 3 * −

⊙ 4, 5를 스택에 저장, + 연산자를 만나면 5, 4를 스택에 꺼낸 후 + 연산한 후 결과 9를 스택에 저장
ⓒ 2, 3을 스택에 저장, * 연산자를 만나면 3, 2를 스택에 꺼낸 후 *연산한 후 결과 6을 스택에 저장
ⓒ − 연산자를 만나면 6, 9를 스택에 꺼낸 후 − 연산한 후 결과 3을 스택에 저장
ⓔ 따라서 top의 위치에 따른 값 : 4, 5, 9, 2, 3, 6, 3
즉, (4 + 5) − (2 × 3)의 연산결과가 저장된다.

답 ④

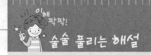

04 2011 국가직

큐(Queue) 자료구조에 대한 설명으로 옳지 않은 것은?

① 자료의 삽입과 삭제는 같은 쪽에서 이루어지는 구조다.

② 먼저 들어온 자료를 먼저 처리하기에 적합한 구조다.

③ 트리(tree)의 너비 우선 탐색에 이용된다.

④ 배열(array)이나 연결 리스트(linked list)를 이용해서 큐를 구현할 수 있다.

05 2018 국가직

자료구조에 대한 설명으로 옳지 않은 것은?

① 데크는 삽입과 삭제를 한쪽 끝에서만 수행한다.

② 연결리스트로 구현된 스택은 그 크기가 가변적이다.

③ 배열로 구현된 스택은 구현이 간단하지만, 그 크기가 고정적이다.

④ 원형 연결리스트는 한 노드에서 다른 모든 노드로 접근이 가능하다.

04

큐(queue)는 뒤쪽 끝인 rear 포인터에서 원소의 삽입(enqueue)만, 앞쪽 끝인 front 포인터에서는 원소의 삭제(dequeue)만 하도록 제한되어 있는 유한 선형리스트이다. 답 ①

05

① 데크(deque)는 스택과 큐의 성질을 융합하여 만든 선형리스트로, 삽입과 삭제가 양쪽 끝에서 모두 수행될 수 있는 자료 구조를 말한다. 답 ①

적중 예상 문제

01 중위 표기법으로 표현된 〈보기〉의 수식을 후위 표기법으로 옳게 표현한 것은?

> **보기**
>
> a + (b * c − d) * (e − f * g) − h

① ab * cd + efg * − * − h −
② abc * d + ef * g − * − h −
③ abcd * − efg * + * − h −
④ abc * d − efg * − * + h −

02 다음 후위(Postfix) 표기식을 전위(Prefix) 표기식으로 바꾼 것은? (단, 표기식에서 +, −, *, /는 연산자이고 A, B, C, D, E는 피연산자이다.)

> A B C * D / + E −

① − / * + A B C D E   ② − + A * / B C D E
③ + / * − A B C D E   ④ − + A / * B C D E

03 다음 설명은 무엇을 말하는가?

> • 삽입과 삭제가 리스트의 양쪽 끝에서 발생할 수 있는 형태이다.
> • 입력이 한쪽에서만 발생하고 출력은 양쪽에서 일어날 수 있는 입력 제한과 입력은 양쪽에서 일어나고 출력은 한 곳에서만 이루어지는 출력 제한이 있다.

① 스택   ② 큐
③ 다중 스택   ④ 데크

한눈에 보는 정답과 해설

01 〈보기〉의 표기법은 중위 표기법이므로 중위 표기법을 후위 표기법으로 바꾸어서 표시해야 하는데 스택을 이용해야 하고 다음과 같은 규칙을 적용해야 한다.
　1. 왼쪽 괄호를 만나게 되면 무시하고 다음 피연산자를 읽는다.
　2. 피연산자를 만나게 되면 출력한다.
　3. 연산자를 만나게 되면 스택에 push한다.
　4. 오른쪽 괄호를 만나게 되면 스택에서 pop해서 출력한다.
　5. 모든 수식이 완료되면, 스택이 공백이 될 때까지 pop해서 출력한다.
　위 규칙을 적용하여 〈보기〉의 수식을 정리하면 다음과 같다.
　abc * d − efg * − * + h −

02 후위 표기식에서 중위 표기식으로 바꾸면 다음과 같다.
　[A+{(B*C)/D}]−E
　중위 표기식을 전위 표기식으로 바꾸면 다음과 같다.
　−+A/*BCDE

03 데크(Deque)
　• Double−Ended Queue의 약어로 양쪽 끝에서 삽입과 삭제가 가능하다.
　• 데크를 나타내는 방법에는 연속 선형 리스트를 이용하는 단순 연결리스트(singly linked list)나 이중 연결리스트(doubly linked list)로써 표현한다.

01 ④　02 ④　03 ④

04 연결 리스트(Linked List)에 대한 설명으로 거리가 먼 것은?

① 노드의 삽입과 삭제가 용이하다.
② 연속적으로 기억 공간이 없어도 저장이 가능하다.
③ 연접 리스트나 배열보다 기억 공간이 절약된다.
④ 희소 행렬을 표현하는 데 이용된다.

05 다음 중 연결리스트에 대한 설명으로 옳지 않은 것은?

① 노드들이 링크를 통해 자기 후속 노드와 연결되어 있다.
② 자료 항목 순서에 따라 노드의 포인터 부분을 이용하여 서로 연결시킨 것이다.
③ 반드시 연속적으로 배열시켜야 한다.
④ 마지막 노드의 링크 필드에는 NULL 값을 부여한다.

06 다음 중 연결리스트의 장점에 대해 잘못 설명한 것은?

① 삽입 및 삭제 작업이 용이한 장점이 있다.
② 기억 공간이 연속적으로 놓여 있지 않아도 저장이 가능하다.
③ 트리 자료 구조를 표현할 때 가장 적합한 방법이다.
④ 링크 필드에 대한 물리적 기억장소가 필요치 않아 기억 공간 이용 효율이 좋다.

07 다음은 스택의 작동 구조를 표현한 것이다. ㉠과 ㉡에 들어갈 알맞은 말을 순서대로 옳게 짝지은 것은?

> 스택 연산에서는 Push 동작이 수행되면 스택 포인터는 자동으로 하나씩 ㉠ 하고, Pop 동작이 수행되면 스택 포인터는 하나씩 ㉡ 하게 된다.

① 증가 – 증가
② 증가 – 감소
③ 감소 – 증가
④ 감소 – 감소

08 다음 식을 후위 표기식으로 옳게 변환한 것은?

$$A + B \times C - \frac{D}{E}$$

① AB*+CD/E –
② ABC*+DE/ –
③ ABC*DE+ – /
④ AB* – CDE/

07 비선형 자료 구조

01 이진트리

1 트리와 이진트리의 개념

① 의미 : 트리는 노드들이 가지로 연결되어 있는 구조로 노드 간에 경로가 둘 이상 존재하지 않는다. 데이터 사이의 관계, 알고리즘 표현 등에 중요하게 사용되는 개념이다. 가짓수가 2 이하인 트리를 이진트리라 한다.
② 트리의 대표적인 예로, 윈도우 탐색기의 디렉터리 구조가 있다.
③ 연결 리스트로 표현할 때 가장 효율적이다.
④ 계층형 구조를 표현할 때 편리하다.

2 관련 용어

다음은 트리의 예를 보여주는 것으로 이 트리의 루트 노드(근노드, Root node)는 A이며, 차수는 3, 깊이는 4이다.

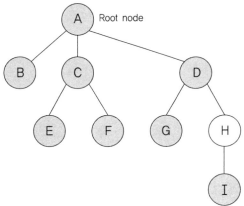

[트리의 예]

컴퓨터일반 GO! 득점

관련 용어를 정리하면 다음과 같다.

① **루트 노드**(root node, 근 노드) : 트리의 맨 위에 있는 노드를 말한다.

② **디그리**(degree, 차수) : 각 노드에게 분할된 가지의 수를 말하는 것으로, 노드들의 디그리 중 가장 많은 수를 그 트리의 디그리라 한다.

③ **레벨**(level) : 근 노드의 level을 1로 두고 자식 노드로 갈수록 1씩 증가시켜 부여한다.

④ **깊이**(depth, height) : 트리에서 노드가 가질 수 있는 최대의 레벨을 말한다.

⑤ **조상 노드**(ancestors node) : 임의의 노드에서 근 노드에 이르는 경로 상에 있는 노드들을 말한다.

⑥ **자식 노드**(child node) : 어떤 노드에 연결된 다음 레벨의 노드들을 말한다.

⑦ **부모 노드**(parent node) : 어떤 노드에 연결된 이전 레벨의 노드를 말한다.

⑧ **형제 노드**(brother node, sibling) : 어떤 노드와 동일한 부모를 갖는 노드들을 말한다.

⑨ **터미널 노드**(terminal node : 단말 노드) : 잎 노드(leaf node)라고도 하며 자식이 하나도 없는 노드를 말한다.

⑩ **숲**(forest) : 분리된 트리들의 집합을 말한다.

⑪ **서브 트리**(sub-tree) : 어떤 노드의 하위 레벨의 노드들을 분리된 트리로 볼 때, 해당 노드의 서브트리라 한다.

※ 앞의 그림에서 노드 H를 기준으로 할 때, 조상 노드는 A와 D, 부모 노드는 D, 형제 노드는 G, 자식 노드는 I이며 H의 레벨은 3이다. 또한, 터미널 노드는 B, E, F, G, I이다.

• 내부 경로 길이 : root 노드로부터 각 노드까지의 길이를 합한 값을 말한다.

• 외부 경로 길이 : 단말 노드들에는 트리 그래프에서는 보이지 않는 NULL 노드 포인터들이 있다. 외부 경로 길이는 이 NULL 노드까지의 경로 길이를 합한 값을 말한다.

3 이진트리의 특성 및 종류

이진트리는 모든 노드의 차수가 2를 초과할 수 없으며, 서브 트리에도 왼쪽과 오른쪽이라는 방향성이 첨가된다. 다음 그림은 깊이가 3인 이진트리를 보여준다.

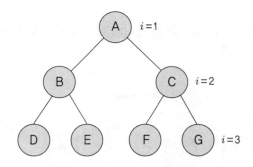

[깊이 $k = 3$인 이진트리]

(1) 이진트리의 특성 중요 ★

깊이, 레벨, 노드의 수 등에 대한 관계는 다음과 같다.

① 깊이가 k인 이진트리에 존재할 수 있는 최대 노드의 수 : 2^k-1

→ 앞의 그림에서 k = 3이므로, 존재할 수 있는 최대 노드 수는 8−1=7개이다.

② 이진트리의 레벨 i에서 존재할 수 있는 최대 노드의 수 : $2^{(i-1)}$

앞의 그림에서 레벨 3에서 존재할 수 있는 최대 노드 수는 2^2=4개이다.

③ 이진트리의 터미널 노드의 수 : 차수가 2인 노드의 수 +1

→ 앞의 그림에서 차수가 2인 노드의 수는 A, B, C 3개이므로 터미널 노드는 3 + 1 = 4개다. 만약, 노드 G가 없다면, 차수가 2인 노드는 A, B뿐이므로 터미널 노드는 3개가 된다.

④ 널 링크(null link) : 고유 차수를 다 채우지 못해 자리가 비어 있는 노드를 말한다. 다양한 차수의 트리 중에서 이진트리의 널 링크 점유율이 가장 낮다. 이는, 이진트리를 사용했을 때 시스템의 기억 공간의 낭비가 가장 작다는 말이 된다.

(2) 이진트리의 종류

① **포화 이진트리**(full binary tree) : 자신이 가질 수 있는 최대 노드 수를 다 채운 이진트리를 포화 이진트리라 한다. 즉, 깊이가 k이고, 노드의 수가 2^k-1인 트리를 말한다. 앞의 예의 그림은 포화 이진트리의 모습이다.

② **완전 이진트리**(complete binary tree) : 이진트리에서 노드의 레벨 순서에 따라 노드에 번호를 붙일 때, 각 노드 번호와 위치가 포화 이진트리의 번호 1부터 n까지의 위치와 모두 정확히 일치할 때, 이를 완전 이진트리라 한다. 앞의 포화 이진트리에 대응되는 완전 이진트리의 예는 다음 그림과 같다.

③ **편향 이진트리**(skewed binary tree) : 모든 노드가 부모 노드의 왼쪽 또는 오른쪽만의 자식 노드로 구성되는 이진트리를 말한다. 앞의 그림은 편향 이진트리의 예를 보여준다.

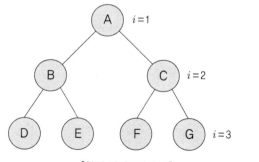

[완전 이진트리의 예]

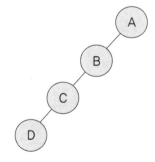

[편향 이진트리의 예]

(3) 이진트리의 표현

① 이진트리의 배열 표현 : 포화 이진트리 번호를 배열의 인덱스로 사용하면 된다.

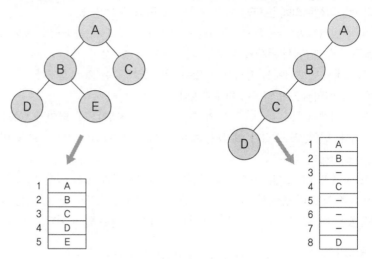

[이진트리의 배열 표현]

② 이진트리의 연결 표현 : 순차 배열 표현의 경우, 트리의 중간에 노드의 삭제나 삽입을 하게 되면, 다른 노드들의 레벨이 변하게 되는 단점이 있다. 이를 해결하기 위해 아래와 같은 연결 표현을 사용하게 된다.

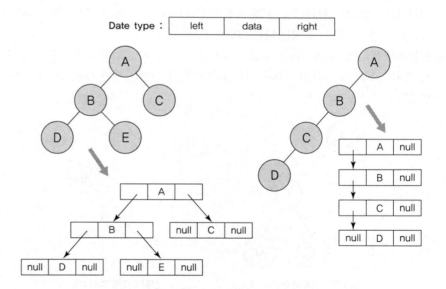

[이진트리의 연결 표현]

(4) 이진트리의 순회 중요 ★ 2016 2012

① 의미 : 트리의 노드에는 기본적으로 데이터를 저장하고 있다. 이를 활용하기 위해 특정 데이터를 찾거나 이동시키려 할 때, 각 노드를 차례로 접속해야 한다. 그러므로 효율적인 알고리즘을 만들기 위해 일정한 순회 방법이 필요하다. 이진트리의 모든 노드를 순회하게 되면 순서에 따라 선형 데이터를 만들 수 있다.

② 순회 방법 : 전위, 중위, 후위레벨이 사용되며 각각은 다음과 같다.

　㉠ 전위 순회(preorder traversal) : Root → Left → Right 순으로 순회한다.

　㉡ 중위 순회(inorder traversal) : Left → Root → Right 순으로 순회한다.

　㉢ 후위 순회(postorder traversal) : Left → Right → Root 순으로 순회한다.

　㉣ 레벨 순회(level traversal) : 낮은 레벨에서 높은 레벨로 순회하는 방법으로 한 레벨의 노드를 모두 순회한 이후에 다음 레벨로 넘어가며 레벨 내에서는 Left → Right 로 순회가 이루어진다.

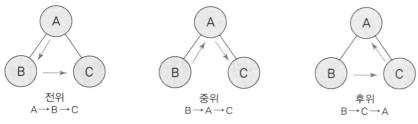

[이진트리의 순회]

③ 순회방법의 실제 예 : 아래 그림과 같은 트리에서 각 순회 방법에 따라 순서를 기술하면 다음과 같다.

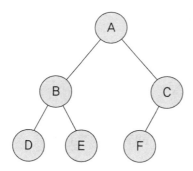

　㉠ 전위 : A → B → D → E → C → F

　㉡ 중위 : D → B → E → A → F → C

　㉢ 후위 : D → E → B → F → C → A

　㉣ 레벨 : A → B → C → D → E → F

④ 수식 표기법 변환 : 이진트리의 용례로서, 수식의 표기가 있다. 일상 생활에서 사용하는 수식 표기는 중위 순회를 따르지만, 전산 시스템에서는 전위나 후위를 사용할 필요가 있다.

　㉠ 중위 표기 → 전위 표기

　　$X = A / B * (C + D) + E$

→ (X = ((A / B) * (C + D)) + E)) : 연산 우선순위에 따라 괄호로 묶는다.

→ = (X +(* (/(A B) + (C D)) E) : 연산자를 해당 괄호의 앞으로 옮긴다.

→ = X + * / A B + C D E : 괄호를 제거한다.

ⓛ 중위 표기 → 후위 표기

X = A / B * (C + D) + E

→ (X = ((A / B) * (C + D)) + E)) : 연산 우선순위에 따라 괄호로 묶는다.

→ (X ((A B) / (C D) +) * E) +)= : 연산자를 해당 괄호의 뒤로 옮긴다.

→ X A B / C D + * E + = : 괄호를 제거한다.

(5) 스레드 이진트리

이진트리의 연결 표현에서 left와 right 링크 필드는 루트 노드를 제외하고는 모든 노드가 하나의 부모 노드에만 연결되어 있으므로 하나의 필드가 비어있게 된다. 이와 같은 링크 필드가 비어있는 'null' 링크를 포인터로 사용한 이진트리를 스레드(thread) 이진트리라 한다.

(6) 이진 탐색 트리

① 정의 : 임의의 키를 가진 원소를 삽입, 삭제, 검색하는 데 필요한 자료구조이다.

② 이진 탐색 트리의 성질 : 이진트리로서 공백이 아니면 다음의 성질을 만족한다.

ⓐ 모든 원소는 서로 다른 값(키 ; key)을 갖는다.

ⓑ 왼쪽 서브트리에 있는 원소들의 값(키)은 그 루트의 값(키)보다 작다.

ⓒ 오른쪽 서브트리에 있는 원소들의 값(키)은 그 루트의 값(키)보다 크다.

ⓓ 왼쪽 서브트리와 오른쪽 서브트리도 모두 이진 탐색 트리이다.

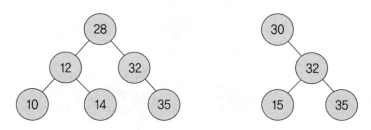

[이진 탐색 트리의 예]

(7) 히프(Heap, 힙) 중요 ★

① 정의 : 최대 히프(max heap)와 최소 히프(min heap)로 정의된다. 정의에 따라, 최소 히프의 루트는 그 트리에서 가장 작은 키 값을 가지고 있으며, 최대 히프의 루트는 그 트리에서 가장 큰 키 값을 가지고 있다. 히프의 루트는 항상 우선순위가 제일 높은 원소의 노드가 되기 때문에 우선순위 큐를 구현하는 데 사용된다.

② 히프의 분류

ⓐ 최대 히프 : 각 노드의 키가 그 자식의 키보다 작지 않은 완전 이진트리

ⓑ 최소 히프 : 각 노드의 키가 그 자식의 키보다 크지 않은 완전 이진트리

02 그래프

• 깊이우선탐색 : 스택 이용
• 너비우선탐색 : 큐 이용

1 그래프의 정의

그래프는 노드와 간선의 집합이다. 즉, 노드 또는 정점의 유한집합을 V, 서로 다른 두 정점을 잇는 간선의 유한 집합을 E라 할 때, 그래프 G는 다음과 같이 정의하며 표기한다.

$$G = (V, E)$$

트리는 사이클 개념이 없는 그래프의 일종이다.

2 그래프의 종류 및 예

(1) 그래프의 종류

① 유방향 그래프 : 간선이 방향을 가진 그래프로, 간선을 화살표로 표기하며, 순서가 있는 두 정점의 쌍으로 표현된다.

② 무방향 그래프 : 간선에 방향이 없는 그래프로 간선을 선으로 표기한다.

③ 완전 그래프 : 간선을 최대한으로 가진 그래프를 말한다(단, 자기 자신과의 간선 및 두 정점 사이에 둘 이상의 다중 간선은 허용하지 않는다.).

④ 부분 그래프 : 어떤 그래프의 일부를 구성하는 그래프는 원래 그래프의 부분 그래프이다.

(2) 그래프의 예

(a)는 완전 그래프이면서 무방향 그래프, (b)는 유방향 그래프, (c)는 (a)에 속하는 부분 그래프이다.

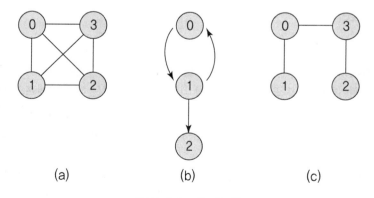

(a)   (b)   (c)

[여러 가지 그래프의 예]

3 그래프의 순회 중요 ★ 2010

그래프의 연산에서 어떤 정점을 출발하여 체계적으로 그래프의 모든 정점을 순회하는 방법은 중요한 의미를 갖는다.

(1) 그래프의 대표적인 순회 방법

① **깊이 우선 탐색**(DFS ; Depth First Search) : 정점 방문 → 인접 정점 중 아직 방문하지 않은 정점들을 모두 스택에 저장 → 스택에서 정점을 삭제하여 새로운 정점 설정 → 다시 앞의 과정 반복 → 스택이 공백이 되면 탐색 종료

※ 그래프 상에서 깊이를 우선적으로 탐색하게 된다.

② **너비 우선 탐색**(BFS ; Breadth First Search) : 정점 방문 → 인접 정점 중 아직 방문하지 않은 정점들을 모두 큐에 저장 → 큐에서 정점을 삭제하여 새로운 정점 설정 → 다시 앞의 과정 반복 → 큐가 공백이 되면 탐색 종료

※ 그래프 상에서 같은 레벨을 우선적으로 탐색하게 되며 레벨의 크기에 따라 낮은 레벨에서 높은 레벨의 노드로 방문하므로 레벨 순위(level traversal)라고도 한다.

(2) 순회의 순서

동일한 그래프를 2가지 방법으로 순회할 때의 각각의 순서는 다음 그림과 같다.

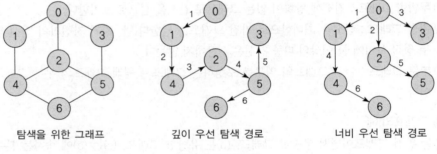

| 탐색을 위한 그래프 | 깊이 우선 탐색 경로 | 너비 우선 탐색 경로 |

[그래프의 순회]

4 신장트리

(1) 신장트리와 최소신장트리 2016 2014

① **신장트리**(spanning tree) : 어떤 그래프를 구성하는 모든 간선과 정점으로 만들어진 트리를 의미하며 DFS 또는 BFS 결과에 의해 구성된 트리는 해당 그래프의 신장트리가 된다. 원래의 그래프를 구성하는 정점의 수보다 하나 적은 간선을 포함해야 사이클이 생성되지 않고 트리를 구성하게 된다(그래프에 있는 n개의 정점을 $n-1$개의 간선으로 연결하게 된다.).

② **최소신장트리**(minimum spanning tree) : 어떤 그래프의 간선에 가중치가 부여되어 있고 방향성이 없을 경우, 이로부터 구할 수 있는 신장트리들 중에서 최소 비용(최소 가중치 합)을 갖는 트리를 말한다. 최소신장트리를 구성하는 알고리즘을 신장트리 알고리즘이라 한다.

(2) 신장트리 알고리즘

① **프림 알고리즘**(prim algorithm) : 그래프에서 최초 시작 정점과 연결된 간선 중 최소 가중치(비용)를 갖는 정점을 연결하고, 그 다음 정점도 같은 요령으로 찾아나가는 알고리즘이다. 단, 트리에 순환이 생겨 트리의 특성을 가질 수 없는 연결이 될 경우, 삭제하여 가중치(비용) 순서를 건너뛰게 된다.

② **크러스컬 알고리즘**(Kruskal algorithm) : 그래프에서 간선을 비용의 순에 따라 모두 정렬한 후, 낮은 비용의 간선을 차례대로 선택하여 신장 트리를 완성한다. 프림 알고리즘과 마찬가지로 트리에 순환이 생겨 트리의 특성을 가질 수 없는 연결이 될 경우, 가중치(비용) 순서를 건너뛰게 된다.

2018
알고리즘 설계 기법

• 선형계획법 : 문제 해결을 위한 조건이 비교적 간단한 일차방정식의 해를 구하는 관계로 주어질 때 해결하는 방법이다. 가장 일반적인 방법이기도 하며 과학, 경제학, 컴퓨터과학 등에서 많이 사용되고 있다.

• 동적 계획법 : 주어진 문제를 여러 개의 부분 문제들로 나누어 푼 다음, 그 결과들로 주어진 문제를 해결하는 방법이다. 해결하고자 하는 문제의 해결책이 부분 문제들의 해결책들로 구성되어 있을 경우, 이를 이용하여 문제의 최적해를 구한다.

• 탐욕적 알고리즘 : 문제를 해결하기 위해 여러 경우 중 하나를 결정해야 할 때마다 다음을 생각하지 않고 그 순간에 최적이라고 생각되는 것을 선택해 나가는 방식이다.

• 재귀적 알고리즘 : 하나의 함수에서 자신을 다시 호출하여 작업을 수행하는 방식으로 주어진 문제를 푸는 방법이다. 앞과 뒤의 관계 정립이 반복적일 경우 똑같은 연산 관계를 되돌려 수행함으로써 문제를 해결할 수 있다.

• 근사 알고리즘 : 어떤 문제에 대한 최적의 해법을 찾기 어려울 때, 근접한 해를 계산하는 방식을 통틀어 말한다. 설계자의 추측이 개입되며 오차 범위에 대한 관리가 필요하다.

07 기출 확인 문제

01 2012 계리직

이진트리의 순회(Traversal) 경로를 나타낸 그림이다. 이와 같은 이진트리 순회방식은 무엇인가? (단, 노드의 숫자는 순회순서를 의미한다.)

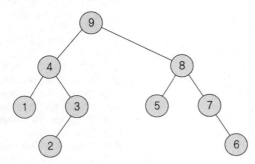

① 병렬 순회(parallel traversal)
② 전위 순회(pre-order traversal)
③ 중위 순회(in-order traversal)
④ 후위 순회(post-order traversal)

02 2014 계리직

다음 그래프를 대상으로 크러스컬(Kruskal) 알고리즘을 이용한 최소 비용 신장트리 구성을 한다고 할 때, 이 트리에 포함된 간선 중에서 다섯 번째로 선택된 간선의 비용으로 옳은 것은?

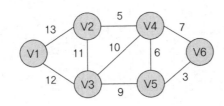

① 9
② 10
③ 11
④ 12

03 2010 계리직

다음 그래프를 너비 우선 탐색(Breadth First Search; BFS), 깊이 우선 탐색(Depth First Search; DFS) 방법으로 방문할 때 각 정점을 방문하는 순서로 옳은 것은? (단, 둘 이상의 정점을 선택할 수 있을 때는 알파벳 순서로 방문한다.)

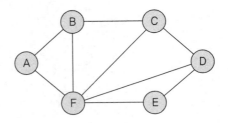

	BFS	DFS
①	A-B-F-C-E-D	A-B-C-D-E-F
②	A-B-C-D-E-F	A-B-F-C-E-D
③	A-B-F-C-D-E	A-B-C-D-E-F
④	A-B-C-D-E-F	A-B-C-D-F-E

04 2016 계리직

〈보기〉의 이진 트리에 대해 지정된 방법으로 순회한 결과가 옳지 않은 것은?

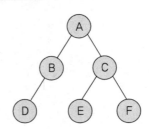

① 중위 순회 : D→B→A→E→C→F
② 레벨 순회 : A→B→C→D→E→F
③ 전위 순회 : A→B→D→C→E→F
④ 후위 순회 : D→B→A→E→F→C

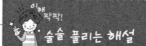

05 [2016 계리직]

정점의 개수가 n인 연결그래프로부터 생성 가능한 신장트리(Spanning Tree)의 간선의 개수는?

① $n-1$
② n
③ $\dfrac{n(n-1)}{2}$
④ n^2

06 [2018 계리직]

다음에서 설명하는 알고리즘 설계 기법으로 가장 알맞은 것은?

> 해결하고자 하는 문제의 최적해(Optimal Solution)가 부분 문제들의 최적해들로 구성되어 있을 경우, 이를 이용하여 문제의 최적해를 구하는 기법이다.

① 동적 계획법(dynamic programming)
② 탐욕적 알고리즘(greedy algorithm)
③ 재귀 프로그래밍(recursive programming)
④ 근사 알고리즘(approximation algorithm)

01
후위 순회는 Left → Right → Root 순으로 순회한다.

답 ④

02
크루스컬(Kruskal) 알고리즘은 그래프에서 간선을 비용의 순에 따라 모두 정렬한 후, 낮은 비용의 간선을 차례대로 선택하여 신장트리를 완성한다. 단, 트리에 순환이 생겨 트리의 특성을 가질 수 없는 연결이 될 경우, 비용 순서를 건너뛰게 된다. 그러므로 제시된 그래프는 3 → 5 → 6, 9 → 12의 순서로 연결된다.

답 ④

03
그림을 오른쪽으로 90도 회전시켜 정점을 A로 두고 보면 더욱 쉽게 풀 수 있다.

• 깊이 우선 탐색(DFS) : 정점 방문 → 인접 정점 중, 아직 방문하지 않은 정점들을 모두 스택에 저장 → 스택에서 정점을 삭제하여 새로운 정점 설정 → 다시 앞의 과정 반복 → 스택이 공백이 되면 탐색 종료

• 너비 우선 탐색(BFS) : 정점 방문 → 인접 정점 중, 아직 방문하지 않은 정점들을 모두 큐에 저장 → 큐에서 정점을 삭제하여 새로운 정점 설정 → 다시 앞의 과정 반복 → 큐가 공백이 되면 탐색 종료

답 ③

04
• 후위 순회(postorder traversal) : Left → Right → Root 순으로 순회한다. 그러므로 〈보기〉에서는 D → B → E → F → C → A 순으로 순회한다.

• 레벨 순회(level traversal) : 레벨의 크기에 따라 낮은 레벨에서 높은 레벨의 노드로 방문하는 순회 방법이다(루트 노드가 가장 낮은 레벨). 너비 우선 순회(breadth-first traversal)라고도 한다.

답 ④

05
신장트리는 어떤 그래프를 구성하는 모든 간선과 정점으로 만들어진 트리를 의미하며 그래프에 있는 n개의 정점을 정확히 (n−1)개의 간선으로 연결하게 된다.

답 ①

06
① 동적 계획법 : 주어진 문제를 여러 개의 부분 문제들로 나누어 푼 다음, 그 결과들로 주어진 문제를 해결하는 방법
② 탐욕적 알고리즘 : 문제를 해결하기 위해 여러 경우 중 하나를 결정해야 할 때마다 그 순간에 최적이라고 생각되는 것을 선택해 나가는 방식
③ 재귀 프로그래밍 : 하나의 함수에서 자신을 다시 호출하여 작업을 수행하는 방식으로 주어진 문제를 푸는 방법
④ 근사 알고리즘 : 어떤 문제에 대한 최적의 해법을 찾기 어려울 때, 근접한 해를 계산하는 방식

답 ①

적중 예상 문제

01 다음 그래프의 정점 A에서부터 깊이 우선 탐색 (DFS ; Depth First Search)과 너비 우선 탐색(BFS ; Breadth First Search)을 수행할 때, 방문 순서를 옳게 짝 지은 것은? (단, 방문하지 않은 인접 정점이 2개 이상인 경우 알파벳 오름차순으로 방문한다.)

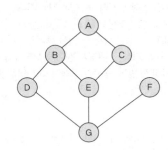

① DFS : A–B–D–G–E–C–F
   BFS : A–B–C–D–E–F–G
② DFS : A–B–D–G–F–C–E
   BFS : A–B–C–D–E–G–F
③ DFS : A–B–D–G–F–C–E
   BFS : A–B–C–D–E–F–G
④ DFS : A–B–D–G–E–C–F
   BFS : A–B–C–D–E–G–F

02 다음 이진 트리의 노드를 전위 순회(Preorder Traversal)할 경우의 방문 순서는?

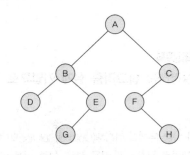

① A – B – C – D – E – F – G – H
② A – B – D – E – G – C – F – H
③ D – G – E – B – H – F – C – A
④ D – B – G – E – A – F – H – C

03 프림(Prim) 알고리즘을 이용하여 최소 비용 신장 트리를 구하고자 한다. 다음 그림의 노드 0에서 출발할 경우 가장 마지막에 선택되는 간선으로 옳은 것은? (단, 간선 옆의 수는 간선의 비용을 나타낸다.)

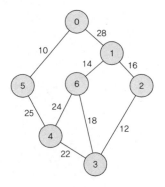

① (1, 2)   ② (1, 6)
③ (4, 5)   ④ (4, 6)

04 다음 트리를 후위법으로 순회했을 때, 올바른 순서로 기술한 것은?

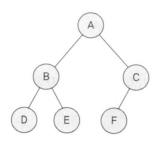

① A → B → C → D → E → F
② A → B → D → E → C → F
③ D → B → E → A → F → C
④ D → E → B → F → C → A

05 다음과 같은 그래프의 종류로 적당한 것은?

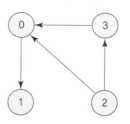

① 완전 그래프
③ 유방향 그래프
② 무방향 그래프
④ 다중 그래프

한눈에 보는 정답과 해설

01 그래프 탐색에는 DFS(깊이 우선 탐색)과 BFS(너비 우선 탐색)의 알고리즘이 있다.
  • DFS : A → B → D → G까지 탐색 후 우선순위가 더 높은 E를 방문하고, C를 방문한다. 그 이후 방문할 노드가 없기 때문에 E로 돌아온다. E로 돌아온 후에도 방문할 노드가 없기 때문에 G로 돌아온다. G에서 탐색하지 않은 노드인 F를 마지막으로 방문한다.
  • BFS : A를 먼저 방문하고 그 다음 B를 탐색한다. A와 인접한 노드 중 C를 방문한다. 이후 B와 인접한 노드 중에서 D를 먼저 탐색하고, E를 탐색한다. C에는 더 이상 탐색할 노드가 없기 때문에 D와 인접한 G를 탐색한다. 그 이후 E와 인접한 노드 중 방문하지 않은 노드는 없기 때문에 F를 탐색한다.

02 • 전위 순회 : root를 먼저 방문한다.
  • 중위 순회 : 왼쪽의 하위 트리를 먼저 방문한 후에 root를 방문한다.
  • 후위 순회 : 하위 트리를 모두 방문한 후에 root를 방문한다.
  • 레벨 순회 : 위쪽의 노드부터 아래 방향으로 순서대로 방문한다.
  전위 순회는 root를 먼저 방문하기 때문에 A – B – D 순으로 먼저 방문을 하고 그 다음 E – G 순으로 방문한다. 마지막으로 C – F – H 순으로 방문한다.
  A – B – D – E – G – C – F – H

03 • 신장 트리 : 그래프 상에서 비용에 따라 점과 점 사이의 경로를 단일화시킨 트리이다.
  • 최소 신장 트리 : 점과 점 사이의 경로 합이 최소인 신장 트리를 말한다.
  최소 신장 트리를 만드는 방법은 프림 알고리즘과 크루스컬 알고리즘이 있다. 프림 알고리즘은 하나의 점을 선택하고 점과 연결된 간선 중 작은 비용을 가진 간선을 선택한다. 프림 알고리즘의 원리를 적용하면 0 → 5 → 4 → 3 → 2 → 1 → 6 순으로 선택된다. 따라서 가장 마지막으로 선택되는 간선은 (1, 6)이다.

04 후위 순위(postorder traversal)는 Left → Right → Root 순으로 순회한다.

05 간선에 방향이 있는 유방향 그래프이다. 간선을 최대한으로 갖지 못했으므로 완전 그래프는 아니다.

01 ④ 02 ② 03 ② 04 ④ 05 ③

06 다음의 그래프를 깊이 우선 탐색 방식으로 순회할 때, 순서를 옳게 나열한 것은?

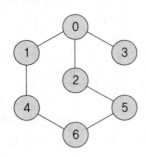

① $0 \to 1 \to 2 \to 3 \to 4 \to 5 \to 6$
② $0 \to 1 \to 2 \to 3 \to 5 \to 6 \to 4$
③ $0 \to 1 \to 4 \to 2 \to 6 \to 5 \to 3$
④ $0 \to 1 \to 4 \to 6 \to 5 \to 2 \to 3$

07 앞의 문제 06의 그래프를 너비 우선 탐색 방식으로 순회할 때, 순서를 옳게 나열한 것은?

① $0 \to 1 \to 2 \to 3 \to 4 \to 5 \to 6$
② $0 \to 1 \to 2 \to 3 \to 5 \to 6 \to 4$
③ $0 \to 1 \to 4 \to 2 \to 6 \to 5 \to 3$
④ $0 \to 1 \to 4 \to 6 \to 5 \to 2 \to 3$

08 다음 트리의 차수와 깊이를 옳게 나타낸 것은?

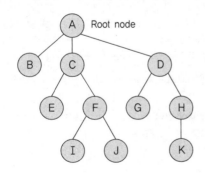

① 차수 : 2, 깊이 : 3
② 차수 : 2, 깊이 : 4
③ 차수 : 3, 깊이 : 3
④ 차수 : 3, 깊이 : 4

09 문제 08의 트리에서 단말 노드(터미널 노드)는 몇 개인가?

① 4개
② 5개
③ 6개
④ 7개

10 깊이가 5인 이진트리에 존재할 수 있는 최대 노드의 수와 레벨 4에서 존재할 수 있는 최대 노드의 수를 옳게 짝지은 것은?

① 최대 노드 수 : 31, 레벨 4에서의 최대 노드 수 : 8
② 최대 노드 수 : 31, 레벨 4에서의 최대 노드 수 : 16
③ 최대 노드 수 : 32, 레벨 4에서의 최대 노드 수 : 8
④ 최대 노드 수 : 32, 레벨 4에서의 최대 노드 수 : 16

11 자료 구조에 대한 설명으로 옳지 않은 것은?

① 큐(queue)는 선입 선출의 특성을 가지며 삽입과 삭제가 서로 다른 끝 쪽에서 일어난다.
② 연결 그래프(connected graph)에서는 그래프 내의 모든 노드 간에 갈 수 있는 경로가 존재한다.
③ AVL 트리는 삽입 또는 삭제가 일어나 트리의 균형이 깨지는 경우 트리 모습을 변형시킴으로써 균형을 복원시킨다.
④ 기수 정렬(radix sort)은 키(key) 값이 가장 큰 것과 가장 오른쪽 것의 위치 교환을 반복적으로 수행한다.

12 〈보기〉 이진 트리의 내부 경로 길이(Length)와 외부 경로 길이로 옳은 것은?

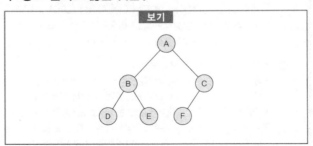

① 7, 20
② 7, 23
③ 8, 20
④ 8, 23

13 다음 그림에서 트리의 Degree와 터미널 노드의 수는?

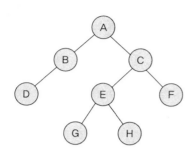

① 트리의 Degree : 2, 터미널 노드 : 8
② 트리의 Degree : 2, 터미널 노드 : 4
③ 트리의 Degree : 4, 터미널 노드 : 8
④ 트리의 Degree : 4, 터미널 노드 : 4

14 다음 트리를 중위 순서로 운행한 결과는?

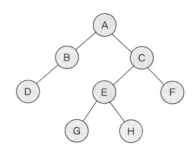

① A B D C E G H F
② D B A G E H C F
③ A B C D E F G H
④ B D G H E F A C

한눈에 보는 *정답과 해설*

06

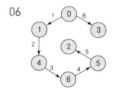

07

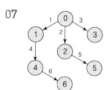

08 자식 노드가 가장 많은 노드는 루트 노드인 A의 경우로, 3이다. 그러므로 차수는 3이다. 최대 레벨이 루트 노드 1로부터 증가하여 4까지이므로 깊이는 4이다.

09 자식 노드를 두지 않은 단말 노드는 B, E, G, I, J, K 6개이다.

10 • 깊이가 k인 이진트리에 존재할 수 있는 최대 노드의 수 : $2^k - 1$
• 이진트리의 레벨 i에서 존재할 수 있는 최대 노드의 수 : $2^{(i-1)}$

11 ④ 기수 정렬 : 수의 전체 크기를 비교하는 것이 아니라, 숫자별로 같은 자리의 수만 비교해서 정렬한다. 대상의 각 자릿수 값을 조사하여 자릿수별로 분배해 정렬하는 방식이기 때문에 비교 정렬 방법이 아니다.
① 큐 : 먼저 넣은 데이터가 먼저 나오는 구조로 저장하는 형식이다. 큐는 삽입과 삭제가 서로 끝에서 일어난다.

② 연결그래프 : 노드와 노드를 연결하는 간선을 하나로 모은 자료구조이다. 그래프 내의 모든 노드들 사이에서 갈 수 있는 경로가 있다.
③ AVL 트리 : 가장 초기에 나온 이진 탐색 트리이다. 균형을 잡기 위해 트리의 모습을 변형시켜 균형을 유지한다.

12 내부 경로 길이는 A–B, A–C까지 각각 1이다. A–D, A–E, A–F까지 각각 2이다.
따라서 내부 경로 길이는 1+1+2+2+2 = 8이다.
외부 경로 길이는 NULL 노드까지의 경로 길이를 합해야 하므로 D, E, F에 각각 2개의 NULL 노드가 존재하고, C에는 1개의 NULL 노드가 존재한다.
따라서 D, E, F의 각각의 NULL 노드까지의 길이는 3이고 그 개수는 총 6개가 된다. C에 있는 1개의 NULL 노드까지의 길이는 2이고 개수는 1개이다.
따라서 외부 경로 길이는 2×1+3×6 = 20이다.

13 해당 문제의 트리는 이진트리이기 때문에 Degree는 2이다. Terminal Node는 자식이 없거나 Degree가 0인 노드를 말하므로 D, F, G, H 총 4개가 된다.

14 중위 순회 방식을 사용하면 다음과 같이 순회한다.
D → B → A(root node) → G → E → H → C → F

---

06 ④ 07 ① 08 ④ 09 ③ 10 ① 11 ④ 12 ③ 13 ② 14 ②

08 정렬·검색·파일 편성

- 삽입 정렬을 통한 데이터 정렬(2021)
- 알고리즘의 이해(2018)
- 해시 함수의 이해(2014)
- 해시 탐색에서의 제산법(2010)

- 순차 파일과 인덱스 순차 파일의 특징 (2019)
- 정렬 방식의 구분(2016)
- 정렬 방식에 관한 시간 복잡도(2012)

01 정 렬

컴퓨터일반 GO! 득점

1 개 요

(1) 정렬의 필요성
어떤 원소를 탐색할 때 원소가 생성된 순서대로 저장된 상태보다는 어떤 기준에 따라 정렬된 상태에서 탐색하는 것이 훨씬 효율적이다.

(2) 정렬의 분류
① **내부 정렬** : 정렬할 데이터가 주기억장치에 있는 것, 속도가 빠르나 정렬해야 할 데이터가 많으면 적합하지 않다(힙, 삽입, 쉘, 버블, 선택, 퀵 정렬 등).
② **외부 정렬** : 정렬할 데이터가 보조 기억장치에 있는 것, 속도가 느리나 정렬해야 할 데이터가 많을 때 적합하다(밸런스, 캐스케이드, 폴리파즈, 오실레이팅 정렬 등).

2 내부 정렬

교수님 플러스⁺특강

(1) 선택 정렬(Selection Sort) 2016
정렬되지 않은 레코드 중 최솟값이나 최댓값을 순서대로 찾아 정렬하는 방법이다.
① **최소선택정렬** : 모든 레코드 중에서 최솟값을 찾아 맨 앞에 놓고 그 자리에 있던 값과 교환한다. 그 다음 정렬되지 않은 나머지 중 최솟값을 찾아 두 번째 있던 값과 교환하여 정렬한다.
② **최대선택정렬** : 모든 레코드 중 최댓값을 찾아 맨 뒤로 놓은 다음, 정렬되지 않은 나머지 중 최댓값을 찾아 그 앞에 이어서 정렬한다.
③ 시간 복잡도 : $O(n^2)$

시간 복잡도
- 알고리즘 성능분석 방법으로 알고리즘 실행에 필요한 시간의 양이다.
- 각 명령문이 수행되는 빈도수를 함수로 나타내고, O(Big oh)로 표기한다
$O(1) < O(\log n) < O(n) < O(n \log n) < O(n^2) < O(2^n) < O(n!)$
빠름 ◄─────────────────► 느림

예제

자료 8, 3, 4, 1, 7을 선택 정렬을 이용하여 오름차순 정렬하면?

해설

- 1단계 : | 8 | 3 | 4 | 1 | 7 | → | 1 | 3 | 4 | 8 | 7 |
- 2단계 : | 1 | 3 | 4 | 8 | 7 | → | 1 | 3 | 4 | 8 | 7 |
- 3단계 : | 1 | 3 | 4 | 8 | 7 | → | 1 | 3 | 4 | 8 | 7 |
- 4단계 : | 1 | 3 | 4 | 8 | 7 | → | 1 | 3 | 4 | 7 | 8 |

(2) 버블 정렬(Bubble Sort)

① 인접한 레코드끼리 값을 비교하여 정렬하는 방법이다.

② 처음부터 두 값을 비교하여 작은 값을 왼쪽에 놓고 그 다음 이웃한 두 값을 비교하여 같은 방법으로 정렬한다. 끝까지 비교했을 때 정렬이 완성되지 않을 수 있으며 그럴 경우 다시 처음으로 돌아가 비교한다.

③ 시간 복잡도 : $O(n^2)$

예제

자료 8, 3, 4, 1, 7을 버블 정렬을 이용하여 오름차순 정렬하면?

해설

- 1단계 : 8 3 4 1 7 → 3 8 4 1 7 → 3 4 8 1 7 → 3 4 1 8 7 → 3 4 1 7 8
- 2단계 : 3 4 1 7 8 → 3 1 4 7 8 → 3 1 4 7 8 → 3 1 4 7 8
- 3단계 : 3 1 4 7 8 → 1 3 4 7 8 → 1 3 4 7 8
- 4단계 : 1 3 4 7 8 → 1 3 4 7 8

(3) 삽입 정렬(Insert Sort)

① 가장 간단한 정렬 알고리즘으로 이미 정렬된 파일에 새로운 한 개의 데이터를 입력하여 순서에 맞게 재정렬하는 방법이다.

② 키 위치를 선정(두 번째 값)한 후 키 값과 키 값 이전의 데이터값을 비교하여 순서에 맞게 삽입하는 방식이다. 이후 키를 증가시키고 키 값과 이전 데이터값을 비교하여 삽입하는 동작을 반복한다.

③ 시간 복잡도 : $O(n^2)$

예제

자료 8, 3, 4, 1, 7을 삽입 정렬을 이용하여 오름차순 정렬하면?

해설

- 1단계 : | 8 | 3 | 4 | 1 | 7 | → | 3 | 8 | 4 | 1 | 7 |

  두 번째 값 3을 키로 정한 후 첫 번째 값과 비교하여 작으므로 8 위치에 삽입하고 8을 뒤로 이동시킨다.

- 2단계 :

3	8	4	1	7	→	3	4	8	1	7

세 번째 값 4를 키로 정한 후 첫 번째~두 번째 값(3, 8)과 비교하여 8 위치에 삽입하고 나머지 값을 뒤로 이동시킨다.

- 3단계 :

3	4	8	1	7	→	1	3	4	8	7

네 번째 값 1을 키로 정한 후 첫 번째~세 번째 값(3, 4, 8)과 비교하여 3 위치에 삽입하고 나머지 값을 뒤로 이동시킨다.

- 4단계 :

1	3	4	8	7	→	1	3	4	7	8

네 번째 값 7을 키로 정한 후 첫 번째~네 번째 값(1, 3, 4, 8)과 비교하여 8 위치에 삽입하고 나머지 값을 뒤로 이동시킨다.

(4) 2원 합병 정렬(2-Way Merge Sort)

① 레코드 리스트를 이등분하여 각각 정렬하고 이를 합병하여 하나의 정렬된 리스트를 만드는 방법이다. 이등분 정렬된 두 리스트를 합병할 때, 분리된 리스트의 가장 앞에 위치한 값끼리 비교하여 작은 값을 합병 리스트의 맨 처음에 위치시키고 이 과정을 반복하여 정렬한다.

② 시간 복잡도 : $O(n\log_2 n)$

(5) 퀵 정렬(Quick Sort) 2012

피봇(pivot)
중심점

① 레코드 리스트 내의 한 원소를 피봇(pivot)으로 선정하고 피봇을 기준으로 원소들을 두 개의 파티션으로 나누어 정렬한다. 이때 왼쪽 파티션은 피봇보다 작은 원소로, 오른쪽은 피봇보다 큰 원소로 정렬한 후, 왼쪽 파티션의 가장 작은 값부터 맨 앞 위치로 확정한다. 정렬 방식 중 가장 빠르며, 스택이 필요하다.

② 시간 복잡도 : $O(n\log_2 n)$

(6) 히프 정렬(Heap Sort) 2018 2008

① 최대 힙 트리나 최소 힙의 완전이진트리를 구성해 정렬하는 방법으로서, 내림차순 정렬을 위해서는 최대 힙을 구성하고 오름차순 정렬을 위해서는 최소 힙을 구성한다. 최대 힙을 구성하여 정렬하는 방법은 아래 예와 같다.

ㄱ n개의 노드에 대한 완전이진트리를 구성한다. 이때 루트 노드부터 부노드, 왼쪽 자노드, 오른쪽 자노드 순으로 구성한다.

ㄴ 최대 힙을 구성한다. 최대 힙이란 부노드가 자노드보다 큰 트리를 말하는데, 단말 노드를 자노드로 가진 부노드부터 구성하며 아래부터 루트까지 올라오며 순차로 만들어 갈 수 있다.

ㄷ 가장 큰 수(루트에 위치)를 가장 작은 수와 교환한다.

ㄹ ㄴ과 ㄷ을 반복한다.

② 시간 복잡도 : $O(n\log_2 n)$

(7) 쉘 정렬(Shell Sort)

① 삽입 정렬을 이용하되, 전체 리스트를 몇 개의 서브 리스트로 나누어 각각 삽입 정렬하는 방법이다.

② 시간 복잡도 : $O(n\sqrt{n})$

(8) 기수 정렬(Radix Sort)

① 큐(queue)를 이용하여 자릿수별로 정렬하는 방식으로, 비교 정렬기법이 아니다. 보통 버킷 정렬(bucket sort)이라고 한다.

② 가장 상위 자릿수부터 정렬하는 경우를 MSD(Most Significant Digit) 우선 정렬 또는 왼쪽 우선 정렬(left first sort)이라 하고, 가장 하위 자릿수부터 정렬하는 경우를 LSD(Least Significant Digit) 우선 정렬 또는 오른쪽 우선 정렬(right first sort)이라고 한다.

3 시간 복잡도와 다항시간

(1) 시간 복잡도

입력과 문제 해결에 걸리는 시간 사이의 함수관계를 말한다. 아래의 그래프처럼 증가속도가 빠른 함수(기울기가 가파르게 상승하는 곡선)일수록 문제 해결시간이 상대적으로 **오래 걸린다.**

(2) 다항시간

문제 해결에 필요한 시간 복잡도가 다항함수로 표현되는 경우를 일컫는다. n^2, n^3, $n^{\frac{3}{2}}$과 같이 미지수가 밑이고 지수가 정해져 있는 함수를 말한다. 단, 엄밀히 말해 로그함수는 다항함수가 아니지만, 증가속도가 크게 빠르지 않아 이럴 경우 다항시간으로 취급할 수 있다. 그러나 2^n과 같이 미지수가 지수로 표현되는 지수함수 또는 $n!$과 같은 계승함수는 다항시간이 아니다.

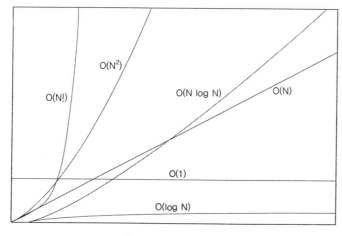

[시간 복잡도의 그래프]

2018
P–NP문제

• **P문제** : 결정론적 다항(deterministic polynomial)문제로, 다항시간 안에 참거짓 판단이 가능한 결정론적 문제이다. 해결할 수 있는 일반적 알고리즘이 이미 알려진 문제들이므로 컴퓨터를 이용하여 모두 해결할 수 있다.

• **NP문제** : 비결정론적 다항(non-deterministic polynomial)문제로 다항시간 안에 풀 수 있는 문제이다. 여기서 비결정론적 문제란, 단순한 참, 거짓 판단이 아니라 복잡한 해결책을 필요로 하는 문제이다. 예를 들어 한정된 무게 용량을 가진 배낭에 무게와 가치가 있는 물건을 어떤 순서로 담을지를 결정하는 '배낭문제'와 같은 경우이다. 이를 해결하기 위해 탐욕적 알고리즘이나 동적 계획법 등을 사용하지만, 항상 최적해를 구해주는 일반적 알고리즘이 존재하지는 않는다. 일부 NP문제 중에는 관련 정보를 활용하여 해결이 가능한 경우가 있다. 예를 들어 정해진 정점을 끊이지 않고 한번씩만 지나는 경로 찾기 문제(해밀턴 문제)의 경우, 즉각적인 판단에 의해 단번에 찾을 수도 있다. 그러나 이 역시, 모든 해밀턴 문제를 해결해주는 일반적인 알고리즘은 존재하지 않는다.

• **P–NP문제** : 유명한 수학 7대 난제 중 하나로 P문제와 NP문제 사이의 포함관계를 알아내고자 하는 연구문제이다. 아직 알아내지 못한 상태이다. P문제가 NP문제에 포함된다는 것은 이미 알려져 있으나, 그 반대의 경우는 아직 알아내지 못하였다.

02 검 색 중요 ★

1 검색기법의 종류

① **선형 검색** : 순차적으로 편성된 파일에서, 처음부터 하나씩 비교하여 검색하는 방법으로 정렬되지 않은 파일에 적용한다.

② **이진 검색** : 일정한 순서로 배열된 레코드를 2개 부분으로 나누어서 한 부분은 버리고 남은 부분을 검색하는 방법으로 자료가 반드시 정렬되어 있어야 한다.

③ **피보나치 검색** : 일정한 순서로 배열된 레코드를 피보나치 수열에 따라 서브 파일을 나누어 검색하는 방법으로 자료가 반드시 정렬되어 있어야 한다. 이진 검색보다 평균 효율이 우수하다.

④ **보간 검색** : 일정한 순서로 배열된 레코드에서 검색 키가 있을 만한 부분의 레코드를 선택하여 검색하는 방법. 자료가 반드시 정렬되어 있어야 한다.

피보나치(Fibonacci) 수열
앞의 두 항의 합을 항으로 갖는 수열을 말한다(0, 1, 1, 2, 3, 5, 8, 13 …).

2 해싱(Hashing)

(1) 개 요
키 값으로부터 레코드가 저장된 주소를 직접 계산하여 산출된 주소로 바로 접근하는 방법. 주소 계산을 위한 해싱함수를 이용한다.

(2) 특 징
① 검색 방법 중 속도가 가장 빠르다.
② 서로 다른 두 개 이상의 레코드가 같은 주소를 갖는 '충돌 현상' 시 입력된 값이 기억될 수 없는 '오버플로우(overflow)' 현상의 해결 부담이 과중된다.

(3) 해싱함수의 종류 2010
① **제산법(division)** : 키 값을 배열의 크기로 나누어 그 나머지 값을 해시 값으로 사용하는 방법이다.
② **제곱법(mid-square)** : 키 값을 제곱(square)한 후에 그 중간값을 주소로 이용하는 방법이다.
③ **중첩법(folding)** : 키 값을 부분으로 나눈 후 모두 더하거나 XOR한 결괏값을 주소로 이용하는 방법이다.
④ **기수 변환법(radix)** : 키 값의 진수를 다른 진수로 변환시켜 주소 크기를 초과한 높은 자릿수는 절단하고, 이를 다시 주소 범위에 맞게 조정하는 방법이다.

2014
해싱 충돌의 해결 방법
• **선형 조사법(linear probing)** : 특정 장소에서 충돌이 발생할 경우 그 다음 장소를 순차적으로 조사하는 방법이다. 즉, 주소의 증분이 일차함수($h(k) + i$)에 의해 결정된다. 만일 다음 장소가 비어있지 않으면 빈 곳이 나올 때까지 순차적으로 조사를 계속한다. 테이블 끝에 다다르면 다시 처음으로 간다.
• **이차 조사법(quadratic probing)** : 선형 조사법과 방법상 거의 동일하나, 주소의 증분이 이차함수($h(k) + i^2$)에 의해 결정된다.
• **이중해싱(double hashing)** : 다음 장소를 결정하기 위해 원래 해싱함수 이외에 별도의 해싱함수를 이용하는 방법이다.
• **체이닝(chaining)** : 충돌을 해결하기 위해 해시 테이블을 구조 변경하여 연결리스트를 도입하는 방법을 말한다. 각 장소에 연결리스트를 할당한다.

03 파일 편성 2019

대표적인 파일 편성법에는 순차 파일, 직접 파일, 색인 순차 파일 방법이 있으며, 각각의 특징은 다음과 같다.

구 분	파일 편성 방법	장단점
순차 파일 (sequential file)	생성되는 순서에 따라 레코드를 순차적으로 저장한다.	• 저장 매체의 효율이 가장 좋다. • 프로그래밍이 쉽다. • 여러 개의 기록 매체에 기록이 가능하다. • 파일에 새로운 레코드를 삽입, 삭제하는 경우 시간이 많이 소요된다. • 검색 효율이 낮고, 시간 및 응답시간이 느리다.
직접 파일 (direct file) or 랜덤 파일 (random file)	특정 레코드에 접근하기 위해 디스크의 물리적 주소로 변환할 수 있는 해싱 함수를 사용한다.	• 접근시간이 빠르고 레코드의 삽입, 삭제, 갱신이 용이하다. • 어떤 레코드라도 평균 접근시간 내에 검색이 가능하다. • 기억공간의 효율이 저하될 수 있다. • 프로그래밍 작업이 복잡하다. • 충돌 발생 염려가 있으므로, 이를 위한 기억공간 확보가 필요하다.
색인 순차 파일 (indexed sequential file)	색인(index) 구역을 두어 순차 접근과 직접 접근이 모두 가능하도록 한다. 기본 구역(prime area), 색인 구역(index area), 오버플로우 구역(overflow area)으로 구성된다.	• 순차와 랜덤 처리가 모두 가능하다. • 효율적인 검색이 가능하고 레코드의 삽입, 삭제, 갱신이 용이하다. • 색인 구역과 오버플로우 구역을 구성하기 위한 추가 기억공간이 필요하다. • 색인을 이용한 접근이 필요하므로 액세스 시간이 랜덤 파일보다 느리다.

CHAPTER 08 정렬 · 검색 · 파일 편성

기출 확인 문제

01 2014 계리직

다음 〈조건〉에 따라 입력 키 값을 해시(Hash) 테이블에 저장하였을 때 해시 테이블의 내용으로 옳은 것은?

보기

- 해시 테이블의 크기는 7이다.
- 해시함수는 h(k) = k mod 7이다. (단, k는 입력 키 값이고, mod는 나머지를 구하는 연산자이다)
- 충돌은 이차 조사법(Quadratic Probing)으로 처리한다.
- 키 값의 입력 순서 : 9, 16, 2, 6, 20

	①	②	③	④
0	6	6	20	20
1	2	20		2
2	9	9	9	9
3	16	16	16	
4			2	16
5				
6	20	2	6	6
	해시 테이블	해시 테이블	해시 테이블	해시 테이블

02 2018 계리직

컴퓨터 알고리즘에 대한 설명으로 옳지 않은 것을 〈보기〉에서 모두 고른 것은?

보기

ㄱ. 힙 정렬(Heap Sort) 알고리즘의 시간 복잡도는 $O(n^2)$이다.
ㄴ. 0/1 배낭(0/1 Knapsack) 문제에 대하여 다항시간(Polynomial Time) 내에 해결 가능한 알고리즘이 개발되었다.
ㄷ. 모든 NP(Non-deterministic Polynomial time) 문제는 컴퓨터를 이용하여 다항시간에 해결할 수 없다.

① ㄱ ② ㄱ, ㄴ
③ ㄴ, ㄷ ④ ㄱ, ㄴ, ㄷ

03 2019 계리직

순차 파일과 인덱스 순차 파일에 대한 설명으로 옳은 것의 총 개수는?

ㄱ. 순차 파일에서의 데이터 레코드 증가는 적용된 순차 기준으로 마지막 위치에서 이루어진다.
ㄴ. 순차 파일에서는 접근 조건으로 제시된 순차 대상 필드 값 범위에 해당하는 대량의 데이터 레코드들을 접근할 때 효과적이다.
ㄷ. 순차 파일에서의 데이터 레코드 증가는 오버플로우 블록을 생성시키지 않는다.
ㄹ. 인덱스 순차 파일의 인덱스에는 인덱스 대상 필드 값과 그 값을 가지는 데이터 레코드를 접근할 수 있게 하는 위치 값이 기록된다.
ㅁ. 인덱스 순차 파일에서는 인덱스 갱신없이 데이터 레코드를 추가하거나 삭제하는 것이 가능하다.
ㅂ. 인덱스 순차 파일에서는 접근 조건에 해당하는 인덱스 대상 필드 값을 가지는 소량의 데이터 레코드를 순차 파일보다 효과적으로 접근할 수 있다.
ㅅ. 인덱스를 다중레벨로 구성할 경우, 최하위 레벨은 순차 파일 형식으로 구성된다.

① 2개 ② 3개
③ 4개 ④ 5개

04 2016 계리직

〈보기〉와 같이 수행되는 정렬 알고리즘으로 옳은 것은?

보기

단계 0 : 6 5 8 9 4 2
단계 1 : 6 5 8 2 4 9
단계 2 : 6 5 4 2 8 9
단계 3 : 2 5 4 6 8 9
단계 4 : 2 4 5 6 8 9
단계 5 : 2 4 5 6 8 9

① 쉘 정렬(shell sort) ② 히프 정렬(heap sort)
③ 버블 정렬(bubble sort) ④ 선택 정렬(selection sort)

01

이차 조사법(quadratic probing) : 충돌 발생 시 (h(k) + i²) mod M으로 조사한다.

i는 충돌횟수이며, h(k), h(k)+1, h(k)+4, h(k)+9…… 로 할당한다(mod는 나머지 연산자).

키 값의 입력 순서는 9, 16, 2, 6, 20이므로

㉠ h(9) = 9 mod 7이면 나머지는 2. 따라서 2번 주소에 할당한다.

㉡ h(16) = 16 mod 7이면 나머지는 2. 따라서 충돌 1회, 2차 조사하면 h(16) + 1이므로 3번 주소에 할당한다.

㉢ h(2) = 2 mod 7이면 나머지는 2. 따라서 충돌 2회, 2차 조사하면 h(2) + 4이므로 6번 주소에 할당한다.

㉣ h(6) = 6 mod 7이면 나머지는 6. 따라서 충돌 1회, 2차 조사하면 h(6) + 1이므로 0번 주소에 할당한다.

㉤ h(20) = 20 mod 7이면 나머지는 6. 따라서 충돌 2회, 2차 조사하면 h(20) + 4이므로 3번 주소에 할당하지만 여기서도 충돌되므로, 즉 충돌이 3회 발생하므로 2차 조사하면 h(20)+9이므로 6번 주소에서 9만큼 떨어진 1번 주소에 할당한다.

| 해시
테이블
㉠ | 해시
테이블
㉡ | 해시
테이블
㉢ | 해시
테이블
㉣ | 해시
테이블
㉤ |

답 ②

02

ㄱ. 히프(힙) 정렬 : 정렬할 원소를 모두 공백 히프에 삽입한 뒤 남아 있는 원소 중 최댓값을 한 원소씩 삭제한다. 이를 리스트의 맨 뒤부터 차례로 삽입하면 정렬이 된다(시간 복잡도 : $n\log_2 n$).

ㄴ. 0/1 배낭문제 : 한정된 무게 용량을 가진 배낭에 무게와 가치가 있는 물건을 어떤 순서로 담을지를 결정하는 문제로, 해결 가능한 알고리즘이 존재하지 않는다.

ㄷ. NP 문제 : 비결정론적 다항 문제로, 해가 다항식이 아닌 문제라도 해결 가능한 방법이 존재하는 경우가 있다.
다항시간 : 문제 해결에 필요한 시간 복잡도가 다항함수로 표현되는 경우를 일컫는다.

답 ④

03

ㄱ. 순차 파일에서 새로운 레코드를 삽입할 때는 기존 레코드 사이에 삽입 위치를 검색한 뒤, 그 위치에 데이터를 추가한다.

ㄷ. 순차 파일에서 삽입을 할 때, 위치한 블록에 빈 공간이 없다면 오버플로우 블록에 새로운 레코드를 삽입하게 된다. 단, 인덱스 순차 파일과는 달리 오버플로우 영역을 미리 구성하지는 않는다.

ㅁ. 인덱스 순차 파일에서 데이터 레코드를 추가하게 되면 그 데이터 레코드의 위치가 인덱스 내에 갱신된다.

답 ③

04

① 쉘 정렬

• 0단계 : 6 5 8 9 4 2 에서 개수가 6이므로 증분값 (H=6/2=3) 결정

• 1단계 (H = 3) : 3개씩 묶어 각 서브그룹의 첫 자료부터 삽입정렬

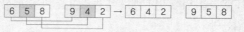

6 5 8 9 4 2 → 6 4 2   9 5 8

② 히프 정렬 : 완전이진트리를 이용하는 방법이다.

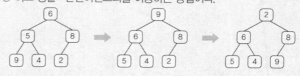

(단계 0) 6 5 8 9 4 2   (단계 1) 2 6 8 5 4 9

③ 버블 정렬 : 인접된 두 수를 상호 비교한다.

• 0단계 : 6 5 8 9 4 2

• 1단계 : 6 5 8 9 4 2 → 5 6 8 9 4 2 → 5 6 8 9 4 2 → 5 6 8 9 4 2 → 5 6 8 4 9 2 → 5 6 8 4 2 9

④ 선택 정렬 : 기준을 선택하고 그 외 자료를 기준과 비교한다. 일반적으로 맨 앞쪽을 기준으로 정하지만 본 문제는 최대선택정렬 방법으로, 맨 끝 자료를 기준으로 정하고 앞쪽의 자료와 비교해서 가장 큰 값과 기준값을 교환한다. 이후 기준을 앞쪽으로 하나씩 이동하면서 반복 수행한다.

• 0단계 : 6 5 8 9 4 2
• 1단계 : 6 5 8 2 4 9
• 2단계 : 6 5 4 2 8 9
• 3단계 : 2 5 4 6 8 9
• 4단계 : 2 4 5 6 8 9
• 5단계 : 2 4 5 6 8 9

답 ④

적중 예상 문제

01 해싱(Hashing)에 대한 설명으로 옳지 않은 것은?

① 충돌(collision)이 발생하지 않는 해시 함수를 사용한다면 해싱의 탐색 시간 복잡도는 O(1)이다.

② 서로 다른 탐색키가 해시 함수를 통해 동일한 해시 주소로 사상될 수 있다.

③ 선형 조사법(linear probing)은 연결리스트(linked list)를 사용하여 오버플로우 문제를 해결한다.

④ 폴딩함수(folding function)는 탐색키를 여러 부분으로 나누어 이들을 더하거나 배타적 논리합을 하여 해시 주소를 얻는다.

02 삽입 정렬을 사용하여 자료를 오름차순으로 정렬한다. 초기 및 2회전 후의 자료가 다음과 같다면 4회전 후의 결과는?

- 초기 자료 : 69, 30, 10, 2, 16, 8, 31, 22
- 2회전 후의 자료 : 10, 30, 69, 2, 16, 8, 31, 22

① 2, 10, 16, 30, 69, 8, 31, 22

② 2, 10, 30, 69, 16, 8, 31, 22

③ 16, 2, 10, 30, 69, 8, 22, 31

④ 8, 2, 10, 30, 16, 69, 22, 31

03 다음의 설명에 해당하는 검색 방법은?

> 주소 계산을 위한 함수를 이용하여 키 값으로부터 레코드가 저장되어 있는 주소를 직접 계산하고 산출된 주소로 바로 접근하는 방법이다.

① 보간 검색

② 이진 검색

③ 해시 검색

④ 선형 검색

04 검색 방법에 대한 다음의 설명 중 잘못된 것은?

① 선형 검색은 반드시 자료가 정렬되어 있어야 한다.

② 이진 검색은 배열 레코드를 2개 부분으로 나누어 한 부분을 검색하는 방법이다.

③ 보간 검색은 검색 키가 있을 만한 부분을 선택하여 검색한다.

④ 해시 검색은 검색 방법 중 속도가 가장 빠르다.

05 레코드의 많은 자료 이동을 없애고 하나의 파일을 부분적으로 나누어가면서 정렬하는 방법으로, 키를 기준으로 작은 값은 왼쪽에 큰 값은 오른쪽에 모이도록 서로 교환시키는 부분 교환 정렬법은?

① 퀵 정렬(quick sorting)
② 셀 정렬(shell sorting)
③ 삽입 정렬(insertion sorting)
④ 선택 정렬(selection sorting)

06 다음 〈보기〉는 파일 편성법의 특징에 대한 것이다. 랜덤 파일에 대한 설명만으로 묶인 것은?

> **보기**
>
> ㄱ. 저장매체의 효율이 가장 좋다.
> ㄴ. 기억공간의 효율이 저하될 수 있다.
> ㄷ. 순차와 랜덤처리가 모두 가능하다.
> ㄹ. 프로그래밍 작업이 복잡하다.
> ㅁ. 여러 개의 기록매체에 기록이 가능하다.
> ㅂ. 색인 구역과 오버플로우 구역을 구성하기 위한 추가 기억 공간이 필요하다.

① ㄱ, ㄹ, ㅁ   ② ㄴ, ㄹ
③ ㄴ, ㅁ   ④ ㄴ, ㄹ, ㅁ

한눈에 보는 정답과 해설

01 ③ 연결리스트를 사용하여 오버플로우 문제를 해결하는 것은 체이닝(chaining)이다.

| 참고 |
- 선형 조사법 : 특정 장소에서 충돌이 발생할 경우 그 다음 장소를 순차적으로 조사하는 방법이다. 만일 다음 장소가 비어있지 않으면 빈 곳이 나올 때까지 순차적으로 조사를 계속한다. 테이블 끝에 다다르면 다시 처음으로 간다.
- 체이닝(chaining) : 충돌을 해결하기 위해 해시 테이블을 구조 변경하여 연결리스트를 도입하는 방법을 말한다. 각 장소에 연결리스트를 할당한다.

02 초기 자료 : 69, 30, 10, 2, 16, 8, 31, 22
1회전 : 30, 69, 10, 2, 16, 8, 31, 22
2회전 : 10, 30, 69, 2, 16, 8, 31, 22
3회전 : 2, 10, 30, 69, 16, 8, 31, 22
4회전 : 2, 10, 16, 30, 69, 8, 31, 22

03 해시 검색은 주소 계산을 위한 해싱 함수를 이용한다.

04 선형 검색은 순차적으로 편성된 파일에서 처음부터 하나씩 비교하여 검색하는 방법으로, 정렬되지 않은 파일에 적용한다.

05 퀵 정렬은 레코드 리스트 내의 한 원소를 피봇(pivot)으로 선정하고 피봇을 기준으로 원소들을 두 개의 파티션으로 나누어 정렬한다.

06 ㄱ, ㅁ은 순차 파일, ㄷ, ㅂ은 색인 순차 파일의 특징이다.

01 ③ 02 ① 03 ③ 04 ① 05 ① 06 ②

07 입력 데이터가 R = (71, 2, 38, 5, 7, 61, 11, 26, 53, 42)일 때 2-Way Merge Sort를 2회전한 후 결과는?

① R = (2, 5, 38, 71, 7, 11, 26, 61, 42, 53)
② R = (2, 71, 5, 7, 38, 11, 61, 26, 42, 53)
③ R = (2, 5, 7, 11, 26, 38, 61, 71, 42, 53)
④ R = (2, 5, 7, 11, 26, 38, 42, 53, 61, 71)

08 해싱 함수 기법 중 어떤 진법으로 표현된 주어진 레코드 키 값을 다른 진법으로 간주하고 키 값을 변환하여 홈 주소로 취하는 방식은?

① 숫자 분석(digit analysis)
② 대수적 코딩(algebraic coding) 방법
③ 기수(radix) 변환법
④ 제곱(mid-square)법

09 다음 자료를 버블 정렬을 이용하여 오름차순으로 정렬할 경우 PASS 2의 결과는?

> 9, 6, 7, 3, 5

① 6, 9, 7, 3, 5
② 6, 3, 5, 7, 9
③ 3, 6, 7, 9, 5
④ 6, 7, 3, 5, 9

10 다음 설명에 해당하는 정렬 기법은?

> 2번째 키(Key)와 첫 번째 키를 비교 순서대로 나열 (1회전)하고, 이어서 3번째 키를 1, 2번째 키와 비교해 순서대로 나열(2회전)하고, 계속해서 n번째를 앞의 (n-1)개 키와 비교하여 알맞은 순서에 위치시키는 방법이다.

① Insertion Sort
② Bubble Sort
③ Selection Sort
④ Quick Sort

 한눈에 보는 정답과 해설

07 분할과정
[71, 2, 38, 5, 7][61, 11, 26, 53, 42]
[71, 2][38, 5, 7][61, 11][26, 53, 42]
[71][2][38][5, 7][61][11][26][53, 42]
[71][2][38][5][7][61][11][26][53][42]

1단계 – [5, 7], [53, 43] 정렬
→ (71, 2, 38, 5, 7, 61, 11, 26, 42, 53)
2단계 – [71, 2], [38, 5, 7], [61, 11], [26, 42, 53]정렬
→ (2, 71, 5, 7, 38, 11, 61, 26, 42, 53)

08 기수 변환법(radix)이란 키 값의 진수를 다른 진수로 변환시켜 주소 크기를 초과한 높은 자릿수는 절단하고, 이를 다시 주소 범위에 맞게 조정하는 방법이다.

09 • 0단계 : 96735
• 1단계 : 69735 → 67935 → 67395 → 67359
• 2단계 : 67359 → 63759 → 63579

10 제시된 설명은 어렵게 되어 있으나, 키 위치를 선정(두 번째 값)한 후 키 값과 키 값 이전의 데이터값을 비교하여 순서에 맞게 삽입하는 삽입 정렬에 대한 설명이다.

07 ② 08 ③ 09 ② 10 ①

2023 계리직 컴퓨터일반

상황에 따라 선택하는 60일, 30일 맞춤 학습 플랜을 통해 혼자서도 체계적으로 시간을 분배해서 공부할 수 있습니다(문제풀이 포함).

우정사업본부 9급

계리직 공무원

컴퓨터일반

2권

Part 4 ~ 8
특별부록

행복한 상상, 바른교육
정훈에듀

한눈에 살펴보는 이 책의 구성

이론 파트

1. 출제경향분석

2. 컴퓨터일반GO!득점

3. 글자색 표시

4. 체크포인트

5. 교수님 플러스 특강

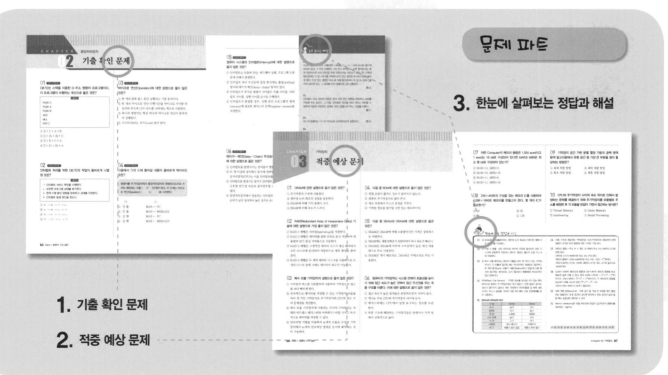

문제 파트

3. 한눈에 살펴보는 정답과 해설

1. 기출 확인 문제

2. 적중 예상 문제

"기본부터 심화까지, 강력한 이론에 풍부한 문제 풀이를 더하라!"

본 교재는 방대한 계리직 컴퓨터일반의 내용을 총 2권으로 구성하여 체계적으로 정리하였다.
1권은 Part 1부터 Part 3, 2권은 Part 4부터 Part 8과 특별부록으로 구성되어 있다.

이론 파트

1. 출제경향분석

장별 도입부에 꼭 이해해야 하는 핵심내용을 제시하여 중요한 내용을 한눈에 파악할 수 있도록 구성하여 수험생들이 전략적 학습이 가능하도록 하였다.

2. 컴퓨터GO!득점

최근 공무원 · 정보처리기사 시험에서 출제된 내용을 정리하여 심화 이론 학습에 어려움을 느끼는 수험생들에게 도움이 될 수 있도록 하였다.

3. 글자색 표시

컴퓨터 용어를 어려워하는 수험생의 이해를 돕기 위해 내용에 '글자색 표시'를 하여, 이론 학습에 많은 도움이 될 수 있도록 하였다.

4. 체크포인트

본문 이해에 도움이 되는 내용, 간단한 추가 설명, 함께 알아두어야 할 내용 등을 수록하여 보다 완전한 학습을 할 수 있다.

5. 교수님 플러스⁺특강

지면 상 본서에서 충분히 다루지 못한 어렵고 까다로운 내용은 동영상 강의에서 좀 더 자세히 다루었다. 수험생들이 가장 목말라 하는 부분을 속시원히 해결하고 부족한 부분도 채울 수 있다.

문제 파트

1. 기출 확인 문제

각 장이 끝날 때 주요 공무원 기출문제를 해설과 함께 제시함으로써 중요 개념과 이론이 어떤 형태로 출제되는지 실전 감각을 익힐 수 있도록 구성하였다.

2. 적중 예상 문제

출제된 부분은 물론, 앞으로 출제가 가능한 부분의 문제를 다양한 문제유형과 여러 난도의 형태로 수록하였다. 이론학습 후 문제를 풀어본다면 문제에 대한 적응력을 높일 수 있을 것이다.

3. 정답과 해설

빠른 이해와 학습의 편의를 위하여 정답과 해설을 문제 오른쪽과 하단에 배치하였으며, 정확하고 명쾌한 해설로 실전대비가 가능할 수 있도록 하였다.

《 특별부록 》

최종모의고사, 정보처리기사 기출 엄선, 계리직 최신기출문제를 특별부록으로 수록하여 최종적으로 학습을 마무리할 수 있도록 하였다.

CONTENTS

컴퓨터일반

PART 04

컴퓨터 네트워크

전 시험(2008~2022년) 기준 출제비중

연도별 기출문제분석 키워드

연 도	키워드	출제비중
2022년	TCP의 특성, 빅 데이터 수집 기술, 기계학습, 프로토콜의 종류	22%
2021년	IPv6의 특성, 이중 서명(SET), 개인정보보호원칙	15%
2019년	동기식 전송, 악성 프로그램, 공개키 암호화방식, 워터마킹	20%
2018년	TCP/IP, 네트워크 장치의 종류, 공개키와 비밀키	15%
2016년	IPv4와 IPv6, 무선 네트워크 방식, 공개키	15%
2014년	네트워크 접속형태(토폴로지), TCP, IP 주소체계의 클래스, 서비스 거부 공격, 보안취약점 활용공격, 공개키	30%
2012년	네트워크 장비 식별, 공개키	10%
2010년	IP 주소체계의 클래스	5%
2008년	Go-Back-N ARQ, VoIP, OSI 모델, 해킹기법	20%

▶ 이 영역에서 가장 기본이 되는 OSI 모델을 반드시 숙지한다.
▶ TCP/IP의 기본 개념과 특징을 반드시 숙지한다.
▶ 네트워크 보안에서는 공격 기술과 공개키 및 비밀키가 자주 출제되므로 반드시 숙지한다.

01 네트워크 기반 기술

출제경향분석
- 동기식 전송의 특징 (2019)
- 무선 네트워크 방식의 종류 및 구분(2016)
- 네트워크 기반기술 용어(2008)
- IPv4와 IPv6의 주소 표시방법 차이(2016)
- 데이터 통신 Go–Back–N ARQ 흐름 제어 방식의 이해(2008)

01 네트워크의 의미와 특성

컴퓨터일반 GO! 특점

VPN(Virtual Private Network, 가상사설망)
공중 네트워크를 통해 한 회사나 몇몇 단체가 내용을 외부 사람에게 드러내지 않고 통신할 목적으로 쓰이는 사설 통신망이다.

1 네트워크의 의미

네트워크는 모뎀, LAN, 케이블, 무선 매체 등의 통신 설비를 갖춘 컴퓨터를 서로 연결하여 형성한 체계를 의미한다. 작게는 컴퓨터와 주변기기 간의 네트워크, 같은 사무실이나 회사 내의 컴퓨터끼리 형성하는 네트워크, 크게는 광역 네트워크 및 인터넷을 포함한다.

2 네트워크의 이점

① 데이터의 동시 접근
② 주변장치의 공유
③ 백업의 용이성

3 네트워크 구조화의 규모

① LAN : 근거리 통신망을 의미하는 Local Area Network의 줄임말이다. 가까운 컴퓨터끼리 형성하는 네트워크를 의미하는 것으로, 유선 케이블이나 무선 송수신기를 이용하여 통신한다. 한 사무실, 한 회사, 한 건물 정도의 규모에서 형성되는 네트워크이다.

② Intranet : 인트라넷은 인터넷 환경을 이용하여 한 회사나 학교, 단체의 규모로 구축하는 사설 네트워크를 의미한다. 인터넷 환경은 전용회선을 이용하는 것보다 경제성과 편리성을 확보할 수 있다.

③ WAN : 광역 통신망을 의미하는 Wide Area Network의 줄임말이다. 둘 이상의 LAN이 넓은 지역에서 연결되는 규모의 네트워크를 말한다. 서울과 지방에 각각 위치해 있는 본사와 지사 간의 연결을 WAN으로 구성할 수 있다.

전용회선
사용자가 원하는 두 지점 간 또는 다지점 간을 직통으로 연결하여 독점 사용하는 전기 통신 회선이다.

02 기반 기술 및 통신 방식

1 통신 기술

① **전송 기술** : 송신 측, 수신 측, 전송 매체로 구성되어 지점 간의 신호를 전송하는 기술을 말한다.
② **교환 기술** : 통신 상대방을 선택할 수 있도록 해주는 기술을 말한다.
③ **통신망 기술** : 분산된 통신 가입자 간의 네트워크를 형성하는 기술로, LAN, WAN 등의 기술이 이에 속한다.
④ **단말 기술** : 통신 내용에 대한 입출력 기술로, 사용자와 통신 간의 접점 인터페이스를 담당한다.

2 변조 방식

아날로그 데이터 및 디지털 데이터는 전송 시 사용되는 전송 매체의 특성에 따라 아날로그 신호 및 디지털 신호로 변조(modulation)되어야 하고, 이렇게 변조된 신호는 수신 측에서 원래의 신호로 재생하는 복조(demodulation)를 수행한다.

데이터	신호변환기(DCE)	신 호	변조방식	전송 매체
아날로그	전화기	아날로그	AM, FM, PM	아날로그 회선
아날로그	코덱	디지털	PCM, ADPCM	디지털 회선
디지털	모뎀	아날로그	ASK, FSK, PSK, QAM	아날로그 회선
디지털	DSU	디지털	베이스밴드 전송	디지털 회선

3 통신 방식

(1) 아날로그 통신 – 디지털 통신 2008

① **아날로그 통신** : 아날로그 신호를 이용하며 신호 세기를 유지하기 위해 증폭기를 이용한다.
② **디지털 통신** : 디지털 신호를 이용하며, 장거리 전송 시 중계기를 이용한다. 음성 데이터를 디지털 데이터 패킷으로 변환하여 IP를 통해 전송하는 VoIP 기술이 이에 속한다.

---

bps(bit per second)
1초 동안 전송할 수 있는 모든 비트(bit)의 수

보(baud)
1초에 신호를 전자적으로 변환하는 횟수

ASK(Amplitude Shift Keying, 진폭 편이 변조)
디지털 신호 전송에 사용하는 변조 방식의 하나로, 전송 데이터의 스트림에 대응하고 반송파의 진폭을 변화시키기 위한 송신 데이터를 보내는 방식이다. 아날로그 변조 방식인 진폭 변조(AM)와 마찬가지로 이 방식은 다른 변조 방식보다 소음의 방해와 페이딩의 영향을 받기 쉽다.

FSK(Frequency–Shift Keying, 주파수 편이 변조)
반송파(carrier wave)의 이산 주파수 (discrete frequencies) 변화를 통해 디지털 정보가 전송되는 주파수 변조 방식이다.

PSK(Phase–Shift Keying, 위상 편이 변조)
기준 신호(반송파)의 위상을 변경 또는 변조함으로써 데이터를 전송하는 디지털 변조 방식이다.

QAM(Quadrature Amplitude Modulation, 직교 진폭 변조)
독립된 2개의 반송파인 동상(in-phase) 반송파와 직각 위상(quadrature) 반송파의 진폭과 위상을 변환·조정하여 데이터를 전송하는 변조 방식이다. 제한된 전송 대역 내에서 데이터 전송을 고속으로 하는 데 유리하다. ASK와 PSK를 혼합시킨 변조 방식이며 디지털 신호 처리 및 LSI 기술이 발전하여 실현되었다. 이 방식에서는 데이터의 타이밍을 표시하는 파일럿 신호가 필요하지 않다.

데이터 패킷(data packet)
통신망의 송·수신장치 사이에서 전송되는 정보의 일정한 단위이다.

(2) 단방향 통신 – 양방향 통신

① **단방향 통신** : 접속된 두 단말기 사이의 통신이 한 방향으로만 전달되는 통신을 말한다. 한쪽은 송신만, 다른 한쪽은 수신만 하게 된다. 단방향 통신이라 해도 두 단말 사이의 회로 구성상 전송로는 2개가 필요하다. 라디오, 무선호출기, 키보드, 아날로그 TV 등이 이에 해당한다.

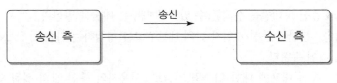

[단방향 통신]

② **양방향 통신** : 접속된 두 단말기 사이의 통신이 양방향으로 전달되는 통신을 말한다. 송·수신을 번갈아 하는 반이중 통신, 송·수신을 동시에 할 수 있는 전이중 통신으로 분류된다.

　㉠ 반이중 통신(half duplex) : 접속된 두 단말기 중 한쪽에서 송신을 하면 상대편은 수신만 가능한 통신을 말한다. 단, 서로의 협력으로 송·수신 방향을 바꿀 수 있으며 채널은 1개, 전송로는 2개가 필요하다. '워키토키'라 불리는 무전기와 모뎀 통신이 반이중 통신에 해당한다.

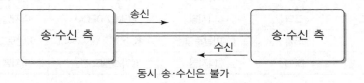

[반이중 통신]

　㉡ 전이중 통신(full duplex) : 접속된 두 단말기가 서로 동시에 송·수신을 할 수 있는 통신을 말한다. 전송 효율이 높으나 비용이 많이 드는 단점이 있다. 채널은 2개, 전송로는 4개가 필요하다.

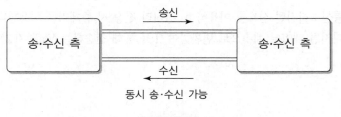

[전이중 통신]

(3) 직렬 전송 – 병렬 전송

① **직렬 전송** : 하나의 전송로를 통해 긴 데이터를 1비트씩 순차적으로 나누어 송신하는 방식이다. 데이터 전송 속도가 낮은 반면, 경제성이 높기 때문에 장거리 통신에 적용한다.

② **병렬 전송** : 여러 개의 전송로를 통해 데이터를 다수로 나누어 동시에 송신하는 방식이다. 데이터 전송 속도가 높으나 경제성이 떨어지므로 컴퓨터 내부 또는 인접 컴퓨터 간의 짧은 거리 통신에 적용한다.

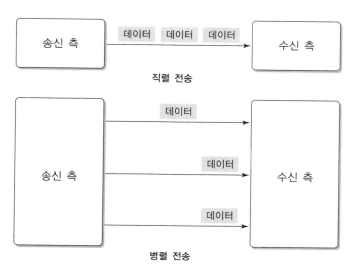

[직렬 전송과 병렬 전송]

(4) 동기식 전송 – 비동기식 전송 `2019`

① **동기화가 필요한 이유** : 두 시스템의 컴퓨터 간에는 각자가 가지고 있는 클록의 주기가 정확히 일치하지 않기 때문에 송신 및 수신 데이터 비트의 시간적 길이에 오차가 발생하게 된다. 이 경우, 데이터를 정확히 송·수신하지 못하는 일이 발생하게 되는데, 이를 해결하기 위해 '동기화' 과정이 필요하다.

② **동기식 전송과 비동기식 전송**

　㉠ 동기식 전송 : 송신 측과 수신 측이 모두 동일한 클록을 사용하여 데이터 비트의 시간적 길이를 일치시키는 방식이다. 미리 정해진 수만큼의 문자열을 한 프레임으로 만들어 일시에 전송한다. 프레임의 시작과 끝을 알려주는 제어 정보를 부착하여 전송하며, 오래 전송해도 오차가 생기지 않는다. 단말기는 수신된 데이터를 일시 저장하여 변환하기 위해 버퍼 기억장치가 필요하나, 유휴 시간이 없고 전송효율이 좋아 고속 통신을 구현할 수 있다.

　㉡ 비동기식 전송 : 한 번에 한 문자씩을 전송하고 시작 비트와 정지 비트를 문자 앞뒤에 삽입한다. 데이터가 일정하지 않게 발생하는 통신에 사용하며 유휴 시간이 나타나고 전송효율이 낮아 근거리 통신에 사용한다. 전송이 오래 이어질 경우 오차가 발생할 수 있으나 기기들이 간단하므로 전송 장비가 저렴하다는 장점이 있다.

전송효율

$$전송효율(\%) = \frac{정보비트수}{총\ 전송비트수} \times 100$$

데이터 프레임

통신망을 통해 전달되는 데이터 블록 또는 패킷의 일정한 단위를 의미하며 규약에 따라 크기나 형식이 달라질 수 있다.

전송효율의 순서

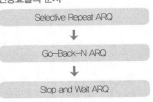

4 통신 에러 제어 중요★ 2008

전송 중 발생한 에러를 검출 및 복구하는 방법을 의미하는 것으로, 오류 발생한 데이터 프레임을 자동으로 재전송(ARQ ; Automatic Repeat reQuest)하는 방식을 사용한다.

(1) Stop and Wait ARQ

송신 측에서 데이터를 한 프레임씩 전송하며, 각 프레임을 수신 측에서 확인 후 긍정 응답을 보낸다. 송신 측은 송신한 프레임이 제대로 수신되었다는 긍정 응답이 올 때까지 대기한다. 만일 오류 신호를 받게 되면 에러 발생한 프레임을 자동적으로 재전송한다.

(2) Go-Back-N ARQ

송신 측에서 데이터를 연속적인 프레임으로 전송한다. 송신 도중 수신 측으로부터 오류 신호를 받게 되면 오류가 발생한 프레임을 포함하여 그 다음에 전송된 데이터 프레임을 모두 자동 재전송한다. 이때, 오류 신호를 보낸 수신 측에서는 오류 신호 이후에 수신된 프레임은 곧바로 삭제하고, 재전송되는 데이터 프레임을 수신한다.

예 5번 프레임까지 전송을 하였는데 수신 측에서 2번 프레임에 오류가 있다고 재전송을 요청해 왔을 경우 2, 3, 4, 5번 프레임이 재전송된다. 여기서 먼저 받은 3, 4, 5번 프레임은 삭제되고 새로 재전송받은 프레임을 수신한다.

(3) Selective Repeat ARQ

송신 측에서 데이터를 연속적인 프레임으로 전송한다. 송신 도중 수신 측으로부터 오류 신호를 받게 되면 오류가 발생한 프레임만 재전송한다. 효율적인 통신이 가능하지만 구현이 어려운 단점이 있다.

5 무선 네트워크 2015

무선 네트워크는 통신선을 이용한 유선 네트워크에 대비되는 개념으로, 무선 환경을 이용하여 네트워크를 구축하므로 장소 제약이나 이동성이 크게 향상되는 특징이 있다. 최근 각광받고 있는 무선 네트워크 주요 방식은 다음과 같다.

① **무선 랜**(wireless LAN) : 무선 접속장치인 AP(Access Point)를 중심으로 일정한 거리에 있는 스마트폰이나 노트북과 같은 단말기에서 초고속 인터넷을 사용할 수 있는 무선 네트워크이다. 통신선이 필요치 않은 상태에서 근거리통신망을 사용할 수 있으므로 무선 랜(wireless LAN) 또는 와이파이(WiFi)라 칭한다. 반경 수십m 범위 이내에서 잘 작동한다.

② LTE(Long Term Evolution) : 코드분할 다중 접속(CDMA)과 광대역 부호 분할 다중 접속(WCDMA)로 대별되는 제3세대 이동통신을 진화시킨 제4세대(4G) 이동통신 기술을 말한다. 채널 대역폭은 1.25~20MHz이며, 다운로드 최대 전송속도는 100Mbps, 업로드의 최대 전송속도는 50Mbps이다. 빠른 전송 속도가 필수적인 네트워크 게임이나 고화질 영상 서비스 등을 이동 중에도 불편 없이 사용할 수 있다.

종류	최대 통신 가능 거리	최대 전송속도
NFC	10cm	1Mbps
Bluetooth	10m	24Mbps
Wi-Fi	100m	600Mbps
LTE	1km	100Mbps

③ **블루투스**(Bluetooth) : 스마트폰이나 노트북, 이어폰, 키보드, 스피커 등 휴대 장치들을 상호 연결하는 무선 네트워크 인터페이스로 비교적 저렴한 비용으로 부품을 설치할 수 있고 100mW 정도로 전력 소모가 적은 특징이 있다. 장애물의 구애를 잘 받지 않으며 여러 주파수에 걸쳐 데이터를 전송하므로 보안도 상대적으로 유리하다. 보통 10m 이내의 거리에서 연결된다.

④ NFC(Near Field Communication) : 10cm 이내에서 작동하는 비접촉식 근거리 무선 통신을 의미한다. 보안성이 뛰어나며 교통카드와 같은 지불 시스템에 많이 사용되는 기술이다. 출입 보안 등과 같이 일상 생활과 밀접한 분야에서 광범위하게 적용될 것으로 보인다.

⑤ **광대역통합망**(Broadband convergence Network ; BcN)

  ㉠ 유·무선통신, 방송, 인터넷 등의 통합 광대역 멀티미디어 서비스를 안전하게 제공하는 통합 네트워크를 말한다.

  ㉡ 응용 서비스별로 약속된 서비스 레벨 보증(service level agreement) 품질 수준을 보장해줄 수 있다.

⑥ **모바일 와이맥스**(WiMAX) : 휴대형 단말기를 이용해 고속 인터넷 접속 서비스를 제공하는 무선망 기술이다.

기출 확인 문제

01 [2008 계리직]

데이터통신 흐름 제어 방식인 Go-Back-N ARQ에서 6번 프레임까지 전송을 하였는데 수신 측에서 3번 프레임에 오류가 있다고 재전송을 요청해 왔을 경우 재전송되는 프레임의 수는?

① 1개
② 2개
③ 3개
④ 4개

02 [2008 계리직]

컴퓨터 네트워크상에서 음성 데이터를 IP 데이터 패킷으로 변환하여 전화 통화와 같이 음성 통화를 가능케 해주는 기술로 알맞은 것은?

① VPN
② IPSec
③ IPv6
④ VoIP

03 [2016 계리직]

무선 네트워크 방식에 대한 설명으로 옳은 것은?

① 블루투스(Bluetooth)는 동일한 유형의 기기 간에만 통신이 가능하다.
② NFC 방식이 블루투스 방식보다 최대 전송 속도가 빠르다.
③ NFC 방식은 액세스 포인트(access point) 없이 두 장치 간의 통신이 가능하다.
④ 최대 통신 가능 거리를 가까운 것에서 먼 순서로 나열하면 Bluetooth < Wi-Fi < NFC < LTE 순이다.

04 [2017 국가직]

다음의 설명과 무선 PAN 기술이 옳게 짝지어진 것은?

> (가) 다양한 기기 간에 무선으로 데이터 통신을 할 수 있도록 만든 기술로 에릭슨이 IBM, 노키아, 도시바와 함께 개발하였으며, IEEE 802.15.1 규격으로 발표되었다.
> (나) 약 10cm 정도로 가까운 거리에서 장치 간에 양방향 무선 통신을 가능하게 해주는 기술로 모바일 결제 서비스에 많이 활용된다.
> (다) IEEE 802.15.4 기반 PAN 기술로 낮은 전력을 소모하면서 저가의 센서 네트워크 구현에 최적의 방안을 제공하는 기술이다.

	(가)	(나)	(다)
①	Bluetooth	NFC	ZigBee
②	ZigBee	RFID	Bluetooth
③	NFC	RFID	ZigBee
④	Bluetooth	ZigBee	RFID

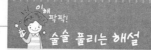

05 2016 지방직

다음의 데이터 링크 계층 오류제어 기법들을 프레임 전송 효율이 좋은 것부터 나쁜 순으로 바르게 나열한 것은? (단, 여러 개의 프레임을 전송할 때 평균적으로 요구되는 전송 및 대기 시간만을 고려하되, 송신 및 수신 단에 요구되는 구현의 복잡도나 운용에 따른 비용은 무시한다.)

ㄱ. 정지 후 대기(Stop-and-Wait) ARQ
ㄴ. N 복귀(Go-Back-N) ARQ
ㄷ. 선택적 반복(Selective-Repeat) ARQ

① ㄱ → ㄴ → ㄷ
② ㄴ → ㄷ → ㄱ
③ ㄷ → ㄱ → ㄴ
④ ㄷ → ㄴ → ㄱ

01

오류 신호를 받게 되면 오류가 발생한 프레임을 포함하여 그 다음에 전송된 데이터 프레임을 모두 자동 재전송한다. 그러므로 3, 4, 5, 6번 프레임을 재전송하게 된다.

답 ④

02

VoIP(Voice on IP)는 인터넷 전화를 의미한다.

답 ④

03

① 블루투스(Bluetooth)는 다른 유형의 기기 간에도 통신이 가능하다.
② NFC 방식이 블루투스 방식보다 최대 전송 속도가 느리다.
④ 최대 통신 가능 거리를 가까운 것에서 먼 순서로 나열하면 NFC < Bluetooth < Wi-Fi < LTE 순이다.

답 ③

04

(가) 블루투스(Bluetooth) : 스마트폰이나 노트북, 이어폰, 키보드, 스피커 등 휴대 장치들을 상호 연결하는 무선 네트워크 인터페이스이다.
(나) NFC(Near Field Communication) : 10cm 이내에서 작동하는 비접촉식 근거리 무선통신을 의미한다.
(다) 직비(ZigBee) : 소형, 저전력 디지털 라디오를 이용해 개인 통신망을 구성하여 통신하기 위한 표준 기술이다. IEEE 802.15.4 표준을 기반으로 만들어졌다.

답 ①

05

• 전송효율의 순서 : Selective Repeat ARQ 〉 Go-Back-N ARQ 〉 Stop and Wait ARQ
• Selective Repeat ARQ : 송신 측에서 데이터를 연속적인 프레임으로 전송한다. 송신 도중 수신 측으로부터 오류신호를 받게 되면 오류가 발생한 프레임만 재전송한다. 효율적인 통신이 가능하지만, 구현이 어려운 단점이 있다.
• Go-Back-N ARQ : 송신 측에서 데이터를 연속적인 프레임으로 전송한다. 송신 도중 수신 측으로부터 오류신호를 받게 되면 오류가 발생한 프레임을 포함하여 그 다음에 전송된 데이터 프레임을 모두 자동 재전송한다. 이때 오류 신호를 보낸 수신 측에서는 오류 신호 이후에 수신된 프레임은 곧바로 삭제하고, 재전송되는 데이터 프레임을 수신한다.
• Stop and Wait ARQ : 송신 측에서 데이터를 한 프레임씩 전송하며, 각 프레임을 수신 측에서 확인 후 긍정 응답을 보낸다. 송신 측은 송신한 프레임이 제대로 수신되었다는 긍정 응답이 올 때까지 대기한다. 만일 오류 신호를 받게 되면 에러 발생한 프레임을 자동적으로 재전송한다.

답 ④

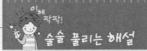

06 2014 국가직

데이터 전송 방식 중에서 한 번에 한 문자 데이터를 전송하며 시작 비트(Start-bit)와 정지 비트(Stop-bit)를 사용하는 전송방식은?

① 비동기식 전송 방식(asynchronous transmission)
② 동기식 전송 방식(synchronous transmission)
③ 아날로그 전송 방식(analog transmission)
④ 병렬 전송 방식(parallel transmission)

07 2019 계리직

동기식 전송(Synchronous Transmission)에 대한 설명으로 옳지 않은 것은?

① 정해진 숫자만큼의 문자열을 묶어 일시에 전송한다.
② 작은 비트블록 앞뒤에 Start Bit와 Stop Bit를 삽입하여 비트블록을 동기화한다.
③ 2,400bps 이상 속도의 전송과 원거리 전송에 이용된다.
④ 블록과 블록 사이에 유휴시간(Idle Time)이 없어 전송효율이 높다.

06
② 동기식 전송 방식(synchronous transmission) : 송신 측과 수신 측이 모두 동일한 클록을 사용하여 데이터 비트의 시간적 길이를 일치시키는 방식이다.
③ 아날로그 전송 방식(analog transmission) : 아날로그 신호를 이용하며 신호 세기를 유지하기 위해 증폭기를 이용한다.
④ 병렬 전송 방식(parallel transmission) : 여러 개의 전송로를 통해 데이터를 다수로 나누어 동시에 송신하는 방식이다.
답 ①

07
비트블록 앞 뒤로 시작 비트와 정지 비트를 삽입하는 방식은 비동기식 전송으로, 전송효율이 낮아 근거리 통신에 사용된다.
답 ②

적중 예상 문제

01 네트워크 기술에 대한 설명으로 옳지 않은 것은?

① IPv6는 인터넷 주소 크기가 128비트이고 호스트 자동 설정기능을 제공한다.

② 모바일 와이맥스(WiMAX)는 휴대형 단말기를 이용해 고속 인터넷 접속 서비스를 제공하는 무선망 기술이다.

③ 광대역통합망은 응용 서비스별로 약속된 서비스 레벨 보증(service level agreement) 품질 수준을 보장해줄 수 있다.

④ SMTP(Simple Mail Transfer Protocol)는 사용자 인터페이스 구성방법을 지정하는 전송 계층 프로토콜이다.

02 데이터 통신 방식에 대한 설명으로 가장 옳은 것은?

① 전이중 통신 방식은 통신 회선의 효율이 가장 높으며, 전화 등에 사용된다.

② 전이중 통신 방식은 양쪽 방향으로 신호의 전송이 가능하기는 하나, 어떤 순간에는 반드시 한쪽 방향으로만 전송이 이루어지는 경우이다.

③ 단방향 통신 방식이나 반이중 통신 방식의 경우 반드시 4선식 회선이 필요하다.

④ 반이중 통신 방식의 예로는 TV, Radio, 무전기 등이 있다.

03 다음 중 통신 방식에 관한 설명 중 옳지 않은 것은?

① 아날로그 통신은 신호 세기를 유지하기 위해 중계기를 이용한다.

② 단방향 통신의 전송로는 2개가 필요하다.

③ 키보드는 단방향 통신을 적용한 장치이다.

④ 아날로그 TV는 단방향 통신, 디지털 TV는 양방향 통신을 한다.

04 양방향 통신에 대한 다음의 설명 중 옳은 것은?

① 반이중 통신은 두 단말기 사이에서 서로 동시에 송·수신을 할 수 있는 통신이다.

② 반이중 통신은 높은 전송 효율을 얻을 수 있으나, 비용이 많이 드는 단점이 있다.

③ 반이중 통신의 채널은 2개, 전송로는 1개가 필요하다.

④ 전이중 통신의 채널은 2개, 전송로는 4개가 필요하다.

한눈에 보는 정답과 해설

01 ④ 응용 계층(application layer) : 사용자로 하여금 네트워크에 접근하는 수단을 제공하여 파일 전송 FTP, 이메일 전송을 위한 POP3 및 SMTP, 브라우저의 HTTP 등의 프로토콜이 여기에 해당된다.

02 ② 전이중 통신 방식이 가능하다면, 선택적으로 단방향, 반이중 전송도 가능하다. 반드시 한쪽 방향으로만 전송이 이루어지지는 않는다.
　　③ 전이중 통신 방식은 4선식 회로를 사용하여 송신과 수신을 별도로 전송하는 방법을 사용한다.

④ 반이중 전송은 데이터 전송이 한쪽에서 되면, 다른 쪽에서는 전송이 끝나기를 기다린다. 무전기가 반이중 전송 방식을 사용한다.

03 중계기는 디지털 통신에서 장거리 전송 시 이용하는 설비이다.

04 반이중 통신의 채널은 1개, 전송로는 2개가 필요하며, 전이중 통신의 채널은 2개, 전송로는 4개가 필요하다.

01 ④ 02 ① 03 ① 04 ④

05 통신 방식 중 직렬 전송과 병렬 전송에 관한 다음의 설명 중 옳지 않은 것은?

① 직렬 전송은 데이터를 1비트씩 순차적으로 나누어 송신한다.
② 직렬 전송은 데이터 전송 속도가 낮은 편이다.
③ 병렬 전송은 경제성이 높아 장거리 통신에 적용한다.
④ 병렬 전송은 여러 전송로를 통해 데이터를 다수로 나누어 전송한다.

06 네트워크로 연결된 두 컴퓨터 간의 통신 동기화 필요성과 관련된 다음의 설명 중 옳지 않은 것은?

① 두 시스템의 컴퓨터 간에는 각자의 클록 주기가 정확히 일치하지 않는다.
② 거리상으로 떨어진 두 컴퓨터 소재지 간의 시차는 정확히 보정하기 어렵다.
③ 송신 및 수신 데이터 비트의 시간적 길이에 오차가 발생한다.
④ 데이터를 정확히 송·수신하지 못하는 일이 발생한다.

07 통신 방식에 있어서의 동기식 전송의 설명으로 옳은 것은?

① 한번에 한 문자씩을 전송한다.
② 문자를 전송할 때 문자 앞에 시작 비트, 문자 뒤에 정지 비트를 넣는다.
③ 전송 효율이 좋아 고속 통신을 구현할 수 있다.
④ 기기들이 간단하여 전송 장비가 저렴한 장점이 있다.

08 데이터 전송 중 발생한 에러를 검출 및 복구하는 다음의 방법 중, 에러 발생 시 재전송되는 프레임의 수가 가장 많은 것은?

① Stop and Wait ARQ
② Go-Back-N ARQ
③ Selective Repeat ARQ
④ Adaptive ARQ

09 데이터 통신에서 동기 전송 방식에 대한 설명으로 틀린 것은?

① 문자 또는 비트들의 데이터 블록을 송수신한다.
② 전송 데이터와 제어 정보를 합쳐서 레코드라 한다.
③ 수신기가 데이터 블록의 시작과 끝을 정확히 인식하기 위한 프레임 레벨의 동기화가 요구된다.
④ 문자 위주와 비트 위주 동기식 전송으로 구분된다.

 한눈에 보는 **정답과 해설**

05 병렬 전송은 여러 개의 전송로를 통해 데이터를 다수로 나누어 동시에 송신하는 방식이다. 데이터 전송 속도가 높으나 경제성이 떨어지므로 컴퓨터 내부 또는 인접 컴퓨터 간의 짧은 거리 통신에 적용한다.

06 두 시스템의 컴퓨터 간에는 각자가 가지고 있는 클록의 주기가 정확히 일치하지 않기 때문에 송신 및 수신 데이터 비트의 시간적 길이에 오차가 발생하게 된다. 이 경우, 데이터를 정확히 송·수신하지 못하는 일이 발생하게 되는데, 이를 해결하기 위해 '동기화' 과정이 필요하다.

07 동기식 전송에서는 프레임의 시작과 끝을 알려주는 제어 정보를 부착하여 전송하며, 오래 전송해도 오차가 생기지 않는다. 단말기는 수신된 데이터를 일시 저장하여 변환하기 위해 버퍼 기억장치가 필요하나, 유휴 시간이 없고 전송 효율이 좋아 고속 통신을 구현할 수 있다.

08 Go-Back-N ARQ는 전송 중 오류가 발생할 시, 오류가 발생한 프레임을 포함하여 그 다음에 전송된 데이터 프레임을 모두 자동 재전송한다.

09 전송 제어와 데이터 정보는 프레임으로 구성하여 전송한다.

05 ③ 06 ② 07 ③ 08 ② 09 ②

02 OSI 모델

출제경향분석
• OSI 참조 모델의 개요(2008)

01 OSI 모델의 개요

국제 표준 협회(ISO)에서 제정한 이기종 컴퓨터 간의 통신 시 네트워크 구조에 상관없이 통신이 가능토록 한 국제 표준 모델이다. 총 7계층 구조를 가지고 있으며, 각각에 대한 전송 규정이 설정되어 있다. OSI 모델에 의한 이종 시스템 간의 데이터 전송은 다음과 같다.

컴퓨터일반 GO! 득점

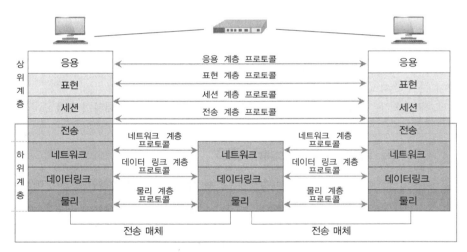

[OSI 모델]

02 OSI 7계층 중요 ★

1 물리 계층(Physical Layer)

모델의 최하위 계층으로, 두 시스템 간 데이터 전송을 위해 기계적, 전기적, 기능적, 절차적 특성을 정의한다. LAN 카드, 케이블, 허브, 라우터, 전기 전압 등이 물리 계층에서 정의된다.

2 데이터 링크 계층(Data Link Layer)

물리 계층 바로 위에 위치하는 하위 계층에 속하는 계층으로, 상위의 네트워크 계층에서 받은 데이터 패킷을 프레임으로 구성하여 물리 계층으로 전송한다. 주소 지정, 순서 제어, 흐름 제어, 오류 처리, 프레임 구성, 동기화 등의 기능을 수행한다.

① HDLC(High-level Data Link Control) 프로토콜
  ㉠ 비트(bit) 기반의 프로토콜로 전이중 통신 방식이다.
  ㉡ 컴퓨터가 일대일 혹은 일대다로 연결된 환경에서 데이터의 송수신 기능을 제공한다.
  ㉢ 각 프레임의 시작과 끝을 8비트 부호(01111110)로 된 플래그로 감싸기 때문에 프레임의 위치는 쉽게 검출된다.
  ㉣ 프레임 구조 : 시작 플래그-주소부-제어부(정보 프레임, 감독 프레임, 비번호 프레임)-정보부 - FCS(Frame Check Sequence, 프레임 검사 순서) - 종료 플래그

② BSC(Binary Synchronous Control) 프로토콜
  ㉠ 문자(character) 기반의 프로토콜로 반이중 통신 방식이다.
  ㉡ 헤딩의 끝을 알리는 제어문자가 없으며, 본문의 시작 문자로 헤딩의 끝을 알린다.

3 네트워크 계층(Network Layer) 2008

하위 계층의 최상단부에 위치하는 계층으로, 전송 개체 사이에 안정적인 전송이 이루어지도록 상위 계층에 연결하는 데 필요한 데이터 전송과 경로 선택 기능을 제공한다. 라우터가 수신지 IP 주소를 보고 경로를 결정하며, 네트워크와 인터넷을 통해 데이터를 전송 시 참조되는 계층이다. 논리주소 지정, 라우팅, 주소 변환, 다중화, 패킷 순서 제어 등의 기능을 수행한다.

4 전송 계층(Transport Layer)

상위 계층의 최하단에 위치한다. 두 시스템 간의 신뢰성 있는 데이터 전송을 보장하는 것으로, 프로토콜과 관련된 계층이다. 상위의 세션 계층에서 받은 데이터를 패킷 단위로 분할하여 네트워크 계층으로 전송한다. 연결 제어, 수신지로의 데이터 전달, 단편화 및 재조립 기능을 담당한다.

플래그(flag)
프로그램 실행 중에 특정 상태가 성립했는지를 식별하기 위하여 조사되는 데이터의 항목, 즉 식별 또는 표시를 목적으로 하여 데이터에 붙여지는 표시기를 말한다.

프로토콜(protocol)
통신망 상에서 정보를 주고받을 때의 통신 방법에 대한 규칙과 약속

5 세션 계층(Session Layer)

상위의 응용프로그램 계층 간의 접속을 관리해 주는 계층으로, 세션의 설정 및 유지를 관리하며 LAN 사용자의 서버 접속 관리도 담당한다. 동기화, 세션 연결 설정과 종료, 대화 제어를 담당한다.

6 표현 계층(Presentation Layer)

데이터 표현의 차이를 해결하기 위해 서로 다른 형식을 변환해 주거나 공통 형식을 제공하는 계층이다. 코드 변환, 그래픽 변환, 데이터 압축, 암호화 등의 기능을 수행한다.

7 응용 계층(Application Layer)

응용 서비스를 네트워크에 접속시키는 역할을 하는 최상위 계층으로, 사용자와 하위 계층 간의 인터페이스 역할을 한다. 사용자로 하여금 네트워크에 접근하는 수단을 제공하여 파일 전송 FTP, 이메일 전송을 위한 POP3 및 SMTP, 브라우저의 HTTP 등의 프로토콜이 여기에 해당된다.

세션(session)
본래 작업시간을 의미하는 것으로, 데이터 통신 분야에서는 데이터 송신 측과 수신 측의 논리적인 결합 관계를 말한다.

03 PDU

① PDU(Protocol Data Unit, 프로토콜 데이터 단위)는 데이터 통신에서 상위 계층이 전달한 데이터에 붙이는 제어정보를 뜻한다.
② 정보를 추가한 계층에 따라 PDU를 지칭하는 이름과 포함하는 내용이 달라진다.

[PDU와 네트워크 장비]

OSI 계층	PDU 단위	네트워크 장비
7계층	메시지(message)	게이트웨이(gateway)
6계층		
5계층		
4계층	세그먼트(segment)	
3계층	패킷(packet)	라우터(router)
2계층	프레임(frame)	브리지(bridge), 스위치(switch)
1계층	비트열(bit stream)	허브(hub), 리피터(repeater)

02 기출 확인 문제

01 [2008 계리직]

OSI 참조 모델에서 송·수신지의 IP 주소를 헤더에 포함하여 전송하는 논리주소 지정 기능과 송신지에서 수신지까지 데이터가 전송될 수 있도록 최단 전송 경로를 선택하는 라우팅 기능 등을 수행하는 계층으로 옳은 것은?

① 데이터링크 계층
② 네트워크 계층
③ 전송 계층
④ 세션 계층

02 [2017 지방직]

OSI 참조 모델에서 데이터 링크 계층의 프로토콜 데이터 단위(PDU ; Protocol Data Unit)는?

① 비트(bit)
② 프레임(frame)
③ 패킷(packet)
④ 메시지(message)

03 [2014 서울시]

OSI 모델의 각 계층별 기능이 옳지 않은 것은?

① 데이터 링크 계층(data link layer) – Physical Addressing, Flow Control
② 네트워크 계층(network layer) – Logical Addressing, Routing
③ 전송 계층(transport layer) – Connection Control, Flow Control
④ 세션 계층(session layer) – Dialog Control, Synchronization
⑤ 표현 계층(presentation layer) – Network Virtual Terminal, File Transfer

04 [2014 국가직]

OSI 7계층 중 종점 호스트 사이의 데이터 전송을 다루는 계층으로서 종점 간의 연결 관리, 오류 제어와 흐름 제어 등을 수행하는 계층은?

① 전송 계층(transport layer)
② 링크 계층(link layer)
③ 네트워크 계층(network layer)
④ 세션 계층(session layer)

05 2018 서울시

서로 다른 시스템 간의 통신을 위한 표준을 제공함으로써 통신에 방해가 되는 기술적인 문제점을 제거하고 상호 인터페이스를 정의한 OSI 참조 모델의 계층에 대한 설명으로 가장 옳지 않은 것은?

① 네트워크 계층은 물리 계층에서 전달받은 데이터에 대한 동기를 확인하는 기능, 데이터의 원활한 전송을 제어하는 흐름제어(flow control) 기능, 안전한 데이터 전송을 위한 에러 제어(error control) 기능을 수행한다.

② 물리 계층은 상위 계층으로부터 전달받은 데이터의 물리적인 링크를 설정하고 유지, 해제하는 기능을 담당한다.

③ 전송 계층은 통신하고 있는 두 사용자 사이에서 데이터 전송의 종단 간(end-to-end) 서비스 질을 높이고 신뢰성을 제어하는 기능을 담당한다.

④ 응용 계층은 사용자가 직접 접하는 부분이며 전자메일 서비스, 파일 전송 서비스, 네트워크 관리 등이 있다.

술술 풀리는 해설

01

네트워크 계층은 전송 개체 사이에 안정적인 전송이 이루어지도록 상위 계층에 연결하는 데 필요한 데이터 전송과 경로 선택 기능을 제공한다. 라우터가 수신지 IP 주소를 보고 경로를 결정하며, 네트워크와 인터넷을 통해 데이터를 전송 시 참조되는 계층이다. 논리주소 지정, 라우팅, 주소 변환, 다중화, 패킷 순서 제어 등의 기능을 수행한다.

정답 ②

02

OSI 계층	PDU 단위
7~5계층	메시지(message)
4계층	세그먼트(segment)
3계층	패킷(packet)
2계층	프레임(frame)
1계층	비트열(bit stream)

2계층은 데이터 링크 계층에 해당된다.

정답 ②

03

표현 계층(presentation layer)은 데이터 표현의 차이를 해결하기 위해 서로 다른 형식을 변환해 주거나 공통 형식을 제공하는 계층이다. 코드 변환, 그래픽 변환, 데이터 압축, 암호화 등의 기능을 수행한다.

정답 ⑤

04

전송 계층(transport layer)은 상위 계층의 최하단에 위치한다. 두 시스템 간의 신뢰성 있는 데이터 전송을 보장하는 것으로, 프로토콜과 관련된 계층이다. 상위의 세션 계층에서 받은 데이터를 패킷 단위로 분할하여 네트워크 계층으로 전송한다. 연결 제어, 수신지로의 데이터 전달, 단편화 및 재조립 기능을 담당한다.

정답 ①

05

① 물리 계층에서는 두 시스템 간 데이터 전송을 위해 기계적, 전기적, 기능적, 절차적 특성을 정의한다. 데이터 링크 계층에서는 상위의 네트워크 계층에서 받은 데이터 패킷을 프레임으로 구성하여 물리 계층으로 전송한다. 주소 지정, 순서제어, 흐름 제어, 오류 처리, 프레임 구성, 동기화 등의 기능을 수행한다.

정답 ①

적중 예상 문제

01 TCP 헤더에 포함된 필드에 대한 설명으로 옳은 것만을 모두 고른 것은?

> ㄱ. 송신지(Source) 포트 번호는 송신지 응용프로그램에 할당된 포트 번호이다.
> ㄴ. 확인 응답 번호(Acknowledgment Number)는 성공적으로 수신한 데이터의 첫 바이트에 부여된 순서 번호(Sequence Number)이다.
> ㄷ. 플래그(Flags)는 TCP 동작 제어를 위해 사용되는 1비트 크기의 SYN, ACK 등으로 이루어진다.
> ㄹ. 윈도우 크기(Window Size)는 송신 측에서 송신할 수 있는 비트 단위의 최대 데이터 크기를 나타낸다.

① ㄱ, ㄴ   ② ㄱ, ㄷ
③ ㄴ, ㄹ   ④ ㄷ, ㄹ

02 OSI(Open System Interconnection) 7계층에서 다음 설명에 맞는 계층은?

> • 인접한 두 개의 통신 시스템 간에 신뢰성 있는 효율적인 프레임 데이터를 전송할 수 있도록 한다.
> • 전송 과정에서는 데이터 오류의 검출 및 회복과 흐름제어를 조절하여 링크의 효율성을 향상시킨다.

① 물리 계층   ② 데이터 링크 계층
③ 네트워크 계층   ④ 트랜스포트 계층

03 OSI 참조 모델에서 계층을 나누는 목적으로 가장 거리가 먼 것은?

① 관련 규격의 적합성을 조성하기 위한 공통적인 기반 조성
② 네트워크 자원의 공유를 통한 경비 절감
③ 시스템 간의 정보 교환을 하기 위한 상호 접속점의 정의
④ 시스템 간의 통신을 위한 표준 제공

04 다음 중 LAN 카드, 케이블 등의 장비 특성을 정의하는 OSI 계층에 해당하는 것은?

① 물리 계층
② 데이터 링크 계층
③ 네트워크 계층
④ 전송 계층

05 다음 중 OSI 모델의 전송 계층에 관한 설명으로 옳지 않은 것은?

① 두 시스템 간 신뢰성 있는 데이터 전송을 보장한다.
② 상위 세션 계층에서 받은 데이터를 패킷 단위로 분할하여 네트워크 계층으로 전송한다.
③ 연결 제어, 수진지로의 데이터 전달, 단편화 및 재조립 기능을 담당한다.
④ 데이터 표현의 차이를 해결하기 위해 형식 변환이 이루어진다.

06 OSI 모델의 세션 계층에서는 어떤 기능을 담당하는가?

① LAN 사용자의 서버 접속 관리 및 동기화, 대화 제어 등
② 코드 변환, 그래픽 변환, 데이터 압축
③ 사용자와 하위 계층 간의 인터페이스
④ 데이터 전송과 경로 선택

07 다음은 OSI 모델 계층 구조의 요소들이다. 데이터의 암호화 기능을 수행하는 것은?

① 응용 계층   ② 표현 계층
③ 세션 계층   ④ 전송 계층

 한눈에 보는 정답과 해설

01 ㄱ. 송신지 포트 번호 : 서버가 제공할 수 있는 여러 가지 프로그램 중에서 어떤 프로그램이 요청한 것인지 구분하는 용도이다. 어떤 프로그램이 요청했는지 확인해서, 데이터를 해당 프로그램에 맞춰서 처리한다.
ㄴ. 확인 응답 번호 : 상대방이 보낸 바이트에서 마지막 순서 번호에서 1을 더한 것이다. 송신 측에서 데이터를 무사히 받았다는 것을 표시하고, 다음 전송하기 기다리는 바이트의 순서 번호를 뜻하기도 한다.
ㄷ. 플래그 : 6개의 제어 플래그 필드가 있고, 그 플래그 비트들은 각각 1비트의 크기를 가진다. 데이터를 관리하고 연결 회선을 제어하기 위해 사용한다.
ㄹ. 윈도우 크기 : 수신하는 쪽에서 수신 가능한 크기를 나타낸다.

02 ① 물리 계층 : 기계적, 전기적, 절차적 기능들을 정의한다. 통신 케이블, 물리적 장비, 전송 신호 방식 등을 정의한다. 물리적 전송 매체와 전송 신호에 관련 있다. 전송 매체, 전송 신호를 접근하기 위해 특성들을 규정하는 최하위 계층이다.
③ 네트워크 계층 : 통신 시스템 사이의 경로를 선택, 통신 트래픽 흐름 제어, 통신 중 패킷 분실로 재전송을 요구하는 오류 제어 등을 수행한다.
④ 트랜스포트 계층 : 네트워크 종단 시스템 사이 데이터들을 일관성과 투명성을 가지게 하여 전송할 수 있도록 하는 기능이 있다. 오류 복구, 흐름 제어 등의 서비스를 한다. 공유 회선을 다중화, 집중화를 한다.

03 ② 각 다른 업체의 독자적인 기술들은 통신 네트워크 문제가 생기게 되어, 네트워크 자원의 공유를 통해 OSI 참조 모델은 효율적인 통신을 가능하게 한다.
① 관련 규격의 적합성을 조성하기 위해 공통적인 기반을 조성하였다.
③ 서비스 접점의 경계를 설정하여 상호 작용이 적게 하기 위해 설계되었다. 부품이 하나가 다르더라도 전체 구조에 영향을 미치지 않기 때문에 부품 사이 관계는 최소화되어야 한다.
④ OSI 참조 모델은 Open Systems Interconnection Reference model의 약자로 국제표준화 기구 ISO에서 시스템 사이 원활한 통신을 위해 표준을 만들었다.

04 LAN 카드, 케이블, 허브, 라우터, 전기 전압 등의 장비 특성이 물리 계층에서 정의된다.

05 ④는 표현 계층에 대한 설명이다.

06 세션 계층은 세션의 설정 및 유지를 관리하며 LAN 사용자의 서버 접속 관리도 담당한다. 동기화, 세션 연결 설정과 종료, 대화 제어를 담당한다.

07 표현 계층은 데이터 표현의 차이를 해결하기 위해 서로 다른 형식을 변환해 주거나 공통 형식을 제공하는 계층이다. 코드 변환, 그래픽 변환, 데이터 압축, 암호화 등의 기능을 수행한다.

01 ② 02 ② 03 ② 04 ① 05 ④ 06 ① 07 ②

03 통신망

출제경향분석
- 네트워크 장치의 종류(2018)
- 네트워크 접속형태(토폴로지)의 이해(2014)
- 네트워크 장비 식별(2012)

01 접속 장비 `2018` `2012`

컴퓨터일반 GO! 득점

1 LAN Card / NIC

네트워크 인터페이스 카드(NIC ; Network Interface Card)라고도 칭하며, LAN을 사용하기 위해 컴퓨터마다 부착되어 LAN 케이블에 연결되는 장치이다. 사용자 컴퓨터와 물리적 네트워크 사이의 인터페이스 역할을 통해 데이터의 입출력, 송수신, 프로토콜의 처리 기능을 담당한다. 요즘에는 메인보드에 합체되는 경향이 크다.

2 허브(Hub)

(1) 의 미

다수 컴퓨터를 하나의 네트워크로 연결해 주는 장치로, OSI 물리 계층에 해당한다. 여러 개의 입출력 포트로 구성되어 있어, 한 포트에 수신된 신호들을 허브에 연결된 모든 포트로 재전송시킬 수 있다.

(2) 허브의 종류

① **더미 허브**(dummy hub) : 전체 대역 폭을 분할하여 사용하므로 컴퓨터가 증가하면 속도가 떨어진다. 소규모 네트워크 환경에 적합하다(10Mbps 대역폭 통신에 8포트 허브로 컴퓨터를 연결시킬 경우, 각 컴퓨터는 1.25Mbps의 대역폭을 갖게 된다).

② **스위칭 허브**(switching hub) : 대역폭을 분할하지 않고 스위칭 기능을 통해 점 대 점 (point to point)으로 접속시켜주므로 네트워크 효율을 높인다.

🔅 5포트 더미 허브

3 스위치(Switch)

허브와 달리 컴퓨터에 할당되는 대역폭을 극대화하는 장비로, 신호를 증폭하고 입력과 출력을 연결시켜 준다. 10Mbps 대역폭의 통신에 다수의 포트 스위치로 연결해도 각 컴퓨터에 10Mbps의 통신 대역폭을 얻을 수 있다. 통상 OSI의 데이터 링크 계층에 위치하며, 수십~수백 포트를 제공할 수 있고 논리적인 네트워크 분할 기능을 수행한다.

4 브리지(Bridge)

둘 이상의 LAN 통신망을 연결하여 하나의 네트워크로 만들어 주는 장치로, OSI의 데이터 링크 계층에 위치한다. 수신지 주소에 따라 특정한 네트워크 트래픽만 통과시키는 기능을 하며, 네트워크 트래픽을 줄이기 위해 세그먼트 단위로 분할한다.

5 게이트웨이(Gateway)

둘 이상의 다른 프로토콜 통신 네트워크를 상호 연결하여 정보를 송·수신할 수 있는 장치로, OSI의 응용 계층에 위치한다.

6 리피터(Repeater, 중계기)

긴 케이블을 통해 감쇠된 신호를 증폭하여 재전송해 주는 장치로 OSI의 물리 계층에 위치한다. 데이터의 내용을 변경하지는 않는다.

7 라우터(Router)

서로 다른 네트워크 간 통신을 위해 사용하는 장비로, OSI의 네트워크 계층, 물리 계층, 데이터 링크 계층에 속한다. 다른 구조의 네트워크를 연결해 주는 장비이므로 WAN과 LAN 간의 연결에 이용되며, IP 주소를 바탕으로 효율적인 경로를 선택해 준다.

◎ 라우터

02 접속 형태 2014

1 스타(Star)형

모든 컴퓨터가 하나의 허브에 연결되는 형태를 말한다. 집중 제어가 가능하므로 유지보수 및 관리가 쉽고, 통신비용이 저렴하며 컴퓨터나 한 회선의 고장에 다른 회선이 영향을 받지 않는 장점이 있으나, 허브에 과부하가 걸릴 경우 성능이 떨어질 수 있고, 허브 고장 시 모든 통신이 단절될 위험이 있다.

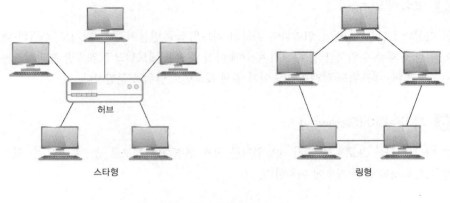

[스타형과 링형 접속 형태]

2 링(Ring)형

환상으로 배치되어 있는 각 컴퓨터가 자신과 인접한 두 컴퓨터와 연결되는 형태이다. 단방향 또는 양방향으로 정보 전달이 가능하다. 링에 있는 모든 컴퓨터가 메시지에 접근할 수 있으므로 안전성에 문제가 있을 수 있으며, 단방향 링형의 경우, 네트워크에 연결된 컴퓨터가 하나라도 고장나면 네트워크 전체가 다운될 수 있다. 광케이블로 구성되는 FDDI가 링형 접속 형태를 갖는다.

3 트리(Tree)형

각 컴퓨터가 트리(tree) 형태로 구성되는 것이다. 제어가 간단하고 네트워크 확장성이 크며 여러 컴퓨터를 분리하거나 우선순위를 부여할 수 있다. 상위 허브에 문제가 생길 시, 하위 컴퓨터로의 통신이 불가하게 된다. 계층(hierarchy)형이라고도 하며 상위 계층의 컴퓨터가 하위 컴퓨터들을 직접 제어하는 계층적 네트워크에 적합한 구조이다.

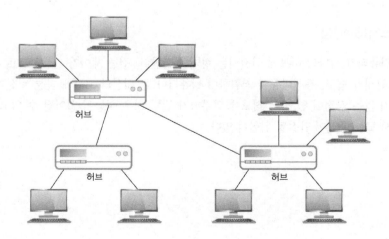

[트리형 접속 형태]

FDDI(Fiber Distributed Data Interface, 파이버 분산형 데이터 인터페이스)
근거리 통신망의 데이터 전송 표준이다. 광섬유 분산 데이터 인터페이스, 광섬유 분산 데이터 접속 방식이라고도 한다. 근거리 통신망에서 데이터 전송을 위한 광 표준을 제공한다.

4 버스(Bus)형

공유되는 하나의 버스가 시스템 내의 모든 컴퓨터와 연결되는 형태이다. 컴퓨터의 추가, 제거가 용이하고 케이블 비용이 저렴하나, 장비의 수가 많아지면 네트워크 성능이 저하되고 버스 회선에 문제가 생기면 모든 통신이 단절된다. 터미네이터를 필요로 한다는 특징이 있다.

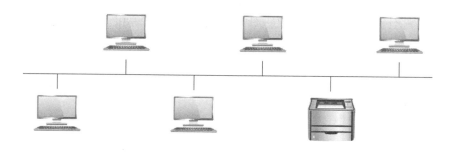

[버스형 접속 형태]

5 망(Network)형

메쉬(mesh)형이라고도 한다. 각 컴퓨터가 시스템 내의 모든 컴퓨터와 연결된 구조이다. 통신 두절에 대한 위험성이 보장되고 신뢰성이 중요한 네트워크에 적용될 수 있지만, 물리적인 채널이 많이 필요하여 설치비용이 많이 드는 단점이 있다.

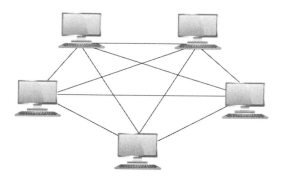

[망형 접속 형태]

03 교환 기술

1 회선 교환

① 의미 : 두 스테이션 사이에 물리적인 전용 통신 경로가 설정되어, 설정된 경로가 통신 종료될 시까지 독점된다. 정보 전송이 완료되면 해제를 통해 점유되었던 회선은 다른 통신을 위해 사용할 수 있는 상태가 된다. 전화 시스템이 회선 교환 방식의 대표적인 예이다.

② 회선 교환의 5단계 프로세스

회선 연결 → 데이터 링크 설정 → 데이터 전송 → 데이터 링크 해제 → 회선 해제

③ 장 · 단점

　㉠ 장 점

　　ⓐ 전용선과 동일하게 사용할 수 있으므로 대량 데이터 전송에 적합하다.

　　ⓑ 고정적 전송률을 유지한다.

　　ⓒ 처리 지연이 없다.

　　ⓓ 실시간 전송이 필요한 미디어 전송에 적합하다.

　　ⓔ 대화식이 가능하다.

　㉡ 단 점

　　ⓐ 신뢰도 높은 데이터 통신 요구에 부적합하다.

　　ⓑ 에러 제어 기능이 없다.

　　ⓒ 데이터 전송 없이도 회선을 독점하므로 비효율적이다.

　　ⓓ 메시지 저장이 불가능하다.

2 축적 교환

(1) 메시지 교환

도착하는 메시지를 일단 저장한 후 다음 링크가 비게 될 때 전송하는 방식으로, 회선 교환의 비효율성을 개선하기 위한 방식이다. 데이터 전송을 위한 전용 통신 회선을 확보할 필요가 없으며 다양한 길이의 메시지 단위로 교환할 수 있다. 메시지는 파일로 저장되며 대화식 통신이 불가능하다. 초기의 이메일 시스템에 사용되었다.

(2) 패킷 교환

① 의미 : 메시지 교환과 기본적인 원리가 동일하나, 가변적 길이의 메시지를 축적하는 것이 아니라, 패킷 단위(최대 1,024bit)로 분할하여 데이터를 전송하므로 동일 데이터 경로를 여러 사용자가 동시에 공유할 수 있다. 각 패킷은 고유의 번호를 가지고 있고 수신 측에 전송되었을 때 원래 데이터로 재결합하는 과정이 필요하다.

② 장 · 단점 : 전송 효율이 높고 패킷 단위로 우선순위를 부여할 수 있는 장점이 있으나, 과부하가 걸리면 전송 지연이 발생하고 보안에 취약하다는 단점이 있다.

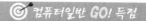

③ 패킷 교환방식

　㉠ 데이터그램 방식 : 각 패킷이 독립적으로 전송되고 패킷을 수신한 라우터가 최적
　경로를 선택하여 수신 측에 전송한다. 불규칙하게 도착한 패킷들을 원래 메시지
　로 재결합한다. 짧은 메시지의 일시적 전송에 적합하고 신뢰성은 가상회선 방식
　보다 우수하다.

　㉡ 가상회선 방식 : 데이터 전송 전에 송신 측과 수신 측 사이에 논리적인 회선, 즉
　가상회선을 설정한 다음 회선 교환 방식처럼 송 · 수신한다. 단, 모든 패킷 전송이
　완료되면 가상회선은 해제된다. 전송 순서대로 패킷이 도착하게 된다. 다량의 데
　이터를 연속적으로 전송하는 데 적합하다.

04 LAN(Local Area Network)

가까운 컴퓨터끼리 형성하는 네트워크를 의미하는 것으로, 유선 케이블이나 무선 송수
신기를 이용하여 통신한다. 한 사무실, 한 회사, 한 건물 정도의 규모에서 형성되는 네
트워크이다.

1 전송 방식

LAN의 전송 방식은 컴퓨터로부터의 디지털 신호를 그대로 전송하는 베이스밴드
(baseband) 방식과 디지털 신호를 아날로그 신호로 변조하여 전송하는 브로드밴드
(broadband) 방식이 있다.

(1) 베이스밴드 방식
하나의 케이블에 단일 통신 채널을 형성하여 한 개의 디지털 신호를 그대로 전송하므로
모뎀이 필요하지 않다.
① 일반적인 LAN에서 사용하는 방법이다.
② 디지털 전송 지원의 단일 채널을 이용한다.
③ 시분할 다중화 방식(TDM)으로 구성이 간단하다.
④ 매체 접근 방식은 CSMA/CD 방식 또는 토큰링 방식을 사용한다.

(2) 브로드밴드 방식
부호화된 데이터를 아날로그로 변조하고 케이블 등의 전송 매체로 전송하는 방식으로,
케이블 TV와 유사하게 하나의 케이블에 다수의 통신 채널을 형성하여 데이터를 동시에
전송한다.
① 디지털 신호를 아날로그 신호로 변조하기 위해 모뎀이 필요하다.
② 전송 거리를 수십 km까지 늘릴 수 있다.
③ 다중 신호를 하나의 케이블에 동시에 전송할 수 있다.
④ 주파수 분할 다중화 방식(CDM)을 사용한다.
⑤ 매체 접근 방식은 토큰 버스 방식을 사용한다.

통신 채널
데이터를 전송하는 통신 매체에 의해서 제
공되는 물리적인 통로, 즉 통신로를 의미
한다.

**시분할 다중화 방식(TDM ; Time
Division Multiplexing)**
전송로를 점유하는 시간을 분할하여 한 개
의 전송로에 여러 개의 가상 경로를 구성
하는 통신 방식이다.

**주파수 분할 다중화 방식(FDM ;
Frequency-Division Multiplexing)**
통신 매체에서 이용 가능한 총 대역폭을
겹치지 않는 일련의 주파수 하부 대역으로
분리시킨 뒤, 분리된 대역을 각각 개별 신
호를 전달하는 데 사용하도록 하는 기술을
가리킨다.

2 매체 접근 방식(MAC)

하나의 LAN으로 구성된 여러 컴퓨터는 데이터 전송 시 충돌을 피하고 신뢰성을 담보하기 위해 전송 매체에 접속할 때 제어가 필요하다. 이와 같은 매체 접근 방식을 MAC(Media Access Control)이라 한다. OSI에서는 매체 접근 제어를 위해 데이터 링크 계층을 두고 있다.

(1) CSMA/CD 방식

① 의미 : CSMA/CD(Carrier Sense Multiple Access with Collision Detection) 방식은 어떤 컴퓨터에서 데이터 송신 전에 반송파가 있는지의 여부를 먼저 감지한 후 반송파가 있을 경우에 데이터를 전송하지 않고, 반송파가 없을 때 데이터를 전송하는 방식이다. 만일, 두 컴퓨터에서 동시에 전송이 시작된다면 데이터 충돌이 발생하게 되며, 충돌을 감지하게 되면 일정한 시간을 대기한 후에 다시 전송을 시작한다. 버스형과 트리형 접속 형태의 LAN에서 많이 사용한다.

② 장 · 단점

ㄱ 장 점

ⓐ 버스형과 트리형 접속 형태의 LAN에서 많이 사용한다.

ⓑ 프로토콜 구현이 쉽고 가격이 저렴하다.

ⓒ 통신량이 적을 때는 90% 이상 채널 이용률이 높다.

ⓓ 채널이 수동적이므로 어느 한 기기의 고장에도 다른 기기의 통신에 영향을 미치지 않는다.

ㄴ 단 점

ⓐ 전송 지연에 의한 거리 제약에 따라 이더넷의 경우 케이블 길이가 최대 500m로 제한된다.

ⓑ 거리를 초과할 경우 리피터의 사용이 필요하다.

ⓒ 통신량이 많아지면 충돌 횟수 증가로 채널 이용률이 떨어지고 지연 시간 예측이 어렵다.

(2) 토큰 제어 방식

토큰 제어 방식은 접속된 컴퓨터 사이를 토큰이라 불리는 패킷이 순차적으로 도는 동안 데이터를 전송하고자 하는 컴퓨터가 이 토큰을 취득하여 데이터를 전송하는 방식이다. 이때, 데이터 전송이 끝나면 컴퓨터는 토큰을 반납하게 된다. 토큰 링 방식과 토큰 버스 방식이 있다.

① 토큰 링 방식 : 링(ring) 형태의 네트워크에서 각 컴퓨터를 따라 순환하는 토큰을 이용하는 것으로, 다음의 과정을 거쳐 동작한다.

ㄱ 토큰 링 방식의 과정

ⓐ 모든 컴퓨터가 휴지상태에 있을 때 : '프리 토큰' 상태를 유지한다.

ⓑ 데이터 전송이 필요한 컴퓨터가 자신에게 도착한 프리 토큰을 '비지 토큰' 상태로 변환한다.

ⓒ 토큰 뒤에 전송할 데이터 프레임을 붙여 다음 컴퓨터로 전송한다.

ⓓ 다른 컴퓨터들은 프리 토큰을 얻을 수 없으므로 전송이 불가하다.

ⓔ 전송을 받아야 하는 컴퓨터는 토큰 뒤에 붙은 데이터의 주소 정보를 읽어 일치할 때 데이터를 복사한다.

ⓕ 전송이 완료된 토큰을 받은 원래 컴퓨터는 이를 프리 상태로 되돌린다.

   ⓛ 장 · 단점

     ⓐ 장점 : 컴퓨터마다 전송 기회를 공평하게 줄 수 있다. 충돌이 없어 지연 시간을 줄일 수 있으며 통신량이 많아도 안정적인 동작을 구현할 수 있다. 실시간 처리가 요구되는 시스템에 적합하다.

     ⓑ 단점 : 시스템이 복잡하고 하드웨어 가격이 고가이다. 일부 회선 장애가 전체적인 장애로 연결될 수 있다. 토큰의 운용 관리가 복잡하다.

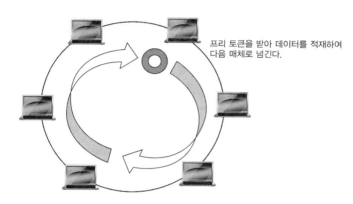

프리 토큰을 받아 데이터를 적재하여 다음 매체로 넘긴다.

[토큰 링 방식 개요도]

② **토큰 버스 방식** : 물리적으로 버스 상에 연결되어 있는 모든 컴퓨터가 논리적으로 링 접속 상태를 갖도록 하여 토큰 링 방식으로 동작한다.

3 통신 규격

(1) 이더넷(Ethernet)

① CSMA/CD 접근 방식을 이용하며 최대 접속 노드 수가 1,024, 최대 접속 길이 2.5km의 LAN 통신 규격이다. 케이블은 주로 동축 케이블을 이용한다.

② **이더넷 규격 읽기** : 맨 앞자리 수는 전송속도인 Mbps를 나타내며, BASE는 Baseband 방식임을 나타낸다. 마지막 숫자는 세그먼트 길이(노드와 노드/컴퓨터와 컴퓨터 간 길이)를 의미한다.

규 격	전송속도	전송 매체	전송 방식	세그먼트 최장거리
10BASE-T	10Mbps	UTP(랜선)	Baseband	100m
10BASE-5	10Mbps	굵은 동축케이블	Baseband	500m
10BASE-2	10Mbps	가는 동축케이블	Baseband	200m

동축 케이블
중앙부에 절연체에 둘러싸인 도체가 담겨 있고 절연체 바깥 동심원 상에 도체를 배치한 케이블로, 외부의 전기적 간섭을 적게 받아 통신선으로 사용된다.

(2) FDDI(Fiber Distributed Digital Interface Network)

100Mbps의 전송 속도를 내는 고속 LAN 통신 규격으로, 주로 백본망(기간망)에 사용되고 있다. 광케이블을 통해 전송되며 토큰링 접근 방식을 사용한다. 최대 접속 노드 수는 500개, 최대 접속 길이는 200km에 이른다.

4 LAN의 IEEE 표준안

표준규격	내 용
802.1	LAN 간의 네트워크 연결(internetworking)에 대한 표준
802.2	논리 링크 제어(LLC)
802.3	CSMA/CD
802.4	토큰 버스
802.5	토큰 링
802.6	DQDB MAN(Metropolitan Area Network) 표준
802.11	WLAN(무선 LAN)
802.15	WPAN(블루투스 무선 개인 통신망)

5 무선 LAN

(1) 특 징

① 무선 신호 전달 방식(일반적으로 확산 대역 또는 직교주파수분할다중화 방식)을 이용하여 두 대 이상의 장치를 연결하는 기술이다.

② 사용자는 근거리 지역에서 이동하면서도 지속적으로 네트워크에 접근할 수 있다.

③ 대부분 무선랜 기술은 IEEE 802.11 표준에 기반하고 있으며, 와이파이라는 이름으로 알려져 있다.

(2) 종 류

종 류	802.11b	802.11a	802.11g	802.11n	802.11ac
주파수	2.4GHz	5GHz	2.4GHz	2.4/5GHz	5GHz
최대 전송률	11Mbps	54Mbps		600Mbps	1.69Gbps
채널	20MHz			20/40MHz	20/40/80/160MHz
전송 방식	직접 순서 확산 대역 (DSSS)	직교 주파수 분할 다중화 (OFDM)			
안테나 기술	단일입력 단일출력 (SISO)			다중입력 다중출력 (MIMO)	다중 사용자 MIMO (MU–MIMO)

DQDB(Distributed Queue Dual Bus)
고속 방송망이며, 도시와 같은 공중영역(MAN) 또는 한 기관에서 LAN을 상호 연결하기 위해 개발되었다.

MAN(Metropolitan Area Network, 도시권 통신망)
큰 도시 또는 캠퍼스에 퍼져 있는 컴퓨터 네트워크이다. LAN과 WAN의 중간 크기이다. DSL 전화망, 케이블 TV 네트워크를 통한 인터넷 서비스 제공이 대표적이다.

(3) 통신 방식

무선 LAN의 기본 단위는 여러 개의 단말, 즉 노드로 구성된 BBS이며, 애드혹과 하부 구조로 구성된다.

① 애드혹 모드(adhoc mode)
  ㉠ 컴퓨터에 무선 LAN 카드를 장착하여 연결하는 방식으로, 일대일 통신이 기본이다.
  ㉡ 일반 가정에서 많이 사용하는 방식이다.
② 하부 구조 모드(infrastructure mode)
  ㉠ 개방형 네트워크 프로토콜 사용으로 서로 다른 기종 간의 연결뿐 아니라 서버의 부하를 최소화하여 노드 수가 증가해도 문제가 없다.
  ㉡ 중앙 집중식으로 정보를 공유하기 때문에 애드혹 모드보다 빠른 속도로 접근할 수 있다.
③ 매체 접근 방식 : CSMA/CA

CSMA/CA
• 전송매체를 올바르게 공유하고 있다는 것을 확실히 하기 위해 무선 LAN은 CSMA/CA 기법을 사용한다.
• 무선 LAN에서 사용하는 CSMA/CA는 패킷을 전송하기 전에 수신자에게 간단한 전송을 요청해 모든 전송을 수신한다.

03 기출 확인 문제

01 2014 계리직

〈보기〉는 네트워크 토폴로지(Topology)에 대한 설명이다. ㉠~㉢에 들어갈 내용을 옳게 나열한 것은?

보기

- FDDI는 광케이블로 구성되며 (㉠) 토폴로지를 사용한다.
- 허브 장비가 필요한 (㉡) 토폴로지는 네트워크 관리가 용이하다.
- 터미네이터가 필요한 (㉢) 토폴로지는 전송회선이 단절되면 전체 네트워크가 중단된다.

	㉠	㉡	㉢
①	링형	버스형	트리형
②	링형	트리형	버스형
③	버스형	링형	트리형
④	버스형	트리형	링형

02 2018 계리직

네트워크 장치에 대한 설명으로 옳지 않은 것은?

① 허브(hub)는 여러 대의 단말 장치가 하나의 근거리 통신망(LAN)에 접속할 수 있도록 지원하는 중계 장치이다.

② 리피터(repeater)는 물리 계층(physical layer)에서 동작하며 전송 신호를 재생·중계해 주는 증폭 장치이다.

③ 브리지(bridge)는 데이터 링크 계층(data link layer)에서 동작하며 같은 MAC 프로토콜(protocol)을 사용하는 근거리 통신망 사이를 연결하는 통신 장치이다.

④ 게이트웨이(gateway)는 네트워크 계층(network layer)에서 동작하며 동일 전송 프로토콜을 사용하는 분리된 2개 이상의 네트워크를 연결해주는 통신 장치이다.

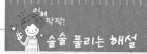
03 　2012 지방직

다음의 조건을 모두 만족하는 다중 접근방식은?

- 임의접근(Random Access) 방식 중의 하나임
- 회선사용 상태를 감지하는 캐리어를 사용하고 충돌이 발생하면 임의시간 대기 후 전송함
- 이더넷의 접근방식으로 사용됨

① FDMA
② ALOHA
③ Token Ring
④ CSMA/CD

04 　2009 지방직

CSMA/CD(Carrier Sense Multiple Access/Collision Detection) 방식에 대한 설명으로 옳지 않은 것은?

① 각 스테이션은 충돌을 감지하는 즉시 전송을 취소한다.
② 모든 스테이션에 보내고자 하는 메시지를 브로드캐스트한다.
③ 하나의 스테이션이 고장 나면 네트워크 전체가 마비된다.
④ 모든 스테이션은 전송매체에 동등한 접근 권리를 갖는다.

01

- 링(ring)형 : 환상으로 배치되어 있는 각 컴퓨터가 자신과 인접한 두 컴퓨터와 연결되는 형태이다. 단방향 또는 양방향으로 정보 전달이 가능하다. 링에 있는 모든 컴퓨터가 메시지에 접근할 수 있으므로 안전성에 문제가 있을 수 있으며, 단방향 링형의 경우, 네트워크에 연결된 컴퓨터가 하나라도 고장나면 네트워크 전체가 다운될 수 있다. 광케이블로 구성되는 FDDI는 링형 접속 형태를 갖는다.
- 트리(tree)형 : 각 컴퓨터가 트리 형태로 구성되는 것이다. 제어가 간단하고 네트워크 확장성이 크며 여러 컴퓨터를 분리하거나 우선순위를 부여할 수 있다. 상위 허브에 문제가 생기면 하위 컴퓨터로의 통신이 불가능해진다. 계층(hierarchy)형이라고도 하며 상위 계층의 컴퓨터가 하위 컴퓨터들을 직접 제어하는 계층적 네트워크에 적합한 구조이다.
- 버스(bus)형 : 공유되는 하나의 버스가 시스템 내의 모든 컴퓨터와 연결되는 형태이다. 컴퓨터의 추가, 제거가 용이하고 케이블 비용이 저렴하나, 장비의 수가 많아지면 네트워크 성능이 저하되고 버스 회선에 문제가 생기면 모든 통신이 단절된다. 터미네이터를 필요로 한다.

답 ②

02

게이트웨이(gateway)는 둘 이상의 다른 프로토콜 통신 네트워크를 상호 연결하여 정보를 송수신할 수 있는 장치로, OSI의 응용 계층에 위치한다. 컴퓨터와 공중 통신망, LAN과 공중 통신망 등을 접속하는 장치이다.

답 ④

03

① FDMA(Frequency-Division Multiple Access, 주파수 분할 다중 접속) : 채널화 프로토콜(channelization protocol)로서 다중 접속 프로토콜에 쓰이는 다원접속 방식이다. 특히 위성통신에 일반화되어 있다. 다른 다중 접속 시스템들처럼 FDMA는 여러 사용자 간에 좌표를 접근한다.
③ 토큰 링 방식(token ring) : 링(ring) 형태의 네트워크에서 각 컴퓨터를 따라 순환하는 토큰을 이용한다.

답 ④

04

③ CSMA/CD 방식은 버스형과 트리형 접속 형태의 LAN에서 많이 사용한다. 하나의 스테이션이 고장 나면 네트워크 전체가 마비되는 것은 단방향 링형이다.

답 ③

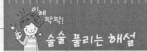

05

네트워크 토폴로지(Topology)의 연결 형태에 대한 설명으로 옳지 않은 것은?

① 버스(bus) 토폴로지는 각 노드의 고장이 전체 네트워크에 영향을 거의 주지 않는다.

② 스타(star) 토폴로지는 중앙 노드에서 문제가 발생하면 전체네트워크의 통신이 곤란해진다.

③ 링(ring) 토폴로지는 데이터가 한 방향으로 전송되기 때문에 충돌(collision) 위험이 없다.

④ 메쉬(mesh) 토폴로지는 다른 토폴로지에 비해 많은 통신회선이 필요하지만, 메시지 전송의 신뢰성은 높지 않다.

06

네트워크 장비에 대한 설명으로 옳은 것은?

① 리피터는 약한 신호를 원래대로 재생하는 장비로서 데이터 링크 계층에서 동작한다.

② 수동허브는 단말기들을 네트워크에 연결하는 다중포트 스위치이며 전송 계층에서 동작한다.

③ 브리지는 프레임의 목적지 주소를 검사하여 그 프레임을 계속 전달해야 할지 아니면 버려야 할지를 결정하며 데이터 링크 계층에서 동작한다.

④ 라우터는 라우팅 프로토콜을 이용하여 최적 경로를 결정해주는 역할을 하며 전송 계층에서 동작한다.

05

④ 메쉬(mesh) 토폴로지는 다른 토폴로지에 비해 많은 통신회선이 필요하고, 메시지 전송의 신뢰성도 높다.

답 ④

06

① 리피터는 약한 신호를 원래대로 재생하는 장비로서, 물리 계층에서 동작한다.

② 수동허브는 단말기들을 네트워크에 연결하는 다중포트 스위치이며, 물리 계층에서 동작한다.

④ 라우터는 라우팅 프로토콜을 이용하여 최적 경로를 결정해주는 역할을 하며, 네트워크 계층에서 동작한다.

답 ③

적중 예상 문제

01 네트워크 구성 형태에 대한 설명으로 옳지 않은 것은?

① 버스(bus)형은 하나의 선형 통신 회선에 여러 개의 노드가 연결되어 있는 형태이다.

② 스타(star)형은 각 노드가 허브라는 하나의 중앙노드에 연결되기 때문에 중앙노드가 고장나면 그 네트워크 전체가 영향을 받는다.

③ 트리(tree)형은 고리처럼 순환형으로 구성된 형태로서 네트워크 재구성이 수월하다.

④ 메시(mesh)형은 각 노드가 다른 모든 노드와 점 대 점으로 연결되기 때문에 네트워크 규모가 커질수록 통신 회선 수가 급격하게 많아진다.

02 IEEE 802.11 무선 랜에 대한 설명으로 옳은 것은?

① IEEE 802.11g는 5 GHz 대역에서 직접 순서 확산 대역(DSSS) 방식을 사용한다.

② IEEE 802.11b는 직교 주파수 분할 다중화(OFDM) 방식을 사용하여 최대 22 Mbps의 전송률을 제공한다.

③ IEEE 802.11a는 5 GHz 대역에서 5.5 Mbps의 전송률을 제공한다.

④ IEEE 802.11n은 다중입력 다중출력(MIMO) 안테나 기술을 사용한다.

03 데이터 전송방식 중 패킷 교환 방식에 대한 설명으로 틀린 것은?

① 가상 회선은 패킷이 전송되기 전에 논리적인 연결 설정이 이루어져야 한다.

② 패킷 교환은 데이터그램 방식과 가상 회선 방식으로 구분된다.

③ 데이터그램은 연결형 서비스 방식으로 패킷을 전송하기 전에 미리 경로를 설정해야 한다.

④ 패킷 교환은 저장–전달 방식을 사용한다.

 한눈에 보는 **정답과** 해설

01 ③ 트리형 : 하나의 노드에 여러 개의 노드가 tree 형태로 연결되어 있다. 양방향으로 데이터를 전송할 수 있다. 상위 노드가 문제가 있으면 하위 노드 모두 문제가 생기며 재구성이 어렵다.
　　① 버스형 : 하나의 케이블에 네트워크에 있는 모든 컴퓨터를 연결한다. 구축하기가 쉽고 케이블 하나에 연결이 되어서 설치비용이 저렴하다.
　　② 스타형 : 중앙 노드를 중심으로 모든 노드가 연결되는 방식이다. 중앙 노드가 고장 나면 전체 시스템이 영향을 받는다.
　　④ 메시형 : 노드들이 서로 상호 연결이 되어 그물처럼 연결된 상태이다. 많은 링크를 사용할수록 네트워크 규모가 커진다.

02 ① IEEE 802.11g는 2.4GHz 대역에서 직교 주파수 분할 다중화(OFDM) 방식을 사용한다.
　　② IEEE 802.11b는 직접 순서 확산 대역(DSSS) 방식을 사용하여 최대 11Mbps의 전송률을 제공한다.
　　③ IEEE 802.11a는 5GHz 대역에서 54Mbps의 전송률을 제공한다.

03 ③ 가상 회선 패킷 교환 방식은 전송 전에 미리 가상 경로를 확보한 후 전송을 한다. 삽입 흐름, 오류 제어를 서브넷에서 지원을 한다. 따라서 데이터그램 방식보다 오류가 적은 편이다.

01 ③ 02 ④ 03 ③

04 다음 중 둘 이상의 다른 프로토콜 통신 네트워크를 상호 연결하여 정보를 송수신할 수 있는 장치로, OSI의 응용 계층에 위치하는 장비는?

① 브리지   ② 스위치
③ 게이트웨이   ④ 리피터

05 다음 중 리피터(Repeater)에 대한 설명으로 옳은 것은?

① IP 주소를 바탕으로 효율적인 경로를 선택해 준다.
② 서로 다른 네트워크 간 통신을 구현해 준다.
③ 감쇠 신호를 증폭하여 재전송한다.
④ 데이터의 내용을 변경한다.

[6~9] 다음은 네트워크 접속 형태를 나타낸 것이다. 물음에 답하시오.

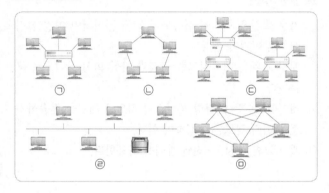

06 장비의 수가 많아지면 네트워크 성능이 저하되고 버스 회선에 문제가 생기면 모든 통신이 단절될 수 있는 방식은?

① ㉠   ② ㉡
③ ㉢   ④ ㉣

07 신뢰성이 중요한 네트워크에 적용될 수 있지만, 설치비용이 많이 드는 단점이 있는 방식은?

① ㉠   ② ㉡
③ ㉢   ④ ㉤

08 단방향 또는 양방향으로 정보 전달이 가능하고, 네트워크에 연결된 컴퓨터가 하나라도 고장나면 네트워크 전체가 다운될 수 있는 방식은?

① ㉠   ② ㉡
③ ㉢   ④ ㉣

09 다음 중 ㉤에 해당하는 내용으로 옳은 것은?

① 계층형이라고도 한다.
② 설치 비용이 저렴하다.
③ 통신 두절에 대한 위험도가 낮다.
④ 버스 회선에 문제가 생길 시 모든 통신이 단절된다.

10 다음 중 회선 교환의 장단점에 대한 설명으로 옳지 않은 것은?

① 신뢰도 높은 데이터 통신 요구에는 적합하지 않다.
② 처리 지연이 없는 장점이 있다.
③ 전송률이 고정적이지 않다.
④ 실시간 전송이 필요한 미디어 전송에 적합하다.

11 다음 중 메시지 교환 방식에 대한 설명으로 옳지 않은 것은?

① 도착하는 메시지를 일단 저장한 후 다음 링크가 비게 될 때, 전송하는 방식이다.
② 회선 교환의 비효율성 개선을 위해 개발되었다.
③ 데이터 전송을 위한 전용 통신 회선을 확보할 필요가 없다.
④ 메시지는 파일로 저장되며 대화식 통신을 가능케 해준다.

12 다음은 패킷 교환 방식에 대해 설명한 것이다. 옳은 내용은?

① 데이터그램 방식은 전송 순서대로 패킷이 도착한다.
② 가상회선 방식은 짧은 메시지의 일시적 전송에 적합하다.
③ 데이터그램 방식의 신뢰성은 가상회선 방식보다 우수하다.
④ 가상회선 방식은 패킷을 수신한 라우터가 최적 경로를 선택하여 수신 측에 전송한다.

13 다음 중 베이스밴드 방식에 대한 설명으로 옳지 않은 것은?

① 모뎀이 필요하다.
② 단일 채널을 이용한다.
③ 시분할 다중화 방식을 사용한다.
④ 일반적인 LAN에서 사용하는 방식이다.

14 다음 중 브로드밴드 방식에 대한 설명으로 옳지 않은 것은?

① 디지털 신호를 아날로그 신호로 변조해야 하므로 모뎀이 필요하다.
② 주파수 분할 다중화 방식을 사용한다.
③ 토큰 버스 방식의 매체 접근이 이루어진다.
④ 다중 신호를 여러 케이블에 분할하여 전송한다.

15 LAN의 매체 접근 방식에 있어, 어떤 컴퓨터에서 데이터 송신 전에 반송파가 있는지의 여부를 먼저 감지한 후 반송파가 있을 경우에 데이터를 전송하지 않고, 반송파가 없을 때 데이터를 전송하는 방식은 무엇인가?

① TOKEN RING　　② TOKEN BUS
③ CSMA/CD　　　④ TDMA

16 CSMA/CD 방식의 장단점을 옳게 설명한 것은?

① 프로토콜 구현이 쉽고 가격이 저렴하다.
② 통신량이 많을수록 채널 이용률이 높아진다.
③ 한 기기의 고장이 다른 기기의 통신에 영향을 크게 줄 수 있다.
④ 전송 지연에 대한 거리 제약이 따르지 않는다.

한눈에 보는 정답과 해설

04 브리지(bridge)는 둘 이상의 LAN 통신망을 연결하여 하나의 네트워크로 만들어 주는 장치이고, 게이트웨이는 둘 이상의 다른 통신 프로토콜 네트워크를 연결해 준다.

05 리피터(repeater ; 중계기)는 긴 케이블을 통해 감쇠된 신호를 증폭하여 재전송해 주는 장치로 OSI의 물리 계층에 위치한다. 데이터의 내용을 변경하지는 않는다.

06 버스형에 대한 설명이다.

07 망형은 물리적인 채널이 많이 필요하여 설치비용이 많이 드는 단점이 있다.

08 링형에 대한 설명이다.

09 망형은 각 컴퓨터가 시스템 내의 모든 컴퓨터와 연결된 구조이므로 통신 두절에 대한 위험성이 보장되나, 설치비용이 비싼 편이다.

10 회선 교환은 고정적 전송률을 유지하는 장점을 가지고 있다.

11 메시지는 파일로 저장되며 대화식 통신이 불가능하다.

12 데이터그램 방식은 각 패킷이 독립적으로 전송되고 패킷을 수신한 라우터가 최적 경로를 선택하여 수신 측에 전송한다. 불규칙하게 도착한 패킷들을 원래 메시지로 재결합한다. 짧은 메시지의 일시적 전송에 적합하고 신뢰성은 가상회선 방식보다 우수하다.

13 베이스밴드 방식은 하나의 케이블에 단일 통신 채널을 형성하여 한 개의 디지털 신호를 그대로 전송하므로 모뎀이 필요치 않다.

14 브로드밴드 방식은 다중 신호를 하나의 케이블에 동시에 전송할 수 있다.

15 CSMA/CD(Carrier Sense Multiple Access with Collision Detection) 방식에 대한 설명이다.

16 **CSMA/CD 방식의 장점**
• 프로토콜 구현이 쉽고 가격이 저렴하다.
• 통신량이 적을 때는 90% 이상 채널 이용률이 높다.
• 채널이 수동적이므로 어느 한 기기의 고장에도 다른 기기의 통신에 영향을 미치지 않는다.

04 ③　05 ③　06 ④　07 ④　08 ②　09 ③　10 ③　11 ④　12 ③　13 ①
14 ④　15 ③　16 ①

17 다음은 토큰 링 방식의 동작에 대한 설명이다. 순서대로 옳게 나열한 것은?

> ㉠ 모든 컴퓨터들이 휴지상태에 있을 때 '프리 토큰' 상태를 유지
> ㉡ 전송을 받아야 하는 컴퓨터는 토큰 뒤에 붙은 데이터의 주소 정보를 읽어 일치할 때 데이터를 복사
> ㉢ 데이터 전송이 필요한 컴퓨터가 자신에게 도착한 프리 토큰을 '비지 토큰' 상태로 변환
> ㉣ 토큰 뒤에 전송할 데이터 프레임을 붙여 다음 컴퓨터로 전송
> ㉤ 전송이 완료된 토큰을 받은 원래 컴퓨터는 이를 프리 상태로 되돌림

① ㉠-㉡-㉢-㉣-㉤   ② ㉠-㉡-㉣-㉢-㉤
③ ㉠-㉢-㉡-㉣-㉤   ④ ㉠-㉢-㉣-㉡-㉤

18 다음 중 토큰 링 방식에 대한 장단점 기술로 옳지 않은 것은?

① 각 컴퓨터마다 전송 기회를 공평하게 줄 수 있다.
② 통신량이 많아도 안정적인 동작을 구현할 수 있다.
③ 실시간 처리가 요구되는 시스템에 적합하다.
④ 시스템을 구현하기 쉽고 토큰 운용 관리가 간단하다.

19 다음 중 허브(Hub)에 대한 설명으로 옳지 않은 것은?

① 더미 허브는 대역폭을 분할하여 사용한다.
② 컴퓨터에 할당되는 대역 폭을 극대화하는 장비로, 신호를 증폭시킨다.
③ 스위칭 허브는 점대점 방식으로 접속을 구현한다.
④ 여러 개의 입출력 포트를 가지고 있다.

20 회선교환(Circuit Switching)에 대한 설명으로 옳지 않은 것은?

① 송신 스테이션과 수신 스테이션 사이에 데이터를 전송하기 전에 먼저 교환기를 통해 물리적으로 연결이 이루어져야 한다.
② 음성이나 동영상과 같이 연속적이면서 실시간 전송이 요구되는 멀티미디어 전송 및 에러 제어와 복구에 적합하다.
③ 현재 널리 사용되고 있는 전화 시스템을 대표적인 예로 들 수 있다.
④ 송신과 수신 스테이션 간에 호 설정이 이루어지고 나면 항상 정보를 연속적으로 전송할 수 있는 전용 통신로가 제공되는 셈이다.

 한눈에 보는 **정답과** 해설

---

18 토큰 링 방식의 단점
- 시스템이 복잡하고 하드웨어 가격이 고가이다.
- 일부 회선 장애가 전체적인 장애로 연결될 수 있다.
- 토큰의 운용 관리가 복잡하다.

19 스위치(switch)는 허브와 달리 컴퓨터에 할당되는 대역폭을 극대화하는 장비로, 신호를 증폭하고 입력과 출력을 연결시켜 준다.

20 회선교환 방식은 에러 제어 기능이 없다.

17 ④   18 ④   19 ②   20 ②

CHAPTER

TCP/IP와 인터넷

출제경향분석

- IPv6의 특성(2021)
- TCP/IP의 이해(2018, 2014)
- IPv4와 IPv6의 주소 표시방법의 차이(2016)
- IP 주소체계 클래스 개념의 이해(2014, 2010)

01 TCP/IP

1 TCP/IP 프로토콜 2018 2014

컴퓨터일반 GO! 득점

(1) 구조

① 의미 : TCP/IP(Transmission Control Protocol/Internet Protocol)는 인터넷에서 컴퓨터 사이의 통신이 가능하도록 표준화한 통신 규약으로, 물리 계층 상단의 네트워크 접속 계층, 네트워크 계층, 전송 계층, 응용 계층의 4단계 구조를 갖는다. OSI 모델과 TCP/IP 프로토콜 계층의 관계를 도식화하면 다음과 같다.

[OSI와 TCP/IP의 비교]

OSI	TCP/IP	구성 요소
응용 계층	응용 계층	FTP / TELNET / SMTP / DNS / DHCP / SNMP / 웹 브라우저 / 이메일 프로그램 등
표현 계층		
세션 계층		
전송 계층	전송 계층	TCP / UDP
네트워크 계층	네트워크 계층 (인터넷 계층)	IP / ARP / ICMP
데이터 링크 계층	네트워크 접속 계층	PPP / SLP / 이더넷 / 토큰링 / FDDI 등
물리 계층		모뎀 / 네트워크 카드

② 물리적 계층 구조

ㄱ 네트워크 접속 계층 : 운영체제의 LAN 카드, 모뎀, 디바이스 드라이버 등 하드웨어적 요소와 관련되는 모든 것을 지원하는 계층이다.

ㄴ 네트워크 계층 : 인터넷 계층이라고도 하며 네트워크 상의 패킷 전송을 제어한다. 네트워크 주소 체계를 관리하고 정확한 전송을 위해 경로 결정을 담당한다.

ⓒ 전송 계층 : 네트워크 양단의 송수신 컴퓨터 사이에서 신뢰성 있는 전송 기능을 제공한다. 송신 측 컴퓨터는 데이터를 전송식 효율적 패킷으로 분할하고 수신 측 컴퓨터는 전달받은 패킷을 원래 데이터로 결합한다.

ⓓ 응용 계층 : 사용자에게 서비스를 하기 위한 계층으로, 파일 전송 프로토콜인 FTP, 이메일 서비스를 위한 SMTP, 네트워크 관리를 위한 SNMP 등의 프로토콜과 인터넷 웹 브라우저, 이메일 프로그램 등이 속하게 된다.

(2) TCP

① 의미 : 데이터를 교환하기 전에 연결을 확립해야 하는 이른바 '연결 지향형 프로토콜'로, 전송 계층에서 신뢰성 있고 순차적인 데이터 전송 서비스를 지원하는 데 필요한 제어 기능을 수행한다. 신뢰성을 보장하기 위해 통신 전에 상대방과의 연결 상태를 먼저 확인하며 전송이 종료될 때까지 연결 상태를 유지한다. 또한 오류가 발생할 시, 수신자에게 알려준다.

② TCP 전송 세그먼트 : 헤더와 데이터로 구분되며, 헤더에는 다음과 같은 정보가 수록된다.
ⓐ 송신지 포트 번호
ⓑ 수신지 포트 번호
ⓒ 순서 번호
ⓓ 확인 응답 번호
ⓔ 헤더 길이
ⓕ 예약
ⓖ 플래그 : 동작 제어용 표시 비트
ⓗ 윈도우 크기
ⓘ 검사합 : 오류 검출 목적
ⓙ 긴급 포인터
ⓚ 옵션

(3) IP

① 의미 : 네트워크 계층에서 사용되는 프로토콜로, 신뢰성이 보장되지 않고 간단한 오류 검사 기능만 가지고 있는 비연결형 데이터그램 프로토콜이다.

② IP의 데이터그램 : 헤더와 데이터로 구성되어 있으며 헤더에는 다음과 같은 정보가 수록된다.
ⓐ 버전
ⓑ 헤더 길이
ⓒ 서비스 유형
ⓓ 총 길이
ⓔ 식별자
ⓕ 플래그 : 패킷 분할 제어
ⓖ 단편 오프셋

ⓞ 라이프 타임
ⓩ 프로토콜 : 상위 계층의 프로토콜이 무엇인지 정의
ⓒ 검사합 : 오류 검출 목적
ⓚ 송신지 주소
ⓔ 수신지 주소
ⓟ 옵션

2 주소 구조 2016 2014 2010 2008

TCP/IP에서 사용하는 주소 체계는 물리 주소(MAC), 논리 주소(IP), 포트 주소(Port)의 3가지이다.

(1) 물리 주소(MAC)

이더넷 상에서 각 컴퓨터를 구별하기 위해 각각의 LAN카드에 부여되는 고유 번호를 의미한다. MAC 주소는 회사 제품 제작 시 고유 번호로 할당받아 저장되므로 모든 LAN카드는 고유한 식별 번호를 갖는다.
① 이더넷의 경우 6바이트(48비트) 주소 체계를 갖는다.
② 네트워크 접속 계층에서 동작한다.

(2) 인터넷 주소(IP) 중요 ★

① 의미 : 인터넷 상에서 각 컴퓨터를 구별하기 위해 부여하는 주소를 말한다. IP 주소는 유일하게 식별되어야 하므로 전 세계적으로 독립적인 컴퓨터에 중복 지정될 수 없다. 반대로, 하나의 호스트 컴퓨터는 여러 개의 IP 주소를 가질 수 있다. IP 주소는 네트워크 계층에서 동작한다.

② IP 주소 체계 : IP 주소 체계에는 현재 보편적으로 사용하고 있는 Version 4(IPv4)와 주소 부족 문제를 해결하기 위해 등장한 Version 6(IPv6)가 있다.

ⓐ IPv4 : 점으로 구분된 4개의 10진수 형태로 표현되는 4바이트(32비트) 논리적 주소이다.

11000000	11001011	00100001	00000001

↓

192.203.33.1

ⓐ 전체 IP 주소는 맨 앞에 클래스 구분, 그 다음에 네트워크 ID, 맨 뒤에 호스트 ID로 나뉘며, IP 주소의 효율적인 배정을 위해 A~E로 구분된 클래스 개념이 도입되었다.

호스트 컴퓨터(host computer)
컴퓨터의 이름이 네임 서버에 등록되어 있어, 네트워크상의 다른 컴퓨터에 특정 서비스를 제공할 수 있는 컴퓨터를 말한다.

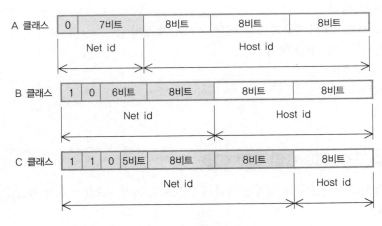

[주요 클래스의 IP 주소 구조]

- A 클래스 : 8비트 2진수 0으로 시작하는 주소(10진수 0~127)
- B 클래스 : 8비트 2진수 10으로 시작하는 주소(10진수 128~191)
- C 클래스 : 8비트 2진수 110으로 시작하는 주소(10진수 192~223)
- D 클래스 : 8비트 2진수 1110으로 시작하는 주소(10진수 224~239)
- E 클래스 : 8비트 2진수 1111로 시작하는 주소(10진수 240~255)

A 클래스는 첫 1바이트가 네트워크 ID로, 나머지 3바이트가 호스트 ID로 사용되며 B 클래스는 2바이트씩 네트워크 ID, 호스트 ID로 각각 사용된다. C 클래스는 마지막 1바이트만 호스트 ID로 사용된다. IP 주소의 클래스별 할당 범위를 정리하면 다음 표와 같다.

클래스	할당 범위	기본 subnet mask	용도
A	0.0.0.0~127.255.255.255	255.0.0.0	국가 망 / 대형 기관 및 기업
B	128.0.0.0~191.255.255.255	255.255.0.0	중형 기관 및 기업
C	192.0.0.0~223.255.255.255	255.255.255.0	소규모 기관
D	224.0.0.0~239.255.255.255		멀티 캐스트
E	240.0.0.0~255.255.255.255		예비용도로 현재 사용하지 않음

ⓑ 이미 용도가 예약되어 있어, 배정하지 않는 주소는 다음과 같다.
- 0.0.0.0 : 사용하지 않는 주소
- 127.x.x.x : 루프백 주소로 예약되어 있다.
- 네트워크 ID가 모두 0인 것 : 로컬 네트워크
- 네트워크 ID가 모두 1인 것 : 모든 네트워크
- 호스트 ID가 모두 0인 것 : 대표 호스트 아이디
- 호스트 ID가 모두 1인 것 : 브로드캐스트 주소

ⓒ 사설 주소 : 인터넷을 사용하지 않는 주소로, 한정된 네트워크 내부에서 IP 주소의 부족을 해결하기 위해 사용한다. 클래스별 사설 주소 지정 구간은 다음과 같다.

루프백 주소(loopback address)
컴퓨터의 네트워크 입출력 기능을 시험하기 위하여 가상으로 할당한 인터넷 주소를 말한다.

- A 클래스 : 10.0.0.0 ~ 10.255.255.255
- B 클래스 : 172.16.0.0 ~ 172.31.255.255
- C 클래스 : 192.168.0.0 ~ 192.168.255.255

ⓛ IPv6 : 총 128비트의 주소 길이 형식을 갖는 새로운 주소체계로, 16비트씩 8부분으로 나누어 16진수 및 콜론으로 표기한다. 표기 예는 아래와 같다.

FDCB:0202:A07B:0005:2340:BBFF:FFFF:1111

- IPv4와의 차별점 : 순차적인 할당 방식으로 효율적, P&P 기능 지원, 4배의 주소 공간 증가, 향상된 보안 기능

[IPv4와 IPv6 비교]

구 분	IPv4	IPv6
주소길이	32비트	128비트
표시방법	8비트씩 4부분, 10진수 예 202.30.64.22	16비트씩 8부분, 16진수 예 2001:0230:ABCD:FFFF: 0000:0000:FFFF:1111
주소할당	클래스 단위의 비순차적 할당	네트워크 규모와 단말기 수에 따른 순차적 할당
품질제어	QoS 등 일부지원	QoS 등 지원
보안기능	IPSec 별도 설치	확장기능에서 기본 제공
플러그 앤 플레이	없 음	있 음
모바일IP	곤 란	용 이
주소규칙	유니캐스트, 브로드캐스트, 멀티캐스트 (옵션)	유니캐스트, 멀티캐스트, 애니캐스트

ⓒ IPv4에서 IPv6로의 주소변환 방법

ⓐ 듀얼스택(dual stack) : IPv4와 IPv6 패킷을 모두 주고받을 수 있는 시스템을 구성한다.

ⓑ 터널링(tunneling) : IPv6 패킷은 IPv4 패킷 내에 캡슐화하여 IPv4 라우팅 영역을 통과한 후 역 캡슐화를 수행한다.

ⓒ 헤더 변환(header translation) : IP 계층에서의 변환으로, IPv4 패킷을 IPv6 패킷으로 혹은 그 반대로 변환한다.

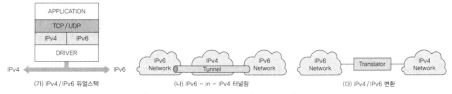

[IPv4에서 IPv6로의 주소변환 방법]

IPv4 주소부족 해결방안
- 서브넷팅(subneting) : 배정받은 하나의 네트워크 주소를 다시 여러 개의 작은 네트워크로 나누어 사용하는 기술
- NAT(Network Address Translator) : 사설 IP주소를 공인IP주소로 변환해주는 장치
- DHCP 서버 : 고정IP주소 대신 필요할 때만 주소를 할당받는 동적IP주소를 제공
- IPv6 주소체계 : 새로운 주소체계 사용

③ 서브넷

㉠ 서브네팅이란 하나의 네트워크 주소 중 호스트 ID 부분을 조작하여 여러 개의 네트워크로 분리하는 것을 의미한다. 서브넷은 독립적인 네트워크로 기능을 수행하지만 서브넷 간 통신을 위해서는 반드시 라우터(router)를 경유하여야 한다.

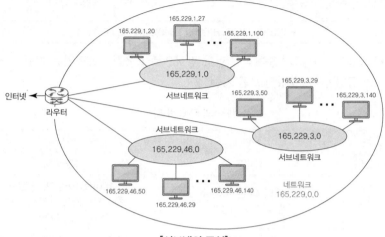

[서브넷의 구성]

㉡ 서브넷 마스크

ⓐ 서브넷을 구성하기 위해서는 서브넷 마스크(subnet mask)가 필요하다. 서브넷 마스크를 통해서 구성할 서브넷 수와 서브넷당 연결되는 호스트 수를 지정할 수 있다.

ⓑ 서브넷 마스크는 네트워크 분할하기 전의 서브넷 마스크인 기본(default) 서브넷 마스크를 이용해 만들 수 있고, 생성된 서브넷 마스크 주소 중 호스트 ID 부분은 다음 의미를 포함한다.

• 호스트 ID에서 연속적인 1의 개수가 k개이면 서브넷은 2^k개 구성 가능
• 호스트 ID에서 연속적인 0의 개수가 m개이면 호스트는 2^m개 구성 가능

ⓒ 이때 구성되는 호스트 중 첫 번째 호스트는 네트워크 주소로, 마지막 호스트는 브로드캐스트 주소로 예약되어 실제 IP를 할당받는 호스트는 예약된 주소 2개를 제외하고 할당된다.

예제 1

서브넷 마스크가 255.255.255.192일 때 구성 가능한 서브넷의 수와 호스트 수를 구하면?

해설

• 서브넷 마스크의 호스트 ID 값 192를 2진수로 변환한다(C 클래스인 경우 4번째 필드값).
• 변환된 호스트 ID 비트값(11000000) 중 '1'의 개수가 k개이면 2^k개의 서브넷을, '0'의 개수가 m개라면 2^m의 호스트 수를 계산할 수 있다.
• 따라서 서브넷은 $2^2=4$개, 서브넷당 호스트 수는 $2^6=64$개로 구성된다.

예제 2

> C클래스에서 30개의 서브넷을 구성하려 할 때 서브넷 마스크를 구하면?
>
> **해설**
> - C클래스의 기본 서브넷 마스크 : 255.255.255.0에서 호스트 ID 부분을 이용한다.
> - 호스트 ID 0을 2진수로 변환하면 00000000이 된다.
> - 호스트 ID 값에서 '1'의 개수가 k개이면 2^k개의 서브넷을, '0'의 개수가 m개라면 2^m의 호스트 수를 계산할 수 있다.
> - 서브넷을 30개 이상 구성하기 위한 1의 개수는 $2^k \geq 30$에서 k=5, 즉 1의 개수는 5개이다. 따라서 호스트 ID는 2진수로 11111000이 된다.
> - 서브넷 마스크 = 255.255.255.$(11111000)_2$ = 255.255.255.248

④ **도메인 네임** : IP 주소는 잘 기억할 수 없는 숫자로 구성되어 있기 때문에 실제 사용하는 문자로 바꾸어 표현할 필요성이 있다. 이를 도메인 네임이라 한다.

　㉠ 도메인 네임의 구성

www	abc	co	kr
웹서비스	고유 식별 명칭	목적	국가 도메인

　　ⓐ co : 기업/상업적 목적

　　ⓑ go : 정부기관

　　ⓒ ac : 대학교

www.	abc	com
웹서비스	고유 식별 명칭	루트 도메인(목적)

　　ⓓ com : 기업/상업적 목적

　　ⓔ edu : 교육기관

　　ⓕ org : 기관/단체

　　ⓖ net : 네트워크 포털 등

　㉡ DNS(Domain Name Server) : IP 주소를 도메인 네임으로, 도메인 네임을 IP 주소로 변환해주는 서버 시스템이다.

(3) **포트 주소**

① **포트 주소의 필요성** : 통신을 위해 동시에 발생하는 프로세스를 식별하기 위해 별도의 프로세스 식별 주소가 필요하다. TCP/IP 구조에서는 16비트 길이의 포트 주소를 이용한다.

② **포트 번호** : 포트 번호는 해당 호스트에 접근하여는 서비스를 지칭하게 된다. 그러므로 해당하는 호스트에 접근하기 위한 IP 주소와 함께 원하는 서비스에 접근하기 위한 포트 주소를 알아야 한다. 다음은 잘 알려진 포트 번호를 나열한 것이다.

　㉠ 20 : FTP 데이터 서비스

　㉡ 21 : FTP 서비스

ⓒ 23 : Telnet 서비스
ⓔ 25 : SMTP 서비스
ⓜ 80 : HTTP 서비스

02 인터넷 서비스

1 HTTP 서비스

(1) 의 의

HTTP(Hyper Text Transfer Protocol)는 사용자의 웹브라우저가 인터넷 서버에게 웹 서비스를 요청하면 서버가 적절히 응답하여 사용자에게 웹 페이지를 제공하는 서비스를 말한다.

(2) 동작 특성

① 데이터 전송 시 데이터에 대한 정보를 헤더에 포함한다(메타 정보).
② 확장 형태의 문서 정보도 전송 가능하다.
③ 사용자 컴퓨터에서는 서버와의 사이에 TCP를 기반으로 HTTP 연결을 만들고 서버에 요청 메시지를 전송한다.
④ 통상 TCP 포트 80을 사용한다(임의 포트 번호 지정 가능).

메타 정보(metadata)
데이터를 표현하기 위한 목적과 데이터를 빨리 찾기 위한 목적으로 해당 데이터의 위치, 내용, 기타 정보들을 기록한 데이터를 의미한다.

2 FTP 서비스

(1) 의 의

FTP(File Transfer Protocol)은 인터넷 환경에서 파일을 전송하기 위해 규정된 기본 프로토콜이다. 파일을 전송을 위해 접속 대상이 되는 측이 서버가 되고 접속하는 측이 클라이언트가 되며, 클라이언트에서는 별도의 응용프로그램을 통해 서버에 접속하여 파일을 전송할 수 있다.

(2) 동작 특성

① 서버 측은 포트 번호 21을 설정하고 클라이언트는 임시 포트를 능동적으로 설정한다.
② 데이터 연결은 포트 번호 20번을 사용한다.

3 Mail 서비스

사용자와 메일 서버, 메일 서버 간의 메일 교환을 위해 SMTP, POP3, IMAP과 같은 프로토콜을 사용한다.

① SMTP : SMTP(Simple Mail Transfer Protocol)은 두 메일 서버 간의 이메일을 송수신하는 데 사용하는 프로토콜이다. 그러나 실제로는 송신만을 전담하고 수신은 대부분 다른 프로토콜을 이용한다. ASCII 데이터만 전송 가능하며 보통 TCP 25번 포트를 사용한다.

② POP3 : POP3(Post Office Protocol 3)는 이메일 수신 전용 프로토콜로 SMTP에 의존한다. 사용자 컴퓨터의 이메일 프로그램에서 주기적으로 POP 서버의 수신함을 체크하여 새로 들어온 메일이 있을 시, 이를 다운로드한다. 다운로드 후 POP 서버에서는 해당 메일을 찾을 수 없게 된다. 인터넷 연결 없이도 메일 프로그램을 통해 사용할 수 있다.

③ IMAP : IMAP(Internet Mail Access Protocol)은 메일을 저장 및 복사하고 수신하는 프로토콜로 SMTP에 의존한다. 개념상 원격 파일 서버와 동일한데, POP3와 달리 사용자에게 메일을 복사하여 전달하고 서버에 메일이 보관되어 있어, 다시 볼 수 있는 장점이 있다. 흔히 인터넷 웹 포털에서 사용하는 이메일 서비스는 IMAP을 이용하고 있다.

01 `2010 계리직`

회사에서 211.168.83.0(클래스 C)의 네트워크를 사용하고 있다. 내부적으로 5개의 서브넷을 사용하기 위해 서브넷 마스크를 255.255.255.224로 설정하였다. 이때 211.168.83.34가 속한 서브넷의 브로드캐스트 주소는 어느 것인가?

① 211.168.83.15   ② 211.168.83.47

③ 211.168.83.63   ④ 211.168.83.255

02 `2018 계리직`

TCP/IP 프로토콜에 대한 설명으로 옳은 것은?

① TCP는 비연결형 프로토콜 방식을 사용한다.

② TCP는 네트워크 계층(network layer)에 속한다.

③ IP는 잘못 전송된 패킷에 대하여 재전송을 요청하는 기능을 제공한다.

④ IP는 각 패킷의 주소 부분을 처리하여 패킷이 목적지에 도달할 수 있도록 한다.

03 `2014 계리직`

TCP/IP 프로토콜 중 전송계층인 TCP에 대한 설명으로 옳은 것을 〈보기〉에서 고른 것은?

> **보기**
>
> ㉠ 비연결형 서비스를 지원한다.
> ㉡ UDP보다 데이터 전송 신뢰도가 낮다.
> ㉢ 송신할 데이터를 패킷 단위로 전송한다.
> ㉣ 수신 측에서 잘못 전송된 패킷에 대해 재전송을 요구한다.

① ㉠, ㉡   ② ㉡, ㉢

③ ㉢, ㉣   ④ ㉠, ㉣

04 `2014 계리직`

IPv4에서 서브넷 마스크가 255.255.255.0인 경우 하나의 네트워크에 최대 254대의 호스트를 연결할 수 있는 클래스로 옳은 것은?

① A클래스   ② B클래스

③ C클래스   ④ D클래스

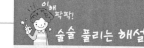
05 2016 계리직

인터넷 주소 체계인 IPv4와 IPv6의 주소 길이와 주소 표시 방법을 각각 바르게 나열한 것은?

	IPv4	IPv6
①	(32비트, 8비트씩 4부분)	(128비트, 16비트씩 8부분)
②	(32비트, 8비트씩 4부분)	(128비트, 8비트씩 16부분)
③	(64비트, 16비트씩 4부분)	(256비트, 32비트씩 8부분)
④	(64비트, 16비트씩 4부분)	(256비트, 16비트씩 16부분)

01

- 공인 IP : 211.168.83.0
- 서브넷 마스크 : 255.255.255.224
- 서브넷의 수는 2^3 = 8개로 하고, 서브넷별 호스트의 수는 2^5 = 32개로 지정할 수 있다.
- 새로 설정되는 네트워크 ID는 끝자리가 아래와 같이 나타나는 총 8개가 된다.

```
00000 000 ⇒ 0 ⇒ 211.168.83.0
00100 000 ⇒ 32 ⇒ 211.168.83.32 ] ← 문제의 211.168.83.34가
01000 000 ⇒ 32 ⇒ 211.168.83.64 ]    속한 범위
01100 000 ⇒ 32 ⇒ 211.168.83.96
                 ...
11100 000 ⇒ 248 ⇒ 192.203.129.224
```

각 네트워크 ID 사이에 들어가는 주소 중 네트워크 ID 직전의 것들은 브로드캐스트 주소로 예약되고, 나머지 30개씩이 실제 할당될 수 있는 호스트 주소가 되므로, 문제의 211.168.83.34가 속한 범위에서의 네크워크 ID는 211.168.83.32이고 브로드캐스트 주소는 다음 네트워크 ID인 211.168.83.64의 직전 번호이므로 211.168.83.63이 된다. **답 ③**

02

- TCP : OSI 전송 계층, 연결 지향형 프로토콜로 신뢰성 있는 순차적 데이터 전송 서비스이다.
- IP : OSI 네트워크 계층, 비연결형 데이터그램(패킷) 프로토콜로, 신뢰성을 보장할 수 없으며 간단한 오류 검사만을 수행한다. **답 ④**

03

TCP는 데이터를 교환하기 전에 연결을 확립해야 하는 이른바 '연결 지향형 프로토콜'로, 전송 계층에서 신뢰성 있고 순차적인 데이터 전송 서비스를 지원하는 데 필요한 제어 기능을 수행한다. 신뢰성을 보장하기 위해 통신 전에 상대방과의 연결 상태를 먼저 확인하며 전송이 종료될 때까지 연결 상태를 유지한다. 송신 측 컴퓨터는 데이터의 전송식 효율적 패킷으로 분할하고 오류가 발생하면 수신 측에 알려준다. 수신 측 컴퓨터는 전달받은 패킷을 원래 데이터로 결합한다. 이때 잘못 전송된 패킷에 대해 재전송을 요구한다. **답 ③**

04

C 클래스는 마지막 1바이트만 호스트 ID로 사용되며 서브넷 마스크는 255.255.255.0을 사용한다. 주요 특징은 다음 표와 같다.

클래스	할당 범위	기본 subnet mask	용도
A	0.0.0.0~127.255.255.255	255.0.0.0	국가 망/대형 기관 및 기업
B	128.0.0.0~191.255.255.255	255.255.0.0	중형 기관 및 기업
C	192.0.0.0~223.255.255.255	255.255.255.0	소규모 기관
D	224.0.0.0~239.255.255.255		멀티 캐스트
E	240.0.0.0~255.255.255.255		예비용도로 현재 사용하지 않음

답 ③

05

- IPv4 : 점으로 구분된 4개의 십진수 형태로 표현되는 4바이트(32비트) 논리적 주소이다
- IPv6 : 총 128비트의 주소 길이 형식을 갖는 새로운 주소체계로, 16비트씩 8부분으로 나누어 16진수 및 콜론으로 표기한다 **답 ①**

적중 예상 문제

01 IPv4가 제공하는 기능만을 모두 고른 것은?

> ㄱ. 혼잡제어 　　　　ㄴ. 인터넷 주소지정과 라우팅
> ㄷ. 신뢰성 있는 전달 서비스 　ㄹ. 패킷 단편화와 재조립

① ㄱ, ㄴ 　　　　　② ㄴ, ㄷ
③ ㄴ, ㄹ 　　　　　④ ㄷ, ㄹ

02 TCP(Transmission Control Protocol)와 IP(Internet Protocol)에 대한 설명으로 옳지 않은 것은?

① IP는 신뢰성을 보장하지 않는 비연결 지향형 프로토콜이다.
② IP는 수신 측 IP 주소를 바탕으로 라우팅 테이블을 갱신한다.
③ TCP는 연결지향형 프로토콜로서 실제 데이터를 전송하기 전에 연결을 설정한다.
④ TCP는 호스트 사이에 신뢰성 있는 스트림(stream) 전송 서비스를 제공한다.

03 다음 중 물리 주소(MAC)에 대한 설명으로 옳지 않은 것은?

① 이더넷 상에서 각 컴퓨터를 구별하기 위해 사용한다.
② 각 컴퓨터의 CPU에 부여되는 고유 번호이다.
③ 이더넷의 경우 48비트 주소 체계를 갖는다.
④ 네트워크 접속 계층에서 동작한다.

04 다음 그림은 IPv4 주소 체계의 어느 클래스에 해당하는가?

① A 클래스 　　　　② B 클래스
③ C 클래스 　　　　④ D 클래스

05 IPv4의 클래스별 할당 주소와 관련된 설명으로 옳지 않은 것은?

① B 클래스의 할당 범위는 192.1.1.1~223.254.254.254이다.
② C 클래스의 서브넷 마스크는 255.255.255.0이다.
③ A 클래스는 국가 망이나 대형 기관 및 기업에 사용된다.
④ E 클래스는 예비 용도로, 현재 사용하지 않고 있다.

06 다음 중 할당이 불가능한 IP 주소가 아닌 것은?

① 127.25.65.31 　　② 192.0.0.0
③ 128.1.1.2 　　　　④ 0.0.0.0

07 다음 중 클래스별 사설 주소 할당 범위를 옳게 기술한 것은?

① A 클래스 : 12.0.0.0 ~ 12.255.255.255
② B 클래스 : 174.16.0.0 ~ 174.31.255.255
③ C 클래스 : 192.168.0.0 ~ 192.168.255.255
④ D 클래스 : 224.192.0.0 ~ 254.192.168.255

08 IPv6와 IPv4 주소 체계에 대한 차별점에 대한 설명으로 옳지 않은 것은?

① 순서와 관계없는 할당 방식으로 형식에 얽매이지 않는다.
② P&P 기능을 지원한다.
③ 주소 공간이 4배로 확장된다.
④ 보안 기능이 향상된다.

한눈에 보는 정답과 해설

01 TCP는 전송 계층, IP는 네트워크 계층 프로토콜이다.
ㄱ, ㄷ은 전송 계층, ㄴ, ㄹ은 네트워크 계층의 기능이다.

02 ② 라우팅 테이블이란 IP주소로 향하는 최상의 경로정보와 IP주소를 가지고 있는 테이블이다. 라우팅 정보를 갱신하고자 할 때, 라우팅 정보의 변경 유무가 중요하다. IP주소가 변하지 않아도 이웃하는 라우터끼리 정보를 송수신할 수 있다. 라우팅 정보에서 변경사항이 있으면, 라우팅 케이블을 갱신한다.
① IP는 비신뢰성과 비연결성의 특징을 가진다. IP가 데이터의 흐름에 관여하지 않아서 보내진 정보가 제대로 전송됐는지 보장이 되지 않는다.
③ 연결지향성 서비스를 제공함으로써 데이터 전송 전에 연결 관리를 위해 연결을 설정한다.
④ TCP는 양쪽 호스트 내 프로세스 사이에 신뢰적인 연결지향성 서비스를 제공한다.

03 물리 주소는 LAN카드에 부여된다.

04 주요 클래스의 IP 주소 구조는 다음과 같다.

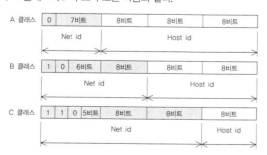

05 B 클래스는 8비트 2진수 10으로 시작하는 주소(10진수 128~191)를 할당받는다.

06 이미 용도가 예약이 되어 있어, 할당되지 않는 주소
• 0.0.0.0 : 사용하지 않는 주소
• 127.x.x.x : 루프백 주소로 예약되어 있다.
• 네트워크 ID가 모두 0인 것 : 로컬 네트워크
• 네트워크 ID가 모두 1인 것 : 모든 네트워크
• 호스트 ID가 모두 0인 것 : 대표 호스트 아이디
• 호스트 ID가 모두 1인 것 : 브로드캐스트 주소

07 클래스별 사설 주소 지정 구간
• A 클래스 : 10.0.0.0 ~ 10.255.255.255
• B 클래스 : 172.16.0.0 ~ 172.31.255.255
• C 클래스 : 192.168.0.0 ~ 192.168.255.255

08 IPv4와의 차별점
• 순차적인 할당 방식으로 효율적
• P&P 기능 지원
• 4배의 주소 공간 증가
• 향상된 보안 기능

01 ③ 02 ② 03 ② 04 ② 05 ① 06 ③ 07 ③ 08 ①

09 공인된 IP 주소가 192.203.129.0이고 26개의 서브넷을 구성하고 싶을 때, 서브넷 마스크 지정으로 옳은 것은?

① 255.255.255.0
② 255.255.255.62
③ 255.255.255.124
④ 255.255.255.248

10 TCP/IP 구조에서는 16비트 길이의 포트 주소를 이용한다. 포트 번호는 지정을 변경할 수 있으나, 잘 알려진 서비스들의 포트 번호는 통상 정해진 것을 사용한다. 다음 중 잘 알려진 포트 번호 지정으로 잘못된 것은?

① 22 : FTP 서비스
② 23 : 텔넷 서비스
③ 25 : SMTP 서비스
④ 80 : HTTP 서비스

11 다음 중 HTTP 서비스에 대한 설명으로 옳게 기술한 것은?

① 사용자 컴퓨터에서는 서버와의 사이에 IP 기반으로 연결을 만든다.
② 통상 TCP 21 포트를 이용한다.
③ 확장 형태의 문서 정보도 전송이 가능하다.
④ 임의 포트 번호를 지정할 수 없다.

 한눈에 보는 정답과 해설

09 • 기본 서브넷 마스크 값이 255.255.255.0이므로 2진법으로 표시하면, 1111 1111 . 1111 1111 . 1111 1111 . 0000 0000 ← 255.255.255.0
• 원래 0인 부분을 앞자리부터 1로 변경하여 서브넷 마스크로 설정한다. 여기서, 1로 바뀐 개수가 5일 때, 구성할 수 있는 서브넷의 수는 32가 되므로 26개의 서브넷을 구성할 수 있게 된다. 1111 1111 . 1111 1111 . 1111 1111 . 1111 1000 ← 255.255.255.248
• 그러므로 새로운 서브넷 마스크는 255.255.255.248이다.

10 • 20 : FTP 데이터 서비스
• 21 : FTP 서비스
• 23 : Telnet 서비스
• 25 : SMTP 서비스
• 80 : HTTP 서비스

11 **HTTP 동작 특성**
• 데이터 전송 시 데이터에 대한 정보를 헤더에 포함한다(메타 정보).
• 확장 형태의 문서 정보도 전송 가능하다.
• 사용자 컴퓨터에서는 서버와의 사이에 TCP를 기반으로 HTTP 연결을 만들고 서버에 요청 메시지를 전송한다.
• 통상 TCP 포트 80을 사용한다(임의 포트 번호 지정 가능).

09 ④   10 ①   11 ③

CHAPTER 05 네트워크 보안

- 악성 프로그램과 공격 기술(2019)
- 공개키와 비밀키 암호화 방식의 이해(2018)
- 서비스 거부 공격의 이해(2014)
- 공개키 기반 구조의 이해(2014)
- 해킹 기법의 식별(2008)
- 워터마킹(2019)
- 공개키 암호화 방식의 이해(2019 · 2016)
- 보안 취약점 활용 공격의 이해(2014)
- 공개키 암호화 방식의 개요(2012)

01 네트워크 보안의 개념

네트워크 보안은 컴퓨터 자체에 대한 보안과 구별되어, 컴퓨터 사이의 네트워크 상에서 발생하는 데이터 전송 보안을 의미한다. 그러나 네트워크 환경이 고도화되면서 2가지 개념에 큰 차이를 두지 않는다.

1 보안 위협의 유형

① **전송 차단** : 제3자에 의해 데이터가 수신 측에 전달될 수 없도록 하는 것
② **가로채기** : 제3자가 두 사용자 간의 데이터 송수신을 도청하는 것
③ **변조** : 제3자가 데이터를 가로채 데이터를 변경하여 수신 측에 전달하는 것
④ **위조** : 송신 측 몰래 송신 측에서도 만들지 않은 데이터를 송신 측이 보낸 것처럼 전달하는 것

2 보안 요구사항

① **기밀성** : 인증받은 사람만이 데이터에 접근할 수 있어야 한다.
② **무결성** : 인증되지 않은 사람에 의해 데이터 변경이 이루어질 수 없도록 하여 데이터 정확성, 완전성을 유지해야 한다.
③ **가용성** : 인증된 사람이라면 데이터에 접근하여 이를 사용할 수 있도록 해야 한다.

02 공격 기술 중요 ★ 2019

스턱스넷(Stuxnet)
발전소, 공항, 철도 등 국가 기간시설을 파괴할 목적으로 제작된 악성코드를 말한다.

랜섬웨어
PC에 저장된 파일들을 암호화하여 사용자가 읽을 수 없는 문자들로 바꿔버린 후 암호를 풀어주는 대가로 금전을 요구하는 악성코드를 말한다.

스파이웨어(Spyware)
사용자의 동의 없이 설치되어 사용자가 눈치 채지 못하도록 컴퓨터와 사용자의 정보를 수집, 외부로 전송하는 악성 소프트웨어

피싱(phishing)
전자우편 또는 메신저를 사용해서 신뢰할 수 있는 사람 또는 기업이 보낸 메시지인 것처럼 가장함으로써, 비밀번호 및 신용카드 정보와 같이 기밀을 요하는 정보를 부정하게 얻으려는 공격이다.

스미싱(Smishing)
문자메시지(SMS)와 피싱(Phising)의 합성어로 이용자에게 악성 어플리케이션 주소가 포함된 문자메시지를 다른 목적인 것으로 위장하여 전송하고 이를 통해 단말기 내의 정보를 빼돌린다.

1 수동적 공격 2014

(1) 의 미

① 전송 중인 메시지를 단지 도청이나 모니터링하여 정보를 취득하는 공격 방법이다.
② 수동적 공격은 메시지 암호화를 통해서 예방할 수 있다.

(2) 종 류

① **스니핑(sniffing)** : 네트워크상에서 주고받는 패킷 정보를 추출하여 사용자의 계정 또는 패스워드를 탈취하거나 통신내용을 엿보는 공격 방법이다.
② **트래픽 분석(traffic analysis)** : 메시지를 분석하여 전송경로 등의 트래픽을 분석하는 공격 방법이다.

2 능동적 공격 2008

(1) 의 미

전송 중인 메시지에 실제 접근하여 메시지를 변조, 위장, 파괴하는 공격 방법이다.

(2) 종 류

① **스푸핑(spoofing)** : 다른 사람의 신분을 자신으로 위장하여 역추적을 어렵게 만드는 위장 공격으로 IP Spoofing, Mail Spoofing, ARP Spoofing으로 구분된다.
② **세션 하이재킹(session hijacking)** : 이미 인증을 받아 세션을 유지하고 있는 연결을 빼앗는 공격으로 인증을 위한 모든 검증을 우회할 수 있다.
③ **서비스 거부(DoS ; Denial of Service)** : 대량의 메시지를 보내어 특정 컴퓨터나 서버의 동작을 방해하거나 마비시키는 공격이다.
④ **Exploit 공격** : 소프트웨어나 하드웨어의 설계상 취약점을 통해 공격으로 주로 의도된 동작을 수행하도록 만든 프로그램 명령, 스크립트, 데이터를 사용하여 공격한다.
⑤ **SQL Injection 공격** : 개발자가 생각하지 못한 예외적인 SQL문을 실행하게 하여 데이터베이스를 비정상적으로 조작하는 공격 방법이다. 적절하지 못한 문자열을 필터링하지 못하여 공격당하게 된다.
⑥ **XSS(Cross Site Scripting) 공격** : 공격자에 의해 작성된 악의적인 스크립트가 게시물을 열람하는 다른 사용자에게 전달되어 실행되는 취약점을 이용한 공격이다.
⑦ **사회공학(social engineering)** : 사람의 심리를 이용해 직 · 간접적으로 정보를 빼내는 방법으로 고위층 사칭, 피싱(phishing) 등이 사용된다.
⑧ **파밍(pharming)** : 합법적으로 소유하고 있던 사용자의 도메인을 탈취하거나 DNS 또는 프록시 서버의 주소를 변조함으로써 사용자들로 하여금 진짜 사이트로 오인하여 접속하도록 유도한 뒤에 개인정보를 훔치는 새로운 컴퓨터 범죄 수법이다.

3 DoS 및 DDoS 공격 2014

(1) 의미

① 메시지를 엿보거나, 변조하거나 권한 취득이 아닌 시스템을 무력화시키는 공격이다. 즉, 기밀성, 무결성 파괴가 아닌 가용성 파괴가 목적인 공격이다.

② 물리적 장치의 파괴, 시스템 자원의 고갈, 네트워크 대역폭 낭비를 일으킨다.

③ 분산 서비스 거부 공격으로 분산 지역의 좀비 컴퓨터가 목표를 향해 공격하는 공격이다.

(2) 종류

① SYN Flooding : SYN 패킷만 보내어 각 서버의 동시 가용 사용자 수를 점유하여 다른 사용자가 서버를 사용할 수 없게 하는 공격이다.

② Land Attack : 송신지 주소와 수신지 주소를 동일하게 하여 공격 대상이 스스로 계속해서 SYN 패킷을 보내게 하는 공격으로 공격 대상은 루핑(looping) 상태에 빠져 스택에 심각한 장애를 유발하는 공격이다.

③ Ping of Death : Ping 명령을 이용하여 ICMP 패킷의 크기를 아주 크게 만들어 연속적으로 전송하면 라우터에서는 작은 조각(fragment)으로 분해하고 수신 측에서 조각난 패킷들을 계속 조립하게 됨으로써 부하가 발생하고 성능을 저하시키는 공격이다.

④ Tear Drop : 공격자가 IP 헤더를 조작하여 비정상 IP Fragments(조각)들을 전송하고 수신 측에서 재조립 시 패킷 일부가 겹치거나 일부 데이터를 포함하지 않게 하여 부하를 일으키는 공격이다.

⑤ ICMP Flood : Smurf Attack이라고도 하며, 목표 사이트에 응답 패킷의 트래픽이 넘쳐서 다른 사용자로부터 접속을 받아들일 수 없도록 하는 공격이다.

루핑(looping)
프로그램 속에서 동일한 명령이나 처리를 반복하여 실행하는 것을 말한다.

4 악성코드(Malicious Code)

(1) 의 미

악의적인 행위를 하기 위해 의도적으로 제작된 모든 프로그램 및 그 구성요소들을 총칭한다.

(2) 종 류

① **바이러스(virus)** : 스스로 실행되지 못하고, 다른 파일을 감염시켜 다른 파일을 통해 실행된다. 해당 컴퓨터 내에서만 활동하고 파일을 감염시키거나 손상시킨다.

② **웜(worm)** : 감염시킬 대상이 존재하지 않아도, 스스로 실행될 수 있다. 즉, 다른 파일을 감염시키지 않는다. 스스로 증식(자기복제)되고, 이메일을 통한 전파도 가능하다.

③ **트로이 목마(Trojan)** : 프로그램을 통해서 전파되지 않고 정상적인 유용한 파일을 가장하여 사용자의 설치를 유도한 후, 사용자 PC에 있는 정보를 해커에게 유출하는 악성 행위를 하는 프로그램을 통칭한다.

④ **악성 봇(malicious bot)** : 스스로 실행되지 못하고, 해커의 명령에 의해 원격에서 제어 또는 실행이 가능한 프로그램 혹은 코드로 주로 취약점이나 백도어 등을 이용하여 전파되며, 스팸 메일 전송이나 분산 서비스 거부 공격(DDoS) 등에 악용된다.

컴퓨터 바이러스의 90% 이상은 파일 바이러스이다.

03 보안 기술

1 방화벽

외부 네트워크로부터의 접근을 통제하여 내부 네트워크의 자원과 정보를 보호하기 위한 시스템을 말한다. 인증된 데이터 교환만을 허용하는 방어책이다.

(1) 특 성

① **방화벽의 이점**
　㉠ 네트워크 보안을 강화하고 위험을 감소시킨다.
　㉡ 시스템 접근을 제어한다.
　㉢ 원하는 호스트마다 방화벽 설치가 가능하므로 적용이 간편하다.
　㉣ 도메인 네임, IP 주소 정보 유출을 방지할 수 있다.
　㉤ 접근 기록을 활용할 수 있다.

② **방화벽 구성의 기본 요소**
　㉠ 네트워크 정책
　㉡ 사용자 인증 시스템
　㉢ 패킷 필터링
　㉣ 응용 계층 게이트웨이

(2) 방화벽의 종류

① 스크리닝 라우터

　㉠ 네트워크에서 사용되는 프로토콜을 분석하고 라우터 테이블 내용에 입각하여 내
　　외부 네트워크 간 데이터 패킷의 교환을 통제하는 라우터를 말한다. 보통 다음에
　　설명하는 베스천 호스트를 함께 운영한다.

　㉡ 장·단점

　　ⓐ 장 점

　　　• 필터링 속도가 빠르다.

　　　• 비용이 적게 든다.

　　　• OSI 3~4계층에서 작동하므로, 클라이언트 및 서버에 변화를 줄 필요가 없다.

　　　• 보호 대상 네트워크를 하나의 스크리닝 라우터로 동일하게 보호할 수 있다.

　　ⓑ 단 점

　　　• OSI 3~4계층에서 작동되는 트래픽에서만 보호가 가능하다.

　　　• 검증이 어렵다.

　　　• 패킷 내 데이터 자체에 대한 공격 차단은 불가능하다.

　　　• 통과 혹은 거절된 패킷에 대한 기록의 관리가 곤란하다.

② 베스천 호스트(bastion host)

　㉠ 의미 : 내외부 네트워크 사이의 게이트웨이 역할을 하는 호스트를 말하는 것으로
　　내부 네트워크의 최전단에서 외부의 공격에 노출되어 방어 기능을 구현하는 컴퓨
　　터이다. 내부 네트워크로 접근하기 위해서는 베스천 호스트를 통과해야만 한다.

　㉡ 장 · 단점

　　ⓐ 장 점

　　　• 스크리닝 라우터보다 안전성이 높다.

　　　• 데이터에 대한 공격에 대해 확실한 방어를 할 수 있다.

　　　• 로그 정보 생성과 관리가 용이하다.

　　ⓑ 단 점

　　　• 베스천 호스트 손상 시 내부 네트워크 전체가 위험에 노출될 수 있다.

　　　• 로그인 정보 노출만으로 기능이 무력화된다.

　㉢ 프록시 서버(proxy server) : 방화벽이 설치된 호스트에 설치된 서버 프로그램에
　　의해 동작하는 서버로, 네트워크 접근 제어, 사용자 인증, 파일 전송 시 바이러스
　　검색 등의 서비스를 제공한다.

　㉣ 침입 탐지 시스템 : 네트워크나 시스템의 사용을 실시간으로 모니터링하고 침입
　　을 탐지하는 시스템으로, 방화벽에 의한 접근 제어와 더불어 보다 확실한 안전장
　　치로 이용된다. 정상적 행위에 대한 기준을 보유하고 있다가, 그 기준에 어긋날
　　때, 반대로 비정상적 행위에 대한 기준을 보유하고 있다가 그 기준에 맞는 공격이
　　취해질 때 탐지 작업에 들어가게 된다.

04 암호화

1 암호화 개요

① 의미 : 평문을 해독할 수 없도록 변경하고 반대로, 암호화된 문장을 원래의 평문으로 복호화하기 위한 행위 및 그 기술을 의미한다.

② 관련 용어

ㄱ 평문 : 입력되는 원문

ㄴ 암호화 : 해독할 수 없도록 문장을 규칙에 따라 변환하는 것(암호화 알고리즘 사용)

ㄷ 암호문 : 암호화한 문장

ㄹ 복호화 : 암호화된 문장을 평문으로 되돌려 변환하는 것(복호화 알고리즘 사용)

ㅁ 키 : 암호화 및 복호화 알고리즘과 함께 사용하는 값으로, 자물쇠의 열쇠 역할을 하는 문자열이다.

③ 암호화는 키의 운용 방식에 따라 크게 비밀키 암호화 방식과 공개키 암호화 방식으로 나눈다.

2 암호화 방식 중요 ★ 2019 2018 2014 2012

(1) 비밀키 암호화 방식

① 의미 : 암호키와 복호키가 동일하여 대칭키 방식이라고도 불린다. 송신자가 평문을 입력하고 수신자와 공유한 암호키와 암호화 알고리즘을 이용하여 암호화한 뒤, 이를 수신자에게 전송한다. 수신자는 송신자와 공유하고 있는 암호키와 복호화 알고리즘을 이용하여 평문으로 변환한다.

② 장·단점

ㄱ 장점 : 암호 처리속도가 빨라 데이터 암호화에 적용할 수 있으며, 다양한 암호화 기법이 개발되어 있다.

ㄴ 단점 : 사용자마다의 암호키를 관리해야 하므로 복수의 사용자가 관련되어 있을 때, 관리할 키의 수가 많아진다.

(2) 공개키 암호화 방식

① 의미 : 암호키와 복호키(개인키)가 서로 동일하지 않아 비대칭키라고도 불리며, 암호키는 아무나 사용할 수 있도록 공개되어 있다. 공개키 암호 방식은 메시지 암호 모드(기밀성)와 서명 모드(인증)로 나누어 사용될 수 있다. 또한 공개키를 통해서 쌍을 이루는 개인키는 추정되거나 공개될 수 없고 비밀이 유지되어야 한다.

② 장·단점

ㄱ 장점 : 키를 상대방에게 보내는 것에 허점이 없고 키의 관리가 용이하다.

ㄴ 단점 : 암호 처리속도가 느리고 많은 양의 자료를 암호화하는 데 불편하다.

암호화 프로토콜의 종류

• SSL : HTTP, POP, SMTP, 텔넷 등에 적용되는 것으로, 아이디/패스워드 등을 암호화할 수 있다.

• SSH : FTP, 텔넷을 대치할 수 있는 암호화 통신을 제공한다.

• S-HTTP : 보안 요소를 첨가한 HTTP에 해당하며, 공개키 알고리즘을 이용하여 정보를 암호화한다.

비밀키와 공개키 암호화 방식의 비교

구분	비밀키 암호화	공개키 암호화
용도	데이터 암호화	키 교환, 전자서명
표준	AES, DES, SEED	RSA, DSA, Diffie-Hellman
속도	빠르다	느리다
키 길이	짧다	길다

2014

PKI(공개키 기반 구조)

공개키 암호 방식을 바탕으로 한 디지털 인증서를 활용하는 소프트웨어, 하드웨어, 사용자, 정책 및 제도 등을 총칭한다.

3 전자서명 2016

① 메시지 무결성, 인증, 부인방지 기능을 제공하는 전자 문서이다.
② 공개키 암호 알고리즘을 이용해 구현된다.
③ 누구라도 해당 서명에 대하여 검증할 수 있어야 한다.

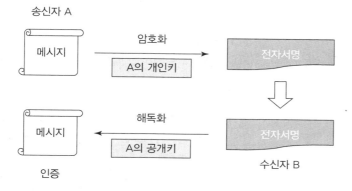

[전자서명 방식]

2019
워터마킹(Watermarking)
사진, 동영상 등 디지털 미디어 데이터에 저작권 정보를 담은 워터마크를 삽입하는 기술로 이를 통해 원본 출처 및 정보를 추적할 수 있어 저작자의 소유권을 주장하는 근거가 될 수 있다. 워터마킹은 다음과 같은 특성을 지닌다.

• 비가시성(무감지성, Invisibility) : 워터마크가 삽입된 콘텐츠에서 워터마크를 시각적으로 인식할 수 없어야 한다.
• 보안성(Security) : 불법적인 용도로 도용이 불가능해야 한다.
• 강인성(Robustness) : 외부의 공격이나 편집, 변형에도 워터마크가 손상되지 않아야 한다.
• 명확성(Unambiguity) : 해당 워터마크가 명백하게 소유자를 나타내야 한다.

01 2014 계리직

서비스 거부 공격에 해당하는 것을 〈보기〉에서 고른 것은?

보기

㉠ Ping of Death 공격
㉡ SYN Flooding 공격
㉢ Session Hijacking 공격
㉣ ARP Redirect 공격

① ㉠, ㉡
② ㉡, ㉢
③ ㉢, ㉣
④ ㉠, ㉣

02 2014 계리직

시스템의 보안 취약점을 활용한 공격 방법에 대한 설명으로 옳지 않은 것은?

① Sniffing 공격은 네트워크 상에서 자신이 아닌 상대방의 패킷을 엿보는 공격이다.
② Exploit 공격은 공격자가 패킷을 전송할 때 출발지와 목적지의 IP 주소를 같게 하여 공격 대상 시스템에 전송하는 공격이다.
③ SQL Injection 공격은 웹 서비스가 예외적인 문자열을 적절히 필터링하지 못하도록 SQL문을 변경하거나 조작하는 공격이다.
④ XSS(Cross Site Scripting) 공격은 공격자에 의해 작성된 악의적인 스크립트가 게시물을 열람하는 다른 사용자에게 전달되어 실행되는 취약점을 이용한 공격이다.

03 2019 계리직

(가), (나)에서 설명하는 악성 프로그램의 용어를 바르게 짝지은 것은?

(가) 사용자 컴퓨터의 데이터를 암호화시켜 파일을 사용할 수 없도록 한 후 암호화를 풀어주는 대가로 금전을 요구하는 악성 프로그램
(나) 'ㅇㅇㅇ초대장' 등의 내용을 담은 문자 메시지 내에 링크된 인터넷 주소를 클릭하면 악성 코드가 설치되어 사용자의 정보를 빼가거나 소액결제를 진행하는 악성 프로그램

	(가)	(나)
①	스파이웨어	트로이목마
②	랜섬웨어	파밍(Pharming)
③	스파이웨어	피싱(Phishing)
④	랜섬웨어	스미싱(Smishing)

04 2016 계리직

〈보기〉는 공개키 암호 방식을 전자서명(Digital Signature)에 적용하여 A가 B에 메시지를 전송하는 과정에 대한 설명이다. ㉠, ㉡에 들어갈 내용으로 옳은 것은?

보기

(1) A와 B는 개인키와 공개키 쌍을 각각 생성한다.
(2) A는 (㉠)를 사용하여 암호화한 메시지를 B에게 전송한다.
(3) B는 (㉡)를 사용하여 수신된 메시지를 해독한다.

	㉠	㉡
①	A의 개인키	A의 공개키
②	A의 개인키	B의 공개키
③	A의 공개키	B의 개인키
④	B의 공개키	B의 개인키

05 2018 계리직

암호 방식에 대한 설명으로 옳은 것을 〈보기〉에서 모두 고른 것은?

보기

ㄱ. 대칭키 암호 방식(Symmetric Key Cryptosystem)은 암호화 키와 복호화 키가 동일하다.

ㄴ. 공개키 암호 방식(Public Key Cryptosystem)은 사용자 수가 증가하면 관리해야 할 키의 수가 증가하여 키 변화의 빈도가 높다.

ㄷ. 대칭키 암호 방식은 공개키 암호 방식에 비하여 암호화 속도가 빠르다.

ㄹ. 공개키 암호 방식은 송신자와 발신자가 서로 같은 키를 사용하여 통신을 수행한다.

① ㄱ, ㄴ   ② ㄱ, ㄷ

③ ㄴ, ㄷ   ④ ㄴ, ㄹ

06 2013 국가직

악성코드에 대한 설명으로 옳지 않은 것은?

① 파일 감염 바이러스는 대부분 메모리에 상주하며 프로그램 파일을 감염시킨다.

② 웜(worm)은 자신의 명령어를 다른 프로그램 파일의 일부분에 복사하여 컴퓨터를 오동작하게 하는 종속형 컴퓨터 악성코드이다.

③ 트로이 목마는 겉으로 보기에 정상적인 프로그램인 것 같으나 악성코드를 숨겨두어 시스템을 공격한다.

④ 매크로 바이러스는 프로그램에서 어떤 작업을 자동화하기 위해 정의한 내부 프로그래밍 언어를 사용하여 데이터 파일을 감염시킨다.

술술 풀리는 해설

01

서비스 거부 공격은 서버의 정상적인 서비스를 방해하기 위하여 서비스 거부 공격을 실시하는 유형으로, 감염된 컴퓨터들이 IP 경유지 컴퓨터가 되어 특정 서비스 시스템에 대량의 데이터를 보내 네트워크 성능을 급격히 저하시키는 방법을 사용한다. 대표적인 방법으로는 Ping of Death, SYN Flooding, 분산 서비스 거부(DDoS) 등이 있다.

답 ①

02

Exploit 공격(취약점 공격)은 소프트웨어나 하드웨어의 설계상 결함을 통해 공격하는 방법을 말한다. 주로 의도된 동작을 수행하도록 만든 프로그램 명령, 스크립트, 데이터를 사용하여 공격한다.

답 ②

03

• 스파이웨어 : 사용자의 동의 없이 설치되어 컴퓨터의 정보를 수집하는 악성 소프트웨어.

• 트로이목마 : 정상적인 파일을 가장하여 사용자의 설치를 유도한 후, 사용자 PC에 있는 정보를 유출하는 악성 프로그램의 통칭.

• 파밍 : 가짜 사이트를 진짜처럼 오인하여 접속하도록 유도한 뒤 개인 정보를 훔치는 범죄 수법.

• 피싱 : 전자우편 또는 메신저를 이용해 신뢰할 수 있는 사람 또는 기업이 보낸 것처럼 가장하여, 기밀을 요하는 정보를 얻으려는 공격.

답 ④

04

전자서명에서는 A의 개인키를 사용하여 암호화한 후 메시지를 B에서 전송한 후 B는 A의 공개키를 사용하여 복호화한다.

답 ①

05

• 비밀키(대칭키) 시스템 : 암호와 해독에 동일한 키를 사용하는 기법으로, 해독키의 비밀성 유지가 중요하다. 암호화, 복호화 속도가 빠른 장점이 있으나, 사용자가 많아지면 사용자마다의 관리할 키가 증가하는 단점이 있다.

• 공개키(비대칭키) 시스템 : 암호와 해독에 다른 키를 사용하는 기법으로, 암호 키는 공개되어 있어 누구나 사용 가능하고, 해독키는 당사자만 알고 있다. 비밀키 시스템에 비해 관리할 키가 많지 않은 장점이 있으나, 암호화, 복호화 속도가 느린 단점이 있다.

답 ②

06

② 웜(worm)은 감염시킬 대상이 존재하지 않아도 스스로 실행될 수 있다. 즉, 다른 파일을 감염시키지 않는다.

답 ②

07 `2011 국가직`

컴퓨터와 네트워크 보안에 대한 설명으로 옳지 않은 것은?

① 인증(authentication)이란 호스트나 서비스가 사용자의 식별자를 검증하는 것을 의미한다.

② 기밀성(confidentiality)이란 인증된 집단만 데이터를 읽는 것이 가능한 것을 의미한다.

③ 무결성(integrity)이란 모든 집단이 데이터를 수정할 수 있도록 허가한다는 것을 의미한다.

④ 가용성(availability)이란 인증된 집단이 컴퓨터 시스템의 자산들을 사용할 수 있다는 것을 의미한다.

08 `2010 국가직`

공개키 암호화 방식에 대한 설명으로 옳지 않은 것은?

① 공개키 암호화 방식은 암호화, 복호화에 서로 다른 키를 사용한다.

② 공개키 암호화 방식은 비밀키(또는 대칭키) 암호화 방식에 비해 암호화 속도가 빠르다.

③ 공개키 암호화 방식은 알고리즘과 공개키를 알아도 개인키를 알아내는 것이 매우 어렵다.

④ 대표적인 공개키 암호화 방식의 알고리즘으로 RSA 방식이 있다.

09 `2019 계리직`

온라인에서 멀티미디어 콘텐츠의 불법 유통을 방지하기 위해 삽입된 워터마킹 기술의 특성으로 옳지 않은 것은?

① 부인 방지성   ② 비가시성

③ 강인성   ④ 권리정보 추출성

07

③ 무결성(integrity) : 인증되지 않은 사람에 의해 데이터 변경이 이루어질 수 없도록 하여 데이터 정확성, 완전성을 유지해야 한다.

답 ③

08

② 공개키 암호화 방식은 비밀키(또는 대칭키) 암호화 방식에 비해 암호화 속도가 느리다.   **답 ②**

09

워터마킹은 비가시성, 강인성, 명확성, 보안성, 권리정보 추출성 등의 특성을 지니나 부인방지성은 특성으로 지니지 않는다.

① 부인방지성 : 송수신 내역을 증명할 수 있도록 하여 송수신 사실을 부인하지 못하도록 하는 특성으로 전자서명 등에 적용된다.

② 비가시성 : 원본과 워터마킹이 삽입된 콘텐츠를 시각적으로 구분할 수 없어야 한다.

③ 강인성 : 콘텐츠에 각종 편집 및 변형을 가해도 워터마킹이 손상되지 않아야 한다.

④ 권리정보 추출성 : 워터마킹이 나타내고 있는 저작권리를 읽을 수 있어야 한다.   **답 ①**

적중 예상 문제

01 공개키 암호화 방법을 사용하여 철수가 영희에게 메시지를 보내는 것에 대한 설명으로 옳지 않은 것은?

① 영희는 자신의 개인키를 사용하여 암호문을 복호화한다.
② 공개키의 위조 방지를 위해 인증기관은 인증서를 발급한다.
③ 철수는 자신의 공개키를 사용하여 평문을 암호화한다.
④ 공개키는 누구에게나 공개된다.

02 다음에서 설명하는 해킹 공격 방법은?

> 공격자는 사용자의 합법적 도메인을 탈취하거나 도메인 네임 시스템(DNS) 또는 프락시 서버의 주소를 변조하여, 사용자가 진짜 사이트로 오인하여 접속하도록 유도한 후 개인정보를 훔친다.

① 트로이 목마(trojan horse)
② 파밍(pharming)
③ 스니핑(sniffing)
④ 하이재킹(hijacking)

한눈에 보는 정답과 해설

01 ③ 철수는 자신의 공개키가 아닌 영희의 공개키를 사용하여 평문을 암호화한다.
① 자신의 개인키를 이용하여 암호화된 정보를 복호화하여 메시지를 볼 수 있다.
② 공개키의 위조를 방지하기 위해서 인증기관에서 발급된 인증서를 사용한다. 메시지를 보내고자 할 때 보내는 상대방의 공개키를 사용하여 암호화를 해야 한다.
④ 공개키는 공개되어 메시지를 보내기 위해 서로의 공개키를 가져올 수 있다.

02 ② 파밍(pharming) : 합법적으로 소유하고 있던 사용자의 도메인을 탈취하거나 DNS 또는 프록시 서버의 주소를 변조함으로써 사용자들로 하여금 진짜 사이트로 오인하여 접속하도록 유도한 뒤에 개인정보를 훔치는 새로운 컴퓨터 범죄 수법이다.
① 트로이 목마(trojan horse) : 감염된 컴퓨터의 정보를 인터넷을 통해 외부로 유출하는 악성 프로그램으로 정보 유출과 함께 자료의 삭제, 해킹 기능을 담고 있다. 몰래 침투한다는 의미에서 이름 지어졌다.
③ 스니핑(sniffing) : 네트워크 상에서 자신이 아닌 다른 상대방의 패킷을 엿보는 공격이다. 한 네트워크 도청에 성공하게 되면 같은 네트워크에 속한 모든 사용자의 정보를 알아낼 수도 있다. 암호화 전송 프로토콜을 이용하여 예방하는 방법이 있다.
④ 하이재킹(hijacking) : 다른 사용자가 사용하고 있는 세션 토큰(session token)을 획득하여 세션을 가로채는 공격이다.

01 ③ 02 ②

03 스푸핑(Spoofing)에 대한 설명으로 옳지 않은 것은?

① IP나 이메일, 도메인 네임 등을 속인다.
② 공격 대상 컴퓨터가 자신의 컴퓨터인 것으로 가장할 수 있다.
③ TCP/IP의 구조적 결함을 이용한다.
④ SSL과 같은 암호화 전송 프로토콜을 이용하여 예방한다.

04 방화벽은 외부 네트워크로부터의 접근을 통제하여 내부 네트워크의 자원과 정보를 보호하기 위한 시스템을 말한다. 방화벽을 사용함에 따라 얻을 수 있는 이점으로 옳지 않은 것은?

① 네트워크 보안이 강화된다.
② 시스템 접근을 제어할 수 있다.
③ 원하는 호스트마다 설치할 수 있으므로 적용이 간편하다.
④ 접근 기록을 남길 수 없도록 한다.

05 스크리닝 라우터의 장점을 잘못 설명한 것은?

① 검증이 쉽다.
② 필터링 속도가 빠르다.
③ 비용이 적게 든다.
④ 클라이언트 및 서버에 변화를 줄 필요가 없다.

06 베스천 호스트의 장점을 잘못 설명한 것은?

① 스크리닝 라우터보다 안전성이 높다.
② 데이터에 대한 공격의 확실한 방어책이다.
③ 로그 정보 생성 관리가 용이하다.
④ 베스천 호스트 손상 시에도 내부 네트워크의 일부만 위험에 노출된다.

07 다음 중 비밀키 암호화 방식에 대한 설명으로 옳은 것은?

① 키를 상대방에게 보내는 것에 허점이 없고 키의 관리가 용이하다.
② 다양한 암호화 기법이 개발되어 있다.
③ 암호 처리속도가 느리고 많은 양의 자료를 암호화하는 데 불편하다.
④ 데이터 암호화에는 적당하지 않다.

08 다음 중 파일 내용을 알 수 없도록 암호화하는 방법에 대한 설명으로 옳지 않은 것은?

① 비밀키 시스템은 암호화와 해독에 동일한 키를 사용한다.
② 공개키 시스템은 사용자가 많아질 경우, 키 관리에 어려움이 따른다.
③ 비밀키 시스템은 암호화 및 복호화 속도가 빠른 장점이 있다.
④ 공개키 시스템은 암호키만 공개되어 있다.

09 다음 중 비대칭키 암호 시스템의 설명으로 옳지 않은 것은?

① 비대칭키 암호 시스템에서 인증은 송신자는 자신의 개인키를 사용하고 수신자는 송신자의 공개키를 사용한다.

② 비대칭키 암호 시스템에서의 암호화는 송신자는 수신자의 공개키를 사용하고 수신자는 자신의 개인키를 사용한다.

③ 비대칭키 암호 시스템은 계산이 복잡하여 속도가 떨어지고 비용이 많이 든다.

④ 비대칭키 암호 시스템의 암호화키는 비밀로 하여 공개하지 않는다.

10 다음 중 공격 기술에 대한 설명으로 옳지 않은 것은?

① 스푸핑(spoofing)은 다른 사람의 신분을 자신으로 위장하여 역추적을 어렵게 만드는 위장 공격으로 IP Spoofing, Mail Spoofing, ARP Spoofing으로 구분된다.

② 세션 하이재킹(session hijacking)은 이미 인증을 받아 세션을 유지하고 있는 연결을 빼앗는 공격으로 인증을 위한 모든 검증을 우회할 수 있다.

③ 서비스 거부(DoS)은 대량의 메시지를 보내어 특정 컴퓨터나 서버의 동작을 방해하거나 마비시키는 공격이다.

④ Exploit 공격은 공격자에 의해 작성된 악의적인 스크립트가 게시물을 열람하는 다른 사용자에게 전달되어 실행되는 취약점을 이용한 공격이다.

 한눈에 보는 **정답과** 해설

03 ④는 스니핑(sniffing)에 해당하는 내용이다.

04 접근 기록을 남길 수 있으며, 이를 활용할 수 있다.

05 스크리닝 라우터는 검증이 어렵다는 단점이 있다.

06 베스천 호스트가 손상되면 내부 네트워크 전체가 위험에 노출되고 만다.

07 **비밀키 암호화 방식의 장·단점**
• 장점 : 암호 처리속도가 빨라 데이터 암호화에 적용할 수 있으며 다양한 암호화 기법이 개발되어 있다.
• 단점 : 사용자마다의 암호키를 관리해야 하므로 복수의 사용자가 관련되어 있을 때, 관리할 키의 수가 많아진다.

08 공개키 시스템은 비밀키 시스템에 비해 관리할 키가 많지 않은 장점이 있다.

09 비대칭키(공개키) 암호 시스템에서 암호키는 공개하고, 복호키(개인키)는 공개하지 않는다.

10 • XSS(Cross Site Scripting) 공격 : 공격자에 의해 작성된 악의적인 스크립트가 게시물을 열람하는 다른 사용자에게 전달되어 실행되는 취약점을 이용한 공격이다.
• Exploit 공격 : 소프트웨어나 하드웨어의 설계상 취약점을 통해 공격으로 주로 의도된 동작을 수행하도록 만든 프로그램 명령, 스크립트, 데이터를 사용하여 공격한다.

03 ④ 04 ④ 05 ① 06 ④ 07 ② 08 ② 09 ④ 10 ④

PART 05

프로그래밍 언어

전 시험(2008~2022년) 기준 출제비중

2022년	2021년	2019년	2018년	2016년	2014년	2012년	2010년	2008년
6%	5%	15%	10%	15%	5%	10%	20%	15%

연도별 기출문제분석 키워드

연 도	키워드	출제비중
2022년	프로그래밍 언어 번역 프로그램	6%
2021년	지역변수를 이용한 프로그램	5%
2019년	scanf와 순차정렬, for문에 의한 반복 연산, Java의 상속을 이용한 프로그래밍	15%
2018년	for문에 의한 연산결과 도출, Java 프로그래밍	10%
2016년	while문, if else문에 의한 연산결과 도출, Java 프로그래밍, 프로그래밍 언어의 종류	15%
2014년	함수 및 정의된 연산자 소스코드의 해석	5%
2012년	증감연산 개념이 포함된 프로그램 실행결과의 도출, 객체 지향적 다형성	10%
2010년	논리연산 개념이 포함된 프로그램 실행결과의 도출, 소스코드 내의 객체 지향, 동적 웹 스크립트 언어의 종류, AJAX	20%
2008년	순서도 표현과 문장 형식의 대응, 논리연산 조건식 판별, 객체지향 언어	15%

출제
포인트 잡기

▶ C언어와 Java의 소스코드를 이해하는 문제는 거의 매년 출제되지만, 코딩 문제가 낯선 대부분 수험생이 어려워하고 있다. 하지만 문제에 나오는 소스코드 자체는 난도가 높지 않으므로 너무 겁먹지 말고 기본적인 코딩을 연습해보는 것이 좋다.
▶ 주요 프로그래밍 언어의 특징을 숙지하고, 비교할 수 있어야 한다.

01 C언어

출제경향분석
- 지역변수를 이용한 프로그램(2021)
- for문에 의한 반복문의 연산(2019)
- while문, if~else문에 의한 연산 결과 도출(2016)
- 증감 연산 개념이 포함된 프로그램 실행 결과 도출(2012)
- 순서도 표현과 문장 형식의 대응(2008)
- scanf와 for문을 활용한 순차정렬 (2019)
- for문에 의한 연산결과 도출(2018)
- 함수 및 정의된 연산자 소스코드의 해석(2014)
- 논리연산 개념이 포함된 프로그램 실행 결과 도출(2010)
- 논리연산 조건식 판별(2008)

01 C언어의 개요

컴퓨터일반 GO! 득점

고급언어
사람이 이해할 수 있는 언어로, 번역기에 의해 기계어로 번역되므로 처리속도가 느리다.

저급언어
기계가 이해할 수 있는 숫자로 구성된 언어로, 기계어와 어셈블리어가 있으며, 처리속도가 빠르다.

라이브러리(library)
컴퓨터 프로그램에서 자주 사용되는 부분을 언제든지 자유롭게 이용할 수 있도록 모아 놓은 것이다.

컴파일(compile)
C언어와 같은 고급 언어로 쓰인 프로그램을 컴퓨터에서 실행할 수 있는 기계어 프로그램으로 고치는 과정이다.

링커(linker)
언어 번역 프로그램이 생성한 목적 프로그램들과 라이브러리, 또 다른 실행프로그램 등을 연결하여 실행 가능한 로드 모듈을 만드는 시스템 소프트웨어를 말한다.

1 특 징

① **범용 프로그래밍 언어** : 다양한 프로그램 개발에 사용된다.
② **시스템 프로그래밍 언어** : 고급언어이면서 저급언어로, 시스템 소프트웨어 개발이 가능하다.
③ **함수 언어** : 함수의 집합으로 구성된 언어이다.
④ **강한 이식성** : 컴퓨터 구조에 상관없이 호환성을 유지한다.
⑤ **풍부한 자료형** : 숫자, 문자, 포인터, 배열, 구조체, 공용체 등
⑥ **포인터 변수 지정** : 자료의 주소를 자유롭게 조작할 수 있다.
⑦ **연산자** : 간결하면서도 다양한 연산자를 지원한다.
⑧ **제어문** : 구조적 프로그래밍을 구현한다.
⑨ **문자열 조작 및 입출력 명령이 없다** : 표준 라이브러리 함수로 지원한다.

2 프로그래밍 작성 절차

> 문제 분석 → 원시 프로그램 작성 → 목적 프로그램 생성 → 실행 프로그램 생성

① **문제 분석** : 자료 구조 작성, 프로그램 모듈도 작성, 실행과정 정의 알고리즘 작성
② **원시 프로그램** : '.c', '.cpp' 확장자를 갖는 프로그램 개발
③ **목적 프로그램** : 컴퓨터가 이해할 수 있는 기계어 코드로 컴파일한 것
④ **실행 프로그램** : 링커를 통해 각종 라이브러리 파일들을 결합하여 실행 파일을 생성 (확장자 : .exe)

3 프로그램의 구조

C 프로그램은 한 개의 main( ) 함수와 0개 또는 다수의 부프로그램들로 구성된다.

```
/*      C 프로그램의 구조        */          ← 주석

#include<stdio.h>                            ← 전처리기

main( )                                      ← 메인 함수(프로그램 시작)

{

    int y,                                   ← 변수 선언부
    x=5;
    y=10*x+5;

    printf("(5)=%d\n", y);                   ← 문장부

}
```

① 주석 : 설명문에 해당하는 것으로, 프로그램에 포함되지 않고 건너뛰게 되는 문장이다. '/*'로 시작해서 '*/'로 끝나는 범위 내에 기술한다.
② 전처리기 : 함수를 정의하고 있는 헤더 파일을 프로그램에 포함시키라는 의미이다.
③ main( ) 함수 : 프로그램의 시작을 알리는 함수로, C프로그램에는 하나의 main( ) 함수를 포함한다. main( ) 함수의 시작과 끝에 { }로 명령문을 블록으로 묶는다.
④ 변수 선언부 : 프로그램에서 사용하는 변수를 지정하고 자료형을 결정한다.
⑤ 문장부 : 프로그램에서 실행할 명령문들 위에서는 출력을 위한 printf( ) 함수로 구성된 명령문이 포함되어 있다.

헤더 파일
C언어에서 제공하는 함수 및 변수들의 원형이 선언된 파일을 말한다.

4 작성 규칙

① 반드시 하나의 main( ) 함수 사용
　㉠ C 프로그램의 시작에 위치한다.
　㉡ main( ) 함수를 제외한 나머지 함수들은 규칙에 맞게 자유지정할 수 있다.
② 함수의 구성 : 시작부 / 선언부 / 문장부

시작부	함수이름(매개변수) {
선언부	자료형 선언
문장부	명령문 집합
함수의 끝	}

매개변수(parameter, 파라미터)
변수의 특별한 한 종류로서, 함수 등과 같은 서브루틴의 인풋으로 제공되는 여러 데이터 중 하나를 가리키기 위해 사용된다. 여기서 서브루틴의 인풋으로 제공되는 여러 데이터를 '전달인자(argument)'라고 부른다. 보통 매개변수의 목록은 서브루틴의 정의 부분에 포함되며, 매번 서브루틴이 호출될 때마다 해당 호출에서 사용된 전달인자들을 각각에 해당하는 매개변수에 대입시켜 준다. 대부분의 경우 매개변수는 call by value의 형태로 동작하게 되며, 이 경우 서브루틴 내부에서 매개변수는 전달인자를 복사한 독립적인 지역변수의 형태로 동작하게 된다. 반면 call by reference의 경우에는 서브루틴 내부에서의 동작이 이를 호출한 부분에서의 전달인자에까지 영향을 주게 된다.

③ 모든 명령문의 끝에는 ';'을 사용하고 행의 개념이 없다.

　　• ';'로 명령문이 종료될 때까지 행 바꿈은 아무 제한이 없다.

④ 대문자와 소문자를 구분하여 사용한다.

　　• 대소문자를 반드시 구분하여 사용해야 하며 기본 제공 명령문들은 소문자로 구성된다.

　　☞ Printf("f(5)=%d\n", y); (×) → printf("f(5)=%d\n", y); (○)

⑤ **변수 선언은 필수** : 변수는 반드시 이름과 자료형을 선언(지정)한 후 사용해야 한다.

⑥ **주석문 규칙**

　㉠ 주석문은 '/*'과 '*/' 안에 기입해야 한다.

　㉡ 프로그램의 유지보수를 위해 매우 유용하므로, 적극 활용하는 습관이 중요하다.

　㉢ 주석문의 예

```
/* ═══════════════════════════════
프로그램 설명 : 읽어들인 문자를 출력한다.
최초 작성일 : 20××년 3월 1일
최종 업데이트일 : 20××년 11월 2일
작성자 : stone
═══════════════════════════════*/
```

02 표준 입출력

1 입출력 함수의 종류

(1) 표준 입출력 함수

① 키보드와 모니터를 통해 입출력하는 함수로, 아래와 같은 3가지로 분류된다.

　㉠ 형식화된 입출력 함수 : scanf( ), printf( )

　㉡ 문자 입출력 함수 : getchar( ), putchar( )

　㉢ 문자열 입출력 함수 : gets( ), puts( )

② 표준 입출력 함수는 기본 라이브러리 표제파일인 'stdio.h' 파일에 정의되어 있으므로 #include 〈stdio.h〉 문장을 이용하여 프로그램 서두에 포함시켜야 한다.

(2) 파일 입출력 함수

① 프로그램에서 지정한 파일을 통해 자료를 입출력하는 함수

② fscanf( ), fprintf( )

(3) 저급 입출력 함수

① 시스템 호출을 통해 입출력을 실행하는 함수

② read( ), write( )

2 입출력 함수 용법 2019 2010

(1) printf( ) 함수

모니터로 자료를 출력하는 함수이다. 형식은 아래와 같다.

```
printf( " % [flag] 출력 자료 형식 [제어 문자] " [매개변수1, 매개변수2, …]);
```

① " "에 포함된 인자 : 형식 문자열이라 하며 '%'로 시작된다.

② [flag]

　㉠ − : 왼쪽 정렬

　㉡ 숫자 : 정수 부분 자릿수 지정, 모자라는 부분은 공백으로(용례 참조)

　㉢ 숫자(.) : 정수 부분 및 소수점 이하 자릿수 지정(용례 참조)

　㉣ + : 수치 앞에 양수 및 음수 부호 붙임(+ 또는 − 부호)

　㉤ 0 : 앞의 공백이 있을 시, 0으로 채움

　㉥ l : long 형식

　㉦ h : short 형식

③ 출력 자료 형식

　㉠ %d : 10진수

　㉡ %u : 부호 없는 10진수

　㉢ %o : 부호 없는 8진수

　㉣ %x : 부호 없는 16진수인 정수

　㉤ %c : 문자 출력

　㉥ %s : 문자열 출력

　㉦ %f : 고정 소수점형 실수 출력

　㉧ %e : 지수 표현 출력

　㉨ %g : 고정 소수점형과 지수형 중 길이가 짧은 쪽을 선택하여 출력

　㉩ %% : % 자체를 출력

④ 제어 문자

　㉠ \n : 줄바꿈

　㉡ \f : 페이지 바꿈

　㉢ \t : 소정의 칸을 띄움

⑤ 용례 중요 ★

　㉠ printf("%d\n", 5684556) : → 5684556 : 10진수 그대로 출력

　㉡ printf("%-10d\n", 5684556) : → 5684556 : 전체 10자리 지정이므로 모자라는 3자리는 공백, 왼쪽 정렬됨

　㉢ printf("%010d\n", 5684556) : → 0005684556 : 전체 10자리 지정이고 모자라는 3자리는 0으로 채워짐

ⓔ printf("%f\n", 1234.567896) : → 1234.567896 : 고정 소수점형 실수 그대로 출력

ⓜ printf("%f4.2\n", 1234.567896) : → 1234.57 : 정수 부분 자릿수 4개까지 출력하고, 소수점 이하 2자리까지 출력, 반올림

ⓗ printf("%e\n", 1234.567896) : → 1.23456789e+003 : 지수 표현 출력

(2) scanf( ) 함수

키보드로부터 자료를 읽어들이는 함수이다. 형식은 아래와 같다.

scanf("% [자료 길이] 입력 자료 형식" [&매개변수1, &매개변수2, …]);

① " "에 포함된 인자 : 형식 문자열이라 하며 '%'로 시작된다.
② [자료 길이] : 실제 입력되는 자료의 길이보다 작으면 입력되는 끝이 잘린다.
③ &의 사용 : 일반 변수의 경우 '&'를 변수 앞에 붙이고, 포인터 또는 배열과 같이 변수 자체가 기억장치의 주소를 가리키는 경우 '&'를 붙이지 않는다.

(3) getchar( ) / putchar( ) 함수

① getchar( ) : 한 개의 문자를 입력받는 함수, 읽은 문자의 ASCII코드를 반환한다.
② putchar( ) : 한 개의 문자를 출력하는 함수, 출력한 문자의 ASCII코드를 반환한다.

(4) gets( ) / puts( ) 함수

① gets( ) : 키보드에서 문자열을 입력받는 함수로, Enter키가 입력될 때까지 문자열을 입력받는다. 반환값은 문자열에 대한 주소값이다. 오류 시 null값으로 반환한다.
② puts( ) : 문자열을 화면에 출력하는 함수이다.

03 기본 자료형

1 문자 사용과 예약어

(1) 문자 사용의 규칙(명명법)
함수나 변수의 이름을 짓는 규칙이다.
① 구성 문자는 영문자, 숫자, 밑줄(_)만을 사용한다.
② 첫 글자는 영문자 또는 밑줄만 사용한다.
③ 길이는 32자 이내이다.
④ 대소문자를 구분한다.
⑤ 예약어를 사용할 수 없다.

(2) 예약어

다른 용도로 이미 지정되어 있어, 프로그래머가 사용할 수 없는 이름이다.

auto	do	goto	signed	unsigned
break	double	if	sizeof	void
case	else	int	static	volatile
char	enum	long	struct	while
const	extern	register	typeof	default
for	short	union		

2 상 수

① **의미** : 상수는 프로그램 실행 시작부터 끝날 때까지 변하지 않는 자료로 종류에는 정수형, 실수형, 문자열, 문자, 기호가 있다.

② **기호 상수의 선언** : 기호 상수는 예약어 const 또는 전처리문 #define을 사용하여 이름과 값을 지정해서 사용한다.

const   자료형   상수이름 = 값

#define   상수이름   값

㉠ 예1 : const float pi = 3.141592;
㉡ 예2 : #define PI 3.141592

3 변 수

① **의미** : 변수는 기억장소에 붙여지는 이름으로, 프로그램이 실행되는 동안 변경될 수 있는 값이다.

② **변수의 선언** : 초깃값이 있으면 '='과 함께 지정하며 ','를 이용하여 여러 개 선언할 수 있다.

자료형   변수 이름   [=초깃값]

㉠ 예1 : int j, k;
㉡ 예2 : int x=0;

4 기본 자료형

기본 자료형에는 정수형, 실수형, 문자형, 열거형, void형이 있다.

[기본 자료형의 종류]

구 분	구성원	byte	값의 범위 / 용도
정수형	int	2 또는 4	$-2^{31} \sim +2^{31}-1$
	short(int)	2	$-2^{15} \sim +2^{15}-1$
	long(int)	4	$-2^{31} \sim +2^{31}-1$
실수형	float	4	$-3.4 \times 10^{38} \sim +3.4 \times 10^{38}$
	double	8	$-1.7 \times 10^{308} \sim +1.7 \times 10^{308}$
	long double	12	
문자형	char	1	256문자
열거형	enum		열거형 변수 선언
void형	void		실행 전 특정 자료형 결정 불가 시

(1) 정수형의 표현방법

① 10진수 : 숫자 0~9로 표현한다.

② 8진수 : 숫자 0~7로 표현, 처음 표기 '0'으로 시작한다(예 047).

③ 16진수 : 숫자 0~9와 문자 A~F로 표현, 처음 표기 '0x' 또는 '0X'로 시작한다
(예 0xf2).

④ 'long int' 및 'short int'는 'int'를 생략하고 'long' 또는 'short'로 표현할 수 있다.

⑤ 'long int'의 경우는 정수값 맨 뒤에 'L' 또는 'l'을 붙인다.

(2) 실수형

① 실수형의 종류 : 크기에 따라 float, double, long double이 있으며, 기본형은 double
이다.

② 변수 선언

㉠ float a = 43.5f : 43.5f는 고정 소수점형 실수 표현, float에 의해 선언된 a는 부
동 소수점으로 저장

㉡ float b = 6.21e-2 : 지수형 표현으로, 6.21×10^{-2}을 의미

㉢ double c = 6.263 : 더블형 선언

㉣ long double d = 4.2323L : 마지막 L은 롱 더블형임을 의미

(3) 문자형

① 의미 : 1byte ASCII 코드로 표현되는 하나의 문자를 의미한다.

② 변수 선언 : char를 이용하며 초깃값 지정 시, ' '(작은 따옴표)를 이용한다.

㉠ char id;

㉡ id = 'X'

(4) 열거형

① **의미** : 상수의 성질을 갖는 데이터 형으로, 사용자가 여러 자료에 임의로 순서를 부여하여 사용한다.

② **변수 선언** : 중괄호를 이용하여 순서를 정해야 할 자료를 열거한다.
- enum week {sun, mon, tue, wed, thu, fri, sat} w; → 열거형 자료 week로 정의하고, w를 열거형 변수로 선언하였다.

(5) void형

① 함수의 반환값이 없을 때나 특정 자료형을 지정할 수 없을 때 사용한다.

② 보통 main( ) 함수에는 반환 값을 따로 지정하지 않는 경우가 많다. 이 경우 main( ) 함수 앞에 void라고 선언한다.
- void main( ) { }

04 연산자 중요 ★

1 산술 연산자

(1) 단항 산술 연산자

단항 산술 연산자에는 수의 양, 음을 지정하는 부호 연산자와 자료의 값을 하나씩 증가시키거나 감소시키는 증감 연산자가 있다.

① **부호 연산자** : +, − 부호를 그대로 사용한다.

② **증감 연산자** : ++(변숫값을 1 증가), −−(변숫값을 1 감소) 중요 ★
- ㉠ ++a : 문장 실행되기 전에 변수의 값을 1 증가시킨다.
- ㉡ a++ : 문장이 실행되고 난 다음에 변수의 값을 1 증가시킨다.
- ㉢ −−b : 문장 실행되기 전에 변수의 값에서 1을 감소시킨다.
- ㉣ b−− : 문장이 실행되고 난 다음 변수의 값에서 1을 감소시킨다.

(2) 이항 산술 연산자

두 행에 대한 사칙연산인 +, −, *, / 및 나머지를 구하는 %가 이항 산술 연산자에 포함된다. 아래의 사용 예는 정수형 변수 a=7, b=3일 때이다.

연산자	의 미	사용 예	결괏값
+	덧셈	c=a+b	c=10
−	뺄셈	c=a−b	c=4
*	곱셈	c=a*b	c=21
/	나눗셈	c=a/b	c=2
%	나머지	c=a%b	c=1

2 비교 연산자

두 수식 사이의 크기 관계를 비교하는 연산자로 연산 결과는 참(true) → '1' 또는 거짓 (false) → '0'이다.

연산자	의 미	사용 예	결괏값
E1 > E2	E1이 E2보다 크면 참	13 > 6	1
E1 >= E2	E1이 E2보다 크거나 같으면 참	6 >= 4 + 6	0
E1 == E2	E1이 E2와 같으면 참	7 = 10 − 3	1
E1 != E2	E1이 E2와 다르면 참	6! = 3 + 3	0
E1 <= E2	E1이 E2보다 작거나 같으면 참	2 < = 4	1
E1 < E2	E1이 E2보다 작으면 참	4 + 5 < 8	0

3 대입 연산자 2010

연산자 우측의 값 또는 연산 결과를 좌측의 변수에 대입하는 연산자로, 동일한 결과를 내는 산술연산이 존재하나, 그보다 실행 속도가 더 빠른 장점이 있다.

연산자	사용법	의 미	동일 산술식
=	a = b	b값을 a에 대입	
+=	a += b	a와 b를 더하여 a에 대입	a = a + b
−=	a −= b	a에서 b를 빼 a에 대입	a = a − b
*=	a *= b	a와 b를 곱하여 a에 대입	a = a * b
/=	a /= b	a를 b로 나눈 몫을 a에 대입	a = a / b
%=	a %= b	a를 b로 나눈 나머지를 a에 대입	a = a % b
<<=	a <<= b	a를 b비트만큼 좌측으로 이동시켜 a에 대입	a = a << b
>>=	a >>= b	a를 b비트만큼 우측으로 이동시켜 a에 대입	a = a >> b
&=	a &= b	a와 b를 비트별로 AND 연산하여 a에 대입	a = a & b
|=	a |= b	a와 b를 비트별로 OR 연산하여 a에 대입	a = a | b
^=	a ^= b	a와 b를 비트별로 배타적 OR 연산하여 a에 대입	a = a ^ b

4 논리 연산자 2010 2008

논리 연산자는 논리곱(AND), 논리합(OR), 논리부정(NOT)을 연산해주는 것으로, 논리 곱과 논리합은 이항 연산자, 논리부정은 단항 연산자이다.

① 사용법

    ㉠ 논리곱(AND) : a && b → a와 b의 값이 모두 참이면 결과는 참, 아니면 거짓

    ㉡ 논리합(OR) : a || b → a 또는 b의 값이 참이면 결과는 참, 아니면 거짓

    ㉢ 논리부정(NOT) : !a → a의 값이 참이면 결과는 거짓, 거짓이면 결과는 참

② 진리표

A	B	A && B	A ∥ B	!A
1	1	1	1	0
1	0	0	1	0
0	1	0	1	1
0	0	0	0	1

5 비트 연산자 2018

연산 대상을 2진수로 바꾸어 비트 단위로 처리하는 연산자를 말한다. 부정(~), 비트 논리곱(&), 비트 논리합(|), 비트 배타적 논리합(^), 왼쪽 한 비트 이동(〈〈), 오른쪽 한 비트 이동(〉〉)이 있다. 다음은 a=12(00001100), b=2(00000010)일 때의 예이다.

연산자	사용법	의 미	실행 결과
~	~a	a의 모든 비트를 0은 1로, 1은 0으로 변환	11110011
&	a & b	a와 b를 비트 단위로 논리곱(AND)	00000000
|	a | b	a와 b를 비트 단위로 논리합(OR)	00001110
^	a ^ b	a와 b를 비트 단위로 배타적 논리합(XOR)	00001110
《	a 《 b	a를 b만큼 왼쪽으로 비트 이동	00110000
》	a 》 b	a를 b만큼 오른쪽으로 비트 이동	00000011

* 배타적 논리합(XOR) : 두 비트가 다르면 1, 그 외의 경우는 0이 된다.

6 조건 연산자

연산 대상이 3개인 3항 연산자로, 맨 앞에 조건식이 있고 뒤에 두 연산식이 위치한다. 조건식이 참이면 두 번째 연산식이 실행되고, 거짓이면 세 번째 연산식이 실행된다. 조건 연산자가 포함된 식의 형식은 다음과 같다.

> 조건식 ? 연산식1 : 연산식2

예 (a<b) ? a : b

a<b가 참이면 a를 반환하고 a<b가 거짓이면 b를 반환한다. 즉, a와 b 중에서 작은 것을 반환하는 식이 된다.

7 콤마 연산자

두 개의 수식을 하나의 문장으로 통합하여 표현할 때 ','를 연산자로 사용한다. 콤마 연산자가 여러 개 사용될 경우, 왼쪽에서 오른쪽으로 우선순위가 적용된다. 사용 예는 다음과 같다.

• int j, k
• int x = (int y=7, y+5);

8 연산자 우선순위

우선순위	연산자 분류	연산자	동일수준 우선순위
1	식, 구조체, 포인터	( ) [ ] . →	왼쪽 → 오른쪽
2	단항 연산자	! ~ ++ -- - (자료형) sizeof	오른쪽 → 왼쪽
3	이항 연산자	* / %	왼쪽 → 오른쪽
4		+ -	
5		《 》	
6		〈 〈= 〉 〉=	
7		== !=	
8		&	
9		^	
10		|	
11		&&	
12		||	
13	조건 연산자	? :	오른쪽 → 왼쪽
14	대입 연산자	= += -= *= /= %= 〉〉= 《= &= ^= |=	오른쪽 → 왼쪽
15	콤마 연산자	,	왼쪽 → 오른쪽

05 선택 제어문

1 제어문

① 제어문의 의미 : 명령문들의 기본적인 실행 흐름을 조건에 따라 변경하고 제어하는 문장이다.

② 제어문의 종류

종 류	설 명	구성원
선택문	조건에 따라 실행할 영역을 선택	if문, switch~case문
반복문	특정 조건 명령문들을 반복 실행	for문, while문, do~while문
분기문	특정 위치로 실행 순서를 변경	goto문, break문, continue문, return문

2 if 선택문 2019 2016 2014

(1) if문

조건식 및 조건식이 만족되면 실행할 영역으로 구성된다.

① 형 식

```
if (조건식) 명령문;
```

```
if (조건식)
 {
        명령문 블록;
 }
명령문;
```

② 실행 순서

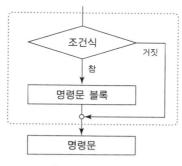

[if문의 실행 순서]

(2) if~else문

조건이 만족되지 않는 경우에도 실행할 명령문을 지정해야 할 때 사용한다.

① 형 식

```
if (조건식)
{
        명령문 블록 1;
}
else {
        명령문 블록 2;
}
명령문;
```

② 실행 순서

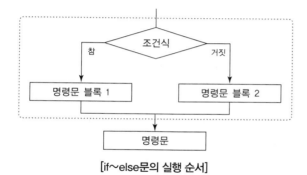

[if~else문의 실행 순서]

(3) 다중 if문

다수의 조건을 순차적으로 검사하고 특정 조건이 만족되면 그 조건식 다음의 명령문 블록을 실행하는 문장이다.

① 형 식

```
if (조건식 1)
{
        명령문 블록 1;
}
else if (조건식 2) {
        명령문 블록 2;
}
else if (조건식 3) {
        명령문 블록 3;
 …
}
else {
        명령문 블록 n;
}
명령문;
```

② 실행 순서

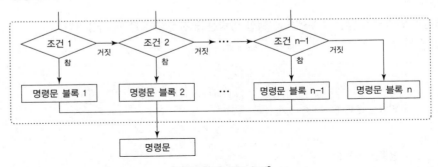

[다중 if문의 실행 순서]

3 switch~case 선택문 2008

(1) 의 미

다중 if문과 마찬가지로 다수의 case를 순차적으로 검사하고 특정 case가 만족되면 그 case 다음의 명령문 블록을 실행하는 문장이다.

(2) 주의사항

① 조건식은 정수 또는 문자를 출력하는 연산식만 허용되며 case 부분은 정수 상수 또는 문자 상수이어야 한다.

② break문 사용 필수 : break문이 없으면 조건을 만족하는 명령문 블록을 다 실행해도 switch~case문을 빠져나오지 않고 다른 break문을 만날 때까지, 또는 switch~case 문이 종료될 때까지 이후의 명령문 블록도 모두 실행하게 된다.

(3) 형 식

```
switch (조건식 1)
{
        case 상수값 1 : {
                명령문 블록 1;
                break;
                }
        case 상수값 2 : {
                명령문 블록 2;
                break;
                }
        ...
        default : {
                명령문 블록 n;
                break;
                }
}
명령문;
```

(4) 실행 순서

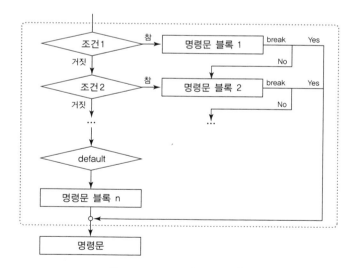

[switch~case문의 실행 순서]

06 반복 제어문

1 while문 2016 2008

① 의미 : 조건식에 따라 일정 문장을 반복하여 실행하는 명령문이다.

② 형 식

```
while (조건식)
{
        실행문1;
        실행문2;

        ...

        실행문n;
}
    실행문n+1;
```

2 do~while문

① 의미 : 반복 처리되는 문장을 일단 한 번 실행한 후 조건식을 평가하여 반복 실행문의 재실행 여부를 결정한다.

② 형 식

```
do
{
        실행문1;
        실행문2;

        ...

        실행문n;
}
while (조건식);
```

3 for문 2019 2018 2008

① 의미 : 일정 횟수만큼 반복하는 제어문으로, 조건식의 값이 참인 동안 for문을 반복 실행한다.

② 형식

```
for (초기식; 판단 조건식; 증감식)
{
        실행문1;
        실행문2;

        ...

        실행문n;
}
```

4 기타 제어문

① goto문 : 지시된 레이블이 있는 곳으로 무조건 분기한다. 레이블은 명칭이며 같은 함수 내에 있는 레이블이 붙은 위치로 분기한다.
② break문 : 상위 레벨로 이동한다. 반복문 내부에서 외부로 빠져나가기 위해 사용된다.
③ continue문 : 현재 루프의 최후로 이동한다. 반복문을 탈출하지 않고 해당 반복문의 끝으로 제어를 이동시키는 데 사용한다.
④ return문 : 현재 함수의 실행을 종료하고 호출한 함수로 제어를 이동한다.

07 함수

1 개념

C언어 프로그램은 다수의 함수로 구성되어 있으며, 함수도 하나의 프로그램 단위로 볼 수 있다. 시스템이 제공하는 표준함수 및 사용자가 용도에 맞게 만들어 쓰는 사용자 정의 함수가 있다. 함수 사용의 이점은 다음과 같다.
① 반복 실행 내용을 함수로 만들어 두면 필요할 때 쉽게 호출하여 사용할 수 있다.
② 프로그램 모듈화로 유지보수가 편리하다.
③ 서술적 함수명을 사용하여 프로그램을 이해하는 데 도움이 된다.
④ 다른 프로그램에서 재사용할 수 있다.

2 함수 정의 및 호출 2014

함수의 정의는 header와 body로 구성된다. 즉, header는 함수의 이름을 나타내는 식별자 및 매개변수들을 묶은 괄호로 표현하고 함수를 선언한다. body는 블록이나 복합문이다.

(1) 함수 정의 형식

```
[기억클래스] [자료형] 함수명 ([형식 매개변수의 나열])
[매개 변수의 선언;]

{
     함수 본체
}
```

① int super( ); ← 정수형 함수 선언
② double total( ); ← 실수형 함수 선언

(2) 함수의 호출 형식

```
함수명 ([실매개변수, … , ]);
```

① sum(x, y); ← 함수를 호출하고 결과값을 돌려받는 함수
② z = sum(x, y); ← 함수에서 리턴된 값을 z에 저장한다.

08 변 수

1 전역변수와 지역변수

① 의미 : 선언 위치에 따른 분류에 해당하는 것이다.
② 성 질
　　㉠ 전역변수 : 프로그램 전체에서 사용할 수 있는 변수로 함수 외부의 임의의 장소에
　　　　서 선언할 수 있다. 정적 자료 영역에서 생성되고 보관된다.
　　㉡ 지역변수 : 선언된 함수 내에서만 사용할 수 있는 변수로 함수 내부의 선언부에서
　　　　선언할 수 있다. 동적 자료 영역인 스택 상에서 생성되고 소멸된다.

```
int global=1;        〈─────── 전역변수 선언
void post_user(void)
{
    int local=10;    〈─────── 지역변수 선언
    ...
}
```

2 정적 변수와 동적 변수

변수의 존속 기간에 따른 분류에 해당하는 것으로, 각각의 성질은 다음과 같다.
① 정적 변수 : 프로그램이 실행되는 동안 존재하는 변수로, 컴파일 시 기억 영역이 확
　　보되므로 함수나 블록이 종료되어도 값이 소멸하지 않는다. 'static'을 붙여 정의한다.

      ⊙ 내부 정적 변수 : 함수의 내부나 블록의 내부에서 선언되고 함수나 블록 내에서만 통용되는 변수
      ⓒ 외부 정적 변수 : 함수의 외부에서 선언되고 변수가 선언된 이후부터 프로그램의 끝까지 영향을 미치는 변수
  ② **동적 변수** : 함수가 실행되는 동안에만 존재하는 변수이다.

3 외부 변수와 레지스터 변수

① **외부 변수** : 하나의 소스 파일을 넘어 여러 개의 프로그램 단위에서도 참조가 가능한 변수로, 'extern'을 붙여 함수 밖에서 정의한다.
② **레지스터 변수** : 기억장소를 CPU 내의 레지스터 영역으로 지정하는 변수로 연산이 고속으로 이루어질 수 있다. 'register'를 붙여 정의하며 주소 연산자인 '&'를 사용할 수 없고 문자형, 정수형, 포인터형 변수에만 가능하다.

09 배 열

1 배열의 표현과 선언

배열을 표현할 때는 '[ ]'를 이용하며 차원의 수에 따라 [ ] 안의 원소 수가 달라진다.
① **1차원 배열의 표현** : 배열명이 'a'라 할 때 a[10]이라 표현했다면 a[0]부터 a[9]까지 총 10개의 배열 요소가 메모리에 배치된다. 선언할 때는 자료형을 먼저 써준다.
    • int a[3];
② **2차원 배열의 표현** : 배열명이 'b'라 할 때 b[10][10]이라 표현했다면 b[0, 0]부터 b[9, 9]까지 총 100개의 배열 요소가 메모리에 배치된다. 선언할 때 자료형을 먼저 써준다.
    • int b[3][5];

2 배열의 초기화 중요 ★

변수나 배열에 초깃값을 지정해 주는 것을 초기화라 한다. 초기화되지 않으면 예전에 사용하던 변숫값이 쓰레깃값으로 메모리상에 그냥 남게 된다.
① 1차원 배열의 초기화
    • int a[3]={10, 20, 30}
② 2차원 배열의 초기화
    • int b[3][5]={{1,2,3,4,5},{2,4,6,8,10},{3,6,9,12,15}}
③ 배열 초기화 시 모든 원소를 지정해 줄 필요는 없다. 만일 1차원 배열을 다음과 같이 초기화했다면,
    • int a[4]={1,2,3};
④ 지정되지 않은 마지막 a[3] 값은 '0'으로 자동 초기화된다.

10 포인터

1 포인터 선언과 연산자

① 포인터 : 메모리 공간의 번지를 기호화하여 표현한 것
② 번지 : 메모리 상의 일정 위치를 16진수로 표현한 것
③ 포인터 변수의 선언 : 변수명 앞에 '*'를 첨가하여 선언한다.
  예 int *address;
④ 연산자
  ㉠ 간접 연산자(*) : 포인터 변수의 주소를 사용하여 지정 위치의 값을 알고 싶을 때, 포인터 앞에 '*'를 붙여준다.
  ㉡ 번지 연산자(&) : 어떤 변수가 저장되어 있는 곳의 선두 번지값을 말하는 것으로, 번지 연산자의 결과는 번지값이다. 어떤 변수의 주소를 알고 싶을 때는 번지 연산자 '&'를 붙인다.

2 배열과 포인터 2019 2012

① 주소 값의 변경 : 배열은 주소 값을 가지므로 산술 연산자를 사용해 주소 값을 변경할 수 있다. 즉, "*p + i"는 p가 가리키는 배열 요소를 기준으로 i번째 떨어진 배열의 요소를 지시한다. 이를 쉽게 이해하기 위해서는 예제 소스를 분석해 보는 것이 유용하다.

```
#include<stdio.h>
void main( )
{
    int a[3]={1,2,3};
    int *p=a;          /* p는 a[0]로 지정됨. */

    p++;               /* p는 a[1]로 지정됨 */
    *p++ = 50;         /* a[1]에 50을 대입한다. */

    printf("a[0]=%d a[1]=%d a[2]=%d\n", a[0], a[1], a[2]);
}
```

• 실행 결과는 다음과 같이 나타난다.

```
a[0]=1 a[1]=50 a[2]=3
```

② 증감 연산자에 대한 용법 중요 ★
  ㉠ *p++ : 연산 순위에 따라 *(p++)와 동일 → *p를 구한다.
  ㉡ *++p : 연산 순위에 따라 *(++p)와 동일 → p 값을 1 증가시킨 후 증가시킨 p값을 구한다.

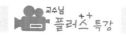

11 기본 소스 예제 연습

다음 사이트를 방문하면 별도의 프로그램 설치 없이도 웹사이트 상에서 간단한 코딩 연습을 무료로 할 수 있다. https://ideone.com

예제 1

"안녕하세요?"를 출력하고 다음 다음 행에 "여러분께 행운을!"을 출력하는 프로그램을 작성하라.

```
#include〈stdio.h〉
 void main()
  {
        printf("안녕하세요? ₩n");
        printf("₩n");
        printf("여러분께 행운을!");
  }
```

예제 2

함수 $f(x) = 3x + 5$를 세우고, $f(10)$의 결과를 출력하라.

```
#include〈stdio.h〉
 void main()
  {
        int y, x=10;
        y=3*x+5;
        printf("f(10)=%d₩n", y);
  }
```

(결과)
f(10)=35

예제 3

이름을 물어본 뒤, 이름을 입력받고 그 이름과 "님 환영합니다."를 출력하라.

```
#include〈stdio.h〉
 void main( )
 {
        char name[10];          /* 최대 10칸의 문자열형 */
        void clrscr();             /* 화면을 깨끗이 지워 준비한다. */
        printf("₩n₩n이름이 무엇입니까? :");
        scanf("%s", name);
        printf("%s님 환영합니다.₩n", name);

 }
```

예제 4

다음 프로그램의 실행 뒤, 어떤 결과가 출력될 것인가?

```
#include<stdio.h>

f1( )
{
        printf("마바사아");
}

main( )
{
        printf("가나다라");
        f1( );                          /* 함수 f1( )을 호출한다. */
        printf("자차카타파하");
}
```

(결과)
가나다라마바사아자차카타파하

예제 5

다음 프로그램의 실행 뒤, 어떤 결과가 출력될 것인가?

```
#include<stdio.h>
  void main( )
  {
        int a,b,c,i,count1,count2,count3;          /* 자료형 선언 */
        i=count3=0;                          /* 초기화 */
        a=1; b=2; c=3;
        count1=(++c*a)-(b- -);               /* (4*1)-(2) 계산 후 c=4, b=1 */
        count2=(3*b- -) + (2*c- -) + (++a);  /* (3*1)+(2*4)+(2) 계산 후
                                                b=0, c=3, a=2 */
        while (i < 10){
        count3 += i ;                        /* count3=count3+i */
        ++i;                                 /* i는 1 증가 */
        }                                    /* while문 실행 과정 내용은 아래 설명 참조 */
        printf("count1=%d, count2=%d, count3=%d\n\n",count1,count2,count3);
  }
```

(결과)
count1=2, count2=13, count3=45

- while문이 실행되는 동안(i가 9가 될 때까지) 각 값들의 변화는 아래 표와 같다.

i	계산 전 count3	계산 후 count3
0	0	0
1	0	1
2	1	3
3	3	6
4	6	10
5	10	15
6	15	21
7	21	28
8	28	36
9	36	45

01 `2012 계리직`

다음 C프로그램의 실행 결과로 옳은 것은?

```
void main( )
{
    int a[4] = {10, 20, 30};
    int *p = a;

    p++;
    *p++ = 100;
    *++p = 200;
    printf("a[0] = %d a[1] = %d a[2] = %d\n", a[0],
a[1], a[2]);
}
```

① a[0]=10 a[1]=20 a[2]=30
② a[0]=10 a[1]=20 a[2]=200
③ a[0]=10 a[1]=100 a[2]=30
④ a[0]=10 a[1]=100 a[2]=200

02 `2008 계리직`

주어진 연도가 윤년인지를 판단하고자 한다. 연도가 400으로 나누어 떨어지거나, 4로 나누어 떨어지면서 100으로 나누어 떨어지지 않으면 윤년이다. C언어에서 윤년을 계산하는 조건식으로 알맞은 것은?

① 연도%4!=0 && 연도%100==0 || 연도%400!=0
② 연도%4==0 && 연도%100!=0 || 연도%400==0
③ 연도%4!=0 && 연도%100==0 && 연도%400!=0
④ 연도%4==0 && 연도%100!=0 && 연도%400==0

03 `2010 계리직`

C프로그램의 실행 결과로 옳은 것은?

```
#define VALUE1   1
#define VALUE2   2
main( )
{
    float i;
    int j,k,m;

    i = 100/300;
    j = VALUE1 & VALUE2;
    k = VALUE1 | VALUE2;
    if (j && k || i) m = i + j;
    else m = j + k;
    printf("i = %.1f   j = %d   k = %d   m = %03d\n",
i,j,k,m);
}
```

① i = 0.0 j = 0 k = 3 m = 003
② i = 0.3 j = 0 k = 3 m = 000
③ i = 0.0 j = 1 k = 1 m = 001
④ i = 0.3 j = 1 k = 1 m = 001

다음은 숫자를 처리하는 C 프로그램이다. 프로그램에서 ㉠과 ㉡에 들어갈 내용과 3 2 1 4를 입력하였을 때의 출력결과를 바르게 짝지은 것은? (단, 다음 프로그램에 문법적 오류는 없다고 가정한다.)

```c
#include ⟨stdio.h⟩
#include ⟨stdlib.h⟩

void a (int n, int *num) {
        for (int i = 0; i ⟨ n; i++)
                scanf("%d", &(num[i]));
}
void c(int *a, int *b) {
        int t;
        t = *a; *a = *b; *b = t;
}
void b(int n, int *lt) {
        int a, b;
        for (a = 0; a ⟨ n−1; a++)
                for (b = a + 1; b ⟨ n; b++)
                        if (lt[a] ⟩ lt[b]) c ( ㉠ , ㉡ ) ;
}
int main() {
        int n;
        int *num;
        printf("How many numbers?");
        scanf("%d", &n);
        num = (int *)malloc(sizeof(int) * n);
        a(n, num);
        b(n, num);
        for (int i = 0; i ⟨ n; i++)
                printf("%d ", num[i]);
}
```

	㉠	㉡	출력결과
①	lt+a	lt+b	1 2 3 4
②	lt+a	lt+b	1 2 4
③	lt[a]	lt[b]	4 3 2 1
④	lt[a]	lt[b]	4 2 1

01

*p++는 연산 순위를 고려할 때 *(p++)와 동일하므로 증가되기 전의 p, 즉 a[1]에 100을 대입한 뒤, 1증가한다(a[2]). *++p는 연산 순위를 고려할 때 *(++p)와 동일하므로 증가시킨(a[3]) 다음에 200을 대입한다. 그러므로 a[0] = 10, a[1] = 100, a[2] = 30, a[3] = 200이 된다.

| 참고 |

이 문제는 *p++와 *++p에 대한 연산자 우선순위를 알아보는 문제이다.
p++;   /* a[0]에는 a[0]의 기존값인 10이 입력된다. */
p++ = 100;   / a[1]로 이동되며 새로운 값인 100이 입력된다. */
++p = 200;   / a[2]로 이동되며 a[2]의 기존값인 30이 입력된다. */
%d는 결괏값을 표시하는 방법을 %d, 즉 10진수로 표시하라는 의미이다.

답 ③

02

먼저, 400으로 나누어 떨어져야 하므로, 연도%400 = = 0 ⋯ ①
4로 나누어 떨어져야 하므로, 연도%4 = = 0 ⋯ ②
100으로 나누어 떨어지지 않아야 하므로, 연도%100! = 0 ⋯ ③
4로 나누어 떨어지면서 100으로 나누어 떨어지지 않아야 한다는 것은 2가지 연산이 &&이어야 하므로 ②&&③, ①은 이들과 논리합이므로, ②&&③||①이 된다.

답 ②

03

i : 실수형 변수
j, k, m : 정수형 변수
100/300 계산 후 i = 0.0
j = VALUE1 & VALUE2 계산 → 0001 & 0010 = 0000 → j = 0
k = VALUE1 | VALUE2 계산 → 0001 | 0010 = 0011 → k = 3
(j && k || i) 연산 결과가 거짓이므로(0) m = j + k 실행 → m = 3
출력 명령어에서, i는 소수 이하 첫째 자리까지, j와 k는 10진수로, m은 3자릿 값으로 하되, 오른쪽으로 정렬하고 빈칸은 0으로 채워야 하므로, m = 003이 출력된다.

답 ①

04

main의 scanf함수는 %d만을 입력 받으므로 입력한 3 2 1 4 중 3만이 main의 scanf에 입력, n값이 된다. n=3에 의해 num은 크기가 3인 배열이 되고 a의 scanf에서 num의 배열에 나머지 2, 1, 4가 입력된다.
b에서는 if문에 따라 c를 거쳐 오름차순 정렬을 for문을 통해 반복하며 c에서 입력받을 수 있는 값은 int형 포인터 주소로 ㉠ = lt + a, ㉡ = lt + b가 된다. 출력결과는 배열이 오름차순으로 정렬된 1 2 4이다.

답 ②

05 2016 계리직

〈보기〉의 순서도를 표현하는 문장 형식으로 알맞은 것은?

```
#include 〈stdio.h〉
int main( ) {
        int a=120, b=45;
        while ( a != b ) {
                if ( a 〉 b) a = a − b;
                else b = b − a;
                }
        printf("%d", a) ;
}
```

① 5   ② 15

③ 20   ④ 25

06 2014 계리직

다음 C프로그램의 실행 결과로 옳은 것은?

```
#include 〈stdio.h〉

int sub(int n)
{
      if(n = = 0) return 0;
      if(n = = 1) return 1;
      return (sub(n−1) + sub(n−2));
}

void main( )
{
      int a = 0;

      a = sub(4);
      printf("%d", a);
}
```

① 0   ② 1

③ 2   ④ 3

07 2019 계리직

C 언어로 작성된 프로그램의 실행 결과로 옳은 것은?

```
#include 〈stdio.h〉

double h(double *f, int d, double x){
        int i;
        double res = 0.0;
        for(i=d−1; i )= 0; i—){
                res = res * x + f[i];
        }
        return res;
}

int main() {
        double f[] = {1, 2, 3, 4};
        printf("%3.1f\n", h(f, 4, 2));
        return 0;
}
```

① 11.0   ② 26.0

③ 49.0   ④ 112.0

08 2018 국가직

다음 C 프로그램의 출력값은?

```c
#include <stdio.h>

int a = 10;
int b = 20;
int c = 30;

void func(void)
{
        static int a = 100;
        int b = 200;

        a++;
        b++;
        c = a;
}

int main(void)
{
        func( );
        func( );
        printf("a = %d, b = %d, c = %d\n", a, b, c);
        return 0;
}
```

① a = 10, b = 20, c = 30

② a = 10, b = 20, c = 102

③ a = 101, b = 201, c = 101

④ a = 102, b = 202, c = 102

05

구분	변수 a	변수 b	a!=b	a>b	a=a-b	b=b-a
초깃값	120	45	T	T	120−45=75	
1회전	75	45	T	T	75−45=30	
2회전	30	45	T	F		45−30=15
3회전	30	15	T	T	30−15=15	
4회전	15	15	F	변수 a를 출력 → 15		

답 ②

06

main 함수에서 4를 sub 함수 n으로 전달하면서 재귀적 호출(recursive call)하여 반복 수행하고 호출이 끝난 후 return 문에서 반환 처리된다.
sub(4) = sub(3) + sub(2)
sub(3) = sub(2) + sub(1)
sub(2) = sub(1) + sub(0)
sub(4) = sub(1) + sub(0) + sub(1) + sub(1) + sub(0)이 된다.
n = 0일 때 return값은 0, n = 1일 때 return값은 1이므로, return값의 합을 계산하면 1 + 0 + 1 + 1 + 0 = 3이 되고, 이 값은 a로 전달되고 출력된다.

답 ④

07

h(f,4,2)의 for문의 내용은 다음과 같다.
for(i=3; i)=0; i—){res = res*2 + f[i];}
각 i에 대해서 반복문을 적용하면,
i=3일 때, res = 0.0*2+f[3] = 4.0
i=2일 때, res = 4.0*2+f[2] = 8.0+3 = 11.0
i=1일 때, res = 11.0*2+f[1] = 22.0+2 = 24.0
i=0일 때, res = 24.0*2+f[0] = 48.0+1 = 49.0
따라서 h는 double값인 49.0을 반환한다.
"%3.1f\n"은 정수 부분 자릿수 3개까지 출력하고, 소수점 이하 1자리까지 출력, 반올림하는 출력자료 형식이다.
그러므로 최종적으로 49.0이 출력된다.

답 ③

08

전역변수, 지역변수, 정적변수의 구분에 관한 문제이다.
• 첫 번째 func 함수에서
  a에는 100이 입력되고 a++에 의해 +1이 되어 101이 된다.
  b에는 200이 입력되고 b++에 의해 +1이 되어 201이 된다.
  c에는 a값인 101이 입력되어 101이 된다.
• 두 번째 func 함수에서
  a에는 101에서 a++에 의해 +1이 되어 102가 된다(static int a = 100은 고려하지 않는다).
  b에는 int b = 200이 다시 입력되고 b++에 의해 +1이 되어 201이 된다.
  c에는 a값인 102가 입력되어 102가 된다.
• main 함수에서는 전역변수 a, b는 각각 10, 20이 출력되고 c는 입력된 102가 출력된다.

답 ②

적중 예상 문제

01 다음 C 프로그램의 실행 결과는?

```c
#include <stdio.h>

int func(int n) {
    if(n <= 1)
        return(n);
    else
        return(func(n - 1) + func(n - 2));
}

int main(void) {
    int n = 7;
    int i;
    int result = 0;

    for(i = 0; i < n; i++)
        result += func(i);

    printf("%d", result);

    return(0);
}
```

① 7   ② 12
③ 15   ④ 20

02 〈보기〉 C 프로그램의 출력은?

> 보기
```c
#include <stdio.h>
int main(
{
    int a = 5, b = 5;
    a * = 3 + b++;
    printf("%d %d", a, b) ;
    return 0;
}
```

① 40 5   ② 40 6   ③ 45 5   ④ 45 6

03 〈보기〉 C 프로그램의 실행 결과로 화면에 출력되는 숫자가 아닌 것은?

> 보기
```c
#include <stdio.h>
int my(int i, int j) {
        if (i<3) i=j=1;
        else {
        i=i-1;
        j=j-i;
        printf("%d, %d, ", i, j);
        return my(i, j);
        }
}
int main(void)
{
        my(5,14);
        return 0;
}
```

① 1   ② 2   ③ 3   ④ 4

04 다음의 C언어 프로그램에서 실행되지 않는 함수는 무엇인가?

```
#include〈stdio.h〉

f1( )
 { printf("1234"); }
f2( )
 { printf("5678"); }
f3( )
 { printf("9876"); }
f4( )
 { printf("5432"); }

main( )
{
   f1( ); /*
   f2( ); */
   f3( );
   f4( );
}
```

① f1( )
② f2( )
③ f3( )
④ f4( )

05 C언어에서 다음의 printf( ) 함수가 실행될 때, 결과로 옳은 것은?

```
printf("%010d\n", 1234567);
```

① 1234567
② 1234.567
③ 0001234567
④ 1234567000

06 C언어에서 다음의 printf( ) 함수가 실행될 때, 결과로 옳은 것은?

```
printf("%f4.2\n", 1234.567896);
```

① 1.23456
② 12.3456
③ 123.456
④ 1234.57

한눈에 보는 정답과 해설

01 for 문을 통해 총 7번 반복한다.

		결과
fun(0)	0	0
fun(1)	1	1
fun(2)	fun(1)+fun(0)	1
fun(3)	fun(2)+fun(1)	2
fun(4)	fun(3)+fun(2)	3
fun(5)	fun(4)+fun(3)	5
fun(6)	fun(5)+fun(4)	8

for 문을 수행할 때마다 result 변수에 각 값이 누적되어 저장된다. 따라서 20이 출력된다. 이 함수는 피보나치 수열에 대한 함수이다.

02 a* = 3 + b++;에서 b++는 후위 증감 연산자이기 때문에 b값을 먼저 계산한 후에 b값을 1 증가시킨다. 따라서 기존 a(5)에서 계산된 결과 8을 곱하고 다시 a에 넣는다. 그러면 a는 40이 된다. b값은 1이 증가한 상태이기 때문에 b는 6으로 출력이 된다.

03 먼저 my(5,14) 문장이 실행되면서 my 함수가 실행된다.
i가 5, j는 14이다. i가 3 이상이기 때문에 else문이 실행된다.
i = 4, j = 10이 되고 printf문을 통해서 4와 10이 출력된다.
return문을 통해서 my(4,10) 함수가 실행된다.
i는 3 이상이기 때문에 else문이 실행되고 i = 3, j = 7이 된다.
printf문을 통해 3과 7이 출력된다.
다시 my(3,7) 함수가 실행된다.
i는 3 이상이기 때문에 else문이 실행된다.
i = 2, j = 5가 되고 printf문을 통해서 2와 5가 출력된다.
return문을 통해서 my(2,5) 함수가 실행된다. 다시 my(2,5)가 실행되고 i는 3보다 작기 때문에 if문이 실행된다.
i와 j에 모두 1이 들어가고 함수는 끝나게 된다.
따라서 출력되지 않은 값은 1이다.

04 주석 '/*'와 '*/'로 묶여 있는 f2( )는 실행되지 않는다.

05 전체 10자리 지정이고, 모자라는 3자리는 0으로 채워진다.

06 정수 부분 자릿수 4개까지 출력하고 소수점 이하 2자리까지 출력, 반올림한다.

01 ④ 02 ② 03 ① 04 ② 05 ③ 06 ④

07 C언어에서 키보드로부터 한 개의 문자를 입력받는 함수로, 읽은 문자의 ASCII 코드를 반환하는 것은?

① getchar( )

② putchar( )

③ gets( )

④ puts( )

08 C언어에서 'a −= b'와 동일한 산술식은?

① a = a + b

② a = a − b

③ a = b + a

④ a = b − a

09 다음은 논리연산의 진리표이다. (가)~(다) 안에 들어갈 값을 순서대로 옳게 나열한 것은?

A	B	A && B	A ∥ B	!A
1	1	1	1	0
1	0	(가)	1	0
0	1	0	(나)	1
0	0	0	0	(다)

① 0 − 0 − 0

② 0 − 1 − 0

③ 0 − 1 − 1

④ 1 − 1 − 1

10 다음의 C프로그램 실행 결과로 옳은 것은?

```
#include<stdio.h>
  void main( )
  {
    int a, b, c;
    a = 1;
    b = 2;
    c = ((a<b) ? a : b) ;
    printf("c = %d", c);
  }
```

① c=0

② c=1

③ c=2

④ c=%d

11 다음 〈보기〉의 연산자들에 대한 연산 우선순위를 순서대로 옳게 나열한 것은?

보기

(ㄱ) −=   (ㄴ) %   (ㄷ) [ ]   (ㄹ) ++

① ㄱ − ㄴ − ㄷ − ㄹ

② ㄴ − ㄷ − ㄱ − ㄹ

③ ㄷ − ㄴ − ㄹ − ㄱ

④ ㄷ − ㄹ − ㄴ − ㄱ

12 C언어에서는 명령문들의 기본적인 실행 흐름을 조건에 따라 변경하고 제어하는 제어문을 사용한다. 다음 중 특성이 다른 하나는?

① goto문

② do~while문

③ continue문

④ return문

13 다음과 같은 순서로 실행되는 C언어 문장은?

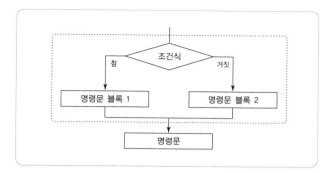

① if문
② 다중 if문
③ if~else문
④ switch~case문

14 C언어의 제어문 중 지시된 레이블이 있는 곳으로 무조건 분기시키는 것은?

① goto문
② break문
③ continue문
④ return문

15 다음의 C언어 문장 중 함수를 호출하고 결괏값을 돌려받는 것은?

① int super( );
② double total( );
③ sum(x, y);
④ z=sum(x, y);

16 다음 중 C언어에서 변수의 종류를 정의할 때, 붙여야 하는 단어를 잘못 짝지은 것은?

① 전역변수 − global
② 정적변수 − static
③ 외부변수 − extern
④ 레지스터변수 − register

한눈에 보는 정답과 해설

07 putchar( )는 한 개의 문자를 출력하는 함수. gets( )는 문자열을 입력받는 함수. puts( )는 문자열을 출력하는 함수이다.

09 • 논리곱(AND) : a && b → a와 b의 값이 모두 참이면 결과는 참, 아니면 거짓
• 논리합(OR) : a || b → a 또는 b의 값이 참이면 결과는 참, 아니면 거짓
• 논리부정(NOT) : !a → a의 값이 참이면 결과는 거짓, 거짓이면 결과는 참

10 조건식이 참이면 두 번째 연산식이 실행되고, 거짓이면 세 번째 연산식이 실행된다.

11 식 → 단항 연산자 → 이항 연산자 → 조건 연산자 → 대입 연산자 → 콤마 연산자 순이다.

12 do~while문은 특정 조건 명령문들을 반복 실행하는 반복문에 해당하고, 나머지는 특정 위치로 실행 순서를 변경해 주는 분기문에 해당한다.

13 조건이 만족되지 않는 경우에 실행할 명령문을 지정했으므로 if~else문에 해당한다.

14 레이블은 명칭이며 goto문은 같은 함수 내에 있는 레이블이 붙은 위치로 무조건 분기한다.

15 ①과 ②는 함수의 자료형을 선언하고 있으며, ④는 함수에서 리턴된 값을 z에 저장하는 명령문이다.

16 전역변수는 프로그램 전체에서 사용할 수 있는 변수로, 특별히 붙여야 하는 단어가 필요 없고 함수 외부의 임의의 장소에서 선언하면 된다.

07 ① 08 ② 09 ③ 10 ② 11 ④ 12 ② 13 ③ 14 ① 15 ③ 16 ①

17 다음은 C언어의 배열 선언과 초기화 명령어들이다. 잘못된 것은?

① int a[3] = {1,2,3,4};
② int b[7] = {7};
③ int c[4] = {1,2};
④ int d[2][3] = {{1,2,3},{4,5,6}};

19 다음의 C언어 프로그램 소스 코드에서 잘못된 곳을 옳게 지적한 것은?

```
#include〈stdio.h〉
void main( )                       /* ← (ㄱ) */
{
    printf("나는 생각한다. ₩n")   /* ← (ㄴ) */
    printf("₩n");                 /* ← (ㄷ) */
    printf("고로 존재한다.");
}                                  /* ← (ㄹ) */
```

① (ㄱ)
② (ㄴ)
③ (ㄷ)
④ (ㄹ)

18 다음의 C언어 프로그램이 실행된 결과로 옳은 것은?

```
void main( )
{
    int a[3] = {1,2,3};
    int *p = a;

    p++;
    *++p = 100;

    printf("a[0] = %d a[1] = %d a[2] = %d₩n", a[0], a[1],
a[2]);
}
```

① a[0]=1 a[1]=2 a[2]=3
② a[0]=100 a[1]=2 a[2]=3
③ a[0]=1 a[1]=100 a[2]=3
④ a[0]=1 a[1]=2 a[2]=100

20 다음의 C언어 프로그램 실행 결과로 옳은 것은?

```
#include〈stdio.h〉
void main( )
{
    int y, x = 5;
    y = 10*x+10;
    printf("f(5) = %d₩n", y);
}
```

① 60
② y=10x+10
③ y=60
④ f(5)=60

21 다음의 C언어 프로그램 실행 결과로 옳은 것은?

```c
#include<stdio.h>
void main( )
{
    int a, b, c, i, count1, count2, count3;
    i = count3 = 0;
    a = 1; b = 2; c = 3;
    count1 = (++c*a)-(- -b);
    count2 = (75*- -b) + (2*c- -) + (a++);

    while (i < 5){
    count3 + = i ;
    ++i;
    }
    printf("count1 = %d, count2 = %d, count3 = %d\n\n",
    count1,count2,count3);
}
```

① count1=2, count2=9, count3=10
② count1=2, count2=10, count3=15
③ count1=3, count2=9, count3=10
④ count1=3, count2=10, count3=15

 한눈에 보는 정답과 해설

17 규정된 원소의 수에 미달된 개수로 초기화하는 것은 가능하지만, 초과하는 것은 잘못된 것이다. ①의 경우 [ ] 안의 숫자가 4 이상이거나 원소 개수가 3 이하이어야 한다.

18 • int a[3] = {1,2,3} : 배열 크기가 3인 정수형 a배열을 선언하고 초깃값 1,2,3을 할당한다.
• int *p = a : 포인터 변수 p에 a배열의 시작주소인 &a[0]을 할당한다.
• p++ : 포인터 변수 p를 1 증가. 즉 a배열의 시작주소+1인 &a[1]을 할당한다.
• *++p = 100 : 포인터변수 p를 1 증가하고 p가 가리키는 내용. 즉 &a[2]가 가리키는 값을 100으로 할당한다. 따라서 a[0] = 1, a[1] = 2, a[2] = 100이 저장되어 있다.

20 10×5+10의 계산식에 따라 f(5) = 60이 출력된다.

21 count1 계산에서 (4*1)-(1) 계산 후 c = 4, b = 1
count2 계산에서 (75*0)+(2*4)+(1)
while문이 실행되는 동안(i가 4가 될 때까지) 각 값의 변화는 아래 표와 같다.

i	계산 전 count3	계산 후 count3
0	0	0
1	0	1
2	1	3
3	3	6
4	6	10

17 ① 18 ④ 19 ② 20 ④ 21 ③

02 자바(Java) 기초와 객체지향

01 개 요

Java 언어는 Sun Microsystems社에서 개발한 Oak에서 시작되었으며, 웹 네트워크 환경에 적합한 객체지향 개발언어이다.

1 가상머신과 개발도구 JDK

(1) 자바 가상머신(JAVA Virtual Machine ; JVM)
① 서로 다른 기기나 운영체제 하에서도 동일한 실행결과를 얻을 수 있도록 가상머신을 지원한다. 이는 자바의 가장 큰 특징이다.
② 단일 컴퓨터에서 가상화를 사용하여 다수의 게스트 운영체제를 실행할 수 있다.
③ 가상머신은 사용자에게 다른 가상 머신의 동작에 간섭을 주지 않는 격리된 실행환경을 제공한다.
④ 가상화 머신 모니터(Virtual Machine Monitor ; VMM)를 운영체제 없이 하드웨어에 설치하여 가상화할 수 있다.
⑤ 자바 바이트 코드가 다양한 운영체제 상에서 수행될 수 있도록 한다.

(2) JDK
Java Development Kit의 약어로, 자바 개발을 위한 최소한의 컴파일러 및 실행환경 등으로 구성된다.
① javac : 컴파일러
② java : 인터프리터
③ jdb : 디버거
④ javah : 자바와 C로 작성된 소스코드를 연결하기 위한 C헤더 파일 및 stub 파일 생성기
⑤ javadoc : 자바 문서 생성기(html 파일을 생성)
⑥ appletviewer : 애플릿 프로그램 생성기
⑦ jar : 압축기

가상화 머신 모니터
(Virtual Machine Monitor ; VMM)
하이퍼바이저(hypervisor)라고도 하며 호스트 컴퓨터에서 다수의 운영체제를 동시에 실행하기 위한 논리적 플랫폼을 말한다.

☑ **Check Point**

1. 자바 개발 3단계
   소스코드 작성(.java) → 컴파일(이진 코드 변환) → 컴파일한 바이트 코드 (.class)

2. Java 이외의 대표적 객체지향 프로그래밍 언어
   • c++ : c에서 발전된 객체지향 언어로 문법이 c와 거의 동일하며 클래스의 개념이 추가로 적용된 언어이다.
   • c# : c++와 Java의 장점을 결합한 객체지향 언어이다. 클래스, 인터페이스, 위임, 예외 등 객체 지향적 요소를 모두 포함한 c 계열의 언어로 마이크로소프트에서 개발하였다.
   • 파이선(Python) : 문법이 간결하고 표현이 쉬운 객체지향 프로그래밍 언어이다. 타입을 정의하지 않아도 되는 동적 타이핑이 적용되는 특징이 있다. 유지보수 관리가 쉬우나 연산 속도가 느린 단점이 있다.

2 장·단점

(1) 장 점
① 매우 간결하면서 강력한 객체지향 언어이다.
② 운영체제, 하드웨어, 플랫폼에 독립적이다.
③ 많은 부분이 공개되어 있어, 여러 기술에 표준화된 공개 규격이 있다.
④ 플랫폼에 독립적이다.
⑤ 분산 환경 응용에 적합하다.
⑥ 높은 수행 성능을 제공한다.

(2) 단 점
① 그래픽 처리속도가 떨어질 수 있다.
② 윈도우 응용프로그램 개발에 적합하지 않다.

3 클래스

클래스는 자바 프로그램의 기본 단위로, 객체지향 언어에서 객체 생성의 틀로 작용한다. 관련 있는 클래스는 하나의 패키지로 묶어서 효율적으로 관리하여 사용한다.

(1) 클래스의 구조
클래스는 '클래스 명', '속성', '메서드'의 3요소로 이루어진다. 관례적으로 대문자로 시작하며 몸체는 { }로 묶는다. 클래스 안에 다른 클래스를 선언할 수 있다.

```
[접근 제한자] [지정 예약어] class [클래스명] extends [상위 클래스] implements [상위 인터페이스]
{

[속성(Attribute) 또는 필드(Field)로서의 변수]
  내용부;
  내용부;
  …


[메서드(Method)]
  내용부;
  내용부;
  …


}
```

(2) 메서드

메서드의 이름은 관례적으로 소문자로 시작한다. 자바 프로그램은 하나의 main( ) 메서드를 가지고 있으며, 여기서 필요한 객체를 선언한 다음, 해당 객체에 메시지를 보낸다.

(3) 표준 입출력

① **표준 입력** : System 객체에 있는 in 속성의 read( ) 메서드를 호출하여 수행한다.
   • System.in.read( )
② **표준 출력** : System 객체에 있는 out 속성의 println( ) 메서드를 호출하여 수행한다.
   • System.out.println( )

4 자바 애플리케이션과 애플릿

① **자바 애플리케이션(application)** : 웹 브라우저나 애플릿 뷰어 등이 필요하지 않고 JVM에 의해 독립적으로 실행할 수 있는 자바 프로그램을 말한다.
② **자바 애플릿(applet)** : 웹 브라우저나 애플릿 뷰어를 통해 실행될 수 있는 자바 프로그램으로, html 파일에 아래의 코드가 삽입되어야 한다.
   • 〈APPLET CODE = "class name"〉〈/APPLET〉

02 객체지향의 개념

1 개념의 구성 요소

(1) 객체(Object)

① **정의** : 객체는 속성과 이를 처리하는 연산을 묶어 놓은 소프트웨어 모듈을 말하는 것으로, 프로그램 상에서 클래스를 통해 정의된다.
② **인스턴스(instance)** : 클래스에 속한 각각의 객체
③ **인스턴스화** : 클래스를 이용해 객체를 생성하는 행위
④ **상태와 행위** : 객체는 상태와 행위를 가지고 있으며, 상태는 속성에 의해 결정되고 행위는 연산에 의해 결정된다.
⑤ **속성(데이터)** : 객체가 가지고 있는 정보(속성, 상태, 변수, 상수, 자료 구조)
⑥ **연산(메서드)** : 객체가 수행하는 기능으로 객체가 갖는 데이터(속성, 상태)를 처리하는 알고리즘(멤버 함수)

(2) 클래스(Class)

① **의미** : 공통된 데이터와 메서드를 갖는 객체의 집합을 말한다. 이는 공통된 속성과 행위를 갖는다는 말과 동일하다.

② **계층 구조** : 클래스는 계층 구조를 형성할 수 있으므로 최상위 클래스, 슈퍼 클래스 (부모 클래스, 상위 클래스), 서브 클래스(자식 클래스, 하위 클래스) 등을 갖는다.

③ **하위 클래스** : 프로그램 상에서 서브 클래스는 상위 클래스의 멤버라 말하며 상위 클래스에서 정의된 데이터와 메서드는 하위 클래스로 상속된다.

④ **클래스 정의**

```
class 클래스명
  {
       static 접근 지정자  데이터 타입  변수명     // 클래스 변수
       접근 지정자    데이터 타입   변수명        // 인스턴스 변수
  }
```

⑤ **접근 지정자(접근 한정자)의 종류**

　㉠ private : 선언된 필드의 클래스에 메서드만 이용해 접근할 수 있다(엄격 제한 접근).

　㉡ protected : 자신의 클래스 및 하위 클래스에 접근 가능하다.

　㉢ public : 객체를 생성한 외부 모든 곳에서 접근이 가능하다.

　㉣ default : 접근 지정자를 생략하면 같은 클래스 내부와 같은 패키지 내의 클래스에서 접근 가능하다.

(3) 메시지(Message)

① **의미** : 객체 사이에 정보를 주고받음에 따라 상호작용할 수 있도록 해주는 수단을 말한다.

② 메시지를 수신한 객체는 송신 정보에 따라 메서드를 수행하고 결과를 반환한다.

③ **메시지의 구성 요소** : 객체명, 수행할 메서드명, 인자값

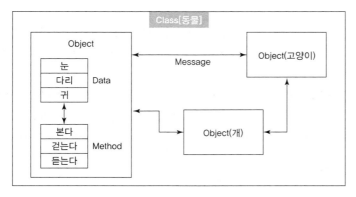

[클래스의 개념에 대한 비유]

2 객체지향의 기본 원리 중요★ 2019 2012 2010 2008

(1) 캡슐화(Encapsulation)

① 의미 : 객체의 내용을 숨기고 단순 메시지를 통해서만 외부와 상호작용할 수 있도록 처리하는 것을 말한다.

② 특징 : 캡슐화된 객체는 외부로부터 은폐되므로 변경 발생 시 오류에 의한 영향을 최소화할 수 있다. 소프트웨어 재사용이 쉽게 될 수 있고 유지보수가 쉬워진다.

③ 정보 은닉(information hiding) : 타 객체에는 자신의 정보를 은닉하고 해당 객체에 적용되는 연산만을 통하여 접근을 허용하는 개념이다.

(2) 추상화(Abstraction)

상세 내역을 하나씩 없애가면서 중요한 모델을 수립하는 과정을 말하며, 객체지향 이외의 개발 언어에서도 도입하고 있는 개념이다. 객체지향 설계에서는 클래스를 통해서 추상화를 실현한다. 추상 클래스의 객체는 생성할 수 없다.

(3) 상속성(Inheritance)

① 의미 : 부모 클래스에서 정의된 모든 데이터와 메서드를 자식 클래스가 물려받는 것을 의미한다.

② 특징 : 부모 클래스에서 정의된 함수와 변수를 자식 클래스에서 따로 정의할 필요가 없으므로 소프트웨어 재사용성을 높일 수 있다.

　예 다음과 같이 하위 클래스 Human이 상위 클래스 Animal에 포함되어 상속이 이루어진다.

```
class Human extends Animal
  {
  }
```

(4) 다형성(Polymorphism)

① 의미 : 목적은 다르나 연관성이 있는 다수의 용도로 하나의 이름을 사용하는 것을 의미한다.

② 특징 : 자식 클래스에서는 새로운 데이터나 메서드를 추가하여 사용할 수 있고 재정의할 수 있으므로 기능 확장이 가능하다. 이를 통해 동일한 메시지라도 객체에 따라 다른 방법으로 응답할 수 있다.

③ 메서드 오버로딩(method overloading) : 클래스에서 인수의 데이터 타입이나 개수가 달라도 이름이 동일한 메서드를 사용할 수 있도록 지원하는 기능이다.

　예 다음과 같은 클래스에서 데이터 타입이 다른 동일한 이름(divide)의 함수를 사용하고 있다.

```
class Divider {
    public int divide(int a, int b) { return a/b; }
    public double divide(double a, double b) { return a/b; }
}
```

오버로딩의 조건
• 메서드 이름이 같아야 한다.
• 매개변수의 개수 또는 타입이 달라야 한다.

④ 메서드 오버라이딩(method overriding) : 슈퍼 클래스에서 정의된 메서드를 서브 클래스에서 재정의하여 원래의 메서드가 아닌, 새로운 메서드로 사용하는 것이다.

> 📖 다음과 같이 슈퍼 클래스(Divider)에서 정의한 divide( ) 함수를 서브 클래스(Idivider)에서 재정의하여 사용하였다.

```
class Divider {
    public int divide(int a, int b) { return a/b; }
    public double divide(double a, double b) { return a/b; }
}
class Idivider extends Divider {
    private double divide(double a, double b) { return b/a; }
}
```

03 기초 문법

1 데이터 타입

변수는 프로그램에서 데이터를 저장하는 공간으로 역할하며, 데이터 타입은 저장할 데이터의 유형을 말한다.

유 형	표 현	내 용
정수형	byte	부호 포함 8비트 정수
	char	유니코드 문자 16비트
	short	부호 포함 16비트 정수
	int	부호 포함 32비트 정수
	long	부호 포함 64비트 정수
실수형	float	부호 포함 32비트 부동소수점 실수
	double	부호 포함 64비트 부동소수점 실수
논리형	boolean	true/false값, 다른 형과 호환되지 않음

> ☑ Check Point
>
> **클래스 유형**
> 자바에서는 클래스도 변수 타입으로 사용할 수 있으므로 정수형, 실수형 등 일반적인 데이터 타입을 기본 데이터 타입으로 정하고 클래스 유형은 참조할 변수명으로 사용한다.

2 연산자

우선순위	연산자
1	., [ ], ( )
2	!, ~, +/−, ++/− −, (cast)
3	+, −, *, /, %
4	《〈, 〉》, 〉〉〉
5	〈, 〉, 〈=, 〉=, ==, !=
6	&, ^,	
7	&&, ||
8	[조건항]?[true]:[false]
9	=, +=, −=, *=, /=, %=, 《〈=, 〉》=, ^=, &=, |=
10	++/− −(후위형 증감연산자)

3 분기문

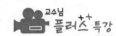

(1) if문

조건 및 조건이 만족되면 실행할 명령문으로 구성된다.

```
if(조건)
   명령문;
```

```
if(조건)
{
        명령문 1;
        명령문 2;
        명령문 3;
        ...
}
```

(2) if~else문

조건이 만족되지 않을 때 실행할 명령문을 else 뒤에 위치시킨다.

```
if(조건)
        명령문1;
else
        명령문2;
```

(3) if~else, if~else문

여러 조건을 순차적으로 검사하고 특정 조건 만족 시 다음의 명령문 블록을 실행한다.

```
if(조건)
{
        명령문1;
        명령문2;
        ...
}
else if(조건2)
{
        명령문10;
        명령문11;
        ...
}
else if(조건3)
{
        명령문20;
        명령문21;
        ...
}
else
{
        명령문30;
        명령문31;
        ...
}
```

(4) try~catch문

개발자의 실수로 발생하는 프로그램적 오류(예 0으로 나누기)인 예외를 처리한다.

```
try
{
        예외 발생 가능성이 있는 블록;
}
catch(예외클래스 변수명)
{
        예외 처리될 때 실행되는 블록;
}
finally
{
        항상 실행되는 블록;
}
```

예제

다음 Java 프로그램의 실행 결과로 옳은 것은?

```
class IfMunjang {
        public static void main (String args[ ]) {
                int a;

                a = 15 / 2;
                if(a = = 7) {
                        System.out.println("15 / 2 is 7");
                }
                else {
                        System.out.println("15 / 2 = " + a);
                }        // + 기호는 "15 / 2 = "과 함께 변숫값 a출력을 의미한다.
        }
}
```

(결과)
15 / 2 is 7

해 설

참인 결과이므로 if에 속한 명령문을 출력한다. 또한, 정수형 변수이므로 소수점 이하는 버린 결과를 출력한다.

(4) switch문

여러 case를 순차적으로 검사하고 특정 case가 만족되면 그 case 다음의 명령문 블록을 실행한다.

```
switch(정숫값)
{
case 정숫값:
    명령문1;
    명령문2;
    ...
    break;
case 정숫값:
    명령문10;
    명령문11;
    ...
    break;
default:
    명령문20;
    명령문21;
    ...
    break;
}
```

예제

다음 Java 프로그램의 실행 결과로 옳은 것은?

```java
class SwitchMunjang {
        public static void main(String[ ] args) {
                int value =2;

                switch(value) {
                        case 1:
                                    System.out.println("1");
                                    break;
                        case 2:
                                    System.out.println("2");
                                    break;
                        case 3:
                                    System.out.println("3");
                                    break;
                        default:
                                    System.out.println("그 외의 숫자");
                }
        }
}
```

(결과)
2

해 설

value값이 2이므로 case 2의 내용을 출력한다.

4 순환문

(1) for문

조건문의 값이 참인 동안 반복 실행한다.

```
for(초기화①; 조건문②⑤⑧; 증감수식④⑦)
{
    명령문1;
    명령문2;
    ...
    ③⑥
}
```

번호 순서대로 실행된다.

예제

다음 Java 프로그램의 실행 결과로 옳은 것은?

```java
class ForMunjang {
        public static void main (String args[ ]) {
                int i;
                System.out.println("start");
                for(i = 3; i > 0; i--) {
                        System.out.println(i);
                }
        }
}
```

(결과)
start
3
2
1

해설

처음 'start'를 출력하고 초깃값 3부터 i > 0을 만족하는 값을 1씩 감하여 출력한다. 여기서 println이므로 출력은 줄바꿈 상태로 이루어진다.

(2) while문

조건식에 따라 일정 문장을 반복하여 실행한다.

```java
while(조건식)
{
     명령문1;
     명령문2;
 ...
}
```

예제

다음 Java 프로그램의 실행 결과로 옳은 것은?

```java
class WhileMunjang {
        public static void main (String args[ ]) {
                int i;
                i = 3;
                System.out.println("start");
                        while(i > 0) {
                        System.out.println(i);
                        i--;
                }
        }
}
```

```
(결과)
start
3
2
1
```

처음 'start'를 출력하고 변수가 3에서 1이 될 때까지 계속해서 i 값을 출력한다.

(3) do~while문

반복 처리되는 문장을 일단 한 번 실행한 후 조건식을 평가하여 반복 실행문의 재실행 여부를 결정한다.

```
do
{
     명령문1;
     명령문2;
     ...
} while(조건식)
```

예제

다음 Java 프로그램의 실행 결과로 옳은 것은?

```
class DoWhileMunjang {
        public static void main (String args[ ]) {
                int i;
                i = 3;
                System.out.println("start");
                do {
                        System.out.println(i);
                        i--;
                } while(i > 0);
        }
}
```

```
(결과)
start
3
2
1
```

처음 'start'를 출력하고 일단 변수 3을 출력한 다음 1이 될 때까지 계속해서 i 값을 출력한다.

5 이동 제어문 2016

(1) break문

for문, while문, do~while문에서 반복 Loop나 switch~case문을 종료시키는 데 사용한다.

예제

다음 Java 프로그램의 실행 결과로 옳은 것은?

```
class BreakMunjang {
        public static void main (String args[ ]) {
                    int i;
                    i = 3;
                    System.out.println("start");
                    while(i > 0) {
                                if(i = = 0) break;
                                System.out.println(i);
                                i− −;
                    }
        }
}
```

```
(결과)
start
3
2
1
```

해설 변수 i가 0이 되면 while문을 끝낸다.

(2) continue문

for문, while문, do~while문의 조건부로 제어를 옮기는 데 사용한다.

예제

다음 Java 프로그램의 실행 결과로 옳은 것은?

```
class ContinueMunjang {
        public static void main (String args[ ]) {
                    int i;
                    i = 5;
                    System.out.println("start");
                    while(i > 0) {
                                i− −;
                                if(i > 3) continue;
                                if(i = = 0) break;
                    System.out.println(i);
                    }
        }
}
```

(결과)
start
3
2
1

해설

if(i > 3) continue; 에서 변수 i가 3보다 큰 수이면 처음 while문으로 되돌려 보낸다.

(3) return문

메서드를 종료하면서 메서드의 리턴값을 보낼 때 사용한다.

예제

다음 Java 프로그램의 실행 결과로 옳은 것은?

```
class ReturnMunjang {
        public static void main (String args[ ]) {
                int i;
                i = 3;
        System.out.println("start");
        while(i > 0) {
                if(i == 0) return;
                System.out.println(i);
                i--;
                }
        }
  }
```

(결과)
start
3
2
1

해설

리턴값이 int형이면 return 뒤에 변숫값을 적는다. 단, 리턴값이 void인 경우 return만 쓰면 된다.

01 2012 계리직

〈보기〉에서 설명하는 객체지향 개념은?

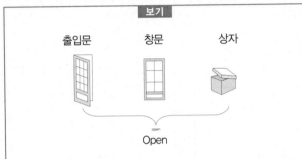

보기

출입문   창문   상자

open
Open

- 그림에서 'Open'이라는 오퍼레이션(operation)은 객체마다 다르게 기능한다.
- Java 언어에서 오버로딩(overloading), 오버라이딩 (overriding)으로 구현되는 개념이다.

① 캡슐화(encapsulation)
② 인스턴스(instance)
③ 다형성(polymorphism)
④ 상속(inheritance)

02 2010 계리직

다음의 Java 프로그램에서 사용되지 않은 기법은?

```java
class Adder {
    public int add(int a, int b) { return a+b; }
    public double add(double a, double b) { return a+b; }
}
class Computer extends Adder {
    private int x;
    public int calc(int a, int b, int c) {
        if (a == 1) return add(b, c); else return x;
    }
    Computer( ) { x = 0; }
}
public class Adder_Main {
    public static void main(String args[ ]) {
        Computer c = new Computer( );
        System.out.println("100 + 200 = " + c.calc(1, 100, 200));
        System.out.println("5.7 + 9.8 = " + c.add(5.7, 9.8));

    }
}
```

① 캡슐화(encapsulation)   ② 상속(inheritance)
③ 오버라이딩(overriding)   ④ 오버로딩(overloading)

03 `2008 계리직`

다음 중 객체지향 언어의 특징으로 옳지 않은 것은?

① 상속성   ② 다형성
③ 구조화   ④ 추상화

04 `2016 계리직`

프로그래밍 언어에 대한 설명으로 옳지 않은 것은?

① Objective-C, Java, C#은 객체지향 언어이다.
② Python은 정적 타이핑을 지원하는 컴파일러 방식의 언어이다.
③ ASP, JSP, PHP는 서버 측에서 실행되는 스크립트 언어이다.
④ XML은 전자문서를 표현하는 확장가능한 표준 마크업 언어이다.

05 `2019 계리직`

Java 프로그램의 실행 결과로 옳은 것은?

```
public class B extends  A {    public class A {
int a = 20;                     int a = 10;
public B() {                    public A() {
  System.out.print("다");         System.out.print("가");
}                               }
public B(int x) {               public A(int x) {
  System.out.print("라");         System.out.print("나");
}                               }
}                               public static void main(String[] a){
                                  B b1 = new B();
                                  A b2 = new B(1);
                                  System.out.print(b1.a + b2.a);
                                }
                              }
```

① 다라30   ② 다라40
③ 가다가라30   ④ 가다가라40

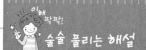

술술 풀리는 해설

01
다형성은 목적이 다르나 연관성이 있는 다수의 용도로, 하나의 이름을 사용하는 것을 의미한다.
답 ③

02
슈퍼 클래스에서 정의된 메서드를 서브 클래스에서 재정의하여 사용하는 내용이 없다. 그러므로 오버라이딩 기법은 적용되지 않았다.
• 캡슐화 : 변수와 함수를 하나로 묶어 클래스들을 정의하였고 정의된 클래스들이 다른 곳에서 내용이 은닉된 채 호출되어 사용되었다.
• 상속 : class Computer extends Adder
• 오버로딩 : add(int a, int b)와 add(double a, double b)가 변수 타입이 다른 동일한 함수명을 사용하고 있다.
답 ③

03
객체지향 언어의 특징 : 캡슐화, 상속성, 추상화, 다형성
답 ③

04
② Python은 동적 타이핑을 지원하는 인터프리터 방식의 언어이다.
답 ②

05
B b1 = new B();
먼저 B의 부모 클래스인 A의 기본 생성자인 "가"가 출력된다.
다음으로 B의 기본 생성자인 "다"가 출력된다.
b1은 B 클래스에 속해있으므로 이때의 a는 20이다.
A b2 = new B(1);
먼저 B의 부모 클래스인 A의 기본 생성자인 "가"가 출력된다.
다음으로 B(1)이므로 B(int x) 메서드가 실행되어 "라"가 출력된다.
b2는 A 클래스에 속해있으므로 이때의 a는 10이다.
b1.a + b2.a = 20 + 10 = 30이다.
최종적으로 [가다가라30]이 출력된다.
답 ③

06 2016 계리직
다음 Java 프로그램의 실행 결과로 옳은 것은?

```java
class Division   {
        public static void main(String[ ] args){
        int a, b, result;
        a = 3;
        b = 0;
        try {
                        result = a/b;
                        System.out.print("A");
        }
        catch (ArithmeticException e){
                        System.out.print("B");
        }
        finally{
                        System.out.print("C");
        }
        System.out.print("D");
    }
}
```

① ACD   ② BCD
③ ABCD   ④ BACD

07 2018 국가직
다음 Java 프로그램의 출력값은?

```java
class Super {
        Super( ) {
                System.out.print('A');
        }

        Super(char x) {
                System.out.print(x);
        }
}

class Sub extends Super {
        Sub( ) {
                super( );
                System.out.print('B');
        }

        Sub(char x) {
                this( );
                System.out.print(x);
        }
}

public class Test {
        public static void main(String[ ] args) {
                Super s1 = new Super('C');
                Super s2 = new Sub('D');
        }
}
```

① ABCD
② ACBD
③ CABD
④ CBAD

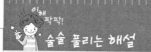

08 2014 국가직

Java 클래스 D의 main( ) 함수 내에서 컴파일하거나 실행하는 데 에러가 발생하지 않는 명령어는?

```java
abstract class A {
        public abstract void disp( );
}

abstract class B extends A {
}

class C extends B {
        public void disp( ) { }
}
public class D {
        public static void main(String[ ] args) {

        }
}
```

① A ap = new A( );
② A bp = new B( );
③ A cp = new C( );
④ B dp = new B( );

09 2018 계리직

Java 프로그램의 실행 결과로 옳은 것은?

```java
class Test {
    public static void main(String[ ] args) {
        int a = 101;
        System.out.println((a)>>2) << 3);
    }
}
```

① 0   ② 200
③ 404   ④ 600

술술 풀리는 해설

06

try { }에서 a/b의 계산식은 분모가 0이므로 문제가 발생하여 A의 출력 없이 catch { }로 이동하여 B, C, D만 출력된다.　답 ②

07

• Super s1 = new Super('C');
 – Super('C')이므로 Super 클래스의 Super(char x) 메서드가 실행되어 'C'가 출력된다.
• Super s2 = new Sub('D');
 – Sub 클래스가 실행되고 super( )에 의해 'A'가 출력된다.
 – super( ) 다음에 'B'가 출력된다.
 – 마지막으로 'D'가 출력된다.　답 ③

08

'abstract'를 통해 class A와 B는 추상 클래스(abstract class)임을 알 수 있다. 추상 클래스는 객체를 생성할 수 없다. 그러므로 A와 B를 통해 객체를 생성하지 않는 ③이 정답이다.
　답 ③

09

• 》, 《 연산자 : 주어진 비트만큼 오른쪽이나 왼쪽으로 이동시키는 연산
• 용례 : a)〉b (a를 b 비트만큼 오른쪽으로 이동)
• 방법1 : 10진법으로 환산 후 2비트(=2²)로 나눈 다음 3비트(=2³)로 곱하기, 여기서 나머지는 버린다.
 $101 \div 2^2 = 25 \rightarrow 25 \times 2^3 = 200$
• 방법2 : 2진수 비트 이동
 01100101 → 00011001 → 11001000　답 ②

적중 예상 문제

01 다음 Java 프로그램의 출력 결과는?

```java
public class Foo {
    public static void main(String[ ] args) {
        int i, j, k;
        for (i = 1, j = 1, k = 0; i < 5; i++) {
            if ((i % 2) == 0)
                continue;
            k += i * j++;
        }
        System.out.println(k);
    }
}
```

① 6　　　　　　　　② 7
③ 8　　　　　　　　④ 9

02 가상 머신(Virtual Machine)에 대한 설명으로 옳지 않은 것은?

① 가상 머신은 사용자에게 다른 가상 머신의 동작에 간섭을 주지 않는 격리된 실행환경을 제공한다.
② 단일 컴퓨터에서 가상화를 사용하여 다수의 게스트 운영체제를 실행할 수 있다.
③ 가상 머신 모니터(Virtual Machine Monitor)를 사용하여 가상화하는 경우 반드시 호스트 운영체제가 필요하다.
④ 자바 가상 머신은 자바 바이트 코드가 다양한 운영체제상에서 수행될 수 있도록 한다.

03 다음 Java 언어로 작성한 프로그램의 실행 결과는?

```java
public class Test {
    public static void main(String[ ] args) {
        int ar[ ] = {10, 20, 30, 40, 50};
        int sum = 0, a = 100, b = 0;
        try {
            for(int i = 0; i < ar.length; i++) {
                sum += ar[i];
            }
            System.out.println(sum);
        } catch (ArrayIndexOutOfBoundsException e) {
            System.out.println("Array Index Out Of Bounds Exception");
        }
        try {
            float z = a / b;
            System.out.println(z);
        } catch (ArithmeticException e) {
            System.out.println("Arithmetic Exception");
        }
    }
}
```

① 100
　　Array Index Out Of Bounds Exception
② 100
　　0.0
③ 150
　　Arithmetic Exception
④ 150
　　/ by zero at Test.main(Test.java : 14)

04 다음의 Java 소스코드 내용 중 포함되지 않은 개념은?

```
class Divider {
    public double divide(double a, double b) { return a/b; }
}
class Idivider extends Divider {
    private double divide(double a, double b) { return b/a; }
}
```

① 캡슐화(Encapsulation)
② 상속(Inheritance)
③ 오버라이딩(Overriding)
④ 오버로딩(Overloading)

05 다음 중 객체지향 설계에 있어서, 객체가 수행하는 기능으로, 객체가 갖는 데이터를 처리하는 알고리즘과 관련이 적은 것은?

① 메서드
② 멤버 함수
③ 연산
④ 속성

06 다음 그림의 (ㄱ)에 들어갈 말로 적당한 것은?

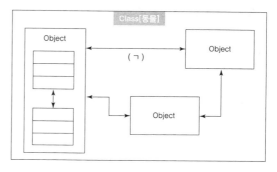

① 메시지
② 속성
③ 연산
④ 함수

한눈에 보는 정답과 해설

01 (i%2) = = 0 구문은 i가 짝수일 때만 참이 되기 때문에 처음 시작을 할 때는 해당되지 않는다. i는 1부터 5 미만까지 반복된다. continue 문은 바로 다시 for문의 첫 줄로 돌아가게 된다. k는 0, i는 1, j는 1에서부터 시작한다. ++가 j의 뒤에 붙었기 때문에 k += i*j를 실행한 후에 j의 값을 1 증가시킨다.

	i=1	i=2	i=3	i=4
k	1	1	7	7
j	2	2	3	3

최종적으로 k의 값은 7이 출력된다.

02 ③ 가상화 머신 모니터(Virtual Machine Monitor ; VMM)를 운영체제 없이 하드웨어에 설치하여 가상화할 수 있다.

03 try문을 실행시켜서 만약 오류가 발생하면, try문은 수행을 중단하고 catch문으로 이동한다.
catch문에서는 try문에서 발생한 오류에 따라서 catch문이 실행된다. finally문은 오류의 발생 여부에 상관없이 최종 실행되는 문이다.

첫 번째 try문은 ar[ ] 배열 요소의 값들을 모두 더하는 연산을 하고 그 값을 sum 변수에 저장된다. 그 후 sum 변수가 출력된다. 따라서 1500이 출력된다.
배열에서 읽을 수 없는 배열 값을 가져올 때 생기는 오류가 발생하지 않기 때문에 catch문은 실행되지 않는다.
두 번째 try문에서 b값이 0이기 때문에 오류가 발생한다. 따라서 try문은 실행이 중지되고 catch문이 실행되고, Arithmetic Exception 문장이 출력된다.

04 변수 타입이나 개수가 다른 동일한 함수명을 사용하는 부분이 없다.

05 속성은 객체가 가지는 정보로, 데이터에 해당한다.

06 메시지는 객체 사이에 정보를 주고받음에 따라 상호작용할 수 있도록 해주는 수단이다.

01 ② 02 ③ 03 ③ 04 ④ 05 ④ 06 ①

07 다음 중 정보 은닉과 가장 밀접한 관계를 갖는 객체지향 모델링의 기본 원리는?

① 캡슐화
② 추상화
③ 상속성
④ 다형성

08 다음의 Java 프로그램 for문에서 { } 안에 위치한 첫 명령문 다음으로 실행되는 것은 무엇인가?

```
for(초기화; 조건문; 증감수식)
{
    명령문1;
    명령문2;
    ...
}
```

① 초기화
② 조건문
③ 증감수식
④ 종료

09 객체 지향 기법에서 캡슐화(Encapsulation)에 대한 옳은 내용 모두를 나열한 것은?

⊙ 캡슐화를 하면 객체 간의 결합도가 높아진다.
ⓒ 캡슐화된 객체들은 재사용이 용이하다.
ⓒ 프로그램 변경에 대한 오류의 파급효과가 적다.
ⓔ 인터페이스가 단순해진다.

① ⊙, ⓒ
② ⊙, ⓒ, ⓔ
③ ⓒ, ⓒ, ⓔ
④ ⊙, ⓒ, ⓒ, ⓔ

10 다음 Java 언어로 작성한 프로그램의 실행 결과는?

```java
public class Main {
    public static void main(String[ ] args) {
        String name = "Java";
        int length = name.length( );

        System.out.println("Length = " + length);
    }
}
```

① Java
② Length
③ Length = Java
④ Length = 4

11 다음 Java 언어로 작성한 프로그램의 실행 결과는?

```java
public class Main {
    public static void main(String args[ ]) {
        String str = "this is a test";
        System.out.println(removeChar(str,'s'));
    }

    public static String removeChar(String s, char c) {
        String r = "";
        for (int i = 0; i < s.length( ); i++) {
            if (s.charAt(i) != c)
            r += s.charAt(i);
        }
        return r;
    }
}
```

① This is a test
② this is a test
③ thiiatet
④ thi i a tet

12 다음 Java 언어로 작성한 프로그램의 실행 결과는?

```java
class ChangeCase {
    public static void main(String args[ ]) {
        String s = "This is a test.";
        System.out.println("Original : " + s);

        String upper = s.toUpperCase( );
        String lower = s.toLowerCase( );

        System.out.println("Uppercase : " + upper);
        System.out.println("Lowercase : " + lower);
    }
}
```

① Original : This is a test.
　Uppercase : THIS IS A TEST.
　Lowercase : this is a test.

② Original : This is a test.
　Uppercase : This Is A Test.
　Lowercase : this is a test.

③ Original : This is a test.
　Uppercase : THIS is a test.
　Lowercase : this is a test.

④ Original : This is a test.
　Uppercase : This is a test.
　Lowercase : This is a test.

한눈에 보는 정답과 해설

07 타 객체에는 자신의 정보를 은닉하고 해당 객체에 적용되는 연산만을 통하여 접근을 허용하는 개념이므로 캡슐화와 일맥상통한다.

08 for문의 실행 순서는 다음과 같다.

```
for(초기화①; 조건문②⑤⑧; 증감수식④⑦)
{
        명령문1;
        명령문2;
        …
        ③⑥
}
```

09 **캡슐화의 특징**
- 관련이 있는 데이터와 연산자를 하나로 묶어서 재사용할 수 있다.
- 객체지향 개념에서 관련된 데이터와 함수를 함께 묶어서 외부와의 경계를 만들어서 필요한 인터페이스만 밖으로 내보일 수 있다.
- 소프트웨어의 재사용률이 높아진다.
- 인터페이스를 단순화시킬 수 있다.
- 변경이 있을 때 오류의 파급 효과가 적은 편이다.

10 name 변수에 Java 문자열로 할당이 되었다.
length 함수는 문자열과 관련된 함수 중 하나로 문자열의 길이를 반환하는 함수이다. name 변수의 문자열 길이는 4로 length 변수에는 정수 4가 할당된다.
따라서 출력되는 문장은 Length = 4이다.

11 str 변수에는 this is test라는 문자열이 할당된다.
removeChar은 사용자 정의 함수로 입력 파라미터는 2개이다.
removeChar에서 입력된 파라미터 문자열 변수 s와 문자 변수 c가 있다.
r 변수는 빈 문자열이 할당된다.
for 문을 이용하여 s 변수의 문자열 길이만큼 반복된다.
반복을 진행하면서 아래 과정을 반복한다.
charAt 함수는 문자열 중에서 해당 인덱스의 위치의 문자를 반환하는 함수이다.
s변수의 i번째에 해당하는 글자와 문자 변수 c를 비교하여 만약 같지 않다면 r 변수에 s변수의 i번째 글자를 추가한다.
위 함수는 s 변수에 들어있는 문자열에서 c 변수에 들어있는 문자를 제외시키는 함수이다.
따라서 s = 'this is a test'에서 글자 's'를 뺀 'thi i a tet'가 최종적으로 출력된다.

12 먼저 Original : 'This is a test'라는 문장이 출력된다.
toUpperCase 함수는 모든 문자를 대문자로 바꾸어 반환하는 함수이다.
따라서 upper 변수에는 'THIS IS A TEST'라는 문자열이 저장된다.
toLowerCase 함수는 모든 문자열을 소문자로 바꾸어 반환하는 함수이다.
따라서 lower 변수에는 'this is a test'라는 문자열이 저장된다.

07 ①　08 ③　09 ③　10 ④　11 ④　12 ①

03 웹 개발 언어

01 개요 2016

컴퓨터일반 GO! 득점

① 정적 웹 스크립트 언어 : 상호작용성이 없다(HTML).
② 동적 웹 스크립트 언어 : 상호작용성이 있다.

[동적 웹 스크립트 언어의 종류]

구 분	웹 스크립트 언어
SSS(Server Side Script) : 서버 측 스크립트 언어	ASP, CGI, JSP, PHP, ASP.NET
CSS(Client Side Script) : 클라이언트 측 스크립트 언어	JavaScript, JScript, VBScript

02 HTML

1 개념

Hyper Text Markup Language의 약자로 Web Page를 만들기 위한 기본 언어이다. 상호작용성이 없는 정적인 표현만 가능하다.

2 태그의 종류와 형식

① **종류** : 태그에는 문자열의 시작을 나타내는 시작 태그와 끝을 나타내는 끝 태그가 있다.

태그(tag)
문서의 형식을 지정하는 일종의 해석 기호이다.

> 시작 태그의 형식 : 〈"태그이름"〉
> 끝 태그의 형식 : 〈/"태그이름"〉

☑ **Check** Point

Markup Language
문자열의 앞뒤에 태그를 붙여 그 문자열의 특성을 나타내 주는 언어

• 시작 태그 안에 '속성 이름="속성값"'의 쌍으로 태그의 속성을 지정하기도 한다.

② 기본 태그
  ㉠ 〈HTML〉 ~ 〈/HTML〉 : HTML 문서의 선언
  ㉡ 〈HEAD〉 ~ 〈/HEAD〉 : 문서 정보 및 스크립트 등이 삽입된다.
  ㉢ 〈TITLE〉 ~ 〈/TITLE〉 : HEAD 태그 안에 삽입되며 문서의 정보를 나타낸다.
  ㉣ 〈BODY〉 ~ 〈/BODY〉 : 브라우저에 나타낼 내용이 삽입된다.
③ 문서 표현
  ㉠ 〈FONT〉 ~ 〈/FONT〉 : 페이지에 나타날 글씨의 크기, 색깔, 글자체 등을 설정한다. 1~7의 size 지정이 가능하며 기본 값은 3이다.
  ㉡ 〈BR〉 : 행을 넘긴다.
  ㉢ 〈P〉 : 단락 구분
  ㉣ 〈TABLE〉 ~ 〈/TABLE〉 : 표 작성 태그로, 사이에 표 작성에 관한 태그들이 삽입된다.
  ㉤ 〈CAPTION〉 ~ 〈/CAPTION〉 : 표 제목 표시
  ㉥ 〈TH〉 ~ 〈/TH〉 : 필드 이름 표시
  ㉦ 〈TR〉 ~ 〈/TR〉 : 표의 행으로 사이에 〈TD〉~〈/TD〉 태그가 삽입된다.
  ㉧ 〈TD〉 ~ 〈/TD〉 : 표 행의 칸에 들어갈 내용 표시

3 HTML의 기본 구조

```
〈HTML〉
 〈HEAD〉
  〈TITLE〉
    타이틀 이름
  〈/TITLE〉
 〈/HEAD〉

 〈BODY〉

   Body태그 안의 내용이 브라우저에 나타난다.

 〈/BODY〉
〈/HTML〉
```

4 하이퍼링크(Hyper Link)

하이퍼텍스트 상에서 원하는 곳으로 이동할 수 있도록 만들어진 링크이다.
① 〈A〉태그에 의해 하이퍼링크가 만들어진다.

```
〈A href = "가고자 하는 곳의 주소"〉링크가 될 부분〈/A〉
```

컴퓨터일반 GO! 득점

HTML5
HTML의 완전한 5번째 버전으로, 월드 와이드 웹(World Wide Web)의 핵심 마크업 언어이다. HTML5는 HTML 4.01, XHTML 1.0, DOM 레벨 2 HTML에 대한 차기 표준 제안이다. 비디오, 오디오 등 다양한 부가 기능과 최신 멀티미디어 콘텐츠를 액티브X 없이 브라우저에서 쉽게 볼 수 있게 하는 것을 목적으로 한다. W3C는 2014년 HTML5 표준안을 확정했다고 발표했다.

하이퍼텍스트(hypertext)
문서의 중간에 연결이 포함된 텍스트가 있어, 텍스트 클릭을 통해 연결된 문서로 넘어가도록 한 것이다.

② 다른 웹 사이트로의 링크

〈A href="http://www.정훈에듀.com/"〉정훈사 홈페이지로의 링크〈/A〉

③ 자기 계정 내에서의 링크

하위 폴더 : 〈A href="example/travel.htm"〉
상위 폴더 : 〈A href="../게시판/게시판.html"〉

④ 한 페이지 내에서의 링크

링크 : 〈A href="문서명#문서 내 위치명"〉링크가 될 부분〈/A〉
위치 정의 : 〈A name="문서 내 위치명"〉〈/A〉

03 CGI(Common Gate Interface)

1 개 념

사용자로부터 입력받은 정보를 서버의 데이터베이스에 저장하거나 사용자가 원하는 정보를 데이터베이스로부터 추출하여 보여주는 상호작용적 표현이 가능하다(게시판, 카운터, 방명록 등을 제공).

2 CGI의 작동 과정

① 사용자가 클라이언트의 웹 브라우저를 통해 정보를 입력한다.
② 서버는 입력된 정보를 CGI 응용프로그램에 전달한다.
③ 프로그램은 파일 시스템이나 데이터베이스에 접근하여 이 정보를 처리하고 그 결과를 서버를 통해 사용자의 브라우저로 전달한다.
④ 사용자의 웹 브라우저는 전송받은 결과를 사용자에게 HTML 문서로 보여준다.

3 CGI 작동을 위한 HTML 태그

① 〈FORM〉: HTML에서 CGI 프로그램으로 데이터를 전달하는 데에 쓰이는 태그이다.
② 〈INPUT〉: 〈FORM〉 태그 안에서 입력 양식을 지정하기 위해 쓰이는 태그이다.

04 ASP(Active Server Page) 2010

1 개 념

사용자가 웹페이지를 상호작용적으로 사용할 수 있도록 고안된 스크립트 언어로 Windows 계열 서버에서 사용된다.

2 특 징

① 서버 측에서 실행되는 스크립트 언어이다.
② CGI에 비해 작성이 쉽고 서버의 부담이 적다.
③ 비주얼베이직 스크립트(VBScript)나 자바스크립트(JavaScript)를 사용한다.
④ HTML 문서 내에 〈% ~ %〉 태그 사이에 스크립트를 작성하여 포함한다.
⑤ ASP 스크립트는 서버에서 실행되고 HTML 태그로 변환되어 클라이언트에게 보내지므로 사용자는 HTML 문서만을 보게 되어 소스코드의 보안성이 보장된다.

05 PHP(Hypertext Preprocessor) 2010

1 개 념

ASP와 마찬가지로 웹 페이지를 상호작용적으로 사용할 수 있도록 해주는 스크립트 언어로, UNIX, Linux, Windows 등 거의 모든 OS를 지원한다.

2 특 징

① 서버 측에서 실행되는 스크립트 언어이다.
② CGI에 비해 작성이 쉽고 서버의 부담이 적다.
③ 데이터베이스 연동이 쉽고 강력하다.
④ Perl 등 자체 언어를 사용하여 스크립트를 작성한다.
⑤ HTML 문서 내에 〈?php ~ ?〉 태그 사이에 스크립트를 작성하여 포함한다.
⑥ 오픈 소스이며 무료 소프트웨어이고 Linux 서버를 이용할 수 있으므로 유지비가 저렴하다.

06 JSP(Java Server Page) `2010`

1 개 념

JAVA 기반의 스크립트 언어로, 웹 페이지를 상호작용적으로 사용할 수 있도록 해준다. JAVA의 고유한 플랫폼 독립성에 의해 UNIX, Linux, Windows 등 모든 OS를 지원한다.

2 특 징

① 서버 측에서 실행되는 스크립트 언어이다.
② 객체지향적이고 네트워크 지향적이며 보안성이 뛰어나다.
③ 자바에서 데이터베이스를 제어하기 위해 지원하는 JDBC(Java Database Connectivity)를 이용하여 각종 데이터베이스를 이용할 수 있다.
④ JAVA 코드 및 JavaBean 컴포넌트를 내장시켜 웹 페이지를 구성한다.
⑤ 화면 구성을 위한 html과 프로그램 로직 분리가 가능하다.
⑥ Javabean 컴포넌트를 통해 프로그램 재사용성을 높일 수 있다.
⑦ ASP와 마찬가지로 HTML 문서 내에 〈% ~ %〉 태그 사이에 스크립트를 작성하여 포함한다.

JDBC(Java Database Connectivity)
자바에서 데이터베이스에 접속할 수 있도록 하는 자바 API이다. JDBC는 데이터베이스에서 자료를 쿼리하거나 업데이트하는 방법을 제공한다.

자바빈즈(JavaBeans)
자바로 작성된 소프트웨어 컴포넌트이다. 자바빈즈의 사양은 썬 마이크로시스템즈에서 다음과 같이 정의되었다. "빌더 형식의 개발도구에서 가시적으로 조작이 가능하고 또한 재사용이 가능한 소프트웨어 컴포넌트이다."

07 JavaScript `2010`

동적인 웹 페이지와 상호작용을 지원하기 위하여 개발된 클라이언트 측 웹 스크립트 언어이다. 동적 HTML의 객체들을 제어하는 데에 필수적으로 사용된다. 특징은 다음과 같다.
① HTML 문서 내의 〈SCRIPT〉 ~ 〈/SCRIPT〉 태그로 포함되어 사용된다.
② JAVA 애플리케이션과 달리 컴파일 되지 않아 소스를 숨길 수 없다.

JavaScript의 특징
• 대소문자를 구분한다.
• 문자열 상수는 인용부호("", '')로 묶어주어야 한다.
• 상수는 인용부호를 붙이지 않는다.
• Script 태그를 지정해 HTML 문서 내에 삽입해 지정한다.
• HTML 문서가 하지 못하는 동적인 웹페이지를 만들기 위해 사용된다.

08 AJAX(Asynchronous Javascript and XML, 에이잭스) `2010`

대화식 웹 제작을 위해 다양한 기술 조합을 이용하는 기법이다. 포함하는 기술은 HTML, 자바스크립트, XML이다.
즉, 특정 기술이 아니라 필요한 기술의 묶음으로 간주된다. 대표적으로 Prototype, JQuery, Google Web Toolkit 등의 프레임워크가 있으며 특징은 다음과 같다.
① 새로운 웹 페이지 갱신을 위해 구성 요소의 일부분 데이터만을 대화식으로 웹 서버에 비동기 요청하여 클라이언트에서 처리할 수 있다.
② 데이터 처리량이 줄어들어 대역폭을 절약할 수 있다.
③ HTTP 클라이언트 기능이 한정되고 AJAX를 사용할 수 없는 브라우저(오페라7 이하, MS 인터넷 익스플로러 4.0 이하 버전 등)가 존재한다.

09 XML(Extensible Markup Language) 2016

1 개 념

W3C에서 개발된, 다른 특수한 목적을 갖는 마크업 언어를 만드는 데 사용하도록 권장하는 다목적 마크업 언어이다.

2 특 징

① 웹 2.0 시대에 정보의 공유, 개방, 사용자의 참여 등을 위한 핵심 기술과 차세대 웹 환경으로 기대되는 시맨틱(semantic) 웹 기능은 XML 문서를 근간으로 구현되고 있다.
② 전자도서관이나 전자출판과 같이 문서 교환이 필요한 분야에서 많이 활용되고 있다.
③ 구조화된 표현이 가능하여 문서 구조에 기반한 특정 정보를 검색하는 것이 가능하다.

웹 캐시(web cache)
사용자가 어떤 사이트에 접속할 때 원래 서버를 통해 사용자에게 정보를 제공하고 그와 함께 프록시 서버에 정보가 저장된 파일을 말한다.

01 2010 계리직

웹 애플리케이션을 개발하기 위한 스크립트 언어 중 성격이 다른 것은?

① JavaScript
② JSP
③ ASP
④ PHP

02 2010 계리직

웹 개발 기법의 하나인 AJAX(Asynchronous Javascript and XML)에 대한 설명으로 옳지 않은 것은?

① 대화식 웹 애플리케이션을 개발하기 위해 사용된다.
② 기술의 묶음이라기보다는 웹 개발을 위한 특정한 기술을 의미한다.
③ 서버 처리를 기다리지 않고 비동기 요청이 가능하다.
④ Prototype, JQuery, Google Web Toolkit은 대표적인 AJAX 프레임워크이다.

03 2014 국가직

인터넷 관련 용어에 대한 설명으로 옳지 않은 것은?

① POP3, IMAP, SMTP는 전자 우편 관련 프로토콜이다.
② RSS는 웹사이트 간의 콘텐츠를 교환하기 위한 XML 기반의 기술이다.
③ CGI(Common Gateway Interface)는 웹서버 상에서 다른 프로그램을 실행시키기 위한 기술이다.
④ 웹 캐시(web cache)는 웹 서버가 사용자의 컴퓨터에 저장하는 방문 기록과 같은 작은 임시파일로 이를 이용하여 웹 서버는 사용자를 식별, 인증하고 사용자별 맞춤 정보를 제공할 수도 있지만 개인 정보 침해의 소지가 있다.

04 2010 국가직

XML(eXtensible Markup Language)에 대한 설명으로 옳지 않은 것은?

① XML은 웹 문서의 구성 요소에 대한 스타일을 정의하는 표준이다.

② 웹 2.0 시대에 정보의 공유, 개방, 사용자의 참여 등을 위한 핵심 기술과 차세대 웹 환경으로 기대되는 시맨틱 (semantic) 웹 기능은 XML 문서를 근간으로 구현되고 있다.

③ XML은 전자도서관이나 전자출판과 같이 문서 교환이 필요한 분야에서 많이 활용되고 있다.

④ XML은 구조화된 표현이 가능하여 문서 구조에 기반한 특정 정보를 검색하는 것이 가능하다.

술술 풀리는 해설

01
JavaScript는 클라이언트 프로그래밍 언어이고, 나머지는 서버 프로그래밍 언어이다.

답 ①

02
AJAX는 특정 기술을 의미하는 것이 아니라 기술의 묶음이다.

답 ②

03
④ 웹 캐시(web cache)는 사용자가 어떤 사이트에 접속할 때 원래 서버를 통해 사용자에게 정보를 제공하고 그와 함께 프록시 서버에 정보가 저장된 파일을 말한다.

답 ④

04
① CSS(Cascading Style Sheets)는 웹 문서의 구성 요소에 대한 스타일을 정의하는 W3C의 표준이다. HTML과 XHTML에 주로 쓰이며, XML에서도 사용할 수 있다. 레이아웃과 스타일을 정의할 때의 자유도가 높다.

답 ①

적중 예상 문제

01 HTML5의 특징에 대한 설명으로 옳지 않은 것은?

① 플러그인의 도움 없이 음악과 동영상 재생이 가능하다.

② 쌍방향 통신을 제공하여 실시간 채팅이나 온라인 게임을 만들 수 있다.

③ 디바이스에 접근할 수 없어서 개인정보 보호 및 보안을 철저히 유지할 수 있다.

④ 스마트폰의 일반 응용프로그램도 HTML5를 사용해 개발할 수 있다.

02 다음 중 게시판 입력, 상품 검색, 회원 가입 등과 같은 데이터베이스 처리 작업을 수행하기 위해 사용하며, 웹 서버에서 작동하는 스크립트 언어들로만 모아 놓은 것은?

① JavaScript, VBScript,

② Java, Java Applet, JavaScript

③ HTML, XML, SGML

④ ASP, JSP, PHP

03 다음 중 서버에 데이터를 전송하기 전 아이디나 비밀번호의 입력 여부 또는 수량 입력과 같은 입력 사항을 확인할 때 사용하는 웹 프로그래밍 언어로 가장 적절한 것은?

① VRML   ② UML

③ JavaScript   ④ CSS

04 다음 중 워드프로세서에서 엔터를 입력한 것과 같은 효과를 내는 HTML 태그는?

① ⟨BR⟩   ② ⟨P⟩

③ ⟨TR⟩   ④ ⟨A⟩

05 다음은 HTML 파일의 소스이다. 웹 페이지에 게시할 표를 작성하여 삽입하려면 어느 위치에 두어야 하는가?

```
⟨HTML⟩
  ⟨HEAD⟩
    ⟨TITLE⟩
                    ← (ㄱ)
    ⟨/TITLE⟩
  ⟨/HEAD⟩
                    ← (ㄴ)
  ⟨BODY⟩
                    ← (ㄷ)
  ⟨/BODY⟩
                    ← (ㄹ)
⟨/HTML⟩
```

① (ㄱ)

② (ㄴ)

③ (ㄷ)

④ (ㄹ)

06 다음의 웹 스크립트 언어 중 리눅스 서버에서 작동하지 않는 것은?

① HTML   ② ASP
③ PHP   ④ JSP

07 다음의 웹 스크립트 언어에 대한 설명으로 옳지 않은 것은?

① JSP는 JDBC를 이용하여 오라클 데이터베이스를 사용할 수 있다.
② PHP는 스크립트 작성을 위해 Perl을 사용한다.
③ JavaScript는 소스를 숨길 수 있어 보안성이 뛰어나다.
④ CGI로 웹 페이지 상의 카운터를 구현할 수 있다.

 한눈에 보는 정답과 해설

01 ① HTML5는 플러그인을 사용하지 않고도 비디오와 오디오 등과 같은 미디어의 재생이 가능하다.
② HTML5에서는 양방향 통신을 할 수 있어 실시간으로 데이터를 주고받을 수 있다. 따라서 실시간 채팅이나 온라인 게임을 제작하여 사용할 수 있다.
신규 태그들이 등장하면서 해커들이 공격할 수 있는 포인트가 많아졌다. 웹에서 사용한 정보의 접근과 제어가 자바스크립트를 통해서 이루어지기 때문에, XSS 같은 스크립트 기반의 공격으로 유출될 수 있는 가능성이 있다. 따라서 웹 방화벽이나 시큐어 코딩과 같은 XSS를 막기 위한 대응을 해야 한다.
④ 모든 디바이스, 주변장치와 운영체제에 사용할 수가 있기 때문에 스마트폰을 사용해서 HTML5를 사용하여 개발할 수 있다.

02 스크립트 언어는 컴파일 과정이 없이 바로 실행이 되는 언어이다. 웹 서버에서 작동하는 스크립트 언어들은 다음과 같다.
• ASP : 마이크로소프트 사에서 동적 웹 페이지를 만들기 위해 개발한 스크립트 언어이다.
• JSP : Java를 기반으로 웹 환경에 맞춰서 개발된 언어이다. 보안성이 우수하고 기능이 다양하다는 장점이 있다. 하지만 객체 지향의 개념이 필요하므로 사용자가 습득하기에는 다른 언어보다 진입 장벽이 있는 편이다.
• PHP : Oracle, Sybase 등 여러 데이터베이스를 지원한다. 쉽게 설치가 가능하며, 다른 언어보다 배우기도 쉽기 때문에 개발 기간과 웹 사이트 구축에 시간이 적게 걸리는 편이다.

03 ③ JavaScript : HTML 페이지를 변경하거나 콘텐츠를 추가하고 제거할 수 있다. 또한 사용자와의 상호작용을 하기 위한 기능을 추가할 수 있고, 마우스와 키보드 이벤트에 대한 스크립트를 실행시킬 수 있는 웹 프로그래밍 언어이다.
① VRML : Virtual Reality Modeling Language의 약자로 인터넷 환경에서 3차원 환경을 만들기 위해 개발된 스크립트 언어이다.
② UML : Unified Modeling Language의 약자로 소프트웨어 시스템이나 시스템들의 산출물들을 정하고 시각화를 하여 문서화하기 위한 용도로 쓰이는 언어이다.
④ CSS : CSS는 Cascading Style Sheets의 약자로 HTML, XML, XHTML 같은 문서의 스타일을 꾸미고자 할 때 사용하는 스타일 시트 언어이다.

04 〈BR〉은 행을 넘기는 태그이다.

05 Body 태그 안의 내용이 브라우저에 나타난다.

06 ASP는 윈도우 계열의 서버에서만 작동이 가능하다.

07 JavaScript는 JAVA 애플리케이션과 달리 컴파일되지 않아 소스를 숨길 수 없다.

01 ③ 02 ④ 03 ③ 04 ① 05 ③ 06 ② 07 ③

PART 06

소프트웨어 공학

전 시험(2008~2022년) 기준 출제비중

| 11% | 10% | 15% | 15% | 5% | 15% | 10% | 0% | 5% |
| 2022년 | 2021년 | 2019년 | 2018년 | 2016년 | 2014년 | 2012년 | 2010년 | 2008년 |

연도별 기출문제분석 키워드

연 도	키워드	출제비중
2022년	기능점수 모형, 테스트의 특성	11%
2021년	UML과 클래스 다이어그램, MVC 아키텍처	10%
2019년	디자인 패턴, 임계경로, UML다이어그램	15%
2018년	소프트웨어 개발 방법론, 소프트웨어 설계 용어, 결합도의 강약	15%
2016년	소프트웨어 테스트	5%
2014년	프로토타입 모형, UML과 기본다이어그램, 소프트웨어 품질 검사 기법	15%
2012년	모듈화, CPM 기법 및 소작업 리스트	10%
2010년	–	–
2008년	Use Case Diagram	5%

출제
포인트 잡기

▶ 이 영역에서는 소프트웨어 생명 주기가 자주 출제되므로 각 모형의 특징을 숙지한다.
▶ 이외에는 각 장에서 골고루 출제되고 있으므로 각 개념을 파악해 본다.

01 소프트웨어 공학

출제경향분석

• 소프트웨어 개발 방법론의 종류(2018)
• 프로토타입 모형의 이해(2014)

01 소프트웨어의 개요

컴퓨터일반 GO! 득점

(1) 소프트웨어의 의미

컴퓨터 운영을 위한 프로그램을 주로 의미하며 부수적인 개발, 운용 문서를 포함하여 지칭한다. 기계장치를 의미하는 하드웨어와 대응 개념으로 쓰이고 있다.

(2) 시스템

컴퓨터 운영 환경으로서, 각종 소프트웨어, 하드웨어, 네트워크가 상호 연동하여 공통의 목표 기능을 수행할 수 있는 유기적 결합의 형태이다. 소프트웨어만 독립하여 존재하는 것은 의미가 없다.

(3) 소프트웨어 통합

'통합'이라는 용어는 별개의 소프트웨어 컴포넌트들이 전체적으로 결합되는 소프트웨어 개발 활동을 의미한다.

점진적 통합의 장점
• 문제점의 경로 파악 용이
• 컴포넌트들의 완전한 시험
• 초기 실행으로 피드백 얻기 쉬움

① **점진적 통합** : 적은 양의 코드를 작성한 후 이를 시험하여 한 번에 한 부분씩 더하는 방식으로 통합하는 것이다.
② **단계별 통합** : 한 번에 여러 개의 컴포넌트를 통합하는 것이다.

(4) 소프트웨어의 분류

대분류	중분류	소분류	내용
시스템 소프트웨어	운영체제	제어 프로그램	자료 관리, 자원 관리, 작업 관리
		처리 프로그램	언어 처리, 서비스, 기타 처리
	DB관리 프로그램		
	통신 제어 프로그램		
응용프로그램			사무용, 과학용, 기타

☑ **Check Point**

시스템 작업의 구성
입력 / 처리 / 출력 / 제어 / 피드백 작업

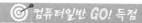

(5) 좋은 소프트웨어가 갖추어야 할 요건
① 사용의 편의성
② 사용의 직관성
③ 오동작의 최소화
④ 유지보수의 용이성
⑤ 경제성
⑥ 부수적 문서 완비

02 소프트웨어 공학

1 소프트웨어 공학의 개념

소프트웨어 규모의 확장과 개발 및 운영과 관련된 요구가 증대됨에 따라 소프트웨어 위기가 대두되었으며, 이를 극복하고 소프트웨어의 품질을 향상시키기 위해 공학적 접근을 도입한 학문 분야를 말한다.

(1) 소프트웨어의 위기와 대두 배경
① 컴퓨터 발달 과정상 하드웨어의 발전에 비해 소프트웨어 발전이 늦다.
② 사용자 요구가 증가하나 개발 생산성이 이를 따르지 못한다.
③ 소프트웨어 유지보수가 어렵고 비용이 증가한다.

(2) 소프트웨어 공학의 범위
① 개발 기법 : 분석 설계, 구조적 프로그래밍, 구조적 개발 기법, 객체지향 개발 기법
② 프로젝트 관리 기법 : 품질 보증, 형상관리, 재사용, 위험관리, 유지보수 등
③ 개발 도구 및 방법론 : 설계 도구, 시험 도구, 역공학 도구

> **소프트웨어 공학의 기본원칙**
> • 현대적인 프로그래밍 기술을 계속적 적용
> • 지속적 검증(유지보수 - 시간과 비용이 가장 많이 투입됨)
> • 결과에 대한 명확한 기록유지(문서화)

2 소프트웨어의 품질 특성

① **기능성**(functionality) : 물리적 제약사항을 고려하지 않고 시스템이 해야 하는 일을 나타낸다. 시스템의 입력과 출력에 관한 요구사항을 포함한다.
② **사용 편의성**(usability) : 시스템을 사용하는 측면에서 고려되어야 하는 인간 공학적 요소, 미적 요소, 사용자 인터페이스에 있어서의 일관성, 사용자 문서, 교육자료 관련 요구사항 등의 만족을 의미한다.
③ **신뢰성**(reliability) : 실패 빈도와 심각성, 회복 능력, 예측 능력, 정확성을 의미한다.
④ **성능**(performance) : 기능적 요구사항에 대한 품질 조건으로 시스템의 성능적인 면으로 고려될 수 있는 사항으로는 속도, 효율성, 자원 사용, 처리율, 응답시간 등이 있다.
⑤ **지원성**(supportability) : 시험 가능성, 유지보수성을 의미한다.
⑥ **설계 요구사항 만족성** : 설계 제약조건이라고도 불리는 기술적 솔루션 요구사항의 만족성을 의미하며 시스템 설계 시 제약 사항으로 작용한다.

> **역공학**(reverse engineering, 리버스엔지니어링)
> 완성된 제품을 상세하게 분석하여 그 기본적인 설계 내용을 추적하는 것을 말한다.

> **솔루션**(solution)
> 어떤 시스템과 연계된 문제들 및 요구사항을 처리해 주는 하드웨어나 소프트웨어를 말한다.

⑦ **구현 요구사항 만족성** : 코딩이나 시스템 구축 시의 제약 사항에 대한 만족성을 의미한다. 예를 들면, 요구사항 표준, 구현 언어, 데이터베이스 무결성 정책, 자원 제한, 운영 환경 등을 들 수 있다.

⑧ **인터페이스 요구사항 만족성** : 시스템이 상호작용해야 하는 외부 요소, 형식에 대한 제약 조건, 시간적 제약 조건, 상호 작용에 의해 사용된 다른 요소에 대한 만족성을 말한다.

⑨ **물리적 요구사항 만족성** : 시스템이 가져야 할 물리적인 특징의 만족성을 의미한다. 이런 유형의 요구사항은 물리적인 네트워크 구성과 같은 하드웨어 요구사항이 포함된다.

3 소프트웨어 생명 주기 중요 ★ 2018 2014

소프트웨어 개발과정상, 계획 및 설계, 개발 및 유지보수 등의 과정을 단계별로 나누고 이를 규정한 것을 말한다.

(1) 폭포수 모형(=선형순차 모형, 단계적 생명주기)

① **의미** : 생명 주기 각 단계를 완전하게 수행한 뒤 다음 단계로 진행하는 방식으로, 가장 흔히 사용되는 모형이다.

② **장 · 단점** : 많은 사례가 있어, 경험을 이용할 수 있다는 장점이 있으나, 개발 과정 중에 대두되는 새로운 요구사항이나 개선점을 반영하기 어렵고 완전무결한 상태에서 다음 단계로 진행하는 것이 현실적으로 어렵다는 단점이 있다.

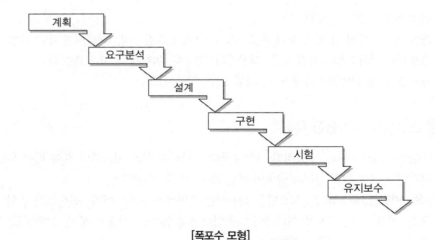

[폭포수 모형]

(2) 프로토타입 모형

① **의미** : 목표로 하는 소프트웨어에 대한 모의 견본을 미리 만들어 조정을 거쳐 구현하는 모형으로, 개발 완료 이전에 오류를 발견하고자 하는 목적에서 적용되었다.

② **장 · 단점** : 요구사항 변경이 용이하므로 발주자의 요구사항을 충실히 반영할 수 있으며, 발주자도 개발될 시스템을 미리 경험할 수 있으므로 명확한 요구사항 도출이

가능하다. 다만, 완전히 완성된 견본이 아니므로 최종 개발 완료될 부분까지 참조하는 것은 어렵다.

③ 프로토타입을 통해 줄어들 수 있는 위험 요소
- ㉠ 개발되는 제품의 업무 적용 시 사용 가능성
- ㉡ 중요 기술의 안정성과 성능
- ㉢ 작은 규모의 프로토타입 제작을 통한 프로젝트 위탁 가능성 검증과 필요 자금 파악
- ㉣ 요구사항에 대한 이해
- ㉤ 제품의 사용 편의성

④ 프로토타입의 종류
- ㉠ 행위적 프로토타입 : 개발된 시스템의 구조에 초점을 맞추지 않고, 사용자에게 필요한 시스템의 행위를 조사하는 데 초점을 맞춘다. 이러한 방법은 '빠르지만 임시 방편책'의 방법으로 이루어지며, 프로젝트 표준을 준수하지 않는다.
- ㉡ 구조적 프로토타입 : 목표 시스템의 구조나 기술적인 측면에 초점을 맞춘다. 이러한 방법은 최종적으로 개발될 시스템으로 진화되어 갈 수 있으며, 사용될 개발 환경에 익숙해질 때까지의 교육 목적으로도 활용될 수 있다.
- ㉢ 예비적 프로토타입 : 시스템의 기능이나 기술적인 측면을 시험할 목적으로 소규모로 시험하고자 할 때 사용된다. 이러한 프로토타입은 사용 후 버려지게 되며, 비공식적인 용도의 시험 목적으로 1~2명의 구현자에 의해 만들어진다.
- ㉣ 점진적 프로토타입 : 점진적으로 발전되어 최종 시스템이 되는 방법이다. 이후 최종 시스템이 된다는 점을 고려한다면 초기의 개발 시에도 보다 공식적인 절차를 거쳐서 이루어져야 한다.

(3) 나선형 모형(Spiral Model)

① 의미 : 폭포수 모형과 프로토타입 모형의 장점만을 취합하여 단계별로 계획, 위험분석, 구현, 평가 등의 과정을 반복하여 단계별로 실행 가능한 결과물을 만드는 모형이다. 위험 관리에 중점을 두고 점진적으로 진행하는 모형이다.

② 장·단점 : 대규모 소프트웨어 개발 프로젝트에 적합한 편이며, 유지보수 과정이 별도로 필요치 않고 요구사항의 반영이 쉽다. 단, 위험 분석이 제대로 이루어지지 않으면 프로젝트가 실패할 가능성이 높아진다.

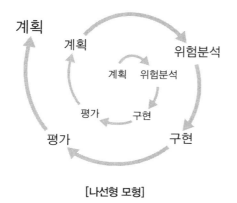

[나선형 모형]

프로토타입(prototype)
개발 중인 기기, 프로그램, 시스템 등의 성능 검증 및 개선을 위한 시제품을 말한다.

(4) 애자일(Agile) 모형

① 의미 : 개발 주기가 여러 번 반복되며 개발 환경에 맞게 요구사항을 추가하거나 변경하는 모형이다. 프로세스와 도구 중심이 아닌, 개발 과정의 소통을 중요하게 생각하는 모형이다.

② 장·단점 : 좀 더 빨리 결과물을 내놓을 수 있고, 고객의 피드백에 민첩하게 반응할 수 있는 방법론이다. 반복적인 개발을 통한 잦은 출시가 목표이자 특징이다. 다만, 적절한 요구사항의 통제가 이루어지지 않으면 개발이 표류할 수 있고 결과물의 품질이 떨어질 수 있다.

(5) 구조적 개발 방법론

현재까지 가장 널리 사용되고 있는 방법론으로 구조적 분석, 구조적 설계, 구조적 프로그래밍으로 구성된다. 하향식 기능 분할(fuctional decomposition)에 기반을 둔 프로세스 중심의 방법론으로, 단순한 업무처리 시스템의 개발에는 효과적이지만 데이터 분석 및 설계 부분이 취약하며, 분석, 설계, 구현에서 상이한 모델을 사용하므로 단계 간의 변환에 많은 노력이 소요된다. 따라서 대규모의 복잡한 시스템 개발에는 적합하지 않다.

(6) 객체지향 개발 방법론

① 컴퓨터 프로그램을 명령어의 목록으로 보는 시각에서 벗어나 여러 개의 독립된 단위, 즉 '객체'들의 모임으로 파악하고자 하는 것이다. 각각의 객체는 메시지를 주고받고, 데이터를 처리할 수 있다.

② 객체 지향 프로그래밍은 프로그램을 유연하고 변경이 용이하게 만들기 때문에 대규모 소프트웨어 개발에 많이 사용된다. 또한 프로그래밍을 더 배우기 쉽게 하고 소프트웨어 개발과 보수를 간편하게 하며, 보다 직관적인 코드 분석을 가능하게 하는 장점을 갖고 있다.

(7) 컴포넌트 기반 개발 방법론

① 기존의 시스템이나 소프트웨어를 구성하는 컴포넌트를 조립해서 하나의 새로운 응용프로그램을 만드는 소프트웨어 개발방법론이다.

② 기존의 시스템이나 소프트웨어를 구성하는 컴포넌트를 재사용하므로 개발될 소프트웨어의 양을 줄일 수 있다.

03 소프트웨어 공학 기술

1 소프트웨어 재사용(Reuse)

(1) 개념

기존 소프트웨어 개발 지식을 재사용하여 새로운 소프트웨어 개발에 적용하는 기술을 말한다. 기존 소스코드가 많이 재사용되며 개발 프로젝트 과정상 도출된 설계 산출물 등이 적극 활용된다.

(2) 특 성

장 점	단 점
• 개발 비용 및 시간의 단축 → 생산성 향상 • 소프트웨어 품질 향상 • 개발 프로젝트 실패 위험 감소	• 프로그램 언어 및 개발 방법론 종속 • 공통 사용 요소 및 재사용 요소 파악의 부담

2 소프트웨어 재공학(Reengineering)

(1) 개 념

새로운 요구에 부응한 소프트웨어 추가 개발에 있어, 기존 시스템을 적극 활용하여 발전적 시스템을 구축하고, 성능을 향상시킨다. 개발 생산성보다는 유지보수 용이성 향상 측면에 중점을 둔다.

(2) 특 성

소프트웨어 기술의 향상 및 수명 연장 효과를 얻을 수 있으며 작동상의 오류 절감 및 유지보수 비용 절감 등의 효과를 얻을 수 있다.

3 CASE(Computer Aided Software Engineering)

(1) 개 념

소프트웨어 개발 과정이 복잡해짐에 따라, 요구분석 및 설계, 구현, 테스트, 유지보수 등 개발 과정 전반에 걸쳐 전용 소프트웨어를 사용하여 자동화하는 기술을 의미한다. 현재의 소프트웨어 개발 프로젝트는 CASE 기법을 필수적으로 적용한다.

(2) 종류(적용과정 구분에 따른)

① Upper CASE : 소프트웨어 생명 주기의 요구분석 및 설계 단계를 지원한다.
② Lower CASE : 코딩 및 테스트, 산출물 작성 등을 지원한다.
③ Intergate CASE : 소프트웨어 생명 주기 전체 과정을 지원한다.

(3) 특 성

개발 생산성 및 품질 향상을 기대할 수 있으며 유지보수 수행을 용이하게 해준다. 전용 소프트웨어를 통해 잘 정비된 모듈은 재사용성이 높아진다.

01 [2018 계리직]

다음에서 설명하는 소프트웨어 개발 방법론으로 옳은 것은?

> 프로세스와 도구 중심이 아닌 개발 과정의 소통을 중요하게 생각하는 소프트웨어 개발 방법론으로 반복적인 개발을 통한 잦은 출시를 목표로 한다.

① 애자일 개발 방법론
② 구조적 개발 방법론
③ 객체지향 개발 방법론
④ 컴포넌트 기반 개발 방법론

02 [2014 계리직]

소프트웨어 생명주기 모형 중 프로토타입(Prototype) 모형에 대한 설명으로 옳은 것을 〈보기〉에서 고른 것은?

> **보기**
> ㉠ 프로토타입 모형의 마지막 단계는 설계이다.
> ㉡ 발주자가 목표 시스템의 모습을 미리 볼 수 있다.
> ㉢ 폭포수 모형보다 발주자의 요구사항을 반영하기가 용이하다.
> ㉣ 프로토타입별로 구현시스템에 대하여 베타테스트를 실시한다.

① ㉠, ㉡   ② ㉡, ㉢
③ ㉢, ㉣   ④ ㉠, ㉣

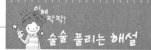

03 2013 국가직

소프트웨어 개발 프로세스 모형에 대한 설명으로 옳은 것은?

① 폭포수(waterfall) 모델은 개발 초기 단계에 시범 소프트웨어를 만들어 사용자에게 경험하게 함으로써 사용자 피드백을 신속하게 제공할 수 있다.

② 프로토타입(prototyping) 모델은 개발이 완료되고 사용 단계에 들어서야 사용자 의견을 반영할 수 있다.

③ 익스트림 프로그래밍(extreme programming)은 1950년대 항공 방위 소프트웨어 시스템 개발 경험을 토대로 처음 개발되어 1970년대부터 널리 알려졌다.

④ 나선형(spiral) 모델은 위험 분석을 해나가면서 시스템을 개발한다.

04 2017 서울시

다음은 폭포수 모델에서 제시하는 소프트웨어 개발 단계들 중 일부에 대한 설명이다. 제시된 소프트웨어 개발 단계를 순서대로 바르게 나열한 것은?

> ㄱ. 시스템 구조, 프로그램, 인터페이스를 설계한다.
> ㄴ. 소프트웨어를 이용하면서 문제점을 수정하거나 새로운 기능을 추가한다.
> ㄷ. 요구대로 소프트웨어가 적합하게 작동하는지 확인한다.
> ㄹ. 사용자의 요구사항을 파악한다.

① ㄱ → ㄴ → ㄷ → ㄹ

② ㄱ → ㄹ → ㄴ → ㄷ

③ ㄹ → ㄱ → ㄷ → ㄴ

④ ㄹ → ㄷ → ㄴ → ㄱ

술술 풀리는 해설

01

애자일(Agile) 개발 방법론

개발 주기가 여러 번 반복되며 개발 환경에 맞게 요구사항이 추가되거나 변경된다. 결과적으로 좀 더 빨리 결과물을 내놓을 수 있고, 고객의 피드백에 민첩하게 반응할 수 있는 방법론이다.

답 ①

02

프로토타입 모형은 목표로 하는 소프트웨어에 대한 모의 견본을 미리 만들어 조정을 거쳐 마지막 단계에서 최종 개발 결과물을 구현하는 모형이다. 개발 완료 이전에 오류를 발견하고자 하는 목적에서 적용되었다. 프로토타입 모형은 요구사항 변경이 용이하므로 발주자의 요구사항을 충실히 반영할 수 있으며, 발주자도 개발될 시스템을 미리 경험할 수 있으므로 명확한 요구사항 도출이 가능하다. 다만, 완전히 완성된 견본이 아니므로 중간에 최종 개발 완료될 부분까지 테스트하는 것은 어렵다.

답 ②

03

나선형 모형(spiral model) : 폭포수 모형과 프로토타입 모형의 장점만을 취합하여 단계별로 계획, 위험분석, 구현, 평가 등의 과정을 반복하여 단계별로 실행 가능한 결과물을 만드는 모형이다.

답 ④

04

계획 → 분석 → 설계 → 구현 → 시험 → 유지보수

답 ③

적중 예상 문제

01 폭포수(Waterfall) 모델의 변형으로 산출물보다는 각 개발 단계의 테스트에 중점을 두며, 테스트 활동이 분석 및 설계와 어떻게 관련되어 있는지 보여 주는 소프트웨어 개발 모델은?

① 나선형(spiral) 모델
② 원형(prototyping) 모델
③ 단계적 개발(phased development) 모델
④ V 모델

02 소프트웨어 개발을 위한 애자일 기법에 대한 설명으로 옳은 것은?

① 소프트웨어를 점증적으로 개발한다.
② 고객과의 협업보다 계약 협상을 더 중요시한다.
③ 계획에 따라 단계적으로 개발하므로 변화에 대응하기 어렵다.
④ 작동하는 소프트웨어보다 포괄적인 문서에 더 가치를 둔다.

03 다음에서 설명하는 소프트웨어 개발 방법론은?

• 애자일 방법론의 하나로 소프트웨어 개발 프로세스가 문서화하는 데 지나치게 많은 시간과 노력이 소모되는 단점을 보완하기 위해 개발되었다.
• 의사소통, 단순함, 피드백, 용기, 존중의 5가지 가치에 기초하여 '고객에게 최고의 가치를 가장 빨리' 전달하도록 하는 방법론으로 켄트 벡이 고안하였다.

① 스크럼
② 익스트림 프로그래밍
③ 통합 프로세스(UP)
④ 나선형 모델

04 다음 중 좋은 소프트웨어가 갖추어야 할 조건과 거리가 먼 것은?

① 오동작이 최소화되어야 한다.
② 간결한 구조를 갖추고 있어야 한다.
③ 사용이 쉽고 직관적이어야 한다.
④ 부수적인 문서가 완비되어야 한다.

05 다음 중 소프트웨어의 위기를 설명한 것으로 적당하지 않은 것은?

① 소프트웨어 유지보수가 어렵고 비용이 증가한다.
② 사용자 요구가 증가하나 개발 생산성이 이를 못따른다.
③ 소프트웨어 개발 시장이 선진국에만 집중되어 있다.
④ 하드웨어의 발전에 비해 소프트웨어 발전이 늦다.

06 다음 중 발주자의 신규 요구사항 반영에 가장 불리한 소프트웨어 생명 주기 모형은?

① 폭포수 모형
② 프로토타입 모형
③ 나선형 모형
④ 애자일 모형

07 다음 중 소프트웨어 재사용의 장단점을 설명한 것 중 옳은 것은?

① 프로그램 언어 및 개발 방법론을 새롭게 적용할 수 있다.
② 개발 비용 및 시간이 단축되어 생산성이 향상된다.
③ 공통 사용 요소의 파악이 불필요하다.
④ 개발 프로젝트 실패의 위험이 다소 증가한다.

한눈에 보는 정답과 해설

01 ④ V 모델 : 폭포수 모델의 확장된 모델이다. 단계별로 시스템을 검증하고, 테스트 업무를 강화한 모델이다.
  ① 나선형 모델 : 단계별로 나선형의 모양을 그리며 작업을 반복하여 수행하는 모델이다.
  ② 프로토타이핑 모델 : 원형 모델이라고도 하며. 사용자의 요구 분석이 불명확할 때, 일부분의 프로그램만 개발하여 사용자에게 서비스한다. 테스트 사용 후 이를 통해 사용자의 요구 사항을 분석하고, 개선하는 작업을 하여 개발하는 모델이다.
  ③ 단계적 개발 모델 : 시스템을 단계적으로 개발하는 모델로 전체 시스템은 여러 가지의 버전으로 나눈다. 각각의 버전들을 순차적으로 개발 진행한다.

02 **애자일 기법**
  소프트웨어 개발 방법론 중에 하나로 폭포수형 모델과 반대되는 개념이다. 애자일 기법은 꾸준히 고객의 반응을 반영하기 때문에 문서기반의 개발 보다는 실질적인 업무를 위한 기법이다. 주기적으로 제작 프로토타입을 시험해보기 때문에 끊임없이 개발하고 수정하는 일을 반복한다. 반면에 폭포수형 모델은 소프트웨어 개발 계획을 미리 정하고 단계별로 개발을 진행한다. 따라서 변화에 대응하기 어렵기 때문에 문제가 중간에 생기면 처음부터 단계별로 다시 진행해야 한다.

03 ② 익스트림 프로그래밍 : 켄트 백이 제안한 소프트웨어 개발 방법으로 애자일 방법론 중 하나이다. 개발 문서에 초점을 맞추기보

다는 소스코드가 중점이 되고, 조직적인 개발 동향 보다 개개인의 책임과 역량 가능성에 중점을 둔다. 익스트림 프로그래밍의 목적은 고객이 원하는 고품질의 소프트웨어를 단시간에 제공하는 것이다.
  ① 스크럼 : 프로젝트 관리를 위해 개발된 방법론이며. 상호적이고 점진적인 특성을 가진다. 애자일 방법론 중 하나로 특정 언어나 어떤 방법론에 의존적이지 않다.
  ③ 통합 프로세스 : 소프트웨어 개발 절차 및 방법론 중 하나로 반복과 점진 등의 특성을 주로 사용하여 개발하는 방법이다.
  ④ 나선형 모델 : 보헴(Bohem)이 제안한 소프트웨어 개발을 위한 방법론으로, 폭포수 모형의 장점과 프로토타입 모형의 장점을 추가하고, 위험 분석 기능을 더하였다.

04 소프트웨어가 간결한 구조를 갖는 것은 장점이 될 수도 있으나, 사용 용도에 따라서는 꼭 간결해야 할 필요는 없다.

05 소프트웨어의 위기는 소프트웨어 개발 및 본질에 관한 문제점에 관점을 둔 분석이다.

06 폭포수 모형은 개발 과정 중에 대두되는 새로운 요구사항이나 개선점을 반영하기 어려운 단점이 있다.

07 기존 개발 지식을 재사용함에 따라 개발 생산성이 향상된다.

01 ④ 02 ① 03 ② 04 ② 05 ③ 06 ① 07 ②

02 시스템 분석 및 설계

01 구조적 분석 및 설계

컴퓨터일반 GO! 득점

1 구조적 분석 2014

(1) 의 미

전통적 소프트웨어 개발 방법론에 따라 규정된 절차를 참조하여 사용자 요구사항을 분석하는 기법으로, 자료 흐름 또는 자료 구조를 중심으로 프로그램 구조를 분석한다. 사용자 요구를 정확히 식별하여 목표를 정하고 이를 달성하기 위한 설계에 들어간다.

(2) 분석 내용

분석 내용은 하향식 방법으로 세분화하며 도형 또는 도표, 문서 등이 정형화된 특징이 있다. 그러므로 분석 사항을 쉽게 검증할 수 있으며 사용자 의견을 반영하는 것이 쉽다.

(3) 구조적 분석 도구

구 분	내 용
자료 흐름도 (DFD ; Data Flow Diagram)	자료의 흐름 및 변환 과정과 기능을 프로세스, 자료 저장소 등의 도형 중심으로 흐름을 나타낸다.
자료사전 (DD ; Data Dictionary)	자료 흐름도에 나타난 자료를 상세히 규정한 것으로, 메타 데이터(meta data)라고 한다.
프로세스 명세서 (Process – List)	자료 흐름도에 기재된 프로세스의 처리 절차를 기술한 것으로 미니스펙(mini spec)이라고도 한다.
개체 관계도 (ERD ; Entity Relationship Diagram)	개체(자료)와 개체의 구성과 속성, 개체 간의 관계를 표현한 다이어그램으로, 자료 모델링에 사용된다.

2 구조적 설계 중요 ★ 2018 2012

(1) 의미
구조적 분석 종료 후, 요구사항 명세서의 기능 실현을 위한 알고리즘 및 처리될 자료 구조를 문서화한다.

(2) 구조적 설계의 구성
데이터 설계, 구조 설계, 인터페이스 설계, 절차 설계로 구성된다.

구 분	내 용
데이터 설계	요구사항 분석에서 생성된 정보를 소프트웨어를 구현하는데 필요한 자료 구조로 변환하는 것
구조 설계	소프트웨어를 구성하는 모듈 간의 관계와 프로그램 구조를 정의하는 것
인터페이스 설계	사용자 등과 어떻게 통신하는지를 기술하는 것
절차 설계	모듈이 수행할 기능을 절차적 기술로 바꾸는 것

(3) 모듈과 모듈화
① 의미 : 모듈화는 소프트웨어를 각 기능 단위별로 분할하는 것을 말하며, 분할된 기능별 프로그램을 모듈이라 한다(예 비용 집행 모듈, 출력 모듈, 통계 처리 모듈 등).
② 모듈화의 효과
  ㉠ 소프트웨어 복잡도 감소
  ㉡ 기능 변경 용이
  ㉢ 프로그램 구동 용이
  ㉣ 재사용에 유리

(4) 효과적인 모듈화 설계 방안 중요 ★
① 모듈의 독립성을 높인다(결합도는 줄이고 응집도는 높인다).
② 복잡도를 줄인다.
③ 중복성을 줄인다.
④ 일관성을 높인다.

데이터 결합도 - 자료구조 결합도 - 제어 결합도 - 외부 결합도 - 공유 결합도 - 내용 결합도

약 ――――――――――――――――――――――――――――→ 강

우연적 응집도 - 논리적 응집도 - 시간적 응집도 - 절차적 응집도 - 통신 응집도 - 순차적 응집도 - 기능적 응집도

약 ――――――――――――――――――――――――――――→ 강

[결합도와 응집도의 강약]

컴퓨터일반 GO! 득점

2012
결합도(coupling)
상호 의존도를 측정하는 것으로, 좋은 설계는 모듈 간의 결합도를 최소화하여 모듈의 독립성을 높인 것을 의미한다.

2012
응집도(cohesion)
한 모듈 내에 있는 구성 요소의 기능적 관련성을 평가하는 기준으로 응집도가 높을수록 모듈의 독립성은 높아진다.

02 객체지향 분석 및 설계

1 의의

기존의 구조적 분석 및 설계 기법이 해결하지 못한 소프트웨어 위기 해결의 대안으로 등장한 기법으로, 현실의 세계(실세계)를 그대로 모형화하여 사용자 및 개발 담당자들이 쉽게 접근할 수 있는 방법을 제시하여 소프트웨어 공학 기술을 효율적으로 적용할 수 있도록 해준다.

※ 객체지향의 개념, 구성 요소, 기본 원리 ☞ Part 5, 110p 참조

2 객체지향 분석

사용자의 요구사항을 분석하여 요구된 문제와 관련된 모든 클래스, 이와 연관된 데이터와 메서드, 클래스 간의 상호 관계 등을 모델링하는 작업을 말한다.

3 럼바우(Rumbaugh)의 분석 기법

모든 소프트웨어 구성 요소를 그래픽 표현을 통하여 모델링하는 기법이다. 절차는 객체 모델링 → 동적 모델링 → 기능 모델링의 순서를 따른다.

① 객체 모델링(object modeling) : 객체 다이어그램을 제작하여 시스템에 필요한 객체를 만들고 데이터 및 메서드, 객체 간 관계를 규정하는 모델링 작업이다.

② 동적 모델링(dynamic modeling) : 상태 다이어그램을 제작하여 시간 경과별 객체 간 상호 작용 등 동적 행위를 모델링하는 작업이다.

③ 기능 모델링(functional modeling) : 데이터 흐름도(DFD)를 제작하고 이를 통해 여러 프로세스 간 정보 흐름 및 처리 과정을 모델링하는 작업이다.

데이터 흐름도
(DFD ; Data Flow Diagram)
구조적 방법론에서 자료의 흐름 및 변환 과정과 기능을 프로세스, 자료 저장소 등의 도형 중심으로 흐름을 나타낸다.

4 객체지향 설계

분석 모델을 설계 모델로 변환하는 작업을 말하며 시스템 설계와 객체 설계를 수행한다. 절차는 문제 정의 → 요구 명세화 → 객체 연산자 정의 → 객체 인터페이스 결정 → 객체 구현의 순서를 따른다.

5 UML과 기본 다이어그램 중요 ★ 2019 2014 2008

UML(Unified Modeling Language)은 객체지향 모델링을 위해 개발된 언어로, 국제 표준으로 널리 사용되고 있다. UML에서는 기본 다이어그램 작성을 통해 객체지향 분석 및 설계를 수행한다.

(1) 유스케이스 다이어그램(Use case Diagram)

유스케이스는 사용사례를 의미하며, 유스케이스 다이어그램은 사용자가 요구하는 개발 사항을 직관적으로 파악할 수 있도록 사용자와 시스템 간의 상호작용을 도식화한 그림이다.

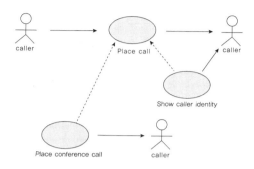

[유스케이스 다이어그램의 예]

(2) 클래스 다이어그램(Class Diagram)

객체, 속성, 연산, 클래스 간의 연관 관계를 도식화하여 개발할 시스템의 구조를 파악하는 데 이용하는 그림이다.

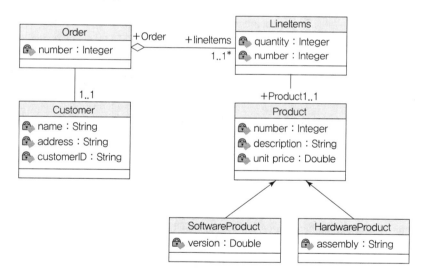

[클래스 다이어그램의 예]

(3) 시퀀스 다이어그램(Sequence Diagram)

객체 간의 상호작용을 순차적으로 표현한 그림으로, 주고받는 메시지를 명시한다.

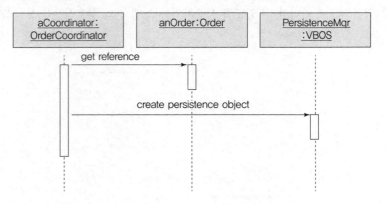

[시퀀스 다이어그램의 예]

(4) 상태 다이어그램(State Diagram)

단일 객체의 동작을 통한 상태 변화를 표현한 그림이다.

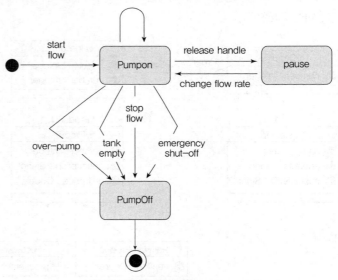

[상태 다이어그램의 예]

(5) 액티비티 다이어그램(Activity Diagram)

프로그램의 액티비티(활동)와 액티비티 사이의 제어 흐름을 나타내는 그림이다.

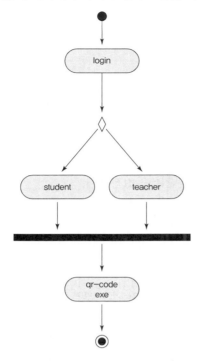

[액티비티 다이어그램의 예]

03 디자인 패턴 2019 2018

1 개요

① 자주 사용하는 설계 형태를 정형화해서 이를 유형별로 설계 템플릿을 만들어둔 것이다. 개발자들이 경험으로 체득한 설계 지식을 검증하고 이를 추상화하여 일반화한 템플릿이다.

② 유사한 문제를 해결하기 위해 설계들을 분류하고 각 문제 유형별로 가장 적합한 설계를 일반화하여 체계적으로 정리해 놓으면 소프트웨어 개발에서 효율성과 재사용성을 높일 수 있다.

2 종 류

GoF(Gang of Four)라 불리는 4명의 컴퓨터 과학 연구자들이 쓴 서적을 통해 정의하였다.

(1) 생성 패턴(추상 객체 인스턴스화)

new를 사용하지 않고 유연하게 객체를 생성하는 방법을 정의한다.

① **추상 팩토리**(abstract factory) : 다양한 구성 요소별로 '객체의 집합'을 생성되도록 한다.

② **팩토리**(factory method) : 생성할 객체를 서브클래스에서 결정한다.

③ **빌더**(builder) : 복합 객체의 생성 과정과 표현 방법을 분리하여 동일한 생성 절차에서 서로 다른 표현 결과를 만들 수 있게 한다.

④ **프로토타입**(prototype) : 클래스로부터 인스턴스를 만들지 않고, 인스턴스를 복사하여 새로운 인스턴스를 만든다.

⑤ **싱글톤**(singleton) : 어떤 클래스의 인스턴스가 단 하나만 존재하도록 강제한다.

(2) 구조 패턴(객체 결합)

클래스 설계 시 변하는 부분과 변하지 않는 부분을 나누어 클래스의 구조를 설계하는 방법을 정의한다.

① **어댑터**(adapter) : 클래스의 인터페이스를 사용자가 기대하는 다른 인터페이스로 변환하는 패턴으로, 호환성이 없는 인터페이스 때문에 함께 동작할 수 없는 클래스들이 함께 작동하도록 해준다.

② **브리지**(bridge) : 구현뿐만 아니라 추상화된 부분까지 변경시켜야 하는 경우 사용한다.

③ **컴포지트**(composite) : 클라이언트에서 객체 컬렉션과 개발 객체를 똑같이 다룰 수 있도록 한다.

④ **데코레이터**(decorator) : 주어진 상황 및 용도에 따라 어떤 객체에 책임을 덧붙이는 패턴으로, 기능 확장이 필요할 때 서브클래싱 대신 쓸 수 있는 유연한 대안이 될 수 있다.

⑤ **파사드**(facade) : 개발자가 사용해야 하는 서브시스템의 가장 앞쪽에 위치하면서 서브시스템에 있는 객체들을 사용할 수 있도록 인터페이스 역할을 한다.

⑥ **플라이웨이트**(flyweight) : 어떤 클래스의 인스턴스 한 개만 가지고 여러 개의 가상 인스턴스를 제공하고 싶을 때 사용한다.

⑦ **프록시**(proxy) : 자신이 보호하고 있는 객체에 대한 액세스 권한을 제어한다.

(3) 행위 패턴(객체 간 커뮤니케이션)

반복적으로 사용되는 객체들의 상호작용을 패턴화한 것으로, 클래스나 객체들이 상호작용하는 방법과 책임을 분산하는 방법을 정의한다.

① **책임 체인**(chain of responsibility) : 한 요청을 두 개 이상의 객체에서 처리하고 싶을 때 사용한다.

② **커맨드**(command) : 요청을 객체의 형태로 캡슐화하여 사용자가 보낸 요청을 나중에 이용할 수 있도록 메서드 이름, 매개변수 등 요청에 필요한 정보를 저장 · 로깅 · 취소할 수 있게 하는 패턴이다.

③ **인터프리터**(interpreter) : 어떤 언어에 대해 번역할 때 사용한다.

④ **반복자**(iterator) : 자료구조의 내부적 구현 상태를 드러내지 않으면서 외부에서 내부 구성요소에 반복된 작업을 수행할 수 있도록 한다.

⑤ **중재자**(mediator) : 어떻게 객체들의 집합이 상호작용하는지를 함축해놓은 객체를 정의한다.

⑥ **메멘토**(memento) : 객체를 이전의 상태로 복구시켜야 하는 경우 사용한다.

⑦ **옵저버**(observer) : 어떤 클래스에 변화가 일어났을 때, 이를 다른 클래스에 알려준다.

⑧ **상태**(state) : 알고리즘의 개별 단계를 구현하는 방법을 서브클래스에서 결정한다.

⑨ **전략**(strategy) : 교환 가능한 행동을 캡슐화하고 위임을 통해서 어떤 행동을 사용할지 결정한다.

⑩ **템플릿 메서드**(template method) : 전체 알고리즘의 대략적인 내용만 정의하고, 알고리즘의 개별 단계를 구현하는 방법은 서브클래스에서 결정한다.

⑪ **방문자**(visitor) : 객체의 구조는 변경하지 않고 기능만 따로 추가하거나 확장할 때 사용한다.

캡슐화

객체의 속성(data fields)과 행위(메서드, methods)를 하나로 묶고, 실제 구현 내용 일부를 외부에 감추어 은닉한다.

MVC패턴

GoF분류 외의 디자인 패턴으로 옵저버 패턴을 기반으로 한다. Model, View, Controller의 세 가지 부분으로 이루어져 있으며 컨트롤러가 모델에 명령을 보내 모델의 상태를 변경시키며 모델은 자료를 처리하고 발생한 변화를 컨트롤러와 뷰에 통보한다. 뷰는 모델에서 받은 정보를 사용자에게 보여준다.

01 2014 계리직

〈보기〉는 소프트웨어 개발방법론에 사용되는 분석, 설계 도구에 대한 설명이다. ㉠~㉢에 들어갈 내용을 옳게 나열한 것은?

보기

• 시스템 분석을 위하여 구조적 방법론에서는 (㉠) 다이어그램(Diagram)이, 객체지향 방법론에서는 (㉡) 다이어그램이 널리 사용된다.
• 시스템 설계를 위하여 구조적 방법론에서는 구조도(Structured Chart), 객체지향 방법론에서는 (㉢) 다이어그램 등이 널리 사용된다.

	㉠	㉡	㉢
①	시퀀스(sequence)	데이터 흐름(data flow)	유스케이스(use case)
②	시퀀스	유스케이스	데이터 흐름
③	데이터 흐름	시퀀스	유스케이스
④	데이터 흐름	유스케이스	시퀀스

02 2008 계리직

〈보기〉의 그림은 전자계산기(Calculator)를 객체지향적으로 분석한 다이어그램이다. 어떤 다이어그램인가?

보기

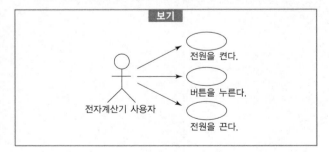

① usecase diagram
② sequence diagram
③ state diagram
④ class diagram

03 2018 계리직

㉠에 들어갈 용어로 옳은 것은?

(㉠)은/는 유사한 문제를 해결하기 위해 설계들을 분류하고 문제 유형별로 가장 적합한 설계를 일반화하여 체계적으로 정리해 놓은 것으로 소프트웨어 개발에서 효율성과 재사용성을 높일 수 있다.

① 디자인 패턴
② 요구사항 정의서
③ 소프트웨어 개발 생명주기
④ 소프트웨어 프로세스 모델

04 2018 계리직

결합도(Coupling)는 모듈 간의 상호 의존 정도 또는 모듈 간의 연관 관계를 의미한다. 아래에 나타낸 결합도를 약한 정도에서 강한 정도 순으로 올바르게 나열한 것은?

ㄱ. 내용 결합도(Content Coupling)
ㄴ. 제어 결합도(Control Coupling)
ㄷ. 자료 결합도(Data Coupling)
ㄹ. 공통 결합도(Common Coupling)

① ㄷ － ㄴ － ㄹ － ㄱ
② ㄷ － ㄹ － ㄱ － ㄴ
③ ㄹ － ㄴ － ㄷ － ㄱ
④ ㄹ － ㄷ － ㄱ － ㄴ

05 2019 계리직

다음에서 설명하는 디자인 패턴으로 옳은 것은?

클라이언트와 서브시스템 사이에 ○○○ 객체를 세워놓음으로써 복잡한 관계를 구조화한 디자인 패턴이다. ○○○ 패턴을 사용하면 서브시스템의 복잡한 구조를 의식하지 않고, ○○○에서 제공하는 단순화된 하나의 인터페이스만 사용하므로 클래스 간의 의존관계가 줄어들고 복잡성 또한 낮아지는 효과를 가져 온다.

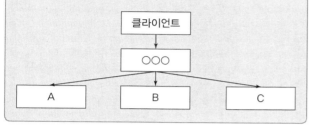

① MVC pattern
② facade pattern
③ mediator pattern
④ bridge pattern

01

- 데이터 흐름 다이어그램(DFD ; Data Flow Diagram) : 구조적 방법론에서 자료의 흐름 및 변환 과정과 기능을 프로세스, 자료 저장소 등의 도형 중심으로 흐름을 나타낸다.
- 유스케이스 다이어그램(Use case diagram) : 유스케이스는 사용사례를 의미하며, 유스케이스 다이어그램은 사용자가 요구하는 개발 사항을 직관적으로 파악할 수 있도록 객체지향 방법론에서 사용자와 시스템 간의 상호작용을 도식화한 그림이다.
- 시퀀스 다이어그램(sequence diagram) : 객체지향 방법론에서 객체 간의 상호작용을 순차적으로 표현한 그림으로, 주고받는 메시지를 명시한다.
  답 ④

02
사용자가 요구하는 개발 사항을 직관적으로 파악할 수 있도록 사용자와 시스템 간의 상호작용을 도식화한 그림이다.
답 ①

03
디자인 패턴
자주 사용하는 설계 형태를 정형화해서 이를 유형별로 설계 템플릿을 만들어둔 것으로, 개발자가 경험으로 체득한 설계 지식을 검증하고 이를 추상화하여 일반화한 템플릿이다.
답 ①

04
결합도와 응집도의 강약

데이터 결합도 – 자료구조 결합도 – 제어 결합도 – 외부 결합도 – 공유 결합도 – 내용 결합도

약 ← → 강

우연적 응집도 – 논리적 응집도 – 시간적 응집도 – 절차적 응집도 – 통신 응집도 – 순차적 응집도 – 기능적 응집도

약 ← → 강

답 ①

05
① MVC 패턴 : 사용자 인터페이스로부터 비즈니스 로직을 분리한다. 시각적 요소와 비즈니스 로직을 서로 영향 없이 쉽게 고칠 수 있는 애플리케이션을 만들 수 있다.
③ 중재자(mediator) 패턴 : 어떻게 객체들의 집합이 상호작용하는지를 함축해놓은 객체를 정의한다.
④ 브리지(bridge) 패턴 : 구현뿐만 아니라 추상화된 부분까지 변경시켜야 하는 경우 사용한다.
답 ②

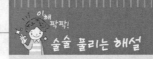
06 2015 지방직

디자인 패턴에 대한 설명으로 옳지 않은 것은?

① 일반적으로 디자인 패턴을 이용하면 좋은 설계나 아키텍처를 재사용하기 쉬워진다.

② 패턴은 사용 목적에 따라서 생성 패턴, 구조 패턴, 행위 패턴으로 분류할 수 있다.

③ 생성 패턴은 빌더(builder), 추상 팩토리(abstract factory) 등을 포함한다.

④ 행위 패턴은 가교(bridge), 적응자(adapter), 복합체(composite) 등을 포함한다.

07 2011 국가직

모듈의 결합도(coupling)와 응집력(cohesion)에 대한 설명으로 옳은 것은?

① 결합도란 모듈 간에 상호 의존하는 정도를 의미한다.

② 결합도는 높을수록 좋고 응집력은 낮을수록 좋다.

③ 여러 모듈이 공동 자료 영역을 사용하는 경우 자료 결합(data coupling)이라 한다.

④ 가장 이상적인 응집은 논리적 응집(logical cohesion)이다.

06

④ 구조 패턴은 가교(bridge), 적응자(adapter), 복합체(composite) 등을 포함한다.

답 ④

07

② 결합도는 낮을수록 좋고, 응집력은 높을수록 좋다.

③ 여러 모듈이 공동 자료 영역을 사용하는 경우 공유 결합이라 한다.

④ 가장 이상적인 응집은 기능적 응집이다.

답 ①

적중 예상 문제

01 소프트웨어 모듈 평가 기준으로 판단할 때, 다음 4명 중 가장 좋게 설계한 사람과 가장 좋지 않게 설계한 사람을 순서대로 바르게 나열한 것은?

> • 철수 : 절차적 응집도 + 공통 결합도
> • 영희 : 우연적 응집도 + 내용 결합도
> • 동수 : 기능적 응집도 + 자료 결합도
> • 민희 : 논리적 응집도 + 스탬프 결합도

① 동수, 민희   ② 철수, 민희
③ 동수, 영희   ④ 철수, 영희

02 '인터넷 서점'에 대한 유스케이스 다이어그램에서 '회원등록' 유스케이스를 수행하기 위해서는 '실명확인' 유스케이스가 반드시 선행되어야 한다면 이들의 관계는?

① 연관(association) 관계
② 확장(extend) 관계
③ 포함(include) 관계
④ 일반화(generalization) 관계

03 럼바우의 분석 기법에서 다음 설명에 해당하는 것은?

> • 자료흐름도를 이용하여 다수 프로세스 간의 자료흐름을 중심으로 처리 과정을 표현한 모델링이다.
> • 어떤 데이터를 입력하여 어떤 결과를 구할 것인지를 표현하는 것이다.

① 기능 모델링   ② 정적 모델링
③ 객체 모델링   ④ 동적 모델링

한눈에 보는 정답과 해설

01 모듈의 독립성이 높은 것이 좋은 설계이므로 응집도가 높고, 결합도가 낮은 것이 좋다. 그러므로 '기능적 응집도＋자료 결합도'로 설계한 동수가 가장 좋은 설계를, '우연적 응집도＋내용 결합도'로 설계한 영희가 가장 나쁜 설계를 하였다.

02 ① 연관 관계 : Actor와 유스케이스 사이에서 정의가 된다. Actor는 자료를 요구할 수 있고, 제공할 수도 있다. 유스케이스는 Actor가 요청한 자료를 제공한다.
    ② 확장 관계 : 확장 관계의 경우에는 하나의 유스케이스가 다른 하나의 유스케이스를 포함하지 않을 수 있다는 점에서 포함 관계와는 다르다. 만약 지문확인 유스케이스를 실행할 때 지문확인만으로 확인할 수 없을 경우에는 세부 사항에 대해 세부 조회 유스케이스를 실행할 수 있다.

    ④ 일반화 관계 : 유스케이스 사이의 상속 관계가 정의된 관계이다. 자식 유스케이스는 부모 유스케이스로부터 상속을 받아서 존재한다. 만약 사용자 인증 유스케이스가 부모 유스케이스일 때, 자식 유스케이스는 로그인, 지문 등의 유스케이스가 된다.

03 ② 정적 모델링 : 시스템의 시간에 독립적인 관점을 가진다. 실시간으로 변경할 수 없기 때문에 시간에 따라 유연하지 않다.
    ③ 객체 모델링 : 문제의 영역에서 요구하는 객체를 찾아낸다. 그리고 그 객체의 속성과 연산을 식별하는 모델링이다.
    ④ 동적 모델링 : 객체 모델링에서 만들어진 객체 모형들의 상태, 조건, 행위들을 파악하는 단계이다.

01 ③   02 ③   03 ①

04 다음 중 모듈화의 효과와 거리가 먼 것은?

① 소프트웨어 복잡도 증가
② 기능 변경 용이
③ 프로그램 구동 용이
④ 재사용에 유리

05 다음 중 효과적인 모듈화 설계 방안으로 옳지 않은 것은?

① 독립성을 높인다.
② 중복성을 높인다.
③ 복잡도를 줄인다.
④ 일관성을 높인다.

06 다음 중 럼바우(Rumbaugh)의 객체지향 분석 기법의 절차로 옳은 것은?

① 기능 모델링 → 객체 모델링 → 동적 모델링
② 동적 모델링 → 기능 모델링 → 객체 모델링
③ 객체 모델링 → 기능 모델링 → 동적 모델링
④ 객체 모델링 → 동적 모델링 → 기능 모델링

07 UML의 기본 다이어그램 중 사용자 요구사항을 사용자와 시스템 간 상호 작용 관점에서 도식화한 것은?

① 유스케이스 다이어그램
② 스테이트 다이어그램
③ 클래스 다이어그램
④ 시퀀스 다이어그램

 한눈에 보는 정답과 해설

04 모듈화를 통해 소프트웨어 복잡도를 감소시킬 수 있다.

05 소프트웨어의 모듈화 설계 시 중복성을 낮추는 것이 효과적이다.

07 객체, 속성, 연산, 클래스 간의 연관 관계를 도식화하여 개발할 시스템의 구조를 파악하는 데 이용하는 그림이다.

04 ① 05 ② 06 ④ 07 ①

03 프로젝트 관리

출제경향분석
- AOE네트워크를 이용한 임계경로 파악(2019)
- 소프트웨어 테스트의 구분(2016)
- 소프트웨어 품질 검사 기법의 이해(2014)
- CPM 기법의 이해 및 소작업 리스트의 판별(2012)

01 프로젝트 관리 개요

1 프로젝트의 특성

① **프로젝트** : 식별 가능한 최종 목적을 가지고 있으며 일반적으로 상호 관련된 일단의 활동을 가리킨다. 아울러, 일정 기간 동안 진행되는 일회성 과제에 여러 사람으로 이루어진 집단이 참여하는 총체적인 것이다.

② **프로젝트의 요소** : '목표', '직무', '일정', '예산'

③ **프로젝트의 특성** : 프로젝트와 '일상적인 운영'과의 차이를 분석함으로써 프로젝트의 특성을 쉽게 파악할 수 있다. 이를 정리하면 다음 표와 같다.

> **컴퓨터일반 GO! 득점**
>
> 프로젝트 관리를 효과적으로 수행하는 데 필요한 3P
> - People(사람)
> - Problem(문제)
> - Process(프로세스)

[프로젝트와 운영 업무의 비교 특성]

특 성	프로젝트 업무	운영 업무
노동 숙련도	높음	낮음
제품 또는 서비스	유일	반복
지속 시간	일시적	계속 진행
작업자 – 경영층 의사소통	매우 중요	덜 중요
정보 흐름	매우 중요	덜 중요
훈련 시간	많음	적음
작업자 자율도	높음	낮음
보상 시스템	프로젝트당 일시 보상	시간당 또는 주당 임금
자재 투입 요구	불확실	확실성이 높음
공급 자유대	단기지속/덜 공식적	장기지속/좀 더 공식적
원재료 재고	적음	많음
일정 복잡도	높음	낮음
품질 관리	비공식	공식

④ **프로젝트 수행의 6단계** : '시작', '정의', '계획', '통제', '실행', '평가'

2 프로젝트 관리프로세스

프로젝트 관리는 프로젝트 관리 지식, 기량, 도구 및 기법 등을 활용하여 투입물을 받아서 결과물을 산출하는 일련의 프로세스를 통해 실행된다. 잘 설계된 프로젝트 관리프로세스 구조는 다음 표와 같다.

구 분	내 용
역할자	프로세스 액티비티를 수행할 임무를 갖는다.
참여 기준	프로세스 액티비티를 시작하기 전에 조건을 갖춘다.
Input	프로세스의 액티비티를 시작하기 전에 투입될 문서 및 기존 산출물을 준비한다.
단 계	프로세스의 단계별 진행
Output	프로세스 액티비티를 통해 문서나 산출물이 만들어진다.
종료 기준	프로세스가 완료될 때 조건이 작동된다.
평 가	평가는 프로세스가 완료될 때 한 번은 선택된다.

3 프로젝트 관리의 요소

프로젝트를 수행하는 데 소요되는 시간, 비용, 그리고 프로젝트의 범위는 프로젝트 관리를 구성하는 3가지 주요 요소로서 상호 밀접한 관계가 있다. 이들의 관계를 간단히 표시하면 아래 그림과 같다. 프로젝트 관리는 시간, 비용, 그리고 범위 간의 상충 관계를 과학적이고 합리적으로 관리하는 것을 의미한다.

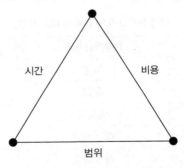

[프로젝트 관리 요소의 상충적 관계]

4 프로젝트 관리의 범위

프로젝트 관리의 내용 범위는 관리 원칙 제공, 보고 체계 구축, 의사소통 교환 체계 구축, 위험 관리 체계 수립, 산출물 품질 확보 방안 수립 등이 있다. 이를 정리하면 다음 표와 같다.

구 분	내 용
프로젝트 관리 원칙의 제공	프로젝트 관리의 비용, 일정, 범위, 위험, 기술향상 목표의 달성을 보장하기 위한 프로젝트 관리 원칙들을 효과적으로 제공
프로젝트 현황에 대한 체계적인 보고 체계 구축	자원, 예산, 일정들을 효과적으로 정의, 측정, 관리, 분석하여 경영진에게 정기적으로 보고할 수 있는 체계를 구축
효과적인 의사소통 및 자료 교환 체계 구축	프로젝트의 진행 상황의 수시 점검 및 원활한 의사소통 체계 수립 및 관리, 프로젝트 내외부 회의 조정 및 이해 관계자 보고서 검토 및 지원
효율적 위험 관리 체계 수립	체계적이고 적극적인 위험 관리를 실시하고 그 결과를 프로젝트의 주요 스폰서들에게 정기적으로 보고
산출물에 대한 품질 확보	프로젝트 전반에서 품질의 중요성을 인식시켜 기술 향상을 도모하는 동시에 프로젝트팀 전체에 서비스, 실행 의지, 주인의식, 팀워크 등을 고무

02 프로젝트 관리 방법론

1 PMBOK

PMBOK(Project Management Body of Knowledge), PMI(Project Management Institute)에서 제시하는 프로젝트 관리 체계를 의미하며 세계적인 표준으로 통용되고 있다.

(1) 프로젝트 관리 지식 영역

PMBOK에서는 9개 영역으로 구분된 프로젝트 관리 지식 영역을 제시하고 있으며 이를 요약하면 다음 표와 같다.

프로젝트 관리 지식 영역	내 용
통합 관리	프로젝트 현장 개발, 관리 계획 개발, 실행 지시 및 관리, 작업 감시 및 통제, 통합 변경 통제, 프로젝트 종료
범위 관리	범위 기획, 범위 정의, 작업 분류 체계, 범위 검증, 범위 통계
일정 관리	활동 정의, 활동 순서 배열, 활동별 자원 산정, 활동 기간 선정, 일정 개발, 일정 통제
원가 관리	원가 산정, 원가 예산 확정, 원가 통제
품질 관리	품질 기획, 품질 보증 수행, 품질 통제 수행
인적 자원 관리	인적 자원 기획, 프로젝트팀 확보, 프로젝트팀 개발, 프로젝트팀 관리
의사소통 관리	의사소통 기획, 정보 배포, 성과 보고, 이해관계자 관리
위험 관리	위험 관리 기획, 위험 식별, 정성적 위험 분석, 정량적 위험 분석, 위험 대응 기획, 위험 검사 및 통제
조달 관리	구매 및 획득 계획, 계약 체결 계획, 판매자 응답 요청, 판매자 선정, 계약 관리, 계약 종료

(2) 프로젝트 생애 주기

① **프로젝트 생애 주기** : 프로젝트의 세분된 단계를 의미하는 것으로, 크게, '착수단계 → 중간단계 → 종료단계'로 구분, 진행된다.

② **프로젝트 생애 주기 상의 특징**

ㄱ 원가 및 인력 투입 수준은 초기에 낮고 중간 단계에 절정에 달했다가 프로젝트 종료 단계로 접어들면서 급격히 떨어진다.

ㄴ 프로젝트 초기 단계에는 불확실성이 가장 높기 때문에 목표 달성에 실패할 위험도 시작 단계에 가장 높다. 즉, 일반적으로 프로젝트가 계속 진행됨에 따라 성공적인 완료 여부가 뒤로 갈수록 확실해진다.

ㄷ 이해 관계자가 프로젝트의 제품과 최종 원가에 미치는 영향력이 프로젝트 개시 단계에 가장 높다가 프로젝트가 진행됨에 따라 점차 감소한다. 이는 변경 및 오류 정정에 따른 원가가 프로젝트의 진행과 더불어 일반적으로 증가하기 때문이다.

(3) 프로젝트 관리프로세스

① **관리프로세스 그룹** : 프로젝트 관리프로세스는 몇 단계의 그룹으로 진행된다. 이를 관리프로세스 그룹이라 하며 그 주기는 다음과 같다.

② **관리프로세스 그룹 주기** : 착수 → 계획 → 실행 → 감시 및 통제 → 종료

③ 세분된 프로세스 그룹마다의 프로젝트 관리프로세스는 PDCA 주기를 따른다.

ㄱ PDCA(Plan-Do-Check-Act) 주기 : 계획 → 실행 → 점검 → 조치

ㄴ 관리프로세스 그룹 주기별 PDCA 주기 반복

착 수	계 획	실 행	감시/통제	종 료
P→D→C→A	P→D→C→A	P→D→C→A	P→D→C→A	P→D→C→A

2 CMMI(Capability Maturity Model Integration, 능력 성숙도 통합 모델)

(1) 의 미

소프트웨어 개발 및 전산장비 운영 업체들의 업무 능력 및 조직의 성숙도를 평가하기 위한 모델을 말한다. CMMI는 기존 능력 성숙도 모델(CMM)을 발전시킨 것으로, 소프트웨어 개발 및 전산장비 운영 분야의 품질 관련 국제 공인 기준으로 사용되고 있다.

(2) 능력 및 성숙도 표현법

연속적 표현법과 단계별 표현법을 마련하여 프로젝트의 성격에 따라 2가지 중 하나를 선택할 수 있도록 한다.

① **연속적 표현법**

ㄱ 프로세스의 능력 수준(capability level)은 총 6단계로 되어 있으며, 내역은 아래와 같다.

ⓐ level 0 : Incomplete

ⓑ level 1 : Performed

　　　ⓒ level 2 : Managed

　　　ⓓ level 3 : Defined

　　　ⓔ level 4 : Quantitatively Managed

　　　ⓕ level 5 : Optimizing

　ⓛ 능력 수준은 각 프로세스 영역(PA ; Process Area)에 제시된 특수 목표와 일반 목표의 달성 정도에 따라 결정된다. 이를 도식화하면 그림과 같다.

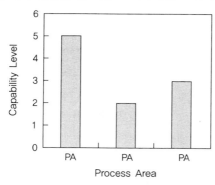

[연속적 표현법]

② **단계별 표현법**

　ⓐ 조직 전체의 성숙도에 초점이 맞추어져 있으며 조직의 성숙도 수준(maturity level)은 총 5단계로 나뉘어 있다.

　　　ⓐ level 1(initial, 초기) : 개인의 역량에 따라 프로젝트의 성공과 실패가 좌우된다. 소프트웨어 개발 프로세스는 거의 없는 상태를 의미한다.

　　　ⓑ level 2(managed, 관리) : 프로세스 하에서 프로젝트가 통제되는 수준으로 조직은 프로세스에 대한 어느 정도의 훈련이 되었다고 볼 수는 있지만, 일정이나 비용과 같은 관리 프로세스 중심이다. 기존 유사 성공사례를 응용하여 반복적으로 사용한다.

　　　ⓒ level 3(defined, 정의) : 레벨 2에서는 프로젝트를 위한 프로세스가 존재한다면 레벨 3에서는 조직을 위한 표준 프로세스가 존재한다. 모든 프로젝트는 조직의 프로세스를 가져다 상황에 맞게 조정하여 승인받아 사용한다.

　　　ⓓ level 4(quantitatively managed, 정량적 관리) : 소프트웨어 프로세스와 소프트웨어 품질에 대한 정량적인 측정이 가능해진다. 조직은 프로세스 데이터베이스를 구축하여 각 프로젝트에서 측정된 결과를 일괄적으로 수집하고 분석하여 품질평가를 위한 기준으로 한다.

　　　ⓔ level 5(optimizing, 최적화) : 이 레벨에서는 지속적인 개선에 치중한다. 조직적으로 최적화된 프로세스를 적용하여 다시 피드백을 받아 개선하는 상위 단계이다.

ⓛ 기초적인 수준으로부터 시작해서 정해진 경로 및 순서에 따라 계속 발전해 나가면서 프로세스 개선을 추진하는 접근 방법을 사용하고 있다. 이를 그림으로 표현하면 다음과 같다.

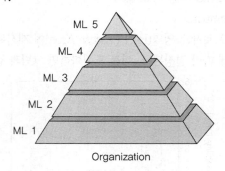

[단계별 표현법]

③ 프로세스 영역(PA) : CMMI에서 평가하는 프로세스는 '프로세스 관리(Process Management)', '프로젝트 관리(Project Management)', '공학(Engineering)', '지원(Support)'의 4가지의 프로세스 영역(PA ; Process Area)으로 구성되어 있다. 이를 정리하면 다음 표와 같다.

[프로세스 영역과 세부 프로세스]

프로세스 영역(PA)	세부 프로세스
프로세스 관리	조직 차원의 프로세스 개선, 조직 차원의 프로세스 정립, 조직 차원의 교육훈련, 조직 차원의 프로세스 성과 관리, 조직 차원의 혁신활동 전개
프로젝트 관리	프로젝트 계획 수립, 프로젝트 모니터링 및 통제, 협력 업체 관리, 통합 프로젝트 관리, 위험 관리, 정량적 프로젝트 관리
공 학	요구사항 관리, 요구사항 개발, 기술적 솔루션, 제품 통합, 검증, 확인
지 원	형상 관리, 프로세스 및 제품 품질 보증, 측정 및 분석, 의사결정 분석 및 해결, 근본 원인 분석 및 해결

03 프로젝트 관리 주요 실무

1 일정 및 자원 계획

프로젝트 수행 조직은 작업 범위 및 시간, 자원 계획과 작업 간 주요 경로 분석을 통해 최적의 프로젝트 계획을 수립하며, 또한 프로젝트의 진행 단계별로 계획 대비 실적을 분석하여 일정에 영향을 미치는 요소를 사전에 제거함으로써 일정을 준수하도록 한다. 다음 그림은 일정 관리 및 자원 관리 절차의 한 예를 보여준다.

프로젝트 일정 3요소
• 활동 네트워크 : 스케줄
• 활동 막대 도표 : 예상치 못한 지연
• 스텝 활동 도표 : 인원 할당

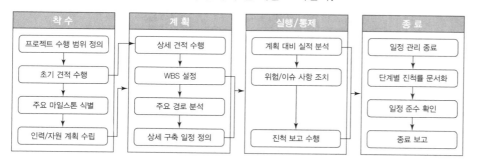

[일정 관리 절차의 예]

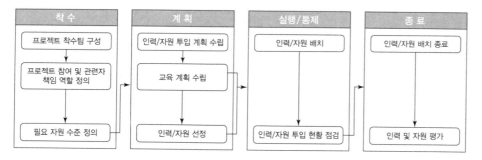

[자원 관리 절차의 예]

2 일정 관리도구 중요 ★ 2019 2012

(1) WBS(Work Breakdown Structure, 작업 분류도)

작업 분류도는 프로젝트에서 수행해야 하는 활동을 기준으로 작업을 계층구조로 분해함으로써 프로젝트 범위를 정의하는 방법이다.

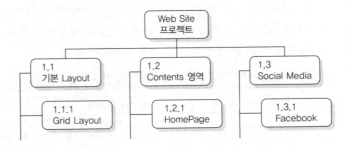

(2) 간트 차트(Gantt Chart)

① 프로젝트를 구성하는 각 작업 단위의 진행 상황을 막대 차트로 표시하는 프로젝트 일정표로 시간선(time line)차트라고도 한다.

② 간트 차트로는 작업 간 상호 관련성이나 작업 경로는 알 수 없다.

작업일정 작업단계	이정표												산출물
	1	2	3	4	5	6	7	8	9	10	11	12	
계획	■												시스템계획서
분석		■	■										요구분석명세서
기본설계				■									기본설계서
상세설계					■	■							상세설계서

[간트 차트]

AOV(Activity on Vertex) Network
작업을 정점에서 나타내고 간선에서 작업 간의 우선순위 관계를 나타낸다. 각 작업이 어떤 순서로 진행 될 것인가를 파악하는 것에 중점을 둔다.

AOE(Activity on Edge) Network
사건을 정점으로, 작업을 간선으로 나타낸다. 각 작업을 수행하는데 걸리는 최단시간을 구하는 것을 목표로 하며 임계경로를 구하는데 이용한다.

(3) PERT/CPM

① 특 징

  ㉠ PERT(Program Evaluation and Review Technique, 생산일정계획) : 프로젝트 진행의 순서나 진행 사항을 파악할 수 있는 작업 네트워크이다.

  ㉡ CPM(Critical Path Method, 임계경로법) : 프로젝트의 모든 작업이 완료하기까지의 가장 긴 경로(임계경로)를 구하는 방법이다.

  ㉢ 이를 통해 각 작업이 수행되는 시간과 각 작업 사이의 관계를 파악할 수 있다.

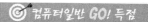

② 임계경로 구성 요소

　㉠ TE(earliest completion time, 가장 빠른 완료시간) : 시작점에서 종료점까지의 노드별 최댓값

　㉡ TL(latest completion time, 가장 늦은 완료시간) : 종료점에서 시작점까지의 노드별 최솟값

　㉢ 임계경로(Critical Path) : TL−TE=0 노드, 즉 TL＝TE인 모든 노드를 연결한 경로

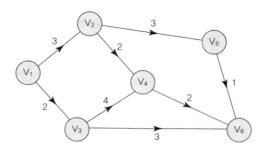

③ 노드별 TE와 TL을 계산

구 분	V_1	V_2	V_3	V_4	V_5	V_6
TE	0	3	2	6	6	8
TL	0	4	2	6	7	8

따라서 임계경로는 $V_1 \rightarrow V_3 \rightarrow V_4 \rightarrow V_6$

(4) COCOMO 모형

① 개요 : 대표적인 자원 투입(비용) 산정 기법으로 개발할 소프트웨어의 종류나 규모를 예측한 다음, 해당 산정 공식을 이용해 비용을 산정한다. 비용의 단위는 인력이 1달간 투입하는 노력 단위인 맨먼스(man−month)로 책정한다.

② 복잡도나 규모에 따라 다음과 같은 3가지 개발 유형으로 분류된다.

구 분	내 용
조직형(organic)	• 5만 라인 이하 • 어떤 조직 내부에서 개발하는 중소 규모의 사무용, 업무용, 과학용 응용소프트웨어
반분리형(semi−detached)	• 30만 라인 이하 • 운영체제, 트랜잭션 처리, DBMS 등
내장형(embedded)	• 30만 라인 이상　　　• 대형 시스템

맨먼스(man−month)
월 단위로 투입 인력을 책정하는 것을 말한다. 예를 들어 한 달을 20일로 볼 때, 업무 시간의 50%씩 4명이 투입된다면 전체 맨먼스는 0.5×4 = 2가 된다.

3 위험 관리

프로젝트 수행 조직은 프로젝트 위험 요소를 사전에 식별하여 평가하고, 이 위험을 극복하기 위한 계획 수립과 사전 조치를 수행한다. 다음 표는 프로젝트 수행 위험 요소별 대응 방안의 예이다.

위험요소	시행착오/문제점	대응방안
일정관리	프로젝트 일정계획 시 실작업에 필요한 고려사항이 미반영되어 진행됨으로써 납기를 맞추려다 품질의 저하를 초래	일정계획 수립 시 예외사항을 충분히 고려하여 일정을 수립하고 이를 고객과 상호 합의, 철저한 진척도 관리
	감리 결과에 따른 시정조치 활동으로 인한 일정 지연	감리 등 품질활동을 고려한 일정계획을 수립, 사후 품질관리보다는 사전 품질관리 활동을 통한 시정조치의 최소화
범위관리	응용시스템 개발에 대한 발주처와 합의된 범위의 문서관리가 부족하여 품질에 대한 기준 및 변경 관리 곤란	요구사항에 대한 변경관리 절차를 수립하여 체계적 관리 수행
의사소통 관리	발주처 및 이해관계사와의 협조관계 문제	진행업무의 정확한 이해 및 업무분담, 체계적인 의사소통을 위한 관리도구 적극 활용, 주기적인 협의체 활동을 통한 의사소통 원활화
품질관리	산출물 검토 지연	일정 준수에 대한 양사간 공감대 형성 유도, 시정 요구사항에 따른 신속한 보완 작업 수행으로 요구수준의 품질 확보, 지연의 원인에 따라 발주처와 협의 후 전체 일정 조정

4 형상 관리 및 품질 관리

① **형상 관리** : 소프트웨어의 버전 및 짜임새를 통제하는 과정이다. 프로젝트 수행 조직은 다음 단계에 중요한 영향을 미치는 단계별 핵심 산출물을 대상으로 형상 항목을 구성하고 효율적인 프로젝트 진행이 가능하도록 각각의 형상 항목에 대한 관리 수준을 설정하여 관리한다.

② **품질 관리** : 프로젝트 수행 조직은 프로젝트의 품질에 대한 기준을 정의하고 품질 상태를 점검하며, 점검 결과에 대한 시정 조치를 수행하는 일련의 과정을 통해 프로젝트 내외부의 품질 관리 활동을 계획하고 이를 수행함으로써 프로젝트의 품질 요건을 충족시키도록 한다. 다음 그림은 품질 관리 절차의 한 예를 보여준다.

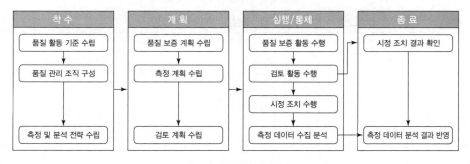

[품질 관리 절차의 예]

5 소프트웨어 검사(Test) 2016 2014

① 검사(test)는 소프트웨어 품질 보증 활동의 하나로, 소프트웨어에 분석이나 설계, 코딩 결과를 최종적으로 점검하는 과정이다.

② 검사를 통해서 오류를 발견하고 개선함으로써 소프트웨어의 품질을 향상할 수 있다.

(1) 화이트 박스 테스트(White Box Test)

① 의 미

　㉠ 모듈의 원시 코드를 오픈시킨 상태에서 원시 코드의 논리적인 모든 경로를 검사하여 검사 사례를 설계하는 방법이다.

　㉡ 테스트 과정의 초기에 적용하며 모듈 안의 작동을 직접 관찰한다.

② 종 류

　㉠ 기초 경로 검사(basic path testing) : 설계자가 절차적 설계의 논리적 복잡성을 측정할 수 있게 해주고, 이 측정 결과는 실행 경로의 기초를 정의하는 데 지침으로 사용된다.

　㉡ 조건 검사(condition testing) : 프로그램 모듈 내에 있는 논리적 조건을 검사하는 검사 사례 설계 기법이다.

　㉢ 루프 검사(loop testing) : 프로그램의 반복(loop) 구조에 초점을 맞춰 실시하는 검사 사례 설계 기법이다.

　㉣ 데이터 흐름 검사(data flow testing) : 프로그램에서 변수의 정의와 변수 사용의 위치에 초점을 맞춰 실시하는 검사 사례 설계 기법이다.

(2) 블랙 박스 테스트(Black Box Test)

① 의 미

　㉠ 실행파일을 수행하여 소프트웨어의 각 기능이 완전히 작동되는 것을 입증하는 검사로서, 기능 검사라고도 한다.

　㉡ 부정확하거나 누락된 기능, 인터페이스 오류, 자료 구조나 외부 데이터베이스 접근에 따른 오류, 행위나 성능 오류 등을 발견하기 위해 사용되며 테스트 과정의 후반부에 적용된다.

② 종 류

　㉠ 동치 분할 검사(equivalence partitioning testing) : 입력 자료에 초점을 맞춰 검사 사례를 만들고 검사하는 방법으로 동등 분할 기법이라고도 한다.

　㉡ 경곗값 분석(boundary value analysis) : 입력 자료에만 치중한 동치 분할 기법을 보완하기 위한 기법이다. 입력 조건의 중간값보다 경곗값에서 오류가 발생될 확률이 높다는 점을 이용하여 입력 조건의 경곗값을 검사 사례로 선정하여 검사한다.

　㉢ 원인-효과 그래프 검사(cause-effect graphing testing) : 입력 데이터 간의 관계와 출력에 영향을 미치는 상황을 체계적으로 분석하여 효용성 높은 검사 사례를 선정하여 검사하는 기법이다.

검사 사례 설계 시 고려사항
• 모듈을 한 번씩 수행
• 복잡한 논리 배제
• 조건 임의 만족
• 내부자료 구조 사용 테스트

　　　ⓔ 오류 예측 검사(fault based testing) : 과거의 경험이나 확인자의 감각으로 검사
　　　　하는 기법이다.
　　　ⓜ 비교 검사(comparison testing) : 여러 버전의 프로그램에 동일한 검사 자료를 제
　　　　공하여 동일한 결과가 출력되는지 검사하는 기법이다.

(3) 개발 단계별 검사

개발 과정이 만들어지는 모듈의 구성 단계에 따라 테스트를 수행하는 것으로 다음 순서
에 의해 진행된다.

단위(코드) 검사 → 통합(설계) 검사 → 검증(요구사항) 검사 → 시스템 검사

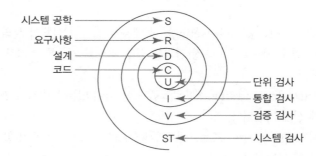

① 단위 검사 : 각 모듈에 대하여 검사하는 것으로 화이트 박스 테스트를 이용한다.
② 통합 검사
　　ⓐ 단위 검사 후 모듈들을 결합하여 검사한다.
　　ⓑ 하향식 검사, 상향식 검사, 혼합식 검사로 구분한다.

하향식 검사 (top down)	상위모듈에서 하위모듈로 통합하면서 검사를 수행한다(sub모듈이 필요).
상향식 검사 (bottom up)	하위모듈에서 상위모듈로 통합하면서 검사를 수행한다(cluster가 필요).

③ 검증 검사
　　ⓐ 사용자의 요구사항을 충족하는지 검사하는 것으로 블랙박스 테스트를 이용한다.
　　ⓑ 형상검사, 알파검사, 베타검사 등이 있다.

알파 검사	• 개발자의 장소에서 사용자가 개발자 앞에서 수행하는 검사 • 통제된 환경에서 사용자와 개발자가 사용상 문제점을 함께 확인한다.
베타 검사	• 사용자 장소에서 선정된 최종 사용자가 수행하는 검사 • 개발자를 제외하고 사용자가 직접 수행하고 문제점을 확인한다.

④ 시스템 검사 : 개발된 소프트웨어가 해당 컴퓨터 시스템에서 수행되는지 검사한다.

스트레스 검사 (stress)	• 비정상적인 상황에서 소프트웨어를 실행시키기 위한 검사이다. • 비정상적인 양, 빈도 등의 자원을 요구할 때의 영향을 검사한다.
회귀검사 (regression)	• 수정한 모듈이 소프트웨어의 다른 부분에 영향을 미치는지 검사한다. • 소프트웨어 수정이 새로운 오류를 발생시키지 않았는지를 확인한다.

(4) 코드 커버리지(Code Coverage)

소프트웨어의 테스트를 논할 때 얼마나 테스트가 충분한가를 나타내는 지표 중 하나이다. 말 그대로 코드가 얼마나 커버되었는가이다. 즉, 소프트웨어 테스트를 진행했을 때 코드 자체가 얼마나 실행되었느냐는 것이다.

종 류	의 미
문장 검증 기준 (statement coverage)	모든 문장이 한 번씩 수행되도록 검증하는 방법
조건 검증 기준 (condition coverage)	결정 명령문 내의 각 조건식이 참, 거짓을 한 번 이상 갖도록 조합하여 테스트 케이스를 설계하는 방법
분기 검증 기준 (branch coverage)	경로에서 나타나는 모든 분기점을 파악하는 방법
분기/조건 검증 기준 (decision/condition coverage)	결정 명령문 및 명령문 내의 각 조건이 적어도 한번은 참과 거짓을 취하고 모든 명령문이 적어도 한번은 수행하도록 테스트 케이스를 산출하는 방법
다중 조건 검증 기준 (multiple condition coverage)	분기 내에서 발생할 수 있는 모든 논리적인 조합을 시험하는 방법

01 [2019 계리직]

어떤 프로젝트를 완성하기 위해 작업 분할(Work Breakdown)을 통해 파악된, 다음 소작업(activity) 목록을 AOE(Activity On Edge) 네트워크로 표현하였을 때, 이 프로젝트가 끝날 수 있는 가장 빠른 소요시간은?

소작업 이름	소요시간	선행 소작업
a	5	없음
b	5	없음
c	8	a, b
d	2	c
e	3	b, c
f	4	d
g	5	e, f

① 13
② 21
③ 24
④ 32

02 [2014 계리직]

소프트웨어 오류를 찾는 블랙박스 시험의 종류로 옳지 않은 것은?

① 비교 시험(comparison testing)
② 기초 경로 시험(basic path testing)
③ 동치 분할 시험(equivalence partitioning testing)
④ 원인−효과 그래프 시험(cause−effect graph testing)

03 [2016 계리직]

소프트웨어 테스트에 대한 설명으로 옳지 않은 것은?

① 베타(beta) 테스트는 고객 사이트에서 사용자에 의해서 수행된다.
② 회귀(regression) 테스트는 한 모듈의 수정이 다른 부분에 미치는 영향을 검사한다.
③ 화이트 박스(white box) 테스트는 모듈의 내부 구현보다는 입력과 출력에 의해 기능을 검사한다.
④ 스트레스(stress) 테스트는 비정상적으로 과도한 분량 또는 빈도로 자원을 요청할 때의 영향을 검사한다.

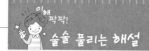
04 2017 지방직

PMBOK(Project Management Body of Knowledge)에서 제시하는 소프트웨어 프로젝트 관리 영역에 대한 설명으로 옳지 않은 것은?

① 프로젝트 일정 관리(time management)는 주어진 기간 내에 프로젝트를 완료하기 위한 활동에 대해 다룬다.

② 프로젝트 비용 관리(cost management)는 승인된 예산 내에서 프로젝트를 완료하기 위한 활동에 대해 다룬다.

③ 프로젝트 품질 관리(quality management)는 품질 요구를 만족하여 수행 목표를 달성하기 위한 활동에 대해 다룬다.

④ 프로젝트 조달 관리(procurement management)는 완성된 소프트웨어를 고객에게 전달하기 위한 활동에 대해 다룬다.

05 2014 지방직

소프트웨어 형상 관리(Configuration Management)에 대한 설명으로 옳지 않은 것은?

① 형상 관리는 소프트웨어에 가해지는 변경을 제어하고 관리하는 활동을 포함한다.

② 기준선(baseline) 변경은 공식적인 절차에 의해서 이루어진다.

③ 개발 과정의 산출물인 원시 코드(source code)는 형상 관리 항목에 포함되지 않는다.

④ 형상 관리는 소프트웨어 운용 및 유지보수 단계뿐 아니라 소프트웨어 개발 단계에서도 적용될 수 있다.

01

AOE는 사건을 정점으로, 작업(소요시간)을 간선으로 나타내어 임계경로를 구하고자 하는 네트워크이다. 문제의 소작업 목록을 AOE 네트워크로 표현하면 다음과 같다.

(각 정점은 해당하는 작업에 필요한 선행 소작업의 완료를 알리는 사건을 나타낸다.)

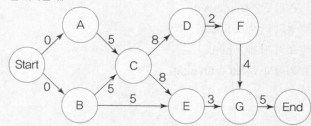

이 프로젝트가 끝날 수 있는 가장 빠른 소요시간을 구하기 위해서는 임계경로를 찾아야 한다. 임계경로법에 따라 Start에서 End까지의 작업경로 중 가장 긴 경로인 Start → A → C → D → F → G → End가 임계경로가 된다.

따라서 문제의 답은 0 + 5 + 8 + 2 + 4 + 5 = 24시간이 나온다. 답 ③

02

블랙 박스 검사 기법은 소프트웨어의 내부를 보지 않고 입출력 값만을 확인하여 기능의 유효성을 판단하는 테스트 기법이다. 화이트 박스 검사는 소프트웨어 내부 소스코드를 직접 확인하는 기법을 말한다.

• 블랙 박스 검사의 종류 : 동치 분할 검사, 경곗값 분석, 비교 검사, 원인-효과 그래프 검사, 오류 예측 검사

• 화이트 박스 검사의 종류 : 기초 경로 검사, 조건 검사, 루프 검사, 데이터 흐름 검사 답 ②

03

③ 소프트웨어를 테스트하는 방법은 크게 블랙 박스(black box) 테스트와 화이트 박스(white box) 테스트가 있다. 블랙 박스 테스트는 소프트웨어의 내부를 보지 않고 입력과 출력값을 확인하여 기능의 유효성을 판단하는 테스트 기법이며, 화이트 박스 테스트는 소프트웨어 내부 소스코드를 확인하는 기법이다. 답 ③

04

④ 프로젝트 조달 관리(procurement management)는 구매 및 획득 계획, 계약 체결 계획, 판매자 응답 요청, 판매자 선정, 계약 관리, 계약 종료에 대해 다룬다. 답 ④

05

형상 관리는 소프트웨어의 버전 및 짜임새를 통제하는 과정이다. 프로젝트 수행 조직은 다음 단계에 중요한 영향을 미치는 단계별 핵심 산출물(소스코드를 포함)을 대상으로 형상 항목을 구성하고 효율적인 프로젝트 진행이 가능하도록 각각의 형상 항목에 대한 관리 수준을 설정하여 관리한다. 답 ③

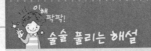
술술 풀리는 해설

06 2016 국가직

CMMI(Capability Maturity Model Integration)의 성숙도 모델에서 표준화된 프로젝트 프로세스가 존재하나 프로젝트 목표 및 활동이 정량적으로 측정되지 못하는 단계는?

① 관리 단계(managed)
② 정의 단계(defined)
③ 초기 단계(initial)
④ 최적화 단계(optimizing)

07 2010 지방직

시스템의 유지보수에 대한 설명으로 옳지 않은 것은?

① 변경된 환경과 적절하게 조화를 이루도록 소프트웨어를 변경시키는 것은 유지보수 활동에 속한다.
② 원시코드를 이용하여 원시코드 이상의 추상화된 표현으로 나타내고 코드를 분석하는 과정을 역공학이라 하며, 역공학을 통해 시스템을 재구성하여 변경이 용이한 시스템을 만들거나 보다 나은 기능을 추가할 수 있다.
③ 유지보수에 대한 요청은 공식적인 절차를 밟아 표준화된 방법으로 이루어져야 하며 유지보수 요청서에 의해 이루어진다.
④ 소프트웨어 유지보수 과정에서 발생하는 결과물에 대한 계획, 개발, 운용 등을 종합하여 시스템의 형상을 만들고, 이에 대한 변경을 체계적으로 관리하기 위한 활동을 소프트웨어 형상관리라 한다.

06

① 관리 단계(managed) : 프로세스하에서 프로젝트가 통제되는 수준으로 조직은 프로세스에 대한 어느 정도의 훈련이 되었다고 볼 수는 있지만, 일정이나 비용과 같은 관리 프로세스 중심이다.
③ 초기 단계(initial) : 개인의 역량에 따라 프로젝트의 성공과 실패가 좌우된다. 소프트웨어 개발 프로세스는 거의 없는 상태를 의미한다.
④ 최적화 단계(optimizing) : 이 레벨에서는 지속적인 개선에 치중한다. 조직적으로 최적화된 프로세스를 적용하여 다시 피드백을 받아 개선하는 상위 단계이다. ②

07

② 원시코드를 이용하여 원시코드 이상의 추상화된 표현으로 나타내고 코드를 분석하는 과정을 역공학이라 하며, 재공학을 통해 시스템을 재구성하여 변경이 용이한 시스템을 만들거나 보다 나은 기능을 추가할 수 있다. 재공학은 새로운 요구에 부응한 소프트웨어 추가 개발 시 기존 시스템을 적극 활용하여 발전적 시스템을 구축하고, 성능을 향상시키는 것을 말한다. ②

적중 예상 문제

01 결정 명령문 내의 각 조건식이 참, 거짓을 한 번 이상 갖도록 조합하여 테스트 케이스를 설계하는 방법은?

① 분기 검증 기준(Branch Coverage)

② 조건 검증 기준(Condition Coverage)

③ 문장 검증 기준(Statement Coverage)

④ 다중 조건 검증 기준(Multiple Condition Coverage)

02 프로젝트 일정 관리 시 사용하는 PERT 차트에 대한 설명에 해당하는 것은?

① 수평 막대의 길이는 각 작업의 기간을 나타낸다.

② 시간선(Time-line) 차트라고도 한다.

③ 각 작업들이 언제 시작하고 언제 종료되는지에 대한 일정을 막대 도표를 이용하여 표시한다.

④ 작업 간의 상호 관련성, 결정경로, 경계시간, 자원할당을 제시한다.

한눈에 보는 **정답**과 **해설**

01 ① 분기 검증 기준(branch coverage) : 경로에서 나타나는 모든 분기점을 파악하는 방법
  ③ 문장 검증 기준(statement coverage) : 모든 문장이 한 번씩 수행되도록 검증하는 방법
  ④ 다중 조건 검증 기준(multiple condition coverage) : 분기 내에서 발생할 수 있는 모든 논리적인 조합을 시험하는 방법

02 ④ PERT 차트는 상세한 계획을 수립하기에 쉽고, 변화에 대해 대처할 수 있다. 또한 네트워크상의 문제점들을 명확하고 종합적으로 파악할 수 있기 때문에 중점 관리가 가능하다. 자원계획을 수립할 수가 있어 자원의 효율화를 기대할 수 있다.
  ① 간트 차트에서 쓰이는 막대 도표의 길이는 작업이 걸리는 시간을 의미한다.
  ② 간트 차트는 시간선(Time-line) 차트라고도 불린다.
  ③ 간트 차트는 각 작업들의 시작과 종료에 대한 일정을 도표를 이용하여 표시한다.

01 ② 02 ④

03 다음 중 프로젝트 생애 주기 상의 특징을 가장 잘 설명한 것은?

① 프로젝트 종료 단계로 갈수록 성공 불확실성은 점점 높아진다.
② 자원 투입 수준은 초기와 종료 단계에서 낮고 중간 단계에서 가장 높다.
③ 발주처의 영향력이 프로젝트 단계가 경과될수록 커진다.
④ 변경 및 오류 정정에 따른 원가는 프로젝트가 진행될수록 점차 감소한다.

04 다음 중 프로젝트 관리 성숙도 수준 CMMI 5 단계 표현법에 있어서 낮은 레벨에서 높은 레벨 순으로 옳게 나열한 것은?

① Initial – Managed – Optimizing – Defined – Quantititively Managed
② Initial – Defined – Managed – Quantititively Managed – Optimizing
③ Initial – Defined – Managed – Optimizing – Quantititively Managed
④ Initial – Managed – Defined – Quantititively Managed – Optimizing

05 다음 중 정확한 일정 예측이 어려운 소프트웨어 개발 프로젝트에서 활동 시간을 확률적인 관점에서 예측하여 일정을 수립하는 기법은 무엇인가?

① Gantt Chart
② WBS
③ PERT
④ CPM

06 다음 중 비용 산정을 위한 COCOMO 모델에서 Semi-Detached 모드에 해당하는 것은?

① 4만 라인 규모, 조직 내부에서 개발하는 소규모의 사무용 소프트웨어
② 20만 라인 규모, 과학용 응용소프트웨어
③ 25만 라인 규모, 트랜잭션 처리 소프트웨어
④ 30만 라인 규모, 네트워크 관리 시스템

07 다음 중 일정 지연에 대한 위험 관리 방안으로 적당한 것은?

① 일정계획 수립 시 예외사항을 충분히 고려하여 일정을 수립하고 이를 고객과 상호 합의, 철저한 진척도 관리

② 감리 등 품질활동을 고려한 일정계획을 수립, 사전 품질관리보다는 사후 품질관리 활동을 통한 시정조치의 최소화

③ 요구사항에 대한 변경관리 절차를 수립하여 체계적 관리 수행

④ 의사소통을 위한 관리도구 적극 활용, 주기적인 협의체 활동을 통한 의사소통 원활화

08 다음 중 프로젝트의 특성과 거리가 먼 내용은?

① 자원 투입 요구가 명확하지 않다.

② 정해진 집단이 참여한다.

③ 일회성 과제를 수행한다.

④ 최종 목적이 명확히 정의된다.

 한눈에 보는 정답과 해설

03 원가 및 인력 투입 수준은 초기에 낮고 중간 단계에 절정에 달했다가 프로젝트 종료 단계로 접어들면서 급격히 떨어진다.

04 단계별 표현법은 기초적인 수준으로부터 시작해서 정해진 경로 및 순서에 따라 계속 발전해 나아가면서 프로세스 개선을 추진하는 접근 방법을 사용하고 있다.

05 CPM(Critical Path Method)은 정확한 일정 예측이 가능하다는 가정하에 출발하며, PERT(Program Evaluation and Review Technique)는 정확한 예측이 어려운 경우에 적용한다.

06 반분리형(semi-detached)은 30만 라인 이하 규모로서, 운영체제, 트랜잭션 처리, DBMS 등이 해당된다.

07 일정 준수를 위해서는 정확한 일정 계획 수립이 우선되어야 하며, 진척도 관리가 철저히 진행되어야 한다.

08 프로젝트는 식별 가능한 최종 목적을 가지고 있으며 일반적으로 상호 관련된 일단의 활동을 가리킨다. 아울러, 일정 기간 동안 진행되는 일회성 과제에 여러 사람으로 이루어진 집단이 참여하는 총체적인 것이다.

03 ② 04 ④ 05 ③ 06 ③ 07 ① 08 ①

PART 07

멀티미디어와 데이터 압축

5%	5%
0%	0%	0%	0%	0%	0%	0%
2022년	2021년	2019년	2018년	2016년	2014년	2012년	2010년	2008년

연도별 기출문제분석 키워드

연 도	키워드	출제비중
2022년	–	–
2021년	–	–
2019년	–	–
2018년	–	–
2016년	–	–
2014년	–	–
2012년	–	–
2010년	초당 전송 비디오 용량 계산	5%
2008년	사운드 파일(WAVE) 용량 계산	5%

출제
포인트 잡기

▶ 출제비중이 아주 낮은 영역으로, 데이터 압축을 제외한 부분은 쉽게 이해할 수 있는 내용이다.
▶ 사운드와 비디오 용량을 계산하는 식을 이해하고 문제를 풀 수 있어야 한다.
▶ 이미지와 비디오의 파일 포맷을 알아두어야 한다.

01 멀티미디어의 개요

01 전통적 미디어와 멀티미디어

1 미디어의 정의 및 분류

(1) 의 미

일반적으로 미디어(media)는 '매체'를 나타내는데, 매체란 메시지를 담아서 수용자들에게 보내는 매개체를 말한다.

⊙ 신문, 잡지, 서적, 라디오, TV, 음파, 전파, 광파 또는 메시지의 유통통로(channel)나 네트워크(network) 등

(2) 미디어의 분류

구 분	내 용
지각 미디어	시각, 청각
표현 미디어	텍스트, 사운드, 이미지, 애니메이션, 비디오
프레젠테이션 미디어	• 입력 매체 : 키보드, 마우스, 마이크, 디지털 카메라, 스캐너 • 출력 매체 : 스크린, 종이, 프린터, 스피커
저장 미디어	플로피 디스크, 하드디스크, 광디스크, 자기 테이프, CD, DVD
전송 미디어	동축 케이블, 광케이블
무선 미디어	지상방송(라디오 방송, TV 방송), 위성방송, 무선인터넷
유선 미디어	전화, 전신망, 케이블 TV, 인터넷

2 미디어의 발전과 멀티미디어

(1) 전통적 미디어(Old Media)
신문, 잡지, 서적, 라디오, TV 등의 기존 미디어

(2) 뉴 미디어(New Media)
정보 교환 및 통신에 관련한 기술의 개발로 상호작용성이 증대되어 대중 매체에 지배적인 존재로 대두된 새로운 형태의 미디어로, 상호작용성 및 멀티미디어화의 특성을 갖는다.

(3) 멀티미디어(Multi-Media)
① 의미 : 지금까지는 독립적으로 존재하던 기존의 매체가 타 매체나 새로운 기술의 결합으로 미디어 서비스가 융합된 형태이다. 인간의 오감을 통해 동시에 정보가 전달된다.
② 멀티미디어의 구성 요소 : 텍스트, 사운드, 이미지, 애니메이션, 비디오
③ 구조화된 멀티미디어 : CD-ROM 타이틀, 웹 페이지 등

02 멀티미디어의 특성과 효과

1 멀티미디어의 특성 및 충족 조건

(1) 멀티미디어의 특성
① 상호작용성
② 데이터의 디지털화
③ 네트워크를 통한 정보 공유

(2) 멀티미디어의 충족 조건
① 상호작용을 통해 정보의 제어가 가능해야 한다.
② 데이터는 디지털 형태로 생성, 저장, 처리, 표현되어야 한다.
③ 여러 종류의 미디어 정보를 동시에 포함해야 한다.
④ 컴퓨터를 이용하여 처리 및 표현될 수 있어야 한다.

2 멀티미디어의 효과

① 이용자들로 하여금 감각적인 만족감을 얻게 하며 미학적인 충족감을 얻게 한다.
② 학습 효과 면에 있어서 일방적인 것보다 상호작용성을 바탕으로 실시할 경우 월등히 높다.
③ 인간의 감성 정보 처리 능력을 효율적으로 이용할 수 있다.

03 멀티미디어 시스템

1 멀티미디어 시스템의 계층구조

멀티미디어 시스템은 밑에서부터 하드웨어, 시스템 소프트웨어, 소프트웨어 도구, 콘텐츠 순으로 계층 구조를 이룬다. 이를 도식화하면 다음 표와 같다.

구분	내용				
콘텐츠	멀티미디어 콘텐츠				
↑ 소프트웨어 도구	미디어 편집 소프트웨어, 저작도구				
↑ 시스템 소프트웨어	장치드라이버, DBMS(데이터베이스 관리시스템)				
	멀티미디어를 위한 운영체제				
↑ 하드웨어	프로세서	미디어 처리장치	입력장치	출력장치	저장장치

2 멀티미디어 시스템 환경

(1) 하드웨어 환경
① 멀티미디어 컴퓨터 : 멀티미디어 처리가 가능한 사양의 컴퓨터
② 미디어 처리장치 : 사운드 카드, 그래픽 카드
③ 입력장치 : 디지털 카메라, 스캐너, 그래픽 태블릿
④ 출력장치 : 모니터, 컬러프린터, 프로젝터
⑤ 저장장치 : 하드디스크, CD, DVD 등

(2) 소프트웨어 환경
① 운영체제 : 멀티미디어의 전반적 운영 관리가 가능한 운영체제
② 미디어 편집 소프트웨어 : 입력 디지털 데이터를 변환, 편집할 수 있는 소프트웨어(이미지 저작 및 편집, 3D 그래픽, 사운드 편집, 미디 소프트웨어, 애니메이션 편집 및 제작, 비디오 제작)
③ 멀티미디어 콘텐츠 저작도구 : CD 타이틀 저작도구, 웹 페이지 저작도구, DVD 저작도구 등

04 멀티미디어 표준

(1) 정지화상
JPEG(Joint Photographic Coding Experts Group)는 정지화상을 압축하는 표준 기술로 1,600만 색상을 표시할 수 있다.

(2) 동영상
① MPEG-1 : 동화상을 압축하여 CD-ROM에 저장한 뒤 최대 1.5Mbps/sec의 속도로 전송하였을 때 화질의 저하를 최대한 줄이는 것이 목표
② MPEG-2 : 약 40Mbps/sec의 속도로 전송하였을 때 화질을 유지하는 것이 목표
③ MPEG-4 : 전화선 등을 통한 컬러 동영상의 송수신을 위한 규격으로 표준화
④ MPEG-7 : 내용 기반 정보검색의 요소기술에 관하여 제안된 표준
⑤ MPEG-21 : 전자상거래 환경에서 콘텐츠를 전송 · 이용 · 결제하기 위한 표준

(3) 기 타
① 사운드 : MPEG Audio
② 문서 : ODA / SGML / HTML / XML / MHEG
③ 가상현실 : VRML

MHEG(Multimedia and Hypermedia information coding Experts Group)
멀티미디어와 하이퍼미디어의 압축 방식과 부호화 방식의 표준을 말한다.

VRML(Virtual Reality Modeling Language, 가상 현실 모델링 언어)
3차원 인터렉티브 벡터 그래픽을 표현하는 표준 파일 형식으로, 월드 와이드 웹을 염두에 두고 만들어졌다. 현재는 X3D로 대체되었다.

적중 예상 문제

01 다음 중 미디어의 분류와 내용으로 잘못 짝지어진 것은?

① 청각 – 표현 미디어
② 마이크 – 프레젠테이션 미디어
③ CD – 저장 미디어
④ 라디오 방송 – 무선 미디어

02 다음 중 미디어와 관련된 설명으로 옳지 않은 것은?

① 웹 페이지나 CD-ROM 타이틀은 구조화된 멀티미디어라 볼 수 있다.
② 멀티미디어의 구성요소에는 텍스트, 사운드, 방송, 애니메이션이 포함된다.
③ 상호작용성 및 멀티미디어화 특성을 갖는 것을 뉴미디어라 한다.
④ 멀티미디어는 인간의 오감을 통해 다중의 정보가 동시에 전달되는 형태를 갖는다.

03 다음 중 멀티미디어의 특성과 관련이 먼 것은?

① 무선화   ② 상호작용성
③ 디지털화   ④ 네트워크화

04 멀티미디어의 효과로 볼 수 없는 것은?

① 상호작용성에 의한 학습효과가 제고될 수 있다.
② 인간의 감성 정보 처리 능력을 효율적으로 이용할 수 있다.
③ 이용자의 감각적 만족감을 얻게 한다.
④ 콘텐츠의 예술성을 높여줄 수 있다.

05 다음 중 멀티미디어 문서 표준에 해당하지 않는 것은?

① SGML   ② XML
③ MHEG   ④ JPEG

한눈에 보는 정답과 해설

01 청각은 시각과 함께 지각 미디어에 포함된다.

02 멀티미디어의 구성요소는 표현 방식에 대한 요소이므로 방송이 포함되는 것은 적당하지 않다.
※ 멀티미디어의 구성요소 : 텍스트, 사운드, 이미지, 애니메이션, 비디오

03 멀티미디어의 특성은 상호작용성, 데이터의 디지털화, 네트워크를 통한 정보 공유이다. 멀티미디어가 꼭 무선화될 필요는 없다.

04 이용자들의 미학적인 충족감을 높여줄 수는 있으나, 멀티미디어가 예술성을 높여주는 효과를 낸다고는 할 수 없다.

05 JPEG은 정지화상에 대한 멀티미디어 이미지 표준이다.

01 ① 02 ② 03 ① 04 ④ 05 ④

02 텍스트

01 텍스트 코드

1 영문숫자 코드

① 보편화된 영문숫자 코드는 ASCII코드이다.
② ASCII(American Standard Code for Information Interchange)
   ㉠ 1개의 문자를 3개의 zone 비트와 4개의 digit 비트로 표현한다.
   ㉡ 1비트의 parity 비트를 추가하여 8비트로 사용한다.
   ㉢ 통신제어용 및 마이크로컴퓨터의 기본코드로 사용한다. 현재 가장 많이 사용된다.
   ㉣ 128가지 문자 표현이 가능하다.

2 한글 코드

① 한글의 표현 : 16비트 조합형과 완성형 한글 코드를 사용한다.
② 한글 코드의 종류
   ㉠ 조합형 : 한글의 자모 단위로 코드를 부여하는 방식으로, 기억 용량이 완성형보다 적게 필요하며 사용에 대한 융통성이 있어 정보 처리용으로 많이 사용한다.
   ㉡ 완성형 : 한글의 모든 글자를 하나의 코드로 부여하는 방식으로, 기억 용량이 조합형에 비해 상대적으로 많이 필요하며 사용에 대한 융통성이 부족하여 정보 교환용으로 주로 사용된다.

3 유니코드

① 1995년 국제 표준으로 제정한 세계 공통 국제 문자부호 체계를 말한다.
② 16비트 체계를 사용하여 한글, 한문, 일문 등 비영어권 문자를 수용하였다.
③ 총 6만여 문자를 수용할 수 있으며, 한글에는 1만 1천여 문자를 할당받았다.

02 폰트 및 파일 포맷

1 폰 트

(1) 의 미

폰트는 텍스트의 구체적인 기록, 표시, 인쇄에 정형화된 글자체를 이용할 수 있도록 만들어 놓은 것으로 요즘은 주로 디지털 폰트를 의미한다. 디지털 폰트는 구조상 비트맵 폰트와 벡터 폰트가 있다.

(2) 디지털 폰트의 종류

① **비트맵 폰트** : 글자를 이루는 점의 패턴 정보로 서체를 표현한다. 크기를 확대하면 블록이 커져 계단 모양이 나타나는 단점이 있다.

② **벡터 폰트** : 글자의 모양을 수학적으로 표현하여 크기를 변화시켜도 전체 모양이 그대로 유지되는 폰트를 말한다.

2 파일 포맷

텍스트는 집합적으로 처리하여 문서 파일로 취급할 수 있다. 워드프로세서마다 고유한 파일 포맷을 갖는다.

① **TXT** : MS-DOS 표준 텍스트 파일을 의미하는 것으로 ASCII 코드 및 KS 한글코드로만 구성되어 가장 호환성이 높은 파일 형식이다. 윈도우 운영체제의 메모장 프로그램으로 파일을 생성할 수 있다.

② **RTF(Rich Text Format)** : 폰트, 서식 등 문서의 기본적 구조 정보를 포함하고 있는 파일 포맷이다. 전문 워드프로세서와 기본 txt파일의 중간 단계라 할 수 있다. 윈도우 운영체제의 워드패드 프로그램으로 파일을 생성할 수 있다.

③ **DOC** : 마이크로소프트 사의 워드프로세서인 MS-Word 프로그램에서 생성되는 파일로, 상세한 문서 정보를 포함한다.

④ **PDF(Portable Document Format)** : 미국의 어도비(Adobe) 사가 만든 파일 포맷으로, 운영체제나 애플리케이션에 관계없이 문서 형태를 그대로 유지하며 전자적으로 배포할 수 있는 점 때문에 인터넷 전자출판의 표준 파일로 취급되고 있으며, 보안기능이 뛰어나 문서 보안을 위한 솔루션으로 채택되고 있다.

적중 예상 문제

01 다음 중 ASCII 코드에 대한 설명으로 옳지 않은 것은?

① 통신 제어용 마이크로컴퓨터의 기본 코드로 사용한다.
② 1개의 문자를 4개의 zone 비트와 4개의 digit 비트로 표현한다.
③ 가장 보편화된 영문숫자 코드이다.
④ 128가지 문자 표현이 가능하다.

02 다음 중 조합형과 완성형 한글에 대한 내용을 옳게 설명한 것은?

① 조합형은 사용에 대한 융통성이 부족한 단점이 있다.
② 완성형은 기억 용량이 조합형보다 적게 필요하다.
③ 조합형은 정보 교환용으로 주로 사용된다.
④ 완성형은 한글의 모든 글자를 하나의 코드로 부여하는 방식이다.

03 다음 중 유니코드에 대한 설명으로 옳지 않은 것은?

① 세계 공통 국제 문자부호 체계이다.
② 24비트 체계를 사용한다.
③ 비영어권 문자를 수용하였다.
④ 한글에는 1만 1천여 문자를 할당받았다.

04 다음 중 폰트에 대한 설명으로 옳은 것은?

① 벡터 폰트는 글자의 객체 모양을 수학적으로 표현한다.
② 벡터 폰트는 크기를 확대시키면 블록이 커져 계단 모양이 나타난다.
③ 비트맵 폰트는 크기를 변화시켜도 전체 모양이 그대로 유지된다.
④ 비트맵 폰트 디지털 폰트, 벡터 폰트는 아날로그 폰트이다.

 한눈에 보는 정답과 해설

01 1개의 문자를 3개의 zone 비트와 4개의 digit 비트로 표현하며 1비트의 패리티 비트를 추가하여 총 8비트로 사용한다.

02 조합형은 기억 용량이 완성형보다 적게 필요하며, 사용에 대한 융통성이 있어 정보 처리용으로 많이 사용된다.

03 유니코드는 16비트 체계를 사용한다.

04 벡터 폰트는 글자의 모양을 수학적으로 표현하여 크기를 변화시켜도 전체 모양이 그대로 유지되는 폰트를 말한다.

01 ② 02 ④ 03 ② 04 ①

05 다음 중 윈도우 운영체제의 워드패드 프로그램의 기본 파일에 해당하는 것은?

① TXT
② RTF
③ DOC
④ PDF

06 다음 중 전자출판의 표준 파일로 취급되고 있는 것은?

① TXT
② RTF
③ DOC
④ PDF

 한눈에 보는 정답과 해설

05 RTF는 폰트, 서식 등 문서의 기본적 구조 정보를 포함하고 있는 파일 포맷이다. 전문 워드프로세서 파일과 기본 txt파일의 중간 단계라 할 수 있다. 윈도우 운영체제의 워드패드 프로그램으로 파일을 생성할 수 있다.

06 미국의 어도비(Adobe) 사가 만든 파일 포맷으로, 운영체제나 애플리케이션과 관계없이 문서 형태를 그대로 유지하며, 전자적으로 배포할 수 있는 점 때문에 인터넷 전자출판의 표준 파일로 취급되고 있다.

05 ② 06 ④

CHAPTER

03 이미지·사운드·비디오

출제경향분석

- 초당 전송 비디오 용량 계산(2010)
- 사운드 파일(WAVE) 용량 계산(2008)

01 이미지

1 개요

컴퓨터일반 GO! 득점

① **의의** : 픽셀은 어떤 화상을 디지털 매체에 표시할 때 사용하는 최소 영역 단위를 말하며, 픽셀마다 색상 정보가 표현되며 픽셀의 집합을 통해 비트맵 형식으로 화상을 표현할 수 있다.

② **각 픽셀이 표현할 수 있는 색의 종류** : 픽셀당 할당된 비트 수에 따르게 되며 아래와 같다.

비트 수	색상의 수	비 고
1	2 (2^1)	흑백
2	4 (2^2)	팔레트
4	16 (2^4)	팔레트
8	256 (2^8)	팔레트
16	65,536 (2^{16})	하이컬러(R:G:B=5:5:5)
24	16,777,216 (2^{24})	트루컬러(R:G:B=8:8:8)
32	16,777,216 + 8비트 알파 채널	트루컬러 + 알파 채널

③ **해상도** : 단위 길이당 표시할 수 있는 픽셀 또는 점의 수를 말하며 인치(inch)를 단위 길이로 많이 사용한다[단위 : dpi(dot per inch)].

④ **이미지** : '정지화상'이라고도 하며, 디지털 카메라를 이용하여 현실세계의 사물을 촬영하거나 스캐너를 이용하여 사진이나 그림을 디지털 형태로 받아들인 것을 말한다. 픽셀 단위로 저장된다.

⑤ 그래픽 : 컴퓨터의 그래픽 소프트웨어를 통해 생성한 디지털 그림을 말한다.

　㉠ 벡터(vector) 그래픽 : 표현 방식에 있어 기하학적인 객체(점, 직선, 곡선, 원, 사각형 등)들을 나타내는 그래픽 함수를 사용한다. 화면 확대 시 화질의 변화가 없다. 일반적으로 파일의 크기가 비트맵 그래픽 방식에 비해 작고 편집이 자유로운 편이다. 특성상 일러스트레이션(illustration)에 적합한 방식이다(대표적 포맷 : EPS, AI).

　㉡ 비트맵(bitmap) 그래픽 : 그래픽 요소를 픽셀단위로 저장하는 방식이므로 래스터(raster) 그래픽으로 부르기도 한다. 파일의 크기는 해상도에 비례하고 벡터 그래픽에 비해 파일이 비교적 큰 편이며 편집에 어려움이 따른다. 화면을 확대할 때 화질이 떨어지는 단점이 있으며, 윈도우 운영체제의 그림판, 어도비 포토샵, 웹페이지 등에서 채택한 방식이다(대표적 포맷 : BMP, GIF, PNG, JPEG, TIFF, PCX).

⑥ 디더링과 앤티앨리어싱

　㉠ 디더링(dithering) : 제한된 수의 색상들을 섞어서 다양한 색상을 만들어 내는 기법을 말한다. 현재 팔레트에 존재하지 않는 컬러를 컬러 패턴으로 대체하여 가장 유사한 컬러로 표현하는 기법이다.

　㉡ 앤티앨리어싱(antialiasing) : 물체 경계면의 픽셀을 물체의 색상과 배경의 색상을 혼합해서 표현하여 경계면이 부드럽게 보이도록 하는 기법을 말한다. 앤티앨리어싱을 사용한 경우의 이미지는 이를 사용하지 않은 이미지에 비해 훨씬 부드럽게 느껴진다.

2 파일 포맷

구 분	포 맷	설 명
비트맵 (래스터)	BMP	• 비트맵 디지털 그림을 저장하는 데 쓰이는 비손실 비압축 포맷이다. • 압축하지 않기 때문에 파일 크기가 큰 것이 단점이다.
	GIF	• 8비트 컬러만을 지원하는 대표적인 비손실 압축 포맷이다. • 컴퓨서브 사에서 이미지 파일 전송시간을 줄이기 위해 개발한 이미지 파일 압축 형식이다. • RLE(Run–Length Encoding) 방식을 응용한 LZW 알고리즘을 사용한다. • 사진의 경우는 압축효과가 크지 않으나, 일러스트레이션용으로 제작된 그래픽 파일의 경우에는 압축 효과가 높다. • 소규모의 파일 크기를 중요시하는 웹에서 JPEG 포맷과 함께 가장 널리 사용되고 있으며 투명색을 지정할 수 있다. 또한 애니메이션 기능을 제공한다.
	PNG	• 24비트 트루컬러를 지원하는 비손실 압축 포맷이다. • GIF에 쓰인 LZW 알고리즘에 대한 특허를 유니시스 사가 가지고 있다는 것이 알려지고, 또한 256색의 제한에 한계를 느끼면서 개발되었다.
	JPG JPEG	• 정지 화상을 위해서 만들어진 24비트 트루컬러를 지원하는 손실 압축 포맷이다. • 손실 압축 형식이지만, 파일 크기가 작기 때문에 웹에서 널리 쓰인다.

구 분	포 맷	설 명
비트맵 (래스터)	TIF TIFF	• 24비트 컬러를 지원하는 비손실 압축 포맷이다. • 앨더스(Aldus) 사와 마이크로소프트가 공동 개발한 포맷이다. 스캐너 제조사들이 일반적인 파일 형식을 사용하기 위하여 개발되었다. • 사용자가 고쳐서 쓸 수 있는 유연함이 특징이다.
	PSD	• 포토샵의 기본 확장자이다. • 대부분의 옵션 지원을 포함하여 그림을 저장할 수 있다. 여기에는 마스크, 색 공간, ICC 프로파일, 투명도, 문자열, 알파 채널, 특색, 클리핑 패스, 2색 설정값을 포함하고 있다. 기능상 제한이 있는 EPS, GIF와 같은 다른 형식과는 대조적이다.
벡 터	EPS	프린터에 그래픽 정보를 보내기 위해 등장한 포스트스크립트(Postscript) 언어를 활용한 포맷으로, 텍스트의 그래픽 구조 및 폰트, 비트맵 정보를 표시한다.
	WMF	Windows에서 사용하는 메타파일 방식 포맷으로, 비트맵과 벡터 정보를 함께 표현하고자 할 경우 가장 적합하다.
	AI	Adobe Illustrator에서 사용하는 파일 포맷으로, 대부분의 그래픽 소프트웨어가 이 포맷을 지원한다.
	CDR	Corel Draw에서 사용되는 파일 포맷으로 Adobe Illustrator에서처럼 객체들을 벡터 방식으로 저장한다.

※ 1비트는 2^1(2)색, 4비트는 2^4(16)색, 8비트는 2^8(256)색, 24비트는 2^{24}(16,777,216)색까지 표현할 수 있다.

포스트스크립트(PostScript, PS) 언어
- 미국 어도비 사에서 만든 프로그래밍 언어
- 포스트스크립트 인터프리터를 통해 수행
- 컴퓨터 상에서 작업된 데이터를 출력용 정보로 변환하는 일종의 PDL(Page Description Language, 페이지 기술 언어)

02 사운드

1 개 요

(1) 의 미

사운드(소리)는 물체가 진동할 때 발생하며 주변의 공기를 주기적으로 진동시켜 퍼져나가는 파동이다. 모든 파동은 주기와 진폭을 가지고 있으며, 파동의 독특한 모양, 주기, 진폭 등에 의해 소리의 특성이 결정된다.

(2) 사운드의 3요소

① **진폭** : 소리가 진동하는 정도를 나타내는 것으로, 음압의 크기에 해당한다. 데시벨(dB)단위로 표시되며 진폭이 클수록 소리의 크기가 크다.
② **주파수** : 1초에 진동하는 주기의 수를 의미하는 것으로, 사운드의 주기와 반비례하는 값이다. 즉, 주기가 짧으면 주파수가 높아지고, 주기가 길면 주파수는 낮아진다. 주파수가 높아질수록 높은 소리를 낸다. 이는 빨리 진동할수록 높은 소리를 낸다는 말과 같다.
③ **음색** : 파형이 어떤 모양이냐에 따라 구분되는 소리의 독특한 정도를 말한다.

(3) 사운드의 분류

분류	내용
음성	• 인간의 말과 목청에서 생성되는 소리를 통해 정보를 전달하는 주요한 수단으로, 음성을 사용하면 정보가 좀 더 손쉽고 빨리 전달될 수 있다. • 시각적 정보 전달 수단인 Text보다 정보를 빠르고 이해하기 쉽고, 설득력 있게 전달할 수 있다.
음악	인간에 의해 예술적으로 창조된 소리 집합 콘텐츠를 말하며 멀티미디어 정보전달 시 부수적인 효과(분위기나 장면 전환, 감정의 고조)를 생성할 수 있다.
음향 효과	• 자연적, 또는 인공적으로 생성되는 소리로 예술적 의미가 부여되지 않는다. • 특정 상황을 현실감 있게 전달할 수 있는 역할을 한다. • 정보전달 시 강조하거나 보조하는 데 사용된다.

(4) 디지털 사운드

아날로그 사운드는 사운드의 물리적 성질이 그대로 유지되는 것을 의미하나, 디지털 사운드는 아날로그 사운드를 가공하여 디지털화한 것을 말한다. 사운드의 물리적 본질인 진폭, 주파수, 음색 등을 디지털 부호화하여 변환하게 된다.

[디지털 사운드의 분류]

구분	내용
디지털 오디오	• 아날로그 형태의 사운드를 디지털화한 것이다. 즉, 녹음 가공에 디지털 방법을 적용한 것을 말한다. • 원음에 충실하기 위해서는 보다 많은 용량이 필요하며 음악 CD수준의 3분 정도의 재생을 위해서 약 30MB 정도가 필요하다.
미디 (MIDI)	• 전자 악기와 다른 기계(컴퓨터 등) 간에 정보를 주고받기 위해 만든 통신 프로토콜이다. • 실제 소리는 갖지 않고 연주 방법과 연주시기에 대한 정보만을 가지기 때문에 3분 정도의 미디 음악을 만드는 데 약 8KB 정도밖에 필요하지 않다.

2 변조 방식

아날로그 사운드를 부호화하는 방식으로는 PCM 방식과 ADPCM 방식이 있다. ADPCM 방식의 경우, 많은 저장 공간이 필요하지 않기 때문에 주로 많이 쓰이고 있다.

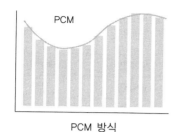

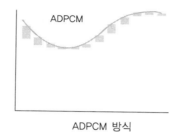

[디지털 파형의 저장 방식]

① PCM(Pulse Coded Modulation) : 입력된 값을 그대로 기록하는 방식으로, 압축을 사용하지 않기 때문에 용량이 크다. CD 등에서 사용한다.
② DPCM(Differential Pulse Coded Modulation) : 신호의 차이만을 저장하는 방식으로, 인접한 값과의 차이가 크면 비효율적으로 되는 단점이 있다.
③ ADPCM(Adaptive Differential Pulse Coded Modulation) : DPCM에서 인접한 값과의 차이가 크면 진폭을 나누는 단계를 크게 하고, 차이가 작으면 진폭을 나누는 단계를 작게 하여 가변적으로 차이를 정밀하게 저장하는 방법이다. 데이터 압축에 의한 값을 기록하므로 최대 4:1까지 압축이 가능하다. 국제 멀티미디어 협회(IMA)에서 제안한 방식이다.

3 표본화(Sampling)

① 샘플링 : 사운드를 디지타이징(디지털化)하기 위해 아날로그 파형을 일정 간격으로 세분하여 각 지점의 좌표를 추출해내는 과정을 말한다. 이 과정에서 샘플링을 위해 파형을 얼마만큼 짧은 간격으로 세분할 것이냐는 문제와 얼마나 많은 단계로 데이터를 구분하느냐에 따라 디지털 사운드의 품질이 결정된다.
② 샘플링 주파수(=샘플링률) : 샘플링 비율이라고도 하며, 파형을 단위 시간당 얼마나 세분하느냐를 결정한다. 나이키스트 정리에 의해 샘플링 주파수는 원음 아날로그 주파수의 2배 이상으로 해야 한다.
③ 샘플링 비트(=샘플링 해상도) : 디지타이징 정보를 얼마나 많은 단계로 구분하느냐를 결정하는 것으로, 비트 할당이 많을수록 보다 세분화된 단계를 저장할 수 있어 원음에 가까워진다. 8비트의 경우 256단계, 16비트의 경우 6만 5천 단계로 구분할 수 있다.

나이키스트 정리
(Nyquist theorem)
디지털 전송에서 부호 간 간섭을 없애는 조건으로 입력 신호 최고 주파수의 2배 이상의 주파수에서 표본화하면 원신호를 충실하게 재현할 수 있다는 정리

4 데이터 용량과 음질 중요★ 2008

디지털 사운드의 데이터 용량은 다음과 같이 계산되며 샘플링에 따른 데이터 용량과 음질은 다음 표와 같다.

$$용량(byte) = 샘플링\ 주파수 \times 샘플링\ 비트 \times 채널\ 수 \times \frac{초}{8}$$

샘플링 주파수(kHz)	샘플링 비트(bit)	모드(채널)	용량(1분당)	음 질
11.025	8	mono	650KB	전화
22.05	8	mono	1.3MB	AM Radio
22.05	8	stereo	2.6MB	
44.1	8	mono	2.6MB	
44.1	8	stereo	5.25MB	
22.05	16	mono	2.6MB	
22.05	16	stereo	5.25MB	FM Radio
44.1	16	mono	5.25MB	
44.1	16	stereo	10.5MB	CD

5 압축 방식 및 파일 포맷

디지털 사운드는 용량이 크기 때문에 대부분 압축하여 사용한다. 변조 방식의 하나인 ADPCM도 데이터 압축의 한 종류로 볼 수 있으나, 이론적 표준화에 그쳐 호환성이 없다. 다음은 대표적인 사운드 압축 방법이다.

구 분	설 명
A-law, u-law	인간의 청각은 대화 시 큰소리의 변화보다는 작은 소리의 변화를 더 잘 감지한다는 사실을 이용한 비균등 코딩(non-uniform coding) 방식으로, 음성 통신을 목적으로 정한 압축 방식이다.
True Speech	대화할 때 대화 사이의 공백은 디지털 데이터로 전송할 필요가 없다는 사실을 이용하여 최대 40:1까지 압축이 가능하다. DSP(Digital Speech Products)에서 음성의 실시간 전송을 위해 만든 방식으로, 3.7Kbps에서 8.5Kbps까지 전송이 가능하다.
MP3 (MPEG Layer 3)	어떤 소리에 의해 다른 소리가 가려지는 마스킹 효과를 이용한 압축방식으로 손실 압축의 일종이다. 동화상 압축 표준인 MPEG에서 오디오 부분의 압축을 말한다.
Real Audio	스트리밍 기술을 이용, 실시간에 사운드를 전송받으며 재생할 수 있는 사운드 형식으로, Real Network에서 실시간으로 음성을 보내기 위해 만든 압축 방식이다.

6 파일 포맷

디지털 사운드는 다양한 포맷의 파일로 저장된다. 다음은 현재 많이 사용되고 있는 파일 포맷이다.

(1) wav

① PC의 사운드 표준 형식으로 Microsoft 사와 IBM 사가 공동으로 개발한 포맷으로, Windows 기반 PC에서 주로 사용된다. 윈도우 OS에 포함된 각종 효과음은 wav파일로 저장되어 있다.

② header와 body로 구성되어 있으며, header에는 압축 방식 및 표준화율 등의 정보가, body에는 사운드 데이터가 저장되어 있다.

③ 같은 wav파일이라 하더라도 압축 방식은 다를 수 있는데, 일반적으로 ADPCM 방식이 많이 사용되고, 그 외에 true speech나 u-law 등도 사용된다.

(2) au

유닉스 환경에서 일반적으로 사용되는 형식이며, Sun이나 NeXT가 표준으로 채택하였다. u-law 방식으로 압축된다.

(3) mp3

① 압축 효과가 뛰어나고, 음질이 우수하므로 인터넷 환경 및 디지털 기기에서 현재 가장 많이 사용되는 포맷이다.

② MPEG-Layer 3 방식으로 압축되므로 mp3의 파일 확장자를 사용한다.

(4) ra/rm

① Real Audio 방식의 압축을 사용하며, 인터넷 상에서 스트리밍 기술을 이용, 실시간으로 사운드를 전송받으며 플레이할 수 있는 형식이다.

② 대역폭이 동적으로 변함에 따라 음질도 동적으로 변화시키는 Sure Streaming 기술을 이용하여 항상 최적의 음질을 재생시켜 준다.

(5) wma

① Windows Media Audio의 약자로 마이크로소프트 사에서 개발한 사운드 포맷이다.

② PCM(Pulse Code Modulation) 무압축 방식과 ADPCM과 같은 압축 방식이 있다.

03 비디오

1 개요

비디오는 이미지 화상들의 연속적인 집합체이다. 대부분의 영상 처리 기술은 화상처리에서 사용하는 기술을 기반으로 발전하였다.

① **아날로그 비디오** : 공중파나 케이블 등으로 입력된 신호를 받아 TV에 출력할 수 있는 것으로, RGB 모드 복원을 통해 볼 수 있다. 아날로그 신호는 장비에 의한 외부의 잡음 등에 취약하고, 자료의 편집이나 수정에 어려움이 있다.

② **디지털 비디오** : 비디오 편집기를 통하여 생성된 자료나 비디오 카메라, VCR, TV, LDP 등에서 제공되는 영상자료를 비디오 보드를 통하여 모니터에 적합한 형태로 변환하여 사용자에게 출력되는 것으로, 잡음이 적고 자료의 편집 및 수정이 용이하나 자료의 규모가 방대하여 많은 양의 데이터를 저장하는 데 어려움이 있다.

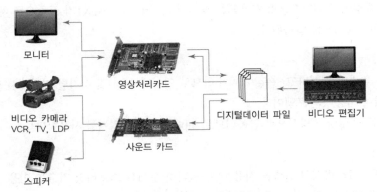

[디지털 비디오 시스템 개요]

③ **프레임(Frame)과 파일 용량** 중요 ★ : 비디오를 구성하고 있는 이미지 하나하나를 프레임이라고 한다. 비디오의 크기는 이미지 프레임의 크기와 초당 프레임수를 곱한 값으로 표현한다. 통상 컴퓨터나 TV 비디오는 초당 30프레임을, 영화의 경우에는 초당 24프레임을 필요로 한다. 초당 30프레임을 지원하는 비디오를 완전모션(full motion) 비디오라 구분한다. 2010

$$\text{초당 비디오 용량(byte)} = \text{가로 픽셀 수} \times \text{세로 픽셀 수} \times \text{픽셀 bit 수} \times \text{초당 프레임 수} \times \frac{1}{8}$$

2 파일 포맷

(1) MPEG(Moving Picture Expert Group)

동영상 및 관련 오디오 신호 압축 및 복원에 관한 기술 표준조직인 국제 동영상 표준화 그룹(Moving Picture Expert Group, MPEG 위원회)에서 제정한 동영상 압축 표준을 말한다.

① MPEG-1 : 최초의 비디오/오디오 표준이다. CD-ROM과 같은 기록 매체에 VHS 테이프 수준의 동영상과 음향을 최대 1.5Mbps로 전송 가능하도록 압축하는 규약이다.

② MPEG-2 : 디지털 TV, DVD 등 고화질 및 고음질을 위한 동영상 압축 규약이다.

③ MPEG-3 : 디지털 TV 방송을 위해 개발되었으나, MPEG-2에 합쳐져 사라졌다.

④ MPEG-4

　㉠ 초당 64Kbps, 19.2Kbps의 저속 전송이 가능하도록 압축하는 규약이다.

　㉡ MPEG-2를 확장한 것으로 인터넷과 이동 통신 환경에서 사용하기 위해 개발되었으며, 계속 보완 중이다.

　㉢ mp4 포맷 : MPEG-4 파트 14(MPEG-4 Part 14)라고도 하며 MPEG-4의 일부로 규정된 멀티미디어 컨테이너 포맷 표준이다. 인터넷을 통한 스트리밍을 지원한다.

⑤ MPEG-7 : 멀티미디어 정보의 검색을 용이하게 하는 정보의 압축 표준으로 디지털 라이브러리 분야에 이용된다.

⑥ MPEG-21 : 미래의 표준이다.

(2) 기타 포맷

구 분	설 명
AVI	• Windows 표준 동영상 형식으로 여러 가지 동영상 압축 코덱(codec)을 담을 수 있는 컨테이너 포맷이다. • 오디오와 비디오 데이터가 내부적으로 번갈아 기록되기 때문에 'Audio Video Interleaved'라고 이름 지어졌다.
MOV	애플 QuickTime에서 사용하는 파일 포맷으로, Window 및 Mac에서 모두 사용이 가능하다.
WMV	• 마이크로소프트가 개발한 포맷으로, 보통 파일을 다운받아 재생하거나 스트리밍하는 데 사용된다. • 마이크로소프트 윈도우 미디어 플레이어의 주 포맷이다.

01 2008 계리직

오디오 CD에 있는 100초 분량의 노래를 MP3 음질의 압축되지 않은 WAV 데이터로 변환하여 저장하고자 한다. 변환 시 WAV 파일의 크기는 대략 얼마인가? (단, MP3 음질은 샘플링률이 44.1KHz, 샘플당 비트수는 16bit이고 스테레오이다. 1K=1,000으로 계산함)

① 141.1KB

② 8.8MB

③ 17.6MB

④ 70.5MB

02 2010 계리직

화소(pixel)당 24비트 컬러를 사용하고 해상도가 352×240 화소인 TV영상 프레임(frame)을 초당 30개 전송할 때 필요한 통신 대역폭으로 가장 가까운 것은?

① 약 10Mbps

② 약 20Mbps

③ 약 30Mbps

④ 약 60Mbps

03 2014 서울시

다음 중 컴퓨터에서 사용하는 그림 파일 형식에 대한 설명으로 옳지 않은 것은?

① GIF : 컬러 사용에 제한이 없고 파일의 크기가 작은 그래픽 파일

② BMP : Windows 운영체제에서 기본적으로 지원하는 비트맵 방식의 그래픽 파일

③ WMF : 벡터방식을 지원하기 위한 공통적인 형식

④ JPG : 불필요하게 복잡한 부분을 생략하여 압축하는 형식

⑤ PSD : 포토샵의 기본적인 파일 형식

04 2012 국가직

컴퓨터 그래픽에서 벡터(Vector) 방식의 이미지에 대한 설명으로 옳지 않은 것은?

① 직선과 도형을 이용하여 이미지를 구성한다.

② 색상의 미묘한 차이를 표현하기 용이하여 풍경이나 인물사진에 적합하다.

③ 이미지 용량은 오브젝트의 수와 수학적인 함수의 복잡도에 따라 정해진다.

④ 이미지를 확대/축소하더라도 깨짐이나 변형이 거의 없다.

05 2009 지방직

멀티미디어 데이터 압축에 관한 설명으로 옳지 않은 것은?

① MPEG-1은 CD-ROM과 같은 기록 매체에 VHS 테이프 수준의 동영상과 음향을 최대 1.5Mbps로 전송 가능하도록 압축하는 규약이다.

② MPEG-2는 디지털 TV, DVD 등의 고화질 및 고음질을 위한 동영상 압축 규약이다.

③ MPEG-3은 CD 수준의 음질을 제공하는 것을 목적으로 하는 오디오 압축 규약이다.

④ MPEG-4는 초당 64 Kbps, 19.2 Kbps의 저속 전송이 가능하도록 압축하는 규약이다.

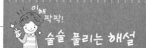

술술 풀리는 해설

01

용량 = 샘플링 주파수 × 샘플링 비트 × 채널 수 × $\frac{초}{8}$ 에서

구하는 용량은 $44.1 × 16 × 2(스테레오) × \frac{100}{8} = 17,640KB$

$≒ 17.6MB$

답 ③

02

비디오 통신 대역폭은 초당 전송 가능한 비디오 용량으로 다음 공식을 통해 비디오 용량을 계산할 수 있다. 용량의 단위는 byte이지만, 대역폭 단위는 bps이다. byte가 아닌 bps로 구하므로 $\frac{1}{8}$ 을 곱하지 않는다.

> 초당 비디오 용량(bps) = 가로 픽셀 수 × 세로 픽셀 수 × 픽셀 bit 수 × 초당 프레임 수

따라서 초당 전송 비디오 용량인 통신대역폭 = 352×240×24×30 = 60,825,600bps ≒ 60Mbps

| 참고 |

• bps(bit per second) : 1초 동안 전송할 수 있는 모든 비트(bit)의 수
• 비트(bit) : 정보 표현의 최소 단위로 이진 숫자 '0' 또는 '1' 하나를 가리킨다.
• 바이트(byte) : 8비트에 해당하는 정보 집합으로, 1바이트는 256가지 경우를 표현할 수 있다. 기억장치의 주소가 할당되는 최소 단위로서의 의미가 있고 문자, 숫자 하나를 표현할 수 있는 정보단위이다.
• 즉, 1byte = 8bit

답 ④

03

① GIF : 8비트 컬러(최대 256가지 컬러)만을 지원하는 대표적인 비손실 압축 포맷이다.

답 ①

04

② 비트맵 방식의 이미지는 색상의 미묘한 차이를 표현하기 용이하여 풍경이나 인물사진에 적합하다.

답 ②

05

③ MPEG-3는 디지털 TV 방송을 위해 개발되었으나, MPEG-2에 합쳐져 사라졌다.

답 ③

Chapter 03 이미지 · 사운드 · 비디오 **205**

적중 예상 문제

01 다음에서 설명하는 이미지 파일 형식(format)으로 옳은 것은?

> • 컴퓨서브 사에서 이미지 파일 전송시간을 줄이기 위해 개발한 이미지 파일 압축 형식이다.
> • RLE(Run Length Encoding) 방식을 응용한 압축 방법을 사용한다.
> • 사용 가능한 색이 256색으로 제한된다.

① JPEG ② TIFF
③ MPEG ④ GIF

02 다음 중 컴퓨터 그래픽과 관련하여 벡터(Vector) 이미지에 관한 설명으로 옳지 않은 것은?

① 이미지의 크기를 확대하여도 화질에 손상이 없다.
② 점과 점을 연결하는 직선이나 곡선을 이용하여 이미지를 구성한다.
③ 대표적인 파일 형식에는 AI, WMF 등이 있다.
④ 픽셀로 이미지를 표현하며, 래스터(raster) 이미지라고도 한다.

03 이미지와 그래픽에 관한 다음의 설명 중 옳은 것은?

① 소프트웨어인 일러스트 프로그램을 사용해 그린 디지털 그림은 이미지의 일종이다.
② 그래픽은 정지화상이라고도 한다.
③ 이미지는 현실 세계의 사물을 촬영하여 컴퓨터에 디지털 형태로 받아들인 것을 말한다.
④ mov 파일은 이미지 포맷의 일종이다.

04 벡터 그래픽과 비트맵 그래픽에 관한 다음의 설명 중 옳은 것은?

① 비트맵 그래픽은 벡터 그래픽에 비해 파일이 비교적 큰 편이다.
② 벡터 그래픽은 화면을 확대할 때 화질이 떨어지는 단점이 있다.
③ 비트맵 그래픽은 표현 방식에 있어 기하학적 객체를 수학적인 함수로 처리한다.
④ 벡터 그래픽 포맷으로는 BMP, GIF, PNG, JPEG 등이 있다.

05 이미지를 처리할 때, 물체 경계면의 픽셀을 물체의 색상과 배경의 색상을 혼합해서 표현하여 경계면이 부드럽게 보이도록 하는 기법을 무엇이라고 하는가?

① Edge Detection
② Histogram Equalization
③ Dithering
④ Antialiasing

06 다음 중 비트맵 그래픽 파일 포맷이 아닌 것은?

① EPS   ② PNG
③ BMP   ④ GIF

07 다음 중 '미디(MIDI)'에 대한 설명으로 옳지 않은 것은?

① 통신 프로토콜의 일종이다.
② 전자 악기의 연주에 필요한 디지털 사운드이다.
③ 실제 소리를 담지 않기 때문에 파일 크기가 작다.
④ 아날로그 사운드를 디지털화한 것이다.

08 다음 중 디지털 사운드 변조 방식에 대한 설명으로 옳은 것은?

① DPCM 방식은 인접한 파형값과의 차이가 클수록 효율적으로 되는 장점이 있다.
② ADPCM 방식은 인접한 값과의 차이가 크면 분할 단계를 작게 하고, 차이가 작으면 분할 단계를 크게 하여 저장한다.
③ PCM 방식은 압축을 사용하지 않기 때문에 용량이 크다.
④ PCM 방식은 국제 멀티미디어 협회에서 제안한 방식이다.

 한눈에 보는 정답과 해설

01 ① JPEG : 정지 화상을 위해서 만들어진 24비트 트루컬러를 지원하는 손실 압축 포맷이다. 손실 압축 형식이지만, 파일 크기가 작기 때문에 웹에서 널리 쓰인다.
② TIFF : 24비트 컬러를 지원하는 비손실 압축 포맷이다. 앨더스(Aldus) 사와 마이크로소프트가 공동 개발한 포맷이다. 스캐너 제조사들이 일반적인 파일 형식을 사용하기 위하여 개발되었다.
③ MPEG : 동영상 및 관련 오디오 신호 압축 및 복원에 관한 기술 표준조직인 국제 동영상 표준화 그룹(Moving Picture Expert Group, MPEG 위원회)에서 제정한 동영상 압축 표준을 말한다.

02 ④ 비트맵(bitmap) 이미지는 픽셀로 이미지를 표현하며, 래스터(raster) 이미지라고도 한다.

03 ① 이미지는 정지화상이라고도 하며, 디지털 카메라를 이용하여 현실세계의 사물을 촬영하거나 스캐너를 이용하여 사진이나 그림을 디지털 형태로 받아들인 것을 말한다.
② 그래픽은 컴퓨터의 그래픽 소프트웨어를 통해 생성한 디지털 그림을 말한다.
④ mov 파일은 비디오 파일 포맷의 일종이다.

04 벡터(vector) 그래픽은 기하학적인 객체들을 나타내는 그래픽 함수를 사용하여 표현한다. 화면 확대 시 화질의 변화가 없으며 일반적으로 파일의 크기가 비트맵 그래픽 방식에 비해 작고 편집이 자유로운 편이다. 대표적 포맷으로는 EPS, AI 등이 있다.

05 문제에서 제시된 기법은 Antialiasing 기법이다. Edge Detection은 윤곽선을 추출하는 필터링 기법이다.

06 EPS는 WMF, AI 등과 함께 벡터 그래픽 파일 포맷에 속한다. 프린터에 그래픽 정보를 보내기 위해 등장한 포스트스크립트(PostScript) 언어를 활용한 포맷이다.

07 아날로그 형태의 사운드를 디지털화한 것, 즉 녹음 가공에 디지털 방법을 적용한 것은 '디지털 오디오'이다.

08 PCM(Pulse Coded Modulation)은 입력된 값을 그대로 기록하는 방식으로, 압축을 사용하지 않기 때문에 용량이 크다.

01 ④ 02 ④ 03 ③ 04 ① 05 ④ 06 ① 07 ④ 08 ③

09 다음 중 디지털 사운드의 샘플링에 대한 설명으로 옳지 않은 것은?

① 샘플링률은 파형을 단위 시간당 얼마나 세분하느냐를 결정한다.
② 샘플링 비트는 디지타이징 정보를 얼마나 많은 단계로 나누느냐를 결정한다.
③ 샘플링 주파수는 원음의 아날로그 주파수의 최소 4배 이상으로 해야 품질을 확보할 수 있다.
④ 샘플링 비트 할당이 많을수록 원음에 더욱 가까워진다.

10 디지털 사운드를 제작할 때, 샘플링 주파수와 샘플링 비트를 동일하게 지정한다면, 모노와 스테레오 사운드의 용량 차이는 어떻게 되는가?

① 모노가 스테레오보다 2배 더 크다.
② 스테레오가 모노보다 2배 더 크다.
③ 모노와 스테레오 모두 같다.
④ 음질 상황에 따라 다르므로 단정할 수 없다.

11 샘플링 주파수가 44.1KH, 샘플링 비트가 8비트일 때, 1분에 해당하는 사운드 파일 용량은 얼마인가? (단, 채널은 모노이다.)

① 650KB
② 1.3MB
③ 2.6MB
④ 5.25MB

12 다음의 디지털 사운드 파일 중 가장 음질이 좋을 것으로 예상되는 것은?

① 모노 채널 1분 2.6MB 크기의 파일
② 스테레오 채널 1분 2.6MB 크기의 파일
③ 모노 채널 1분 5.25MB 크기의 파일
④ 스테레오 채널 1분 5.25MB 크기의 파일

13 wav 파일에 대한 다음의 설명 중 옳지 않은 것은?

① Windows 기반 PC에서 주로 사용된다.
② 같은 wav 파일이라도 압축 방식이 다를 수 있다.
③ Microsoft와 IBM 사가 공동으로 개발한 포맷이다.
④ 파일의 헤더(header) 부분에 사운드 데이터가 저장되어 있다.

14 다음 중 애니메이션 GIF의 설명으로 옳지 않은 것은?

① 플러그인 기법의 하나이다.
② HTML 문서에 삽입되는 이미지 정보로 사용된다.
③ 파일 크기가 작으면서도 질 좋은 애니메이션을 구현할 수 있다.
④ 웹 페이지의 배너 광고나 주의 집중을 유도하기 위한 소형 그래픽 요소에 주로 사용된다.

15 다음 중 아날로그 비디오와 디지털 비디오에 대한 설명으로 옳은 것은?

① 디지털 비디오는 장비에 의한 외부의 잡음에 취약하다.
② 아날로그 비디오는 CDP, LDP 등에서 제공되는 영상 자료를 출력할 수 있다.
③ 아날로그 비디오는 자료의 편집 및 수정이 용이한 편이다.
④ 디지털 비디오는 자료의 규모가 방대하여 많은 양의 데이터를 저장해야 하는 어려움이 있다.

16 초당 30프레임을 지원하는 1분짜리 완전 모션 비디오가 가로 세로 크기가 각각 200픽셀이고, 픽셀당 16비트가 할당되었다면, 이 비디오 클립의 파일 용량은 대략 얼마인가?

① 36MB
② 72MB
③ 144MB
④ 1GB

한눈에 보는 정답과 해설

09 나이키스트 정리(Nyquist theorem), 즉 디지털 전송에서 부호 간 간섭을 없애는 조건으로 입력 신호의 최고 주파수의 2배 이상의 주파수에서 표본화하면 원신호를 충실하게 재현할 수 있다는 정리가 적용된다.

10 스테레오 채널이 모노 채널의 정확히 2배 용량을 갖는다.

11 용량 = 샘플링 주파수 × 샘플링 비트 × 채널 수 × $\frac{초}{8}$ 에서 구하는 용량은 $44.1 \times 8 \times 1(모노) \times \frac{60}{8} = 2.6MB$이다.

12 같은 조건에서 파일의 크기가 크다는 것은 샘플링 주파수나 샘플링 비트가 높다는 의미이다. 모노 채널의 경우 스테레오 채널에 비해 같은 조건에서 50%만의 파일 크기로 동일한 음질을 낼 수 있다.

13 wav 파일은 Header와 Body로 구성되어 있으며, Header에는 압축 방식 및 표준화율 등의 정보가, Body에는 사운드 데이터가 저장되어 있다.

14 애니메이션 GIF는 플러그인 기법을 사용하지 않고, GIF 파일을 바탕으로 구현된다.

15 디지털 비디오는 잡음이 적고 자료의 편집 및 수정이 용이하나, 자료의 규모가 방대하여 많은 양의 데이터를 저장하는 데 어려움이 있다.

16 비디오 용량(byte) = 초당 비디오 용량 × 재생시간(초) = 가로 픽셀 수 × 세로 픽셀 수 × 픽셀 bit 수 × 초당 프레임 수 × 재생시간(초) × $\frac{1}{8}$

$200 \times 200 \times 16 \times 30 \times 60/8 = 144,000,000byte ≒ 144MB$

04 데이터 압축

데이터 압축은 데이터 파일의 용량을 최소화하여 데이터 활용, 저장, 전송 효율을 높이기 위한 기법을 말한다. 데이터 압축을 위해서는 자주 중복되는 데이터를 특정 테이블에 저장하고 원본에서는 대체 키를 사용하여 용량을 줄인다. 이 과정에는 다양한 알고리즘이 적용되고 있으며 각 상황에 맞는 것을 선택, 사용해야 한다. 데이터 압축은 크게 무손실 압축과 손실 압축으로 구분할 수 있다.

1 무손실 압축

무손실 압축은 압축 전후 데이터가 동일하여 데이터 손실이 일어나지 않는 압축 방법을 말한다. 본문(text)이나 부호 데이터, 수치 데이터 파일 등은 반드시 무손실 압축 방법을 사용하여 압축해야 한다(zip, rar 등의 데이터 압축 사용).

(1) 연속 길이 부호화(Run-Length Encoding ; RLE)
① 반복되는 코드와 개수를 코드로 작성 치환하는 방식이다. 문자 반복을 문자 + 숫자로 표현하는 패턴을 사용한다.
② 대표적인 파일 형식으로는 BMP, GIF, TIF, PCX 등이 있다.
　　예 AAAAABCCCDEFFFFGG → A5BC3DEF4G2

(2) 허프만(Huffman) 부호화
빈도 수가 높은 코드에 가중치를 부여하여 새롭게 부호의 코드를 설정하는 방법이다. 자주 나타나는 문자에는 짧은 부호를, 잘 나타나지 않는 문자에는 긴 부호를 할당한다. 통계적 특성을 이용한 압축 기법이다.

(3) LZW(Lempel Ziv Welch compression) 기법
허프만의 부호화 기법의 발전된 형태로, 파일 읽기 시 연속 문자열의 표를 만들고 후에 동일 문자열이 출현하면 미리 만든 표를 참조하는 원리이다.

2 손실 압축

데이터에 실질적인 손실이 발생하지만 인간의 감각으로 느끼지 못하는 수준의 압축 방법이다. 이미지, 사운드, 비디오 등의 압축에 주로 쓰인다.

(1) 예측 기법

아날로그 데이터의 손실을 일부 예측하여 압축, 복원하는 기법이다. 어떤 값들이 순서대로 나열될 때, 앞의 값과의 차이만을 저장하면 작은 값으로 줄일 수 있다.

(2) 변환 기법

신호를 하나의 영역으로부터 변환 영역으로 바꿔주는 압축 기법이다. 다시 말해서, 정보의 인자를 다른 방식으로 표현할 때, 더욱 자원 소요를 줄일 수 있으며, 이와 같은 변환을 통해 데이터를 줄이는 방법이 바로 변환 기법이다.

예 시간에 따른 음파의 진폭 값을 주파수에 대응하는 진폭 값으로 변환한다면 훨씬 적은 양의 정보로 표현이 가능하게 된다.

(3) 양자화 기법

연속적인 값들을 불연속적인 값으로 나누어 지정하는 것을 의미한다. 예를 들어, 이론상으로 어떤 구간에서 연속적인 값들로 이루어진 그래프가 있다면, 이는 무한대의 점들로 이루어져 있지만 이를 10등분하여 나누어진 구간마다 평균값을 배정하면 10개의 점만 있는 것과 같다.

적중 예상 문제

01 문자열 압축을 위해 다음과 같은 과정을 거쳤다. 이는 다음 중 어떤 압축 방법에 해당하는가?

> AAAASSSSSSSDDFFGGHHHHJJJKKKKLL →
> A4S6D2F2G2H4J3K4L1

① Run length
② Huffman
③ LZW
④ MPEG

02 다음의 파일 압축 기법 중 성질이 다른 하나는?

① 변환 기법
② 양자화 기법
③ 예측 기법
④ 허프만 부호화 기법

03 어떤 디지털 사운드 데이터를 압축하여 파일로 만들고자 할 때, 가장 거리가 먼 방법은?

① 연속 길이 부호화 기법
② 변환 기법
③ 예측 기법
④ 양자화 기법

04 어떤 디지털 사운드 데이터의 시간에 따른 진폭 데이터를 주파수와 진폭과의 관계로 옮겨 표현한 다음, 이를 압축 파일로 형성하였다. 이 기법에 해당하는 것은?

① 보간 기법
② 변환 기법
③ 예측 기법
④ 양자화 기법

05 다음은 데이터 압축에 대한 설명이다. 옳지 않은 것은?

① 데이터 압축을 위해서는 자주 중복되는 데이터를 특정 테이블에 저장하고 원본에서는 대체키를 사용하여 용량을 줄인다.

② 부호 데이터는 손실 압축방법을 사용하여도 무방하다.

③ 시간에 따른 음파의 진폭 값을 주파수에 대응하는 진폭 값으로 변환하는 것은 손실 압축이다.

④ 본문(text)이나 수치 데이터 파일 등은 반드시 무손실 압축방법을 사용하여야 한다.

06 빈도수가 높은 코드에 가중치를 부여하여 새롭게 부호의 코드를 설정하는 압축방법은?

① 연속 길이 부호화 기법

② 허프만 부호화 기법

③ LZW 기법

④ 예측 기법

 한눈에 보는 정답과 해설

01 Run length 기법은 반복되는 코드와 개수를 코드로 작성, 치환하는 방식이다. 문자 반복을 문자 + 숫자로 표현하는 패턴을 사용한다.

02 허프만 기법은 다른 것과 달리 무손실 압축 기법이다.

03 손실 압축 방법은 실질적인 손실이 발생하지만 인간의 감각으로 느끼지 못하는 수준의 압축 방법이다. 이미지, 사운드, 비디오 등의 압축에 주로 쓰인다. 연속 길이 부호화 기법은 무손실 압축 방법에 속한다.

04 변환 기법은 신호를 하나의 영역으로부터 변환 영역으로 바꿔주는 압축 기법이다. 즉, 정보의 인자를 다른 방식으로 표현할 때, 더욱 자원을 절약할 수 있으며, 이를 통해 데이터를 줄이는 방법이 변환 기법이다.

05 부호 데이터도 반드시 무손실 압축방법을 사용하여야 한다.

01 ① 02 ④ 03 ① 04 ② 05 ② 06 ②

PART 08

PC운영체제와 응용프로그램

Chapter 01

Windows

Chapter 02

엑 셀

전 시험(2008~2022년) 기준 출제비중

| 10% | 10% | 10% | | 5% | 5% | 10% | 10% | 5% |
| 2022년 | 2021년 | 2019년 | 2018년 | 2016년 | 2014년 | 2012년 | 2010년 | 2008년 |

연도별 기출문제분석 키워드

연 도	키워드	출제비중
2022년	HLOOKUP, VLOOKUP 함수	10%
2021년	절대참조, VLOOKUP함수	10%
2019년	GCD, MEDIAN, MODE, POWER 함수, 표시 형식	10%
2018년	–	–
2016년	ROUNDDOWN 함수와 FV 함수	5%
2014년	HLOOKUP 함수	5%
2012년	윈도우 명령 실행, VLOOKUP 함수	10%
2010년	기본프린터 설정법, 절대참조와 상대참조	10%
2008년	LEN 함수와 RIGHT 함수	5%

출제
포인트 잡기

▶ 엑셀의 함수 문제는 2018년을 제외하고 매년 1문제 이상 출제되었으므로 반드시 주요 함수의 의미와 사용법을 숙지하여야 한다.
▶ Windows는 최근 거의 출제되지 않고 있다.

- 실행 명령어 식별법(2012)
- 기본 프린터 설정법(2010)

01 Windows 설정

다음 제시된 Windows의 설정 방법은 윈도우 10 기준이다.

1 앱

① [Windows 설정] 혹은 제어판 등에서 설정할 수 있다.
② [앱 및 기능]에서는 응용프로그램을 수정 · 삭제할 수 있다.
③ [기본 앱]에서는 기본적으로 실행할 사진 뷰어, 비디오 플레이어, 음악 플레이어, 웹 브라우저와 함께, 파일형식이나 프로토콜별로 실행할 기본 앱도 선택할 수 있다.

2 디스플레이 설정

① 바탕화면의 마우스 오른쪽 버튼 클릭이나 [Windows 설정] 혹은 제어판 등에서 설정할 수 있다.
② [텍스트, 앱 및 기타 항목의 크기 변경]에서는 화면에 표시될 텍스트, 앱 및 기타 항목의 크기를 확대할 수 있다.
③ [해상도]에서는 화면의 해상도를 크거나 작게 설정할 수 있다.

3 네트워크 및 공유 설정

① [Windows 설정] – [네트워크 및 인터넷] – [상태] 혹은 제어판의 [네트워크 및 공유 센터]에서 설정할 수 있다.
② [어댑터 옵션 변경] 혹은 [연결]에서는 인터넷 프로토콜을 설정할 수 있다. 일반적으로는 자동으로 IP로 설정하면 되지만(자동 IP), IP주소가 고정된 곳에서는 관리자에게 문의해서 설정해야 한다(고정 IP).
③ [공유 옵션] 혹은 [고급 공유 설정 변경]에서는 프린터, 폴더 등을 공유하기 위한 기본 설정을 할 수 있다.

컴퓨터일반 GO! 득점

원도우 휴지통
- 휴지통의 크기는 각각의 드라이브마다 다르게 지정할 수 있다.
- 휴지통의 최대 크기는 [휴지통 속성] 창에서 변경할 수 있다.
- 휴지통에서 복원 불가능한 것 : USB 드라이브 · 플로피디스크 · DOS 모드 · 네트워크 드라이브에서 삭제된 항목, Shift 키를 누르고 삭제명령을 실행한 경우, 휴지통 등록정보에서 '파일을 휴지통에 버리지 않고 삭제명령 시 즉시 제거'를 선택한 경우

4 프린터 설정 `2010`

① 기본 프린터는 1대만 설정할 수 있다.
② 네트워크 프린터도 기본 프린터로 설정할 수 있다.
③ 한 대의 프린터를 여러 대의 컴퓨터에서 네트워크로 공유할 수 있다.
④ [Windows 설정] – [장치] – [프린터 및 스캐너] – [프린터 또는 스캐너 추가] 혹은 제어판의 [장치 및 프린터] – [프린터 추가]에서는 로컬 프린터와 네트워크 · 무선 · Bluetooth 프린터를 추가할 수 있다.

02 명령 실행

1 명령 실행 방법

① **명령 실행창 실행** : 윈도우버튼 + R
② 명령창에 명령어를 입력하고 실행 버튼을 클릭한다.
③ **명령 프롬프트에서의 실행** : 명령 실행창에서 'cmd' 입력 → 명령 프롬프트 콘솔 환경에서 명령어 실행

2 주요 명령어 중요 ★ `2012`

(1) 프로그램 실행 명령어
① cmd : 명령 프롬프트 창
② notepad : 메모장
③ mspaint : 그림판
④ wordpad : 워드패드
⑤ calc : 계산기
⑥ regedit : 레지스트리 편집기
⑦ msconfig : 시스템 구성 유틸리티(시작 프로그램 실행)
⑧ sysedit : 시스템편집기
⑨ shutdown : 컴퓨터 종료 세팅
⑩ mstsc : 원격 데스크톱 연결
⑪ doskey : 명령어 기억 및 명령줄 편집
⑫ msinfo32 : 시스템 정보 확인
⑬ dxdiag : 컴퓨터사양 확인(다이렉트X 프로그램 실행)

(2) 네트워크 명령어
① ipconfig : 내컴퓨터 네트워크 정보 확인
② ping : 통신 상태 점검
③ netstat : 네트워크 연결 현황 정보

④ nbtstat : IP주소로 컴퓨터 이름 확인

⑤ net use : 네트워크 공유 연결 종료

⑥ nslookup : 도메인 서버 네트워크 정보 확인

⑦ tracert : 네트워크 경로 추적

⑧ arp : 물리적 주소 정보 확인

(3) 제어판 모듈 실행 명령어

① access.cpl : 내게 필요한 옵션

② mmsys.cpl : 사운드 및 오디오 장치

③ appwiz.cpl : 프로그램 추가/제거

④ nusrmgr.cpl : 사용자 계정

⑤ desk.cpl : 디스플레이

⑥ hdwwiz.cpl : 새 하드웨어 추가

⑦ inetcpl.cpl : 인터넷 옵션

⑧ powercfg.cpl : 전원 옵션

⑨ sysdm.cpl : 시스템

⑩ timedate.cpl : 날짜 및 시간

(4) 윈도우 정책 실행 명령어(MSC)

① compmgmt.msc : 컴퓨터 관리

② devmgmt.msc : 장치 관리자

③ dfrg.msc : 디스크 조각 모음

④ eventvwr.msc : 윈도우 이벤트 로그

⑤ fsmgmt.msc : 공유 폴더, 파일 확인

⑥ gpedit.msc : 로컬 컴퓨터 정책

⑦ lusrmgr.msc : 로컬 사용자 및 그룹 정책

⑧ perfmon.msc : 시스템 성능 모니터링

⑨ rsop.msc : 정책 확인

⑩ secpol.msc : 현재 컴퓨터의 보안 정책 확인

⑪ services.msc : 현재 윈도우에 설치된 각종 서비스 항목 및 상태 확인

기출 확인 문제

01 2012 계리직

〈보기〉는 Windows XP의 실행창(시작 → 실행)에 입력할 수 있는 명령어들을 나열한 것이다. 명령어별로 수행할 수 있는 기능을 순서대로 나열한 것은?

보기

dxdiag − msconfig − regedit − mstsc

① 컴퓨터사양 확인 – 시작프로그램 편집 – 레지스트리 편집 – 원격데스크탑 실행
② 원격데스크탑 실행 – 작업관리자 편집 – 서비스 편집 – 시스템 셧다운 설정
③ 컴퓨터사양 확인 – 작업관리자 편집 – 레지스트리 편집 – 원격데스크탑 실행
④ 원격데스크탑 실행 – 시작프로그램 편집 – 서비스 편집 – 시스템 셧다운 설정

02 2010 계리직

Windows XP에서 프린터 설정에 관한 설명으로 옳지 않은 것은?

① 기본 프린터는 오직 1대만 설정할 수 있다.
② 네트워크 프린터는 기본 프린터로 설정할 수 없다.
③ 한 대의 프린터를 여러 대의 컴퓨터에서 네트워크로 공유 가능하다.
④ [네트워크 설정 마법사]를 통해 파일 및 프린터도 공유할 수 있다.

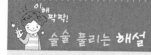

술술 풀리는 해설

01
• dxdiag : 컴퓨터사양 확인
• msconfig : 시작프로그램 편집
• regedit : 레지스트리 편집
• mstsc : 원격데스크탑 실행

답 ①

02
네트워크 프린터도 기본 프린터 설정이 가능하다.

답 ②

적중 예상 문제

01 다음 중 고정 IP를 사용하는 PC에서 IP 번호를 변경하기 위해 실행해야 하는 것은?

① 어댑터 옵션 변경
② 무선 네트워크 연결
③ 방화벽 해제
④ 윈도우 자동 업데이트

02 다음 중 Windows 7에서 사용하는 [휴지통]에 대한 설명으로 옳지 않은 것은?

① 휴지통의 크기는 각각의 드라이브마다 다르게 지정할 수 있다.
② [명령 프롬프트] 창에서 삭제한 파일은 휴지통과 관계없이 영구히 삭제된다.
③ USB 드라이브에서 삭제한 파일은 휴지통에서 복원 메뉴로 복원할 수 있다.
④ 휴지통의 최대 크기는 [휴지통 속성] 창에서 변경할 수 있다.

03 다음 중 윈도우 실행에 문제가 발생하였을 때 원인을 찾는 데 도움이 되는 명령어는?

① EVENTVWR.MSC
② FSMGMT.MSC
③ LUSRMGR.MSC
④ SECPOL.MSC

04 다음 중 Windows [제어판] – [시스템]에서 실행 가능한 작업에 대한 설명으로 옳지 않은 것은?

① Windows의 버전과 시스템에 대한 기본 정보를 확인할 수 있다.
② Windows 정품 인증을 위한 제품 키를 변경할 수 있다.
③ 네트워크에서 확인 가능한 사용자 컴퓨터 이름을 변경할 수 있다.
④ 컴퓨터에 설치된 응용프로그램을 설치하거나 제거할 수 있다.

05 다음 중 Windows 7의 보조프로그램 중 [명령 프롬프트]에 관한 설명으로 옳지 않은 것은?

① MS-DOS 명령 및 기타 컴퓨터 명령을 텍스트 기반으로 실행한다.

② [명령 프롬프트] 창에서 표시되는 텍스트를 복사하여 메모장에 붙여넣을 수 있다.

③ 윈도우 시작 단추의 검색 상자에 'command'를 입력하여 실행할 수도 있다.

④ [명령 프롬프트] 창에서 'exit'를 입력하여 종료할 수 있다.

06 다음 중 Windows에서 하드 디스크의 용량 부족 문제가 발생하였을 때의 해결 방법으로 적절하지 않은 것은?

① 사용 빈도가 낮은 파일은 백업한 후 하드 디스크에서 삭제한다.

② 바이러스에 감염된 파일을 모두 삭제한다.

③ 사용하지 않는 Windows 구성 요소를 제거한다.

④ 디스크 정리를 수행하여 불필요한 파일을 삭제한다.

한눈에 보는 정답과 해설

01 윈도우 네트워크 및 공유센터의 [어댑터 옵션 변경]에서 IP번호 등의 속성을 변경할 수 있다.

02 ③ USB 드라이브·플로피디스크·DOS 모드·네트워크 드라이브에서 삭제된 항목, Shift키를 누르고 삭제명령을 실행한 경우, 휴지통 등록정보에서 '파일을 휴지통에 버리지 않고 삭제명령 시 즉시 제거'를 선택한 경우 휴지통으로 보내지지 않고 바로 삭제되어 복원할 수 없다.

03 EVENTVWR.MSC는 윈도우 이벤트 로그를 보여주는 명령어로, 문제 발생의 원인을 파악하는 데 도움을 준다.

04 ④ 컴퓨터에 설치된 응용프로그램을 설치하거나 제거하는 것은 윈도우 버전에 따라 다르지만, [시스템]이 아닌 [프로그램 추가/제거], [프로그램 및 기능], [앱 및 기능]에서 할 수 있다.

05 ③ 윈도우 시작 단추의 검색 상자에 'cmd'를 입력하여 실행할 수 있다.

06 ② 바이러스에 감염된 파일도 용량을 차지하기 때문에 하나의 옵션이 될 수 있지만, 대부분 용량이 극히 미미하며 감염된 파일이 삭제하면 안 되는 중요한 시스템 파일일 수도 있다.

01 ① 02 ③ 03 ① 04 ④ 05 ③ 06 ②

02 엑셀

01 엑셀의 개요

🎯 컴퓨터일반 GO! 득점

1 스프레드시트와 엑셀의 개념

① **스프레드시트의 의미** : 서양에서 경리 및 회계 상 사용하던 일정한 형태의 계산용지를 말하며, 이를 컴퓨터 프로그램으로 구현한 것이 스프레드시트 프로그램이다. 구체적으로는 수치, 통계, 그래프 작업 등을 편리하게 처리할 수 있는 사무자동화 프로그램을 말한다.

② **스프레드시트 프로그램의 특징** : 계산식과 차트, 통계 작업을 편리하게 작성, 관리할 수 있으며 원본 데이터값들이 바뀌게 되면 결괏값, 차트, 그래프 등도 변경된 값을 자동으로 반영하여 업데이트된다는 것이다. 그러므로 업무에 매우 편리하게 적용되는 프로그램이다.

③ **종류** : 엑셀(Excel), 로터스(Lotus 1-2-3), 한셀 등이 있으며 이 중 Microsoft의 엑셀이 현재 가장 널리 사용되는 상용 소프트웨어이다.

④ **엑셀을 쉽고 빠르게 공부하는 방법** : 직접 컴퓨터 상에서 프로그램을 조작해 보는 것 이외에는 없다. 본 교재에서는 사족에 해당하는 부분을 과감히 삭제하고, 출제 경향에 근접한 부분에 대해 집중적으로 다룬다.

2 엑셀의 화면구성 및 용어 해설

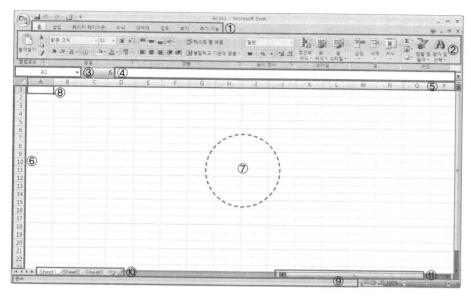

[엑셀 화면 구성]

① **명령탭** : 메뉴와 같은 기능으로 여러 명령을 나누어 놓은 곳

② **리본** : 여러 명령들을 아이콘의 집합으로 모아 놓은 곳

③ **이름상자** : 현재 선택된 셀의 열과 행, 즉 주소를 표시해 주는 곳

④ **수식 입력줄** : 계산을 하기 위한 수식을 입력하거나 문자를 입력할 때 이용하는 칸

⑤ **열 이름** : 셀의 열을 A, B, C 등의 순서로 표시한 것

⑥ **행 이름** : 셀의 행을 1, 2, 3 등의 순서로 표시한 것

⑦ **워크시트** : 엑셀에서 작업이 이루어지는 공간

⑧ **셀** : 엑셀에서 글자, 수식 등이 삽입되는 최소의 칸

⑨ **상태표시줄** : 엑셀의 작업 중의 상태를 표시

⑩ **워크시트 탭** : 여러 워크시트를 표시해 주며 간단히 클릭하여 워크시트 전환

⑪ **워크시트 탐색단추** : 여러 워크시트 사이를 이동할 수 있는 도구

02 수식과 함수

1 수식과 함수의 의미

① **수식** : 계산식을 말한다. 엑셀에서는 이와 같은 수식을 이용하여 셀의 값을 자동 계산하여 입력할 수 있다.

② **함수** : 평균 계산 등과 같이 특수한 목적의 수식 또는 논리적 계산을 쉽게 사용할 수 있도록 기능을 특정화해 놓은 것을 말한다.

입력 데이터의 종류
문자, 숫자, 날짜/시간, 수식

배열 수식

- 배열 수식을 이용하면 복잡한 작업을 정교하게 수행하는 것이 가능하다.
- 배열 수식에 사용되는 배열 인수는 두 개 이상의 값으로 이루어져야 하며, 각각은 동일한 개수의 행과 열을 가져야 한다.
- 배열 수식은 수식을 완성하고 엔터 대신 Ctrl + Shift + Enter를 눌러 수식을 완성하고, 배열 수식이 완성되면 수식입력란에 중괄호({ })로 둘러싸인 식이 생긴다.

2 수식 입력 · 수정하기

(1) 수식의 입력

① 수식은 계산기호인 연산자들을 이용해 계산을 하기 위해 작성한 식을 말한다.

② 엑셀에서 수식을 입력할 때는 "=(등호)" 기호를 먼저 입력한다. 즉, 등호 기호가 먼저 오면 엑셀에서는 자동으로 수식으로 인식하게 된다.

> 예 특정 셀을 클릭하고 수식 입력줄에 "=10+20"을 입력한 다음, 엔터를 친다. → 방금 입력한 수식의 글자들이 사라지고 계산 결괏값인 "30"이 표시된다.

(2) 수식의 수정

입력한 수식을 수정하기 위해서는 먼저 수식이 있는 셀을 클릭하여 지정한 다음, "수식 입력줄"에 표시되는 수식을 직접 수정하면 된다.

> 예 입력된 수식 '=10+20'을 '=10+30'으로 변경하고 엔터를 친다. → 수식의 결괏값이 40으로 변경된다.

(3) 수식에서 사용되는 연산자

연산자	기능	연산자	기능
+	더하기	<	작음
−	빼기, 음수	>=	크거나 같음
*	곱하기	>	큼
/	나누기	AND	논리곱
%	백분율	OR	논리합
^	지수	NOT	부정
=	등호	&	텍스트 연결
<>	같지 않음	:(콜론)	연속 셀 범위
<=	작거나 같음	;(세미콜론)	불연속 셀 범위

3 함수 입력 · 수정하기

(1) 함수와 인수

① 함수는 인수가 있는 것과 없는 것으로 구분할 수 있다.

② 인수란, 함수를 실행하기 위해 필요한 입력값을 말한다.

③ 함수는 수식 입력처럼 "="로 시작하고 함수이름, 괄호, 괄호 사이에 인수를 입력하는 형식으로 사용한다.

> 예 "=함수이름(인수1, 인수2, …)"

④ 함수에 따라서는 인수가 없는 경우도 있으며, 엑셀에서는 날짜 및 시간, 공학, 재무, 수학 및 삼각법 등 여러 카테고리의 함수들을 제공하고 있다.

(2) 함수의 직접 입력

함수명을 알 경우에는 함수를 키보드로 직접 입력해 사용할 수 있다.

예 오늘의 날짜를 표시해 주는 "=today( )"라는 함수를 입력한다. 입력을 마치고 엔터를 치면 오늘 날짜가 입력된 것을 알 수 있다.

(3) 함수마법사를 이용한 입력

① 함수마법사를 이용한 입력은 함수를 사용하는 가장 보편적인 방법이다.

② "SUM" 함수를 사용해 10, 20, 30 세 값을 더해 보자.

   ⊙ 계산의 결과가 표시될 셀을 클릭해 셀 커서를 두고, "수식 입력줄" 왼쪽에 있는 "함수 삽입" 아이콘을 클릭한다.

   ⓒ "함수 마법사" 창이 표시가 된다. 보통 최근에 사용한 함수가 자동으로 표시가 된다. 여기에 "SUM" 함수가 있지만, 본래 있는 위치로 찾아가 사용해 보도록 하자.

   ⓒ 함수의 범주로 "수학/삼각"을 선택한다.

   ⓔ 표시되는 수학/삼각 범주의 함수 중에서 "SUM" 함수를 선택하고 "확인"을 누른다.

   ⓜ 함수의 인수를 지정한다. 자동으로 지정된 것이 반전되어 표시된다. 그 옆의 아이콘을 눌러 합산을 하려는 인수의 범위를 직접 지정해 보자.

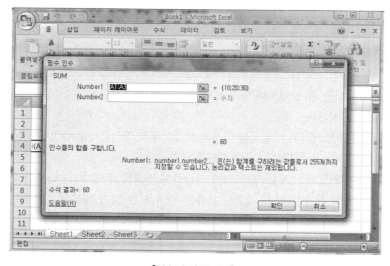

[인수의 범위 지정]

   ⓗ 함수 인수 창이 표시가 되면 마우스로 "A1"부터 "A3"까지 드래그해서 범위로 지정한다.

   ⓢ A1부터 A3까지 연속으로 지정된 범위는 "A1:A3"와 같이 표현된다. "확인"을 눌러 함수 입력을 마친다.

   ⓞ SUM 함수를 이용해 계산된 결과가 다음과 같이 화면에 표시된다. "수식 입력줄"을 보면 "=SUM(A1:A3)"과 같이 표시되는 것을 알 수 있다. 이는 함수 이름이 SUM이고, A1셀부터 A3셀까지 연속된 범위를 인수로 가진다는 의미가 된다.

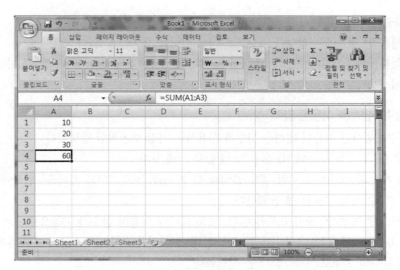

[함수 계산의 결과]

(4) 입력된 함수의 수정

① 입력된 함수의 수정은 함수의 참조범위를 변경하는 것을 의미한다. 직접 입력하는 방법, 범위를 마우스로 재지정하는 방법, 그리고 함수마법사를 다시 사용해 변경하는 3가지 방법이 있다.

② 이 중에서 가장 간편한 방법인 마우스로 재지정하는 방법을 실행해 보자.
  ㉠ "수식 입력줄"을 클릭하여 마우스 커서를 두면 워크시트에 참조하는 영역이 파란색으로 표시된다.
  ㉡ 이 영역의 모서리로 마우스를 가져와 드래그해서 영역을 원하는 만큼 지정한다.
  ㉢ 함수의 인수가 변경되고, 계산 결과도 달라진다.
  ㉣ "수식 입력줄"에 커서를 두고 직접 입력하여 변경할 수도 있다. 하지만 이 방법은 참조영역이 복잡할 경우 계산상 오류를 가져올 수 있기 때문에 추천하는 방법은 아니다.

4 계산 결과를 인수로 이용하기

함수의 계산결과를 다시 함수의 인수로 입력하여 사용할 수 있다. 예를 들어, 여러 과목의 시험 결과의 평균값이 소수점 아래 여러 자리로 나타난다고 할 때, 이를 소수점 아래 둘째 자리에서 반올림을 하고자 한다면 함수에 의한 계산 결과를 다시 인수로 입력해 사용한다. 참고로, 자릿수 반올림하는 함수는 Round이고, 평균을 내는 함수는 Average 이다.

① 계산결과를 표시할 셀을 클릭하여 지정한다.
② 함수 마법사를 실행하고, "수학/삼각" 범주의 "Round" 함수를 선택한다.
③ 평균값을 내고 소수점을 맞추는 게 보통의 순서이지만, 엑셀에서 함수를 중첩해서 사용할 때는 이것의 역순으로 실행해야 하는 점을 주의해야 한다.

④ Round 함수의 "함수 인수" 창이 표시된다.

⑤ 소수점 2자리에서 반올림하도록 하기 위해 "Num_digits"를 1로 지정하고, 마우스 커서를 "Number"에 클릭한다.

⑥ 평균값을 계산한 다음 그 값을 round해야 하기 때문에 평균값을 계산하는 함수를 추가해보자. "수식 입력줄" 왼쪽에 붙어 있는 역삼각형 메뉴를 클릭해 맨 아래에 있는 "함수 추가…"를 클릭한다.

⑦ "함수 마법사" 창에서 "통계" 범주에 위치한 "Average"를 선택한다.

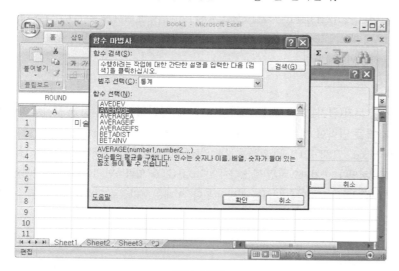

[함수 선택]

⑧ "함수 인수" 창이 표시되면 범위 옆의 작은 아이콘을 눌러 인수의 입력범위를 확인해보자.

⑨ 인수의 입력범위는 평균을 내고자 하는 셀들을 모두 지정하면 된다. 이를 제대로 설정한 다음, 엔터를 친다.

⑩ 다시 "함수 인수" 창이 표시되면서 인수의 입력범위가 수정되어 표시된다. "확인"을 누른다.

⑪ 지정한 셀의 계산값이 소수점 둘째 자리에서 반올림하여 한자리까지 의도한 대로 표시된다. 바로 아래 행에 대해서도 동일한 함수를 적용하여 계산한 수식을 적용하려면 "채우기"를 할 수 있다. 방금 계산을 완료한 셀의 오른쪽 아래로 마우스 커서를 가져가면, 커서 모양이 검은색 십자 모양으로 바뀐다.

⑫ 마우스 왼쪽 버튼을 누르면서 한 칸 아래 셀로 드래그한다.

⑬ 마우스 버튼을 놓으면 수식이 자동으로 복사되어 채우기가 됨을 알 수 있다.

⑭ 채우기는 이것 외에도 요일, 연속된 숫자 등에도 활용될 수 있다. 하지만 여기서 사용한 수식 채우기는 자칫하면 원치 않는 주소를 참조할 수 있으므로 사용에 주의가 필요하다.

5 결괏값의 표시

엑셀에서 입력, 참조, 연산 등의 결과로 표시되는 값에는 수치, 문자열, 논리값, 오류값의 4가지가 있다.

(1) 수 치

수치란 계산에 사용되는 숫자 값 또는 수식을 통해 계산된 결괏값을 지칭하며, 종류로 숫자, 날짜, 백분율, 분수가 있다.

예 수치로 "20", "2012년 6월 6일 12시 PM", "70%", "3과 ½"을 각각 입력하면 입력된 내용이 각각 워크시트에 다르게 표시됨을 알 수 있다. 단, 계산을 수행할 때는 분수 등은 각각의 값으로 계산된다는 점을 기억해 둔다.

(2) 문자열

문자열이란 문자(글자) 그 자체를 의미하며, 여러 문자가 이어진 것을 문자열이라 한다. 셀에 문자열을 입력할 때는 맨 앞에 큰따옴표 "를 찍고 시작하면 된다.

예 문자열 "abcd", "123"을 C1과 C3 셀에 각각 입력한다. 일반적으로 문자열은 수치와 달리 왼쪽으로 자동정렬된다. 마지막으로 빈 셀에 문자열 "100+C3"을 입력하면 "100"이라는 수치와 앞서 입력한 "123"이라는 문자열을 더하는 명령이 된다. 이때는 문자열로 입력한 것이라도 수치화되어 계산에 이용된다.

(3) 논리값

논리값이란 조건의 판단, 비교 등의 결과로서, 결과가 참일 때는 "TRUE", 거짓일 때는 "FALSE"로 표시된다. 논리값은 조건 분기를 수행하는 IF 등의 함수에서 주로 이용된다.

예 C1, C2, C3 각 셀에 논리계산 "2<3", "2>3", "IF(C2,"참","거짓")"를 각각 입력하면 각 논리계산의 결과에 따라, "TRUE" 또는 "FALSE"가 표시된다. 마지막, IF문은 C2의 값이 "TRUE"이면 첫 번째 인수인 "참"을 표시하고, "FALSE"이면 "거짓"을 표시하는 명령이다. C2가 "FALSE"이므로 결과로는 "거짓"이 표시된다.

(4) 오류값

오류값은 수식계산을 수행하는 데 발생한 에러값으로 ⅰ) 수식 자체가 잘못된 경우, ⅱ) 함수의 인수에 입력값이 잘못된 경우의 2가지 원인 중 하나로 인해 발생한다. 다음은 흔히 접하게 되는 오류값들을 정리한 것이다.

오류값	내 용
#NULL!	선택한 셀 범위에 공통부분이 없음
#DIV/0!	0으로 나누어지는 나눗셈이 수식에 있을 경우
#VALUE!	인수 또는 연산자의 데이터 종류가 정확하지 않음
#REF!	다른 수식에서 참조하는 셀을 삭제하거나, 셀 위에 이동된 셀을 붙여 넣어 셀 참조가 정확하지 않은 경우
#NAME?	함수 이름의 철자가 틀리거나, 존재하지 않는 이름을 사용한 경우

오류값	내용
#NUM!	숫자 인수가 필요한 함수에 적용할 수 없는 인수를 사용한 경우
#N/A	데이터가 없으며 그 자리에 #N/A나 NA( )가 입력된 경우
####	셀의 너비가 좁아 내용이 다 표시되지 않는 경우, 또는 날짜와 시간이 음수인 경우

6 셀 참조

(1) 의미 : 수식 등에서 계산, 인수로 사용되는 셀의 범위를 지정하는 것을 말한다. 셀 참조, 즉 계산 대상이 되는 셀의 범위를 지정하는 것은 정확한 계산을 위해 반드시 필요한 과정이다.

(2) 실제 예 : 다음 그림과 같이 엑셀 화면에서 값을 미리 입력해 둔 셀들을 참조하여 SUM 함수로 합산을 수행해보자.

① 계산결과를 표시할 결괏값 칸(H3)에 셀 커서를 둔다.
② 함수마법사를 실행하고, "SUM" 함수를 선택한다.
③ "함수 인수" 창에서 셀 범위를 지정하기 위해 "Number1"칸 옆의 아이콘을 클릭한다.
④ 셀 참조의 범위를 마우스로 지정(E3)하고 엔터를 친다.
⑤ "함수 인수" 창에 셀 참조범위가 수정된다. "확인"을 누른다.
⑥ 결괏값에 SUM 함수의 계산 결과가 표시된다.

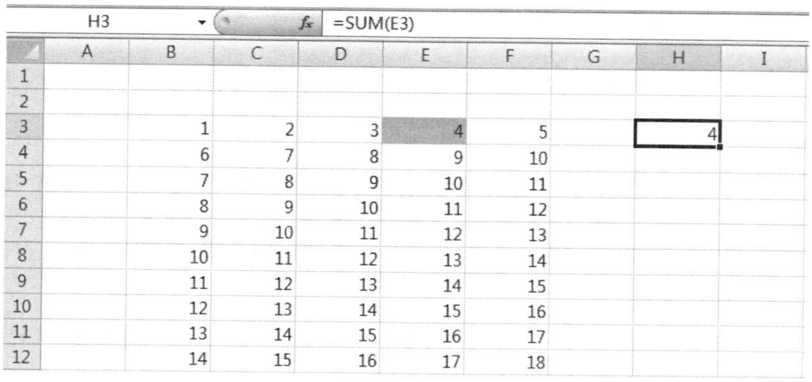

	A	B	C	D	E	F	G	H	I
1									
2									
3		1	2	3	4	5		4	
4		6	7	8	9	10			
5		7	8	9	10	11			
6		8	9	10	11	12			
7		9	10	11	12	13			
8		10	11	12	13	14			
9		11	12	13	14	15			
10		12	13	14	15	16			
11		13	14	15	16	17			
12		14	15	16	17	18			

H3 ▼ f_x =SUM(E3)

[셀 참조에 의한 함수 계산]

(3) 실제 예 : 이번에는 다음 그림과 같이 연속적인 여러 셀을 참조해 계산을 수행해 보자.

① 계산결과를 표시할 결괏값 칸(H12)에 셀 커서를 둔다.
② 함수마법사를 실행하고, "SUM" 함수를 선택한다.
③ "함수 인수" 창에서 셀 범위를 지정하기 위해 "Number1"칸 옆의 아이콘을 클릭한다.
④ 셀 참조의 범위를 마우스로 드래그(E3 → E12)하여 지정하고 엔터를 친다.
⑤ "함수인수" 창에 셀 참조범위가 수정된다. "확인"을 누른다.
⑥ 결괏값에 SUM 함수의 계산 결과가 표시된다.

[연속적인 셀 참조에 의한 함수 계산]

(4) 두 행에 포함된 값들을 지정할 때도 동일한 요령으로 드래그 지정하면 된다.

(5) 단, 불연속적인 행일 경우, 행을 드래그한 상태에서 Ctrl 키를 누른 채로 다음 행으로 드래그 해야 끊이지 않고 셀을 선택할 수 있게 된다.

(6) 연속하지 않은 여러 셀을 참조할 경우에, 연속되는 셀들은 "시작 셀 주소 : 끝 셀 주소"로 표시되고, 연속되지 않는 셀 사이에는 ",(콤마)"로 구분되어 표시된다는 것을 알 수 있다.

7 상대 참조 중요 ★ 2010

(1) 의미 : 셀 참조가 입력되고 있는 위치를 중심으로 어느 방향과 거리의 셀이 참조되고 있는지를 유지하도록 지정하는 참조방식이다.

(2) 상대 주소의 셀을 복사하게 되면 참조하는 셀 번호도 그에 맞게 자동으로 변경된다.

(3) 실제 예 : A1셀부터 아래쪽으로 11부터 15까지 숫자를 입력하고 이 셀들의 값을 참조하는 예를 들어보자.

① 먼저 셀 커서를 참조값을 복사하려는 곳에 둔 다음, "=(등호)"를 입력하고 마우스로 "11"값이 있는 셀을 클릭한다.

② 셀 주소가 키보드로 입력하지 않아도 자동으로 지정된다. 엔터를 쳐서 셀 참조를 완료한다.

③ 참조한 A1셀의 내용을 참조하여 그대로 표시해 주는 것을 알 수 있다.

④ "수식 입력줄"을 보면, 수식에 "=A1"이라 나타난다. 이는 A1이라는 셀을 상대참조하고 있다는 의미이다.

⑤ A1셀을 상대 참조하고 있는 C1셀에 셀 커서를 두고 셀의 오른쪽 가장자리로 마우스를 가져오면 "채우기 핸들"이 나타난다.

⑥ 마우스로 드래그해서 놓는다.

⑦ 왼쪽에 있는 값들과 같은 값들이 표시된다.

⑧ C1셀에 커서를 두고 "수식 입력줄"을 보면, C1셀은 A1셀을 참조하고 있음을 알 수 있다.

⑨ 셀 커서를 한 칸 아래로 내려 C2셀에 두고서 "수식 입력줄"을 보면, C2셀이 A2셀을 참조하고 있음을 알 수 있다.

⑩ 마찬가지로, C3셀은 A3셀을 참조하고 있다. 채우기 핸들로 A1의 셀주소를 아래쪽으로 채우기 했는데, 이때 참조하던 A1의 셀주소가 각각의 셀에서 상대적인 참조값으로 변경되었다는 의미이다. 이와 같이, 상대참조는 채우기를 통해 그 주소값이 변경된다는 것을 알 수 있다.

8 절대 참조 중요 ★ 2010

(1) 의미 : 셀 참조를 복사하더라도 셀 주소값이 변하지 않는 것을 말한다.

(2) 절대참조 셀의 주소값 : 행 번호, 열 번호에 각각 "$"기호를 붙여 표시함으로써 상대참조와 구분한다.

(3) 실제 예 : 다음은 A1셀의 값을 C1셀에서 상대참조하고 그 값을 채워넣기 핸들로 수식을 복사해 넣은 것이다.

	A	B	C	D	E
C1			=A1		
1	1243		1243		
2			0		
3			0		
4			0		
5			0		
6			0		
7					
8					
9					
10					

[상대 참조를 통한 수식 복사]

① 첫 번째 상대참조한 셀인 C1에 셀 커서를 두고 "수식 입력줄"을 보면, C1은 A1을 참조하고 있음을 알 수 있다.

② 셀 커서를 한 칸 내려 C2로 가져가면, C2는 A2를 참조하는 것으로 나오는데 실상 A2셀에는 아무런 값도 없다. 즉, C1셀의 참조를 드래그해서 채우기함으로써 모든 셀의 주소값들이 각각 변경된다. 그래서 첫 번째 셀인 C1을 제외하고는 모두가 값이 없는 셀들을 참조하고 있는 것이다.

③ 그렇다면 C1부터 C5까지의 셀들이 A1의 값만을 참조하려면 어떻게 해야 하는지 알아보자.

④ 먼저, D1셀에다 커서를 두고, "=A1"과 같이 A1셀을 참조하도록 입력한다. 여기까지는 상대주소이다.

⑤ A1셀 주소를 절대주소로 바꿔주기 위해 "F4"키를 누른다. 셀의 주소가 "A1"에서 "$A$1"으로 변경된다.

⑥ 엔터를 쳐서 입력을 완료하면 D1셀은 A1셀의 값을 참조해서 보여주는 것을 확인할 수 있다.

⑦ 이제는 D1셀의 값으로 D5까지 채우기를 한다. 채우기를 완료하면 채우기한 모든 셀의 값이 A1의 값과 동일하게 표시된다.

⑧ 셀 커서를 D1에 놓고 "수식 입력줄"을 보면, 절대주소인 "$A$1"이 표시된다.

⑨ 셀 커서를 한 칸 아래로 내려, D2셀에 놓고 보아도, 앞에서와 같은 절대주소인 "$A$1"이 보인다. 이처럼 절대주소란 변하지 않는 주소를 말하며, 채우기 핸들을 통해 수식을 복사하더라도 그 주소값은 변하지 않는다.

D1			fx	=$A$1	
	A	B	C	D	E
1	1243		1243	1243	
2			0	1243	
3			0	1243	
4			0	1243	
5			0	1243	
6			0	1243	
7					
8					
9					
10					

[절대 참조의 결과]

표시 형식 구성

기업들의 사업용 자산에 대한 감가상각 방법의 하나로, 취득가액에 상각률을 곱한 금액을 비용으로 처리하는 것을 말한다.
0 : 유효하지 않은 숫자도 0으로 표시한다.
: 유효하지 않은 숫자는 표시하지 않는다.

9 표시 형식

엑셀을 사용하면서 다루게 되는 여러 값을 특정한 형식으로 지정하여 표시할 수 있다. 적절히 지정된 표시형식은 엑셀의 값들을 보기 좋고 읽기 편하게 해준다.

10 조건부 서식

(1) 의미 : 조건부 서식이란 어떤 계산의 결과가 조건의 일치 여부에 따라 미리 설정해 둔 서식이 적용되는 것을 말한다.

(2) 실제 예 : 여러 값이 입력된 내용이 있을 때 조건부 서식을 이용해 그 값이 특정한 값보다 클 때 특별한 서식을 지정해 보자(예 수험생마다 기록한 과목별 성적표 등).

① 먼저, 각 값을 가진 셀들을 드래그해서 선택한다.

② 리본에서 "스타일" 아이콘을 클릭하면 나오는 메뉴에서 "조건부 서식 〉 셀 강조 규칙" 하위에 있는 "보다 큼"을 선택한다.

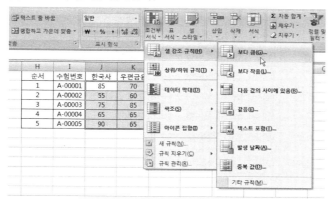

[조건부 서식 지정]

③ "보다 큼" 창에서 값을 "80"으로 적는다. 옆에 있는 선택버튼을 눌러 다양한 서식을 지정해 줄 수 있다. 여기서는 별도로 설정하지 않고 그냥 "확인"을 클릭한다.

④ 80점보다 큰 점수에는 지정된 서식이 적용되어 표시된다.

11 함수 사용하기

(1) **함수의 범주** : 엑셀 2010에서 제공하는 함수의 범주로는 재무, 날짜/시간, 수학/삼각, 통계, 찾기/참조 영역, 데이터베이스, 텍스트, 논리, 정보, 공학, 큐브, Compatibility의 총 12가지가 있다.

(2) **실제 예** : 합계와 평균을 구해 보자.

① 여러 값을 각 셀에 나열한 다음, 합계를 구하려는 셀에 커서를 둔다.

② 합계는 SUM이란 함수로 구한다. 여기서는 함수 마법사를 사용하지 않고 직접 함수 이름을 입력한다. 즉, "=(등호)SUM(B2 : D3)"를 입력한다.

③ SUM 함수의 인수 범위를 마우스로 드래그해서 지정하고 엔터를 친다. 합계가 계산된다.

④ 다음으로 평균을 구해 보자. 평균을 구하려는 셀에 커서를 둔다.

⑤ 평균도 함수 마법사를 이용하지 않고 직접 입력한다. 즉, "=AVERAGE(B2 : D3)"를 입력한다.

⑥ AVERAGE 함수의 인수 범위를 마우스로 드래그해서 지정하고 엔터를 친다.

⑦ 평균이 계산된다.

(3) **주요 함수 일람표** 중요 ★ 2019 2016 2014 2012 2008

다음은 엑셀에서 많이 사용하는 주요 함수 일람표이다. 자세한 함수의 기능과 형식은 엑셀 함수 창에서 상세히 확인할 수 있다.

분 류	함 수	인수 형식	연산 결과
통 계	SUM	(인수1, 인수2, 인수3, …)	인수의 합
	AVERAGE	(인수1, 인수2, 인수3, …)	인수의 평균
	MAX	(인수1, 인수2, 인수3, …)	인수 중 최댓값
	MIN	(인수1, 인수2, 인수3, …)	인수 중 최솟값
	COUNT	(인수1, 인수2, 인수3, …)	인수 중 숫자의 개수
	COUNTA	(인수1, 인수2, 인수3, …)	인수의 개수
	COUNTIF	(범위, 조건)	지정된 범위 내에서 조건에 맞는 셀의 개수
	SUMIF	(인수1, 인수2, 인수3, …)	조건 합계
참 조	CHOOSE	(번호, 인수1, 인수2, …)	번호에 해당하는 인수 선택
	HLOOKUP	(기준값, 배열, 행 번호)	배열에서 기준값에 해당하는 열의 행 번호에 해당하는 셀의 값
	VLOOKUP	(기준값, 배열, 열 번호)	배열에서 기준값에 해당하는 행의 열 번호에 해당하는 셀의 값
	INDEX	(배열, 행 번호, 열 번호)	배열에서 행 번호 및 열 번호에 해당하는 셀의 값
수 학	ABS	(수치)	수치의 절댓값
	EXP	(수치)	수치를 지수로 한 e의 거듭제곱 값
	GCD	(수치1, 수치2, 수치3, …)	수치들의 최대공약수
	INT	(수치)	수치 이하의 최대 정수
	MEDIAN	(수치1, 수치2, 수치3, …)	주어진 수치들의 중앙값
	MOD	(수치1, 수치2)	수치1을 수치2로 나눈 나머지
	MODE	(수치1, 수치2, 수치3, …)	주어진 수치 중 최빈값
	POWER	(수치1, 수치2)	수치1을 수치2만큼 거듭제곱
	RAND	없음	$0 \leq x < 1$에 해당하는 균등하게 분포된 난수
	ROUNDDOWN	(수치, 자릿수)	자릿수에 맞게 버림
	ROUNDUP	(수치, 자릿수)	자릿수에 맞게 올림
	SIGN	(수치)	부호
	SQRT	(수치)	제곱근
문 자	LEFT	(문자열, 수치)	문자열 왼쪽부터 지정 수치만큼의 문자
	RIGHT	(문자열, 수치)	문자열 오른쪽부터 지정 수치만큼의 문자
	MID	(문자열, 수치1, 수치2)	문자열의 수치1부터 수치2까지의 문자
	REPLACE	(문자열1, 수치1, 수치2, 문자열2)	문자열1의 수치1부터 수치2만큼을 문자열2로 바꿈
	REPT	(문자열, 수치)	문자열을 수치만큼 반복
	TEXT	(인수, 서식)	인수를 서식에 맞게 표시
	LEN	(문자열)	문자열 내의 문자 개수
날 짜	DATE	(연, 월, 일)	연, 월, 일에 해당하는 수치
	NOW	없음	오늘 날짜
	YEAR	(날짜)	해당하는 연도
	MONTH	(날짜)	해당하는 월

분류	함수	인수 형식	연산 결과
논리	AND	(논리식1, 논리식2)	두 논리식의 논리곱
	OR	(논리식1, 논리식2)	두 논리식의 논리합
	NOT	(논리식)	부정
	IF	(조건, 값1, 값2)	조건에 참이면 값1을, 거짓이면 값2를 취함
재무	FV	(이자, 총납입횟수, 납입액, 현재가치, 납입시점)	적금이나 예금과 같이 주기적으로 고정 금액을 고정 금리로 불입할 때 발생하는 만기 지급액(미래가치)을 구한다.
	PV	(이자, 총납입횟수, 납입액, 미래가치, 납입시점)	투자에 의해 미래에 발생하는 만기 지급액(미래가치)에 대한 현재가치를 구한다. FV와 대응되는 함수이다.
	DB	(초기취득가, 종료회수가, 자산수명, 감가상각기간, 첫해 개월수)	정률법을 사용하여 지정한 기간 동안 자산의 감가상각을 구한다.
	PMT	(이자, 총납입횟수, 현재가치, 미래가치, 상환시기)	주기적으로 고정 금액을 고정 금리로 불입할 때 발생하는 대출 상환금을 구한다.
	IPMT	(이자, 납입횟수, 총납입횟수, 현재가치, 미래가치)	주기적으로 고정 금액을 고정 금리로 불입할 때 발생하는 이자 지급액을 구한다.
	PPMT	(이자, 납입횟수, 총납입횟수, 현재가치, 미래가치)	주기적으로 고정 금액을 고정 금리로 불입할 때 발생하는 원금 지급액을 구한다.
데이터 베이스	DCOUNT	(전체 DB, 열번호, 조건)	전체 데이터베이스 내에서 기준에 맞는 숫자 포함 셀들의 개수를 구한다.
	DCOUNTA	(전체 DB, 열번호, 조건)	전체 데이터베이스 내에서 비어있는 셀은 무시하고 기준에 맞는 셀들의 개수를 구한다.
	DGET	(전체 DB, 열번호, 조건)	전체 데이터베이스 내에서 기준에 맞는 자료를 단순 추출한다.
	DSUM	(전체 DB, 열번호, 조건)	전체 데이터베이스 내에서 기준에 맞는 자료를 합산한다.

정률법
기업들의 사업용 자산에 대한 감가상각 방법의 하나로, 취득가액에 상각률을 곱한 금액을 비용으로 처리하는 것을 말한다.

03 차트 관리

1 차트 만들기

(1) 의미 : 자료들을 보기 쉽고 이해하기 쉽도록 만든 도표 또는 순위 도표를 차트라고 한다. 엑셀이 주로 다루는 값들에 대해 크고 작음, 변화, 차지하는 비율 등을 직관적이고 시각적으로 표현할 때 이용하는 것이 차트이다.

(2) 실제 예 : 임의의 테이블을 가지고 차트를 작성해 보자.

세로 막대형	• 막대 그래프 • X(항목) 축은 수평, Y(값) 축은 수직
가로 막대형	• 막대 그래프 • X(항목) 축은 수직, Y(값) 축은 수평
꺾은 선형	• 선 그래프 • 연속적인 값의 변화율을 표현
원형	• 원형 그래프
영역형	• 시간에 따른 변화량 비교 • 전체와 부분 사이의 관계를 표현
분산형	• XY 좌표로 이루어진 두 개의 숫자 그룹 • 각 자료의 불규칙한 집합을 표현

① [삽입] 메뉴 리본의 차트섹션의 "세로 막대형"을 눌러 2차원 세로 막대형 차트를 선택한다.

② 차트가 만들어져 워크시트에 삽입된다. 이러한 방법으로 차트를 가장 쉽고 빠르게 작성할 수 있다.

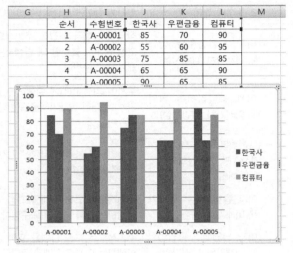

[차트 작성]

③ 다음으로 [디자인] 메뉴 리본의 "종류" 섹션의 "차트 종류 변경"을 누른다.

④ "차트 종류 변경"창이 표시되면 "가로 막대형"의 차트 중에서 하나를 선택하고 "확인" 버튼을 누른다.

⑤ 차트의 종류가 "세로 막대형"에서 "가로 막대형"으로 변경된다.

⑥ 다음으로 "데이터 선택" 아이콘을 클릭하여 차트에서 참조하는 데이터 영역을 변경해 보자.

⑦ 표시되는 "데이터 원본 선택" 창의 차트 데이터 범위 입력칸 오른쪽에 있는 아이콘을 눌러 차트의 범위를 합계부분을 제외하여 지정한다. 화면의 "범례 항목(계열)"이나 "가로(항목) 축 레이블"에서도 추가, 편집, 제거를 실행할 수도 있다.

⑧ 차트 데이터 범위를 제대로 지정하고 나면 "범례 항목"이나 "가로 축 레이블" 부분에서도 확인할 수 있다. 아래에 있는 "확인" 버튼을 누른다.

⑨ 표시되는 차트에서 합계 부분이 제외된 것을 알 수 있다.

⑩ 다음으로 "차트 레이아웃" 섹션의 "빠른 레이아웃"을 눌러보면 다양한 차트의 레이아웃들이 만들어져 있는 것을 알 수 있다. 이 중에서 임의의 레이아웃을 선택해 보자.

⑪ 차트의 레이아웃이 변경되고 차트 제목 부분도 표시된다.

04 데이터 관리

엑셀에서 작업 중 다루는 데이터들을 효과적으로 이해하고 사용하기 위해서, 데이터를 특정한 순서로 정렬을 하거나, 주어진 조건에 따라 추출하여 사용해야 할 필요가 있다. 경우에 따라서는 특정 기준을 두어 소계, 즉 부분합계를 산출하거나, 서로 다른 워크시트 간의 계산을 수행한다.

1 데이터 정렬

(1) 의미 : 데이터가 많을 경우 데이터를 정렬해서 관련 항목끼리 쉽게 구분하여 파악할 수 있다. 여기서는 1가지 또는 여러 가지 조건으로 데이터를 정렬하는 방법과 정렬 순서를 사용자가 정해서 정렬하는 방법에 대해 알아본다.

(2) 실제 예

① 임의의 테이블이 있을 때, 정렬을 하려는 데이터가 들어있는 임의의 열 중에서 아무 곳에 셀 커서를 둔다.

② [데이터] 메뉴 리본의 "정렬 및 필터" 섹션의 "텍스트 오름차순 정렬" 아이콘을 클릭한다.

③ 셀 커서를 둔 "성명"을 기준으로 오름차순으로 정렬이 된다.

④ 다음으로, 여러 조건으로 정렬하기 위해 "정렬" 아이콘을 누른다.

⑤ "정렬" 창이 표시된다. "정렬기준"으로 "중간점수"를 "값"으로 "내림차순"하도록 설정하고 정렬할 기준을 추가하기 위해 상단에 있는 "기준 추가" 버튼을 누른다.

⑥ 새로운 기준이 추가되어 표시된다.

2 데이터 필터

(1) 의미 : 필터란 원하는 요소만 추출해 내는 것으로 엑셀에서는 자동 필터, 고급 필터 등의 기능들로 원하는 데이터들만 추출해 낼 수 있다.

(2) 실제 예

① 임의의 테이블이 있을 때, 자동 필터를 사용하기 위해 [데이터] 메뉴 리본의 "필터" 아이콘을 클릭한다. 열 머리에 자동으로 화살표 모양의 아이콘들이 나타난다.

② 필터링하고자 하는 열 제목 옆의 화살표를 눌러서 보면 "(모두 선택)"이 체크되어 있고 그 하위에 여러 항목들이 전체 선택되어 있다.

③ "(모두 선택)"을 눌러 전체 선택을 해제하고 필요한 것들만 클릭하여 설정한다.

④ 선택된 값의 열만이 나타난다. 데이터들이 보이지 않는다고 실제 데이터들이 사라진 것은 아니다. 단순히 특정 조건에 맞는 것만 보이도록 설정한 것이다.

⑤ "자동 필터"를 해제하기 위해서는 "정렬 및 필터" 섹션에 있는 "필터" 아이콘을 다시 클릭한다.

3 부분합

(1) 의미 : 엑셀에서 전체가 아닌 일부분만 요약, 정리하는 기능이 부분합이다. 부분합을 이용해 사람별 또는 지역별 매출 합계나 매출 평균 등을 구하는 데 활용할 수 있다.

(2) 실제 예 : 다음과 같은 테이블이 있을 때, 판매일자를 기준으로 부분합을 구해 보자.

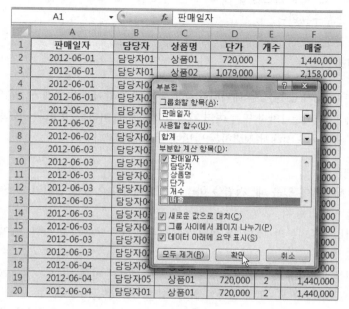

[부분합 구하기]

① [데이터] 메뉴 리본에서 "부분합" 아이콘을 클릭한다.
② 나타나는 "부분합" 창에서 판매일자 별로 매출의 합계를 구하기 위해 그룹화할 항목에 "판매일자", 사용할 함수에 "합계", 부분합 계산 항목에 "매출"을 지정하고 맨 아래의 "확인"버튼을 누른다.
③ 판매일자를 기준으로 매출별 요약을 보여주는 부분합이 만들어진다.

4 데이터 통합

(1) 의미 : 서로 다른 워크시트에 있는 데이터들을 모두 포함하여 계산을 수행하고 그 결과를 하나의 워크시트에 나타내는 것을 데이터 통합이라 한다.

(2) 실제 예 : 다음과 같은 데이터가 있을 때, 데이터 통합을 이용해 "6월 상반기", "6월 하반기"의 두 워크시트의 데이터를 합산하여 "6월 통합"에 그 결과를 표시해 보자.

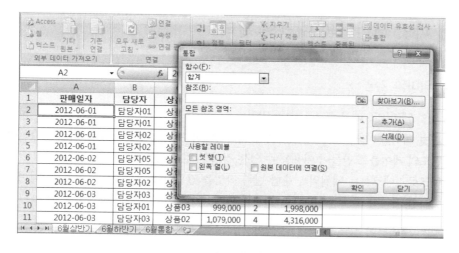

[데이터 통합]

① "6월 통합" 워크시트를 만든다. 이 워크시트에 데이터 통합의 결과를 표시할 예정이다.

② [데이터] 메뉴 리본의 "데이터 도구" 섹션에 있는 "통합" 아이콘을 클릭한다.

③ 표시되는 "통합" 창에서 함수는 "합계"를 선택하고, 참조할 워크시트들의 영역들을 입력하기 위해 "참조" 칸 오른쪽의 아이콘을 클릭한다.

④ 참조영역을 지정하는 "통합–참조" 창이 나타나면, "6월 상반기" 워크시트 이름을 클릭하고 해당 영역을 마우스로 드래그해서 지정하고 엔터를 친다.

⑤ 다시 "통합" 창으로 되돌아오며 "참조" 부분에 영역이 표시된다. "추가" 버튼을 눌러 참조 영역을 추가한다.

⑥ "모든 참조 영역"에 방금 지정한 참조 영역이 표시된다. "6월 하반기" 워크시트의 영역도 추가해 주기 위해 다시 "참조" 칸 옆의 영역 지정 아이콘을 누른다.

⑦ "통합–참조" 창이 나타나면, "6월 하반기" 워크시트 이름을 클릭하고 해당 영역을 마우스로 드래그해서 지정하고 엔터를 친다.

⑧ 다시 "통합" 창으로 되돌아오며 "참조" 부분에 "6월 하반기" 영역이 표시된다. "추가" 버튼을 눌러 참조 영역을 추가한다.

⑨ 데이터 레이블을 표시하기 위해 사용할 레이블 섹션에서 "첫 행"과 "왼쪽 열"을 클릭하여 체크하고 "확인" 버튼을 누른다.

⑩ "6월 상반기"와 "6월 하반기"의 두 워크시트 영역을 동시에 참조하여 합계를 계산하는 데이터 통합이 실행된다.

05 피벗 테이블과 매크로 관리

1 의미와 기능

(1) 피벗 테이블과 매크로(Macro)의 의미

① **피벗 테이블** : 엑셀에서 다루는 여러 데이터에서 자신이 필요로 하는 것만 추출하여 별도의 테이블로 만들어 이용할 수 있는 것이 피벗 테이블이다.

② **매크로** : 매크로는 엑셀의 단순한 반복 작업을 간편하게 수행하도록 해주며, 나아가 비주얼 베이직 프로그래밍을 통해 엑셀의 계산 이상의 기능을 사용하도록 해준다.

(2) 피벗 테이블의 기능 : 목푯값 찾기와 시나리오는 엑셀 계산을 통해 변화되는 값으로 결괏값을 예측하거나 시뮬레이션할 때 사용되는 기능이다.

2 피벗 테이블 만들기

(1) 의미 : 피벗 테이블은 입력한 데이터 중에서 필요로 하는 부분만 발췌해 보여 주는 기능이다. 즉, 전체 데이터 중에서 사용자가 원하는 부분만을 볼 수 있도록 지정된 목록으로 나열하여 만든 데이터 테이블을 피벗 테이블이라 한다.

(2) 실제 예 : 앞의 부분합 구하기에서 사용한 데이터 테이블을 통하여 피벗 테이블을 작성해 보자.

① [삽입] 메뉴에서 "피벗 테이블" 아이콘 메뉴를 눌러 "피벗 테이블"을 선택한다.

② "피벗 테이블 만들기" 창이 나타나며, 피벗 테이블의 작성에 참조할 데이터 범위와 작성된 피벗 테이블을 넣을 위치를 지정한다. 여기서는 워크시트에 그물모양으로 지정된 영역범위로 새 워크시트에 피벗 테이블을 만들도록 한다. "확인" 버튼을 클릭한다.

③ 워크시트 화면의 오른쪽에 "피벗 테이블 필드 목록"이라는 창이 표시된다. 이곳은 피벗 테이블을 작성하는 데 필요한 행 레이블, 열 레이블, 그리고 값을 지정하는 곳이다. "담당자"를 드래그해서 "행 레이블" 위로 가져와서 놓는다.

④ 행 레이블에 "담당자"들이 표시된다. 이번에는 "피벗 테이블 필드 목록" 창에서 "상품명"을 드래그해서 "열 레이블" 위로 가져와서 놓는다.

⑤ 열 레이블에 "상품명"들이 표시된다. 여기까지 행과 열의 레이블을 지정한다. 다음으로 행과 열이 만나는 곳에 표시할 값을 지정할 차례이다. 개수의 합계를 표시하기 위해 "피벗 테이블 필드 목록" 창에서 "개수"를 드래그해서 "값" 위로 가져와서 놓는다.

⑥ 담당자별로 각 상품명에 따른 개수의 합계를 표시하는 피벗 테이블의 작성이 완료된다.

⑦ 각 레이블들은 "피벗 테이블 필드 목록"에서 클릭해서 삭제하거나 각 필드명 옆의 단축메뉴를 눌러 제거할 수 있다.

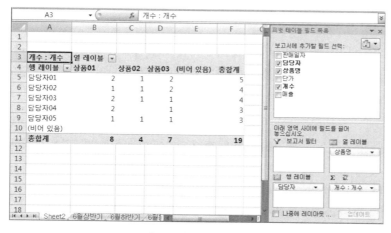

[피벗 테이블 만들기]

3 목푯값 찾기

(1) 의미 : 목푯값 찾기는 그 수식의 결괏값을 알고 있지만, 그 결과를 계산하기 위해 필요한 입력값을 모를 경우에 사용된다.

(2) 실제 예 : 다섯 과목의 점수와 그의 평균을 계산한 데이터 테이블이 있을 때, 상대적으로 낮은 점수를 기록한 사회 과목이 몇 점이 되어야 평균 91점이 되는지 목푯값 찾기를 통해 구해보자.

① [데이터] 메뉴 리본의 [데이터 도구] 섹션의 "가상 분석" 아이콘 메뉴 아래에 있는 "목 푯값 찾기"를 선택한다.

② "목푯값 찾기" 창이 나타난다. "수식 셀"에는 목표로 하려는 값이 표시되는 셀, 즉 평균 91점이 목표이므로 이 평균값이 표시될 셀인 "F3"을 마우스로 셀을 클릭하여 입력하고, "찾는 값"에는 목푯값인 "91"을 적는다. 마지막으로 목푯값을 달성하기 위해 값을 변경할 셀인 "E3"을 선택하고 "확인" 버튼을 누른다.

③ "목푯값 찾기 상태" 창이 나타나면서 목푯값과 현재값을 보여준다. 다시 "확인" 버튼을 눌러 빠져나온다.

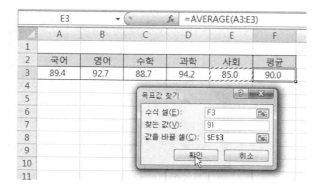

[목푯값 찾기]

④ 목푯값인 평균 90점을 달성하기 위해 사회 점수가 변경된다.

4 시나리오

(1) 의미 : 시나리오란 특정 셀 값의 변화에 따른 최종 결과 셀 값의 변화를 여러 경우로 미리 예측해 보기 위해 시뮬레이션하는 것을 말한다. 시나리오의 결과는 별도의 워크시트로 요약해 표시하거나 피벗 테이블로 만들 수도 있다.

(2) 실제 예 : 다섯 과목(국어, 영어, 수학, 과학, 사회)의 점수와 그 평균을 계산한 데이터 테이블을 만들고 각 과목 점수의 변경 결과에 따라 최종 평균값을 예상하는 시나리오를 작성해 보자.

① 데이터 테이블을 만든다.

② [데이터] 메뉴 리본으로 와서 "시나리오 관리자"를 클릭한다.

③ "시나리오 관리자" 창이 나타나면 "추가" 버튼을 누른다.

④ "시나리오 추가" 창이 표시가 된다. "시나리오 이름"에는 "국어, 영어점수 90점일 때"를 입력하고, "변경 셀"에는 국어와 영어 점수가 있는 셀들을 선택한다. "설명"에는 이 시나리오를 알 수 있게 간략한 설명을 적고 아래에 있는 "확인" 버튼을 누른다.

⑤ "시나리오값" 창이 표시가 되면, 국어와 영어 과목의 변경될 점수를 입력한다. 여기서는 시나리오대로 둘 다 "90"점을 입력하고 "확인" 버튼을 누른다.

⑥ 다시 "시나리오 관리자" 창으로 돌아오면서 시나리오가 하나 추가된 것을 알 수 있다. "추가" 버튼을 눌러 시나리오를 하나 더 추가한다.

⑦ "시나리오 추가" 창이 표시가 된다. "시나리오 이름"에는 "국어, 영어점수 100점일 때"를 입력하고, "변경 셀"에는 국어와 영어 점수가 있는 셀들을 선택한다. "설명"에는 이 시나리오를 알 수 있게 간략한 설명을 적고 아래에 있는 "확인" 버튼을 누른다.

⑧ "시나리오값" 창이 표시되면, 국어와 영어 과목의 변경될 점수를 입력한다. 여기서는 시나리오대로 둘 다 "100"점을 입력하고 "확인" 버튼을 누른다.

⑨ 다시 "시나리오 관리자" 창으로 돌아온다. 시나리오를 적용한 값을 보기 위해 첫 번째 시나리오인 "국어, 영어점수 90점일 때"를 선택하고 아래에 있는 "표시" 버튼을 누른다.

⑩ 시나리오가 적용된 값이 보이게 된다.

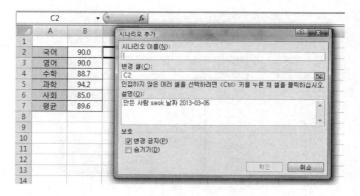

[시나리오 시뮬레이션 추가]

5 데이터 유효성 검사

(1) 의미 : 데이터 유효성 검사란 데이터값을 입력할 때 발생할 수 있는 오류를 줄이기 위한 방법으로서, 셀에 데이터값을 직접 입력하지 않고 지정한 목록에서 값을 선택하는 방식으로 입력해 입력 오류를 줄이는 것을 말한다.

(2) 실제 예

① 먼저 데이터 유효성 검사를 적용할 셀에 커서를 두고, [데이터] 메뉴로 와서 "데이터 유효성 검사"를 클릭한다.

② "데이터 유효성" 창이 나타난다. 첫 번째, "설정" 탭의 유효성 조건에서 목록에 있는 내용 중에서만 선택하도록 제한하기 위해 "제한 대상"을 "목록"으로 선택하고 "원본"의 범위를 목록이 되는 열 데이터들을 지정해 준다.

③ "설명 메시지" 탭에서는 데이터 유효성 검사를 적용한 셀에 커서가 있을 때 설명 메시지를 보여주기 위해 설정하는 곳이다. 제목과 설명 메시지에 보여줄 내용을 적는다.

④ "오류 메시지" 탭에서는 유효하지 않은 데이터 입력 시 보여줄 오류 메시지를 설정하는 곳이다. 스타일에서 "중지"를 선택하고, 제목과 오류 메시지를 적는다.

⑤ 마지막으로 "IME 모드" 탭에서는 입력기의 모드를 설정할 수 있다.

⑥ "확인" 버튼을 누르고 빠져 나온다.

⑦ 해당 셀에 커서가 있을 때, 삼각형의 목록 버튼과 설명 메시지가 표시된다.

⑧ 목록 버튼을 눌러 값을 선택할 수 있다.

6 매크로(Macro)

(1) 의미 : 자주 사용하는 여러 명령을 묶어서 하나의 키 입력 동작으로 실행하도록 만든 것을 매크로라고 한다. 매크로는 엑셀에서 주로 단순한 반복작업을 자동화할 때 이용되는 방법이다.

(2) 실제 예

① [보기] 메뉴 리본의 "매크로", "매크로 기록"을 클릭한다.

② "매크로 기록" 창에서 매크로 이름, 매크로를 실행할 단축키, 매크로 저장위치 그리고 매크로에 대한 간략한 설명을 적고 "확인" 버튼을 누른다. 이제부터 실행되는 모든 명령이 저장된다.

③ 반드시 필요한 명령만을 정확히 실행하는 방식으로 매크로를 기록하고 매크로 실행이 모두 되었다면 기록 중지를 클릭한다.

④ 매크로 작성을 확인하기 위해 "매크로 보기"를 클릭한다.

⑤ "매크로" 창이 표시되면서 작성된 매크로가 항목으로 보이다. 작성한 "Macro1"을 클릭하여 선택하고 실행하거나 한 단계씩 코드를 실행하거나 편집, 삭제할 수 있다.

VBA(Visual Basic for Application) 프로그래밍

• 매크로를 작성하면 VBA 언어로 된 코드가 자동으로 생성된다.
• VBA문을 이용하여 코드를 작성·변경·삭제할 수도 있다.

기출 확인 문제

01 2012 계리직

엑셀에서는 서로 다른 시트 사이에 셀 참조가 가능하다. 아래 그림에서 Sheet2의 시금치 가격을 VLOOKUP 함수를 사용하여 Sheet1에서 가져오고자 한다. 이를 위해 Sheet2의 B3 셀에 입력할 수식으로 알맞은 것은?

Sheet1

	A	B	C	D
1	상품명	산지	생산자	가격
2	오이	청주	김철수	500
3	배추	울산	황인용	2000
4	무우	김제	김영운	1500
5	시금치	평창	나윤로	1000
6	상추	대전	김윤철	700

Sheet1 / Sheet2 / Sheet3

Sheet2

	A	B
1	상품명	가격
2	무우	
3	시금치	
4		
5		
6		

Sheet1 / Sheet2 / Sheet3

① =VLOOKUP(시금치,Sheet1!A2:D6,4,0)
② =VLOOKUP(시금치,A2:A6,5,0)
③ =VLOOKUP(A3,Sheet1!A2:D6,4,0)
④ =VLOOKUP(A3,Sheet1!A2:A6,5,0)

02 2019 계리직

엑셀 시트를 이용해 수식을 실행한 결과, 값이 나머지와 다른 것은?

	A
1	3
2	7
3	5
4	3
5	0
6	1

① =GCD(A1,A6)
② =MEDIAN(A1:A6)
③ =MODE(A1:A6)
④ =POWER(A1,A6)

03 2010 계리직

MS Excel의 워크시트에서 사원별 수주량과 판매금액, 그리고 수주량과 판매금액의 합계가 입력되어 있다. 이 때 C열에는 전체 수주량 대비 각 사원 수주량의 비율을, E열에는 전체 판매금액 대비 각 사원 판매금액의 비율을 보이고자 한다. 이를 위해 C2셀에 수식을 입력한 다음에 이를 C열과 E열의 나머지 셀에 복사하여 사용하고자 한다. C2셀에 입력할 내용으로 옳은 것은?

	A	B	C	D	E
1	사원	수주량	비율	판매금액	비율
2	김철수	78		8,000,000	
3	홍길동	56		7,500,000	
4	김민호	93		13,000,000	
5	나영철	34		10,000,000	
6	최건	80		8,000,000	
7	합계	341		46,500,000	

① =B2/B7*100
② =$B$2/B7*100
③ =B2/$B$7*100
④ =B2/B$7*100

04 2016 계리직

다음은 3년간 연이율 4%로 매월 적립하는 월 복리 정기 적금의 만기지급금을 계산한 결과이다. 셀 C2에 들어갈 수식으로 옳은 것은? (단, 만기지급금의 10원 단위 미만은 절사한다)

	A	B	C
1	성명	월적립액	만기지급금
2	김**	₩ 30,000	₩ 1,145,440
3	이**	₩ 50,000	₩ 1,909,070

① =ROUNDDOWN(FV(4%, 3*12, −B2), −1)
② =ROUNDDOWN(FV(4%, 3*12, −B2), −2)
③ =ROUNDDOWN(FV(4%/12, 3*12, −B2), −1)
④ =ROUNDDOWN(FV(4%/12, 3*12, −B2), −2)

05 2019 계리직

다음에 제시된 입력 데이터를 엑셀 서식의 표시 형식 코드에 따라 출력한 결과로 옳은 것은?

> 입력 데이터 : 1234.5
> 표시 형식 코드 : #,##0

① 1,234
② 1,235
③ 1,234.5
④ 1,234.50

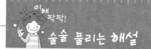

술술 풀리는 해설

01

VLOOKUP 함수는 배열의 첫 열에서 값을 검색하여 지정한 열의 같은 행에서 데이터를 돌려준다. 형식은 (lookup_value, 테이블 배열, 열 인덱스 번호, 일치 수준 논리값)이다.

답 ③

02

① GCD : 두 개 이상의 정수의 최대공약수
  GCD(3,1) = 3과 1의 최대공약수 = 1
② MEDIAN : 주어진 수들의 중앙값
  MEDIAN(3,7,5,3,0,1) = 순차배열 0 1 3 3 5 7 에서 중앙에 있는 값 = 3
③ MODE : 데이터 집합의 최빈값
  MODE(3,7,5,3,0,1) = 3이 두 번 나오므로 최빈수 = 3
④ POWER : 밑수를 지정한 만큼 거듭제곱
  POWER(3,1) = 3^1 = 3

답 ①

03

합계에 해당하는 B7의 값과 D7의 값이 분모로 와야 하기 때문에 7행은 절대 참조로, B열은 상대 참조로 지정해야 한다.

답 ④

04

- ROUNDDOWN 함수 : 자릿수에 맞게 버린다.
  예 =ROUNDDOWN(수치, 자릿수)
- FV 함수 : 적금이나 예금과 같이 주기적으로 고정 금액을 고정 금리로 불입할 때 발생하는 만기 지급액(미래가치)을 구한다.
  예 =FV(이율, 납입횟수, 납입액, 현재가치, 납입시점)

답 ③

05

0 : 유효하지 않은 숫자를 표시할 때 사용한다.
\# : 유효하지 않은 숫자를 무시할 때 사용한다.
, : 쉼표는 천단위를 나타낼 때 사용한다.
(소수점을 붙이지 않으면 반올림하여 표시한다.)

입력값	G/표준	000	0.000	#.#00	#,##0	#,##0.0
1234.6	1234.5	1235	1,235	1,235	1,235	1,234.5
123.4	123.4	123	0.123	123	123	123.4
12.3	12.3	012	0.012	12	12	12.3
1.2	1.2	001	0.001	01	1	1.2

출력한 결과로 옳은 것은 1,235가 된다.

답 ②

01 다음 중 아래의 데이터를 이용하여 계산할 현재가치 [D3]의 수식으로 옳은 것은?

	A	B	C	D
1	투자 금액의 현재가치			
2	연이율	투자기간(년)	투자금액	현재가치
3	6%	3	3,000,000	

① =PV(A3/12,B3*12,,C3)

② =PV(A3/12,B3/12,,C3)

③ =PV(A3/12,B3,,C3)

④ =PV(A3,B3,,C3)

02 다음 중 아래의 워크시트에서 '김인수' 사원의 근속연수를 오늘 날짜를 기준으로 구하고자 할 때, [D8] 셀에 입력할 수식으로 옳은 것은?

	A	B	C	D
1	사원	입사일자	부서	연봉
2	홍진성	2015-12-12	영업부	3,000만 원
3	김미영	2004-12-01	연구소	5,000만 원
4	한철수	2010-10-05	총무부	4,000만 원
5	김인수	2014-04-02	경리부	3,600만 원
6	장인선	2017-01-02	기획실	2,500만 원
7				
8	이름	김인수	근속연수	

① =YEAR(TODAY( )-YEAR(HLOOKUP(B8,A2:D6, 2,0))

② =YEAR(TODAY( )-YEAR(HLOOKUP(B8,A2:D6, 2,1))

③ =YEAR(TODAY( )-YEAR(VLOOKUP(B8,A2:B6, 2,0))

④ =YEAR(TODAY( )-YEAR(VLOOKUP(B8,A2:B6, 2,1))

03 다음 중 10,000,000원을 2년간 연 5.5%의 이자율로 대출할 때, 매월 말 상환해야 할 불입액을 구하기 위한 수식으로 옳은 것은?

① =PMT(5.5%/12, 24, -10000000)

② =PMT(5.5%, 24, -10000000)

③ =PMT(5.5%, 24, -10000000,0,1)

④ =PMT(5.5%/12, 24, -10000000,0,1)

04 엑셀 차트 중, 여러 데이터 계열에 있는 숫자 값 사이의 관계를 보여 주거나 두 개의 숫자 그룹을 xy 좌표로 이루어진 하나의 계열에 표시할 때 사용되는 차트의 종류는?

① 가로 막대형 차트　　② 표면형 차트

③ 원형 차트　　④ 분산형 차트

05 다음이 설명하는 것은 엑셀의 어떤 기능에 해당하는가?

반복되는 단순한 작업을 자동화하거나, 비주얼 베이직(Visual Basic) 프로그래밍을 이용해 엑셀의 기능을 확장해서 사용하고자 할 때.

① 피벗테이블
② 시나리오
③ 매크로
④ 목푯값 찾기

06 다음 중 엑셀의 기능 설명이 올바르게 짝지어진 것은?

① 목푯값 찾기 – 특정 셀 값의 변화에 따른 최종 결과 셀 값의 변화를 여러 경우로 미리 예측해 보려고 할 때
② 시나리오 – 미리 정해진 목록에서만 입력할 수 있도록 입력을 제한하는 방식으로 입력 오류를 미연에 방지하고자 할 때
③ 피벗 테이블 – 전체 데이터 중에서 사용자가 원하는 부분만을 발췌하여 별도로 사용하고자 할 때
④ 데이터 유효성 검사 – 수식의 결괏값을 알고 있지만, 그 결과를 계산하기 위해 필요한 입력값을 모를 때

한눈에 보는 정답과 해설

01 PV 함수는 재무함수 중 하나로, 투자에 의해 미래에 발생하는 만기 지급액(미래가치)에 대한 현재가치를 구한다. FV와 대응되는 함수이다.
인수형식은 "=(이자율, 총납입횟수, 납입액, 미래가치, 납입시점)"이다.
이자율은 셀 A3이므로 A3/12, 즉 연이율을 월이율로 환산하기 위해 나누기 12를 한다.
총납입횟수는 셀 B3이므로 B3*12, 즉 3년이므로 개월로 환산하기 위해 곱하기 12를 한다.
미래가치는 투자금액으로 셀 C3이다. 단, 납입액, 납입시점은 생략하였다.

02 "YEAR(TODAY( ))"로 올해를 구한다. "YEAR(VLOOKUP(B8,A2:B6,2,0))"를 통해 셀 B8에 해당하는 값을 셀 A2~B6 사이에서 찾은 후 2번째 열의 값을 가져온다. 옵션 0은 기준값 B8과 A2~B6 사이에 완벽히 일치하는 값을 찾는다는 의미이다.
| 참고 |
• VLOOKUP : 배열에서 기준값에 해당하는 행의 열 번호에 해당하는 셀의 값
• HLOOKUP : 배열에서 기준값에 해당하는 열의 행 번호에 해당하는 셀의 값

03 PMT 함수는 재무함수 중 하나로, 주기적으로 고정 금액을 고정 금리로 불입할 때 발생하는 대출 상환금을 구한다.
인수형식은 "=(연이율, 총납입횟수, 현재가치, 미래가치, 상환시기)"이다.

이자율은 연이율을 월이율로 환산하기 위해 5.5%/12를 한다.
총납입횟수는 2년간 매월, 즉 24회이므로 24를 입력한다.
현재가치에서 상환해야 할 금액은 –, 받을 금액은 +이므로 –10000000을 입력한다.
미래가치와 상환시기는 생략한다.

04 분산형 차트는 아래 그림과 같으며, 평면 좌표 형태로 나타낸다.

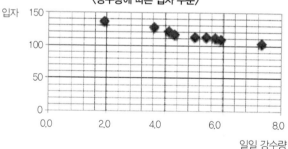

05 매크로 기능은 반복되는 단순 작업을 자동적으로 수행할 수 있도록 작업 순서를 녹화하여 사용하는 기능이다.

06 ① 시나리오에 대한 기능설명, ② 데이터 유효성 검사에 대한 기능설명, ④ 목푯값 찾기에 대한 기능설명

01 ① 02 ③ 03 ① 04 ④ 05 ③ 06 ③

07 다음 함수의 인수와 사용법에 대한 설명으로 옳지 않은 것은?

① VLOOKUP(88,테이블!$A$1:$B$10,2) : "88"이란 숫자를 "테이블"이란 워크시트의 A1~B10까지의 값과 비교를 하되 "88"보다 작은 값 중에서 제일 큰 값을 찾고, 그 값이 있는 행의 2번째 열 값을 반환

② MAX(H1:H5,H7:H10) : H1~H5, H7~H10 범위의 셀 중 가장 큰 값을 반환

③ IF(H4>=80,"양호",IF(H4>=60,"보통","미달")) : H4 셀의 값이 80 이상이면 "양호"를, 60 이상이면 "보통"을, 그 외에는 "미달"을 반환

④ RANK(B5,$B$4:$B$13) : B4~B13 범위의 셀 중, B5가 몇 번째에 입력된 값인지 입력 순서를 반환

08 다음과 같이 엑셀 함수를 셀에 기입하였다면 결괏값을 큰 순서대로 나열한 것은?

> ㉠ ROUND(3.34, 1)   ㉡ ROUND(3.275, 2)
> ㉢ ROUND(3.339, 2)   ㉣ ROUND(−3.52, −1)

① ㉠ − ㉢ − ㉡ − ㉣
② ㉣ − ㉠ − ㉢ − ㉡
③ ㉢ − ㉠ − ㉡ − ㉣
④ ㉣ − ㉢ − ㉠ − ㉡

09 다음 그림과 같이 RANK 함수 인수를 지정하였다. 결괏값은?

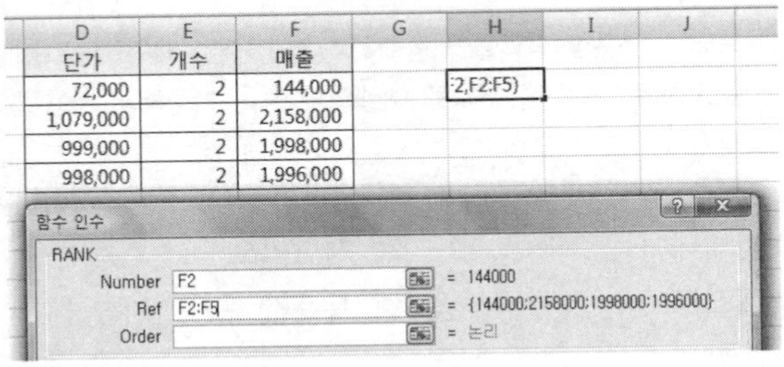

① 1   ② 2
③ 3   ④ 4

10 다음 그림과 같이 COUNTA 함수의 인수1의 범위를 지정하였다. 결괏값은?

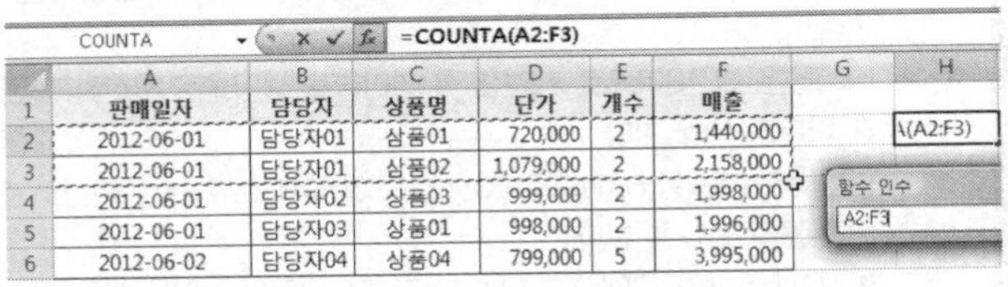

① 4   ② 6
③ 8   ④ 12

11 다음 그림과 같이 셀 범위가 주어졌을 때, 다음 엑셀 함수 중 값이 가장 작은 것은?

	A	B	C	D	E	F
1	2018-06-02	담당자05	상품05	1,079,000	2	2,158,000
2	2018-06-02	담당자06	상품03	999,000	2	1,998,000
3	2018-06-03		상품04		3	0
4		담당자03		1,550,000		
5	2018-06-03		상품04	799,000	4	3,916,000
6	2018-06-03	담당자02	상품01	749,000	2	1,498,000
7	2018-06-03	담당자05	상품02	520,000	2	1,040,000
8						

① COUNT(A1:F5)

② COUNTA(A1:F5)

③ COUNTBLANK(A1:F5)

④ COUNTIF(A1:F5, 5)

12 다음 그림과 같은 엑셀 시트를 보고 물음에 답하여라.

	A	B	C	D	E	F
1						
2						
3		abcde	fghij	klmnopq	rst	uvwxyz
4						
5						

A3 셀에 다음과 같은 함수를 입력했을 때, 결괏값은?

> =RIGHT(B3,2)&RIGHT(C3,2)&MID(D3,4,2)&LEFT(F3,3)

① abhiopr
② deijnouvw
③ deijnorst
④ defgqpxyz

한눈에 보는 정답과 해설

07 RANK 함수는 입력 순서가 아니라 몇 번째로 큰 값인지 순위값을 반환한다.

08 ROUND 함수는 인수1의 숫자를 인수2에서 지정한 자릿수로 반올림하는 함수이다. 인수2를 음수로 지정하면 소수점 이상자리이다. 그러므로 각각의 결과는 다음과 같다.
ⓐ ROUND(3.34, 1) → 3.3
ⓑ ROUND(3.275, 2) → 3.28
ⓒ ROUND(3.339, 2) → 3.34
ⓓ ROUND(-3.52, -1) → 0

09 엑셀의 함수 입력창 그림을 보면 RANK 함수를 통해 F2(144,0000이 입력된 셀)가 지정된 범위(F2:F5) 중에 값의 크기가 몇 번째인지 구하는 문제이다. 4개의 셀 중 가장 값이 작으므로 4가 출력된다.
┃참고┃
• Rank 함수는 순위를 구하는 함수로 먼저 기준값을 정한 후 비교 대상과 서로 비교하여 순위를 구한다.
• 함수 인수 중 Number : 기준 셀 주소(F2), Ref : 비교 대상 셀 주소 (절대주소로 표기)

10 COUNTA 함수는 내용이 채워진 셀의 개수를 구하는 함수이다. 주어진 범위 셀에는 모든 값이 채워져 있으므로 12가 출력된다.

11 ④ 해당 범위에 "5"로 입력된 셀은 없으므로 COUNTIF(A1:F5, 5)의 값은 0이다.
┃참고┃
① 수행 결과 : 16(범위 내 인수 중 숫자의 개수)
② 수행 결과 : 23(범위 내 Null을 제외한 전체 개수)
③ 수행 결과 : 7(범위 내 공백의 개수)
④ 수행 결과 : 0(범위 내 셀 값이 5인 조건을 만족하는 개수)

12 • LEFT 함수 : 셀 값의 왼쪽부터 지정한 개수만큼 문자를 추출한다.
• MID 함수 : 지정한 문자부터 지정한 개수만큼 문자를 추출한다.
• RIGHT 함수 : 셀 값의 오른쪽부터 지정한 개수만큼 문자를 추출한다.

07 ④ 08 ③ 09 ④ 10 ④ 11 ④ 12 ②

PART

특별부록

Chapter 01

최종모의고사

01 다음 Half-Adder의 진리표를 참조하여 캐리(C)와 합(S)을 구한 결과가 옳은 것은?

X	Y	C	S
0	0	0	0
0	1	0	1
1	0	0	1
1	1	1	0

① $S = x \oplus y$, $C = xy$
② $S = xy + y$, $C = xy$
③ $S = x + y$, $C = xy$
④ $S = xy + xy$, $C = xy$

02 어떤 명령어 비트 집합이 다음과 같이 구성되었을 때, 실행이 가능한 연산의 최대 수는 몇 개인가?

오프코드			오퍼랜드				
bit	bit	bit	bit	bit	bit	bit	bit

① 4개
② 8개
③ 32개
④ 64개

03 주기억장치와 캐시 기억장치만으로 구성된 시스템에서 평균 기억장치 접근시간(T_a)은 2.8ms, 주기억장치 접근시간(T_m)은 10ms, 캐시 기억장치 접근시간(T_c)은 2ms일 때, 캐시 적중률을 구하면?

① 80%
② 85%
③ 90%
④ 95%

04 입출력장치와 기억장치의 차이점에 대한 설명으로 옳지 않은 것은?

① 접속 거리에 상관없이 입출력장치의 오류 발생률이 더 낮은 편이다.
② 데이터 형식의 길이가 두 장치에서 서로 다르다.
③ 기계적 동작 필요성이 없으므로 기억장치의 동작 속도가 빠르다.
④ 입출력장치 중에는 병목 해결책으로서 버퍼링을 위한 임시 기억장치를 가지고 있는 것도 있다.

05 불 대수식 $(x+y) \cdot (x+y')$ 을 간략히 하면?

① $x+y$
② $x \cdot y$
③ x
④ y

06 다음 중 2진수 11101.101을 10진수로 변환한 것은?

① 29.625
② 29.875
③ 31.625
④ 31.875

07 다음과 같은 프로세스의 집합이 있을 때, SJF 스케줄링을 따른다면, 작업 순서를 옳게 나열한 것은?

process	메모리 점유 순서	우선순위	작업에 걸리는 시간
A	1	1	2.1t
B	2	2	0.5t
C	3	4	0.1t
D	4	3	1.5t

① A-B-C-D
② B-C-D-A
③ C-B-D-A
④ D-C-B-A

08 0부터 100번까지의 트랙으로 구성된 디스크가 있고 현재 헤드가 20번 트랙에 위치하고 있다. 작업에서 요청하는 큐의 순서가 다음과 같다.

> 90, 20, 70, 60, 80, 10, 50, 40

SCAN 스케줄링 방법을 적용할 때의 헤드 이동 경로를 옳게 나타낸 것은? (단, 헤드는 0으로 이동 중이라고 가정한다.)

① $20 \rightarrow 10 \rightarrow 40 \rightarrow 50 \rightarrow 60 \rightarrow 70 \rightarrow 80 \rightarrow 90$
② $20 \rightarrow 0 \rightarrow 10 \rightarrow 40 \rightarrow 50 \rightarrow 60 \rightarrow 70 \rightarrow 80 \rightarrow 90$
③ $20 \rightarrow 10 \rightarrow 0 \rightarrow 40 \rightarrow 50 \rightarrow 60 \rightarrow 70 \rightarrow 80 \rightarrow 90$
④ $20 \rightarrow 90 \rightarrow 80 \rightarrow 70 \rightarrow 60 \rightarrow 50 \rightarrow 40 \rightarrow 10$

09 다음은 어떤 업무와 관련된 E－R 다이어그램을 작성하기 위해 도출된 개체의 속성들이다. 이 중 ⬭로 표현할 수 있는 가장 적당한 것은?

> 성명, 나이, 사원번호, 부서, 직급

① 성명
② 나이
③ 사원번호
④ 부서

10 직급이 과장인 사원들의 이름과 사원번호를 검색하는 SQL 문장으로 옳은 것은?

① SELECT EMPNAME, EMPNUMBER FROM EMPLOYEE HAVING TITLE = '과장';
② select empname, empnumber from employee by title = '과장';
③ select empname, empnumber from employee where title = '과장';
④ SELECT EMPNAME, EMPNUMBER FROM EMPLOYEE WHERE TITLE = '과장'

11 a[2, 8]으로 표현되는 배열이 있을 때, 이에 대한 설명으로 옳은 것은?

① 열의 수는 2이다.
② 행의 수는 10이다.
③ 1차원 배열이다.
④ 원소의 수는 16개이다.

12 다음 식을 후위 표기식으로 옳게 변환한 것은?

$$A - B \times C + \frac{D}{E}$$

① $AB*-CD/E+$
② $ABC*-DE/+$
③ $ABC*DE-+/$
④ $AB*-CDE/$

13 다음과 같은 방식의 정렬은 어떤 것에 해당하는가?

5	2	8	3	1

↓

1	2	8	3	5

↓

1	2	8	3	5

↓

1	2	3	8	5

↓

1	2	3	5	8

① 삽입 정렬
② 쉘 정렬
③ 버블 정렬
④ 선택 정렬

14 다음 중 세그먼트 최장거리가 가장 긴 이더넷 규격은?

① UTP
② 10BASE-2
③ 10BASE-5
④ 10BASE-T

15 다음 중 클래스별 사설 주소 할당 범위를 옳게 기술한 것은?

① A 클래스 : 12.0.0.0~12.255.255.255
② B 클래스 : 172.16.0.0~172.31.255.255
③ C 클래스 : 172.168.0.0~192.168.255.255
④ D 클래스 : 224.192.0.0~254.192.168.255

16 C언어에서 다음의 printf( ) 함수가 실행될 때, 결과로 옳은 것은?

printf("%f4.3₩n, 1234.567896);

① 1.234568
② 12.34568
③ 123.4568
④ 1234.568

17 다음 트리를 Preorder 운행법으로 운행할 경우 다섯 번째로 탐색되는 것은?

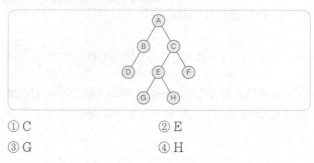

① C
② E
③ G
④ H

18 다음 C 프로그램의 출력 결과로 옳은 것은?

```
#include <stdio.h>
void func(int *a, int b, int *c)
{
        int x;

        x = *a;
        *a = x++;
        x = b;
        b = ++x;
        - -(*c);
}
int main( )
{
        int a, b, c[1];
        a = 20;
        b = 20;
        c[0] = 20;
        func(&a, b, c);
        printf("a = %d b = %d c = %d₩n", a, b, *c);
        return 0;
}
```

① a = 20 b= 20 c = 19
② a = 20 b= 21 c = 19
③ a = 21 b= 20 c = 19
④ a = 21 b= 21 c = 20

19 다음 자바 코드를 컴파일할 때, 문법 오류가 발생하는 부분은?

```java
class Person {
        private String name;
        public int age;
        public void setAge(int age) {
                this.age = age;
        }
        public String toString( ) {
                return("name: " + this.name + ", age: " +
                this.age);
        }
}
public class PersonTest {
        public static void main(String[ ] args) {
        Person a = new Person( );        // ㉠
        a.setAge(27);                    // ㉡
        a.name = "Gildong";              // ㉢
        System.out.println(a);           // ㉣
        }
}
```

① ㉠

② ㉡

③ ㉢

④ ㉣

20 다음과 같이 엑셀 함수를 셀에 기입하였을 때, 결괏값을 큰 순서대로 나열한 것은?

> ㉠ ROUND(3.349, 1)
> ㉡ ROUND(3.334, 2)
> ㉢ ROUND(3.339, 2)
> ㉣ ROUND(−3.52, −1)

① ㉠ − ㉡ − ㉢ − ㉣

② ㉠ − ㉢ − ㉡ − ㉣

③ ㉢ − ㉠ − ㉡ − ㉣

④ ㉢ − ㉡ − ㉠ − ㉣

01
반가산기는 2개의 2진 입력 변수 X와 Y를 더한 합인 S와 자리 올림수 C를 구할 수 있는 회로이다. 하나의 XOR 게이트와 AND 게이트를 조합해서 만들 수 있다.
따라서 $S = x'y + xy' = x \oplus y$, $C = xy$가 된다.　　　　　**답 ①**

02
동작코드(오프코드)가 비트일 때 실행 가능한 연산 최대 수는 2^n이다.　　　　　**답 ②**

03
$T_a = (T_c \times h) + (T_m \times m)$
h : 적중률　　m : 실패율
$2.8 = 2 \times h + 10 \times (1-h) \rightarrow h = 0.9$　　　　　**답 ③**

04
입출력장치는 기억장치보다 접속 거리가 상대적으로 길기 때문에 오류 발생률이 높은 편이다.　　　　　**답 ①**

05
$(x+y) \cdot (x+y') = xx + xy' + xy + yy'$
$= x + x(y'+y) = x + x = x$　　　　　**답 ③**

06
$16 + 8 + 4 + 1 + 0.5 + 0 + 0.125 = 29.625$　　　　　**답 ①**

07
SJF(Short Job First)는 작업 가운데 가장 짧은 작업을 먼저 처리하는 것으로, 평균 반환 시간이 가장 짧다.　　　　　**답 ③**

08
SCAN 스케줄링은 정해진 헤드의 진행 방향에 따라 끝까지 모든 요청을 처리한 다음, 끝에 다다르면 다시 반대 방향으로 진행하며 요청을 처리하는 방법이다.　　　　　**답 ②**

09
제시된 도형은 기본키로 사용할 속성에 해당한다. 기본키는 중복되지 않는 것이 적당하다.　　　　　**답 ③**

10
문장 마지막에 세미콜론을 기재해야 하며 대소문자 구분은 필요하지 않다.　　　　　**답 ③**

11
2차원 배열의 표현 : $a[n_1, n_2]$
a : 배열의 이름
n_1 : 행의 수
n_2 : 열의 수
원소의 수 $= n_1 \times n_2$　　　　　**답 ④**

12
주어진 식을 중위 표기법으로 정리하면 A−B*C+D/E이 된다. +, −보다 *, /의 연산 순위가 우선이다.　　　　　**답 ②**

13
최솟값부터 맨 앞에서 정렬시키는 방법이다.　　　　　**답 ④**

14
　　　　　답 ③

규격	전송속도	전송매체	전송방식	세그먼트 최장거리
10BASE-T	10Mbps	UTP(랜선)	Baseband	100m
10BASE-5	10Mbps	굵은 동축케이블	Baseband	500m
10BASE-2	10Mbps	가는 동축케이블	Baseband	200m

15
클래스별 사설 주소 지정 구간
- A 클래스 : 10.0.0.0 ~ 10.255.255.255
- B 클래스 : 172.16.0.0 ~ 172.31.255.255
- C 클래스 : 192.168.0.0 ~ 192.168.255.255　　　　　**답 ②**

16
정수 부분 자릿수 4개까지 출력하고 소수점 이하 3자리까지 출력. 반올림한다.　　　　　**답 ④**

17
전위 순회(Preorder Traversal) : A 〉B 〉D 〉C 〉E 〉G 〉H 〉F　　　　　**답 ②**

18
func 함수에 있는 변수 a는 참조에 의한 호출(call by reference)을 따르고, b는 값에 의한 호출(call by value)을, c는 배열명과 포인터로 사용하고 있다. 그러므로 b는 초깃값 20을 그대로 유지한다.

```
void func(int *a, int b, int *c)   // a, c의 주소와 b의 값을 func 함수에 전달
{
        int x;
        x = *a;       // &a로 주솟값을 넘기면 x에 그 주솟값에 있는
값인 20이 할당된다.
        *a = x++;     // a는 현재 x값인 20으로 다시 할당되고, 1
증가한 21이 된다.
        x = b;        // x=20
        b = ++x;      // b=21(변동 없음), x=21
        −−(*c);       // c는 배열형식으로 나타냈을 때 c[0]와
동일하므로 *c값은 1 감소한 19가 된다.
}
```

그러므로 a = 20 b = 20 c = 19가 출력된다.　　　　　**답 ①**

19
name : private 변수로, 선언된 필드의 클래스에 메서드만 이용해 접근할 수 있다.　　　　　**답 ③**

20
ROUND 함수는 인수1의 숫자를 인수2에서 지정한 자릿수로 반올림하는 함수이다. 인수2를 음수로 지정하면 소수점 이상 자리이다. 그러므로 각각의 결과는 다음과 같다.
㉠ ROUND(3.349, 1) → 3.3
㉡ ROUND(3.334, 2) → 3.33
㉢ ROUND(3.339, 2) → 3.34
㉣ ROUND(−3.52, −1) → 0　　　　　**답 ④**

Chapter 02

정보처리기사
기출 엄선

01 컴퓨터 구조 일반

01 2012·14
중앙 연산 처리장치의 하드웨어적인 요소가 아닌 것은?

① IR
② MAR
③ MODEM
④ PC

02 2011
컴퓨터의 제어장치에 일반적으로 포함되지 않는 것은?

① 해독기
② 순서기
③ 주기억장치
④ 주소 처리기

03 2002
다음 중 불 대수가 옳지 않은 것은?

① $A + \overline{A} \cdot B = A + B$
② $A \cdot (\overline{A} + B) = A \cdot B$
③ $A + A \cdot B = A$
④ $A + A = 1$

04 2012
데이터 전송 중 한 비트에 에러가 발생했을 경우, 이를 수신 측에서 정정할 목적으로 사용되는 것은?

① P/F
② HRC
③ Checksum
④ Hamming code

05 2001·02
주소 지정 방식에 대한 설명이 옳지 않은 것은?

① 고유 주소 지정 방식은 항상 일정한 기능을 수행한다.
② 즉시 주소 지정 방식은 레지스터의 값을 초기화할 때 주로 사용된다.
③ 인덱스 주소 지정 방식은 프로그램 카운터를 사용한다.
④ 직접 주소 지정 방식은 명령어 주소 부분에 유효 주소 데이터가 있다.

한눈에 보는 정답과 해설

01 MODEM은 디지털 통신과 아날로그 통신 변환에 관여하는 하드웨어이다.

02 주기억장치는 CPU 및 기타 제어장치와 별도로 존재하며 기억 공간만을 제공한다.

03 자신끼리의 논리합이나 논리곱의 결과는 그 자신이 된다.

04 Hamming code는 오류를 스스로 검출하여 교정이 가능한 코드로, 비트 오류 수정 기법을 발견한 수학자 해밍(Hamming)의 이름을 따왔다.

05 인덱스 주소 지정 방식은 프로그램 인덱스(색인)를 사용한다.

06 `2001·04·06`

주소 지정 방식 중에서 프로그램 키 값에 명령어의 주소 부분을 더해서 실제 주소를 구하는 방식은?

① 직접 번지 방식
② 즉치(시) 번지 방식
③ 상대 번지 방식
④ 레지스터 번지 방식

07 `2000·03`

0-주소 인스트럭션 형식을 사용하는 컴퓨터의 특징은?

① 연산 후에 입력 자료가 변하지 않고 보존된다.
② 연산에 필요한 자료의 주소를 모두 구체적으로 지정해 주어야 한다.
③ 모든 연산은 스택에 있는 자료를 이용하여 수행한다.
④ 연산을 위해 입력 자료의 주소만을 지정해 주면 된다.

08 `2012`

프로그램 카운터가 명령어의 주소 부분과 더해져서 유효번지를 결정하는 주소 지정 방식은?

① 레지스터 주소 지정 방식
② 상대 주소 지정 방식
③ 간접 주소 지정 방식
④ 인덱스 주소 지정 방식

09 `2002·16`

누산기에 대한 올바른 설명은?

① 연산장치에 있는 레지스터의 하나로서 연산 결과를 기억하는 장치이다.
② 기억장치 주변에 있는 회로인데 가감승제 계산 및 논리 연산을 행하는 장치이다.
③ 일정한 입력 숫자들을 더하여 그 누계를 항상 보관하는 장치이다.
④ 정밀 계산을 위해 특별히 만들어 두어 유효 숫자의 개수를 늘리기 위한 것이다.

10 `2002`

메모리로부터 방금 호출한 명령의 다음 명령이 들어 있는 메모리의 번지를 지시하는 레지스터는?

① 인덱스 레지스터
② 스택 포인터
③ 프로그램 카운터
④ 플래그 레지스터

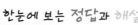
한눈에 보는 정답과 해설

06 상대 번지 방식 : 주소 부분에 기재된 기억장치 주소를 찾아가면 그 주소 내에 실제 데이터가 기억된 주소가 저장되어 있어. 최종적인 실제 데이터로 접근하는 방법이다.

07 0-주소 명령 형식은 오프코드 부만 있으므로 모든 연산은 스택에 기억된 자료를 이용하고 그 결과도 스택에 저장한다.

09 누산기(ACC) : 산술 및 논리연산 결과를 일시적으로 저장하는 레지스터이다.

10 프로그램 카운터(PC) : 순차적으로 수행되는 명령어의 주소를 지정해 주는 레지스터이다.

01 ③ 02 ③ 03 ④ 04 ④ 05 ③ 06 ③ 07 ③ 08 ② 09 ① 10 ③

11 2012

명령어의 구성 형태 중 하나의 오퍼랜드만 포함하고 다른 오퍼랜드나 결괏값은 누산기에 저장되는 명령어 형식은?

① 0-주소 명령어   ② 1-주소 명령어

③ 2-주소 명령어   ④ 3-주소 명령어

12 2003

Op-code의 기능이 아닌 것은?

① 주소 지정   ② 함수 연산

③ 전달   ④ 제어

13 2002 · 06 · 08

Op-code가 4비트이면 명령어는 몇 개가 생성될 수 있는가?

① 2^4-1 ② 2^4

③ 2^3 ④ 2^3-1

14 2003

명령어의 연산자 코드가 8비트, 오퍼랜드가 10비트일 때 이 명령어로 몇 가지 연산을 수행하게 할 수 있는가?

① 8   ② 18

③ 256   ④ 1024

15 2004

명령어가 연산자(Op-code) 6비트, 주소 필드 16비트로 구성되어 있다. 이 명령어를 쓰는 컴퓨터는 최대 몇 가지 동작이 가능한가?

① 6   ② 16

③ 32   ④ 64

16 2011

서로 다른 17개의 정보가 있다. 이 중에서 하나를 선택하려면 최소 몇 개의 비트가 필요한가?

① 3   ② 4

③ 5   ④ 17

 한눈에 보는 정답과 해설

11 누산기(ACC)를 하나만 가지고 있는 컴퓨터의 경우, 내장된 누산기를 이용하여 자료 처리가 이루어질 수 있다. 즉, 누산기에 기억되어 있는 모든 자료를 모든 명령에서 사용하며, 입력 자료 및 연산 결과 주소를 지정해 줄 필요성이 없어지게 된다. 이를 1-주소 형식이라 한다.

12 Op-code는 실행할 내용을 나타내는 구성 요소이다. 사칙연산, 보수연산, 입출력, 시프트, 비교 등 연산 명령의 종류를 표시한다. 주소 지정은 오퍼랜드의 기능이다.

13 동작코드가 n비트일 때 실행 가능한 연산 최대 수는 2^n이다.

14 $2^8=256$

15 $2^6=64$

16 $2^4=16$, $2^5=32$이므로 적어도 5개의 비트가 필요하다.

17 2016

Flynn의 컴퓨터 구조 분류법 중 여러 개의 처리기에서 수행되는 명령어들은 각기 다르나 전체적으로 하나의 데이터 스트림을 가지는 형태는?

① SISD
② MISD
③ SIMD
④ MIMD

18 1999 · 2000

마이크로 사이클에 대한 내용 중 가장 관계가 적은 것은?

① 마이크로 오퍼레이션 수행에 필요한 시간을 '마이크로 사이클 타임'이라 한다.
② 마이크로 오퍼레이션 중에서 수행시간이 가장 긴 것을 정의한 방식이 동기 고정식이다.
③ 마이크로 오퍼레이션에 따라서 수행시간을 다르게 하는 것을 동기 가변식이라 한다.
④ 마이크로 오퍼레이션 중에서 수행시간의 차이가 큰 것을 약 30개로 구분해서 사용한다.

19 2001 · 05 · 15

전자계산기의 중앙처리장치(CPU)는 4가지 단계를 반복적으로 거치면서 동작을 행한다. 4가지 단계에 속하지 않는 것은?

① Fetch Cycle
② Branch Cycle
③ Interrupt Cycle
④ Execute Cycle

20 1999 · 2001

한 명령의 Execute Cycle 중에 Interrupt 요청이 있어 Interrupt를 처리한 후 전산기가 맞이하는 다음 사이클은?

① Fetch Cycle
② Indirect Cycle
③ Execute Cycle
④ Direct Cycle

한눈에 보는 정답과 해설

17 ① SISD(Single Instruction stream Single Data stream) : 파이프라인 (pipeline) 기법을 사용하여 병렬처리 효과를 볼 수 있다.
③ SIMD(Single Instruction stream Multiple Data stream) : 하나의 제어장치가 여러 개의 처리기를 제어하는 유형으로, 배열처리가 대표적이다. 각 처리기는 같은 명령을 수행하나 자료는 각각 다른 것이다.
④ MIMD(Multiple Instruction stream Multiple Data stream) : 여러 개의 처리기가 각각 별개의 프로그램과 자료를 처리할 수 있는 형태로, 다중 처리기(multi-processor)라고 한다.

18 • 마이크로 사이클(Micro Cycle) : 마이크로 오퍼레이션을 수행하는 데 걸리는 시간으로, 중앙처리장치의 속도를 의미한다.
• 동기 고정식(Synchronous Fixed) : 모든 마이크로 오퍼레이션 중 수행시간이 가장 긴 것을 클록 주기로 설정하여 사용하는 방식이다.
• 동기 가변식(Synchronous Variable) : 여러 마이크로 오퍼레이션을 몇 가지 그룹으로 나누어 그룹마다 클록 주기를 다르게 지정하는 방식이다.

19 CPU의 주요 메이저 상태 : 인출(Fetch), 간접(Indirect), 실행(Execute), 인터럽트(Interrupt)

20 인터럽트(Interrupt) : 중앙처리장치의 상태를 기억 장치나 레지스터에 저장하고 인터럽트 요구 시 이를 처리한다. 수행 후 Fetch로 변화된다.

11 ② 12 ① 13 ② 14 ③ 15 ④ 16 ③ 17 ② 18 ④ 19 ② 20 ①

21 2012

명령어 사이클에 대한 설명 중 옳지 않은 것은?

① 간접 사이클은 피연산 데이터가 있는 기억장치의 유효 주소를 계산하는 과정이다.

② 인터럽트 사이클은 요청된 서비스 프로그램을 수행하여 완료할 때까지의 과정이다.

③ 실행 사이클은 연산자 코드의 내용에 따라 연산을 수행하는 과정이다.

④ 패치 사이클은 주기억장치로부터 명령어를 꺼내어 디코딩하는 과정이다.

22 2003

기억장치에서 인스트럭션을 읽어서 중앙처리장치로 가져올 때 중앙처리장치와 제어기는 어떤 상태인가?

① 인출(Fetch) 상태

② 실행(Execute) 상태

③ 간접(Indirect) 상태

④ 인터럽트(Interrupt) 상태

23 1999

Indirect Cycle 동안에 컴퓨터는 무엇을 하는가?

① 명령을 읽는다.

② 오퍼랜드(Operland)의 어드레스(Address)를 읽는다.

③ 오퍼랜드(Operland)를 읽는다.

④ 인터럽트(Interrupt)를 처리한다.

24 2011

컴퓨터에서 명령어를 처리하기 위해서 명령어를 CPU에 옮긴 후 명령 레지스터(IR)에 셋(Set)시켜 해독하는 단계는?

① Fetch Cycle   ② Indirect Cycle

③ Execute Cycle   ④ Interrupt Cycle

25 1999 · 2000

Access Time이 빠른 순서로 나열된 것은?

가. Cache Memory	나. Associative Memory
다. Main Memory	라. Magnetic Disk

① 가 → 나 → 다 → 라   ② 나 → 가 → 다 → 라

③ 다 → 가 → 나 → 라   ④ 다 → 나 → 가 → 라

 한눈에 보는 정답과 해설

---

22   인출(Fetch) : 수행할 명령을 기억장치에서 읽고 명령어의 종류를 판단한다. 수행 후 다시 Fetch 또는 Indirect나 Execute로 변화될 수 있다.

23   간접(Indirect) : 주소를 기억장치에서 읽는다. 수행 후 다시 Indirect 또는 Fetch나 Execute로 변화될 수 있다.

25   • 접근 속도 순서 : 연관 메모리 → 캐시 메모리 → 주 메모리 → 보조 기억장치
      • 연관 메모리(associative memory)는 주로 캐시 메모리의 주소 변환 테이블에서 주로 사용되는 병렬 접근 메모리로 접근 속도가 매우 빠르다.

26 (2001 · 06)

마이크로 오퍼레이션을 순서적으로 발생시키는 데 필요한 것은?

① 스위치　　　　　　② 레지스터
③ 누산기　　　　　　④ 제어 신호

27 (2000)

전자계산기 메모리에서 지움성 읽음(Destructive Read-out) 성질을 갖고 있는 것은?

① 반도체 메모리
② 자기 코어 메모리
③ 자기 디스크 메모리
④ 자기 테이프 메모리

28 (2000 · 02 · 05)

랜덤(Random) 처리가 되지 않는 기억장치는?

① 자기 드럼
② 자기 디스크
③ 자기 테이프
④ 자심

29 (2000 · 04)

자기 디스크에서 데이터를 액세스하는 데 걸리는 시간에 포함되지 않는 것은?

① Rotational Delay　　　② Seek Time
③ Reading Time　　　　④ Transmission Time

30 (2010)

CPU 내 레지스터들과 주기억장치에 다음과 같이 저장되어 있다. 간접 주소 지정 방식을 사용하는 명령어의 주소 필드에 저장된 내용이 172일 때, 유효 주소와 그에 의해 인출되는 데이터는?

CPU 레지스터		주 소	기억장치
PC	450		
		150	1234
IX	003	151	5678
BR	500		
R0		172	0202
R1	203	173	
R2	151		
R3			
R4		201	
		202	3256
		203	4457

① 유효주소 : 172, 데이터 : 202
② 유효주소 : 172, 데이터 : 3256
③ 유효주소 : 202, 데이터 : 3256
④ 유효주소 : 202, 데이터 : 172

한눈에 보는 정답과 해설

26　마이크로 오퍼레이션이 수행될 때는 필요한 독립 제어점에 제어기로부터의 제어 신호가 가해진다.

27　지움성 읽음이란 읽어낸 후 데이터가 보존되지 않는 파괴 메모리를 말한다.

28　자기 테이프는 순차 접근 메모리이므로 랜덤 처리가 되지 않는다.

29　• 헤드셋 타임(head set time) : 헤드 작동 준비 시간
　　• 탐색시간(seek time) : 지정된 데이터가 위치한 실린더까지 액세스 암이 도달하는 시간
　　• 회전대기시간(search time) : 해당 실린더 도착 후 데이터 레코드 위치까지 도달하는 시간
　　• 전송시간(transmission time) : 주기억장치와 자기 디스크 장치 사이에 데이터를 전송하는 데 소요되는 시간

30　기억장소 172에 저장된 0202는 기억장소 202를 지시하며, 해당 기억장소에 들어있는 데이터는 3256임을 알 수 있다.

21 ②　22 ①　23 ②　24 ①　25 ②　26 ④　27 ②　28 ③　29 ③　30 ③

31 1999

중앙처리장치(CPU)의 속도와 주기억장치의 속도 차가 클 때 명령어(Instruction)의 수행 속도를 중앙처리장치의 속도와 비슷하도록 하기 위하여 사용하는 메모리는?

① Virtual Memory
② Cache Memory
③ Associative Memory
④ Main Memory

32 1997 · 2001 · 03 · 13

캐시(Cache) 기억장치 설명 중 옳은 것은?

① 중앙처리장치와 주기억장치의 정보 교환을 위해 임시 보관하는 것
② 중앙처리장치의 속도와 주기억장치의 속도를 가능한 한 같도록 하기 위한 것
③ 캐시와 주기억장치 사이에 정보 교환을 위하여 임시 저장하는 것
④ 캐시와 주기억장치의 속도를 같도록 하기 위한 것

33 2001 · 02

중앙처리장치가 주기억장치보다 더 빠르기 때문에 프로그램 실행 속도를 중앙처리장치의 속도에 근접하도록 하기 위해서 사용되는 기억장치는?

① 가상기억장치
② 모듈 기억장치
③ 보조기억장치
④ 캐시 기억장치

34 2012 · 18

CPU에 의해 참조되는 각 주소는 가상주소를 주기억장치의 실제 주소로 변환하여야 한다. 이것을 무엇이라 하는가?

① Mapping
② Blocking
③ Buffering
④ Interleaving

 한눈에 보는 정답과 해설

31 CPU의 처리속도와 주기억장치의 저장 또는 읽기 속도의 차이에 의해 데이터의 병목현상이 발생하게 되는데, 이를 해결하기 위해 중간에 고속의 메모리인 캐시 기억장치를 둔다.

32 캐시 기억장치는 두 장치 사이의 처리속도가 달라 발생하는 데이터 병목 현상을 해결하기 위한 것이다.

34 매핑(mapping)은 주로 기억장치의 어떤 주소 영역을 프로그램의 구성 요소나 데이터 영역과 짝을 지어 연결(대응)시켜 준다는 의미이다.

35 `2011·15`

주기억장치로부터 캐시 메모리로 데이터를 전송하는 매핑 프로세스 방법이 아닌 것은?

① Associative Mapping
② Direct Mapping
③ Set – associative Mapping
④ Virtual Mapping

36 `2012`

캐시 기억장치에서 적중률이 낮아질 수 있는 매핑 방법은?

① 연관 매핑
② 세트–연관 매핑
③ 간접 매핑
④ 직접 매핑

37 `2012`

CPU와 주기억장치 사이의 속도 차이로 인해서 발생하는 문제를 해결하기 위해 주기억장치를 모듈별로 주소를 배정한 후 각 모듈을 번갈아 가면서 접근하는 방식은?

① Virtual Memory
② Cache Memory
③ Interleaving
④ Serial Processing

38 `2011`

메모리 인터리빙(Interleaving)의 설명이 아닌 것은?

① 단위 시간에 여러 메모리의 접근이 불가능하도록 하는 방법이다.
② 캐시 기억장치, 고속 DMA 전송 등에서 많이 사용된다.
③ 기억장치의 접근시간을 효율적으로 높일 수 있다.
④ 각 모듈을 번갈아 가면서 접근(access)할 수 있다.

39 `2000·03`

가상기억장치(Virtual Memory)의 가장 큰 목적은?

① 접근시간의 단축
② 용량의 확대
③ 동시에 여러 단어의 탐색
④ 주소 지정 방식의 탈피

40 `2001`

가상기억장치(Virtual Memory)의 특징이 아닌 것은?

① 가상기억장치의 목적은 기억 공간이 아니라 속도이다.
② 가상기억공간의 구성은 프로그램에 의해서 수행된다.
③ 보조기억장치는 자기 디스크를 많이 사용한다.
④ 보조기억장치의 접근이 자주 발생되면 컴퓨터 시스템의 처리 효율이 저하될 수 있다.

한눈에 보는 정답과 해설

35 캐시 메모리 매핑 방식 : 데이터 캐시와 주기억장치 사이의 대응 관계로, 직접 매핑(Direct Mapping)과 연관 매핑(Associative Mapping), 집합 연관 매핑(Set–associative Mapping) 방식이 있다.

36 직접 매핑은 가장 간단한 구현 방식이지만 동일 인덱스이면서 태그가 다른 두 개 이상의 워드가 반복 접근할 때는 적중률이 떨어지는 단점이 있다.

37 인터리빙(interleaving) : 메모리 모듈을 분리 구성하여 연속된 메모리 접근을 번갈아 할 수 있도록 한 방식이다.

39 가상기억장치는 접근시간이 길어지는 단점이 있으나, 용량을 확대할 수 있는 장점이 있다.

40 외부 보조기억장치를 가상으로 사용하는 것이므로 주기억장치보다 속도가 느리나, 기억 공간을 확보할 수 있는 장점이 있다.

31 ② 32 ② 33 ④ 34 ① 35 ④ 36 ④ 37 ③ 38 ① 39 ② 40 ①

41 2009

다음 설명의 (A)와 (B)에 들어갈 내용으로 옳은 것은?

> 가상기억장치의 일반적인 구현 방법에는 프로그램을 고정된 크기의 일정한 블록으로 나누는 (A) 기법과 가변적인 크기의 블록으로 나누는 (B) 기법이 있다.

	(A)	(B)
①	Virtual Address	Paging
②	Paging	Segmentation
③	Segmentation	Fragmentation
④	Segmentation	Compaction

42 2001 · 04

새로 들어온 프로그램과 데이터를 주기억장치 내의 어디에 놓을 것인가를 결정하기 위한 주기억장치 배치 전략에 해당하지 않는 것은?

① Best-fit
② Worst-fit
③ First-fit
④ Last-fit

43 2000

기억장치의 관리 기법 중 교체 정책(Replacement-strategic)의 방법이 아닌 것은?

① FIFO(First-In-First-Out)
② Best-fit/Worst-fit
③ Working Set
④ PFF(Page Fault Frequency)

44 2012

4개의 페이지를 수용할 수 있는 주기억장치가 있으며, 초기에는 모두 비어 있다고 가정한다. 다음의 순서로 페이지 참조가 발생할 때, LRU 페이지 교체 알고리즘을 사용할 경우 몇 번의 페이지 결함이 발생하는가?

> 페이지 참조 순서 : 1, 2, 3, 1, 2, 4, 1, 2

① 3
② 4
③ 5
④ 6

한눈에 보는 정답과 해설

42 주기억장치 기본 배치 전략에는 최적 적합(best-fit), 최악 적합(worst-fit), 최초 적합(first-fit)이 있다.

43 Best-fit과 Worst-fit은 주기억장치의 기본 배치 전략으로, 새로 들어온 프로그램 및 데이터를 어디에 놓을 것인가를 결정하는 전략이다.

44 • 페이지 참조 : 1 → 결함 → 빈 공간을 채움
• 페이지 참조 : 2 → 결함 → 빈 공간을 채움
• 페이지 참조 : 3 → 결함 → 빈 공간을 채움
• 페이지 참조 : 1 → 성공(주기억장치로부터 참조)
• 페이지 참조 : 2 → 성공(주기억장치로부터 참조)
• 페이지 참조 : 4 → 결함 → 빈 공간을 채움(빈 곳 더 이상 없음)
• 페이지 참조 : 1 → 성공(주기억장치로부터 참조)
• 페이지 참조 : 2 → 성공(주기억장치로부터 참조)

45 2011·17

3개의 페이지 프레임을 갖는 시스템에서 페이지 참조 순서가 1, 2, 1, 0, 4, 1, 3일 경우 FIFO 알고리즘에 의한 페이지 대치의 최종 결과는?

① 1, 2, 0　　　　　　② 2, 4, 3
③ 1, 4, 2　　　　　　④ 4, 1, 3

46 2000·02

가상기억장치의 페이지 교체 기법에서 가장 오랫동안 사용되지 않은 페이지를 교체할 페이지로 선택하는 것은?

① OPT 기법
② FIFO 기법
③ LRU 기법
④ LFU 기법

47 2002

페이지 교체 알고리즘 중에서 각 페이지들이 얼마나 자주 사용되었는가에 중점을 두어 참조된 횟수가 가장 적은 페이지를 교체시키는 방법은?

① FIFO(First-In-First-Out)
② LRU(Least Recently Used)
③ LFU(Least Frequently Used)
④ NUR(Not Used Recently)

48 2001

다음 그림과 같이 기억장치가 분할되어 있을 때, 10K의 작업을 최악 적합(Worst-fit)으로 할당할 경우 배치되는 장소는?

	운영 체제
(ㄱ)	31K
(ㄴ)	7K
(ㄷ)	12K

① (ㄱ)　　　　　　② (ㄴ)
③ (ㄷ)　　　　　　④ (ㄱ), (ㄴ), (ㄷ) 모두

49 2002

그림과 같이 저장장치가 배치되어 있을 때 13K의 작업이 공간의 할당을 요구하여 최악 적합(Worst-fit) 전략을 사용한다면 어느 주소에 배치되는가?

a	OS 사용 공간
b	16K 공백
c	사용 중
d	14K 공백
e	사용 중
f	5K 공백
g	사용 중
h	30K 공백

① b　　　　　　② d
③ f　　　　　　④ h

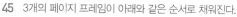
한눈에 보는 정답과 해설

45 3개의 페이지 프레임이 아래와 같은 순서로 채워진다.
　　(0)(0)(0) ← 1　　　　　(1)(0)(0) ← 2
　　(1)(2)(0) ← 1　　　　　(1)(2)(0) ← 0
　　(1)(2)(0) ← 4　　　　　(2)(0)(4) ← 1
　　(0)(4)(1) ← 3　　　　　(4)(1)(3)

46 LRU(Least Recently Used, 최소 최근 사용) : 캐시에 저장된 상태에서 사용되지 않은 채 가장 오래 존재한 블록을 교체한다.

47 LFU(Least Frequently Used, 최소 사용 빈도) : 사용 빈도가 가장 낮은 블록을 교체한다.

48 최악 적합 방법(worst-fit) : 유휴 공간 중 가장 큰 부분을 찾아 할당한다. 유휴 공간이 크면 유리하나 효율성이 떨어진다.

49 사용하지 않는 공간 중 가장 넓은 곳은 h이다.

41 ②　42 ④　43 ②　44 ②　45 ④　46 ③　47 ③　48 ①　49 ④

50 2011 · 17

주기억장치 배치 전략 기법으로 최적 적합 방법을 사용한다고 할 때, 다음과 같은 기억장소 리스트에서 10K 크기의 작업은 어느 기억공간에 할당되는가? (단, 탐색은 위에서 아래로 한다.)

영역 기호	운영체제
A	사용 중
B	5K
C	사용 중
D	15K
E	사용 중
F	25K

① B   ② C
③ D   ④ F

51 2012 · 15

메모리 관리 기법 중 Worst-fit 방법을 사용할 경우 10K 크기의 프로그램 실행을 위해서는 어느 부분이 할당되는가?

No	메모리 크기	사용여부
1	8K	FREE
2	12K	FREE
3	10K	IN USE
4	9K	IN USE
5	16K	FREE

① NO.2   ② NO.3
③ NO.4   ④ NO.5

52 2010 · 12

주기억장치 관리 기법인 최악, 최초, 최적 적합기법을 각각 사용할 때, 각 방법에 대하여 10K의 프로그램이 할당되는 영역을 각 기법의 순서대로 옳게 나열한 것은? (단, 영역 A, B, C, D는 모두 비어 있다고 가정한다.)

영역 구분	OS
영역 A	9K
영역 B	15K
영역 C	10K
영역 D	30K

① 영역 D, 영역 A, 영역 A
② 영역 D, 영역 A, 영역 B
③ 영역 B, 영역 A, 영역 A
④ 영역 D, 영역 B, 영역 C

53 2000 · 01

DMA란 무엇인가?

① 인터럽트와 같다.
② 'Direct Memory Acknowledge'의 약자이다.
③ 'Direct Main Accumulator'의 약자이다.
④ 메모리와 입출력 디바이스 사이에 데이터의 주고받음이 직접 행해지는 기법

 한눈에 보는 정답과 해설

50 단편화가 가장 적은 D가 적합하다.

51 단편화가 가장 큰 No.5가 적합하다.

53 DMA(Direct Memory Access)에 의한 입출력 방식은 입출력을 위한 별도의 하드웨어를 두어, CPU의 인가 하에 직접 수행하도록 하는 방식이다.

54 (2012·17)
다음 중 DMA에 대한 설명으로 옳지 않은 것은?

① DMA는 Direct Memory Access의 약자이다.
② DMA는 기억장치와 주변장치 사이의 직접적인 데이터 전송을 제공한다.
③ DMA는 블록으로 대용량의 데이터를 전송할 수 있다.
④ DMA는 입출력 전송에 따른 CPU의 부하를 증가시킬 수 있다.

55 (2001·02·11·12)
Interrupt 작동 순서가 올바른 것은?

> 가. 리턴에 의한 복귀
> 나. 벡터 인터럽트 처리
> 다. CPU에 인터럽트 요청
> 라. 인터럽트 인지 신호 발생
> 마. 현재 작업 중인 주소를 메모리에 저장

① 다 → 마 → 라 → 나 → 가
② 라 → 다 → 마 → 나 → 가
③ 마 → 나 → 다 → 가 → 라
④ 가 → 다 → 라 → 마 → 나

56 (1996·02)
입출력 전송이 중앙처리장치의 레지스터를 경유하지 않고 수행되는 방법은?

① I/O Interface
② Strove Control
③ Interleaving
④ DMA

57 (2002·04)
하드웨어 우선순위 인터럽트의 특징은?

① 가격이 싸다.
② 응답 속도가 빠르다.
③ 유연성이 있다.
④ 우선순위는 소프트웨어로 결정한다.

58 (2008)
소프트웨어 인터럽트 사용 시 가장 큰 장점은?

① 우선순위 변경이 쉽다.
② 속도가 빠르다.
③ 비용이 비싸다.
④ 데이지 체인 방식이다.

한눈에 보는 정답과 해설

54 입출력 전송이 중앙처리장치의 레지스터를 경유하지 않고 수행되기 때문에 중앙처리장치의 부하를 덜어준다.

55 **인터럽트의 일반적 처리 과정**
- 현재 실행 중인 명령어를 끝낸다.
- 현재의 CPU 상태를 PSW(Program Status Word)에 저장하고 복귀 주소를 저장한다.
- 어느 장치에서 인터럽트가 발생했는지 확인한다.
- 해당 장치에 대응하는 주소의 인터럽트 서비스 루틴을 수행한다.
- 이전 상태로 복구한다.
- 일시 중지했던 프로그램을 재실행한다.

56 DMA(Direct Memory Access) 방식은 입출력 전송 시 CPU의 레지스터를 경유하지 않는다.

57 **하드웨어에 의한 방법(데이지 체인 방식)**
- 장점 : 처리속도가 빠름
- 단점 : 하드웨어 가격 고가, 인터럽트 우선순위 변경의 유연성이 작음

58 **소프트웨어에 의한 방법(폴링 방식)**
- 장점 : 하드웨어 가격 저렴, 인터럽트 우 선순위 변경의 유연성이 큼
- 단점 : 처리 시간이 오래 걸림(인터럽트 요청 장치가 많을 경우)

50 ③ 51 ④ 52 ④ 53 ④ 54 ④ 55 ① 56 ④ 57 ② 58 ①

59 2001 · 04

우선순위 인터럽트 가운데 소프트웨어적 처리 기법은?

① 스트로브(strobe) 방법
② 폴링(polling) 방법
③ 병렬 우선순위(parallel priority) 방법
④ 데이지 체인(daisy chain) 방법

60 2005

입출력 장치를 하드웨어적으로 우선순위를 결정하는 방식은?

① Polling I/O
② Daisy Chain I/O
③ Multi Interrupt I/O
④ Handshaking I/O

61 2000

Daisy Chain에 대한 설명이 가장 옳은 것은?

① 인터럽트를 하드웨어적으로 Enable하거나 Disable하기 위한 방법이다.
② Interrupt의 우선순위를 결정하기 위하여 직렬 연결한 하드웨어 회로이다.
③ I/O장치의 상태 레지스터를 Polling하는 순서를 정하는 것이다.
④ Interrupt 요구를 하드웨어적으로 Disable하도록 한 회로이다.

62 2017

고선명(HD) 비디오 데이터를 저장하기 위해 짧은 파장(405나노미터)을 갖는 레이저를 사용하는 광 기록방식 저장매체는?

① Blu-ray 디스크
② CD
③ DVD
④ 플래시 메모리

한눈에 보는 정답과 해설

59 소프트웨어에 의한 방법은 인터럽트가 발생했을 경우, 각 장치를 우선순위에 따라 차례로 검사(polling)하여 그중 가장 우선순위가 높은 장치를 찾고 이에 해당하는 서비스 루틴을 실행하게 한다.

60 하드웨어 인터럽트 방식에는 데이지 체인 우선순위와 병렬 우선순위가 있다.

61 모든 장치를 하드웨어적인 방법으로 우선순위에 따라 직렬로 연결하고 CPU는 인터럽트 확인 신호를 순차적으로 통과시켜 인터럽트를 요청한 장치로부터 인터럽트 벡터 주소(VAD)를 받는다.

62 • 일반적으로 HD급이라 하는 영상들은 기본적으로 720p, 1080i, 1080p의 해상도를 가지는 것들을 말하며, 이 중에서도 1080p는 Full HD라고 한다.
  • 광 기록방식 저장매체
    - CD, DVD : HD급 이하의 영상
    - Blu-ray 디스크 : HD급 이상의 영상

59 ② 60 ② 61 ② 62 ①

02 운영체제

01 `2000·02·03`
운영체제의 설명으로 옳지 않은 것은?

① 운영체제는 컴퓨터 사용자와 컴퓨터 하드웨어 간의 인터페이스로서 동작하는 일종의 하드웨어 장치이다.
② 운영체제는 컴퓨터를 편리하게 사용하고 컴퓨터 하드웨어를 효율적으로 사용할 수 있도록 한다.
③ 운영체제는 스스로 어떤 유용한 기능도 수행하지 않고 다른 응용프로그램이 유용한 작업을 할 수 있도록 환경을 마련하여 준다.
④ 운영체제는 중앙처리장치의 시간, 메모리 공간, 파일 기억장치 등의 자원을 관리하며 사용자 프로그램이 필요 시 이들 자원을 할당 및 회수한다.

02 `2011·16`
운영체제에 대한 설명으로 옳지 않은 것은?

① 여러 사용자 사이에서 자원의 공유를 가능케 한다.
② 사용자 인터페이스를 제공한다.
③ 자원의 효과적인 경영 및 스케줄링을 한다.
④ 운영체제의 종류에는 UNIX, LINUX, JAVA 등이 있다.

03 `2000·12·16`
운영체제의 목적으로 가장 거리가 먼 것은?

① 사용자 인터페이스 제공
② 주변장치 관리
③ 데이터 압축 및 복원
④ 신뢰성 향상

04 `2011`
운영체제의 목적으로 적절하지 않은 것은?

① 사용자의 편리한 환경 제공
② 처리능력 및 신뢰도 향상
③ 컴퓨터 시스템의 성능 최적화
④ 사용가능도 향상 및 응답시간 증가

한눈에 보는 정답과 해설

01 운영체제는 소프트웨어의 일종이다.

02 JAVA는 운영체제가 아니라 프로그래밍 언어에 해당한다.

03 데이터 압축 및 복원이 운영체제의 기능에 포함되어 있다고 하더라도 본래는 전용 유틸리티에 의해 실행되는 것이며 운영체제의 목적과는 거리가 멀다.

01 ① 02 ④ 03 ③ 04 ④

05 (2001)

운영체제의 기능에 해당하지 않는 것은?

① 사용자와 컴퓨터 사이의 인터페이스를 제공한다.
② 효율적인 자원관리를 한다.
③ 시스템의 오류를 처리한다.
④ 두 개 이상의 목적 프로그램을 합쳐서 실행 가능한 프로그램을 만든다.

06 (2002)

컴퓨터 프로그램을 계층적으로 묘사할 때 운영체제의 위치는 다음 그림의 어느 부분에 해당하는가?

| 사용자 |
| 응용 프로그램 |
| 유틸리티 |
| 하드웨어 |

① 사용자와 응용프로그램 사이
② 응용프로그램과 유틸리티 사이
③ 유틸리티와 하드웨어 사이
④ 하드웨어 아래

07 (2001 · 03 · 11)

운영체제의 발달 과정 순서를 옳게 나열한 것은?

| 가. 일괄 처리 시스템 | 나. 분산 처리 시스템 |
| 다. 다중 모드 시스템 | 라. 시분할 시스템 |

① 가 → 라 → 다 → 나   ② 다 → 나 → 라 → 가
③ 가 → 다 → 라 → 나   ④ 다 → 라 → 나 → 가

08 (2012)

일정량 또는 일정 기간 동안 데이터를 한꺼번에 모아서 처리하는 운영체제의 운영 기법은?

① 일괄 처리 시스템
② 다중 프로그래밍 시스템
③ 시분할 시스템
④ 실시간 처리 시스템

한눈에 보는 정답과 해설

05 운영체제의 기능
- 프로세스 관리 : 실행 중인 프로그램(프로세스)의 우선순위 등을 관리
- 메모리 관리 : 프로그램 실행 · 종료 시 주기억장치의 할당과 반환을 관리
- 입출력장치 관리 : 입출력장치의 구동 및 관련 작업의 순서를 정해 효율적으로 처리
- 파일 시스템 관리 : 파일을 유지 · 관리하며 파일을 디렉터리로 나누어 계층적으로 관리
- 네트워크 장치 관리 : 네트워크 장치를 관리하여 원활한 네트워킹 처리
- 사용자 인터페이스 제공
- 시스템 신뢰성 제공

06 운영체제(Operating System)는 컴퓨터의 하드웨어 시스템을 효율적으로 운영하기 위한 소프트웨어를 말한다. 그러므로 계층적으로 묘사할 때 하드웨어 바로 위쪽에 위치한다.

07 운영체제 운용 기법의 발달 순서
일괄 처리 → 시분할 → 다중 모드 → 분산 처리

09 [2006]

운영체제 형태 중 시대적으로 가장 먼저 생겨난 것은?

① 다중 처리 시스템
② 시분할 시스템
③ 일괄 처리 시스템
④ 분산 처리 시스템

10 [2000]

우주왕복선이나 레이더 추적기 등은 정해진 시간에 반드시 수행되어야 하는 작업들이 다수 존재한다. 이러한 경우에 가장 적합한 처리 방식은?

① 실시간 처리
② 다중 프로그래밍에 의한 처리
③ 시분할 처리
④ 일괄 처리

11 [2004 · 08]

운영체제의 운영 방식에 관한 설명으로 옳지 않은 것은?

① 하나의 컴퓨터 시스템에서 여러 프로그램들이 같이 컴퓨터 시스템에 입력되어 주기억장치에 적재되고, 이들이 처리 장치를 번갈아 사용하며 실행하도록 하는 것을 다중 프로그래밍(multi-programming) 방식이라고 한다.
② 한 대의 컴퓨터를 동시에 여러 명의 사용자가 대화식으로 사용하는 방식으로 처리속도가 매우 빨라 사용자는 독립적인 시스템을 사용하는 것으로 인식하는 것을 일괄 처리(batch processing) 방식이라고 한다.
③ 한 대의 컴퓨터에 중앙처리장치(CPU)가 2개 이상 설치되어 여러 명령을 동시에 처리하는 것을 다중 프로세싱(multi-processing) 방식이라고 한다.
④ 여러 대의 컴퓨터들에 의해 작업들을 나누어 처리하여 그 내용이나 결과를 통신망을 이용하여 상호 교환되도록 연결되어 있는 것을 분산 처리(distributed processing) 방식이라고 한다.

한눈에 보는 정답과 해설

10 처리할 명령이 발생함과 동시에 수행되어야 하므로 실시간 처리가 적합하다.

11 ②는 시분할 처리 방식에 대한 설명이다.

05 ④ 06 ③ 07 ① 08 ① 09 ③ 10 ① 11 ②

12 2001·15

시분할 시스템에 대한 설명으로 거리가 먼 것은?

① 동일한 기억장소를 둘 이상의 CPU들이 공유하는 시스템이다.
② '라운드 로빈(round robin) 방식'이라고도 한다.
③ 하나의 CPU를 여러 개의 작업들이 정해진 시간 동안 번갈아 사용한다.
④ 다중 프로그래밍 방식과 결합하여 모든 작업이 동시에 진행되는 것처럼 대화식 처리가 가능하다.

13 2001·02·09

사용자는 단말 장치를 이용하여 운영체제와 상호작용하며, 시스템은 일정 시간 단위로 CPU를 한 사용자에서 다음 사용자로 신속하게 전환함으로써 각각의 사용자들은 실제로 자신만이 컴퓨터를 사용하고 있는 것처럼 사용할 수 있는 처리 방식은?

① Batch Processing System
② Time Sharing Processing System
③ Off-line Processing System
④ Real Time Processing System

14 2010

다음의 운영체제 운용 기법 중 라운드 로빈(Round Robin) 방식과 가장 관계되는 것은?

① 일괄 처리 시스템
② 시분할 시스템
③ 실시간 처리 시스템
④ 다중 프로그래밍 시스템

15 2011

운영체제의 운용 기법 종류 중 다음 설명에 해당하는 것은?

> CPU의 시간을 각 사용자에게 균등하게 분할하여 사용하는 체제로서 모든 사용자에게 똑같은 서비스를 하는 것을 목표로 하고 있다. CPU의 전체 사용 시간을 작은 작업 시간량(Time Slice)으로 나누어서 그 시간 동안만 번갈아가면서 CPU를 할당하여 각 작업을 처리한다.

① Batch Processing System
② Multi Programming System
③ Time Sharing System
④ Real Time System

 한눈에 보는 정답과 해설

12 시분할 시스템은 여러 사용자들이 사용하는 각각의 프로그램을 하나의 시스템에서 번갈아가며 처리해 줌으로써 각 사용자들이 독립된 컴퓨터를 사용하는 것처럼 느낄 수 있는 시스템이다. 응답시간을 최소화시키며, 다중 프로그래밍 방식과 결합하여 대화식 처리가 가능하다.

16 1999

프로세스의 정의와 관련이 적은 것은?

① 실행 중인 프로그램
② PCB를 가진 프로그램
③ CPU가 할당되는 실체
④ 디스크에 저장된 프로그램

17 2002 · 05

프로세스 제어 블록(Process Control Block)에 대한 설명으로 옳지 않은 것은?

① 프로세스에 할당된 자원에 대한 정보를 갖고 있다.
② 프로세스의 우선순위에 대한 정보를 갖고 있다.
③ 부모 프로세스와 자식 프로세스는 프로세스 제어 블록(PCB)을 공유한다.
④ 프로세스의 현 상태를 알 수 있다.

18 2004 · 11

PCB(프로세스 제어 블록)가 갖고 있는 정보가 아닌 것은?

① 프로세스의 현재 상태
② 프로세스 고유 식별자
③ 스케줄링 및 프로세스의 우선순위
④ 할당되지 않은 주변장치의 상태 정보

19 2009

PCB(Process Control Block)가 포함하고 있는 정보가 아닌 것은?

① 프로세스의 현 상태
② 중앙처리장치 레지스터 보관 장소
③ 할당된 자원에 대한 포인터
④ 프로세스의 사용 빈도

20 1999

다음 중 교착 상태 발생의 필수 조건이 아닌 것은?

① 중단 조건(preemption)
② 환형 대기(circular wait)
③ 대기 조건(hold and wait)
④ 상호 배제(multual exclution)

21 1996

프로세스가 필요로 하는 자원을 다른 프로세스가 사용 중인 것을 모른 채 프로세스 A는 그 자원을 사용하려고 대기하고 있는 상태를 무엇이라고 하는가?

① Lock   ② Deadlock
③ Mutual Exclusion   ④ Wait

한눈에 보는 정답과 해설

16 디스크에 저장된 프로그램은 실행 중인 프로그램이 아니므로 프로세스가 아니다.

17~18 PCB에 수록되어 있는 정보 : 프로세스 정의(번호), 프로그램 카운터, 레지스터 내용, 메모리 제약성, 우선순위 등

20 교착 상태의 발생 조건은 상호 배제(mutual exclusion), 점유와 대기(hold and wait), 비선점(nonpreemption), 환형 대기(circular wait)이다.

21 교착 상태는 Deadlock, Deadly Embrace 등으로 표현된다.

12 ① 13 ② 14 ② 15 ③ 16 ④ 17 ③ 18 ④ 19 ④ 20 ① 21 ②

22 2001

교착 상태 발생 조건 중 프로세스에 할당된 자원은 사용이 끝날 때까지 강제로 빼앗을 수 없음을 의미하는 것은?

① Mutual Exclution
② Hold and Wait
③ Circular Wait
④ Non - preemption

24 2004 · 06 · 09

가장 바람직한 스케줄링 정책은?

① CPU 이용률을 줄이고 반환시간을 늘린다.
② 응답시간을 줄이고 CPU 이용률을 늘린다.
③ 대기시간을 늘리고 반환시간을 줄인다.
④ 반환시간과 처리율을 늘린다.

23 2000 · 02

스케줄링 기법에 대한 설명으로 옳지 않은 것은?

① RR 스케줄링은 주어진 시간 할당량 안에 작업을 마치지 않으면 준비완료 리스트의 가장 뒤로 배치되는 기법이다.
② SJF 스케줄링은 남아 있는 실행시간의 추정치가 가장 작은 작업을 먼저 실행시키며, 언제라도 실행 중인 작업이 강제로 실행을 멈출 수 있는 선점 기법이다.
③ HRN 스케줄링은 그 작업이 서비스 받을 시간과 그 작업이 서비스를 기다린 시간으로 결정되는 우선순위에 따라 CPU를 할당한다.
④ 기한부(deadline) 스케줄링은 제한된 시간 내에 반드시 작업이 완료되도록 스케줄링하는 기법이다.

25 2001 · 06

선점(Preemption) 스케줄링 방식에 대한 설명으로 옳지 않은 것은?

① 대화식 시분할 시스템에 적합하다.
② 긴급하고 높은 우선순위의 프로세스들이 빠르게 처리될 수 있다.
③ 일단 CPU를 할당받으면 다른 프로세스가 CPU를 강제적으로 빼앗을 수 없는 방식이다.
④ 선점을 위한 시간 배당에 대한 인터럽트용 타이머 클록이 필요하다.

 한눈에 보는 정답과 해설

23 SJF(Short Job First)는 작업들 가운데 가장 짧은 작업을 먼저 처리하는 것으로, 평균 반환 시간이 가장 짧은 비선점형 스케줄링 기법이다.

25 선점(preemption) 알고리즘은 입출력이 아닌 상태에서 수행하는 도중 다른 작업에 프로세스를 넘겨주는 것을 말한다.

26 2000

선점(Preemption) 스케줄링의 특징으로 거리가 먼 것은?

① 우선순위가 높은 프로세스가 CPU를 먼저 차지하는 기법을 의미한다.
② 빠른 응답 시간을 요구하는 시분할 시스템에 유용하다.
③ 선점으로 인한 많은 오버헤드를 초래한다.
④ 모든 프로세스에 대한 요구를 공정히 처리한다.

27 2002·05·15

RR(Round Robin) 스케줄링에 대한 설명으로 옳지 않은 것은?

① 선점(preemption) 방식이다.
② 시간 할당량(time quantum)이 커지면 FCFS 스케줄링과 같은 효과를 얻는다.
③ 시간 할당량이 작아지면 프로세스 문맥 교환이 자주 일어난다.
④ 작업이 끝나기까지의 실행시간 추정치가 가장 작은 작업을 먼저 실행시키는 기법이다.

28 1999·2016

스케줄링 방식 중 라운드 로빈 방식에서 시간 간격을 무한히 크게 하면 어떤 방식과 동일한가?

① LIFO 방식
② FIFO 방식
③ HRN 방식
④ Multilevel Queue 방식

29 2012

RR(Round Robin) 스케줄링에 대한 설명으로 옳지 않은 것은?

① Time Slice를 크게 하면 입출력 위주의 작업이나 긴급을 요하는 작업에 신속히 반응하지 못한다.
② Time Slice가 작을 경우 FCFS 스케줄링과 같아진다.
③ Time Sharing System을 위해 고안된 방식이다.
④ Time Slice가 작을수록 문맥 교환에 따른 오버헤드가 자주 발생한다.

한눈에 보는 정답과 해설

26 모든 프로세스에 대한 요구를 정해진 규칙에 따라 공정히 처리하는 것은 비선점형 스케줄링에 해당한다.

27 ④는 SJF 스케줄링에 대한 설명이다.

28~29 라운드 로빈 방식에서 시간 할당량을 너무 적게 정의한 경우 문맥 교환이 빈번히 일어나게 되며 너무 크게 하면 FIFO와의 차별점이 없게 된다.

22 ④ 23 ② 24 ② 25 ③ 26 ④ 27 ④ 28 ② 29 ②

30 2000

사용자가 요청한 디스크 입출력 내용이 다음과 같이 순서대로 큐에 들어 있다. 이때 이를 모두 처리하는 데 소용되는 시간이 가장 긴 스케줄링 기법은? (단, 현재 디스크 헤드 위치는 53이고 가장 안쪽이 1번, 가장 바깥쪽이 200번 트랙이라고 가정한다.)

> 큐의 내용 : 98, 183, 37, 122, 14, 124, 65, 67

① FCFS
② SSTF
③ SCAN
④ C-SCAN

31 2009

디스크 입출력 요청 대기 큐에 다음과 같은 순서로 기억되어 있다. 현재 헤드가 53에 있을 때, 이들 모두를 처리하기 위한 총 이동 거리는 얼마인가? (단, FCFS 방식을 사용한다.)

> 대기 큐 : 98, 183, 37, 122, 14, 124, 65, 67

① 320
② 640
③ 710
④ 763

32 2000

디스크 스케줄링 기법 중에서 현재 헤드 위치의 가까운 곳에 있는 모든 요구를 먼 곳보다 먼저 처리하도록 하는 기법은?

① FCFS
② C-SCAN
③ LOOK
④ SSTF

33 2001·03·16

디스크 스케줄링에서 SSTF(Shortest Seek Time First)에 대한 설명으로 옳지 않은 것은?

① 탐색 거리가 가장 짧은 요청이 먼저 서비스를 맡는다.
② 일괄 처리 시스템보다는 대화형 시스템에 적합하다.
③ 가운데 트랙이 안쪽이나 바깥쪽 트랙보다 서비스 모듈 확률이 높다.
④ 헤드에서 멀리 떨어진 요청은 기아 상태(Starvation State)가 발생할 수 있다.

한눈에 보는 정답과 해설

30 도착한 순서대로 서비스를 받도록 스케줄링하는 기법인 FCFS(First Come First Served)의 소요 시간이 가장 길다.

31 도착한 순서대로 서비스를 받도록 스케줄링하는 기법이므로 대기 순서대로 헤드가 이동한다. 즉, 53 → 98 → 183 → 37 → 122 → 14 → 124 → 65 → 67의 순서로 이동하게 되며 구간별 트랙 거리를 합하면 45+85+146+85+108+110+59+2=640이 나온다.

32 SSTF(Short Seek Time First)는 현재 헤드의 위치에서 탐색 거리가 가장 짧은 트랙에 대한 요청을 먼저 처리하는 방법을 말한다.

33 SSTF는 일괄 처리 시스템에 적합하고, 대화형 시스템에는 부적합하다.

34 [2001 · 04]

디스크 스케줄링 기법 중에서 탐색 거리가 가장 짧은 요청이 먼저 서비스를 받는 기법이며, 탐색 패턴이 편중되어 안쪽이나 바깥쪽 트랙이 가운데 트랙보다 서비스를 덜 받는 경향이 있는 기법은?

① FCFS
② C-SCAN
③ LOOK
④ SSTF

35 [2003 · 16]

현재 헤드의 위치가 50에 있고 트랙 0번 방향으로 이동하며, 요청 대기 열에는 아래와 같은 순서로 들어 있다고 가정할 때, SSTF(Shortest Seek Time First) 스케줄링 알고리즘에 의한 헤드의 총 이동 거리는 얼마인가?

> 100, 180, 40, 120, 0, 130, 70, 80, 150, 200

① 790
② 380
③ 370
④ 250

36 [2012]

SSTF 방식을 사용할 경우 현재 헤드의 위치는 60이며, 트랙 바깥 쪽 방향으로 진행 중이다. 디스크 대기 큐에 다음과 같은 순서(왼쪽부터 먼저 도착한 순서임)의 액세스 요청이 대기 중일 때 가장 먼저 실행되는 것은?
(단, 가장 안쪽 방향의 트랙 번호는 0이다.)

> 디스크 대기 큐 : 80, 122, 69, 76, 58

① 58
② 76
③ 69
④ 80

37 [2011 · 15]

현재 헤드 위치가 53에 있고 트랙 0번 방향으로 이동 중이다. 요청 대기 큐에는 다음과 같은 순서의 액세스 요청이 대기 중일 때 SSTF 스케줄링 알고리즘을 사용한다면 헤드의 총 이동 거리는 얼마인가?

> 요청 대기 큐 : 98, 203, 37, 122, 14, 124, 65, 67

① 201
② 236
③ 256
④ 320

한눈에 보는 정답과 해설

34 SSTF는 양끝 트랙이 가운데 트랙보다 서비스를 적게 받게 되어, 탐색이 편중하는 경향이 나타난다.

35 $50 → 40 → 70 → 80 → 100 → 120 → 130 → 150 → 180 → 200 → 0$의 순서로 이동하게 되며, 각 구간별 트랙 거리를 합하면 $10+30+10+20+20+10+20+30+20+200 = 370$이 나온다.

36 바깥쪽으로 진행 중이었지만 요청 거리가 짧은 트랙을 먼저 실행한다.

37 $53 → 65 → 67 → 37 → 14 → 98 → 122 → 124 → 203$의 순서로 이동하게 되며 각 구간별 트랙 거리를 합하면 $12+2+30+23+84+24+2+79 = 256$이 나온다.

30 ① 31 ② 32 ④ 33 ② 34 ④ 35 ③ 36 ① 37 ③

38 2003

다음의 디스크 스케줄링 중 현재 진행 중인 방향으로 가장 짧은 탐색 거리에 있는 요청을 먼저 서비스하는 기법은?

① SSTF
② SCAN
③ C-SCAN
④ FCFS

39 2004

디스크에서 헤드가 70트랙을 처리하고 60트랙으로 이동해왔다. SCAN 방식을 사용할 때 다음 디스크 큐에서 가장 먼저 처리되는 트랙은?

> 20, 50, 80, 100

① 20
② 50
③ 80
④ 100

40 2008

디스크 스케줄링 기법 중 SCAN을 사용하여 다음 작업 대기 큐의 작업을 모두 처리하고자 할 경우, 가장 최후에 처리되는 트랙은? (단, 현재 디스크 헤드는 50트랙에서 40트랙으로 이동해 왔다고 가정한다.)

> 작업 대기 큐 : 7, 55, 15, 38, 3

① 3
② 15
③ 38
④ 55

41 2001 · 06

디스크 스케줄링 기법 중 헤드가 항상 바깥쪽 실린더에서 안쪽으로 움직이면서 가장 짧은 탐색 시간을 가지는 요청을 서비스하는 기법은?

① FCFS
② SSTF
③ SCAN
④ C-SCAN

 한눈에 보는 정답과 해설

38 SCAN 스케줄링은 정해진 헤드의 진행 방향에 따라 끝까지 모든 요청을 처리한 다음, 끝에 다다르면 다시 반대 방향으로 진행하며 요청을 처리하는 방법을 말한다. 대부분 디스크에서 사용하는 방법이다.

39 헤드의 진행 방향에 따라 끝까지 모든 요청을 처리한 다음, 끝에 다다르면 다시 반대 방향으로 진행하므로 70 → 60 → 50 → 20 → 80 → 100의 순서를 따른다.

40 50 → 40 → 38 → 15 → 7 → 3 → 0 → 55

41 C-SCAN(Circular SCAN)은 헤드가 항상 바깥쪽에서 안쪽으로 이동하며 요청을 처리하고, 안쪽 끝에 도달하면 다시 바깥쪽 시작 위치로 되돌아가 같은 방향으로 요청을 처리하는 방법이다.

42 (2003)

현재의 헤드 위치가 50에 있고, 요청 대기 열에는 다음과 같은 순서로 들어 있다고 가정할 때, C-SCAN (Circular SCAN) 스케줄링 알고리즘에 의한 헤드의 총 이동 거리는 얼마인가?

> 100, 180, 40, 120, 0, 130, 70, 80, 150, 200

① 790
② 380
③ 370
④ 250

43 (2001 · 02 · 05)

컴퓨터 시스템의 일반적인 보안 유지 방식으로 거리가 먼 것은?

① 외부 보안(external security)
② 사용자 인터페이스 보안(user interface security)
③ 공용 키 보안(public key security)
④ 내부 보안(internal security)

44 (2002 · 05)

분산 시스템의 장점으로 거리가 먼 것은?

① 자원 공유
② 연산 속도 향상
③ 신뢰도 향상
④ 보안성 향상

45 (2000 · 02)

분산 시스템에서 각 사이트의 연결 위상에 관한 설명으로 옳지 않은 것은?

① 완전 연결 네트워크의 각 사이트는 시스템 내의 모든 사이트들과 직접 연결이 존재한다.
② 계층 연결 네트워크에서는 각 사이트들은 트리 형태로 구성된다.
③ 성형 연결 네트워크는 구조가 간단하며 중앙 노드의 고장은 나머지 사이트 간의 통신에 아무런 영향이 없다.
④ 다중 접근 버스 연결 네트워크에서 한 사이트의 고장은 나머지 사이트 간의 통신에 아무런 영향을 주지 않는다.

한눈에 보는 정답과 해설

---

42 50 → 40 → 0 → 200 → 180 → 150 → 130 → 120 → 100 → 80 → 70의 순서로 이동하게 되며, 구간별 트랙거리를 합하면 10+40+200+20+30+20+10+20+20+10＝380이 된다.

43 • 외부 보안 : 외부 침입이나 천재지변으로부터 시스템을 보안하는 '시설 보안'과 관리자의 정책 측면을 보호하기 위한 '운용 보안'이 있다.
    • 내부 보안 : 하드웨어나 운영체제에 내장된 보안 기능을 통해 파일의 신뢰성을 유지하고 시스템을 보호하는 것을 말한다.
    • 사용자 인터페이스 보안 : 사용자의 신원을 운영체제가 확인하여 불법 침입을 막는 보안 방법이다.

44 분산 시스템의 장점 : 데이터의 공유, 계산 속도의 증가, 사용 가능도 향상, 신뢰도 증가, 통신 시스템 확장 용이

45 성형은 스타(Star)형을 의미한다. 성형은 모든 터미널이 하나의 중앙 컴퓨터에 직접 연결되는 형태를 말한다. 집중 제어가 가능하므로 유지 · 보수 및 관리가 쉽고 통신 비용이 저렴한 장점이 있으나, 중앙 컴퓨터에 과부하가 걸릴 수 있어 성능이 떨어지거나 고장 시 모든 통신이 단절될 위험이 있다.

38 ② 39 ② 40 ④ 41 ④ 42 ② 43 ③ 44 ④ 45 ③

46 2001 · 02 · 05

분산 운영체제의 구조 중 아래 설명에 해당하는 구조는?

> • 각 사이트는 정확히 다른 두 사이트와 물리적으로 연결되어 있다.
> • 정보 전달 방향은 단방향 또는 양방향일 수 있다.
> • 기본 비용은 사이트의 수에 비례한다.
> • 메시지가 링을 순환할 경우 통신비용은 증가한다.

① Ring Connection
② Hierarchy Connection
③ Star Connection
④ Partially Connection

48 2001 · 04

UNIX에 대한 설명으로 옳지 않은 것은?

① 상당 부분 C언어를 사용하여 작성되었으며, 이식성이 우수하다.
② 사용자는 하나 이상의 작업을 백그라운드에서 수행할 수 있어 여러 개의 작업을 병행 처리할 수 있다.
③ 쉘(Shell)은 프로세스 관리, 기억장치 관리, 입출력 관리 등의 기능을 수행한다.
④ 두 사람 이상의 사용자가 동시에 시스템을 사용할 수 있어 정보와 유틸리티들을 공유하는 편리한 작업 환경을 제공한다.

47 2000 · 03 · 06 · 14

UNIX 운영체제의 특징으로 볼 수 없는 것은?

① 대화식 운영체제이다.
② 다중 사용자 시스템(Multi-user System)이다.
③ 대부분의 코드가 어셈블리 언어로 기술되어 있다.
④ 높은 이식성과 확장성이 있다.

49 2010

UNIX 운영체제의 특징이 아닌 것은?

① 높은 이식성
② 계층적 파일 시스템
③ 단일 작업용 시스템
④ 다중 사용자 환경

 한눈에 보는 정답과 해설

46 링(ring)형은 환상으로 배치되어 있는 각 컴퓨터가 자신과 인접한 두 컴퓨터와 연결되는 형태이다. 단방향 또는 양방향으로 정보 전달이 가능하다. 링에 있는 모든 컴퓨터가 메시지에 접근할 수 있으므로 안전성에 문제가 있을 수 있다.

47 UNIX는 C언어로 구성되어 높은 이식성과 확장성을 발휘한다.

48 ③의 기능은 커널(Kernel)에 의해 수행된다.

50 `2012 · 15 · 16`
UNIX 운영체제의 특징으로 적합하지 않은 것은?

① 트리 구조의 파일 시스템을 갖는다.
② Multi-tasking은 지원하지만 Multi-user는 지원하지 않는다.
③ 높은 이식성과 확장성이 있다.
④ 대부분 C언어로 작성되어 있다.

51 `2011`
UNIX 시스템의 특징으로 옳지 않은 것은?

① 대화식 운영체제이다.
② 소스가 공개된 개방형 시스템이다.
③ 멀티유저, 멀티태스킹을 지원한다.
④ 효과적으로 구현할 수 있는 이중 리스트 구조를 사용한다.

52 `2001 · 06 · 11`
UNIX 시스템에서 커널의 수행 기능에 해당하지 않는 것은?

① 프로세스 관리
② 기억장치 관리
③ 입출력 관리
④ 명령어 해독

53 `2012`
UNIX에서 프로세스 관리, 기억장치 관리, 파일 관리, 입출력 관리, 프로세스 간 통신, 데이터 전송 및 변환 등의 기능을 수행하는 것은?

① C Shell
② Utility Program
③ Kernel
④ Korn Shell

54 `2002 · 04 · 10`
유닉스 시스템에서 명령어 해석기로 사용자의 명령어를 인식하여 필요한 프로그램을 호출하고 그 명령을 수행하는 기능을 담당하는 것은?

① 유틸리티
② 쉘
③ 커널
④ IPC

한눈에 보는 정답과 해설

50 UNIX는 다중 사용자 시스템(Multi-user System)이다.

51 이중 리스트 구조가 아니라, 트리 구조의 파일 시스템을 갖는다.

52 커널의 수행 기능 : 프로세스 관리, 기억장치 관리, 입출력 관리, 파일 관리, 시스템 호출 인터페이스 기능, 하드웨어 캡슐화(하드웨어를 파일로 취급)

54 쉘(shell)은 명령어 해석기에 해당하는 것으로, 사용자의 명령어를 인식하여 필요한 프로그램을 호출하고 그 명령을 수행하는 기능을 담당한다. 사용자와 시스템 간의 인터페이스를 제공한다.

46 ① 47 ③ 48 ③ 49 ③ 50 ② 51 ④ 52 ④ 53 ③ 54 ②

55 [2011]

UNIX에서 쉘(Shell)에 대한 설명으로 옳지 않은 것은?

① 사용자 명령을 받아 해석하고 수행시키는 명령어 해석기이다.
② 프로세스 관리, 기억장치 관리, 파일 관리 등의 기능을 수행한다.
③ 시스템과 사용자 간의 인터페이스를 담당한다.
④ 커널처럼 메모리에 상주하지 않기 때문에 필요할 경우 교체될 수 있다.

56 [2009 · 12]

UNIX에서 커널에 대한 설명으로 틀린 것은?

① UNIX 시스템의 중심부에 해당한다.
② 사용자의 명령을 수행하는 명령어 해석기이다.
③ 프로세스 관리, 기억장치 관리 등을 담당한다.
④ 컴퓨터 부팅 시 주기억장치에 적재되어 상주하면서 실행된다.

57 [2001 · 03]

UNIX에서 각 파일에 대한 정보를 기억하고 있는 자료 구조로서, 파일 소유자의 식별 번호, 파일 크기, 파일의 최종 수정 시간, 파일의 링크 수 등의 내용을 가지고 있는 것은?

① 슈퍼 블록(super block)
② I-node(Index node)
③ 디렉터리(directory)
④ 파일 시스템 마운팅(mounting)

58 [2001 · 03 · 09 · 11]

UNIX 파일 시스템의 I-node에서 관리하는 정보가 아닌 것은?

① 파일의 링크 수
② 파일이 만들어진 시간
③ 파일의 크기
④ 파일이 최초로 수정된 시간

 한눈에 보는 정답과 해설

55	프로세스 관리, 기억장치 관리, 파일 관리, 입출력 관리, 프로세스 간 통신, 데이터 전송 및 변환 등의 기능을 수행하는 것은 커널(kernel)이다.
56	② Shell에 대한 설명이다.
57	I-node 블록(Index Node Block) : 각 파일에 대한 정보를 저장하고 있는 블록으로, 파일 소유자의 식별 번호, 파일 크기, 파일의 생성 시간, 파일의 최종 수정 시간, 파일 링크 수 등이 기록된다.
58	파일의 최종 수정 시간은 관리하나 최초로 수정된 시간은 관리하지 않는다.

59 2012·16

UNIX에서 I-node는 한 파일이나 디렉터리에 관한 모든 정보를 포함하고 있는데, 이에 해당하지 않는 것은?

① 파일 소유자의 사용자 번호
② 파일이 만들어진 시간
③ 데이터가 담긴 블록의 주소
④ 파일이 가장 처음 변경된 시간 및 파일의 타입

60 2012

UNIX 파일 시스템 구조에서 디렉터리별 디렉터리 엔트리와 실제 파일에 대한 데이터가 저장된 블록은?

① I-node 블록
② 슈퍼 블록
③ 부트 블록
④ 데이터 블록

61 2011·17

UNIX 파일시스템 구조에서 데이터가 저장된 블록의 시작 주소를 확인할 수 있는 블록은?

① 부트 블록
② I-node 블록
③ 슈퍼 블록
④ 데이터 블록

62 2012

UNIX의 파일 시스템 구조와 거리가 먼 것은?

① 사용자 블록
② I-node 블록
③ 데이터 블록
④ 슈퍼 블록

63 2012·18

UNIX에서 현재 디렉터리 내의 파일 목록을 확인하는 명령어는?

① ls
② cat
③ fcsk
④ cp

64 2011·15·16

UNIX에서 파일의 사용 허가를 정하는 명령어는?

① finger
② chmod
③ fsck
④ ls

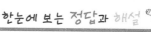
한눈에 보는 정답과 해설

60 데이터 블록(data block)은 실제 데이터를 저장하고 있는 블록이다.

64 chmod는 파일의 사용 허가를 지정한다.

55 ② 56 ② 57 ② 58 ④ 59 ④ 60 ④ 61 ② 62 ① 63 ① 64 ②

65 2008

UNIX에서 파일 조작을 위한 명령으로 거리가 먼 것은?

① cp
② mv
③ ls
④ rm

66 2004

UNIX에서 파일 모드가 다음과 같을 때, 옳은 설명은?

> -rwxr-x--x

① 디렉터리 파일이다.
② 입출력 장치 파일이다.
③ 어떤 사용자라도 실행시킬 수 있다.
④ 어떤 사용자라도 파일의 읽기가 가능하다.

67 2015

스레드(Thread)에 대한 설명으로 옳지 않은 것은?

① 프로세스 내부에 포함되는 스레드는 공통적으로 접근 가능한 기억장치를 통해 효율적으로 통신한다.
② 다중 스레드 개념을 도입하면 자원의 중복할당을 방지하고 훨씬 작은 자원만으로도 작업을 처리할 수 있다.
③ 하나의 프로세스를 구성하고 있는 여러 스레드들은 공통적인 제어 흐름을 가지며, 각종 레지스터 및 스택 공간들은 모든 스레드들이 공유한다.
④ 하나의 프로세스를 여러 개의 스레드로 생성하여 병행성을 증진시킬 수 있다.

 한눈에 보는 정답과 해설

65 ls는 파일 목록 정보를 조회할 때 사용하는 명령이다.

66 마지막 '--x'가 기타 사용자의 권한으로 'x', 즉 실행(execute) 권한이 있음을 의미한다.

67 스레드(thread)는 독립적인 스케줄링의 최소단위로, 시스템에서 여러 자원을 할당받아 실행되며, 독립적인 제어 흐름을 가진다.

65 ③ 66 ③ 67 ③

03 데이터베이스와 자료 구조

01 [2002]
데이터베이스의 등장 이유로 보기 어려운 것은?

① 여러 사용자가 데이터를 공유해야 할 필요가 생겼다.
② 데이터의 수시적인 구조 변경에 대해 응용프로그램을 매번 수정하는 번거로움을 줄여보고 싶었다.
③ 데이터의 가용성 증가를 위해 중복을 허용하고 싶었다.
④ 물리적인 주소가 아닌 데이터 값에 의한 검색을 수행하고 싶었다.

02 [2001 · 04 · 12]
데이터베이스 구성의 장점이 아닌 것은?

① 데이터 중복 최소화
② 여러 사용자에 의한 데이터 공유
③ 데이터 간의 종속성 유지
④ 데이터 내용의 일관성 유지

03 [2008]
데이터베이스의 특성으로 옳지 않은 것은?

① 같은 내용의 데이터를 여러 사람이 동시에 공용할 수 있다.
② 데이터베이스는 데이터의 삽입, 삭제, 갱신으로 내용이 계속적으로 변한다.
③ 수시적이고 비정형적인 질의에 대하여 실시간 처리로 응답할 수 있어야 한다.
④ 데이터의 참조는 저장되어 있는 데이터 레코드들의 주소나 위치에 의해서 이루어진다.

04 [2011 · 15]
데이터베이스의 특성으로 옳지 않은 것은?

① 실시간 접근성
② 동시 공용
③ 계속적인 변화
④ 주소에 의한 참조

한눈에 보는 *정답*과 *해설*

01 데이터베이스를 구성할 경우 데이터의 중복이 최소화되는 장점이 있다.

02 **데이터 구성의 장점**
  • 데이터 중복이 최소화된다.
  • 데이터 공유에 의해 여러 사람이 함께 사용할 수 있다.
  • 데이터의 일관성이 유지된다.
  • 데이터의 무결성이 유지된다.

03 데이터베이스의 데이터 참조는 물리적인 주소가 아닌 데이터 값에 의한 검색으로 이루어진다.

01 ③ 02 ③ 03 ④ 04 ④

05 2000

스키마(Schema)에 대한 설명으로 옳지 않은 것은?

① 데이터베이스를 운용하는 소프트웨어이다.
② 데이터 사전(data dictionary)에 저장된다.
③ 다른 이름으로 '메타 데이터(meta-data)'라고도 한다.
④ 데이터베이스의 구조(개체, 속성, 관계)에 대한 정의이다.

06 2000 · 03

스키마(Schema)에 대한 설명으로 옳지 않은 것은?

① 스키마(schema) – 데이터베이스의 구조와 제약 조건에 대한 명세(specification)를 기술한 것이다.
② 외부 스키마(external schema) – 전체 데이터베이스의 한 논리적인 부분으로 볼 수 있으므로 서브 스키마(sub schema)라고도 한다.
③ 내부 스키마(internal schema) – 사용자나 응용 프로그래머가 접근할 수 있는 정의를 기술한다.
④ 개념 스키마(conceptual schema) – 데이터베이스 접근 권한, 보안 정책, 무결성 규칙을 명세화한다.

07 2002

데이터베이스 시스템의 3단계 구조인 내부 스키마, 개념 스키마, 외부 스키마에 대한 설명의 연결이 옳은 것은?

㉠ 내부 스키마
㉡ 개념 스키마
㉢ 외부 스키마
가. 데이터의 실제 저장 방법을 기술
나. 저장된 데이터와 그들 간의 관계를 기술
다. 데이터베이스 사용자의 관점을 기술

① ㉠－나   ② ㉡－가
③ ㉢－다   ④ ㉠－다

08 2000 · 04

데이터베이스의 구조를 3단계로 구분할 때, 해당되지 않는 것은?

① 내부 스키마
② 외부 스키마
③ 개념 스키마
④ 내용 스키마

 한눈에 보는 정답과 해설

05 스키마는 DB의 구조와 제약 조건에 관한 전반적인 명세를 의미하는 것으로, DB 구성을 위한 데이터 개체, 속성, 관계, 제약 조건 등을 정의하는 것이다.

06 내부 스키마는 사용자나 응용 프로그래머가 아닌, 데이터베이스 설계자의 관점에서 정의하는 DB 명세를 의미한다.

09 [2012]

3계층 스키마 중 개념(Conceptual) 스키마에 대한 설명으로 옳은 내용 모두를 선택한 것은?

> 가. 물리적 저장 장치의 관점에서 본 데이터베이스의 명세를 말한다.
> 나. 범 기관적 입장에서 본 데이터베이스의 정의를 기술한 것이다.
> 다. 개체 간의 관계와 유지해야 할 제약 조건을 나타낸다.
> 라. 접근 권한, 보안 정책, 무결성 규칙을 명세한다.

① 나, 다
② 가, 나, 다
③ 나, 다, 라
④ 가, 나, 다, 라

10 [2012·18]

다음 설명에 해당하는 스키마는?

> 물리적 저장 장치의 입장에서 본 데이터베이스 구조로서 실제로 데이터베이스에 저장될 레코드의 형식을 정의하고 저장 데이터 항목의 표현 방법, 내부 레코드의 물리적 순서 등을 나타낸다.

① Internal Schema
② Conceptual Schema
③ External Schema
④ Definition Schema

11 [2002·08·17]

E-R 모델의 표현 방법으로 옳지 않은 것은?

① 개체타입 : 사각형
② 관계타입 : 마름모
③ 속성 : 오각형
④ 연결 : 선

12 [2001]

데이터베이스 관리 시스템에서 데이터 언어(Data Language)에 대한 설명으로 옳지 않은 것은?

① 데이터 정의어(DDL)는 데이터베이스의 구조를 정의하거나 수정할 목적으로 사용하는 언어이다.
② 데이터베이스를 정의하고 접근하기 위해서 데이터베이스 관리 시스템과 통신하기 위한 수단이 데이터 언어이다.
③ 데이터 조작어(DML)는 사용자와 데이터베이스 관리 시스템 간의 인터페이스를 제공한다.
④ 데이터 제어어(DCL)는 주로 응용 프로그래머와 일반 사용자가 사용하는 언어이다.

한눈에 보는 *정답*과 *해설*

---

09 물리적 저장 장치의 관점에서 본 데이터베이스의 명세는 내부 스키마 (Internal Schema)에 해당한다.

10 내부 스키마(internal schema)
- 데이터베이스 설계자의 관점에서 정의하는 DB 명세를 의미한다.
- 데이터베이스의 물리적인 저장 구조, 형식, 인덱스, 항목 표현 방법 등을 기술한다.
- 물리적 저장 장치와 가장 밀접한 계층을 표현한다.

11 E-R 다이어그램 기호

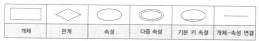

개체	관계	속성	다중 속성	기본 키 속성	개체-속성 연결

12 DCL은 효율성을 높이기 위한 DB관리, 데이터 무결성 유지, 보안 및 사용자 권한 관리, 병행 수행 제어 등을 기술하는 언어로, 데이터베이스 관리자(DBA)가 주로 사용하는 언어이다.

05 ① 06 ③ 07 ③ 08 ④ 09 ③ 10 ① 11 ③ 12 ④

13 2011·16

SQL의 명령은 사용 용도에 따라 DDL, DML, DCL로 구분할 수 있다. 다음 명령 중 그 성격이 나머지 셋과 다른 것은?

① CREATE
② ALTER
③ SELECT
④ DROP

14 2009

SQL은 DDL, DML, DCL로 구분할 수 있다. 다음 중 나머지 셋과 성격이 다른 명령은 무엇인가?

① SELECT
② CREATE
③ INSERT
④ UPDATE

15 2001·03·06

관계 데이터 언어(Data Language) 중에서 데이터의 보안, 무결성, 회복과 밀접한 관련이 있는 데이터 언어는?

① 데이터 정의어
② 데이터 조작어
③ 데이터 제어어
④ 도메인 관계 해석 질의어

16 2008

데이터베이스 언어 중 DDL의 기능이 아닌 것은?

① 논리적, 물리적 데이터 구조의 정의
② 데이터 회복과 병행 수행 제어
③ 논리적 데이터 구조와 물리적 데이터 구조의 사상 정의
④ 데이터베이스 정의 및 수정

17 2002

사용자로 하여금 데이터를 처리할 수 있게 하는 도구로서 사용자(응용프로그램)와 DBMS 간의 인터페이스를 제공하는 언어는?

① 데이터 정의어(DDL)
② 데이터 조작어(DML)
③ 데이터 부속어(DSL)
④ 데이터 제어어(DCL)

18 1996

다음 중 데이터베이스 사용자에 속하지 않는 것은?

① 단말 사용자
② 응용 프로그래머
③ 데이터베이스 관리자
④ 데이터베이스 관리 시스템

 한눈에 보는 정답과 해설

---

13 CREATE, ALTER, DROP은 DDL, SELECT는 DML에 속한다.

14 SELECT, INSERT, UPDATE는 DML, CREATE는 DDL에 속한다.

16 데이터 회복과 병행 수행 제어는 DCL(Data Control Language)의 기능에 해당한다.

17 DML은 DB 검색 및 사용에 쓰이며 사용자 인터페이스를 제공한다.

19 `2000 · 01`

DBA(Database Administrator)의 수행 역할과 거리가 먼 것은?

① 데이터베이스 구축
② 응용프로그램 개발
③ 사용자 요구 정보 결정 및 효율적 관리
④ DBMS의 관리

20 `2003`

DBA의 여러 업무 중 시스템 감시 및 성능 분석 업무 내용에 해당되지 않는 것은?

① 사용자 요구 변화 분석
② 장비 성능 감시
③ 백업/회복 절차 이행
④ 데이터 사용 추세 분석

21 `2012 · 15`

데이터베이스에서 널(null) 값에 대한 설명으로 옳지 않은 것은?

① 아직 모르는 값을 의미한다.
② 아직 알려지지 않은 값을 의미한다.
③ 공백이나 0(zero)과 같은 의미이다.
④ 정보 부재를 나타내기 위해 사용한다.

22 `2001 · 04 · 06`

데이터베이스에 관련된 용어의 설명으로 옳지 않은 것은?

① 튜플(tuple) – 테이블에서 열에 해당한다.
② 애트리뷰트(attribute) – 데이터의 가장 작은 논리적 단위로서 파일 구조상의 데이터 항목 또는 데이터 필드에 해당한다.
③ 릴레이션(relation) – 릴레이션 스킴과 릴레이션 인스턴스로 구성된다.
④ 도메인(domain) – 애트리뷰트가 취할 수 있는 값들의 집합이다.

23 `2002 · 04`

하나의 애트리뷰트가 가질 수 있는 값을 총칭하여 무엇이라 하는가?

① 튜플
② 릴레이션
③ 도메인
④ 엔티티

한눈에 보는 정답과 해설

---

19 DBA는 데이터베이스 시스템의 전반적인 관리자로 개념 스키마 및 내부 스키마를 정의, 백업 정책 및 복구 정책을 수립하고 관리, 보안 검사 및 무결성 검사 정책을 수립하고 관리, 시스템 감시 및 성능 분석을 수행한다.

20 백업/회복 절차 이행은 시스템 감시나 성능 분석 업무와는 거리가 먼 운영 관리 업무에 해당한다.

21 0도 엄연한 데이터 값이다.

22 튜플은 테이블의 행에 해당한다.

13 ③ 14 ② 15 ③ 16 ② 17 ② 18 ④ 19 ② 20 ③ 21 ③ 22 ①
23 ③

24 (2001·02·03·06·08)

관계 데이터베이스 모델에서 릴레이션(Relation)에 포함되어 있는 튜플(Tuple)의 수를 무엇이라고 하는가?

① 차수(degree)
② 카디널리티(cardinality)
③ 속성 수(attribute value)
④ 카티션 프로덕트(cartesian product)

25 (2012·15)

속성(Attribute)에 대한 설명으로 틀린 것은?

① 속성은 개체의 특성을 기술한다.
② 속성은 데이터베이스를 구성하는 가장 작은 논리적 단위이다.
③ 속성은 파일 구조상 데이터 항목 또는 데이터 필드에 해당된다.
④ 속성의 수를 "cardinality"라고 한다.

26 (2000)

관계 데이터베이스를 구축할 때의 데이터 모델 개념으로 적절치 않은 것은?

① 튜플 – 테이블에서 행(레코드)과 유사하다.
② 도메인 – 개체 관계를 총칭하는 집합이다.
③ 속성 – 개체가 가지고 있는 성질을 나타낸다.
④ 관계 – 개체 간의 상호작용을 나타낸다.

27 (2000)

다음 두 개체에서 외래 키는?

> 학생(학번, 이름, 학과코드, 주소)
> 학과(학과코드, 학과이름, 학과장 교수번호)
> (단, 밑줄 친 속성은 해당 개체의 기본 키)

① 학번
② 학과이름
③ 주소
④ 학과코드

28 (2006)

릴레이션의 특성에 대한 설명으로 잘못된 것은?

① 한 릴레이션에 포함된 튜플들은 모두 상이하다.
② 한 릴레이션에 포함된 튜플 사이에는 순서가 없다.
③ 한 릴레이션을 구성하는 애트리뷰트 사이에는 일정한 순서가 있다.
④ 모든 애트리뷰트 값은 원잣값이다.

29 (2008·13)

릴레이션에 대한 설명으로 옳지 않은 것은?

① 모든 튜플은 서로 다른 값을 가지고 있다.
② 하나의 릴레이션에서 튜플은 순서를 가진다.
③ 각 속성은 릴레이션 내에서 유일한 이름을 가진다.
④ 모든 속성 값은 원잣값(Atomic Value)을 가진다.

 한눈에 보는 정답과 해설

24~25 카디널리티는 릴레이션에 포함되어 있는 튜플의 수를 의미한다.

26 도메인은 어떤 애트리뷰트가 가질 수 있는 값의 집합을 말한다.

27 릴레이션 사이의 관계를 표현하는 데 사용되는 애트리뷰트를 외래 키라 한다. 문제에서 학과코드는 학생 릴레이션의 외래 키가 된다.

28 튜플 내의 애트리뷰트 사이의 순서는 큰 의미가 없다.

29 릴레이션 내에서의 튜플의 순서는 큰 의미가 없다.

30 2011 · 13

레코드가 직접 액세스 기억장치의 물리적 주소를 통해 직접 액세스되는 파일 구조는?

① Sequential File
② Indexed Sequential File
③ Direct File
④ Partitioned File

31 2012

순차 파일에 대한 설명으로 옳지 않은 것은?

① 일괄 처리에 적합한 구조이다.
② 기억장치에 대한 임의접근이나 순차접근이 모두 가능하다.
③ 필요한 레코드의 삽입, 삭제, 수정 시 파일을 재구성해야 한다.
④ 파일 탐색 시 효율이 좋다.

32 2004

SQL에서 명령어 짝의 사용이 부적절한 것은?

① UPDATE…/SET…
② INSERT…/INTO…
③ DELETE…/FROM…
④ CREATE VIEW…/TO…

33 1999

다음 SQL 문장이 뜻하는 것은 무엇인가?

> INSERT INTO 컴퓨터과테이블(학번, 이름, 학년) SELECT 학번, 이름, 학년 FROM 학생테이블 WHERE 학과 = '컴퓨터';

① 학생테이블에서 학과가 컴퓨터인 사람의 학번, 이름, 학년을 검색하라.
② 학생테이블에 학과가 컴퓨터인 사람의 학번, 이름, 학년을 삽입하라.
③ 학생테이블에서 학과가 컴퓨터인 사람의 학번, 이름, 학년을 검색하여 컴퓨터과테이블에 삽입하라.
④ 컴퓨터과테이블에서 학과가 컴퓨터인 사람의 학번, 이름, 학년을 검색하여 학생테이블에 삽입하라.

한눈에 보는 정답과 해설

31 순차 파일에서는 생성되는 순서에 따라 레코드를 순차적으로 저장한다. 파일에 새로운 레코드를 삽입, 삭제하는 경우 시간이 많이 소요되며 검색 효율이 낮고, 시간 및 응답시간이 느린 단점이 있다.

32 CREATE VIEW… / FROM 형식을 따른다.

33 INSERT INTO 다음에 나오는 테이블이 삽입할 목적 테이블이다.

24 ② 25 ④ 26 ② 27 ④ 28 ③ 29 ② 30 ③ 31 ④ 32 ④ 33 ③

34 (2005)

SQL문에서 HAVING을 사용할 수 있는 절은?

① LIKE절
② WHERE절
③ GROUP BY절
④ ORDER BY절

35 (1999)

입교 지원 현황을 조회하고자 할 때, 다음 예시된 SQL 구문으로 알 수 없는 것은?

> SELECT 지원, 지원학과, 전화번호
> FROM 지원자
> WHERE 점수>59
> ORDER BY 지원학교, 점수 DESC;

① 지원자 테이블을 검색한다.
② 점수가 60점 이상인 지원자만을 검색한다.
③ 지원자 전체에 대해 점수순(내림차순)으로 정렬된다.
④ 지원학과별 점수 순위를 알 수 있다.

36 (2000)

다음 질의어를 SQL 문장으로 바르게 나타낸 것은?

> 학번이 100, 이름이 홍길동, 학과가 컴퓨터인 학생을 학생 테이블에 삽입하라(단, 학생 테이블에 학번, 이름, 학과의 열이 있다고 가정한다).

① UPDATE 학생테이블 SET 학번=100, 이름='홍길동', 학과=컴퓨터
② INSERT INTO 학생테이블 VALUES(100, '홍길동', 컴퓨터)
③ INSERT 학생테이블 VALUE(100, '홍길동', 컴퓨터)
④ UPDATE 학생테이블 SET(100, '홍길동', 컴퓨터)

37 (2001)

STUDENT 테이블은 50개의 튜플이 정의되어 있으며, S-AGE 열의 값은 정수값으로 되어 있다. S-AGE 값이 18인 튜플이 10개, 19인 튜플이 35개, 20인 튜플이 5개일 경우, 다음 두 SQL문의 실행 결과 값을 순서대로 옳게 나타낸 것은?

> SELECT DISTINCT S-AGE FROM STUDENT;
> SELECT S-AGE
> FROM STUDENT WHERE S-AGE>19;

① 50, 40
② 50, 5
③ 3, 5
④ 3, 1

한눈에 보는 정답과 해설

34 HAVING은 그룹에 대한 검색 조건을 규정해 준다.

35 점수가 60점 이상인 지원자만을 검색하므로 지원자 전체에 대해 정렬되지 않는다.

36 새로 삽입하는 것이므로 INSERT INTO 구문을 사용해야 한다.

37 SELECT DISTINCT는 중복되는 레코드를 제거하므로 18, 19, 20의 3가 지만 남게 되며, 19보다 큰 S-AGE 값은 20이므로 20인 튜플 5개만 검색된다.

38 2002·04

관계형 데이터베이스에서 기본 테이블, 뷰, 인덱스, 데이터베이스, 응용 계획, 패키지, 접근 권한 등을 가지고 있는 것은?

① 사전(Dictionary) ② 카탈로그(Catalog)
③ 레포지토리(Repository) ④ 스키마(Schema)

39 2001·10·15

시스템 카탈로그에 대한 설명으로 옳지 않은 것은?

① 시스템 카탈로그는 테이블 정보, 인덱스 정보, 뷰 정보 등을 저장하는 시스템 테이블이다.
② 시스템 카탈로그는 DBMS가 스스로 생성하고, 유지하는 데이터베이스 내 특별한 테이블이다.
③ 시스템 카탈로그에는 사용자의 접근이 허락되지 않는다.
④ 시스템 카탈로그에 대한 갱신은 DBMS가 자동적으로 수행한다.

40 2009·11·12·17

시스템 카탈로그에 대한 설명으로 옳지 않은 것은?

① 사용자가 직접 시스템 카탈로그의 내용을 갱신하여 데이터베이스 무결성을 유지한다.
② 시스템 자신이 필요로 하는 스키마 및 여러 가지 객체에 관한 정보를 포함하고 있는 시스템 데이터베이스이다.
③ 시스템 카탈로그에 저장되는 내용을 메타 데이터라고도 한다.
④ 시스템 카탈로그는 DBMS가 스스로 생성하고 유지한다.

41 2012

시스템 카탈로그에 대한 설명으로 틀린 것은?

① 데이터베이스에 포함된 다양한 데이터 객체에 대한 정보들을 유지, 관리하기 위한 시스템 데이터베이스이다.
② 시스템 카탈로그를 데이터 사전(Data Dictionary)이라고도 한다.
③ 시스템 카탈로그를 데이터 정보를 메타 데이터라고도 한다.
④ 시스템 카탈로그는 시스템을 위한 정보를 포함하는 시스템 데이터베이스이므로 일반 사용자는 내용을 검색할 수 없다.

42 2012

시스템 카탈로그에 대한 설명으로 틀린 것은?

① 시스템 카탈로그에 저장된 정보를 슈퍼 데이터(Super Data)라고 한다.
② 시스템 자신이 필요로 하는 스키마 및 여러 가지 객체에 관한 정보를 포함하고 있는 시스템 데이터베이스이다.
③ 카탈로그들이 생성되면 자료 사전에 저장되기 때문에 좁은 의미로 자료 사전이라고도 한다.
④ 시스템 카탈로그에 대한 사용자의 접근은 읽기 전용으로만 허용된다.

한눈에 보는 정답과 해설

---

39 ③ 시스템 카탈로그에는 사용자가 접근할 수 있으나 변경할 수는 없다.

40 ① 시스템 카탈로그의 갱신은 DBMS에서 자동적으로 수행·유지한다.

41 ④ 시스템 카탈로그는 SQL을 이용하여 내용을 검색·참조할 수 있다.

42 ① 시스템 카탈로그에 저장된 정보를 메타 데이터(meta data)라고 한다.

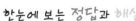
34 ③ 35 ③ 36 ② 37 ③ 38 ② 39 ③ 40 ① 41 ④ 42 ①

43 2000

데이터베이스의 뷰(View)에 관한 설명으로 옳지 않은 것은?

① 하나 이상의 테이블에서 유도되는 가상 테이블이다.
② 뷰 정의문 및 데이터가 물리적 구조로 생성된다.
③ 뷰를 이용한 또 다른 뷰의 생성이 가능하다.
④ 뷰의 활용은 테이블과 동일하다.

44 2000

SQL의 뷰에 대한 장점으로 부적합한 것은?

① 논리적 데이터 독립성을 제공한다.
② 접근 제어를 통한 보안을 제공한다.
③ 뷰 정의의 변경이 용이하다.
④ 사용자의 데이터 관리를 간단하게 해준다.

45 2012 · 13 · 16

뷰(View)에 대한 설명으로 옳은 내용으로만 나열된 것은?

> 가. 뷰는 저장 장치 내에 물리적으로 존재한다.
> 나. 뷰가 정의된 기본 테이블이 삭제되더라도 뷰는 자동적으로 삭제되지 않는다.
> 다. DBA는 보안 측면에서 뷰를 활용할 수 있다.
> 라. 뷰로 구성된 내용에 대한 삽입, 삭제 갱신 연산에는 제약이 따른다.

① 가, 나, 다, 라   ② 가, 다, 라
③ 나, 라   ④ 다, 라

46 2011

뷰(View)에 대한 설명으로 옳지 않은 내용으로만 나열된 것은?

> 가. 뷰 위에 또 다른 뷰를 정의할 수 있다.
> 나. DBA는 보안 측면에서 뷰를 활용할 수 있다.
> 다. 뷰의 정의는 ALTER문을 이용하여 변경할 수 없다.
> 라. SQL을 사용하면 뷰에 대한 삽입, 갱신, 삭제 연산 시 제약 사항이 따르지 않는다.

① 다   ② 나, 다, 라
③ 라   ④ 가, 라

한눈에 보는 정답과 해설

---

43 뷰(View)는 어떤 릴레이션에서 유도된 가상의 릴레이션을 말한다. 물리적으로 존재하는 릴레이션이 아니지만 사용자에게는 실제로 있는 것처럼 간주된다.

44 뷰는 정의된 내용을 변경할 수 없다. 뷰를 통해 얻을 수 있는 장점은 다음과 같다.
   • 뷰 튜플 추가 시 오류가 검증될 수 있으므로 데이터 무결성이 보장된다.
   • 접근을 제어하여 데이터베이스 보안 유지에 도움을 준다.
   • 다양한 사용자의 응용이나 요구를 목적에 맞게 지원할 수 있다.
   • 동일 데이터를 다각적으로 표현할 수 있다.
   • 논리적 데이터 독립성을 제공할 수 있다.
   • 데이터 관리를 쉽게 해준다.

45 가. 물리적이 아닌 논리적으로 존재한다.
   나. 뷰는 기본 테이블이 삭제된다면 이를 기초로 정의한 모든 뷰도 자동 삭제된다.

47 `2001`

데이터 모델에 대한 설명으로 부적합한 것은?

① 현실 세계를 데이터베이스에 표현하는 중간 과정, 즉 데이터베이스 설계 과정에서 데이터의 구조를 표현하기 위해 사용되는 도구이다.

② 데이터 모델은 현실 세계를 데이터베이스로 표현하는 과정에서 개념적인 구조, 논리적인 구조, 물리적인 구조를 표현하기 위해 사용된다.

③ 개념적 데이터 모델은 속성들로 기술된 개체 타입과 이 개체 타입들 간의 관계를 이용하여 현실 세계를 표현하는 방법이다.

④ 논리적 데이터 모델은 필드로 기술된 데이터 타입과 이 데이터 타입들 간의 관계를 이용하여 현실 세계를 표현하는 방법이다.

48 `2002 · 04`

데이터 모델(Data Model)의 개념으로 가장 적절한 것은?

① 현실 세계의 데이터 구조를 컴퓨터 세계의 데이터 구조로 기술하는 개념적인 도구이다.

② 컴퓨터 세계의 데이터 구조를 현실 세계의 데이터 구조로 기술하는 개념적인 도구이다.

③ 현실 세계의 특정한 한 부분의 표현이다.

④ 가상 세계의 데이터 구조를 현실 세계의 데이터 구조로 기술하는 개념적인 도구이다.

49 `2004 · 08`

개체-관계(E-R) 모델에 대한 설명으로 잘못된 것은?

① E-R 다이어그램으로 표현하며 P. Chen이 제안했다.

② 일대일(1 : 1) 관계 유형만을 표현할 수 있다.

③ 개체 타입과 이들 간의 관계 타입을 이용해 현실 세계를 개념적으로 표현한 방법이다.

④ E-R 다이어그램은 E-R 모델을 그래프 방식으로 표현한 것이다.

50 `2000 · 02`

관계형 데이터 모델링(E-R 모델)에서 릴레이션(관계)은 어떻게 표현되는가?

① 사각형

② 타원

③ 마름모

④ 삼각형

한눈에 보는 *정답*과 *해설*

---

47 데이터 모델로 물리적인 구조를 표현하지는 않는다.

48 데이터 모델은 실세계의 정보를 컴퓨터 세계의 데이터 구조로 기술하는 도구 또는 행위를 말한다.

49 일대일, 일대다, 다대다 관계를 모두 표현할 수 있다.

50 개체 : 직사각형, 관계 : 마름모, 속성 : 원, 링크 : 선

43 ② 44 ③ 45 ④ 46 ③ 47 ② 48 ① 49 ② 50 ③

51 2009·11

개체-관계 모델(E-R Model)에 관한 설명으로 옳지 않은 것은?

① E-R 모델의 기본적인 아이디어를 시각적으로 가장 잘 나타내는 것이 E-R 다이어그램이다.
② E-R 다이어그램에서 개체 타입은 다이아몬드, 관계 타입은 사각형, 속성은 타원으로 표시한다.
③ 개체, 속성, 그들 간의 관계를 이용하여 개념 세계의 정보 구조를 표현한다.
④ 1976년 P. Chen이 제안하였다.

52 2001

논리적 데이터 모델에 대한 설명으로 옳지 않은 것은?

① 관계형 데이터 모델 – 데이터베이스를 테이블의 집합으로 표현한다.
② 네트워크 데이터 모델 – 데이터베이스를 그래프 구조로 표현한다.
③ 계층적 데이터 모델 – 데이터베이스를 계층적 그래프 구조로 표현한다.
④ 객체 지향 데이터 모델 – 데이터베이스를 객체/상속 구조로 표현한다.

53 2002

계층적 데이터 모델에서 두 레코드 간에 직접 표현 방법을 제공하지 않는 것은?

① 1 : 1 관계
② 1 : n 관계
③ m : n 관계
④ 두 개의 1 : n 관계

54 2000·01·03·04·11·12

데이터베이스 설계 시 다음 (   ) 안의 내용으로 옳은 것은?

> 요구 조건 분석 → (   ) → (   ) → (   ) → 데이터베이스 구현

① 물리적 설계 → 논리적 설계 → 개념적 설계
② 개념적 설계 → 논리적 설계 → 물리적 설계
③ 논리적 설계 → 개념적 설계 → 물리적 설계
④ 논리적 설계 → 물리적 설계 → 개념적 설계

한눈에 보는 정답과 해설

52	계층적 데이터 모델은 데이터베이스를 계층적 트리 구조로 표현한다.
53	계층적 트리 구조로는 다 : 다 관계를 표현할 수 없다.
54	개념적 설계를 가장 먼저 시행한다.

55 (2012 · 18)

데이터베이스 설계 단계 중 물리적 설계에 해당하는 것은?

① 데이터 모형화와 사용자 뷰들을 통합한다.
② 사용자들의 요구사항을 확인하고 메타 데이터를 수집, 기록한다.
③ 파일 조직 방법과 저장 방법, 그리고 파일 접근 방법 등을 선정한다.
④ 사용자들의 요구사항을 입력으로 하여 응용프로그램의 골격인 스키마를 작성한다.

56 (2003)

관계 데이터 모델링에서 정규화(Normalization)를 하는 이유로 거리가 먼 것은?

① 가능하다면 모든 개체 간의 관계를 표현하기 위해서
② 개체 간의 종속성을 가급적 피하기 위해서
③ 정보의 중복을 피하기 위해서
④ 정보의 검색을 보다 용이하게 하기 위해서

57 (2011 · 15 · 18)

정규화의 필요성으로 거리가 먼 것은?

① 데이터 구조의 안정성 최대화
② 중복 데이터의 활성화
③ 수정, 삭제 시 이상현상의 최소화
④ 테이블 불일치 위험의 최소화

58 (2009)

정규화의 목적으로 거리가 먼 것은?

① 삽입, 삭제, 갱신 이상의 발생을 방지한다.
② 효과적인 검색 알고리즘을 생성할 수 있다.
③ 어떤 릴레이션이라도 데이터베이스 내에 표현할 수 있도록 한다.
④ 종속되지 않도록 릴레이션을 분배하여 연산 시간을 감소시킨다.

59 (2010 · 12)

정규형에 대한 설명으로 옳지 않은 것은?

① 제2정규형은 반드시 제1정규형을 만족해야 한다.
② 정규화하는 것은 테이블을 결합하여 종속성을 제거하는 것이다.
③ 제1정규형은 릴레이션에 속한 모든 도메인이 원자값만으로 되어 있는 릴레이션이다.
④ BCNF는 강한 제3정규형이라고도 한다.

60 (2012 · 13 · 16 · 18)

정규화의 목적으로 옳지 않은 것은?

① 어떠한 릴레이션이라도 데이터베이스 내에서 표현 가능하게 만든다.
② 데이터 삽입 시 릴레이션을 재구성할 필요성을 줄인다.
③ 중복을 배제하여 삽입, 삭제, 갱신 이상의 발생을 야기한다.
④ 효과적인 검색 알고리즘을 생성할 수 있다.

한눈에 보는 정답과 해설

55 데이터베이스의 물리적 설계는 실질적인 파일 조작 및 접근과 관련된 방법을 다룬다.

56 개체 간의 종속성은 관계로 표현된다.

58 릴레이션을 분배하지만, 연산 시간과는 관계가 없다.

59 하나의 릴레이션을 좀 더 단순하고 바람직한 구조를 갖는 두 개 이상의 릴레이션으로 쪼개는 과정으로 나타난다.

51 ② 52 ③ 53 ③ 54 ② 55 ③ 56 ② 57 ② 58 ④ 59 ② 60 ③

61 1999

어떤 릴레이션에 속한 모든 도메인이 원잣값(Atomic Value)만으로 되어 있는 릴레이션을 무엇이라고 하는가?

① 제1정규형(1NF)
② 제2정규형(2NF)
③ BCNF
④ 제4정규형(4NF)

62 1999

키가 아닌 모든 속성이 기본 키(Primary Key)에 관한 충분한 함수적 종속을 만족하는 정규형은?

① 1NF   ② 2NF
③ 3NF   ④ 4NF

63 2004 · 11 · 12

제3정규형에서 보이스코드 정규형(BCNF)으로 정규화하기 위한 작업은?

① 원잣값이 아닌 도메인 분해
② 부분 함수 종속 제거
③ 이행 함수 종속 제거
④ 결정자가 후보 키가 아닌 함수 종속 제거

64 2008 · 14

제2정규형에서 제3정규형이 되기 위한 조건은?

① 이행적 함수 종속 제거
② 부분적 함수 종속 제거
③ 다치 종속 제거
④ 결정자이면서 후보 키가 아닌 것 제거

65 2000 · 01

트랜잭션의 특성에 대한 설명으로 〈보기〉에 해당하는 특성은?

> **보기**
> • 완전하게 수행 완료되지 않으면 전혀 수행되지 않아야 한다.
> • 트랜잭션은 일부만 수행된 상태로 종료되어서는 안 된다.
> • 트랜잭션 A가 수행되는 동안 다른 트랜잭션 B는 트랜잭션 A가 지금까지 수행한 중간 결과를 참조할 수 없다.

① 원자성(atomicity)
② 일관성(consistency)
③ 분리성(isolation)
④ 지속성(durability)

 한눈에 보는 정답과 해설

61 제1정규형(1NF) : 릴레이션 내의 모든 애트리뷰트에 반복 그룹이 나타나지 않으면 제1정규형을 만족한다. 즉, 모든 애트리뷰트가 원잣값을 가지면 제1정규형을 만족한다.

62 제2정규형을 만족하는 릴레이션은 먼저 제1정규형을 만족해야 하고 어떤 후보 키에도 속하지 않는 모든 애트리뷰트들이 릴레이션의 기본 키에 완전히 함수적으로 종속하는 것을 말한다.

63 BCNF(Boyce—Codd Normal Form)를 만족하는 릴레이션은 먼저 제3정규형을 만족해야 하고, 모든 결정자가 후보 키여야 한다는 것을 말한다.

64 제3정규형을 만족하는 릴레이션은 먼저 제2정규형을 만족해야 하고, 키가 아닌 모든 애트리뷰트가 릴레이션의 기본 키에 이행적으로 종속하지 않는 것을 말한다.

65

특성	내용
원자성 (atomicity)	트랜잭션 수행이 완전하게 완료되지 않으면 전혀 수행되지 않아야 한다. 즉, 트랜잭션은 일부만 수행된 상태로 종료되어서는 안 된다.
일관성 (consistency)	한 트랜잭션을 정확하게 수행하고 나면 데이터베이스가 하나의 일관된 상태에서 다른 일관된 상태로 변한다.
고립성 (isolation)	한 트랜잭션이 데이터를 갱신하는 동안 완료되기 전에는 갱신 중인 데이터를 다른 트랜잭션들이 영향을 주어서는 안 된다.
지속성 (durability)	트랜잭션이 일단 성공적으로 완료되면 시스템 고장이 발생하더라도 그 결과가 지속되어야 한다.

66 2012 · 15

"트랜잭션의 연산은 데이터베이스에 모두 반영되든지 아니면 전혀 반영되지 않아야 한다."는 트랜잭션의 특성은?

① Consistency
② Isolation
③ Atomicity
④ Durability

67 2003 · 18

트랜잭션의 특성 중 아래 내용에 해당되는 것은?

시스템이 가지고 있는 고정 요소는 트랜잭션 수행 전과 트랜잭션 수행 완료 후에 같아야 한다는 특성

① 원자성(atomicity)
② 일관성(consistency)
③ 격리성(isolation)
④ 영속성(durability)

68 2001

데이터의 무결성(Integrity)을 보장하기 위하여 DBMS의 트랜잭션이 가져야 할 특성에 해당하지 않는 것은?

① 트랜잭션의 연산은 데이터베이스에 모두 반영되든지 아니면 전혀 반영되지 않아야 한다.
② 트랜잭션의 실행은 데이터베이스의 일관성을 유지해야 한다.
③ 트랜잭션이 일단 그 실행을 성공적으로 완료하면 그 결과는 영속적이어야 한다.
④ 하나의 트랜잭션이 실행 중에 있는 연산의 중간 결과는 다른 트랜잭션이 접근할 수 있어야 한다.

69 2008

트랜잭션의 특성으로 옳지 않은 것은?

① 트랜잭션의 연산은 데이터베이스에 모두 반영되든지, 아니면 전혀 반영되지 않아야 한다.
② 트랜잭션이 그 실행을 성공적으로 완료하면 언제나 일관성 있는 데이터베이스 상태로 변환한다.
③ 둘 이상의 트랜잭션이 동시에 병행 실행되는 경우 어느 하나의 트랜잭션 실행 중에 다른 트랜잭션의 연산이 끼어들 수 있다.
④ 트랜잭션에 의해서 생성된 결과는 계속 유지되어야 한다.

68 한 트랜잭션이 데이터를 갱신하는 동안 완료되기 전에는 갱신 중인 데이터를 다른 트랜잭션들이 영향을 주어서는 안 된다.

69 ③ 고립성(isolation) : 한 트랜잭션이 데이터를 갱신하는 동안 완료되기 전에는 갱신 중인 데이터를 다른 트랜잭션들이 영향을 주어서는 안 된다.

61 ① 62 ② 63 ④ 64 ① 65 ① 66 ③ 67 ② 68 ④ 69 ③

70 2012

다음과 같은 트랜잭션의 특징은?

> 여러 개의 트랜잭션이 동시에 실행된다 하더라도 다음과 같은 사항이 보장되어야 한다. 트랜잭션 T1과 T2에 대해서 T1이 시작되기 전에 T2가 끝나든지, T1이 끝난 후 T2가 시작되든지 해야 한다. 따라서 각 트랜잭션은 동시에 실행되고 있는 다른 트랜잭션을 인식하지 못한다.

① Atomicity
② Consistency
③ Isolation
④ Durability

71 2001 · 03

비선형 구조와 선형 구조가 옳게 짝지어진 것은?

> 가. 스택(Stack)
> 나. 큐(Queue)
> 다. 트리(Tree)
> 라. 연결 리스트(Linked List)
> 마. 그래프(Graph)

① 비선형 구조 : 가, 나, 마　　선형 구조 : 다, 라
② 비선형 구조 : 다, 마　　선형 구조 : 가, 나, 라
③ 비선형 구조 : 가, 나, 다　　선형 구조 : 라, 마
④ 비선형 구조 : 다　　선형 구조 : 가, 나, 라, 마

72 2012

자료 구조의 성격이 나머지 셋과 다른 하나는?

① 큐(queue)
② 그래프(graph)
③ 데크(deque)
④ 리스트(list)

73 2000 · 02

희소행렬을 링크드 리스트(Linked List)로 표현할 때 가장 큰 장점은?

① 기억장소가 절약된다.
② 임의 위치 액세스(random access)가 가능하다.
③ 이진 검색(binary search)이 가능하다.
④ 행렬각의 연산 시간을 줄일 수 있다.

74 2001

연결 리스트(Linked List)에 대한 설명으로 거리가 먼 것은?

① 노드의 삽입이나 삭제가 쉽다.
② 노드들이 포인터로 연결되어 검색이 빠르다.
③ 연결을 해주는 포인터(pointer)를 위한 추가 공간이 필요하다.
④ 연결 리스트 중에는 중간 노드 연결이 끊어지면 그 다음 노드를 찾기 힘들다.

 한눈에 보는 정답과 해설

71 • 선형 구조 : 리스트, 스택, 큐, 데크 등
　　• 비선형 구조 : 트리, 그래프 등

72 그래프는 비선형 구조이다.

73 희소행렬(대부분 원소가 0으로 표현되는 행렬)을 표현할 때 기억장소가 절약되는 것은 연결 리스트의 특징 중 하나이다.

74 노드의 삽입, 삭제가 쉽지만 포인터를 위한 공간이 필요하여 공간 효율이 떨어지며 포인터 계산에 시간이 걸려 연속 배열보다 검색이 늦다.

75 `2001 · 04 · 06 · 12`
스택(Stack)의 응용 분야와 거리가 먼 것은?

① 운영체제의 작업 스케줄링
② 함수 호출의 순서 제어
③ 인터럽트의 처리
④ 수식의 계산

76 `2008`
스택(Stack)이 사용되는 경우는?

① 인터럽트가 발생할 때
② 분기 명령이 실행될 때
③ 무조건 점프 명령이 실행될 때
④ 메모리 요구가 받아들여졌을 때

77 `2012`
다음 중 큐를 이용하는 작업에 해당하는 것은?

① 운영체제의 작업 스케줄링
② 부프로그램 호출 시 복귀주소의 저장
③ 컴파일러를 이용한 언어번역
④ 재귀 프로그램의 순서제어

78 `2012`
다음 중 큐가 요구되는 작업으로 가장 적합한 것은?

① 작업 스케줄링
② 중위 표기식의 후위 표기 변환
③ 함수 호출과 리턴
④ 이진트리의 중위 순회

79 `2011 · 12 · 13 · 15 · 17 · 18`
순서가 A, B, C, D로 정해진 입력 자료를 스택에 입력하였다가 출력하는 경우, 출력 결과로서 가능하지 않은 것은?

① D, A, B, C
② B, D, C, A
③ C, B, D, A
④ B, A, D, C

80 `2003`
다음 트리(Tree)의 차수(Degree)와 터미널 노드의 수는?

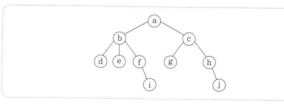

① Degree : 2, 터미널 노드 : 4
② Degree : 3, 터미널 노드 : 5
③ Degree : 4, 터미널 노드 : 2
④ Degree : 4, 터미널 노드 : 10

한눈에 보는 정답과 해설

75 운영체제의 작업 스케줄링에는 큐(Queue)가 사용된다.

79 D가 제일 먼저 출력되려면 A, B, C가 순서대로 이미 스택에 저장되어 있다는 뜻이다. 그러므로 들어간 순서대로 되돌아 나올 수는 없다.

80 차수(degree)는 3차(b, c / d, e, f, g, h / i, j)이고, 터미널 노드는 d, e, i, g, j 5개이다.

70 ③ 71 ② 72 ② 73 ① 74 ② 75 ① 76 ① 77 ① 78 ① 79 ①
80 ②

81 2010

다음 트리를 후위 순회(Postorder Traversal)한 결과는?

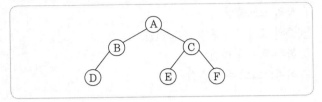

① A, B, D, C, E, F
② D, B, A, E, C, F
③ D, B, E, F, C, A
④ A, B, C, D, E, F

82 1999

검색 방법 중 속도는 가장 빠르지만 충돌 현상 시 오버플로우 해결의 부담이 과중되며, 많은 기억 공간을 요구하는 탐색 방법은?

① 해싱(Hashing)
② 블록 탐색(Block Search)
③ 순차 탐색(Sequential Search)
④ 이진 탐색(Binary Search)

83 2002

이진 트리에서 발생하는 널(Null) 링크를 트리 운행에 필요한 다른 노드의 포인터로 사용하도록 고안된 트리는?

① Knuth 이진 트리
② 전 이진 트리
③ B+ 트리
④ 스레드 이진 트리

84 2012 · 15 · 18

다음 자료에 대하여 삽입(Insertion) 정렬 기법을 사용하여 오름차순으로 정렬하고자 한다. 1회전 후의 결과는?

5, 4, 3, 2, 1

① 4, 3, 2, 1, 5
② 3, 4, 5, 2, 1
③ 4, 5, 3, 2, 1
④ 1, 2, 3, 4, 5

 한눈에 보는 정답과 해설

81 후위 순회(Postorder Traversal) : Left → Right → Root 순으로 순회한다.

82 해싱(hashing)은 검색 방법 중 속도가 가장 빠르지만 서로 다른 두 개 이상의 레코드가 같은 주소를 갖는 '충돌 현상' 시 입력된 값이 기억될 수 없는 '오버플로우(overflow)' 현상의 해결 부담이 과중되는 단점이 있다.

83 이진트리의 연결 표현에서 left와 right 링크 필드는 루트 노드를 제외하고는 모든 노드가 하나의 부모 노드에만 연결되어 있으므로 하나의 필드가 비어있게 된다. 이와 같은 링크 필드가 비어있는 'null' 링크를 포인터로 사용한 이진트리를 스레드(thread) 이진트리라 한다.

84 삽입 정렬은 이미 정렬된 상태에 새로운 하나의 레코드를 삽입시키는 방법이다. 정렬된 다음번째 레코드 값을 비교하여 정렬된 곳에 삽입될 위치를 결정한다.

85 (2009)

다음 자료에 대하여 선택(Selection) 정렬을 이용하여 오름차순으로 정렬할 경우 2회전 후의 결과로 옳은 것은?

> 9, 4, 5, 11, 8

① 4, 5, 8, 9, 11
② 4, 9, 5, 11, 8
③ 4, 5, 11, 8, 9
④ 4, 5, 9, 11, 8

86 (2011)

다음 자료에 대하여 "Selection Sort"를 사용하여 오름차순으로 정렬할 경우 PASS 1의 결과는?

> 8, 3, 4, 9, 7

① 3, 4, 8, 7, 9
② 3, 4, 7, 9, 8
③ 3, 4, 7, 8, 9
④ 3, 8, 4, 9, 7

87 (2000 · 02 · 05)

인덱스 순차 파일(ISAM)에 대한 설명으로 옳지 않은 것은?

① 인덱스를 저장하기 위한 공간과 오버플로우 처리를 위한 별도의 공간이 필요하다.
② 실제 데이터 처리 외에 인덱스를 처리하는 추가적인 시간이 소모되므로 파일 처리속도가 느리다.
③ 인덱스 영역은 실린더 색인 영역, 섹터 색인 영역, 트랙 색인 영역으로 구분된다.
④ 순차 처리와 직접 처리가 모두 가능하다.

88 (2009)

자료와 부가적인 정보를 조직하고 저장하는 방법이 파일구조이다. 파일을 조직할 때 색인 또는 오버플로우를 위한 공간이 필요하고, 파일을 사용하던 중에 오버플로우 레코드가 많아지면 재편성해야 하는 것은?

① 직접파일(direct file)
② 다중 링 파일(multi-ring file)
③ 순차 파일(sequence file)
④ 색인 순차 파일(indexed sequential file)

한눈에 보는 *정답과 해설*

85 선택 정렬은 최솟값부터 맨 앞에서 정렬시키는 방법이다. 모든 레코드 중에서 최솟값을 찾아 처음에 놓고 나머지 중에서 다시 최솟값을 찾아 두 번째 위치에 놓는 방법을 반복하여 정렬한다.

87 기본 구역(prime area), 색인 구역(index area), 오버플로우 구역(overflow area)으로 구성된다.

81 ③ 82 ① 83 ④ 84 ③ 85 ④ 86 ④ 87 ③ 88 ④

89 2008

해싱을 이용한 파일 구조에 해당하는 것은?

① 순차(sequential) 파일

② 직접(direct) 파일

③ 색인 순차(indexed sequential) 파일

④ 다중 키(multi-key) 파일

 한눈에 보는 정답과 해설

89 직접 파일에서는 특정 레코드에 접근하기 위해 디스크의 물리적
주소로 변환할 수 있는 해싱함수를 사용한다.

89 ②

04 컴퓨터 네트워크

01 `2002`

데이터 통신망에서 사용되는 일반적인 전송 속도 단위로서 1초간에 운반할 수 있는 데이터의 비트 수를 무엇이라고 하는가?

① bps
② band
③ byte
④ throughput

02 `2002`

디지털 전송의 특징이 아닌 것은?

① 전송 용량을 다중화함으로써 효율성이 높다.
② 중계기를 사용하므로 신호의 왜곡과 잡음 등을 줄일 수 있다.
③ 암호화 작업이 불가능하므로 안정성이 없다.
④ 디지털 기술의 발전으로 전송 장비의 소형화가 가능하며, 가격도 저렴화되고 있다.

03 `2001`

전화와 같이 동시에 송신과 수신을 하는 전송 방식은?

① 반이중 통신
② 포인트 투 포인트(Point-to-Point) 통신
③ 전이중 통신
④ 멀티 드롭(Multidrop) 통신

04 `2001 · 04`

데이터를 전송하는 데 있어서 정보 전달 방향이 교대로 바뀌어 전송되는 통신 방법은?

① 반이중 통신
② 전이중 통신
③ 단방향 통신
④ 시분할 통신

한눈에 보는 정답과 해설

01 bps : bit per second

02 디지털 신호 변환에 의해 디지털 정보의 암호화가 쉽게 구현 가능하다.

03 전이중 통신(Full Duplex)은 접속된 두 단말기가 서로 동시에 송수신을 할 수 있는 통신을 말한다.

04 반이중 통신(Half Duplex)은 접속된 두 단말기 중 한쪽에서 송신을 하면 상대편은 수신만 가능한 통신을 말한다. 단, 서로의 협력으로 송수신 방향을 바꿀 수 있다.

01 ① 02 ③ 03 ③ 04 ①

05 2002

전송 효율이 좋고 주로 원거리 전송에 사용하며 정보의 프레임 구성에 따라 문자 동기 방식, 비트 동기 방식, 프레임 동기 방식으로 나누는 전송 방식은?

① 비동기식 전송
② 동기식 전송
③ 주파수식 전송
④ 비트식 전송

06 2001

비동기 전송 방식과 관련이 없는 것은?

① 스타트 비트와 스톱 비트를 사용한다.
② 저속인 통신 시스템에 주로 사용한다.
③ 비트 열이 전송되지 않을 때는 휴지 상태가 된다.
④ 송신 신호 클록에 의하여 타임 슬롯의 간격으로 비트를 식별할 수 있다.

07 1999

회선 교환에 관한 설명 중 옳지 않은 것은?

① 전파 지연이 가장 짧다.
② 트랜잭션 유형의 변화에 가장 유리하다.
③ 각 전문은 동일한 물리적 경로를 따른다.
④ 확립과 단절 절차가 필요하다.

08 2012

회선 교환(Circuit Switching)에 대한 설명으로 옳지 않은 것은?

① 송신 스테이션과 수신 스테이션 사이에 데이터를 전송하기 전에 먼저 교환기를 통해 물리적으로 연결이 이루어져야 한다.
② 음성이나 동영상과 같이 연속적이면서 실시간 전송이 요구되는 멀티미디어 전송 및 에러 제어와 복구에 적합하다.
③ 현재 널리 사용되고 있는 전화시스템을 대표적인 예로 들 수 있다.
④ 송신과 수신 스테이션 간에 호 설정이 이루어지고 나면 항상 정보를 연속적으로 전송할 수 있는 전용 통신로가 제공되는 셈이다.

 한눈에 보는 정답과 해설

05 동기식 전송은 송신 측과 수신 측이 모두 동일한 클록을 사용하여 데이터 비트의 시간적 길이를 일치시키는 방식이다. 미리 정해진 수만큼의 문자열을 한 프레임으로 만들어 일시에 전송한다. 프레임의 시작과 끝을 알려주는 제어 정보를 부착하여 전송하며, 오래 전송해도 오차가 생기지 않는다. 단말기는 수신된 데이터를 일시 저장하여 변환하기 위해 버퍼 기억 장치가 필요하나, 유휴 시간이 없고 전송 효율이 좋아 고속 통신을 구현할 수 있다.

06 한번에 한 문자씩을 전송하고 시작 비트와 정지 비트를 문자 앞뒤에 삽입한다. 데이터가 일정하지 않게 발생하는 통신에 사용하며 유휴 시간이 나타나고 전송효율이 낮아 근거리 통신에 사용한다. 송신 측의 송신 클록에 관계없이 수신 신호 클록에 의한 타임 슬롯 간격으로 비트를 식별한다.

07 회선 교환은 두 스테이션 사이에 물리적인 전용 통신 경로가 설정되어, 설정된 경로가 통신 종료될 시까지 독점된다. 정보 전송이 완료되면 해제를 통해 점유되었던 회선은 다른 통신을 위해 사용할 수 있는 상태가 된다. 처리 지연이 없다.

08 회선 교환에는 에러 제어 기능이 없다.

09 2010

회선 교환 방식에 대한 설명으로 틀린 것은?

① 호 설정이 이루어지고 나면 정보를 연속적으로 전송할 수 있는 전용 통신로와 같은 기능을 갖는다.
② 호 설정이 이루어진 다음은 교환기 내에서 처리를 위한 지연이 거의 없다.
③ 회선이용률 면에서는 비효율적이다.
④ 에러 없는 정보전달이 요구되는 데이터 서비스에 매우 적합하다.

10 2001

패킷 교환 방식을 사용하는 목적이 아닌 것은?

① 채널과 포트의 통계적 다중화 기능을 제공하기 위해서이다.
② 다수의 사용자 간에 비대칭적 데이터 전송을 원활하게 하기 위해서이다.
③ 자원의 독점을 하기 위해서이다.
④ 모든 사용자 간에 빠른 응답 시간을 제공하기 위해서이다.

11 2011

도착한 메시지를 일단 저장한 후 다음 노드로 가는 링크가 비어 있으면 전송해 나가는 교환 방식은?

① 회선 교환
② 메시지 교환
③ 데이터그램 패킷 교환
④ 가상회선 패킷 교환

12 2010 · 12

다음이 설명하고 있는 데이터 교환 방식은?

> 일정 크기의 데이터 단위(Packet)로 나누어 특정 경로의 설정 없이 전송되는 방식이며, 패킷마다 목적지로 가기 위한 경로 배정이 독립적으로 이루어진다.

① 메시지 교환 방식
② 공간분할 교환 방식
③ 가상회선 방식
④ 데이터그램 방식

한눈에 보는 정답과 해설

09 회선 교환 방식은 신뢰도 높은 데이터 통신 요구에 부적합하고, 에러 제어 기능이 없다.

10 패킷 단위(최대 1,024bit)로 분할하여 데이터를 전송하므로 동일 데이터 경로를 여러 사용자가 동시에 공유할 수 있다.

11 메시지 교환 방식은 도착하는 메시지를 일단 저장한 후 다음 링크가 비게 될 때 전송하는 방식으로, 회선 교환의 비효율성을 개선하기 위한 방식이다. 데이터 전송을 위한 전용 통신 회선을 확보할 필요가 없으며 다양한 길이의 메시지 단위로 교환할 수 있다.

12 데이터그램(datagram)은 데이터 패킷 교환에서 각각의 패킷이 발신 데이터 단말 장치와 수신처 데이터 단말 장치 간의 경로 지정 정보를 가지고 있는 것을 말한다.

05 ② 06 ④ 07 ② 08 ② 09 ④ 10 ③ 11 ② 12 ④

13 2012

Go-Back-N ARQ와 Selective Repeat ARQ에 대한 설명으로 옳지 않은 것은?

① Go-Back-N ARQ는 오류 발생 이후의 모든 프레임을 재요청한다.
② Selective Repeat ARQ는 버퍼의 사용량이 상대적으로 크다.
③ Go-Back-N ARQ는 프레임의 송신 순서와 수신 순서가 동일해야 수신이 가능하다.
④ Selective Repeat ARQ는 여러 개의 프레임을 묶어서 수신 확인을 한다.

14 1999

회선이 단말기 상호 간에 항상 고정되어 있는 회선 방식은?

① 전용회선
② 회선 교환
③ 패킷 교환
④ 메시지 교환

15 2010 · 17

다음이 설명하고 있는 ARQ 방식으로 옳은 것은?

- 송신 스테이션은 NAK를 수신하게 되면 오류가 발생한 데이터 프레임만을 재전송한다.
- 수신기에 큰 버퍼와 프레임 재순서화 기능이 요구되는 등의 구현이 복잡한 단점이 있다.

① Stop and Wait ARQ
② GO-back-N ARQ
③ Re-Sending ARQ
④ Selective-Repeat ARQ

16 2001 · 06

많은 단말기로부터 많은 양의 통신을 필요로 하는 경우에 유리한 네트워크 형태는?

① 성형
② 환형
③ 계층형
④ 망형

 한눈에 보는 정답과 해설

13 Selective Repeat ARQ는 송신 측에서 데이터를 연속적인 프레임으로 전송한다. 송신 도중 수신 측으로부터 오류 신호를 받게 되면 오류가 발생한 프레임만 재전송한다.

17 2001

인터네트워킹 장비로서 네트워크 계층에서 연동하여 경로를 설정하고 전달하는 기능을 제공하는 장비는?

① 라우터
② 브리지
③ 허브
④ 리피터

18 2000

다음은 LAN의 분류 방식이다. 토폴로지 방식에 따른 분류가 아닌 것은?

① 토큰 버스형
② 성형
③ 링형
④ 버스형

19 2001 · 06

LAN의 특징 설명 중 옳지 않은 것은?

① 단일 건물 내에 설치되고, 패킷 지연이 최소화된다.
② 확장성과 재배치가 좋지 않고, 경로 설정이 필요하다.
③ 네트워크 내의 모든 정보기기와 통신이 가능하다.
④ 광대역 전송 매체의 사용으로 고속 통신이 가능하다.

20 2002 · 03

LAN의 특징으로 옳지 않은 것은?

① 오류 발생률이 낮다.
② 통신 거리에 제한이 없다.
③ 경로 선택이 필요하지 않다.
④ 망에 포함된 자원을 공유한다.

21 2001 · 03

프로토콜이란?

① 통신 하드웨어의 표준 규격이다.
② 통신 소프트웨어의 개발 환경이다.
③ 정보 전송의 통신 규약이다.
④ 하드웨어와 사람 사이의 인터페이스이다.

22 2012

두 개 이상의 컴퓨터 사이에 데이터 전송을 할 수 있도록 미리 정보의 송수신 측에서 정해 둔 통신 규약을 무엇이라 하는가?

① Protocol
② Link
③ Terminal
④ Interface

한눈에 보는 정답과 해설

17 라우터(router)는 서로 다른 네트워크 간 통신을 위해 사용하는 장비로, OSI의 네트워크 계층에 위치한다. 다른 구조의 네트워크를 연결해 주는 장비이므로 WAN과 LAN 간의 연결에 이용되며, IP 주소를 바탕으로 효율적인 경로를 선택해 준다.

18 토폴로지 방식에 따른 분류에는 성형, 링형, 버스형, 트리형, 망형 등이 있다.

19 동일 LAN 영역에서는 경로 설정 필요 없이 기기의 확장 및 재배치가 가능하다.

20 LAN은 규격에 따른 세그먼트 최장거리가 제한되어 있다.

21 프로토콜은 네트워크상에서 기기 사이의 통신이 가능하도록 표준화한 통신 규약을 말한다.

13 ④ 14 ① 15 ④ 16 ④ 17 ① 18 ① 19 ② 20 ② 21 ③ 22 ①

23 2010 · 02

프로토콜이 전혀 다른 네트워크 사이를 결합하는 것은?

① 리피터(repeater)
② 브리지(bridge)
③ 라우터(router)
④ 게이트웨이(gateway)

25 2001

OSI 참조 모델의 계층에서 통신 시스템 간의 경로를 선택하는 기능, 통신 트래픽의 흐름을 제어하는 기능 및 통신 중에 패킷의 분실로 재전송을 요청할 수 있는 오류 제어 기능을 수행하는 것은?

① 물리 계층
② 데이터 링크 계층
③ 네트워크 계층
④ 전송 계층

24 2000

OSI 계층 모델 중 각 계층의 기능 설명이 옳지 않은 것은?

① 물리 계층 – 전기적, 기능적, 절차적 기능 정의
② 데이터 링크 계층 – 흐름 제어, 에러 제어
③ 네트워크 계층 – 경로 설정 및 네트워크 연결 관리
④ 전송 계층 – 코드 변환, 구문 검색

26 2010

OSI 7 layer의 계층별 기능으로 틀린 것은?

① 물리 계층 – 기계적인 규격과 전기적인 규격 규정
② 네트워크 계층 – 효율적인 경로 선택
③ 세션 계층 – 응용프로세스 간 대화 제어
④ 데이터 링크 계층 – 정보 표현 형식을 구문형식으로 변환

 한눈에 보는 정답과 해설

23 게이트웨이(gateway)는 둘 이상의 다른 프로토콜 통신 네트워크를 상호 연결하여 정보를 송수신할 수 있는 장치로, OSI의 응용 계층에 위치한다.

24 전송 계층(transport layer)은 두 시스템 간의 신뢰성 있는 데이터 전송을 보장하는 것으로, 프로토콜과 관련된 계층이다. 연결 제어, 수신지로의 데이터 전달, 단편화 및 재조립 기능을 담당한다.

25 데이터 링크 계층(data link layer)은 상위의 네트워크 계층에서 받은 데이터 패킷을 프레임으로 구성하여 물리 계층으로 전송한다. 주소 지정, 순서 제어, 흐름 제어, 오류 처리, 프레임 구성, 동기화 등의 기능을 수행한다.

27 (2009 · 11 · 12)

다음 설명에 해당하는 OSI 7계층은?

- 응용 간의 대화 제어(Dialogue Control)를 담당한다.
- 긴 파일 전송 중에 통신 상태가 불량하여 트랜스포트 연결 이 끊어지는 경우 처음부터 다시 전송을 하지 않고 어디까 지 전송이 진행되었는지를 나타내는 동기점(Synchronization Point)을 이용하여 오류 복구

① 데이터 링크 계층
② 네트워크 계층
③ 세션 계층
④ 표현 계층

28 (2012)

OSI 7계층 중 암호화, 코드 변환, 데이터 압축의 역할을 담당하는 계층은?

① Data link Layer
② Application Layer
③ Presentation Layer
④ Session Lay

29 (2004)

TCP/IP의 계층이 아닌 것은?

① 응용 계층
② 네트워크 계층
③ 세션 계층
④ 전송 계층

30 (2000)

공개키 시스템에 대한 설명으로 옳지 않은 것은?

① 암호와 해독에 다른 키를 사용한다.
② 암호키는 공개되어 있어 누구나 사용할 수 있다.
③ 해독키는 당사자만 알고 있다.
④ 키 분배가 비밀키 시스템보다 어렵다.

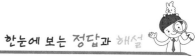

한눈에 보는 정답과 해설

27 세션 계층(session layer)은 상위의 응용프로그램 계층 간의 접속을 관리해 주는 계층으로, 세션의 설정 및 유지를 관리하며 LAN 사용자의 서버 접속 관리도 담당한다. 동기화, 세션 연결 설정과 종료, 대화 제어를 담당한다.

28 표현 계층(presentation layer)은 데이터 표현의 차이를 해결하기 위해 서로 다른 형식을 변환해 주거나 공통 형식을 제공하는 계층이다. 코드 변환, 그래픽 변환, 데이터 압축, 암호화 등의 기능을 수행한다.

29 **TCP/IP 계층 구조**

응용 계층
전송 계층
네트워크 계층(인터넷 계층)
네트워크 접속 계층

30 공개키 시스템과 달리 비밀키 시스템에서는 사용자마다 암호키를 관리해야 하므로 복수의 사용자가 관련되어 있을 때, 관리 및 분배할 키의 수가 많아진다.

23 ④ 24 ④ 25 ② 26 ④ 27 ③ 28 ③ 29 ③ 30 ④

31 2015

TCP와 UDP에 대한 설명으로 틀린 것은?

① TCP는 전이중 서비스를 제공한다.

② UDP는 연결형 서비스이다.

③ TCP는 신뢰성 있는 전송 계층 프로토콜이다.

④ UDP는 검사 합을 제외하고 오류제어 메커니즘이 없다.

32 2017

메시지가 전송되기 전에 발생지에서 목적지까지의 물리적 통신 회선 연결이 선행되어야 하는 교환 방식은?

① 메시지 교환 방식

② 데이터그램 방식

③ 회선 교환 방식

④ ARQ 방식

33 2017

TCP/IP 관련 프로토콜 중 응용 계층에서 동작하는 프로토콜은?

① ARP   ② ICMP

③ UDP   ④ HTTP

34 2017

패킷 교환 방식에 대한 설명으로 틀린 것은?

① 데이터 그램 방식과 가상회선 방식이 있다.

② 메시지를 1개 복사하여 여러 노드로 전송하는 방식이다.

③ 가상회선 방식은 연결 지향 서비스라고도 한다.

④ 축적 교환이 가능하다.

한눈에 보는 정답과 해설

31 TCP와 UDP 비교

구 분	TCP	UDP
개 요	데이터를 안정적으로 송신할 수 있도록 하는 프로토콜	빠르며, 단순하며 어플리케이션이 네트워크 계층에 접근할 수 있도록 하는 인터페이스만 제공
프로토콜 연결형	연결형	비연결형
데이터 전송	스트림 기반	메시지 기반
신뢰성	있음	없음
재전송	손실된 데이터는 자동으로 재전송	수행하지 않음. 손실된 데이터를 탐지하고 필요할 경우 재전송해야 함
전송 속도	빠름	매우 빠름
어플리케이션의 유형	데이터의 신뢰성이 중요한 대부분의 프로토콜과 어플리케이션	데이터의 신뢰성보다 속도가 중요한 멀티캐스트/브로트캐스트를 사용하는 어플리케이션
주요 어플리케이션과 프로토콜	FTP, Telnet, SMTP, DNS, HTTP, POP, IMAP 등	멀티미디어 어플리케이션, DNS, DHCP, TFTP, SNMP 등

32 회선 교환의 5단계 프로세스 : 회선 연결 → 데이터 링크 설정 → 데이터 전송 → 데이터 링크 해제 → 회선 해제

33 TCP/IP의 응용 계층 : FTP, TELNET, SMTP, DNS, DHCP, SNMP, 웹 브라우저, 이메일 프로그램 등

34 패킷 단위(최대 1,024 bit)로 분할하여 데이터를 전송한다.

35 2017

OSI 7계층에서 단말기 사이에 오류 수정과 흐름제어를 수행하여 신뢰성 있고 명확한 데이터를 전달하는 계층은?

① 전송 계층
② 응용 계층
③ 세션 계층
④ 표현 계층

36 2017

OSI-7 Layer의 데이터링크 계층에서 사용하는 데이터 전송 단위는?

① 바이트
② 프레임
③ 레코드
④ 워드

한눈에 보는 정답과 해설

35 전송 계층은 네트워크 양단의 송수신 컴퓨터 사이에서 신뢰성 있는 전송 기능을 제공한다.

36 데이터 링크 계층은 물리 계층 바로 위에 위치하는, 하위 계층에 속하는 계층으로 상위의 네트워크 계층에서 받은 데이터 패킷을 프레임으로 구성하여 물리 계층으로 전송한다.

31 ② 32 ③ 33 ④ 34 ② 35 ① 36 ②

05 소프트웨어 공학

01 2012

프로젝트 관리의 대상으로 거리가 먼 것은?

① 비용관리
② 일정관리
③ 고객관리
④ 품질관리

02 2002

폭포수 모델(Waterfall Model)에 대한 설명으로 옳지 않은 것은?

① 앞 단계가 끝나야만 다음 단계로 넘어갈 수 있다.
② 요구 분석 단계에서 프로토타입을 사용하는 것이 특징이다.
③ 제품의 일부가 될 매뉴얼을 작성해야 한다.
④ 각 단계가 끝난 후 결과물이 명확히 나와야 한다.

03 2000

폭포수 모델에 대한 설명으로 옳지 않은 것은?

① 소프트웨어 개발 과정의 각 단계가 순차적으로 진행된다.
② 앞 단계에서 발견하지 못한 오류를 다음 단계에서 발견했을 때 오류 수정이 용이하다.
③ 두 개 이상의 과정이 병행 수행되거나 이전 단계로 넘어가는 경우가 없다.
④ 개발 과정 중에 발생하는 새로운 요구나 경험을 설계에 반영하기 힘들다.

04 2001

소프트웨어 생명 주기 모형 중 폭포수 모형의 개발 단계로 옳은 것은?

① 계획 – 분석 – 설계 – 시험 – 구현 – 유지보수
② 계획 – 분석 – 설계 – 구현 – 시험 – 유지보수
③ 계획 – 설계 – 분석 – 구현 – 시험 – 유지보수
④ 계획 – 분석 – 설계 – 구현 – 시험 – 설치

 한눈에 보는 **정답**과 해설

01 고객관리는 프로젝트 관리 대상이 아니라 운영 업무의 관리 대상이다.

02 프로토타입을 사용하는 모델은 프로토타입 모형이다.

03 개발 과정이 순차적으로 진행되므로 앞 단계에서 발견하지 못한 오류를 다음 단계에서 발견했을 때, 오류 수정이 어려운 단점이 있다.

05 `2001 · 04 · 06 · 13 · 17`

프로토타이핑 모형(Prototyping Model)에 대한 설명으로 옳지 않은 것은?

① 최종 결과물이 만들어지기 전에 의뢰자가 최종 결과물의 일부 또는 모형을 볼 수 있다.
② 개발 단계에서 오류 수정이 불가하므로 유지보수 비용이 많이 발생한다.
③ 프로토타입은 발주자나 개발자 모두에게 공동의 참조 모델을 제공한다.
④ 프로토타입은 구현 단계의 구현 골격이 될 수 있다.

06 `2000 · 03 · 06`

프로토타입 모형의 장점으로 가장 적절한 것은?

① 프로젝트 관리가 용이하다.
② 노력과 비용이 절감된다.
③ 요구사항을 충실히 반영한다.
④ 관리와 개발이 명백히 구분된다.

07 `2000`

다음은 프로토타이핑(원형) 모형의 개발에 필요한 작업을 기술한 것이다. 작업 순서대로 옳게 나열한 것은?

가. 빠른 설계	나. 프로토타입 구축
다. 프로토타입 조정	라. 요구 수집
마. 구현	바. 고객 평가

① 라 − 나 − 가 − 다 − 바 − 마
② 라 − 가 − 나 − 마 − 바 − 다
③ 라 − 가 − 나 − 다 − 바 − 마
④ 라 − 가 − 나 − 바 − 다 − 마

08 `2012 · 15`

프로토타이핑 모형에 대한 설명으로 옳지 않은 것은?

① 프로토타이핑 모형은 발주자나 개발자 모두에게 공동의 참조모델을 제공한다.
② 사용자의 요구사항을 충실히 반영할 수 있다.
③ 최종 결과물이 만들어지는 소프트웨어 개발 완료 시점에 최초로 오류 발견이 가능하다.
④ 프로토타이핑 모형은 소프트웨어 생명 주기에서 유지보수가 없어지고 개발 단계 안에서 유지보수가 이루어지는 것으로 볼 수 있다.

05 목표로 하는 소프트웨어에 대한 모의 견본을 미리 만들어 조정을 거쳐 구현하는 모형이므로 유지보수가 발생하지 않는다.

06 요구사항 변경이 용이하므로 발주자의 요구사항을 충실히 반영할 수 있으며, 발주자도 개발될 시스템을 미리 경험할 수 있으므로 명확한 요구사항 도출이 가능하다.

07 요구사항을 수집하여 설계한 후 프로토타입을 구축한다. 고객 평가 후 프로토타입을 조정한 다음 구현에 들어간다.

08 최종 결과물이 만들어지기 전에 오류를 발견할 수 있다.

01 ③ 02 ② 03 ② 04 ② 05 ② 06 ③ 07 ④ 08 ③

09 2004

소프트웨어 생명 주기(Life Cycle) 모델 중 다음에서 설명하는 모형은?

> a. 고객과의 의사소통(Communication)을 통해 계획 수립과 위험 분석, 구축, 고객평가의 과정을 거쳐 소프트웨어를 개발한다.
> b. 가장 큰 장점인 위험 분석 단계에서 기술과 관리의 위험 요소들을 하나씩 제거해 나감으로써 완성도 높은 소프트웨어를 만들 수 있다.
> c. 반복적인 작업을 수행하는 점증적 생명 주기 모델이다.
> d. 비용이 많이 들거나 시간이 많이 소요되는 대규모 프로젝트나 큰 시스템을 구축할 때 유리하다.

① 프로토타입(prototype) 모델
② 폭포수(waterfall) 모델
③ 나선형(spiral) 모델
④ RAD 모델

10 2012

나선형(Spiral) 모형에 대한 설명으로 옳지 않은 것은?

① 여러 번의 개발 과정을 거쳐 점진적으로 완벽한 소프트웨어를 개발한다.
② 대규모 시스템의 소프트웨어 개발에 적합하다.
③ 위험성 평가에 크게 의존하기 때문에 이를 발견하지 않으면 문제가 발생할 수 있다.
④ 실제 개발될 소프트웨어에 대한 시제품을 만들어 최종 결과물을 예측하는 모형이다.

11 1999

소프트웨어 프로젝트 관리에 대한 설명으로 가장 옳은 것은?

① 주어진 시간 내에 최소의 비용으로 사용자를 만족시키는 시스템 개발
② 주어진 기간은 연장하되 최소의 비용으로 시스템 개발
③ 소요 인력은 최소한으로 하되 정책 결정은 신속하게 처리
④ 개발에 따른 산출물 관리

12 2005 · 16

Gantt Chart에 포함되지 않는 사항은?

① 이정표
② 작업 일정
③ 작업 기간
④ 주요 작업 경로

13 2012

프로젝트 일정 관리 시 사용하는 간트(Gantt) 차트에 대한 설명으로 옳지 않은 것은?

① 막대로 표시하며, 수평 막대의 길이는 각 태스크의 기간을 나타낸다.
② 이정표, 기간, 작업, 프로젝트 일정을 나타낸다.
③ 시간선(time-line) 차트라고도 한다.
④ 작업 간의 상호 관련성, 결정경로를 표시한다.

 한눈에 보는 정답과 해설

10 시제품을 이용하는 모형은 프로토타입 모형이다.

11 프로젝트 관리는 시간, 비용, 그리고 범위 간의 상충 관계를 과학적이고 합리적으로 관리하는 것을 의미한다.

12 Gantt Chart는 작업 일정 및 기간을 총체적으로 도식화한 것이다.

14 2010

간트 차트에 대한 설명으로 틀린 것은?

① 자원 배치와 인원 계획에 유용하게 사용할 수 있다.
② 각 작업들의 시작점과 종료점을 파악할 수 있다.
③ 프로젝트의 진도 관리를 수행할 수 있다.
④ 화살표를 이용하여 작업 경로를 파악할 수 있다.

15 2000·05

일정 계획 방법에서 이용되는 PERT/CPM이 제공하는 도구가 아닌 것은?

① 프로젝트 개발 기간을 결정하는 임계 경로
② 통계적 모델을 적용해서 개별 작업의 가장 근접한 시간 측정 기준
③ 정의 작업에 대한 시작 시간을 정의하여 작업들 간의 경계 시간 계산
④ 프로젝트 개발 기간 중 투입되는 노력과 비용 기준

16 2009

CPM(Critical Path Method)에 대한 설명으로 옳지 않은 것은?

① 프로젝트 내에서 각 작업이 수행되는 시간과 각 작업 사이의 관계를 파악할 수 있다.
② 작업일정을 한눈에 볼 수 있도록 해 주며 막대그래프의 형태로 표현한다.
③ 경영층의 과학적인 의사결정을 지원한다.
④ 효과적인 프로젝트의 통제를 가능하게 해 준다.

17 2012

프로젝트 추진 과정에서 예상되는 각종 돌발 상황을 미리 예상하고 이에 대한 적절한 대책을 수립하는 일련의 활동을 무엇이라고 하는가?

① 위험 관리
② 일정 관리
③ 코드 관리
④ 모형 관리

18 2002

위험 관리의 일반적인 절차로 적합한 것은?

① 위험 식별 → 위험 분석 및 평가 → 위험 관리 계획 → 위험 감시 및 조치
② 위험 분석 및 평가 → 위험 식별 → 위험 관리 계획 → 위험 감시 및 조치
③ 위험 관리 계획 → 위험 감시 및 조치 → 위험 식별 → 위험 분석 및 평가
④ 위험 감시 및 조치 → 위험 식별 → 위험 분석 및 평가 → 위험 관리 계획

한눈에 보는 정답과 해설

15 PERT/CPM(Program Evaluation and Review Technique/Critical Path Method)은 전체 공정을 정의하고 일정을 맞추기 위해 각 작업마다 지켜야 할 기간, 여유기간 등을 명시하는 방법이다.

16 막대그래프 형태로 표현하는 것은 간트 차트이다.

18 위험을 식별하는 것이 가장 먼저 행해야 할 절차이다.

09 ③ 10 ④ 11 ① 12 ④ 13 ④ 14 ④ 15 ④ 16 ② 17 ① 18 ①

19 `2002·06·10`

소프트웨어에 대한 변경을 관리하기 위해 개발된 일련의 활동을 나타내며 이런 변경에 의해 전체 비용이 최소화되고 최소한의 방해가 소프트웨어의 현 사용자에게 야기되도록 보증하는 것을 목적으로 하는 것은?

① 위험 관리
② 형상 관리
③ 프로젝트 관리
④ 유지보수 관리

20 `2001·04`

소프트웨어 설계의 품질을 평가하는 척도로 결합도와 응집력이 사용된다. 다음 중 가장 우수한 설계 품질은?

① 모듈 간의 결합도는 높고 모듈 내부의 응집력은 높다.
② 모듈 간의 결합도는 높고 모듈 내부의 응집력은 낮다.
③ 모듈 간의 결합도는 낮고 모듈 내부의 응집력은 높다.
④ 모듈 간의 결합도는 낮고 모듈 내부의 응집력은 낮다.

21 `2001`

COCOMO Model 중 기관 내부에서 개발된 중소 규모의 소프트웨어로 일괄 자료 처리나 과학 기술 계산용, 비즈니스 자료 처리용으로 5만 라인 이하의 소프트웨어를 개발하는 유형은?

① Semi-detached Model
② Organic Model
③ Semi-embeded Model
④ Embeded Model

22 `2000`

객체 지향 기술에 대한 설명 중 옳지 않은 것은?

① 객체(object)란 필요한 자료 구조와 이에 수행되는 함수들을 가진 하나의 소프트웨어 모듈이다.
② 클래스(class)란 객체의 타입(object type)을 말하며, 객체들이 갖는 속성과 적용 연산을 정의하고 있는 틀(templet)이다.
③ 상속(inheritance)은 상위 클래스가 갖는 속성과 연산을 그대로 물려받는 것을 의미한다.
④ 분석과 설계, 구현 작업이 폭포수 모형과 같이 뚜렷하게 구별된다.

한눈에 보는 정답과 해설

19 형상 관리는 소프트웨어의 버전 및 짜임새를 통제하는 과정이다.

20 효과적인 모듈화 설계 방안은 모듈의 독립성을 높이는 것이다. 즉, 결합도는 줄이고 응집도는 높인다.

21

구분	내용
조직형(Organic)	• 5만 라인 이하 • 어떤 조직 내부에서 개발하는 중소 규모의 사무용, 업무용, 과학용 응용소프트웨어
반분리형(Semi-Detached)	• 30만 라인 이하 • 운영체제, 트랜잭션 처리, DBMS 등
내장형(Embedded)	• 30만 라인 이상 • 대형 시스템

22 객체 지향 기술의 특성은 소프트웨어의 재사용을 용이하게 하며, 이는 단계별 작업이 뚜렷하게 구분되는 것과는 확연히 구별되는 개념이다.

23 2012·16

객체 지향 기법에서 객체가 메시지를 받아 실행해야 할 객체의 구체적인 연산을 정의한 것은?

① Entity
② Method
③ Instance
④ Class

24 2009

객체 지향 기법에서 어떤 클래스에 속하는 구체적인 객체를 의미하는 것은?

① Instance
② Message
③ Method
④ Operation

25 2012

객체 지향 기법에서 상위 클래스의 메소드와 속성을 하위 클래스가 물려받는 것을 의미하는 것은?

① Abstraction
② Polymorphism
③ Encapsulation
④ Inheritance

26 2004

객체 지향 기법에서 상속(Inheritance)의 결과로서 얻을 수 있는 가장 주요한 이점은?

① 모듈 라이브러리의 재이용
② 객체 지향 DB를 사용할 수 있는 능력
③ 클래스와 오브젝트들을 재사용할 수 있는 능력
④ 프로젝트들을 보다 효과적으로 관리할 수 있는 능력

27 2000·01·04

객체 지향 시스템에서 자료 부분과 연산(또는 함수) 부분 등 정보처리에 필요한 기능을 한 테두리로 묶는 것을 무엇이라고 하는가?

① 정보 은닉
② 클래스
③ 캡슐화
④ 통합

28 2000·02

객체는 다른 객체로부터 자신의 자료를 숨기고 자신의 연산만을 통하여 접근을 허용하는 것을 무엇이라고 하는가?

① Abstraction
② Information Hiding
③ Modularity
④ Typing

23 메서드(method)는 객체가 수행하는 기능으로 객체가 갖는 데이터를 연산 및 처리하는 알고리즘을 포함한다(멤버 함수).

24 객체는 속성과 이를 처리하는 연산을 묶어 놓은 소프트웨어 모듈을 말하는 것으로, 프로그램상에서 클래스를 통해 정의된다. 인스턴스(instance)는 클래스에 속한 각각의 객체를 말하며, 인스턴스화는 클래스를 이용해 객체를 생성하는 행위를 말한다.

26 부모 클래스에서 정의된 함수와 변수를 자식 클래스에서 따로 정의할 필요가 없으므로 소프트웨어 재사용성을 높일 수 있다.

27 캡슐화는 객체의 내용을 한 테두리로 묶어 숨기고 단순 메시지를 통해서만 외부와 상호작용할 수 있도록 처리하는 것을 말한다.

28 정보 은닉(information hiding)은 타 객체에는 자신의 정보를 은닉하고 해당 객체에 적용되는 연산만을 통하여 접근을 허용하는 개념을 말한다.

19 ② 20 ③ 21 ② 22 ④ 23 ② 24 ① 25 ④ 26 ③ 27 ③ 28 ②

29 2002

모든 객체들은 더 큰 (   )의 멤버이고 그 (   )에 대하여 이미 정의된 개별 자료 구조와 연산이 상속된다. 그 때문에 개별 객체는 (   )의 인스턴스가 된다. 다음 중 (   ) 안에 공통으로 들어갈 내용은?

① 메시지
② 클래스
③ 상속성
④ 정보

30 2000

객체 지향 시스템의 다형성(Polymorphism)에 대하여 바르게 기술한 것은?

① 한 객체가 가지고 있는 데이터의 여러 속성들
② 한 객체가 가지고 있는 여러 가지 연산 기능들
③ 한 클래스에서 여러 개의 객체를 생성하는 것
④ 한 메시지가 객체에 따라 다른 방법으로 응답할 수 있는 것

31 2002

객체 지향 기법의 다형성(Polymorphism)에 대한 설명으로 가장 적절한 것은?

① 다중 메시지를 수행하기 위하여 이용되는 기술
② 동일한 일을 수행하기 위하여 상이한 메서드 이름을 이용하는 능력
③ 상이한 일을 수행하기 위하여 동일한 메시지 형태를 이용하는 능력
④ 많은 상이한 클래스들이 동일한 메서드 명을 이용하는 능력

32 2001 · 03 · 16

럼바우의 객체 지향 분석 모델링에 해당하지 않는 것은?

① Relational Modeling
② Object Modeling
③ Functional Modeling
④ Dynamic Modeling

한눈에 보는 정답과 해설

29 클래스는 공통된 데이터와 메서드를 갖는 객체의 집합을 말한다. 이는 공통된 속성과 행위를 갖는다는 말과 동일하다. 프로그램상에서 서브 클래스는 상위 클래스의 멤버라 말하며 상위 클래스에서 정의된 데이터와 메서드는 하위 클래스로 상속된다.

30 다형성(polymorphism)은 목적이 다르나 연관성이 있는 다수의 용도로 하나의 이름을 사용하는 것을 의미한다. 자식 클래스에서는 새로운 데이터나 메서드를 추가하여 사용할 수 있고 재정의할 수 있으므로 기능 확장이 가능하다. 이를 통해 동일한 메시지라도 객체에 따라 다른 방법으로 응답할 수 있다.

32 럼바우(Rumbaugh)의 분석 기법은 모든 소프트웨어 구성 요소를 그래픽 표현을 통하여 모델링하는 기법이다. 절차는 객체 모델링→동적 모델링→기능 모델링의 순서를 따른다.

33 (2000 · 06 · 09)

객체 모형(Object Model), 동적 모형(Dynamic Model), 기능 모형(Functional Model)의 3개 모형으로 구성되어 있는 객체 지향 분석 기법은?

① Rumbaugh Method
② Wirfs−Brock Method
③ Jacobson Method
④ Coad & Yourdon Method

34 (2005 · 12)

Rumbaugh의 객체 모델링 기법(OMT)에서 사용하는 세 가지 모델링이 아닌 것은?

① 객체 모델링(object modeling)
② 정적 모델링(static modeling)
③ 동적 모델링(dynamic modeling)
④ 기능 모델링(functional modeling)

35 (2012)

럼바우의 객체 지향 분석에서 사용되는 분석 활동과 관계되는 것은?

① 객체 모델, 동적 모델, 정적 모델
② 객체 모델, 동적 모델, 기능 모델
③ 동적 모델, 기능 모델, 정적 모델
④ 정적 모델, 객체 모델, 기능 모델

36 (2004 · 06)

소프트웨어 재사용으로 얻어지는 이익이 아닌 것은?

① 표준화의 원칙을 무시할 수 있다.
② 프로젝트의 개발 위험을 줄여 줄 수 있다.
③ 프로젝트의 개발 기간과 비용을 줄일 수 있다.
④ 개발자의 생산성을 향상시킬 수 있다.

37 (2011 · 15 · 17)

소프트웨어 재사용에 대한 설명으로 옳지 않은 것은?

① 시스템 명세, 설계, 코드 등 문서를 공유하게 된다.
② 소프트웨어 개발의 생산성을 향상시킨다.
③ 프로젝트 실패의 위험을 증가시킨다.
④ 새로운 개발 방법론의 도입이 어려울 수 있다.

38 (2010)

소프트웨어 재사용의 이점에 해당하지 않는 것은?

① 개발 시간과 비용 감소
② 소프트웨어 품질 향상
③ 개발 생산성 증대
④ 프로그램 언어 종속

한눈에 보는 정답과 해설

36 소프트웨어 재사용의 장단점

장점	단점
• 개발 비용 및 시간의 단축 → 생산성 향상 • 소프트웨어 품질 향상 • 개발 프로젝트 실패 위험 감소	• 프로그램 언어 및 개발 방법론 종속 • 공통 사용 요소 및 재사용 요소 파악의 부담

37 ③ 프로젝트 실패의 위험을 감소시킨다.

29 ② 30 ④ 31 ④ 32 ① 33 ① 34 ② 35 ② 36 ① 37 ③ 38 ④

39 2009
소프트웨어를 재사용함으로써 얻을 수 있는 이점으로 거리가 먼 것은?

① 새로운 개발 방법론 도입 용이
② 생산성 증가
③ 소프트웨어 품질 향상
④ 소프트웨어 문서 공유

40 2000 · 02 · 06
현재 프로그램으로부터 데이터, 아키텍쳐, 그리고 절차에 관한 분석 및 설계 정보를 추출하는 과정은?

① 재공학
② 역공학
③ 순공학
④ 재사용

41 2010 · 15 · 16
소프트웨어 재공학 활동 중 원시 코드를 분석하여 소프트웨어 관계를 파악하고 기존 시스템의 설계 정보를 재발견하고 다시 제작하는 작업은?

① Analysis
② Reverse Engineering
③ Restructuring
④ Migration

42 2001 · 03 · 05 · 12 · 15
소프트웨어의 위기를 해결하기 위해 개발의 생산성이 아닌 유지보수의 생산성으로 해결하려는 방법을 의미하는 것은?

① 소프트웨어 재사용
② 소프트웨어 재공학
③ 클라이언트/서버 소프트웨어 공학
④ 전통적 소프트웨어 공학

43 2012 · 16
소프트웨어 재공학(Reengineering)에 관한 설명으로 거리가 먼 것은?

① 현재의 시스템을 변경하거나 재구조화(restructuring)하는 것이다.
② 재구조화는 재공학의 한 유형으로 사용자의 요구사항이나 기술적 설계의 변경 없이 프로그램을 개선하는 것이다.
③ 재개발(redevelopment)과 재공학은 동일한 의미이다.
④ 사용자의 요구사항을 변경시키지 않고, 기술적 설계를 변경하여 프로그램을 개선하는 것도 재공학이다.

 한눈에 보는 정답과 해설

40 역공학(reverse engineering)은 재공학의 한 기법으로서, 기존 소프트웨어 개발 과정 및 산출물을 철저히 분석하여 새로운 설계 기법을 적용하거나 향상된 품질의 소프트웨어를 다시 제작해 내는 작업 기술을 의미한다.

42 소프트웨어 재공학(reengineering)은 새로운 요구에 부응한 소프트웨어 추가 개발에 있어, 기존 시스템을 적극 활용하여 발전적 시스템을 구축하고, 성능을 향상시키는 개념이다. 개발 생산성보다는 유지보수 용이성 향상 측면에 중점을 둔다.

39 ① 40 ② 41 ② 42 ② 43 ③

Chapter 03

최신기출문제

(2022. 5. 14. 시행)

01 다음 가중치 그래프에서 최소비용신장트리
(minimum cost spanning tree)의 가중치 합은?

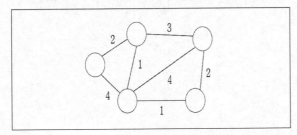

① 4
② 6
③ 13
④ 17

02 다음은 정렬 알고리즘을 이용해 초기 단계의 데이터를 완료 단계의 데이터로 정렬하는 과정을 보여준다. 이 과정에 사용된 정렬 알고리즘으로 적절한 것은?

단계	데	이	터			
초기	534	821	436	773	348	512
1	821	512	773	534	436	348
2	512	821	534	436	348	773
완료	348	436	512	534	773	821

① 기수(radix) 정렬
② 버블(bubble) 정렬
③ 삽입(insertion) 정렬
④ 선택(selection) 정렬

03 노드의 수가 60개인 이진트리의 최대 높이에서 최소 높이를 뺀 값은?

① 53
② 54
③ 55
④ 56

 한눈에 보는 정답과 해설

01 최소비용신장트리는 그래프의 각 노드를 한번씩 탐색하면서 가중치의 합이 최소가 되는 트리로 노드 간 사이클을 허용하지 않는다. 가중치가 작은 값을 시작으로 간선을 연결하는 Kruscal 방식을 이용하면 최소비용신장트리를 쉽게 구할 수 있다. 먼저 그래프의 형태를 그려놓고 가장 가중치가 작은 간선을 연결하면서 사이클 여부를 판단하고 다음 작은 값도 같은 방법으로 반복해서 구한다. 아래 그림을 참조하여 구해보면 가중치 3, 4 간선은 사이클이 형성되므로 제외된다.

따라서 가중치의 합 = 1+1+2+2 = 6

02 1) 초기값에서 1단계로 정렬된 값의 1의 자릿값을 살펴보면 정렬되어 있음을 확인할 수 있다.
821, 512, 773, 534, 436, 348
2) 1단계에서 2단계로 정렬된 값의 10의 자릿값을 살펴보면 정렬되어 있음을 확인할 수 있다.
512, 821, 534, 436, 348, 773

3) 2단계에서 완료단계로 정렬된 값의 100의 자릿값을 살펴보면 정렬되어 있음을 확인할 수 있다.
348, 436, 512, 534, 773, 821
위와 같이 각 자리수를 기준으로 비교하여 정렬하는 방식이 기수(radix) 정렬이다.

03 최대높이는 각 노드를 하나씩 직접 연결하여 사향이진트리 형태를 구성하는 경우의 것으로 60이다.
최소높이는 각 노드를 루트, 왼쪽, 오른쪽으로 모두 채워 완성하는 정이진트리나 완전 이진트리를 구성하는 경우의 것이 된다.
이때의 높이가 h라면 트리가 가질 수 있는 최대 노드수는 $2^h - 1$이 된다.
$60 = 2^h - 1$ 에서 $2^h = 61$을 만족하는 h의 값은 $\log_2 61 = 6$이다.
따라서 최소높이가 6이므로 최대높이-최소높이 = 60-6 = 54 이다

01. ② **02.** ① **03.** ②

04 〈보기〉에서 TCP에 대한 설명으로 옳은 것을 모두 고른 것은?

> **보기**
>
> ㄱ. RTT(Round Trip Time) 측정이 필요하다.
> ㄴ. 하나의 TCP 연결로 양방향 데이터 전달이 가능하다.
> ㄷ. 라우터 혼잡을 피하기 위해 흐름 제어(flow control)를 수행한다.
> ㄹ. TCP 헤더(옵션 제외)에 데이터의 길이 정보를 나타내는 길이 필드(length field)가 존재한다.
> ㅁ. 순서(sequence) 번호와 확인(acknowledgement) 번호를 사용한다.

① ㄱ, ㄷ
② ㄱ, ㄴ, ㄹ
③ ㄱ, ㄴ, ㅁ
④ ㄴ, ㄷ, ㅁ

05 이메일 서비스에서 사용되는 프로토콜로 적절하지 않은 것은?

① DNS
② HTTP
③ RTP
④ TCP

06 운영체제 유형에 대한 〈보기〉의 설명 중 옳은 것의 총 개수는?

> **보기**
>
> ㄱ. 다중 프로그래밍 시스템은 CPU가 유휴 상태가 될 때, CPU 작업을 필요로 하는 여러 작업 중 한 작업이 CPU를 사용할 수 있도록 한다.
> ㄴ. 다중 처리 시스템에서는 CPU 사이의 연결, 상호작업, 역할분담 등이 고려되어야 한다.
> ㄷ. 시분할 시스템은 CPU가 비선점 스케줄링 방식으로 여러 개의 작업을 교대로 수행한다.
> ㄹ. 실시간 처리 시스템은 작업 실행에 대한 시간제약 조건이 있으므로 선점 스케줄링 방식을 이용한다.
> ㅁ. 다중 프로그래밍 시스템의 목적은 CPU 활용의 극대화에 있으며, 시분할 시스템은 응답시간의 최소화에 목적이 있다.

① 1개 ② 2개 ③ 3개 ④ 4개

한눈에 보는 정답과 해설

04 ㄱ. RTT 측정 : 1개 이상의 TCP 세그먼트들이 보내지면, 한번만 확인응답이 이루어지며, 그 왕복시간을 측정한다. (○)
ㄴ. TCP는 양방향(전이중) 전달이 가능하다. (○)
ㄷ. 흐름제어는 라우터 혼잡을 피하는 것이 아니라 트래픽양을 조절하는 기능이다. (×)
ㄹ. TCP헤더에 데이터 길이 필드는 존재하지 않는다. (×)
ㅁ. 순서(sequence) 번호와 확인(acknowledgement) 번호를 사용한다

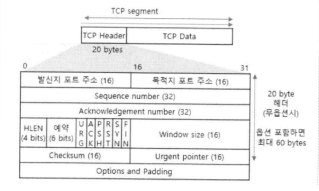

05 ③ RTP는 오디오, 비디오 등 실시간 데이터를 전송하는 프로토콜로 이메일 서비스와는 관계없다.
① 이메일 서비스는 DNS의 MX레코드를 참조하여 메일서버 주소를 확인한다.
② HTTP 프로토콜로 인터넷을 이용한 이메일 서비스도 가능하다.
④ 이메일 서비스는 연결형, 신뢰성 서비스를 제공하는 TCP를 이용해 전달된다.

06 시분할 시스템은 선점 스케줄링 방식이다. (×)

04. ③ 05. ③ 06. ④

07 가상 메모리에 대한 〈보기〉의 설명 중 옳은 것을 모두 고른 것은?

ㄱ. 인위적 연속성이란 프로세스의 가상주소 공간상의 연속적인 주소가 실제 기억장치에서도 연속성이 보장되어야 함을 의미한다.

ㄴ. 다중프로그래밍 정도가 높은 경우, 프로세스가 프로그램 수행시간보다 페이지 교환 시간에 더 많은 시간을 소요하고 있다면 스레싱(thrashing) 현상이 발생한 것이다.

ㄷ. 프로세스를 실행하는 동안 일부 페이지만 집중적으로 참조하는 경우를 지역성(locality)이라 하며, 배열 순회는 공간 지역성의 예이다.

ㄹ. 프로세스가 자주 참조하는 페이지의 집합을 작업집합(working set)이라 하며, 작업집합은 최초 한번 결정되면 그 이후부터는 변하지 않는다.

① ㄱ, ㄴ
② ㄱ, ㄹ
③ ㄴ, ㄷ
④ ㄴ, ㄷ, ㄹ

08 운영체제 상의 프로세스(process)에 관한 설명으로 옳지 <u>않은</u> 것은?

① 프로세스의 영역 중 스택 영역은 동적 메모리 할당에 활용된다.

② 디스패치(dispatch)는 CPU 스케줄러가 준비 상태의 프로세스 중 하나를 골라 실행 상태로 바꾸는 작업을 말한다.

③ 프로세스 제어 블록(process control block)은 프로세스 식별자, 메모리 관련 정보, 프로세스가 사용했던 중간값을 포함한다.

④ 문맥교환(context switching)은 CPU를 점유하고 있는 프로세스를 CPU에서 내보내고 새로운 프로세스를 받아들이는 작업이다.

09 조직의 내부나 외부에 분산된 여러 데이터 소스로부터 필요로 하는 데이터를 검색하여 수동 혹은 자동으로 수집하는 과정과 관련된 기술에 해당하지 <u>않은</u> 것은?

① ETL(Extraction, Transformation, Loading)
② 로그 수집기
③ 맵리듀스(MapReduce)
④ 크롤링(crawling)

한눈에 보는 정답과 해설

07 ㄱ. 인위적 연속성이란 가상공간의 연속주소가 실제 기억공간에서는 연속적일 필요가 없다는 것을 의미한다. (×)
ㄴ. 프로그램 수행시간보다 교체시간이 더 소요될 때 스레싱은 발생한다. (○)
ㄷ. 지역성은 프로세스 실행 시 일부 페이지만 집중적으로 참조하는 특성으로 시간 지역성은 루핑, 카운팅 등이, 공간 지역성은 배열 순회, 인접 변수선언 등이 있다. (○)
ㄹ. 작업 집합(working set)을 구성하는 페이지 집합은 고정적이 아니라 일정 시간마다 변하는 가변적 특성을 갖는다. (×)

08 프로세스 실행 시 메모리 구조

코드(code) 영역	코드(text), 함수 등이 배치
데이터(data) 영역	전역변수, 정적변수
힙(heap) 영역	동적 메모리 할당
스택(stack) 영역	지역변수, 매개변수, 복귀주소

09 맵리듀스는 빅데이터 처리를 위한 병렬 처리기술로 데이터 수집과 관련이 없다.
① ETL(추출, 변환, 적재)은 데이터웨어하우스에서 데이터 수집 방법을 의미한다.
② 로그 수집기는 시스템 로그를 수집하는 기술이다..
④ 크롤링은 인터넷에서 필요한 자료를 추출하는 기술이다.

07. ③ **08.** ① **09.** ③

10 기계학습(machine learning)에 대한 설명으로 옳지 않은 것은?

① 강화학습은 기계가 환경과 상호작용하면서 시행착오 과정에서의 보상을 통해 학습을 수행한다.

② 기계학습 모델의 성능 기준으로 사용되는 F1 점수(score)는 정밀도 (precision)와 검출률 (recall)을 동시에 고려한 조화평균 값이다.

③ 치매 환자의 뇌 영상 분류를 위해서 기존에 잘 만들어진 영상 분류 모델에 새로운 종류의 뇌 영상 데이터를 확장하여 학습시키는 방법은 전이학습(transfer learning)의 예이다.

④ 비지도 학습은 라벨(label) 정보를 포함하고 있는 훈련 데이터를 사용하며, 주가나 환율 변화, 유가 예측 등의 회귀(regression) 문제에 적용된다.

11 다음 E-R 다이어그램을 관계형 스키마로 올바르게 변환한 것은? (단, 속성명의 밑줄은 해당 속성이 기본키임을 의미한다.)

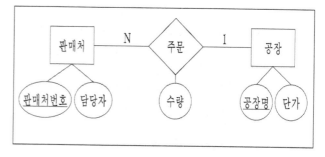

① 판매처(판매처번호, 담당자)
　공장(공장명, 단가, 판매처번호, 수량)

② 판매처(판매처번호, 담당자, 공장명, 수량)
　공장(공장명, 단가)

③ 판매처(판매처번호, 담당자)
　주문(판매처번호, 수량)
　공장(공장명, 단가)

④ 판매처(판매처번호, 담당자)
　주문(공장명, 수량)
　공장(공장명, 단가)

 한눈에 보는 *정답*과 *해설*

10 기계학습(machine learning)
 • 기계학습은 훈련 데이터를 기반으로 모형을 만들고 그 모형으로 예측을 하거나 의사결정을 하는 용도로 활용할 수 있도록 한다.
 • F1 점수(score)는 기계학습 모델의 성능 기준으로, 정밀도 (precision)와 검출률(recall)을 동시에 고려한 조화평균 값이다.
⟨기계학습의 분류⟩

구 분	내 용
지도학습	정답이 있는 데이터를 활용해 데이터를 학습시키는 것이다. 입력 값이 주어지면 입력 값에 대한 라벨(Label, 예측하고자 하는 항목)을 주어 학습시키며 대표적으로 분류, 회귀 등이 있다.
비지도 학습	정답 라벨이 없는 데이터를 비슷한 특징끼리 군집화하여 새로운 데이터에 대한 결과를 예측하는 방법이다. 대표적으로 클러스터링이 있다.
강화학습	현재의 데이터를 학습하여 어떤 액션을 취하고 행한 행동의 결과에 대해 보상을 받으며 진행하는 학습이다.

11 ER 다이어그램을 관계형 스키마로 변환 시 관계 유형에 따라 스키마의 구성이 달라진다.
 • 1:1 관계 : 두 개체 중 어느 한쪽의 기본키를 다른 개체의 외래키로 추가한다.
 • 1:N 관계 : 1쪽의 기본키를 N쪽 개체의 외래키로 추가한다.
 • M:N 관계 : 각 개체는 스키마로 변환하고, 관계도 개체처럼 새로운 스키마로 구성한다. 새로운 스키마는 두 개체의 기본키를 이용해 기본키를 만든다.
 문제에서는 N:1 관계로 1쪽의 공장 개체의 기본키 공장명을 N쪽의 판매처 개체의 외래키로 추가한다. 또한 관계의 속성 수량도 포함시킨다.
 • 판매처(판매처번호, 담당자, 공장명, 수량)
 • 공장(공장명, 단가)

10. ④　**11.** ②

12 데이터베이스 상의 병행제어를 위한 로킹 (locking) 기법에 대한 〈보기〉의 설명 중 옳은 것의 총 개수는?

> **보기**
>
> ㄱ. 로크(lock)는 하나의 트랜잭션이 데이터를 접근하는 동안 다른 트랜잭션이 그 데이터를 접근할 수 없도록 제어하는 데 쓰인다.
> ㄴ. 트랜잭션이 로크한 데이터에 대해서는 해당 트랜잭션이 종료되기 전에 해당 데이터에 대한 언로크(un-lock)를 실행하여야 한다.
> ㄷ. 로킹의 단위가 작아질수록 로크의 수가 많아서 관리가 복잡해지지만 병행성 수준은 높아지는 장점이 있다.
> ㄹ. 2단계 로킹 규약을 적용하면 트랜잭션의 직렬 가능성을 보장할 수 있어서 교착상태 발생을 예방할 수 있다.

① 1개   ② 2개   ③ 3개   ④ 4개

13 기능점수에 대한 〈보기〉의 설명 중 옳은 것의 총 개수는?

> **보기**
>
> ㄱ. 소프트웨어가 사용자에게 제공하는 기능의 수를 수치로 정량화하여 소프트웨어의 규모를 산정하는데 주로 사용한다.
> ㄴ. 트랜잭션의 기능을 측정하기 위한 기준으로 내부 입력, 내부 출력, 내부 조회가 있다.
> ㄷ. 응용 패키지의 규모 산정, 소프트웨어의 품질 및 생산성 분석, 소프트웨어 개발과 유지보수를 위한 비용 및 소요 자원 산정 등에 사용할 수 있다.
> ㄹ. 기능점수 산출 시 적용되는 조정 인자는 시스템의 특성을 반영하지 않는다.

① 1개   ② 2개   ③ 3개   ④ 4개

한눈에 보는 정답과 해설

12 ㄱ. 로크(lock)는 트랜잭션의 병행제어에 쓰인다. (○)
ㄴ. 해당 트랜잭션 종료전에 다른 트랜잭션을 위해 unlock 연산을 실행해야 한다. (○)
ㄷ. 로킹 단위가 작을수록 로크의 수가 많아져 관리는 복잡해지지만 작은 단위로 제어가 가능하므로 병행성 수준은 높아진다. (○)
ㄹ. 2단계 로킹 규약 적용 시 직렬가능성(=병행성)은 보장되지만 교착상태가 발생한다. (×)

13 ㄴ. 트랜잭션의 기능을 측정하기 위한 기준으로 외부입력, 외부 출력, 외부 조회가 있다.
ㄹ. 기능점수 산출 시 적용되는 조정 인자는 시스템의 성능 및 운영환경 등 시스템의 특성을 반영한다.

12. ③ 13. ②

14 소프트웨어 테스트에 대한 설명으로 옳지 <u>않은</u> 것은?

① 통합 테스트는 단위 테스트가 끝난 모듈들을 통합하여 모듈 간의 인터페이스 관련 오류가 있는지를 찾는 검사이다.

② 테스트의 목적은 소프트웨어 요구사항의 만족도 및 예상 결과와 실제 결과의 차이점을 파악함으로써 소프트웨어의 오류를 찾아내는 것이다.

③ 화이트 박스 테스트는 프로그램 원시 코드의 논리적 구조를 체계적으로 점검하며, 프로그램 구조에 의거하여 검사한다.

④ 블랙박스 테스트에는 기초경로(basic path), 조건기준(condition coverage), 루프(loop)검사, 논리위주(logic driven) 검사 등이 있다.

15 컴퓨터 메모리 용량이 8K×32Bit라 하면, MAR(Memory Address Register)과 MBR(Memory Buffer Register)은 각각 몇 비트인가?

① MAR: 8   MBR: 32
② MAR: 32   MBR: 8
③ MAR: 13   MBR: 8
④ MAR: 13   MBR: 32

 한눈에 보는 정답과 해설

14 기초경로, 조건기준, 루프검사, 논리위주 검사는 화이트박스 테스트에 해당된다

15 메모리 용량 = 주소수×워드크기 = 8K×32Bit에서
1) 주소수는 MAR의 크기와 관련 있다. MAR크기가 k Bit라면 주소수는 2^k개다.
따라서 주소수 8K=$2^3 \cdot 2^{10} = 2^{13}$에서 MAR 크기는 13bit이다.
2) 워드크기는 MBR의 크기와 동일하다. 워드크기가 32Bit이므로 MBR크기도 32Bit이다.

14. ④ **15.** ④

16 RAID(Redundant Array of Inexpensive Disks)에 대한 설명으로 옳지 않은 것은?

① RAID 1은 디스크 미러링(disk mirroring) 방식으로, 디스크 오류 시 데이터 복구가 가능하지만 디스크 용량의 효율성이 떨어진다.

② RAID 3은 데이터를 비트 또는 바이트 단위로 여러 디스크에 분할 저장하는 방식으로, 디스크 접근 속도가 향상되지는 않지만 쓰기 동작 시 시간 지연이 발생하지 않는다.

③ RAID 4는 데이터를 블록 단위로 여러 디스크에 분할 저장하는 방식으로, 오류의 검출 및 정정을 위해 별도의 패리티 비트를 사용한다.

④ RAID 5는 패리티 블록들을 여러 디스크에 분산 저장하는 방식으로, 단일 오류 검출 및 정정이 가능하다.

17 다음 워크시트의 [A6]셀과 [A7]셀에 아래와 같이 입력하였다. [A6]과 [A7]의 결과값을 순서대로 바르게 나타낸 것은?

[A6] 셀 : =HLOOKUP(11, B1:D5, 3)
[A7] 셀 : =VLOOKUP("나", A2:D5, 4, TRUE)

	A	B	C	D
1		10	20	30
2	가	10원	50원	90원
3	나	20원	60원	100원
4	다	30원	70원	110원
5	라	40원	80원	120원

① 20원,　　100원
② 20원,　　120원
③ 60원,　　100원
④ 60원,　　120원

한눈에 보는 정답과 해설

16 RAID 3에서는 별도의 패리티 디스크를 이용해 오류 검사를 수행하지만 쓰기 동작 시 패리티 비트 또한 변경, 갱신해야 하므로 시간 지연이 발생한다.

17 [A6] 셀 : = HLOOKUP(11, B1:D5, 3)은 행 참조 함수로 [B1:D5] 범위의 첫 번째 행 [B1:D1]에서 11과 근사한 값 100이 위치하는 열(B열)을 찾고, 이 B열에서 3번째 행의 값 20원을 참조한다.
[A7] 셀 : = VLOOKUP("나", A2:D5, 4, TRUE)은 열 참조 함수로 [A2:D5] 범위의 첫 번째 열 [A2:A5]에서 "나"와 일치하는 값의 행(3행)을 찾고, 이 3행에서 4번째 열값을 참조하면 100원이 된다.

16. ②　**17.** ①

18 프로그래밍 언어 번역 프로그램에 대한 설명으로 옳지 않은 것은?

① 인터프리터(interpreter)는 고급언어로 작성된 원시 프로그램을 함수 단위로 읽어 기계어로 번역하는 프로그램이다.

② 컴파일러(compiler)는 고급언어로 작성된 원시 프로그램을 기계어나 어셈블리어로 된 목적 프로그램으로 바꾸는 프로그램이다.

③ 어셈블러(assembler)는 어셈블리어로 작성된 원시 프로그램을 기계어로 번역하는 프로그램이다.

④ 프리프로세서(preprocessor)는 컴파일러가 컴파일을 수행하기 전에 원시 프로그램의 내용을 변경하는 것이다.

19 다음 글에서 밑줄 친 부분이 문법상 옳지 <u>않은</u> 것은?

> The major source of anger is frustration.
> If one wants to go somewhere, perform some act, or ① <u>obtain</u> something and is prevented, we say that person is frustrated. One of the basic tenets ② <u>is</u> that frustration tends to arouse aggressive feelings.
> The behavioral effects of frustration were demonstrated in a classic study.
> Children were shown a room full of attractive toys but were not allowed to enter it.
> They stood outside looking at the toys, wanting to play with them, but were unable to reach them. After they had waited for some time, they were allowed to play with them.
> Other children were given the toys without first ③ <u>being</u> prevented from playing with them.
> The children who had been frustrated smashed the toys on the floor, threw them against the wall, and generally behaved very ④ <u>destructive</u>

한눈에 보는 정답과 해설

18 인터프리터(interpreter)는 고급언어로 작성된 원시 프로그램을 기계어 번역 없이 행 단위로 읽고 직접 실행한다.

19 [해석] 분노의 주요 원인은 좌절이다. 어딘가에 가거나, 어떤 행동을 하거나, 또는 무엇인가를 얻기를 원하고, 방해를 받으면, 우리는 그 사람이 좌절했다고 말한다.
기본 교리 중 하나는 좌절이 공격적인 감정을 일으키는 경향이 있다는 것이다. 좌절의 행동 영향은 고전적인 연구에서 입증되었다. 아이들은 매력적인 장난감으로 가득 찬 방을 보여주었지만 들어갈 수 없었다.
그들은 밖에 서서 장난감을 바라보고, 장난감을 갖고 놀고 싶었지만 손을 닿는 것이 불가능했다. 그들은 얼마 동안 기다린 후에 장난감을 갖고 노는 것이 허락되었다. 다른 아이들은 처음부터 장난감을 가지고 노는 것을 방해받지 않고 장난감이 주어졌다. 좌절감을 느꼈던 아이들은 장난감을 바닥에 부수고 벽에 던지고 일반적으로 매우 파괴적인 행동을 했다.

[어휘] frustration 좌절   tenet 교리, 주의
　　　smash 부수다, 박살내다

[해설]
④ behaved는 자동사 이므로 목적어로 형용사는 올 수 없고 동사를 수식하는 부사 destructively로 써야 한다.
① obtain: 등위접속사 or을 통한 연결로, 동사원형을 쓴 것이 맞다.
(~wants to go, (to) perform or (to) obtain
② 주어가 one(단수)이므로 동사는 is를 써야 한다.
③ '아이들이 방해받는다'는 수동표현이므로 be+prevented형태로 사용되었으며, 전치사 without의 목적어이므로 동명사형태인 being 으로 써야 한다.

18. ① 19. ④

20 다음 글의 빈칸 (A), (B)에 들어갈 말로 가장 적절한 것은?

Related to the question of revealing persuasive intent is the question of whether a speaker should state conclusions clearly or leave them implied for the audience to discover.
Intuitively, we recognize that individuals may more readily embrace their own conclusions than they do those offered by others. For example, psychiatrists prefer to let their patients discover the causes of their mental condition for themselves rather than tell them (A) . Consequently, speakers may think it wise to merely imply their claims and let listeners draw their own conclusions, especially when source credibility is not high. Such a strategy is dangerous, however, particularly if the audience lacks intelligence or is highly opinionated, because they may draw an incorrect conclusion or distort the speaker's point.
The safer approach is to state conclusions (B) .

	(A)	(B)
①	directly	explicitly
②	directly	implicitly
③	indirectly	explicitly
④	indirectly	implicitly

한눈에 보는 정답과 해설

20 [해석 및 해설] 화자가 명확하게 결론들을 진술해야 하는가 아니면 청중이 발견할 수 있도록 그것들을 암시적으로 남겨두어야 하는가는 문제는 설득적 의도를 드러내는 문제와 관련이 있다.
　직관적으로, 우리는 개인이 다른 사람들에 의해서 제공된 결론보다 스스로의 결론을 더 쉽게 이해할 수 있다는 것을 인식한다. 예를 들어, 정신과 의사는 환자에게 ((A) : 직접적으로 directly) 말하기보다는 정신상태의 원인을 스스로 발견하게 하는 것을 선호한다.
　그 결과 화자는 특히 출처의 신뢰성이 높지 않은 경우, 단순히 자신의 주장을 암시하고 청취자가 스스로 결론을 끌어내도록 하는 것이 현명하다고 생각할 수 있다.
　그러나 그러한 그 전략은 특히 청중이 지성이 부족하거나 지나치게 독단적일 경우 위험한데, 왜냐하면 그들이 잘못된 결론을 내리거나 화자의 요점을 왜곡할 수 있기 때문이다.
　안전한 접근은 결론을 ((B)분명하게 :explicitly) 진술하는 것이다.

[어휘]

imply 내포하다　intuitively 직관적으로　readily 즉시, 쉽사리　embrace 품다　psychiatrist 정신과의사　merely 그저, 다만　claim 주장, 요구　opinionated 완고한, 독선적인　distort 왜곡하다　implicitly 함축적으로, 은연중에　indirectly 간접적으로　explicitly 명시적으로

20. ①

336 Part 특별부록

Chapter 04

기초영어

01 우체국 업무영어

1 업무시간 안내

> C : Excuse me, but when is the post office open?
> P : We are open from nine to six on weekdays, but our financial services close at 4 : 30 p.m.
> C : Do you offer financial services later than 4 : 30 pm on any day of the week?
> P : No, I'm afraid we don't, but you can make account withdrawals and transfers after hours with ATM.

고객 : 실례합니다. 우체국이 몇 시에 문을 엽니까?
직원 : 평일 9시부터 6시까지입니다. 그러나 금융서비스는 4시 30분까지입니다.
고객 : 평일 중에도 4시 30분 이후에 금융창구를 운영하는 날이 있습니까?
직원 : 죄송합니다. 그러나 ATM에서 현금인출, 계좌이체를 할 수 있습니다.

2 창구 안내

> C : Excuse me.
> P : Yes. What can I do for you?
> C : I'd like to send this parcel to Busan. Which counter should I go to?
> P : Go to number 3. But first you have to get a number ticket, and then please wait your turn. Here let me help you.
> C : Thank you very much.
> P : You're welcome. If you need anything else, please let me know.

고객 : 실례합니다.

직원 : 네. 무엇을 도와드릴까요?

고객 : 이 소포를 부산으로 보내고 싶습니다. 어느 창구로 가야 하나요?

직원 : 3번 창구로 가시기 바랍니다. 그러나 먼저 번호표를 뽑고 차례를 기다려주시기
바랍니다. 제가 도와드리겠습니다.

고객 : 감사합니다.

직원 : 천만에요. 다른 도움이 필요하시면 말씀하시기 바랍니다.

3 우편엽서 접수

P : Hello, may I help you?
C : Can I get two postcards, please? How much are they?
P : They are two hundred and twenty won each.
C : Thank you, and I have one more question.
P : Go ahead, please.
C : I'd like to send these picture postcards to Canada by air mail.
How much is the postage?
P : Each card costs three hundred and fifty won.
C : Thank you.
P : You're welcome.

직원 : 안녕하세요. 무엇을 도와 드릴까요?

고객 : 엽서 2장을 주시겠어요? 얼마입니까?

직원 : 각각 220원입니다.

고객 : 감사합니다. 한 가지 더 물어보겠습니다.

직원 : 말씀하십시오.

고객 : 이 그림엽서를 캐나다에 항공우편으로 보내려 하는데 우편요금이 얼마입니까?

직원 : 각각 350원입니다.

고객 : 감사합니다.

직원 : 천만에요.

4 우편번호 기입 안내

P : May I help you?
C : Yes. I'd like to send this letter to Hadong City.
P : Let me weigh it first. Oh, there is no zip code here.
C : Oh, I forgot about it. Could you write down the zip code for me?
P : Sure. I'd be happy to.
C : Thank you very much.

직원 : 무엇을 도와드릴까요?

고객 : 예. 이 편지를 하동으로 보내려고 합니다.

직원 : 먼저 무게를 재보겠습니다. 여기 우편번호가 없습니다.

고객 : 아. 잊어버렸습니다. 우편번호를 적어주실 수 있습니까?

직원 : 예. 적어드리겠습니다.

고객 : 감사합니다.

5 등기서장 접수

P : Hello, may I help you?
C : Yes. I'd like to send this letter to Busan.
P : Is there anything of value inside?
C : No.
P : Do you want to send it as registered mail?
C : Yes, please
P : Would you like the one day special service, or ordinary registered mail?
C : Ordinary registered mail will be fine. How much is it?
P : Let me weigh it first. That's one thousand seven hundred and fifty won, please.
C : Okay. Here you are.
P : Here is your receipt and your change.

직원 : 안녕하세요. 무엇을 도와드릴까요?

고객 : 네. 부산에 이 편지를 보내려 합니다.

직원 : 편지 속에 귀중품이 들어있습니까?

고객 : 아니요.

직원 : 등기우편으로 보내시겠습니까?

고객 : 예. 등기로 보내겠습니다.

직원 : 익일 특급으로 보내시겠습니까? 아니면 일반등기로 보내시겠습니까?

고객 : 일반등기로 보내겠습니다. 얼마입니까?

직원 : 우선 무게를 재보겠습니다. 총 1,750원입니다.

고객 : 네. 여기 있습니다.
직원 : 여기 영수증과 잔돈입니다.

6 등기소포 접수

P : What can I do for you?
C : I want to send this package to Busan.
P : Um, it looks big. Would you please put your parcel on the scale?
C : Of course. By the way, do you have any limitation as to the size and weight?
P : Yes, we do. The total size limit is 160 cm, adding the height, width, and length. And the length of each side must be within 1m. Also the weight of the parcel should not exceed 30 kg.
C : Can you check if my package is OK?
P : Yes, let me check it. Actually it is a little over the regular size. I suggest you reduce the size of your parcel or send it in two boxes.
C : Okay. I think I need to send it in two boxes.
I'll be back in a second after I wrap it again.

직원 : 뭘 도와 드릴까요?
고객 : 이 소포를 부산에 보내고 싶습니다.
직원 : 소포가 큰 것 같습니다. 저울에 올려주시겠습니까?
고객 : 네. 그런데, 부피와 무게에 어떤 제한이 있나요?
직원 : 네. 있습니다. 제한 부피는 가로, 세로, 높이를 모두 더하여 160cm 이내이며, 제한 중량은 30kg입니다. 세 면의 어느 길이나 1m 이내이여야 합니다.
고객 : 제 소포는 괜찮은지 확인해 주시겠어요?
직원 : 예. 체크해보겠습니다. 규격 크기보다 조금 초과됩니다.
크기를 줄이시거나, 두 상자로 나누어 주시기 바랍니다.
고객 : 예. 두 상자로 나누어 보내는 것이 좋겠네요. 포장 후에 다시 오겠습니다.

7 항공소포 접수

C : Excuse me, but I'd like to send this to the U.S.
P : How do you want to send it?
C : By air mail.
P : Could you please fill out this form?
C : Of course. How much will it cost?
P : I don't know yet. Let me weigh it first.
　　It will cost twenty four thousand won.
C : I see. Here you are.
P : Thank you. Here is your receipt and your change.
C : Oh, how long will it take to get there?
P : It usually takes about a week.
C : Okay. That's no problem.
P : Have a nice day.
C : You, too.

고객 : 실례합니다. 이것을 미국으로 보내고 싶은데요.

직원 : 그것을 어떻게 보내겠습니까?

고객 : 항공편으로 보내려 합니다.

직원 : 기표지를 작성해 주시겠습니까?

고객 : 물론입니다. 가격이 얼마입니까?

직원 : 아직 잘모르겠지만, 우선 무게를 재보겠습니다. 요금은 24,000원입니다.

고객 : 알겠습니다. 여기 있습니다.

직원 : 감사합니다. 여기 영수증과 잔돈입니다.

고객 : 미국까지 항공우편이 도착하는데 얼마나 걸립니까?

직원 : 최소 일주일 정도 소요됩니다.

고객 : 알겠습니다. 문제 없겠네요.

직원 : 좋은 하루 보내시기 바랍니다.

고객 : 좋은 하루 보내세요.

8 EMS와 항공소포 접수

P : What can I do for you?
C : I'd like to send this to the U.S.
P : How would you like to send it?
C : As quickly as possible.
P : All right. For the EMS mail, it will cost 50,900 won.
C : Wow! Do you have anything cheaper?
P : Sure. We have air mail, but it takes at least a week.
C : What is the difference between EMS and air mail?
P : EMS is much faster than Air mail, but it's a bit more expensive. And with EMS you do not need to pay any extra charge to return it in case of non-delivery.
C : I see. Then, please send it by EMS.
P : Could you please fill out this form?
C : Of course. ..... Is everything OK?
P : Yes, thank you. Here is your receipt and your change.

직원 : 무엇을 도와드릴까요?

고객 : 이것을 미국으로 보내고 싶습니다.

직원 : 어떻게 보내고 싶으십니까?

고객 : 가능한 빠른 우편으로요.

직원 : 알겠습니다. 국제특급우편으로 하면 50,900원입니다.

고객 : 와. 좀 더 싼 것은 없나요?

직원 : 있습니다. 항공소포가 있지만 최소 일주일이 소요됩니다.

고객 : EMS와 항공우편물의 차이점이 무엇입니까?

직원 : EMS는 항공편보다 빠르지만, 조금 비쌉니다. 또한 EMS는 미배달인 경우 반송료를 부과하지 않습니다.

고객 : 알겠습니다. 그럼 EMS로 보내겠습니다.

직원 : 기표지를 작성해 주시겠습니까?

고객 : 물론입니다. 이정도면 괜찮나요?

직원 : 네, 감사합니다. 여기 영수증과 잔돈입니다.

9 EMS 기표지 작성

C : I'd like to send this to Canada by EMS.
P : OK, could you please fill out this form?
C : I don't know how to fill it out. Can you help me?
P : Sure, you need to write down the sender's address and the receiver's address in English first. The telephone numbers and the zip codes are required as well. And what's inside?
C : It contains some clothes and books.
P : Could you please write down the contents, the quantities of each, and their value?
C : Of course. ..... Is this all right?
P : I need your signature on the form.
C : Oh, I see. Thank you for your explanation.
P : My pleasure.

고객 : 이것을 EMS로 캐나다로 보내고 싶습니다.
직원 : 알겠습니다. 기표지를 작성해 주시겠습니까?
고객 : 어떻게 작성하는지 모르겠습니다. 도와주실 수 있나요?
직원 : 우선 발신자 주소와 수신자 주소를 영어로 적어주세요.
　　　또한 전화번호와 우편번호가 필요합니다. 그리고 안에 무엇이 들었나요?
고객 : 약간의 옷과 책이 있습니다.
직원 : 내용물, 개수, 가격을 적어주시겠습니까?
고객 : 네. 이정도면 괜찮나요?
직원 : 기표지에 서명이 필요합니다.
고객 : 알겠습니다. 설명 감사합니다.
직원 : 천만에요.

10 국제소포 반송

> P : Your parcel can be returned if it is not delivered to the receiver. However, this costs extra. Are you willing to pay any return charge or give it up in case of non-delivery?
>
> C : Yes, I want to get this parcel back if it cannot be delivered.
>
> P : Could you read the "sender's instruction in case of non-delivery" and choose one, please?
>
> C : OK, How much would it be if it is returned by air mail?
>
> P : Perhaps it may cost almost as much as you will pay to send it by air mail now.
>
> C : Thank you for your explanation.
>
> P : It's my pleasure.

직원 : 소포가 배달되지 않는 경우 반송될 수 있습니다. 또한 반착료가 부과됩니다. 반송 시 반착료를 지불하시겠습니까? 아니면 소포를 포기하시겠습니까?

고객 : 반송 시 이 소포를 다시 돌려받겠습니다.

직원 : 배달불능 관련 발송인 요청사항을 읽고 체크해 주시기 바랍니다.

고객 : 네, 그런데 반착료가 얼마인가요?

직원 : 아마 지금 지불하시는 항공우편요금 만큼 부과될 것입니다.

고객 : 감사합니다.

직원 : 천만에요.

11 손해배상

C : I sent a package to the U.S. but I was informed that it had been damaged before it was delivered.
So, I'd like to receive some compensation for the loss. Can I request it here?

P : We really apologize for your inconvenience.
A sender can request compensation before the completion of the delivery, and the recipient can do it after the delivery.

C : Then, what am I supposed to do to get compensation?

P : For EMS, you can request it within 4 months, and for the EMS delivery guarantee, you may do it within 30 days.
And in case of an ordinary parcel, within 6 months.
When did you mail it?

C : I sent it by EMS one month ago.

P : May I have your receipt?

C : Here you are.

P : Would you please fill out these forms for compensation?
I need photocopies of your identification card and bankbook as well.

C : How much money can I get as reimbursement?

P : In the case of an ordinary international parcel, we reimburse actual value of the parcel up to 60,000 won and 6,750 won per kilogram.
In addition to that, we refund your postal charge.
However, if you insure your percel, we reimburse the actual value of the parcel for the insured amount.
We also refund your postal charge, but the insurance charge.

C : How long does it take?

P : It will takes about a week to know when your money comes through.
I'll call your cell phone and send you an email.

C : Thank you, I'll be waiting.

고객 : 미국으로 소포를 보냈는데 내용품이 파손되었다는 연락을 받았습니다.
손해배상을 청구하고 싶은데, 제가 청구할 수 있나요?

직원 : 불편을 드려서 정말로 죄송합니다. 배달 완료 전까지는 발송인이 신청할 수 있으며, 배달된 후에는 수취인이 신청하실 수 있습니다.

고객 : 그럼 손해배상을 위해 어떻게 해야 하나요?

직원 : EMS는 4개월, 배달보장 EMS는 30일, 일반소포는 6개월 이내에 청구하실 수 있습니다. 언제 발송하셨습니까?

고객 : 한달 전에 EMS로 발송했습니다.

직원 : 영수증을 볼 수 있을까요?

고객 : 여기 있습니다.

직원 : 이 손해배상 서류를 작성해 주시겠습니까?
그리고 고객님의 신분증과 통장도 주시겠습니까?

고객 : 손해배상금은 얼마나 되나요?

직원 : 국제보통소포인 경우, 배상금은 60,000원과 1kg당 6,750원 범위 내에서 실손해액과 우편요금을 배상해 드립니다. 그러나, 국제보험소포를 보내셨다면, 보험가액 범위내 실손해액에 보험취급수수료를 제외한 우편요금을 받으실 수 있습니다.

고객 : 시간이 얼마나 걸리나요?

직원 : 약 일주일 후에 언제 돈이 지급되는지 알 수 있습니다.
전화와 메일 드리겠습니다.

고객 : 감사합니다. 그럼 연락 기다리겠습니다.

12 주소변경

C : Can you redirect my mail to this address? I've moved to a new apartment.
P : Sure. What's your old address?
C : It's Yaksu-dong, Sungdong-gu.
P : What are the names on the mail that you want redirected?
C : I have two names. Myself, John Smith, and my wife, Jenny Smith.
P : When do you want us to begin delivery to the new address?
C : As of tomorrow.
P : OK. Your mail will be forwarded from tomorrow.
C : Thank you very much.
P : My pleasure. Have a nice day.

고객 : 이 주소로 제 우편물을 전송해주시겠어요? 새로운 아파트로 이사했습니다.

직원 : 알겠습니다. 예전 주소가 어디입니까?

고객 : 성동구 약수동입니다.

직원 : 전송을 원하시는 우편물의 수신인 이름이 무엇입니까?

고객 : 2명의 이름이 있어요. 나 존 스미스와 나의 아내인 제니 스미스.

직원 : 언제부터 새로운 주소로 배달해 드릴까요?

고객 : 내일부터요.

직원 : 알겠습니다. 내일부터 우편물이 전송될 것입니다.

고객 : 감사합니다.

직원 : 천만에요. 좋은 하루 보내시기 바랍니다.

13 택배도착안내(전화)

M : Hello, this is Gil—dong, Hong from Seoul Joon—ang Post Office.
    May I speak to OOO, please?
    Is your address 101—107 Satbyul APT?
C : Yes, this is he/she speaking. How can I help you?
M : I an supposed to deliver a package to you today.
    Will you be home at around 10 a.m. today?
C : No, Nobody will be home then.
    Would you please give the package to the security guard for my apartment?
M : OK. But please do not forget to pick it up.
C : Don't worry, I won't.

집배원 : 안녕하세요. 서울중앙 우체국 집배원 홍길동입니다.
        샛별아파트 107동 101호 OOO 고객님 맞으시나요?
고 객 : 네, 맞습니다. 무슨 일이시죠?
집배원 : 예, 고객님께 택배를 10시쯤 배달하려고 하는데 집에 계시나요?
고 객 : 아니요, 그 시간에는 집에 아무도 없습니다. 경비실에 맡겨 주세요.
집배원 : 예, 그럼 경비실에 맡겨 놓겠습니다. 꼭 찾아가세요.
고 객 : 걱정하지 마세요.

* 집배원 : Mail Carrier

14 우편물 도착안내서 설명(전화)

[Inquiry for the sender and contents]
P : Hello. This is Eun—byol Kim from the Seoul Joong—ang Post Office.
How can I help you?
C : I got a delivery failure notice, and I'd like to know who the sender is.
P : Okay, Sir(Ma'am). Would you please look at the notice once again?
C : Oh, I found it. Then, what is in the parcel?
P : Sorry, but we don't have that information.

[발송인 및 내용품 문의]
직원 : 안녕하세요. 서울중앙 우체국 김은별입니다. 무엇을 도와 드릴까요?
고객 : 제가 도착안내서를 받았는데 발송인이 누구인지 알고 싶습니다.
직원 : 네, 고객님. 우편물 도착안내서를 자세히 보시면 발송인이 있습니다.
고객 : 아, 여기 적혀 있네요. 그럼 내용품은 무엇인가요?
직원 : 죄송하지만, 저희가 내용품은 알 수 없습니다.

[After the expiration of holding period of the mail]

C : I received a notice about a delivery failure, and the holding period expired yesterday.

What should I do to get my letter?

P : I am sorry to tell you, but your letter has been returned to the sender.

The sender will get the letter in 2 to 3 days.

I think you need to contact the sender.

C : Okay, I see.

[보관기일이 지난 경우]

고객 : 우편물 도착안내서를 보니 보관기일이 어제까지였는데 어떻게 하면 되나요?

직원 : 죄송하지만 고객님의 우편물은 보관기일이 만료되어 발송인에게 반송되었습니다.

발송인이 2~3일 후면 다시 받으실 겁니다.

발송인에게 연락해 보시는 것이 좋을 듯싶습니다.

고객 : 네, 알겠습니다.

[When picking up registered mail, which is from the court]

P : Good morning, this is Eun-byol, Kim. What Can I do for you?

C : I received a delivery failure notice saying I have a registered letter from the court.

So, I'd like to pick it up in person. Is it okay(possible)?

P : Yes, of course.

Please make sure that you should visit our office in person with your ID card and the notice by 8 p.m.

[법원등기 수령하는 경우]

직원 : 안녕하세요. 서울중앙 우체국 김은별입니다. 무엇을 도와 드릴까요?

고객 : 우편물 도착안내서에 법원등기가 왔다는 메시지가 있습니다.

우체국으로 방문하여 수령하고 싶은데 가능하나요?

직원 : 예, 가능합니다. 오실 때 법원등기 수취인 본인이 신분증과 도착안내서를 지참하시고 20 : 00까지 오시면 됩니다.

02 예금업무 영어

컴퓨터일반 GO! 득점

1 수시입출금 통장개설(Opening a savings accounts)

P : How can I help you?
C : I'd like to open an account in the post office.
P : Is this your first time to open an account at a post office?
C : Yes.
P : What kind of account would you like?
　　We have a savings account, a monthly savings account and many more.
C : I'd like to open a savings account.
P : Can I have some identification?
　　Your alien registration card or passport would be OK.
C : Here you are.
P : Could you fill out this application form?
　　Then, press your password and confirm it again. It has to be four digits.
　　How much money do you want to put in today?
C : Just 10,000 won. I will put in some more next time.
P : Here's your bankbook. Do you need anything else?
　　You can use an ATM card, Internet banking and Phone banking services
　　as well.

직원 : 무엇을 도와드릴까요?
고객 : 통장을 만들려고 합니다.
직원 : 우체국에서 통장개설이 처음이십니까?
고객 : 네.
직원 : 어떤 계좌를 원하세요? 저축예금, 정기적금과 같은 상품이 있습니다.
고객 : 저축예금을 원합니다.
직원 : 신분증을 보여주시겠습니까? 외국인등록증 또는 여권이면 가능합니다.
고객 : 여기 있습니다.
직원 : 이 신청서를 작성해 주시겠습니까? 비밀번호 4자리 두 번 눌러주시겠습니까?
　　　오늘 얼마를 입금하시겠습니까?

고객 : 만 원이요. 다음번에 더 입금하겠습니다.

직원 : 통장 여기 있습니다. 더 필요하신 사항 있습니까?
      현금카드와 전자금융 서비스 역시 사용 가능합니다.

2 정기예금(Opening a time deposit account)

C : I'd like to deposit ten million won for one year.

P : Can I have your alien registration card or passport to photocopy it?

C : Here you are.

P : Could you fill out this application form, please?
    Please write your signature here.

C : Ok.

P : Now, press your four digit password/pin number twice on the pin pad.
    The passoword cannot be a series of numbers or the same numbers.
    Here's your savings bankbook.
    Please check it to make sure that is all right.

C : Thank you.

P : Do you need anything else?

C : No, thank you. This is fine. Good-bye.

P : Good-bye. Have a nice day.

고객 : 천 만 원을 1년간 예치하고 싶습니다.

직원 : 복사를 위해서 외국인등록증 또는 여권을 주시겠습니까?

고객 : 여기 있습니다.

직원 : 이 신청서를 작성해 주시겠습니까? 여기에 서명 부탁드립니다.

고객 : 네.

직원 : 이제 비밀번호 4자리를 두 번 입력해 주십시오.
      연속된 숫자나 동일한 숫자는 사용이 불가능합니다.
      통장 여기 있습니다. 확인해 주시겠습니까?

고객 : 감사합니다.

직원 : 더 필요하신 사항 있으신가요?

고객 : 아니요, 감사합니다. 안녕히 계세요.

직원 : 좋은 하루 보내세요.

3 해외송금(Remittance services)

C : To which country can I send money from the post-office?
P : You can send money to bank accouts all over the world via the SWIFT service.
C : How many days does it take to deliver to the beneficiary?
P : It takes about 2 or 3 days, but this depends on the situation of each country.
C : How much money can I send?
P : You can send a maximum amount of 1,000 USD per transaction.
C : I see. How much are the bank charges?
P : They are 10,000 won per transaction.
  As you know, it is cheaper than that of other commercial banks in Korea.
C : Sounds good. I'd like to send 1,000 USD to Mongolia.
P : Would you please fill out this application form?

고객 : 우체국에서 어느 나라로 송금이 가능한가요?
직원 : SWIFT 서비스를 통해서 전세계 시중은행으로 계좌송금이 가능합니다.
고객 : 수취인까지 보통 며칠이 걸리나요?
직원 : 보통 2~3일 정도 소요되는데 상대국 사정에 따라 약간 변동이 있습니다.
고객 : 얼마까지 송금할 수 있나요?
직원 : 미화 1,000달러까지 보내실 수 있습니다.
고객 : 송금 수수료는 얼마인가요?
직원 : 1건당 10,000원입니다. 일반은행보다는 이용수수료가 저렴하실 것입니다.
고객 : 좋네요. 1,000달러를 몽골로 보내고 싶습니다.
직원 : 여기 신청서를 작성해 주시겠습니까?

4 예금 인출(Withdrawing cash)

C : I'd like to withdraw some money.
P : Did you fill out the withdrawal slip?
C : No. Where is the form?
P : It's on the table over there. But don't worry, I have a form right here.
    You know you can also use the cash machine, don't you?
C : But I don't have a cash card.
P : Didn't you make one?
C : No.
P : Would you like me to make one for you now?
C : Yes, please.

고객 : 돈을 좀 인출하고 싶은데요.
직원 : 출금신청서는 기입하셨나요?
고객 : 아니요. 신청서가 어디에 있나요?
직원 : 저기 저쪽에 테이블 위에 있는데, 저도 한 장 가지고 있습니다.
    그런데 현금카드로도 돈을 인출할 수 있는 거 아시죠?
고객 : 저는 현금카드가 없는데요.
직원 : 아직 없으세요?
고객 : 없어요.
직원 : 그럼 하나 만들어 드릴까요?
고객 : 예, 해주세요.

5 통장 정리(Updating one's bank-book)

C : I would like to update my bankbook.
    I haven't had my transactions printed in my bankbook for several months.
P : May I have your bankbook, please?
C : Sure. Here you are.
P : Okay. Let me update your bankbook for you. It doesn't take long.
    By the way, you can also get this done by the cash machines in any post
    office.
C : Really? Is it possible in any machine?
P : Yes, it is.

고객 : 통장정리를 하고 싶은데요.
　　　저는 계속 현금지급기를 사용해서 몇 달 동안 통장정리를 못했습니다.
직원 : 통장 좀 주시겠어요?
고객 : 여기 있습니다.
직원 : 모든 거래내역을 정리해 드리겠습니다. 오래 걸리지는 않습니다.
　　　그런데 어느 우체국에서든 현금인출기로도 정리를 할 수 있습니다.
고객 : 정말요? 모든 기계에서 가능한가요?
직원 : 예, 하실 수 있습니다.

6 현금카드 발급(Cash card)

P : Good afternoon. How can I help you?
C : Hi. I never got a cash card for this account.
　　Could you make me a card now?
P : Of course. Is this your account number?
C : Yes.
P : Can I have your alien registration card or passport?
C : Sure. Here you are.
P : Okay. Here are your bankbook and cash card.
C : Can I use this card right away?
P : Yes. You can use it in any machine.
C : Thank you.

직원 : 안녕하세요. 어떻게 도와 드릴까요?
고객 : 안녕하세요. 제가 현금카드가 없습니다. 지금 만들 수 있을까요?
직원 : 물론요. 본인계좌세요?
고객 : 네.
직원 : 외국인등록증 또는 여권을 주시겠습니까?
고객 : 네. 여기 있습니다.
직원 : 자. 여기 통장하고 새 현금카드입니다.
고객 : 바로 카드를 사용할 수 있나요?
직원 : 그럼요. 어느 기계에서나 바로 사용하실 수 있습니다.
고객 : 감사합니다.

7 수표와 현금의 교환(Cashing in bank checks)

C : Can I cash this check here?

P : Sure. May I see your ID?

C : Here it is.

P : Could you please sign your name on the back of the check?

C : Certainly.

P : How would you like it?

C : All 10,000 won bills, please.

P : Here you are. Would you please count the money to make sure it is correct?

C : Sure.

고객 : 이 수표를 현금으로 바꿀 수 있을까요?

직원 : 물론입니다. 신분증 좀 볼 수 있을까요?

고객 : 여기 있습니다.

직원 : 수표 뒤에 이름을 써 주십시오.

고객 : 네.

직원 : 현금을 어떻게 드릴까요?

고객 : 모두 10,000원짜리로 주세요.

직원 : 알겠습니다. 여기 있습니다. 맞는지 확인 부탁드립니다.

고객 : 네.

03 자주 사용하는 질문

1 영업시간 문의

> Q : I'd like to know the office hours for financial services.
> A : We are open from 9 a.m. to 4 : 30 p.m. on weekdays.

Q : 우체국 금융영업시간을 알고 싶습니다.
A : 네. 평일은 9 : 00~16 : 30까지입니다.

> Q : How can I use the financial services after business hours?
> A : You can use an ATM to withdraw, deposit, or transfer money.

Q : 근무시간 이후는 어떻게 업무를 처리할 수 있나요?
A : 현금인출기를 사용하여 현금인출, 입금, 계좌이체가 가능합니다.

> Q : Can I use the financial services now?
> A : Sorry, sir. We close at 4 : 30 p.m.

Q : 지금 금융업무를 처리할 수 있나요?
A : 죄송합니다. 16 : 30에 마감되었습니다.

2 예금가입 문의

Q : Can I open an account without any ID?
A : Sorry, ma'am. We need to have your passport or alien registration card to do this.

Q : 신분증이 없는데 통장을 만들 수 있나요?
A : 고객님! 죄송합니다. 이 업무는 계약자 본인임을 확인한 후에 처리해야 하므로 여권 또는 외국인등록증이 반드시 필요합니다.

Q : I'd like to open an account with a good interest rate.
　　What kind of documents do I need?
A : You need your alien registration card or passport.

Q : 목돈을 마련하기 위한 예금을 가입하고 싶습니다. 필요한 서류는 무엇입니까?
A : 본인의 외국인등록증과 여권이 필요합니다.

Q : I'd like open a savings account.
A : Could you fill out this application form and give me your passport or alien registration card, please?

Q : 자유저축예금을 가입하고 싶습니다.
A : 가입신청서를 작성하시고 여권과 외국인등록증을 주시겠습니까?

Q : How much would you like to deposit now?
A : One hundred thousand won, please.

Q : 지금 얼마를 입금하시겠습니까?
A : 10만 원으로 하겠습니다.

Q : How long must I save it?
A : You can decide what you want, from between 30 days and 3 years.

Q : 가입기간은 어떻게 되나요?
A : 30일 이상 3년 이하로 자유롭게 지정할 수 있습니다.

Q : I'd like to deposit some money. And is there any maximum limit?
Can you recommend a good savings account?
A : I recommend the Champion's time deposit plan.
There is no upper limit, but the minimum amount is ten thousand won.

Q : 돈을 예치하고 싶습니다. 한도는 얼마인가요? 하나 추천해 주시겠어요?
A : 챔피언정기예금을 추천합니다. 한도는 최저 만 원 이상으로 제한이 없습니다.

Q : I'd like to open a monthly savings account.
A : How much would you like to deposit every month?

Q : 정기적금통장을 만들고 싶은데요.
A : 매달 얼마를 저축하시겠습니까?

Q : Have you decided on the maturity date?
A : I'd like to save it for ten months.
Q : I see. But if you save it for a year, the interest rate is a little higher.

Q : 만기는 언제로 하시겠습니까?
A : 기간은 10개월로 해주세요.
Q : 네. 그런데 1년으로 하시면 이자율이 조금 더 높습니다.

Q : Do you have any plan that provides a high interest with free withdrawals and deposits?
A : Yes, we have an MMDA in which you have to deposit 5 million won first. The interest rate is 1.7% when the amount is more than one hundred million won for more than 7 days.

Q : 입출금이 자유로우며, 짧은 기간 예치하더라도 높은 금리를 제공하는 상품이 있나요?
A : 네, 듬뿍우대(MMDA) 상품으로 최초 입금액은 500만 원 이상 제한이 없습니다.
금리도 1억 원 이상일 경우 7일 이상 예치시 1.7% 이자가 발생합니다.

3 입금/출금 문의

> Q : How much would you like to deposit?
> A : One million won, please.

Q : 얼마나 입금해 드릴까요?
A : 네. 백만 원을 입금해 주세요.

> Q : I'd like to withdraw one million won.
> A : Is this your account? Do you have your bankbook?
> Please fill out this withdrawal at slip.

Q : 통장에서 백만 원을 찾고 싶은데요?
A : 본인이시죠? 통장을 가져오셨습니까? 지급신청서를 작성해 주세요.

> Q : How much would you like to withdraw?
> A : One million won, please. I'd like to have five hundred thousand in checks,
> and the rest in cash.

Q : 얼마나 인출해 드릴까요?
A : 네. 백만 원을 인출해 주세요. 인출금은 수표 50만 원, 현금 50만 원으로 주세요.

> Q : This isn't my account. I'd like to withdraw one million won.
> A : Sorry, Sir. Only the account holder can withdraw money.

Q : 본인이 아닌데, 통장에서 백만 원을 찾고 싶습니다.
A : 죄송하지만 예금주 본인 외에는 지급이 되지 않습니다.

> Q : What are the bank charges?
> A : To transfer money to another bank account is two thousands won for up
> to one million won.

Q : 송금수수료는 얼마나 드나요?
A : 은행으로 송금할 경우 송금수수료는 백만 원까지 2,000원입니다.

4 현금카드 문의

> Q : Can I make a cash card?
> A : Do you have an account in the post office? If you do, can I have your bankbook and alien registration card(or passport)?

Q : 현금카드를 만들 수 있나요?
A : 우체국에 계좌를 가지고 있으신가요? 통장과 신분증을 주시겠습니까?

> Q : Could you fill out this form?
> A : Here you are.

Q : 이 양식을 작성해 주시겠습니까?
A : 네. 여기 작성되었습니다.

> Q : Can I use this card right away?
> A : Yes, sir. Try the ATM over there.

Q : 이 카드를 바로 사용할 수 있나요?
A : 네. 저쪽에 있는 현금인출기에서 사용해 보세요. ₩

> Q : What should I do if I lose this card?
> A : Please call 1588-1900. You can call at any time.

Q : 제가 이 카드를 분실하면 어떻게 해야 하죠?
A : 1588-1900번으로 전화 주시면 됩니다. 이 번호는 24시간 운영됩니다.

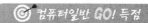

5 공과금납부 문의

Q : Which counter can I use to pay this phone bill?
A : You can pay at any counter, sir.

Q : 전화요금은 어느 창구에서 납부하면 되나요?
A : 모든 창구에서 가능합니다.

Q : I'd like to pay my phone bill.
A : The phone bill is fifty thousand won, please.

Q : 전화요금을 납부하고 싶습니다.
A : 네. 청구서를 주시고, 5만 원을 주시겠습니까?

Q : I'd like to pay my electricity bill.
A : Certainly. Um. Have you thought about setting up a direct debit from
　　your account?
　　It is a very convenient way to pay your utility bills.

Q : 전기요금을 납부하려고 하는데요.
A : 물론입니다. 그런데 공과금 자동이체는 알고 계십니까?
　　자동납부 신청을 하시면 편리합니다.

Q : What's the advantage of it?
A : You don't need to come to post office every month only for this, and you
　　can usually get a slight discount.

Q : 자동납부신청을 하면 좋은 점은 있나요?
A : 우체국에 매번 나올 필요도 없고 약간의 할인도 받으실 수 있습니다.

6 기타 문의

Q : I'd like to close my account.
A : We need your bankbook, personal seal or your signature, and your ID.

Q : 계좌를 해지하고 싶습니다.
A : 네, 통장, 도장 또는 서명, 신분증을 주시겠습니까?

04 국제우편 실무용어

1 공통분야

한 글	영 어
감독자	Supervisor
견본	Specimen
관세	Customs duty
기념우표	Commemorative postage stamp
만국우편연합(UPU)	Universal Postal Union(UPU)
만국우편연합조약	Acts of the UPU
만국우편협약	Universal Postal Convention
만기일	Date of expiry
발행일	Date of issue
법조항	Article of an act
사서함	Post office box
소정기간	Prescribed period
소포우편규칙	Parcel Post Regulations
소형쉬트	Miniature sheet of postage stamps
손해배상	Compensation for loss, theft or damage
수입인지	Revenue stamp
업무용통신	Official correspondence
우정청	Postal administration
우체국장	Postmaster(Postmistress)
우체통	Mail-box, letter box
우편번호	Postal code
우편업무	Postal service
우편원	Postal clerk

한 글	영 어
우편종사원	Post employee
우편차량	Mail van(car)
우편취급소	Postal agency

2 접 수

한 글	영 어
규격외 우편물	Non-standardized mail
그림엽서	Picture postcard
금액	Amount
금제품	Prohibited articles
다량우편물	Bulk posted item
마약	Narcotics
물품	Article
불가항력	Circumstances beyond control
세관신고서	Customs declaration
소포우편물 목록	Parcel bill
소형시트	Sheet of postage stamps(souvenir stamp)
송장	Despatch note
수취인	Addressee
수취인 접착테이프	Addressee adhesive tape
순중량	Net weight
실제중량	Actual weight
업무의 일시중지	Suspension of services
영수증	Receipt
우편마감시작	Mail closing time
우편전지	A sheet of postage stamps
잘못 접수된	Wrongly admitted, accepted in error
접수하다	Accept
주소	Address
주소기표지	Address label
주소변경	Alteration of address
중량단계	Weight step
창봉투	Envelope with a transparent panel
첨부하다(우표)	Affix
총중량	Gross weight

한 글	영 어
최번시간	Peak hour
포장	Packing(Make-up)
포장지	Wrapper
항공부가요금	Air surcharge
항공서간	Aeorgram(Air letter)
항공소포	Air parcel
항공우편물	Airmail item
항공우편거리	Airmail distance
항공우편고무인	Airmail stamp
항공우편발송	Airmail despatch
항공우편표지	Airmail label
항공운송료	Air conveyance cost

3 우편물

한 글	영 어
규격외소포	Cumbersome parcel
규격우편물	Standardized item
그림엽서	Picture postcard
등기우편물	Registered item
방사성물질	Radioactive materials
보통소포	Ordinary parcel
보통우편물	Ordinary item
보험소포	Insured parcel
서장	Letter
선편소포	Surface parcel
소포우편물	Postal parcel
소형포장물	Small packet
속달	Express
시각장애인용 점자	Literature for the blind
엽서	Postcard
우편물	Postal item, mail item, mail
인쇄물	Printed papers(matter)
전자우편	Electronic mail
정기간행물	periodicals

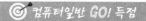

취급주의소포	Fragile parcel
통상우편물	Letter-post items

4 요 금

한 글	영 어
국제반신우표권	International reply coupon
기본요금	Basic rate(charge)
배달국 취급비	Terminal dues
무료	postage-free
반송료	Return charge
보관료	Storage charge
보험가액	Insured value
부가(추가)요금	Additional charge(Postage)
선편발송	Surface despatch
요금부족	Deficient postage
요율표	Rate table
우편요금인영	Postage paid imprint
우편요금인영계기	Franking machine, Postage Meter
중계료	Transit charge
특별인출권	Special drawing Rights(SDR)
항공부가요금	Air surcharge
항공우편발송	Airmail despatch

5 발 착

한 글	영 어
개낭	Opening of mail
개낭대	Opening table
개낭중계	Transit in open mail
개별기재	Individual entry
교환국	Office of exchange
구분	Sorting
구분국(집중국)	Sorting office
구분기	Sorting machine
구분원	Sorter

한 글	영 어
구분칸	Pigeonhole
국명표	Label
도착국	Office of destination
바코드	Bar code
발송국	Office of origin
발송시각	Mailing time
발송하다	Dispatch
빈우편자루	Empty bags(SV)
선편	By surface
소인기	Cancelling machine
소포우편물목록	Parcel bill
시험통신장	Trial note
업무용통신	Official correspondence
오송된	Missent
전송(재송)	Refowarding(redispatch)
점검장	Verification note
접수국	Office of posting(mailing)
직항로	Direct line(route)
체결	Making up of mails
총괄기재	Bulk entry
최번시	peak(rush) hour
최선편	Quickest route
통상우편물목록	Letter bill
특별목록	Special list
폐낭중계	Transit in closed mail
표리정리기	Facing machine
항공	By air

6 배 달

한 글	영 어
교부청구 없음	Unclaime
도착	Arrival
반송	Return
발송인	Sender
배달불능	Non–delivery
배달불능우편물	Undeliverable items
배달불능통지	Advice of non–delivery
배달지역	Delivery zone(area)
배달통지	Advice of delivery
보관기간	Period of retention
부가요금	Additional charge
사망	Deceased
소포의 포기	Abandonment of a parcel
수취거절	refused
수취인불명	Unknown
압수우편물	Confiscated(seized) item
우편차	Mail van
유효기간	Period of validity
이사간 곳 불명	Gone away
정기간행물	Periodicals
주소	Address
주소변경	Alteration of address
주소불명	Incomplete address
주소정정	Correction of address
창구교부	Delivery at the counter
통지서	Notice

7 우체국 금융 실무용어

한글	영어
가입신청서	application form
개인정보활용동의서	use your personal information consent form
견본	sample
계좌를 열다	open an account
계좌를 해지하다	close an account
계좌번호	account number
계좌이체	transfer
공과금	a utility bill, dues
공인인증서	qualified certificates
구비서류	documents
국제환	Postal Money Order
금리	interest rate
금리가 오르다/내리다	The interest rate is up/down
금리를 내리다	lower the interest rate
금리를 올리다	raise the interest rate
당좌예금	a checking account
대출	loans
만기일	maturity date = due date
반송	bounce
번호표	number ticket
법인	corporation
보험	insurance
비밀번호(개인식별번호)	PIN(personal identification number)
비밀번호	password
서명	signature
송금인, 발송인	sender
수수료	charge
수취인	beneficiary
수표	check
수표를 현금으로 바꾸다.	cash a check
수표책	a checkbook
신분증	identification card
약관	terms and conditions

한 글	영 어
여권	passport
여행자수표	a traveler's check
영수증	receipt
영업시간	business hours/office hours
예금	deposit/credit
외국인등록증	alien registration card
원금	principal
은행코드	Bank Code
인출(출금)하다	withdraw
입금하다	deposit
자동이체	direct debit
자동인출	automatic draft
잔돈	left money/change
잔액, 잔고	balance
잔액을 확인하다	check the balance
잔액증명발급신청서	Request for Certificate of Deposit
저축예금	a savings account
전자금융서비스	Internet banking and Phone banking services
정기예금	a time deposit
지급예상액	estimated payments
통장	a passbook = a bankbook
통장을 개설하다	open an account
해외송금	remittance services
현금자동인출기	Cash dispenser = ATM
현금카드	a cash card
환불	refunds
환율	exchange rate
환전	exchange

01 2016

다음 두 사람의 대화에서 A가 B의 수표를 바로 현금으로 교환하여 주지 못하는 이유는?

A : How can I help you?
B : I received a bank draft from Malaysia. And I want to exchange it in Korean currency.
A : Which currency is the draft?
B : It is 20 US dollars.
A : Sorry, sir. We can't exchange it right now.
B : Why is that?
A : We have to mail it to the issuing bank and once they pay, we will credit the amount in your account.
B : How long does it take for me to get the money?
A : It will take a week or so.
B : All right. I'll check my account then. Thanks.

① 수표에 표시된 화폐의 잔고가 부족하기 때문이다.
② 발행은행에 수표를 보내서 결제받은 돈을 입금해 주기 때문이다.
③ B의 개인 신용등급이 낮아서 거래의 승인이 불가하기 때문이다.
④ 수표 금액이 적어서 우편료와 수수료의 발생으로 거래가 어렵기 때문이다.

02 2016

다음 글에서 밑줄 친 부분이 어법상 틀린 것은?

The connectedness of words to real people and things, and not just to information about those people and things, ① has a practical application that is very much in the news. The fastest-growing crime in the beginning of this century is identity theft. An identity thief uses information ② connected with your name, such as your social security number or the number and password of your credit card or bank account, to commit fraud or steal your assets. Victims of identity theft may lose out on jobs, loans, and college admissions, can ③ turn away at airport security checkpoints, and can even get arrested for a crime committed by the thief. They can spend many years and much money ④ reclaiming their identity.

03 `2014`

문맥을 고려할 때, 빈칸 ⓐ에 들어갈 알맞은 단어는?

Multi-national companies have tried to put processes in place that are scalable; that is, they have to work for large groups across a big organization. But when things have to get done quickly, companies need to break free of the bureaucracy. In fact, many other companies decide to set up innovative projects to do just this : they pull a team out of the normal workflow, giving them permission to manage the rules flexibly, to free them to think and work differently. In short, such scalable processes sometimes are not necessarily (ⓐ).

① commendable   ② deniable

③ incredulous   ④ unjustifiable

01

A : 무엇을 도와 드릴까요?

B : 말레이시아로부터 은행발행수표를 받았습니다. 그래서 한국의 통화를 교환하려 합니다.

A : 수표는 어느 나라 화폐통화입니까?

B : 20 달러네요.

A : 미안합니다. 고객님. 지금 즉시 그것을 교환해줄 수는 없습니다.

B : 왜 그렇지요?

A : 발행은행에 우편을 보내서 그 은행이 지불하고 나면, 우리가 귀하 계정의 금액을 입금할 것이기 때문이지요.

B : 그 돈을 받는 데 얼마나 걸릴까요?

A : 한 주 정도 소요될 것 같습니다.

B : 좋아요. 그때 내 계정을 확인하겠습니다. 감사합니다.

답 ②

02

③ 수동태로 ~can be turned away~가 되어야 뒤의 can even get arrested for~와 대구가 맞다.

• connectedness 결합관계, 유대감
• practical application 응용
• identity theft 신원도용   • commit fraud 사기를 치다
• airport security checkpoint 공항보안검색대
• turn away ~를 돌려보내다, 쫓아 보내다
• reclaim (분실하거나 빼앗긴 물건 등을) 되찾다

사람이나 물건에 대한 정보뿐만 아니라 실제 사람과 물건에 있어서 단어의 관계는 뉴스에서 매우 많이 응용한다. 금세기 초 가장 빠르게 증가하고 있는 범죄는 신원도용이다. 신원도용자들은 당신의 사회보장번호나 신용카드 혹은 은행계좌나 신용카드의 비밀번호나 숫자같이 당신의 이름과 연관된 정보를 사용하여 사기를 치거나 당신의 자산을 훔칩니다. 신원도용의 피해자들은 일자리나 대출 그리고 대학입학의 기회를 놓칠 수도 있고, 공항 보안 검색대에서 거부당하고 심지어 도둑이 범한 범죄로 체포될 수도 있습니다. 피해자들은 그들의 도용된 신원정보를 되찾는데 많은 시간과 돈을 허비할 수 있습니다.

답 ③

03

① 인정받을 만한   ② 거부할 수 있는
③ 의심스러운   ④ 정당성 없는

• scalable (저울로) 달 수 있는, 확장성 있는

다국적 기업들은 확장성 있는 프로세스를 실행하기 위해 힘써왔다. 다시 말해, 그들은 거대한 조직 전반에 걸쳐 큰 그룹으로 일해야 한다. 그러나 업무가 빠르게 처리되어야 하는 경우, 기업은 관료주의로부터 벗어날 필요가 있다. 사실, 많은 다른 기업들은 바로 이를 위해서 혁신적인 프로젝트 수립을 결정한다. 그들은 팀에게 규율을 유연하게 관리하도록 권한을 부여하면서 보통의 작업 흐름 밖으로 그들을 이끌어 다른 방식으로 사고하고 일할 수 있도록 한다. 요컨대, 때때로 그러한 확장성 있는 프로세스는 반드시 (ⓐ) 것은 아니다.

답 ①

다음 글의 내용과 일치하지 않는 것은?

The modern post office uses a self-service kiosk that gives postal patrons a do-it-yourself option for a variety of postal services. The kiosk can be used to purchase stamps and print postage for express, priority, first-class mail and parcel postage. It is also a good fit, especially for soldiers in training who may only have the chance to use the post office after business hours. The post office is hoping the kiosk will help shorten the postal service lines, especially at lunchtime. This new tool supplements post office employees to help patrons get in and out more quickly.

① The kiosk is expected to shorten the postal service lines.
② The kiosk gives a self-service for postal patrons.
③ The kiosk is useful for soldiers especially at lunchtime.
④ The kiosk can be used to print postage for priority.

글의 내용과 일치하는 것은?

People disagree about how soon the world will run out of oil, but it does not matter whether oil will run out in the next 20 years or the next 150 years. Since oil is still going to run out, we cannot depend on it to meet our energy needs forever. Besides its limited supply, oil is an imperfect energy source. It pollutes the air, and it is inefficient when it is burned. There are much better fuels available. We just need to find cheaper and harmless fuels.

① Better energy sources exist.
② The supply of oil will never run out.
③ Oil is an efficient source of energy.
④ Oil will run out in the next 20 years.

06 2012

문맥을 고려할 때, 빈칸 ⓐ에 들어갈 알맞은 단어는?

If you want to be successful in global business, you must understand the cultures of other countries and learn how to adapt to them, or change your practices in different cultures. It is important that you should not make business decisions that are based on misconceptions. One misconception is ethnocentrism, the belief that one's own culture is better than other cultures. Ethnocentrism can exist in an individual or in an organization. To (ⓐ) ethnocentrism, it is necessary to study the different elements of culture, including language, religion, values, customs, and material elements.

① learn   ② adapt to
③ ignore   ④ avoid

04

① 무인단말기는 우편서비스 대기줄을 줄일 것이다.
② 무인단말기는 우편고객을 위한 셀프서비스를 제공한다.
③ 무인단말기는 특히 점심시간에 군인들에게 유용하다.
④ 무인단말기는 우선적으로 우편요금을 출력하는데 사용될 수 있다.
현대의 우체국에서는 우체국을 찾는 고객들이 다양한 우편 서비스를 스스로 직접 이용할 수 있도록 하는 무인 단말기를 사용하고 있다. 무인 단말기는 우표를 구입하거나 속달우편, 빠른우편, 제1종 우편, 소포 우편의 요금을 프린트하는 데 사용될 수 있다. 그것은 또한 업무 시간이 지난 뒤에서야 우체국을 이용할 수밖에 없는 훈련 중인 군인들에게 특히 유용하다. 우체국은 무인 단말기가 특히 점심시간에 우편 서비스를 이용하려는 대기줄을 줄일 수 있기를 기대하고 있다. 이 새로운 도구는 고객들이 더욱 빠르게 들어왔다 나갈 수 있도록 우체국 직원들을 보조한다.   답 ③

05

① 이용가능한 유용한 연료가 많이 있기 때문에 옳은 지문이다.
② 오일은 고갈되어 가고 있으므로 틀린 지문이다.
③ 오일은 비효율적인 연료이므로 틀린 지문이다.
④ 20년 혹은 150년 내에 고갈될 것이므로 틀린 지문이다.
• run out of~ 고갈되다, 바닥나다.
• imperfect 불완전한   • inefficient 효과없는, 비효율적인
사람들은 석유가 어떻게 곧 고갈될 것인지에 대하여 의견이 엇갈리지만, 그것이 다음 20년이나 150년 만에 고갈될 것인지는 문제가 되지 않는다. 석유는 계속해서 고갈되어 갈 것이므로 우리는 영원히 에너지수요를 충족하기 위하여 석유에 의존할 수는 없다. 제한된 공급 이외에도 석유는 불완전한 에너지원이다. 석유는 공기를 오염시키고 불태워질 때 비효율적이다. 활용될 더 나은 연료들이 많이 있다. 우리는 무해하고 값싼 연료를 찾을 필요가 있다.   답 ①

06

자문화 중심주의(ethnocentrism)는 다른 나라의 문화를 오인하는 주요한 원인이다. 그러므로 자문화 중심주의를 피하기 위해 필요한 것들이 마지막 문장에 서술된 것이다.
• are based on ~에 근거하다, ~을 바탕으로 하다.
• misconception 오인, 오해, 잘못 이해
• ethnocentrism 자민족 중심주의, 자문화 중심주의
만일 당신이 국제적인 사업에서 성공하기를 바란다면 다른 나라의 문화를 이해하고 그것에 어떻게 적응해야 하는지를 배워 다른 문화에서 당신의 행동들을 바꿔야 한다. 오해에 근거하여 사업상 결정을 하지 말아야 한다. 주요한 오해는 다른 문화보다 자신의 문화가 낫다는 자문화 중심주의이다. 자문화 중심주의는 개인이나 조직에 존재할 수 있다. 자문화 중심주의를 피하기 위하여는 문화, 언어, 종교, 가치관, 관습과 물질적 요소들을 포함하는 여러 다른 문화의 요소를 공부하는 것이 필요하다.   답 ④

문맥을 고려할 때, 빈칸 ⓐ에 들어갈 알맞은 단어는?

Drinking wine can damage your teeth. That is the conclusion of a report from the Johannes Gutenberg University in Mainz, Germany. Researchers tested the effects of eight red and eight white wines on teeth from men and women aged between 40 to 65. They discovered all of the wines damaged the enamel that protects our teeth. This makes our teeth more sensitive to hot and cold food and drinks. It also means the teeth will stain quicker if someone drinks coffee. The research team said white wine causes more damage than red. The acid in white wines attacks the enamel and wears it away. The bad news is that brushing your teeth after drinking wine will only make things worse.

① They experimented on people with sixteen wines.

② It is reported that wine can harm the enamel of our teeth.

③ Wine makes our teeth more susceptible to hot drinks.

④ After a glass of wine, brush your teeth to protect them.

다음 대화를 읽고, 여성고객(W)이 결정한 일로 가장 알맞은 것은?

M : What can I do for you?

W : I'd like to send a parcel to Australia by EMS.

M : OK. What's inside of it?

W : Clothes, cosmetics, seaweed, and hairspray.

M : I'm sorry, but you can't send hairspray by EMS.

W : Why not?

M : Inflammable things aren't allowed into the aircraft for safety reasons.

W : Is that so? Then, is there any other way available?

M : You can mail it by sea, but it'll take 45 to 60 days.

W : It takes too long. I'd rather take out hairspray from my parcel and use EMS.

M : OK. You're all set. Thank you.

① To send her parcel by sea.

② To make a protest to the airport.

③ To check out other options available.

④ To mail her parcel without hairspray.

09 2008

에서 Hope diamond에 관한 내용 중 옳지 않은 것은?

Certain objects are supposed to bring good luck, but others have a reputation of being jinxed—that is, of bringing bad luck. The Hope diamond, one of the world's greatest gems, is supposed to bring misfortune to its owners. Today, this jinxed stone is on display in the Smithsonian Institution in Washington, D.C. Its reputation for bad luck does not keep thousands of visitors from flocking to see it every year.

① It is a stone that brings bad luck.

② Its bad reputation repels visitors.

③ Its owners are supposed to be jinxed.

④ It is one of the most valuable gems in the world.

07

④ 와인 한 잔을 마신 후에 치아의 부식을 피하기 위하여 양치질 하세요.

→ 본문에서는 와인을 마신 후에 양치질을 하는 것은 좋지 않다고 나와 있으므로 틀린 지문이다.

① 그들은 16개의 와인을 가지고 사람들에게 실험하였다.

② 와인은 치아의 에나멜에 해를 줄 수 있다고 보고되었다.

③ 와인은 뜨거운 음료에 치아를 더욱 취약하게 만든다.

• conclusion 결론, 결말　　　　• stain 오염시키다, 얼룩지다.

• susceptible 감염되기 쉬운, 영향을 받기 쉬운

와인을 마시면 치아가 손상될 수 있다. 그것은 독일 마인츠에 있는 요하네스 구텐버그 대학교의 연구보고서의 결과이다. 연구자들은 40세에서 65세 사이의 남성과 여성들의 치아에 8개의 적포도주와 8개의 백포도주가 미치는 효과를 시험하였다. 그들은 모든 와인이 우리의 치아를 보호하는 에나멜을 손상시켰다는 것을 발견하였다. 이러한 손상은 우리의 치아를 뜨겁고 찬 음식이나 음료에 더욱 민감하게 만든다. 그것은 또한 커피를 마시는 경우에 치아를 더 빨리 손상시킨다는 것을 의미한다. 연구팀은 백포도주가 적포도주보다 치아를 더 빨리 손상시킨다고 하였다. 백포도주의 산은 에나멜을 공격하여 그것을 치아로부터 벗겨낸다. 와인을 마신 후에 이빨을 닦는 것은 상태를 악화시킨다는 좋지 않은 소식이다.　　答④

08

① 선편으로 소포를 보낸다.　　　② 공항에서 항의한다.

③ 가능한 여러 선택들을 확인한다.　④ 헤어스프레이 없이 소포를 발송한다.

• parcel 꾸러미, 소포　　　　　• inflammable 인화성의, 불타기 쉬운

M : 무엇을 도와드릴까요?

W : EMS(국제특급우편)로 호주에 소포를 보내려 하는데요.

M : 예, 소포 안에 무엇이 있지요?

W : 옷가지, 화장품, 해초 그리고 헤어스프레이요.

M : 미안합니다만, EMS로는 헤어스프레이를 보낼 수 없습니다.

W : 왜 안 되나요?

M : 인화성 물질은 안전상 이유로 비행기 내에 반입이 금지됩니다.

W : 그래요? 그러면 다른 가능한 운반편이 있나요?

M : 선편으로 발송이 가능합니다. 그러나 45일에서 60일이 소요됩니다.

W : 너무 오래 걸리네요. 차라리 소포에서 헤어스프레이를 빼고 EMS로 보내겠습니다.

M : 예, 다 되었습니다. 감사합니다.　　答④

09

나쁜 징크스에도 불구하고 많은 방문객이 몰리고 있다는 본문의 내용으로 ②가 답이다.

• jinx 징크스, 불운, 불길　　　• kiosk 신문이나 음료수를 파는 매점

어떤 대상들은 행운을 가져오는 것으로 기대되는 반면에 다른 것은 징크스, 즉 불행을 가져오는 평판을 갖는다. 세계의 가장 위대한 보석인 호프 다이아몬드는 그것의 소유자에게 불행을 가져올 것으로 생각된다. 오늘날 이러한 징크스를 가진 보석들이 워싱턴에 있는 스미소니안 기관에서 전시되고 있다. 불행의 평판도 매년 그것을 보러 몰려드는 수천 관광객을 막지 못한다.　　答②

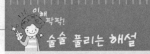

10 2008

다음 두 사람의 대화에서 (   )에 들어갈 문맥 및 어법상 알맞은 단어는?

A : What do you charge for photocopying?

B : Fifteen cents per page.

A : Even for bulk?

B : Approximately how many pages do you have?

A : About a hundred pages. It is my dissertation.

B : In that case, I will do it for ten cents per page.

A : Good enough! But I am not (   ) typing yet. It will get ready within four or five days.

B : See you in a week then.

① through   ② favorite

③ finish   ④ against

10

복사비는 깎았으나 자료는 아직 끝마치지 못하여(not through) 다음에 복사하겠다는 내용이다.

• dissertation 박사논문, 형식이 있는 논술

A : 복사비가 얼마에요?

B : 페이지 당 15센트입니다.

A : 양이 많아도요?

B : 대략적으로 어느 정도의 페이지인가요?

A : 약 100페이지입니다. 그것은 나의 논문입니다.

B : 그 경우에는 페이지 당 10센트로 해드리겠습니다.

A : 좋네요. 그러나 아직 타이핑이 끝나지 않았네요. 4~5일 내에 준비될 겁니다.

B : 그때 뵙지요.   답 ①

적중 예상 문제

※ [1~4] 다음 밑줄 친 단어와 유사한 단어를 고르시오.

01

> The commander of this ship ought to command the ship's course and also command the justice, peace and sobriety both among the seamen and all the passengers.

① concern   ② anguish

③ solicitude   ④ temperance

02

> He collaborated with his son on the English translation of a text on food production.

① put together   ② went together

③ started together   ④ worked together

03

> We packed everything in boxes except a few ends and odds.

① important items

② pieces of furniture

③ small things of little value

④ antiques of old value

04

> They were talking of personal matters with unusual candor.

① carousal   ② scepticism

③ frankness   ④ perversity

 한눈에 보는 정답과 해설

01
- sobriety 절제, 근엄(= temperance)
- concern 우려, 배려, 염려 • anguish 괴로움
- solicitude 배려, 근심
- **해석** 이 배의 지휘관은 배의 경로를 명령해야 하며, 또한 선원들과 모든 승객들 사이의 정의, 평화, 절제를 명령해야 한다.

02
- put together (생각 등을) 한데 모으다, 구성하다, 편집하다
- go together 어울리다, 조화하다
- collaborate 공동으로 일하다, 협력하다
- **해석** 그는 식량생산에 관한 텍스트의 영어 번역을 그의 아들과 같이 하였다.

03
- pack 짐을 꾸리다, 포장하다
- ends and odds 부스러기, 잡동사니
- antique 고물
- **해석** 우리는 몇몇 잡동사니들을 제외하고 모든 것들을 상자에 챙겨 넣었다.

04
- personal matter 개인적인 일
- candor 솔직함(= frankness)
- carousal 큰 잔치 • scepticism 회의(론)
- perversity 외고집
- **해석** 그들은 아주 솔직히 개인적인 일들을 말하고 있었다.

01 ④ 02 ④ 03 ③ 04 ③

05

> A good time to go is when the high tide begins to ebb.

① spurt　　　　　② flow
③ abundance　　 ④ cascade

06

> Turns out the brains of people living in higher latitude places are bigger because they need to have bigger eyes and brains to see in low light levels.

① latitude　　　 ② altitude
③ longitude　　 ④ attitude

07 밑줄 친 부분 중 어법상 옳지 않은 것은?

① Christmas comes but once a year.
② I lent Sue my Bible.
③ A large bomb was detonated today in London.
④ The sun has sunk between the horizon.

08

> I vividly remember going abroad by myself for the first time. Before the day of departure, my mother asked me a hundred times if I had packed everything I needed. I answered in a half-hearted way, thinking she was worrying unduly. However, when I arrived at Heathrow Airport, to which it took about 2 hours from my house, I found that I had not brought my wallet. I _____ my mother.

① should have listened to
② must be good son to
③ should take care of
④ should have gone with

09

> Street food is food obtainable from a street side vendor, often from a makeshift or portable stall. While some street foods are regional, many are not, having spread beyond their region of origin. Most street food is both finger and fast food. Food and green groceries are available on the street for a fraction of the cost of a restaurant meal and a supermarket. According to the Food and Agriculture Organization, 2.5 billion people eat street food every day. _____ often discourage people from eating street food. Lack of refrigeration is often construed as a lack of cleanliness or hygiene.

① Poisoning by agricultural chemicals
② Concerns of cleanliness and freshness
③ High price of street food
④ Food poisoning

10 다음 글의 제목으로 가장 적절한 것은?

> In 1971, a small group of doctors in paris formed an organization. Their goal was to provide emergency medical aid, no matter where it is needed or who needs it. This was the beginning of Medecins sans Frontieres, (MSF) or, in English, Doctors Without Borders. the philosophy of MSF is that all people have the right to medical care, regardless of race, religion, or nationality. Today, according to MSF, the world needs medical doctors who can provide aid to any nation quickly, efficiently, and without political pressures.

① A small group of doctors in paris
② the world needs medical doctors
③ Political position of Medecins sans Frontieres
④ Founding of Medecins sans Frontieres

05 • spurt 뿜어 나오다, 분출하다
   • ebb 썰물, 썰물이 되다(↔ flow 밀려오다, 밀물이 들어오다)
   해석 만조 때부터 썰물로 바뀌기 시작할 무렵이 가장 좋은 때이다.

06 • latitude 위도(↔ longitude 경도)
   • altitude 높이   • attitude 태도
   해석 극 (고위도) 지방에서 살고 있는 사람들의 두뇌는 저조도의 빛을 보기 위해 그들이 더 큰 눈과 뇌를 가지고 있어야 하기 때문에 더 큰 것으로 드러났다.

07 ④는 between이 아니라 beyond를 써야 '~너머로'라는 뜻이 된다.
   ① 크리스마스는 일 년에 단 한 번 온다.
   ② 나는 Sue에게 성경책을 빌려주었다.
   ③ 오늘 런던에서 거대한 폭탄이 터졌다.
   ④ 태양이 지평선 너머로 졌다.
   • but ad. 단지(=only)   • detonate ~을 폭발시키다
   • horizon 지평선

08 엄마의 말을 듣지 않았기 때문에 낭패를 보았다는 글이다. 따라서 마지막 문장에는 "엄마의 말을 들을걸…."하는 내용이 들어가야 한다.
   • vividly 생생하게   • wallet 지갑
   • should have p.p ~했어야 했다(~하지 못했다)
   해석 나는 처음으로 혼자 외국에 나갔을 때를 생생하게 기억한다. 출발 전날, 엄마는 필요한 것을 모두 빠짐없이 잘 꾸렸는지 수백 번이나 물었다. 나는 엄마가 지나치게 걱정하신다고 생각하면서 건성으로 대답했다. 하지만, 우리 집에서 두 시간 걸리는 히드로공항에 도착했을 때, 내가 지갑을 가져오지 않았다는 것을 알았다. 나는 엄마의 말씀을 더 주의 깊게 들었어야만 했다.

09 빈칸 뒤의 문장에서 언급된 길거리 음식의 문제점으로 청결 또는 위생에 있어서의 결함을 들고 있다. 따라서 빈칸에는 그와 같은 것을 언급하고 있는 ②가 들어가야 한다.

   • makeshift 즉석가공, 임시변통
   • portable stall 휴대용 진열대
   • hygiene 위생
   해석 거리음식은 길가의 상인, 즉석가공 혹은 휴대용 진열대로부터 자주 접할 수 있는 음식이다. 어떤 거리음식은 지역적 특성이 있는 반면, 그렇지 않은 것이 더 많다. 원산지역을 벗어나 널리 퍼진 것이 대부분이다. 대부분의 거리 식품은 간단히 가공한 패스트푸드다. 가두 음식 및 야채들은 레스토랑 정식 및 슈퍼마켓보다 푼돈을 주고 구매 가능하다. 식량농업기구 발표에 따르면, 25억 명이 매일 가두음식을 먹는다고 한다. 거리음식을 먹는 사람들은 청결과 신선도 면에서 자주 실망을 한다. 냉장보관 결함은 청결 혹은 위생에 결함을 자주 초래한다.

10 윗글은 '국경 없는 의사회'라는 단체가 만들어지게 된 계기와 그 조직의 사명에 관해 언급하고 있는 글이다. 따라서 선택지문에서는 ④ '국경 없는 의사회'의 설립이 가장 적합하다.
   • emergency medical aid 응급 치료
   • border 국경   • regardless of ~와 관계없이
   해석 1971년 파리에서 작은 수의 의사들이 한 조직을 결성하였다. 그들의 목적은 어디에서 혹은 누가 필요하던지 상관없이 응급 의료 처치를 제공하는 것이었다. 이것이 Medecins Sans Frontieres (MSF) 혹은 영어로 '국경 없는 의사회'의 시발이었다. MSF의 철학은 인종, 종교 그리고 국적에 관계없이 모든 사람들은 의학 치료를 받을 권리가 있다는 것이다. 오늘날, MSF에 의해 세계는 어느 나라에든지 신속하게, 효율적으로 그리고 정치적 압력 없이 치료를 제공할 수 있는 의학 박사들을 필요로 한다.

05 ② 06 ③ 07 ④ 08 ① 09 ② 10 ④

(1) The spacecraft's instruments have been trained on the Martian soil for nearly a year. The data collected has allowed researchers to complete their first global map of where hydrogen is hidden just below the planet's surface.

(2) "It's become increasingly clear that Mars has enough water to support future human exploration," said Bill Friedman, whose Los Alamos National Laboratory runs the neutron spectrometer on Odyssey.

(3) If the water–ice hidden just below the Martian surface were to melt, it would create a planet–wide sea ankle–deep, scientists have said. The latest findings from the Mars Odyssey spacecraft now in orbit around the Red Planet were released here at the annual meeting of the American Association for the Advancement of Science (AAAS).

(4) "In fact, there's enough to cover the entire planet to a depth of at least five inches [13cm], and we've only analyzed the topfew feet of soil." The map shows that from 55 degrees latitude to the poles, Mars has extensive deposits of soil that are rich in water–ice, bearing an average of 50% water by mass.

(5) In other words, one kilogram of soil would yield half a kilo of water if it were baked in an oven by, for example, astronauts who needed drinking water to sustain themselves on the planet.

① (1)-(2)-(3)-(4)-(5)
② (3)-(1)-(2)-(4)-(5)
③ (3)-(2)-(4)-(1)-(5)
④ (3)-(2)-(1)-(5)-(4)

It is obvious that our state of mind is never precisely the same. Every thought we have of a given fact is, strictly speaking, unique, and only bears a resemblance of kind with our other thoughts of the same fact. When the identical fact recurs, we must think of it in a fresh manner, see it under a somewhat different angle, apprehend it in different relations from those in which it last appeared. And the thought by which we understand it is the thought of it–in–those– relations, a thought suffused with the consciousness of all that dim context.

Often we are ourselves struck at the strange differences in our successive views of the same thing. We wonder how we ever could have expressed an opinion about a certain matter. We have outgrown the possibility of that state of mind, we know not how. From one year to another we see things in new lights. What was unreal has grown real, and what was exciting is dull.

① The State of Mind in Continual Flux
② The Discord Between Thought and Context
③ The Unity Between Thought and Fact
④ The Nature of Human Consciousness

11 (3) 과학자들은 만약 화성 표면 아래에 숨겨진 얼음이 녹는다면 무릎까지 높이의 넓은 행성크기의 바다가 형성될 것이라 말해 왔다. 적색의 별에서 현재 괘도를 돌고 있는 Odyssey 우주선이 찾은 최근 알아낸 정보들이 the American Association for the Advancement of Science의 연례 모임에서 드러났다.

(1) 화성의 토양 위에서 우주선의 계기들은 거의 일년 동안 훈련되어 왔다. 과학자들은 행성 아래의 숨겨진 수소의 최초의 전체 지도를 지금까지 모아온 데이터를 통해 완성했다.

(2) 화성이 미래 인간의 개척지로서 충분한 물을 가지고 있다는 것은 점점 더 명확해 졌다고 Los Alamos National Laboratory에 Odyssey에 설치된 중성자 분광계를 운영하고 있는 Bill Friedman은 이야기 한다.

(4) 우리가 토양의 맨 위의 몇 피트만 분석했음에도 그곳엔 실제로 최소 5인치 정도로 전체 행성을 덮을 수 있을 정도로 충분하다. 그 지도는 극 지방으로부터 위도로 55도이며 화성은 광활한 지역에 질량의 평균 50% 정도 되는 물을 함유하며 얼음이 풍부하게 저장되어 있는 토양을 가지고 있다고 보여주고 있다.

(5) 즉, 예를 들어서 행성에서 우주 비행사의 유지에 필요한 위한 마실 물이 필요하면, 1kg의 토양을 오븐에 구워 500g의 물을 산출해 낼 것이다.

12 • resemblance 유사, 상사; 닮은 점
• identical 동일한
• recur 재발하다, 되돌아가다
• suffuse ~을 채우다, 가득하게 하다

• dim 어둑침침한, 희미한
• outgrow ~보다 크게 성장하다, ~이 없어지다, 벗어나다
• flux 끊임없는 변화, 흐름
• discord 불일치, 불화

해석 우리의 마음 상태가 결코 똑같지 않다는 것은 분명하다. 주어진 사실에 대해 우리가 갖고 있는 모든 생각은 엄격하게 말하면 오직 하나밖에 없는 것이며, 같은 사실에 대해 우리가 갖고 있는 다른 생각과는 그저 종류의 유사성만 있을 뿐이다. 동일한 사실이 재발할 때, 우리는 새로운 방식으로 그것을 생각하고, 약간 다른 각도에서 그것을 관찰하고 이전의 관계와는 상이한 관계로 그것을 이해한다. 우리가 주어진 사실을 이해하는 사고는 그러한 관계 내에서 사실을 이해하는 사고, 즉 그러한 모든 막연한 정황의 의식으로 가득한 사고를 뜻한다.

자주 우리는 동일한 것에 대한 우리의 견해에 연속된 이상한 차이가 있는 것에 우리 자신도 놀란다. 우리는 어떤 문제에 관한 견해를 우리가 어떻게 표현할 수 있었는가에 궁금해한다. 우리는 그러한 마음 상태에서 벗어났지만, 어떻게 그럴 수 있었는지 모른다. 매년 우리는 새로운 관점에서 사물을 바라본다. 비현실적인 것이 현실이 되고 흥미 있었던 것이 진부한 것이 된다.

11 ② 12 ①

13

I am writing about the invoice that our accounting department received yesterday. According to our records, Mr. John Lhew, an employee at our company, stayed at your hotel on April 16 and 17. Your invoice, however, shows that he was a guest from April 16th to the 18th. Mr. Lhew did reserve the room for three nights, but left a day early on the 17th. He discussed this with the clerk at the front desk at the time, Miss. Park she assured him. Please check with Miss Park and send us a revised invoice as soon a s possible.

With thanks
Bartleby

① To ask a revised bill
② To make reservation at a hotel
③ To conform the duration of the stay
④ To pass the night

14

The American Red Cross touches millions of lives each year. American Red Cross employees and volunteers help keep the public prepared to respond to disasters and personal emergencies. The Red Cross provides training in lifesaving skills such as CPR and first aid, collects and distributes half the nation's blood supply, and helps victims of more than 67,000 disasters annually. If you are looking for a fast paced, challenging position in a nonprofit setting.....just consider the opportunities! Our humanitarian mission connects us to people and communities across the nation and around the world. We are committed to ensuring that our people, programs and services reflect the diversity of the people and communities we serve. We encourage you to join us on this journey and experience the greatness of the human spirit at its best.

① To encourage people to donate their blood
② To spur people to join the American Red Cross
③ To provide training in lifesaving skills
④ To save some people

15 ㅣ다음 글의 목적으로 가장 적절한 것은?

In this climate of globalization, English has become a particularly important business language. Therefore, the demand for English teachers has risen sharply in the last decade. Businesses, governments, and schools all over the globe are searching for English speakers like you to teach conversational English. It is not necessary to have a teaching degree in order to find a job as an English teacher. All you need is the energy and willingness to immerse students in an English environment. If you have ever longed to travel, you might want to look into teaching English. Teaching English is an amazing way to experience another culture and to learn a new language yourself. For more information about the life of an English teacher, and countries where you can find work, check out the resources at http : //www.teachenglish.com.

① 영어 학습의 중요성을 강조하기 위해
② 직업 훈련 프로그램을 홍보하기 위해
③ 영어 교사직에 지원할 것을 권유하기 위해
④ 여행을 통한 영어 습득의 효과를 소개하기 위해

한눈에 보는 **정답**과 해설

13 본문의 마지막에서 수정된 청구서를 보내달라는 내용이 있다.
- invoice 송장, 청구서
- revised 변경된
- reserve 예약하다

해석 어제 경리부서에서 받은 청구서에 관하여 말씀드립니다. 우리 기록에 따르면, 우리회사 직원인 John Lhew 씨는 4월 16일과 17일에 당신 호텔에 숙박하였습니다. 그러나 당신의 청구서에는 그가 4월 16일부터 18일까지 고객으로 되어 있다고 표시되었네요. Lhew씨는 3일 밤 동안 예약을 했었습니다만 하루 먼저인 17일에 떠났습니다. 그는 그날 안내데스크에서 직원인 Park양과 이것을 이야기 하였으며 그녀는 그에게 확인을 해 주었습니다. Park양에게 확인을 하시고 수정된 청구서를 가능한 빨리 보내주시기 바랍니다. 감사합니다.

14 윗글은 사람들로 하여금 적십자의 활동에 관심을 갖고 참여하도록 권유하는 글이다.
- volunteer 자원봉사자
- humanitarian 인도주의의
- disaster 재앙
- anually 매년

해석 미국 적십자사는 매년 수백만의 사람과 만납니다. 미국 적십자사의 직원들과 자원봉사자들은 사람들을 재앙이나 개인적인 위급사항을 준비하도록 해줍니다. 적십자는 목숨을 살리는 기술들(예를 들면, CPR, 응급조치)을 연습시킵니다. 또 이 나라에 공급되는 혈액의 반을 모으고, 분배합니다. 또 67,000명 이상의 재난 피해자들을 돕습니다. 당신이 비영리직종에서 빠르며 도전적인 직위를 찾는다면... 그 기회들을 고려해보세요. 우리의 인

류애적인 사명은 우리를 이 나라를 넘어서, 전 세계의 사람들, 사회들과 연결시켜줍니다. 우리는 우리의 프로그램과 서비스가 우리가 서비스를 해줘야 할 나라들의 다양성을 반영하고 있음을 확신해야 할 의무가 있습니다. 우리는 당신에게 적십자에 가입하라고 권유합니다.

15 전세계적으로 영어교사에 대한 수요와 외국에서 일하는 영어교사로서 필요한 자격과 얻게될 이점들을 소개하며 영어교사직에 지원할 것을 권유하고 있다.
- globalization 국제화, 세계화
- immerse ~에 담긴, 빠진
- resource 자원, 기지, 자금을 주다

해석 요즈음 국제화시대에 있어서 영어는 아주 중요한 상업 언어입니다. 그래서 지난 수십 년간 영어교사에 대한 수요가 급격히 증가하였습니다. 상업적인 부문, 국가적인 부문, 학교부문 등 세계적으로 모든 부문이 영어를 생활어로 쓰는 영어 숙련자를 필요로 하고 있습니다. 영어교사의 직업을 가지기 위해서 교육학위를 보유할 필요는 없습니다. 단지 영어를 쓰는 환경에서 학생들을 가르치려고 하는 의욕과 의지만 있으면 됩니다. 외국으로 여행을 하고 싶다면 영어교사 자리를 찾아보면 좋을 것입니다. 영어교사 생활은 외국의 다른 문화를 경험할 수 있고 또 새로운 언어를 습득할 수 있도록 해주는 매력 있는 방법입니다. 영어교사 생활에 대한 정보 및 영어교사 자리가 있는 국가에 대한 정보를 알고 싶다면 아래의 사이트를 참고하십시오.

13 ① 14 ② 15 ③ 16 ④

17 Wailing Wall에 관한 다음 글의 내용과 일치하는 것은?

The "Wailing Wall," or "Western Wall," is the last remaining piece of the ancient Temple of Jerusalem. Standing next to Jerusalem's Temple of the Mount, it is considered the holiest site of Judaism. Jews from throughout the world come here to pray, following a tradition that goes back to 200 or 300 AD. Since that time, Jewish religious leaders have claimed that God's presence can be felt at the wall. Many who come here to pray cry, or wail, over the loss of the old temple, which is what gives the Wailing Wall its name. For centuries, this area of Jerusalem has been at the center of violent struggles between Jews and Muslims. Today, Israel maintains control, a result of the 1967 war in which it defeated several neighboring Arab countries.

① 현존하는 고대 예루살렘 성전의 여러 유적지 중 하나이다.
② 전 세계의 유대인들이 기도를 하기 위해 이곳을 찾는다.
③ 유대교 지도자들은 죽으면 이곳에 묻힌다.
④ 유대인과 무슬림들의 화해의 장소이다.

18 다음 글의 상황에 나타난 분위기로 가장 적절한 것은?

We watched as a thin column began to drop down from the huge, dark clouds above us. It looked so delicate, like smoke from a fire. But when it finally reached the ground, it started throwing pieces of debris up into the air. As it approached the edge of town, the destruction really began. The roofs of houses were torn off and their contents scattered over the earth.

Tall trees came crashing down, and cars were turned upside down. Power lines and traffic lights were blown away like string in the fierce wind, which roared as if a giant lion were charging at us from the sky. From our hiding place, we watched everything happen, unable to move or even to speak.

① tense and scary
② dull and boring
③ exciting and fun
④ sad and moving

16 다음 글의 주장으로 가장 적절한 것은?

The government-run Seoul Arts Center hosts dozens of musical performances each year and is the best concert hall in all of Seoul. Yet, only certain types of music are allowed to be played there. Classical, jazz, and opera concerts are featured, while pop, rock, and rap groups are prohibited from performing. Government officials claim these kinds of music are too loud and energetic, and that the performers could easily damage the facilities at the Arts Center. Residents of Seoul, though, do not agree. In a recent survey, over 70% of adults expressed the opinion that popular music groups should be allowed to appear at Seoul Arts Center. These are the people who buy tickets, so their wishes should be respected.

① 콘서트 티켓 가격이 인하되어야 한다.
② 다양한 음악적 취향이 존중되어야 한다.
③ 서울시에 더 많은 콘서트장을 건축해야 한다.
④ 대중음악 그룹들의 서울 아트센터 공연이 허용되어야 한다.

한눈에 보는 정답과 해설

17 ① 고대 예루살렘 성전의 마지막 남은 유적지이다.
③ 유대교 지도자들이 이곳에 묻힌다는 언급이 없다.
④ 유대인과 무슬림들의 격렬한 투쟁의 중심지 였다.
• Jerusalem 유대교 · 크리스트교 · 이슬람교의 성지
• holy(holiest) 신성한, 경건한, 독실한
• presence 존재, 출석, 등장
• Wailing 훌륭한, 최고의
• Wailing Wall (예루살렘) 통곡의 벽
해석 '통곡의 벽' 혹은 '서구의 벽'은 고대 예루살렘 사원의 마지막 남은 유적지이다. 예루살렘 사원의 옆쪽에 높이 서 있는 이 곳은 유대교의 가장 성스러운 장소이다. 유대인들은 AD 200~300년부터 계속 이어지는 전통에 따라 이곳에 기도를 하러 온다. 그 때부터 유대교 지도자들은 신의 존재를 이 벽에서 느낄 수 있다고 주장하고 있다. 기도하러 이곳에 오는 많은 이들은 통곡의 벽이라는 이름이 유래한 예루살렘 고대 사원이 파괴된 것에 대해서 울부짖고 통곡한다. 몇 세기 동안 이 지역은 유대교와 모슬렘과의 격렬한 투쟁의 장소였다. 오늘날에는 이스라엘의 통치하에 있으며, 이는 1967년 주위의 아랍 국가들과의 전투에서의 승리에 기인한 것이다.

18 거센 바람으로 나무와 집들이 무너져 내리고 이를 숨어서 지켜보는 사람들의 상황을 묘사하고 있으므로 이 글의 분위기로는 ①의 '긴박하고 두려운'이 가장 적절하다.
해석 우리는 작은 기둥 하나가 크고 시커먼 구름 속에서 낙하하는 것을 보았다. 그것은 큰 불속의 연기처럼 부드러워 보였다. 그러나 땅에 떨어지자마자 공중으로 잔해들을 집어던지기 시작했다. 이윽고 도시의 외곽에 도착했을 때 파괴는 시작되었다. 집의 기둥들은 찢어지고 집기들은 공중을 날아다녔다. 큰 나무들은 무너졌고 자동차들도 뒤집어졌다. 전선과 교통신호등도 거센 바람 속에서 연처럼 날아 다녔다. 그것은 마치 거대한 사자가 하늘에서 내려와 우리를 덮치는 것처럼 포효했다. 우리는 숨어있는 장소에서 모든 것을 지켜보았지만 움직이거나 한마디도 할 수 없었다.

16 대중음악 그룹들이 서울 아트센터에서 공연하는 것을 허용해야 한다는 서울시민의 의견을 언급하며 이들의 의견이 존중되어야 한다고 주장하고 있다.
• host 주인, 주최, ~을 주최하다
• feature 용모, 특징, 얼굴
• energetic 정력적인, 활기있는
해석 정부가 운영하고 있는 서울예술센터는 매년 수많은 음악가가 연주하는 서울시 최고의 콘서트홀이다. 그런데 이곳에서는 오직 몇 종류의 음악만을 연주할 수 있다. 클래식, 재즈, 오페라 등은 가능하나 팝, 락, 랩 등 대중음악은 공연이 금지되고 있다. 정부 관계자들은 위의 열거한 음악이 너무 시끄럽고 튀는 음악이라 아트센터 시설에 피해를 줄 수 있다고 주장한다. 그러나 서울시민들은 이러한 점에 동의하지 않는다. 최근 조사에 의하면 성인의 70% 이상이 대중음악이 서울아트센터에서 공연되어야 한다고 의견을 제시하고 있다. 음악공연의 티켓 구매자의 의사가 당연히 존중되어야 한다.

17 ② 18 ① 16 ④

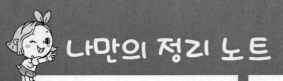